***ACCESO GRATIS** a la Lectura en la Nube*

Para visualizar el libro electrónico en la nube de lectura envíe junto a su nombre y apellidos una fotografía del código de barras situado en la contraportada del libro y otra del ticket de compra a la dirección:

ebooktirant@tirant.com

En un máximo de 72 horas laborables le enviaremos el código de acceso con sus instrucciones.

LA PRISIÓN PERMANENTE REVISABLE EN ESPAÑA

Procedimiento de selección de originales, ver página web:
www.tirant.net/index.php/editorial/procedimiento-de-seleccion-de-originales

LA PRISIÓN PERMANENTE REVISABLE EN ESPAÑA

JOSÉ LEÓN ALAPONT
Profesor Titular de Derecho Penal
Universitat de València

Prólogo de Manuel Marchena Gómez
Magistrado del Tribunal Supremo
Presidente de la Sala de lo Penal

tirant lo blanch
Valencia, 2024

En caso de erratas y actualizaciones, la Editorial Tirant lo Blanch publicará la pertinente corrección en la página web www.tirant.com.

La presente obra ha sido sometida a la revisión de pares ciegos según el protocolo de publicación de la editorial a efectos de ofrecer el rigor y calidad correspondiente tanto en su contenido como en su forma, aplicándose los criterios específicos aprobados por la Comisión Nacional E 016 (BOE num. 286, de 26 de noviembre de 2016).

EDITA: TIRANT LO BLANCH
C/ Artes Gráficas, 14 - 46010 - Valencia
TELFS.: 96/361 00 48 - 50
FAX: 96/369 41 51
Email:tlb@tirant.com
www.tirant.com
Librería virtual: www.tirant.es
DEPÓSITO LEGAL: V-1509-2024
ISBN: 978-84-1056-008-6
MAQUETA: Tink Factoría de Color

Si tiene alguna queja o sugerencia, envíenos un mail a: *atencioncliente@tirant.com*. En caso de no ser atendida su sugerencia, por favor, lea en *www.tirant.net/index.php/empresa/politicas-de-empresa* nuestro procedimiento de quejas.

Responsabilidad Social Corporativa: http://www.tirant.net/Docs/RSCTirant.pdf

Índice

Capítulo I
CUESTIONES DE POLÍTICA CRIMINAL

Capítulo II
RÉGIMEN JURÍDICO

Capítulo III
EXAMEN SOBRE LA CONSTITUCIONALIDAD DE LA PRISIÓN PERMANENTE REVISABLE

Capítulo IV
PROPUESTAS DE *LEGE FERENDA*

Abreviaturas

AN	Audiencia Nacional
AAN	Auto de la Audiencia Nacional
AA.VV.	Autores Varios
art.	Artículo
arts.	Artículos
CE	Constitución Española
CP	Código Penal
Cfr.	*Confer*
CEDH	Convenio Europeo de Derechos Humanos
CGAE	Consejo General de la Abogacía Española
CGPJ	Consejo General del Poder Judicial
CPI	Corte Penal Internacional
CPT	Comité para la Prevención de la Tortura
Coord.	Coordinador
Coords.	Coordinadores
CP	Código Penal
Dir.	Director
Dirs.	Directores
Ed.	Editor
Eds.	Editores
EM	Exposición de Motivos
ER	Estatuto de Roma
FGE	Fiscalía General del Estado
FIES	Ficheros de Especial Seguimiento
FJ	Fundamento Jurídico
GEPC	Grupo de Estudios de Política Criminal
Ibid.	*Ibidem*

II.PP.	Instituciones Penitenciarias
JVP	Juez de Vigilancia Penitenciaria
LECrim	Ley de Enjuiciamiento Criminal
LO	Ley Orgánica
LOGP	Ley Orgánica General Penitenciaria
LLOO	Leyes Orgánicas
LOPJ	Ley Orgánica del Poder Judicial
LOTJ	Ley Orgánica del Tribunal del Jurado
núm.	Número
op. cit.	*Opus citatum*
p.	Página
pp.	Páginas
PPR	Prisión Permanente Revisable
RP	Reglamento Penitenciario
ss.	Siguientes
SAP	Sentencia de la Audiencia Provincial
STC	Sentencia del Tribunal Constitucional
STS	Sentencia del Tribunal Supremo
SGIP	Secretaría General de Instituciones Penitenciarias
SSAP	Sentencias de la Audiencia Provincial
SSTC	Sentencias del Tribunal Constitucional
SSTS	Sentencias del Tribunal Supremo
STEDH	Sentencia del Tribunal Europeo de Derecho Humanos
SSTEDH	Sentencias del Tribunal Europeo de Derechos Humanos
TC	Tribunal Constitucional
TCCP	Tabla de Concurrencia de Circunstancias Peculiares
TEDH	Tribunal Europeo de Derechos Humanos
TPI	Tribunal Penal Internacional
TPIR	Tribunal Penal Internacional para Ruanda
TPIY	Tribunal Penal Internacional para la ex-Yugoslavia

TTPPI	Tribunales Penales Internacionales
TVR	Tabla de Variables de Riesgo
UE	Unión Europea
Vid.	*Vide*
vol.	Volumen

Prólogo

I

El encargo de un prólogo por el profesor José León Alapont me permite expresar mi reconocimiento a un jurista al que he seguido en publicaciones anteriores, algunas de ellas con el sello tan característico de aquellos autores que no siempre transitan por el camino más fácil. Esta obra es un ejemplo de ello. Escribir una monografía sobre la prisión permanente revisable en España supone colocarse decididamente en la controversia. Y es que pocas materias como ésta han despertado tanta polémica en nuestro sistema. No hablo ya de los ecos de un debate parlamentario marcado por la polarización política. El análisis de las aportaciones doctrinales sobre la constitucionalidad de esta pena refleja también un encono especialmente llamativo.

Algunos sectores de la dogmática penal han admitido con naturalidad que el estudio de las penas ha de ser objeto de consideración preferente por la criminología. La visión de la pena como consecuencia del delito, más que como elemento de su propia estructura analítica, ha contribuido decisivamente a esta alteración metodológica. La creación en la década de los años setenta de los Juzgados de Vigilancia Penitenciaria —en pleno proceso constituyente— y la intensa actividad jurisdiccional que desarrollan para hacer realidad el principio constitucional de reinserción han resucitado un nuevo enfoque en el que la teoría de la pena ya no se ve como un tema de segundo orden.

El profesor León Alapont es consciente del singular contexto social en el que se desarrollaron los trabajos prelegislativos que alumbraron la regulación de la prisión permanente revisable. Reconoce que han sido muchos los que han proclamado la inconstitucionalidad de esta medida, si bien entiende que «*...la única crítica que cabe hacer a la prisión permanente revisable es de índole política*». Lo que puede cuestionarse es la decisión política de incluir en el Código Penal una pena de esta naturaleza, pero una vez adoptada en nada debería afectar al juicio de su constitucionalidad. A lo largo de su extensa exposición, el autor defiende los argumentos jurídicos que conducen a rechazar las críticas a esta pena privativa de libertad de larga duración. Su esfuerzo argumental cuenta con el respaldo del Tribunal Constitucional, órgano que ha avalado su constitucionalidad.

II

La defensa del acomodo de la pena de prisión permanente revisable a los principios constitucionales no lleva al autor a una entusiasta y acrítica defensa de esta solución penitenciaria. Desde una dimensión ética, «*...se compadece mal con algunos de los valores y principios humanistas (ilustrados)*» y postula «*...una reducción de la severidad de la actual regulación*», para el caso en que el entendimiento práctico de esta pena estuviera acompañado de la automática reducción de ventajas penitenciarias y la consiguiente obstaculización del ideal de resocialización del penado.

El Tribunal Supremo se ha situado en esa misma línea de prudente crítica. En la STS 821/2022, 17 de octubre, razonábamos en los siguientes términos: «*...esta Sala no ha sido ajena —decíamos ya en la STS 5 de mayo de 2020, recaída en el recurso de casación núm. 10461/2019— a una línea doctrinal de intensa crítica al valorar los efectos jurídicos de la aplicación de la prisión permanente revisable. En nuestra sentencia núm. 716/2018, 16 de enero, censurábamos la decisión de política legislativa representada por la LO 1/2015, 30 de marzo, que implicaba —decíamos entonces— la resurrección de un denostado precedente legislativo que hundía sus raíces históricas en el código penal de 1848. Aludíamos también a la equívoca cobertura del derecho comparado, invocada por el legislador para justificar su reforma, que prescindía de otros datos que singularizan, frente al nuestro, algunos de esos modelos comparados*». Y subrayábamos la necesidad de «*...una interpretación ajustada a los principios que legitiman la aplicación de la ley penal, evitando así el riesgo de asociar la imposición de la pena más grave de nuestro ordenamiento jurídico* *a concepciones que rinden culto a una responsabilidad alejada del principio de culpabilidad. También hemos subrayado la importancia de que el juicio de subsunción descarte toda influencia que haga descansar los tipos agravados no en el desvalor del hecho ejecutado, sino en perfiles criminológicos propios de un derecho penal de autor».*

El autor se muestra especialmente crítico con la «...*interpretación que la jurisprudencia viene haciendo de la alevosía por desvalimiento, (que) convierte en asesinatos alevosos automáticamente la muerte de menores de corta edad, o ancianos de edad avanzada, inválidos, enfermos graves*». Es entendible esa falta de coincidencia con el criterio jurisprudencial. De hecho, este aspecto constituye el nudo gordiano de un problema interpretativo que no está exento de dificultades. Pese a todo, aun reconociendo la lamentable técnica legislativa que inspiró la reforma de 2015, hemos rechazado la genérica afirmación de que la muerte alevosa de una persona desvalida, si el sujeto activo es condenado además por el tipo agravado previsto en el art. 140.1 del CP implique una doble valoración del injusto. A la fundamentación jurídica de la STS 5 mayo de 2020 —caso *Pioz*— conviene remitirse.

III

Pero más allá del debate sobre la constitucionalidad de la prisión permanente revisable y de la inteligente crítica acerca de algunos de los postulados jurisprudenciales que están inspirando la práctica del día a día, la obra que tengo el honor de prologar centra su interés en la necesidad de advertir del riesgo de que una política criminal que dé rienda suelta al sentimiento vindicativo de la sociedad distancie la función jurisdiccional de sus principios legitimadores. Buena parte de la ciudadanía sigue todavía anclada en el ciego retribucionismo. El derecho penal no puede ser concebido como un instrumento jurídico llamado a satisfacer el ansia de venganza que algunos medios de comunicación alientan con informaciones sensacionalistas, con noticias que distribuyen la anticipada etiqueta de culpabilidad a quienes, hasta ese momento, deberían seguir siendo considerados inocentes. La sombra histórica de la venganza privada vuelve a pasearse entre nosotros, dificultando sobremanera la búsqueda de ese delicado equilibrio entre una respuesta proporcionada a la intensidad del injusto y las expectativas de una ciudadanía que sólo busca una solución ejemplar, disuasoria, que desaliente por su dureza a todo el que abrigue un propósito delictivo. Una política criminal que no sea capaz de contener el ímpetu colectivo que pide arrinconar la medida de la proporcionalidad se aleja de los postulados constitucionales que dan sentido a las penas privativas de libertad. Nuestra sociedad está ya habituada al paulatino incremento de las penas a golpe de titulares de periódico. No faltan casos en los que un hecho luctuoso desencadena una reforma legislativa inmeditada, sin prever las consecuencias vinculadas a esa modificación, hasta el punto de que se avalan incoherencias como la que acompaña al hecho de que un ataque a la libertad sexual de un menor pueda ser castigado, en función de las circunstancias del caso, con una pena mayor que la propia muerte de ese menor.

No deberíamos aceptar con resignación la llamativa querencia del legislador penal a las penas privativas de libertad. Un recurso fácil pero que genera contrastes de difícil aceptación cuando se compara el valor axiológico del bien jurídico ofendido en delitos que, pese a su distinto significado, están castigados con la misma pena de prisión. Y habríamos de reaccionar también ante la inclinación burocrática con la que algunos Jueces aplican las penas privativas de libertad. La experiencia enseña numerosos casos en los que las reglas dosimétricas llamadas a individualizar la respuesta penal al delito cometido se ponderan como si fueran reglas estereotipadas que prescinden de lo que debería ser la clave de la imposición de la pena.

Por si fuera poco, la masificación de los centros penitenciarios y la histórica falta de medios y de incentivos personales y económicos han llevado a los funcionarios de prisiones a centrar su atención, de modo preferente y casi exclusivo, en preservar la seguridad del establecimiento. Pasan así a un segundo plano los factores que deberían estar bien presentes en la evolución y el seguimiento del penado.

Como ya he tenido la oportunidad de subrayar en más de una ocasión siento una enorme inquietud al constatar cómo nuestra sociedad está asimilando con preocupante normalidad síntomas de deterioro e involución en la concepción ciudadana acerca de la justicia en general y del proceso penal en particular. El ejercicio de la función jurisdiccional —hoy, ayer y siempre— participa de unos principios legitimadores que llegan a tener una dimensión ética. Sólo así se puede aceptar que la privación de derechos que implica una decisión judicial sea el desenlace legítimo de una controversia social. Es alarmante la frustración ciudadana, estimulada por muchos medios de comunicación, cuando la comparecencia a un juzgado en calidad de imputado no incluye un oportuno «*paseíllo*» en el que el llamado a defenderse ha de aceptar los gritos, insultos y amenazas de ciudadanos enojados. La sociedad empieza a familiarizarse con atavismos que nos retrotraen a tiempos superados y que, desde luego, encierran un retroceso en la civilización jurídica. La búsqueda de *«sentencias ejemplarizantes»,* el derrotismo en el que se sumerge la sociedad cuando un tribunal se aparta de las graves penas pedidas por el fiscal o cuando un órgano jurisdiccional colegiado desautoriza las decisiones de un instructor con aureola mediática, son sólo algunos de los hechos que deberían encender las señales de alarma. Sin embargo, no sólo esas señales permanecen interesadamente apagadas, sino que tales disfunciones pasan a formar parte de la normalidad del escenario que sirve al ciudadano para informarse sobre la actividad de jueces y tribunales.

Tiene razón el profesor León Alapont cuando afirma que con la instauración de la prisión permanente revisable nuestro sistema constitucional «*...no soporta un mayor nivel de castigo*». Y es que una pena privativa de libertad de tanta duración «*...se erige como límite infranqueable a cualquier deriva punitiva*».

IV

Sólo me resta hacerle llegar al autor mi enhorabuena por la publicación de una monografía en la que el tono didáctico no ha impedido abordar con precisión los temas más complejos relacionados con el juicio de constitucionalidad, su vinculación con el derecho penitenciario, la revisión de la pena y, en fin, el papel de la víctima. La obra se enriquece con unas propuestas de *lege ferenda* que postulan rebajar los plazos de duración de la pena y reducir su aplicación a los «*...más atroces atentados contra la vida*».

Enhorabuena también a la editorial Tirant lo Blanch por haber hecho posible la publicación de un texto que va a convertirse en una referencia jurídica para el estudio de la prisión permanente revisable.

Manuel Marchena Gómez

Magistrado del Tribunal Supremo
Presidente de la Sala de lo Penal

Introducción

La reforma del Código Penal operada en 2015 por el Gobierno del PP ha sido hasta la fecha una de las reformas más amplias llevadas a cabo sobre el CP de 1995. Como principal novedad, trajo consigo la incorporación de una pena desconocida como era la prisión permanente revisable (PPR). Se trataba de una pena que venía a romper el esquema seguido por el CP 1995, pues, diseñaba una forma de cumplimiento que podía ser a perpetuidad, pero, que permitía la liberación anticipada del reo si éste obtenía la denominada "revisión"; esto es, una suspensión de la ejecución de la pena. La regulación establecía unos plazos fijos para el acceso a los permisos de salida, tercer grado y "libertad condicional" (revisión), apartándose así (al menos parcialmente) del sistema de individualización científica previsto por la normativa penitenciaria. Consolidando de este modo, la vía iniciada por la LO 7/2003, de 30 de junio, y seguida por la LO 5/2010, de 22 de junio.

Tras la abolición de la pena de muerte, la pena de prisión perpetua se convirtió en la mayoría de países de nuestro entorno en un sustitutivo casi natural de aquélla. Sin embargo, no sucedió lo mismo en España, motivo por el cual la introducción de la prisión permanente revisable en 2015 se vio como una preocupante involución en materia de penas. La inclusión de esta grave consecuencia jurídica en nuestro ordenamiento jurídico ha generado (y sigue despertando) un gran rechazo, principalmente, por ser contraria a la CE. Si bien, en la STC 169/2021, de 6 de octubre, el TC avaló la constitucionalidad de esta pena.

Así las cosas, en el primer capítulo de esta obra hemos pretendido llevar a cabo un análisis político-criminal centrado en las razones que condujeron al legislador español a incorporar la PPR. Al mismo tiempo que se examinarán los distintos motivos alegados por la doctrina para justificar lo desacertado que fue tomar dicha decisión. Así también, se expondrán nuestras propias consideraciones acerca de la conveniencia o no de adoptar esta pena.

En el segundo capítulo se realiza un exhaustivo estudio del régimen jurídico de la PPR, no sólo desde la perspectiva doctrinal, sino también jurisprudencial. Si bien, en primer lugar, se reproduce la evolución experimentada por la regulación desde su concepción original hasta la definitivamente aprobada. Y, se lleva a cabo también un comentario de cada una de las críticas vertidas sobre aspectos determinados de la configuración de la PPR.

El tercer capítulo se dedica al examen sobre la constitucionalidad de la PPR. Con tal fin, se procederá a enumerar las distintas posiciones habidas al respecto, para lo cual se tendrá en cuenta la opinión no sólo de la doctrina, sino la manifestada también por los órganos consultivos. Naturalmente, se realiza un análisis de la sentencia del TC que declara la citada pena conforme a nuestra Carta Magna, así como de las reacciones que se desencadenaron a raíz de la misma. Finalizando con la exposición de nuestra postura respecto de este extremo.

Y, en último lugar, el cuarto capítulo se destina a la valoración de las distintas propuestas *de lege ferenda* formuladas hasta la fecha. Por un lado, haremos referencia a las modificaciones planteadas en sede parlamentaria; y, por otro lado, a las esbozadas por la doctrina. A este respecto, deberá prestarse especial atención a la concreta reforma por la que abogamos, que supone una enmienda parcial a la vigente regulación de la PPR.

En definitiva, como podrá comprobarse, hemos tratado de descifrar todas las claves que rodean al régimen jurídico de la PPR. Pero, sobre todo, esperamos haber contribuido a facilitar la interpretación y aplicación de esta pena, cuyos efectos empezarán a desplegarse a partir de ahora, pues, habiendo entrado en vigor las LLOO 1/2015 y 2/2015 el 31 de marzo de ese año, en el mejor de los casos, los primeros permisos de salida se concederán a partir de los 8 años, el tercer grado a los 15 años, y las primeras revisiones a los 25 años.

Capítulo I
Cuestiones de política criminal

1. BREVE EVOLUCIÓN HISTÓRICA DE LAS PENAS DE LARGA DURACIÓN EN EL CÓDIGO PENAL ESPAÑOL: EL CAMINO RECORRIDO HASTA LA PRISIÓN PERMANENTE REVISABLE (PPR)

Como señala el Consejo General del Poder Judicial (CGPJ) en su *Informe al Anteproyecto de Ley Orgánica por la que se modifica la Ley Orgánica 10/1995, de 23 de noviembre, del Código Penal, de 16 de enero de 2013*: la PPR constituye una novedad de primer orden en la actual legislación penal española. Históricamente, la prisión a perpetuidad, en sus diferentes modalidades, no ha sido ajena a nuestro ordenamiento penal. El Código Penal de 1822 contemplaba dos formas de privación perpetua de libertad: la primera, denominada trabajos perpetuos, era particularmente penosa pues, según establecía el artículo 47 "*Los reos condenados a trabajos perpetuos serán conducidos al establecimiento más inmediato de esta clase, y en él estarán siempre y absolutamente separados de cualesquiera otros. Constantemente llevarán una cadena que no les impida trabajar, bien unidos de dos en dos, bien arrastrando cada uno la suya. Los trabajos en que se ocupen estos delincuentes serán los más duros y penosos; y nadie podrá dispensárselos sino en caso de enfermedad, ni se les permitirá más descanso que el preciso*". La denominada "Reclusión por el resto de su vida" era una alternativa a los trabajos perpetuos, cuya aplicación estaba prevista para los mayores de sesenta años y las mujeres.

El artículo 24 del Código Penal de 1848 contemplaba, dentro del artículo correspondiente a las penas aflictivas, dos modalidades de privación de libertad permanente, a saber: la cadena perpetua y la reclusión perpetua. El Código Penal de 1870 mantuvo el mismo esquema que el anterior texto punitivo. Fue el Código de 1928 quien eliminó del catálogo de penas la cadena perpetua y la reclusión a perpetuidad, habida cuenta que la pena siguiente a la de muerte, por orden de gravedad, era la pena de reclusión o prisión cuya duración temporal quedaba comprendida entre los dos meses y un día y treinta años (artículo 108). Incluso, cuando el condenado a muerte fuera indultado, dicha pena se entendería sustituida por la de treinta años de reclusión o prisión (artículo 116), con el condicionante de no poder ser licenciado sin haber cumplido cuando menos las dos terceras partes de la prisión o reclusión, salvo error judicial declarado en sentencia o por concesión de amnistía.

El Código Penal de 1932, norma en cuya virtud se procedió a la reforma del Código Penal de 1870, habida cuenta que el denominado "Código Gubernativo de 1928" fue anulado el 15 de abril de 1931, eliminó la cadena y la reclusión perpetua del catálogo de penas privativas de libertad, de modo que la reclusión mayor, cuya duración se estableció entre veinte años y un día y treinta años, se configuró como la pena más severa del ordenamiento penal, al ser eliminada también la pena capital.

El Código Penal de 1944 reintrodujo la pena de muerte, pero no hizo lo mismo con la reclusión a perpetuidad. Tras la abolición de la pena de muerte por la Constitución de 1978 tampoco se rehabilitó la pena de privación de libertad perpetua, siendo ésta la situación que se mantuvo hasta la entrada en vigor de la reforma operada en 2015.

Tras esta reseña histórica, bien puede decirse que aun cuando la reclusión o prisión a perpetuidad no ha sido una figura extraña a la normativa penal española, lo cierto es que esa modalidad no ha sido contemplada por los textos penales más recientes, concretamente los elaborados durante el siglo XX.

Destaca en este sentido DÍAZ Y GARCÍA CONLLEDO que "el último CP español que contempló prisión perpetua fue el de 1870 (además de que habría que introducir matices respecto este y de los CP anteriores), pues el de 1928 la abolió expresamente, si bien preveía internamientos indeterminados para incorregibles, con determinados requisitos y como medida de seguridad. Ni siquiera durante el franquismo, en que existió pena de muerte, hubo cadena perpetua, revisable o no. Y, por supuesto, el vigente CP de 1995 no contempló la pena hasta su reforma por LO 1/2015. Por lo tanto, para hablar de línea con la tradición de los CP españoles habría que remontarse a tiempos muy lejanos"[1].

En términos similares, para PASCUAL MATELLÁN, "no estamos ante una pena desconocida en nuestra historia legislativa, pero sí ante una pena lejana, ya que no se introdujo en ninguna de las codificaciones penales instauradas durante el s. XX. Se abolió durante la dictadura del General Primo de Rivera cuando se aprobó el Código Penal de 1928. Posteriormente tampoco se incorporó en el Código Penal de 1932, ni durante las modificaciones legislativas habidas durante la dictadura del General Franco y, por supuesto, tampoco a partir del año 1977"[2].

Así también, a juicio de CANCIO MELIÁ, se trata de "una pena que no es desconocida en la historia legislativa penal española, pero cuya memoria se pierde ya en la historia, ya que no se había incluido en ninguno de los Códigos penales instaurados a lo largo del siglo XX: fue abolida durante la dictadura del General Primo de Rivera al aprobar el Código de 1928, llamado decreto gubernativo, y no se volvió a incorporar ni en el CP 1932, ni durante las modificaciones legislativas habidas durante la dictadura del General Franco, ni, desde luego, a partir de 1977. Se trata, por lo tanto, de una [propuesta] que implica un cambio que sin duda cabe calificar de histórico"[3].

---

1 DÍAZ Y GARCÍA CONLLEDO, M.: "La pena de prisión permanente revisable: ¿hay que mantenerla?", *Revista Jurídica de la Universidad de León*, núm. 8, 2021, p. 161.

2 PASCUAL MATELLÁN, L.: "La prisión permanente revisable. Un acercamiento a un derecho penal deshumanizado", *Clivatge. Estudis i testimonis sobre el conflicte i els canvi socials*, núm. 3, 2015, p. 55.

3 CANCIO MELIÁ, M.: "La pena de cadena perpetua («prisión permanente revisable») en el Proyecto de reforma del Código Penal", *Diario La Ley*, núm. 8175, 2013, pp. 3-4.

Sin embargo, otros autores han puesto el énfasis en que la PPR supone un "cuerpo extraño" dentro de nuestra tradición jurídica. Así, por ejemplo, en opinión de ACALE SÁNCHEZ, "si a la falta de tradición legislativa en España se le une el argumento de que la prisión permanente revisable que ha llegado al Código Penal de 2015 es más dura que la cadena perpetua del Código Penal de 1870, no queda más remedio que retroceder aún más en el tiempo y arribar a los postulados del Código Penal de 1848 para encontrar en él el verdadero antecedente de la nueva pena de prisión permanente revisable: con la diferencia positiva a favor de este último Código de que por lo menos daba pautas precisas sobre el lugar de cumplimiento, sobre el cual se guarda el más absoluto de los silencios tras la reforma hoy vigente"[4]. Siendo para ORTS BERENGUER y GONZÁLEZ CUSSAC una "pena ajena a nuestra tradición" que, paradójicamente, no se encontraba entre el catálogo de penas del Código Penal de la dictadura franquista[5].

En nuestra opinión, no cabe duda de que la PPR es una pena novedosa por cuanto nuestro ordenamiento jurídico no la ha contemplado jamás hasta 2015. Decimos esto porque cualquier paralelismo o búsqueda de antecedentes en la prisión perpetua que sí han albergado los Códigos Penales españoles desde 1828 hasta 1870 es del todo desafortunada. Y, lo es, en primer lugar, porque ninguna de las cadenas perpetuas o penas a reclusión perpetua contemplaban un mecanismo de revisión (de liberación o excarcelación anticipada) como el que sí prevé la regulación vigente. En segundo lugar, no puede compararse la actual PPR (cuyo cumplimiento puede ser perpetuo en caso de no concederse la revisión) con las penas perpetuas contempladas en los Códigos Penales del siglo XIX cuando el proceso penal de nuestros días está rodeado de unas garantías que en modo alguno podían atisbarse en aquel momento; y, las condiciones

---

4 ACALE SÁNCHEZ, M.: *La prisión permanente revisable: ¿pena o cadalso?*, Madrid, Iustel, 2016, p. 52.

5 ORTS BERENGUER, E. y GONZÁLEZ CUSSAC, J. L.: *Compendio de Derecho Penal. Parte General (novena edición)*, Valencia, Tirant lo Blanch, 2022, p. 463.

(penitenciarias) de cumplimiento de la pena no son las mismas. En tercer lugar, no puede sostenerse, como hace ACALE SÁNCHEZ, que la PPR "es más dura que la cadena perpetua del Código Penal de 1870". Seguramente, la citada autora afirma tal cosa teniendo en cuenta que el art. 29 del CP 1870 contemplaba la concesión del indulto (a los condenados a penas de cadena, reclusión y relegación perpetuas y a la de extrañamiento perpetuo) a los treinta años de cumplimiento de la condena. Si bien, cabría recordar que: 1) no existía un proceso de revisión judicial como el que hoy hay previsto; y, 2) la concesión del indulto podía denegarse cuando *"(...) por su conducta o por otras circunstancias graves, no fuesen dignos del indulto, a juicio del gobierno"*.

En cuarto lugar, es cierto que las penas a perpetuidad desaparecen del Código Penal en 1928, pero, la pena de muerte estuvo vigente hasta su abolición en el Código Penal de 1932 y, posteriormente, tras la recuperación en 1944 hasta la entrada en vigor de la Constitución Española en 1978. En este mismo sentido, no deja de causarnos cierta perplejidad que se utilice el argumento de que la pena de prisión perpetua no se "rescató" ni con Franco cuando durante la dictadura ¡estaba en vigor la pena de muerte!

En quinto lugar, debe advertirse que, tras la abolición de la pena de muerte, fueron muchos los Estados que optaron por sustituir dicha pena por la de prisión perpetua (revisable). No fue el caso de España (decisión política que respetamos y compartimos teniendo en cuenta las especiales circunstancias que acompañaron al proceso democrático en aquel tiempo). Tal vez por eso a muchos les causara tanta sorpresa el hecho de que se pretendiese retomar esa idea transcurridos tantos años desde aquella oportunidad. Quizás, aquél hubiere sido el mejor momento. Posiblemente (es una simple suposición), de haber sido así, hoy probablemente no contásemos con esta pena.

En sexto lugar, apunta ACALE SÁNCHEZ que "es una muestra del derecho penal más recalcitrante que puede llegar en el momento actual a un Código Penal —supuestamente— moderno"[6]. Calificándola PASCUAL MATELLÁN de "retroceso en materia penal"[7]. En nuestra opinión, más allá de calificarlo como se quiera, el Código Penal lo que debe ofrecer es una respuesta adecuada (proporcional) frente a aquellos ataques más graves que se proyecten sobre los bienes jurídicos más valiosos. Y, si el legislador considera que ello se va a conseguir con la PPR puede que no sea "moderno", pero, sin duda es una actuación legítima y, dicho sea de paso, bastante razonable. De lo contrario, esa pretendida "modernidad" nos debería llevar a una rebaja progresiva y constante de los límites temporales de las penas de prisión (por no poder mantener plazos elevados). De tal forma que, cada vez tendríamos un CP más vanguardista, pero, paralelamente, una tutela de bienes jurídicos más depauperada. Naturalmente que la PPR comporta un mayor castigo; esto es, una mayor contundencia de la respuesta penal que el Código Penal no contemplaba hasta la reforma de 2015. Que ello se vea como retroceso sólo puede admitirse parcialmente, por cuanto evidentemente supone una limitación mayor de la libertad que la que conllevan otras penas. Pero, no puede calificarse de tal si se entiende que el beneficio que se va a obtener es mayor que el sacrificio que se produce. En nuestro caso, ese beneficio cabría cifrarlo en una mejor protección de ciertos bienes jurídicos frente a ataques que revisten una gravedad extrema, lo que podría ser visto justo como lo contrario; esto es, como un avance. En todo caso, esa pretendida no regresión en el estatus jurídico alcanzado sí que resulta rechazable en un Estado democrático, pues, no puede limitarse la capacidad del legislador o de un Gobierno amparándose en tal principio siempre y cuando la actuación "política" tenga encaje constitucional.

Por último, el Grupo de Estudios de Política Criminal (GEPC) considera que la PPR "consigue instaurar un sistema penológico sin precedentes en nuestro ordenamiento jurídico-penal, que se

---

6 ACALE SÁNCHEZ, M.: *La prisión permanente revisable...*, *op. cit.*, p. 53.

7 PASCUAL MATELLÁN, L.: "La prisión permanente revisable...", *op. cit.*, p. 34.

ha caracterizado siempre por establecer penas determinadas bajo el amparo del principio de legalidad y siempre delimitadas por el hecho que supone el principio de culpabilidad"[8]. En otras palabras, consideran que el sistema que instaura la PPR no tiene precedentes en nuestro ordenamiento (se entiende, en el vigente desde la CE de 1978) porque conculca el principio de legalidad al ser una pena indeterminada y no basada en la "culpabilidad" del sujeto. Sin embargo, como tendremos ocasión de demostrar en este trabajo, ninguna de las dos cosas es cierta. Así pues, y siendo conscientes de que la propia naturaleza de este tipo de penas conduce a una configuración de su régimen legal diferente al de la pena de prisión (común), se trata de una pena que: 1) alberga dos modalidades de ejecución distintas (una cuyo cumplimiento puede ser perpetuo en caso de no obtener la revisión; y, otra, de liberación anticipada si se consigue ésta) lo que despeja cualquier atisbo de indeterminación; y, 2) que sí permite ajustar la graduación del castigo a la "culpabilidad" del sujeto (en realidad a la gravedad del hecho y las circunstancias que lo rodean) desde el momento en que, entre otras razones, el CP fija cuál es la pena inferior en grado a la de la PPR.

2. LA JUSTIFICACIÓN DEL LEGISLADOR CONTENIDA EN EL PREÁMBULO DE LA LO 1/2015, DE 30 DE MARZO

Las razones político-criminales que llevaron al legislador a introducir la PPR vienen condensadas en el primero de los apartados del Preámbulo, aduciéndose que:

> *"La necesidad de fortalecer la confianza en la Administración de Justicia hace preciso poner a su disposición un sistema legal que garantice resoluciones judiciales previsibles que, además, sean percibidas en la sociedad como justas. Con esta finalidad,*

---

8 GRUPO DE ESTUDIOS DE POLÍTICA CRIMINAL: *Revisión y actualización de las propuestas alternativas a la regulación vigente*, Valencia, Tirant lo Blanch, 2016, p. 176.

> *siguiendo el modelo de otros países de nuestro entorno europeo, se introduce la prisión permanente revisable para aquellos delitos de extrema gravedad, en los que los ciudadanos demandaban una pena proporcional al hecho cometido".*

A este respecto, MARTÍN ARAGÓN ha señalado que la "necesidad de fortalecer la confianza en la administración de Justicia" no estaba entre las principales preocupaciones de los españoles en ese momento (según el CIS)[9]. RÍOS MARTÍN se preguntaba acertadamente si esa desconfianza no vendría propiciada más bien por otros motivos como: la ausencia de medios materiales y personales en fase de instrucción, enjuiciamiento y ejecución; la sensación de impunidad de la sociedad respecto de hechos que involucran a políticos, banqueros, gente con poder…; procesos que se eternizan en el tiempo: lentitud de la justicia; restricciones de acceso a la justicia; o la desinformación sobre el sistema penal, su alcance y eficacia, entre los ciudadanos[10]. Expresando PONCELA GARCÍA que "se busca frenar una sensación irreal de inseguridad y reforzar la percepción de que las resoluciones judiciales son «justas» con reformas legislativas como la presente, sin optar, por ejemplo, por desarrollar una política de transparencia respecto a los datos oficiales de delincuencia"[11].

Efectivamente, las razones aducidas por el legislador no pueden ser más desafortunadas. En primer lugar, la confianza en la Administración de Justicia no se consigue o recupera porque el sistema legal propicie resoluciones previsibles (salvo que por tal se entienda una mayor seguridad jurídica). Lo cierto es que el legislador nos desconcierta con lo de "previsibles", pues, lo único que cabe esperar

---

9 MARTÍN ARAGÓN, M. M.: *Del cumplimiento íntegro y efectivo de las penas a la prisión permanente revisable*, Barcelona, JM Bosch Editor, 2021, p. 109.

10 RÍOS MARTÍN, J.: *La prisión perpetua en España. Razones de su ilegitimidad ética y de su inconstitucionalidad*, San Sebastián, Tercera Prensa-Hirugarren Prentsa, 2013, pp. 62-63.

11 PONCELA GARCÍA, J. A.: "La prisión permanente revisable", en ORDEÑANA GEZURAGA, I. y URIARTE RICOTE, M. (Dirs.): *La justicia en tiempos de crisis*, Universidad del País Vasco, Bilbao, 2016, p. 405.

de una resolución judicial es que sea ajustada a Derecho, nada más. En segundo lugar, resulta más perturbadora la idea de que se introduzca la PPR como garantía para que la sociedad perciba que habrá resoluciones justas. Esto último nos parece más preocupante si cabe porque da entender que lo que se pretende con ello es promover resoluciones ejemplarizantes; es decir, que satisfagan los ideales de "justicia" de la ciudadanía. Sin embargo, el legislador no puede legislar "a golpe de percepción". Para que las resoluciones sean justas basta con hacer una correcta interpretación de la norma. Y, en tercer lugar, no deja de causarnos cierta perplejidad el hecho de que el legislador se atreva a afirmar tan tajantemente que *"los ciudadanos demandaban una pena proporcional al hecho cometido"*, ¡como si hubieran abierto un grupo de WhatsApp a tales efectos!

Respecto de estas imprecisas y desafortunadas explicaciones la doctrina se ha mostrado —no sin razón— muy beligerante. Así, por ejemplo, para CANCIO MELIÁ "el Gobierno [pretende proceder] a este cambio histórico —a revertir la evolución habida en España desde 1928 (¡!)— sin detenerse en justificarlo de algún modo en la Exposición de Motivos o fuera de ella, sino contentándose con meros eslóganes. Como es obvio, tampoco se toma la molestia el prelegislador de invocar estudio normativo o empírico alguno que avale la necesidad de introducir la nueva pena — siendo España, como es generalmente conocido, uno de los países con una tasa de homicidios más bajas de Europa. En definitiva, [la proyectada introducción] de la nueva pena carece de toda justificación o explicación por el prelegislador"[12]. Así también, para CERVELLÓ DONDERIS, "no se entendían muy bien las razones de política criminal mencionadas por el legislador, ya que para introducir esta nueva pena debía haberse dejado constancia de los motivos de oportunidad valorados para tomar esta decisión, sin utilizar el pretexto de mejorar el funcionamiento de la Administración de Justicia"[13]. Señalando CÁ-

---

12 CANCIO MELIÁ, M.: "La pena de cadena perpetua...", *op. cit.*, p. 6.

13 CERVELLÓ DONDERIS, V.: "El silencio normativo sobre el cumplimiento de la prisión permanente revisable", en LEÓN ALAPONT, J. (Dir.): *Temas clave*

MARA ARROYO y BERMEJO FERNÁNDEZ que "si se pretende justificar la introducción de la prisión permanente revisable con una adecuada actualización del sistema, primero habrá que indicar por qué las anteriores soluciones previstas han entrado en crisis o han sido insuficientes".

A nuestro juicio, el legislador ha mostrado una enorme torpeza a la hora de justificar las razones político-criminales que le condujeron a adoptar esta pena. Habiéndose perdido la oportunidad para ello. Máxime cuando, como sostenemos en esta obra, hay argumentos suficientes para defender la inclusión de la PPR en nuestro sistema de penas. El principal motivo (la adecuación de la pena a la gravedad de ciertos delitos) queda esbozado en el Preámbulo, pero, el legislador tendría que haber exprimido mucho más este argumento, pues, consideramos que es la verdadera razón de ser de esta reforma. El legislador tendría que haber explicado, por ejemplo, que, a su juicio, las penas de prisión de hasta veinticinco años previstas para algunos de los delitos que pasan a castigarse con PPR no eran suficientes; y, que, para dotar al sistema de mayor proporcionalidad (y coherencia), hechos que revisten de una gravedad extrema debían ser castigados con una pena más severa (dentro de los límites constitucionales). También tendría que haber explicado el porqué de ese incremento de las penas, pues, siendo una opción político-criminal legítima no debería aparentar ser fruto de una decisión caprichosa; sino que con ello se pretendía reforzar la tutela de determinados bienes jurídicos (los más valiosos: como la vida) frente a ataques de una especial crueldad. Y, por ende, sacrificar (hasta el límite permitido por la CE) la libertad de las personas que cometiesen estos delitos en favor de una mayor seguridad. El legislador tendría que haber explicado, igualmente, que los límites de hasta 25, 30 o 40 años previstos en nuestro CP sólo se aplican a supuestos concursales. Siendo el máximo permitido en caso de delitos individuales el de 30 años. Y haber argumentado que estos plazos no

---

de Derecho Penal: presente y futuro de la política criminal en España, Barcelona, JM Bosch Editor, 2021, p. 210.

se entendían suficientes para hacer frente de forma adecuada a determinados supuestos concursales o delitos individuales que ahora se castigan bien con PPR o con PPR y unos plazos específicos más amplios para acceder al tercer grado y a la revisión. Asimismo, en el Preámbulo debería haberse dejado constancia del porqué los delitos seleccionados (castigados con PPR) son especialmente graves (a nuestro juicio lo son); esto es, si se ha seguido el criterio de delitos que antes de la reforma de 2015 contaban con las penas más altas, los bienes jurídicos cuya tutela se pretendía reforzar (básicamente la vida), la magnitud de los hechos y el grado de afectación del bien jurídico, etc.

Las referencias a países de nuestro entorno son adecuadas, pues, la introducción de este tipo de penas en España no puede calificarse de "excentricidad"; y, lo mismo cabría decir de su previsión en el Estatuto de Roma (Corte Penal Internacional), ya que España es parte de él. Tampoco están demás las remisiones a la jurisprudencia del TEDH que viene avalando esta pena desde hace años.

Así, en el apartado II del Preámbulo se manifiesta que:

> *"La reforma introduce una nueva pena de prisión permanente revisable, que podrá ser impuesta únicamente en supuestos de excepcional gravedad —asesinatos especialmente graves, homicidio del Jefe del Estado o de su heredero, de Jefes de Estado extranjeros y en los supuestos más graves de genocidio o de crímenes de lesa humanidad— en los que está justificada una respuesta extraordinaria mediante la imposición de una pena de prisión de duración indeterminada (prisión permanente), si bien sujeta a un régimen de revisión: tras el cumplimiento íntegro de una parte relevante de la condena, cuya duración depende de la cantidad de delitos cometidos y de su naturaleza, acreditada la reinserción del penado, éste puede obtener una libertad condicionada al cumplimiento de ciertas exigencias, en particular, la no comisión de nuevos hechos delictivos.*
>
> *La prisión permanente revisable, cuya regulación se anuncia, de ningún modo renuncia a la reinserción del penado: una vez cumplida una parte mínima de la condena, un tribunal colegiado deberá valorar nuevamente las circunstancias del penado y del delito cometido y podrá revisar su situación personal. La previsión de esta revisión judicial periódica de la situación personal del penado, idónea para poder verificar en*

cada caso el necesario pronóstico favorable de reinserción social, aleja toda duda de inhumanidad de esta pena, al garantizar un horizonte de libertad para el condenado.

En la prisión permanente revisable, cumplida esa primera parte mínima de la pena, si el tribunal considera que no concurren los requisitos necesarios para que el penado pueda recuperar la libertad, se fijará un plazo para llevar a cabo una nueva revisión de su situación; y si, por el contrario, el tribunal valora que cumple los requisitos necesarios para quedar en libertad, se establecerá un plazo de libertad condicional en el que se impondrán condiciones y medidas de control orientadas tanto a garantizar la seguridad de la sociedad, como a asistir al penado en esta fase final de su reinserción social.

La pena de prisión permanente revisable no constituye, por ello, una suerte de «pena definitiva» en la que el Estado se desentiende del penado. Al contrario, se trata de una institución que compatibiliza la existencia de una respuesta penal ajustada a la gravedad de la culpabilidad, con la finalidad de reeducación a la que debe ser orientada la ejecución de las penas de prisión.

Se trata, en realidad, de un modelo extendido en el Derecho comparado europeo que el Tribunal Europeo de Derechos Humanos ha considerado ajustado a la Convención Europea de Derechos Humanos, pues ha declarado que cuando la ley nacional ofrece la posibilidad de revisión de la condena de duración indeterminada con vistas a su conmutación, remisión, terminación o libertad condicional del penado, esto es suficiente para dar satisfacción al artículo 3 del Convenio (cfr. SSTEDH 12-2-2008, caso Kafkaris vs. Chipre; 3-11-2009, caso Meixner vs. Alemania; 13-11-2014, caso Bodein vs. Francia; 3-2-2015, caso Hutchinson vs. Reino Unido).

El Consejo de Estado ha tenido también oportunidad de pronunciarse sobre la constitucionalidad de las penas de duración indeterminada —pero revisables—, al informar con relación a la ratificación por España del Estatuto de la Corte Penal Internacional, en el que está prevista la posible imposición de una pena de prisión permanente".

Por su parte, la última de las referencias a la PPR la encontramos en el apartado V del Preámbulo, que reza así:

"(...) se introduce la regulación del régimen de revisión de la prisión permanente revisable como un supuesto de libertad condicional o de suspensión de la ejecución de la pena. Si el tribunal concede la libertad, fija un plazo de «suspensión» de la ejecución durante el cual el penado queda sujeto a condiciones: el incumplimiento de las mismas o la comisión de nuevos delitos determina —durante este período de suspensión— la revocación de la misma y el reingreso del penado en prisión. Para la revisión

de la prisión se establece un doble régimen. Cumplida una parte de la condena que oscila entre veinticinco y treinta y cinco años de condena, el tribunal deberá revisar de oficio si la prisión debe ser mantenida cada dos años; y lo hará también siempre que el penado lo solicite, si bien tras la desestimación de una petición podrá fijar un plazo máximo de un año dentro del cual no se dará curso a nuevas solicitudes".

El GEPC ha tachado de "cinismo" las declaraciones que el legislador efectúa cuando se refiere a que la PPR respeta principios como el de reinserción o culpabilidad[14]. En nuestra opinión, tal calificativo es desafortunado, pero, sobre todo, erróneo y tendencioso porque no puede calificarse de tal una justificación en la que el legislador desarrolla cuáles son los pilares sobre los que descansa el régimen jurídico de la PPR y su adecuación a la Constitución. No es un ejercicio de cinismo, es una obligación ineludible. Y, sí, como tendremos ocasión de demostrar en este trabajo, la PPR diseñada en el CP español tiene un perfecto encaje constitucional. Además de que así ha sido declarado por nuestro Tribunal Constitucional.

3. LA PRISIÓN PERMANENTE REVISABLE: ¿UNA ANOMALÍA DEMOCRÁTICA?

La doctrina parece tenerlo claro: sí. Entiende ésta que la privación potencialmente perpetua es una anomalía incongruente en los ordenamientos democráticos[15]. Y que "es radicalmente contraria a la concepción del Estado de Derecho fundado en la libertad como valor superior"[16].

---

14 *Cfr.* GRUPO DE ESTUDIOS DE POLÍTICA CRIMINAL: *Revisión y actualización…*, *op. cit.*, p. 167.

15 Así, por ejemplo, JUANATEY DORADO, C.: "Una «moderna barbarie»: la prisión permanente revisable", *Revista General de Derecho Penal*, núm. 20, 2013, p. 12. Y MARTÍN ARAGÓN, M. M.: *Del cumplimiento íntegro…*, *op. cit.*, p. 453.

16 CARBONELL MATEU, J. C.: "Prisión permanente revisable I (arts. 33 y 35)", en GONZÁLEZ CUSSAC, J. L. (Dir.): *Comentarios a la Reforma del Código Penal de 2015 (2ª edición)*, Valencia, Tirant lo Blanch, 2015, p. 220. En idéntico senti-

Sostiene en relación con esta cuestión ACALE SÁNCHEZ que "cuanto más democrático sea un sistema penal, menos aflictivas deberían ser las penas que impongan en entidad y duración"[17]. Sin embargo, lo que a nuestro juicio no podría reputarse democrático es un escenario como el que propugna la citada autora. En primer lugar, porque se estaría coartando (limitando) la capacidad política del gobierno y/o la legislativa de las Cámaras. Pero, sobre todo, en segundo lugar, porque la democracia exige, en parte, que los derechos y libertades de los ciudadanos queden protegidos frente a ataques que los cercenen. Por tanto, no sería muy democrático que el Estado no confiriese una adecuada tutela penal cuando se conculcaren tales bienes jurídicos. Y, claro está que, si vetáramos la posibilidad de imponer penas que fuesen "más aflictivas", el Estado estaría renunciando a esa función esencial para la protección de sus ciudadanos. Siguiendo la tesis de la citada autora, para ser muy "democráticos" deberíamos castigar el asesinato (estimamos) con una pena de prisión de hasta diez años (o quizás de cinco, no sabemos), lo que debería conducir a una rebaja del resto de penas para otros delitos menos graves, sustituir muchas de las penas de prisión previstas por otras alternativas, despenalizar un sinfín de conductas y/o reconducirlas al ámbito civil o administrativo. Ahora bien, ese supuesto logro de mayores cuotas de democracia se habría conseguido despojando al Estado de uno de sus principales mecanismos de mantenimiento del orden social; y, entonces, ya no sabríamos si eso se parecería más que a un Estado democrático a la jungla.

No obstante lo anterior, si bien consideramos que la PPR es una pena que debe quedar reservada para aquellos delitos más graves, entendemos que (siendo el CP español uno de los más severos de Europa) en algún momento debería acometerse una reforma de las penas asignadas a determinadas infracciones que no representan una

---

do, GRUPO DE ESTUDIOS DE POLÍTICA CRIMINAL: *Revisión y actualización...*, *op. cit.*, p. 176.

17 ACALE SÁNCHEZ, M.: *La prisión permanente revisable...*, *op. cit.*, p. 60.

gran quiebra de la convivencia social, suavizando así la respuesta penal.

Apunta GONZÁLEZ CUSSAC que "la pena en el Estado de Derecho se entiende como la imposición de un mal necesario al infractor (privación de sus derechos) con la función de tutelar derechos y libertades. Cualquier otra justificación no satisface los fines de justicia sino los de venganza. Por ello, la imposición de una pena entendida como venganza lesiona la dignidad mínima de la persona y entonces carece de justificación alguna en un sistema democrático, aunque esté respaldada por la mayoría"[18]. En nuestra opinión, al citado autor le asiste toda la razón: no puede ser de otra forma en un Estado democrático. Sin embargo, discrepamos de él cuando entiende que esto es lo que sucede con la PPR, y por ello se refiere a la "baja calidad real de la democracia española". En similares términos se pronuncia VIVES ANTÓN cuando sostiene que "es precisa una reflexión sobre la necesidad de la prisión permanente revisable pues, tal y como está proyectada, desvela la baja calidad real que cabe atribuir hoy a la democracia española", pues, a su juicio, "sólo aparentemente, cumple la exigencia material de proporcionar al penado una expectativa real de libertad y reinserción"[19].

En nuestra opinión, el legislador cuenta con legitimidad democrática suficiente para prever penas que contengan mayor carga aflictiva siempre y cuando la contundencia de la respuesta se adecue (se ajuste) a la magnitud de unos hechos (que revistan una especial gravedad); y, no se produzca una restricción de la libertad inasumible. Esto es lo que sucede, a nuestro juicio, con la PPR, cuya inclusión se debe a la materialización de una decisión política que

---

18 GONZÁLEZ CUSSAC, J. L.: "Prefacio", en GONZÁLEZ CUSSAC, J. L. (Dir.): *Comentarios a la Reforma del Código Penal de 2015 (2ª edición)*, Valencia, Tirant lo Blanch, 2015, p. 19.

19 VIVES ANTÓN, T.S.: "La dignidad de todas las personas", en ARROYO ZAPATERO, L.; LASCURAÍN SÁNCHEZ, J.A. y PÉREZ MANZANO, M. (Eds.): *Contra la cadena perpetua*, Cuenca, Ediciones de la Universidad de Castilla-La Mancha, 2016, p. 181.

considera necesario tutelar (con la pena más severa que dentro de los límites constitucionales se pueda imponer) aquellos bienes jurídicos más preciados frente a los ataques más despreciables. Pero, no consideramos que pueda apreciarse con la introducción de esta pena (en 2015) un ánimo de venganza. El dato por muchos relativizado (aun cuando constituye uno de los ejes sobre los que pivota la admisibilidad constitucional de esta pena) de que sea revisable no sólo formalmente (de iure), sino porque las circunstancias que se exigen son realizables (de facto), denota que el legislador no pretende aniquilar la dignidad de los condenados a esta pena. Ni lo persigue, ni constitucionalmente se le permite (art. 10 CE). Menos aún cuando se contempla un régimen de permisos de salida, acceso a tercer grado, excarcelación por motivos humanitarios, la no aplicación de un régimen penitenciario (de cumplimiento de la pena) más restrictivo que al de los penados comunes, o el mantenimiento de las comunicaciones y visitas, entre otras razones que se esgrimirán a lo largo de este trabajo.

Como tendremos ocasión de desarrollar en el apartado correspondiente, el principal escollo que se esgrime para evidenciar el carácter poco (o nada) democrático de la PPR es que, en aquellos casos donde no se conceda la revisión, será perpetua. Efectivamente, éste es (de todos) el aspecto que más dudas genera. Sin embargo, como veremos, la PPR no infringe dicho principio desde el momento en que no prevé una prisión perpetua indiscriminada. Sino que se mantiene para quienes no muestran evidencia alguna de capacidad para vivir nuevamente en sociedad. Así las cosas, para nosotros, el mecanismo de la revisión es el que permite sortear la tacha de pena contraria a la dignidad de las personas. Sin olvidar que para estos casos siempre cabrá la posibilidad de conceder el indulto en cualquiera de sus tres modalidades: a instancias de la administración penitenciaria, del juez o tribunal, o del propio Gobierno. Y, aunque no quepa tenerse en cuenta para medir dicho parámetro, también cabría aludir a la posibilidad que contempla el CP de excarcelación anticipada por motivos humanitarios (enfermedad o avanzada edad).

Evidentemente, no podemos negar el salto cualitativo que supone la introducción de esta sanción, pues, dota, a todas luces, de mayor severidad al sistema de penas. Se puede criticar la decisión político-criminal: porque toda decisión de esta índole queda, naturalmente, sujeta al escrutinio público. Y, para ello, se podrán tener en consideración los más variados argumentos o factores. Y, discutir también sobre la técnica legislativa empleada (esto es, la concreción legal de esa decisión). Pero, no asociar, desde nuestro punto de vista, la presencia de esta institución en nuestro ordenamiento jurídico con una baja calidad de nuestra democracia. En todo caso, la crítica que puede hacerse a esta pena es por el choque que puede suponer con ciertos principios humanistas (ilustrados). Así pues, no cabe duda de que el sistema de penas de un país es un buen reflejo de la "calidad democrática" del mismo, pero, afortunadamente, la democracia no sólo es ni puede identificarse con esto. La democracia se compone de otros muchos aspectos; y, precisamente por esto, no creo que quepa atribuir a nuestro país una baja calidad democrática. Si así fuera, llegaríamos a la conclusión de que países de nuestro entorno como Alemania, Francia o Italia también adolecen de una baja calidad democrática. Y no creemos que ello sea así. No digamos ya otros países como los EE.UU donde en algunos estados se prevé, como sabemos, la pena de muerte; y, donde incluso se permite imponer la prisión perpetua —no revisable— a menores de dieciocho años[20].

Eso sí, por motivos obvios, estimamos que la PPR es la última vía a la que puede recurrir el legislador español para la represión de ciertas conductas delictivas. Nuestra Constitución impide ir más allá. Es, pues, el límite infranqueable que todavía permite reconocer a nuestro país como un Estado Social y Democrático de Derecho.

---

20 *Vid.*, sobre esta última cuestión, BARQUÍN PANCORBO, Á.: "Prisión perpetua para menores en la jurisprudencia constitucional estadounidense. De *Roper* a *Jones*", *Revista Electrónica de Ciencia Penal y Criminología*, 2022, núm. 24-6, pp. 1-24.

Ahonda en las críticas BENÍTEZ SÁNCHEZ, para quien "la prisión permanente revisable es una pena revestida de elementos que la hacen parecer como adaptada a los nuevos tiempos pero que conserva la esencia de la vieja respuesta de riguroso control perpetuo sobre el peligroso. Encajar esas nuevas formas de reacción en un Estado de Derecho y democrático resulta imposible, porque los parámetros garantistas en los que se basa este último son frontalmente opuestos a estas formas excepcionales de enfrentarse a la criminalidad y porque con la pena de prisión permanente revisable se despersonaliza a un individuo para proteger a una mayoría, lo que resulta insostenible desde el respeto a los derechos humanos y ello porque atenta contra el valor universal de persona y el respeto a la dignidad humana"[21].

El argumento que emplea el autor referido a la despersonalización que (según él) causa la PPR, y que se concibe necesaria para proteger a una mayoría, resulta predicable, en realidad, de cualquier pena de prisión; especialmente, de las más graves. Lo cual nos conduciría a propugnar la abolición de éstas. Pero, esto no es posible, salvo que se abogue por la renuncia del Estado a su función de tutela de bienes jurídicos. Claro está que toda pena de prisión —por mínima que sea— afecta a la dignidad de la persona (entre otras cosas porque se le está privando de su libertad, elemento indisociable a la dignidad humana, y uno de los pilares en que descansa ésta). Lo que sucede es que unas afectan más que otras. Las de mayor duración, naturalmente, más. La PPR estaría entre estas últimas. Pero, la cuestión en un Estado democrático como el nuestro es: ¿qué grado de afectación a la dignidad puede tolerarse? A nuestro juicio, como tope, el que supone la PPR. Es la máxima restricción de la libertad que en nuestro Estado puede tolerarse. Cualquiera otra medida que fuera más allá estaría ocasionando un mayor sacrificio o daño que el

---

21 BENÍTEZ SÁNCHEZ, C.: "Sobre el fenómeno intensivo de la exclusión jurídica de los enemigos. Especial referencia a la prisión permanente revisable española, *Revista Crítica Penal y Poder*, núm. 15, 2018, p. 38.

beneficio que de dicha restricción de libertad acabara reportando. Y, esto, sí que no podría consentirse.

Tampoco estamos de acuerdo con BENITEZ SÁNCHEZ en que se trate de una "forma excepcional de enfrentarse a la criminalidad". Puede decirse, y es, un endurecimiento claro de la respuesta penológica frente a determinadas formas de criminalidad. Pero excepcional no. Y, de igual modo, tampoco podemos mostrar nuestra conformidad con afirmaciones como la siguiente: "estas manifestaciones enemistas suponen un retroceso porque el resultado de estos nuevos mecanismos de lucha contra la delincuencia recuerda demasiado al que provocaron las legislaciones de excepción y de combate empleadas por los regímenes totalitarios y porque los tiempos revueltos, las crisis económicas y los momentos de excepcionalidad política no pueden servir como pretexto para la inclusión de una legislación autoritaria y de emergencia —que como advierte la doctrina nace con carácter transitorio pero termina por instalarse permanentemente (...)— que destruya los logros conseguidos hasta la fecha en relación con el Estado Social y Democrático de Derecho que tantas vidas y condenas supuso en el reciente pasado predemocrático de este país"[22]. En nuestra opinión, cuestionar el carácter democrático del Estado (como si evocara tintes autoritarios) por disponer de esta pena creo que muestra un enorme desconocimiento sobre lo que de verdad es un régimen no democrático o autoritario (máxime cuando, por desgracia, nuestro país sabe lo que es eso). Por tanto, creo que hacer dicha asociación es un tremendo error. Y, sobre todo, se trata de afirmaciones exageradas que en modo alguno se corresponden con la realidad.

---

[22] *Idem.*

4. DOS NOTAS QUE NO PODÍAN FALTAR: LA PRISIÓN PERMANENTE REVISABLE COMO EJEMPLO DE DERECHO PENAL SIMBÓLICO Y DEL ENEMIGO

La doctrina ha coincidido en atribuir a la PPR un efecto o carácter simbólico[23]. Calificándola, incluso, de "perversa utilización" del Derecho penal simbólico[24].

Para MAPELLI CAFFARENA, "la PPR por su gravedad inhumana tiene una fuerza simbólica de sometimiento extraordinario y tiene como destinatario no solo los delincuentes por convicción o los criminales en serie, sino la propia sociedad, expresando de modo muy elocuente algunos fracasos que conviene destacar. Con independencia de que para algunos tipos de delincuentes no haya más opciones posibles, las actitudes punitivistas de una sociedad con una profunda crisis de valores, como la nuestra, desde luego, hacen más propenso su empleo simbólico para dar satisfacción a la demanda de un Derecho penal más duro. El miedo al crimen se traduce en ocasiones en una conciencia de fragilidad social de nuestra vida colectiva. La cuestión para muchos trasciende de un problema político de mayor o menor control. Los cambios vertiginosos de nuestra sociedad generan una crisis y ansiedad colectiva; ansiedad que viene condicionada entre otros factores por razones de género, de edad, de raza, de cultura, de nacionalidad, socioeconómicas, de victimización, etc. El ciudadano acude al Estado cada vez con mayor frecuencia para garantizarse el empleo, la vivienda, la salud, etc. Pero esta dependencia se traduce también en una mayor sensación de inseguridad e impotencia. La seguridad se ha convertido en el gran

---

23 *Vid.*, por todos, CÁMARA ARROYO, S. y FERNÁNDEZ BERMEJO, D.: *La prisión permanente revisable: el ocaso del humanitarismo penal y penitenciario*, Cizur Menor, Thomson Reuters-Aranzadi, 2016, p. 242. Y JUANATEY DORADO, C.: "Una «moderna barbarie»: la prisión…", *op. cit.*, p. 12.

24 Así CARBONELL MATEU, J. C.: "Prisión permanente revisable…", *op. cit.*, p. 220. Y GRUPO DE ESTUDIOS DE POLÍTICA CRIMINAL: *Revisión y actualización…*, *op. cit.*, p. 176.

valor que inspira todas las políticas. La necesidad imperiosa destinada tanto a garantizar lo que se posee como a reducir la angustia que se siente frente a la incertidumbre del mañana, ha sido hábilmente traducida en necesidad y, consiguientemente, en consumo. Toda una industria de la seguridad se ha desarrollado vertiginosamente en Europa y la industria penológica no iba a quedarse rezagada. ¿Sería suficiente para satisfacer esas necesidades simbólicas una PPR sometida a rigurosos criterios de excepcionalidad? Con toda probabilidad la respuesta más acertada es que estos objetivos demandan una mayor expansión. Lamentablemente no conocemos ningún caso en los que el legislador haya sido capaz de mantener su compromiso de excepcionalidad, sino que, por el contrario, trascurrido un tiempo tras la entrada en vigor del modelo legitimante comienza a expandirse a otros supuestos en los que los argumentos originales se diluyen. Estos modelos de penas se plantean implícitamente como el único modelo posible de política criminal y, en este sentido, vendría a satisfacer a sectores involucionistas de la sociedad para quienes los conflictos sociales solo tienen una forma de resolverse. Enemigos de soluciones trasversales y más conciliadoras, saben que la fuerza simbólica de la cadena perpetua arrastra tras de sí a todo el sistema penal y saben que existe una suerte de regla de proporción invertida, según la cual, cuanto más se endurece el código con este tipo de penas (pena capital, cadena perpetua, penas de larga duración) más se debilitan otras alternativas. Al elevar el techo de la pena más grave se está elevando en idéntica proporción la gravedad de todo el sistema y, a la inversa, se pone en cuestión la utilidad de las alternativas a la prisión y las nuevas penas"[25].

En esta línea, señala FUENTES OSORIO que "la prisión permanente es un instrumento de acción simbólica que da respuesta a una

---

[25] MAPELLI CAFFARENA, B.: "Política criminal y prisión permanente revisable", en MUÑOZ SÁNCHEZ, J.; GARCÍA PÉREZ, O.; CEREZO DOMÍNGUEZ, A. I. y GARCÍA ESPAÑA, E. (Dirs.): *Estudios político-criminales, jurídico-penales y criminológicos. Libro Homenaje al Profesor José Luis Díez Ripollés*, Valencia, Tirant lo Blanch, 2023, pp. 1100-1101.

percepción mayoritaria de benevolencia (demuestra la capacidad de reacción del legislador y su voluntad de no hacer concesiones a los delincuentes)"[26]. En sentido similar se pronuncia BERNAL DEL CASTILLO cuando alude a que "lo que no se puede es atribuir a la pena un efecto milagroso ni tampoco otorgarle un papel central en la restauración o construcción de la seguridad y el respeto de los valores sociales, porque éstos no dependen de la eficacia justiciera del Estado, sino principalmente de la implementación de otro tipo de medidas de política social y económica, distintas de las punitivas. Por ello, atribuir un papel de tal envergadura a la prisión permanente revisable y, en general, a las penas privativas de libertad de larga duración es, en mi opinión, un error y una manifestación de una política criminal simbólica"[27]. Así también, para MARTÍN ARAGÓN, "se trata de un castigo simbólico cuya única finalidad es proyectar una imagen de eficacia más que alcanzarla de manera real"[28]. Aduciendo del mismo modo RÍOS MARTÍN que "se trata de una utilización simbólica del derecho penal para la creación de una falsa seguridad ciudadana"[29]. O, como expresa CORRECHER MIRA, "la eficacia preventiva de esta medida, más que real, se enmarca en una lógica de castigo marcadamente simbólica"[30].

A nuestro juicio, la PPR puede calificarse de lo que se quiera, pero, si hay algo que no puede afirmarse de ella es que constituya un ejemplo más de Derecho penal simbólico. Podríamos asumir esa acepción si la PPR a pesar de su nombre hubiere sido configura-

---

26 FUENTES OSORIO, J.L.: "¿La botella medio llena o medio vacía? La prisión permanente: el modelo vigente y la propuesta de reforma", *Revista de Derecho Constitucional Europeo*, núm. 21, 2014, p. 317. En idéntico sentido, PONCELA GARCÍA, J. A.: "La prisión…", *op. cit.*, p. 404.

27 BERNAL DEL CASTILLO, J. B.: "La pena de prisión permanente revisable: una aproximación", en ROCA DE AGAPITO, L. (Dir.): *Un sistema de sanciones penales para el siglo XXI*, Valencia, Tirant lo Blanch, 2019, pp. 248-249.

28 MARTÍN ARAGÓN, M. M.: *Del cumplimiento íntegro…*, *op. cit.*, p. 453.

29 RÍOS MARTÍN, J.: *La prisión perpetua…*, *op. cit.*, p. 77.

30 CORRECHER MIRA, J.: "Nuevas perspectivas en la ejecución de la pena privativa de libertad: la privatización de las prisiones", *Estudios penales y criminológicos*, núm. 34, 2014, p. 358.

da, por ejemplo, con un régimen más benévolo que otras penas ya existentes y hubiere sido utilizada por el legislador para distraer o sofocar ciertas presiones o demandas; o, si se hubiera previsto para delitos que difícilmente pudieran cometerse, de tal forma que su aplicación fuere mínima o casi anecdótica. Pero, desgraciadamente, el impacto y los efectos que tiene esta pena (la más grave de nuestro sistema) sobre quienes la padecen son más que evidentes. De forma que, una pena que supone tal grado de afección sobre la libertad no puede tildarse, precisamente, de simbólica[31]. Y tampoco puede calificarse de tal una pena cuya imposición se prevé prioritariamente para determinados tipos de asesinato (que son los que de momento copan la totalidad de condenas a PPR), por mucho que también se contemple para otra serie de delitos que raramente veamos alguna vez[32].

Que, según los autores citados más arriba, la PPR se utilice para trasladar un mensaje intimidatorio elocuente pero poco eficaz para la prevención de delitos; para transmitir una falsa sensación de

---

31 Efectivamente, no pueden obviarse las drásticas consecuencias que se proyectan sobre los condenados a PPR por mucho que, como apunta FERRER GARCÍA, su aplicación sea residual al quedar reservada a supuestos de especial gravedad. *Cfr.* FERRER GARCÍA, A.: "La prisión permanente revisable a revisión", *Cuadernos penales José María Lidón*, núm. 12, 2016, p. 14. De hecho, aunque en comparación con el total de condenas, las relativas a PPR sean en número pocas, no puede olvidarse que esta pena está siendo aplicada por nuestros Tribunales.

32 No estamos por tanto de acuerdo en situar en el mismo nivel de "simbolismo" delitos como los relativos a la muerte del Rey o del Príncipe heredero, muerte de Jefe de Estado, de genocidio o lesa humanidad, junto con los asesinatos de menores de 16 años o de personas especialmente vulnerables por razón de la edad o discapacidad, los subsiguientes a un delito contra la libertad sexual, los cometidos por quien perteneciere a una organización o grupo criminal, los cometidos en serie, incluso los de terrorismo. Así lo considera también DOMÍNGUEZ IZQUIERDO, E. M.: "El nuevo sistema de penas a la luz de las últimas reformas", en MORILLAS CUEVA, L. (Dir.): *Estudios sobre el Código Penal reformado (Leyes Orgánicas 1/2015 y 2/2015)*, Madrid, Dykinson, 2015, pp. 141-142. En sentido contrario, CORRECHER MIRA, J.: "Nuevas perspectivas...", *op. cit.*, p. 358.

mayor seguridad ciudadana; o, para atender ciertas demandas de la sociedad o de algunos colectivos, podría llevarnos a calificar de populista, demagógica u oportunista dicha medida. Pero, en ningún caso, de "simbólica".

Por todo ello, a nuestro juicio, la única connotación simbólica que puede predicarse respecto de la PPR es la que utiliza MUÑOZ CONDE cuando se refiere a que "se puede decir que en los países en los que existe, la prisión perpetua, a pesar de su nombre, no es efectivamente perpetua, permitiendo que el condenado pueda contribuir a su hipotética liberación dando pruebas de que puede volver a una vida en libertad sin delitos y mostrando voluntad de reinsertarse. En la medida en que exista esa posibilidad la prisión perpetua sólo lo es de nombre, pero no en la práctica, teniendo su mantenimiento en el catálogo del sistema de penas un valor más simbólico que real"[33].

En otro orden de cosas, la doctrina también ha coincidido en caracterizar a la PPR como una manifestación de Derecho Penal del enemigo[34]. Así, por ejemplo, algunas autoras sostienen que esa corriente es la que subyace y fundamenta esta pena[35]. Apunta CASALS FERNÁNDEZ que "esta nueva institución constituye una expresión del Derecho penal del enemigo, en la medida en que los elementos que se exigen para su revisión se hayan configurados a modo de

---

33 MUÑOZ CONDE, F.: "Algunas reflexiones sobre la pena de prisión perpetua y otras sanciones similares a ellas" en FERNÁNDEZ TERUELO, J. (Dir.): *Estudios penales en Homenaje al Profesor Rodrigo Fabio Suárez Montes,* Oviedo, Constitutio Criminalis Carolina, 2013, pp. 450.

34 *Vid.*, por todos, RÍOS MARTÍN, J.: *La prisión perpetua…*, *op. cit.*, p. 54. CARBONELL MATEU, J. C.: "Prisión permanente revisable…", *op. cit.*, pp. 220-221. Y GRUPO DE ESTUDIOS DE POLÍTICA CRIMINAL: *Revisión y actualización…*, *op. cit.*, p. 176.

35 *Cfr.* CASALS FERNÁNDEZ, Á.: *La prisión permanente revisable*, Madrid, Agencia Estatal Boletín Oficial del Estado, 2019, p. 145. Y COLOMO IRAOLA, H.: "La pena interminable: una reflexión crítica sobre la prisión permanente revisable a propósito de la STC 169/2021, de 6 de octubre", *Revista de Derecho Penal y Criminología*, núm. 28, 2022, p. 44.

impedimentos con los que no se persigue sino dificultar la salida de prisión de determinados delincuentes enemigos de la opinión pública y hasta del propio legislador"[36]. En línea con lo anterior, COLOMO IRAOLA defiende que "el solo hecho de que se diseñe una pena específica, en este caso, la prisión permanente revisable, para un perfil muy concreto de sujeto activo, hace que se genere una desconfianza irretornable hacia todo aquel sujeto que cometa este tipo de delitos (asesinatos especialmente graves, homicidio del Jefe del Estado o de su heredero, de Jefes de Estado extranjeros y en los supuestos más graves de genocidio o de crímenes de lesa humanidad). Parece que el legislador o legisladora parte de la base de que estas personas nunca van a cambiar, por mucho que estén toda una vida en prisión"[37]. Concluyendo que "es difícil defender la legitimidad de un Derecho penal del enemigo en los parámetros de un estado social, democrático y de Derecho"[38].

En nuestra opinión, el concepto de Derecho penal del enemigo empieza a estar muy manido. Se recurre a él con demasiada frecuencia para criticar la disconformidad con cualquier reforma penal y se corre el riesgo de desnaturalizarlo hasta el punto de hacerlo irreconocible. Se vacía de contenido y todo pasa a ser Derecho penal del enemigo. Si el primero de los argumentos para identificar dicha concepción tras la PPR es que se aplica a unos sujetos muy concretos (personas que acaban con la vida de otras en determinadas circunstancias) lo cierto es que todo el Código Penal en sí sería Derecho penal del enemigo (asesinos, violadores, secuestradores, ladrones, maltratadores, etc.). El CP, en nuestro caso, al regular la PPR no atribuye mayor penalidad a unos sujetos por identificarlos con determinado colectivo o perfil sino en atención a los hechos

---

36 CASALS FERNÁNDEZ, Á.: "La ejecución penitenciaria de la pena de prisión permanente revisable", *Anuario de Derecho Penal y Ciencias Penales*, núm. 72, 2019, pp. 696-697.

37 COLOMO IRAOLA, H.: "La pena interminable…", *op. cit.*, p. 47.

38 *Idem*.

que han llevado a cabo[39]. La cuestión, sin embargo, radica en si ese trato más severo para determinados supuestos queda o no justificado (como consideramos así es). Así pues, el mito de que la PPR constituye un ejemplo más de Derecho penal del enemigo empieza a desmontarse desde el momento en que, por ejemplo, no está prevista únicamente para terroristas o miembros de grupos u organizaciones criminales (que es el clásico argumento que se emplea). Sino para otro "tipo de sujetos". Claro que, ahora, algunos dirán que cada vez son más los enemigos...y que esto hace ya irreconocible al Estado democrático de Derecho. El Derecho Penal no castiga más o menos en función de lo que uno sea o deje de ser, sino que depende de los hechos que se hayan perpetrado y su gravedad. Por tanto, aquí lo que se prestará a discusión es si en determinados supuestos se entiende que el legislador otorgue mayor penalidad a unos hechos sobre otros (esto es, que quede justificado).

En el caso de la PPR, se observan las siguientes asimetrías (sin que de ello quepa deducirse que no responden a un criterio razonable):

- se prevé unos plazos distintos para la obtención de permisos de salida en supuestos de terrorismo (no en el caso de grupos u organizaciones criminales)
- se prevé unos plazos de acceso al tercer grado mayores en terrorismo (no en el caso de grupos u organizaciones criminales)
- se prevé una ampliación de los periodos de acceso al tercer grado en supuestos concursales cuando se tratase de delitos referentes a organizaciones y grupos terroristas y delitos de

---

39 Tan sólo podemos reconocer, parcialmente, dicha caracterización en uno de los supuestos que el CP castiga con PPR: el asesinato cometido por quien perteneciere a una organización o grupo criminal. Repárese, a este respecto, que, en el caso de terrorismo, la imposición de la PPR por la muerte de una o varias personas no se hace depender de si el "terrorista" pertenece o no a una organización de estas características.

terrorismo o cometidos en el seno de organizaciones criminales

- se prevé también mayores plazos de revisión en los supuestos anteriores

En cambio, el plazo de revisión en delitos de terrorismo y organizaciones o grupos criminales (cuando no concurran con otras infracciones) es el mismo que para el resto (25 años).

Por otro lado, el legislador no ha ideado una pena para eliminar o aislar del sistema (inocuizar) a determinado tipo de delincuentes (el "enemigo"). Entre otras cosas porque, como resulta evidente, ello no es posible en un Estado democrático y de Derecho (nuestra Constitución lo impide). Y no lo hace porque la regulación contempla un mecanismo de revisión (liberación anticipada); la posibilidad de obtener previamente el tercer grado (esto es, acceder al régimen de semi-libertad); y, de disfrutar de permisos de salida (entre otros). De forma que, el sistema ha habilitado mecanismos que permiten a quien esté en condiciones de regresar a la sociedad poder hacerlo (aunque haya cometido el más atroz de los crímenes).

Las críticas serían acertadas si el legislador hubiere pretendido introducir en nuestro ordenamiento, de forma indiscriminada, una prisión perpetua sin posibilidad de revisión. Pero, desde el momento en que la posibilidad de permanecer encerrado de por vida en una prisión sólo se contempla para quienes no hayan mostrado ninguna señal de aptitud para vivir de nuevo en sociedad, no creemos que se trate de una opción que un Estado social, democrático y de Derecho no pueda albergar. Al revés, tiene sentido que así sea para proteger a sus ciudadanos. Por último, no debe olvidarse que el proceso de revisión queda revestido en nuestro caso de todas las garantías procesales propias de un Estado democrático como el español. Que, además, la resolución será recurrible. Y, que podrá acudirse tanto al TC, como al TEDH, cuando se produzcan aplicaciones de la PPR desviadas del texto de la ley. Sólo el tiempo nos dará o quitará la razón sobre si —como creemos— se producirán revisiones y, en consecuencia, por efecto de lo anterior, excarcelaciones. Entonces la PPR dejará de ser vista como una manifestación más del llamado (por cierto, de forma horrenda) "Derecho penal del enemigo". Sólo confiamos en no estar tan equivocados como todos aquellos que en su momento vaticinaban la inconstitucionalidad de la PPR.

Cuestión absolutamente distinta para nosotros es la legitimidad que puede (o no) ostentar el Estado para configurar reglas procesales extraordinarias (o excepcionales) para ciertas tipologías de delincuentes, pero, esa es una cuestión que excede sobremanera el objeto de estudio de este trabajo.

5. VÍCTIMAS, DEMANDA SOCIAL Y MEDIOS DE COMUNICACIÓN: SU INCIDENCIA EN LA APROBACIÓN DE LA PPR

El colectivo de víctimas se ha erigido en los últimos tiempos como un potente *lobby* acelerador de la política criminal de nuestro país. Los ejemplos que podrían citarse son muchos y, sin duda, la PPR no constituye una excepción. Con todo, en nuestra opinión, el papel que las víctimas debieran tener en la confección de una concreta decisión político-criminal debiera ser limitado; y, por supuesto, no tener un papel preminente por encima de otros actores, intereses y razones. Es por ello por lo que estamos absolutamente de acuerdo con ACALE SÁNCHEZ cuando afirma que "el respeto que merece el dolor de las víctimas debería determinar que se dejaran al margen del mercadeo de los votos"[40]. Debiéndonos plantear, como hace la citada autora, si "es oportuno que las víctimas sean «la fuente» de canalización de los sentimientos de la sociedad y, por tanto, convertirse en la conciencia de la política criminal de orientación, porque no podrán ser objetivas precisamente por el dolor que les ha causado el delito. Y una política criminal «subjetivizada» de esta

---

40 ACALE SÁNCHEZ, M.: *La prisión permanente revisable...*, *op. cit.*, p. 40.

forma es una política criminal orientada a la satisfacción de la necesidad de las víctimas, no a la protección de bienes jurídicos"[41].

Coincidimos también con el GEPC cuando sostiene que "esta pena, prevista para supuestos de «excepcional gravedad», obedece, en gran medida a la influencia determinante ejercida en el proceso de toma de decisiones legislativas por grupos de presión de víctimas, movidas, como es comprensible, por el deseo de venganza y de que los asesinos terroristas, por emplear una de las expresiones que frecuentemente utilizan, «se pudran en las cárceles»; pero estos deseos no deberían ser asumidos —como desgraciadamente si lo ha sido—, por un Estado democrático de Derecho, en el que las penas deben estar orientadas a la resocialización del delincuente e informadas por criterios estrictos de lo que sea preciso para cumplir los objetivos propios de la prevención general y especial. Por otra parte, esta pena también obedece al enorme eco que han logrado alcanzar en los medios de comunicación, y también cerca de los partidos políticos —tanto los que apoyan al gobierno como los de la oposición—, los padres de menores asesinadas después de haber sido objeto de delitos contra la libertad sexual"[42].

Apunta GIMBERNAT ORDEIG que la existencia de dos grupos de presión como son las asociaciones de víctimas del terrorismo, y padres de víctimas de 18 o menos años de edad (casos Marta del Castillo, Diana Quer, entre otros) han conseguido que el legislador incorporara al CP, íntegramente, sus pretensiones punitivas[43]. Destacando que "todas esas movilizaciones de esos grupos de presión no habrían sido suficientes para introducir esas extremas reformas penológicas en el CP, si no se hubieran visto espectacularmente reflejadas —y apoyadas— en los medios de comunicación"[44]. Señala

---

41 *Ibid.*, p. 87.

42 GRUPO DE ESTUDIOS DE POLÍTICA CRIMINAL: *Revisión y actualización…*, *op. cit.*, p. 168.

43 GIMBERNAT ORDEIG, E.: "Contra la prisión permanente revisable", *Anuario de Derecho Penal y Ciencias Penales*, núm. 71, 2018, p. 494.

44 *Ibid.*, p. 495.

a este respecto GONZÁLEZ COLLANTES que "familiares de víctimas de los delitos más graves y atroces se atribuyen el derecho a decidir el castigo a imponer y no sólo el *establishment* mediático se encarga de alentar sus deseos vindicativos y de extenderlos al resto de la ciudadanía, también lo hace el *establishment* político"[45].

Resalta MARTÍN ARAGÓN que "el uso y abuso del sufrimiento de las víctimas es un argumento al que los partidos en la oposición no pueden oponerse, y esto sumado a la enorme productividad que en término de votos significa este lema político, convierte a esta «política criminal» en una apuesta segura a la hora de diseñar una campaña electoral. Los partidos adoptan esta postura «victimagógica» que les resulta especialmente rentable, ya que no solo atraen a las víctimas y su entorno, sino a todas aquellas personas que se pueden sentir identificadas con ellas, esto es, una gran parte de la sociedad. Resulta más fácil posicionarse en el lado de la persona que sufre que en el de quien causa el dolor. Los dirigentes políticos lo saben y se aprovechan de esta circunstancia. La víctima se cosifica y se utiliza en un momento y con un fin determinado, ganar votos en unas elecciones. Lo que implica que es necesario ofrecerles una «solución» rápida y que les pueda resultar «justa» y «eficaz» y si esto pasa por incluir en las reformas legislativas sus reclamaciones personales, así se hace, sean o no compatibles con nuestro ordenamiento jurídico"[46]. Ahora bien, como señala la citada autora, "con esto no se quiere decir que las reclamaciones de los grupos de víctimas o de víctimas individuales no tengan importancia, todo lo contrario, es crucial tener en cuenta qué tipo de necesidades acusan"[47]. Pero, "manipularlas con promesas de respuestas simbólicas que se redu-

---

45 GONZÁLEZ COLLANTES, T.: "¿Sería inconstitucional la pena de prisión permanente revisable?", *ReCrim*, 2013, núm. 9, p. 9.

46 MARTÍN ARAGÓN, M.M.: "La prisión permanente revisable: crónica de una derogación anunciada", en DE LA CUESTA AGUADO, P.M., et al.: *Liber amicorum. Estudios jurídicos en homenaje al Prof. Dr. Dr.h.c Juan Mª Terradillos Basoco*, Valencia, Tirant lo Blanch, 2018, p. 447.

47 *Idem*.

cen al incremento de las penas de prisión no supone ningún tipo de reconocimiento a su condición, ni de respeto a su dolor"[48].

De forma que, como manifestara VIVES ANTÓN, "poner a las víctimas como eje de la política criminal es un error ético, pues o es exigirles una imparcialidad y objetividad imposible para ellas o es plegarse a una idea de la justicia distinta de la que debería imperar en una sociedad racional"[49]. Señalándose que "pedir a las víctimas un discurso razonable es pedir lo que puede resultar imposible para ellas. Pero, la pena es del Estado"[50].

Por otro lado, como sostiene RODRÍGUEZ YAGÜE, "la regulación contenida en el Estatuto de la Víctima provoca una interferencia en el monopolio estatal en el ejercicio del *ius puniendi* y en perjuicio de la finalidad reeducadora y resocializadora de las penas privativas de libertad del art. 25.2 CE, al permitir que en la fase de ejecución se legitimen a más sujetos que el Ministerio Fiscal y el propio penado"[51]. Y, ello, "sin valorar el impacto evidente que sobre la víctima puede tener su perpetuación como tal durante varias décadas"[52]. En esta línea, para ACALE SÁNCHEZ, "el Derecho Penitenciario es una rama del ordenamiento jurídico en virtud de la cual el Estado, que es el titular del *ius puniendi*, articula la privación del bien más importante del que dispone una persona después de la vida: la libertad. La víctima no puede reclamar más que castigo, lo que difícilmente es conciliable con el Derecho penitenciario

---

48 *Ibid.*, p. 448.

49 VIVES ANTÓN, T.S.: "La dignidad de todas las personas", *El País*, 30 de enero de 2015. Publicado también en: "Política criminal democrática, prisión permanente revisable y dignidad de la persona", en CUERDA ARNAU, M. L. (Compiladora): *Pensar la libertad. Últimas reflexiones sobre el Derecho y la Justicia*, Valencia, Tirant lo Blanch, 2019, pp. 519-522.

50 VIVES ANTÓN, T.S.: "La injerencia, el error y el silencio", *El País*, 1 de abril de 2010.

51 RODRÍGUEZ YAGÜE, C.: *La ejecución de las penas de prisión permanente revisable y de larga duración*, Valencia, Tirant lo Blanch, 2018, p. 220.

52 *Ibid.*, p. 225.

que tiene que estar orientado a la reinserción social"[53]. Así, "una vez que la víctima haya visto su responsabilidad civil satisfecha, su papel debe terminar. De lo contrario, la víctima sigue perpetuando sus necesidades de venganza"[54].

En definitiva, no se trata de que no se les deba escuchar o se infravaloren sus propuestas. Llegado el caso, pueden ser tomadas en consideración, pero, en su justa medida. La voluntad de unos pocos no puede sustituir la voluntad de la mayoría, ni condicionar *per se* la capacidad política del legislador (esto tornaría el Estado en autoritario). Ceder a tales presiones sienta un mal precedente, que puede convertirse en un círculo vicioso y un reclamo constante para otros colectivos. En definitiva, se genera una espiral de la que el legislador difícilmente puede salir (se "captura" al legislador). Ahora bien, naturalmente, al margen de las presiones de ciertos colectivos (incluido el de víctimas) el legislador puede adoptar una determinación coincidente en el mismo sentido que el que puedan proponer aquéllas, pero, ésta deberá fundamentarse en otras razones que permitan identificarla como una decisión político-criminal adoptada por él. A las víctimas hay que apoyarlas económicamente, proporcionarles asistencia psicológica, asesoramiento, y atender cualquier otra clase de necesidad; pero, no alentar un espíritu revanchista interfiriendo en el proceso legislativo o en el ámbito del proceso penal.

En cuanto al segundo de los aspectos (la demanda social), cabe destacar, como hace MIRÓ LLINARES, que "no existen evidencias científicas serias que demuestren la existencia de un apoyo social a la aplicación de la PPR a supuestos graves. Los estudios de opinión usualmente utilizados y con porcentajes de apoyo abrumadoramente amplios no pueden tomarse como una referencia rigurosa de la percepción social respecto de una pena como la PPR, tanto por las limitaciones metodológicas de los mismos, como por la existencia

53 ACALE SÁNCHEZ, M.: *La prisión permanente revisable…*, *op. cit.*, p. 85.

54 *Ibid.*, p. 84-85.

de una significativa divergencia entre sus resultados y los de otros con metodologías de pregunta más adecuadas a la complejidad de la cuestión, como el aquí propuesto"[55]. Si bien, inmediatamente, el citado autor reconoce que "tampoco los datos de nuestros estudios pueden tomarse como referencia precisa de la opinión social sobre la PPR"[56]. En cualquier caso, el estudio llevado a cabo por MIRÓ LLINARES revela que "simples manipulaciones de los instrumentos de medición, como el cambio de la perspectiva de procesamiento, pueden modificar muy significativamente los juicios de la ciudadanía. Asimismo, es significativo que otra manipulación tan aparentemente inocua como explicar en un caso escenario que la persona ha sido acusada o, en cambio, ha sido declarada culpable de un determinado crimen, haga variar los resultados obtenidos. Pero eso no puede llevarnos a pensar que es imposible conocer tales percepciones sociales, sino a comprender que es difícil hacerlo, aún más por medio de metodologías estadísticas de tipo cuantitativo y aún más si son simplistas"[57].

Como consecuencia de lo anterior, la doctrina ha coincidido nuevamente en definir la introducción de la PPR como ejemplo de "populismo punitivo"[58]. Siendo un rasgo característico de este

---

55 MIRÓ LLINARES, F.: "La demanda social de la prisión permanente revisable: ¿premisa fundada? ¿argumento irrelevante? ¿razón suficiente?, *La Ley Penal*, núm. 138, 2019, pp. 11-12.

56 *Ibid.*, p. 12.

57 *Idem*.

58 Así, por ejemplo, CARBONELL MATEU, J. C.: "Prisión permanente revisable…", *op. cit.*, p. 218. CORRAL MARAVER, N.: *Las penas largas de prisión en España: Evolución histórica y político-criminal*, Madrid, Dykinson, 2015, p. 247. CÁMARA ARROYO, S. y FERNÁNDEZ BERMEJO, D.: *La prisión permanente revisable…*, *op. cit.*, p. 98. Y FRANCÉS LECUMBERRI, P.: "Sobre una pena infame: la Prisión Permanente Revisable. Y su extensión a aquellas de larga duración", en OLIVER OLMO, P. y CUBERO IZQUIERDO, M. C. (Coords.): *De los controles disciplinarios a los controles securitarios*, Cuenca, Ediciones de la Universidad de Castilla-La Mancha, 2020, p. 411.

fenómeno la elevación de las penas de prisión[59]. Se produce así, según PASCUAL MATELLÁN, "una respuesta penal a las ansias de venganza y seguridad que la ciudadanía exige"[60]. De forma que, a juicio de CANCIO MELIÁ, "los agentes políticos que propulsan la reforma no pretenden, en realidad, perseguir ningún objetivo propiamente jurídico-penal, sino quieren obtener la rentabilidad política que piensan alcanzar en una determinada parte de la ciudadanía simplemente por ganarse el título de *duros* con el crimen"[61]. Señala en esta línea GONZÁLEZ COLLANTES que "el delito y el castigo se han convertido en cuestiones electorales importantes. Se crea una sensación irreal de inseguridad que después se pretende frenar recurriendo a las reformas del Código Penal. Desde hace tiempo las decisiones políticas en materia penal están determinadas por la necesidad de encontrar medidas efectivas y populares que pongan de manifiesto que el Estado vela por la seguridad de los ciudadanos respetuosos con las leyes, que no se repliegue frente al delito y que está dispuesto a recurrir a los medios que sean necesarios para combatirlo. En ocasiones incluso parece que se olvida que la política criminal está limitada por la Constitución"[62].

Para GONZÁLEZ CUSSAC, "las políticas sustentadas en promesas de un incremento de la seguridad, entendidas siempre como equivalentes a una mayor severidad del castigo, son ya todo un clásico de los manuales electorales conservadores. Se ocupan titulares y se desvía la atención mediática a estos temas. Además estas iniciativas actúan como banderas de unión y reclamo de electores, fidelizando votos. La respuesta firme frente a la delincuencia, la promesa de seguridad, son un gancho que nunca suele fallar. Aunque en

---

59 BENITO SÁNCHEZ, D.: *Evidencia empírica y populismo punitivo. El diseño de la política criminal*, Barcelona, J.M Bosch Editor, 2020, p. 150.

60 PASCUAL MATELLÁN, L.: "La prisión permanente revisable...", *op. cit.*, p. 63.

61 CANCIO MELIÁ, M.: "La pena de cadena perpetua...", *op. cit.*, p. 7.

62 GONZÁLEZ COLLANTES, T.: "¿Sería inconstitucional...", *op. cit.*, p. 9.

ocasiones no es suficiente para ganar unas elecciones"[63]. En opinión del citado autor, "la respuesta no se encuentra en razones pragmáticas, de necesidad, o de políticas públicas orientadas a reducir la criminalidad. Tampoco se halla en la coartada ya tan cansina como falaz de la armonización y transposición de la normativa europea e internacional. No, se encuentra solo en una ideología radical combinada con un conjunto de factores sociológicos y culturales contenidos en la afortunada expresión del «populismo punitivo». No se trata solo de la introducción de la pena de prisión permanente revisable —ya de por sí sola elocuente—, sino de la transformación de las reglas penológicas, especialmente de suspensión, sustitución, libertad condicional, antecedentes penales, comiso ampliado...[64]". Apuntan en esta dirección MUÑOZ CONDE y GARCÍA ARÁN que "aunque frecuentemente se acude al argumento de la necesidad de evitar la reincidencia de los responsables, lo cierto es que ni las características de los delitos para los que se prevé, ni el prolongado tiempo de prisión que supone apoyan tal argumento, sino que más propiamente se asienta en la voluntad de responder demagógicamente a demandas de mayor aflictividad penal y, con ello, en el carácter retributivo de la pena"[65].

Llegados a este punto, cabe recordar que en el Preámbulo de la LO 1/2015, de 30 de marzo, la justificación del legislador para implantar la prisión permanente revisable se basaba en *"aquellos delitos de extrema gravedad, en los que los ciudadanos demandaban una pena proporcional al hecho cometido"*. Respecto de esta cuestión, PINTO PALACIOS sostiene que "esta declaración del legislador supone una sustitución «inaceptable» de los parámetros constitucionales de proporcionalidad por un modelo donde la proporción entre el deli-

---

63 GONZÁLEZ CUSSAC, J.L.: "Señas de identidad de la reforma penal de 2015: política criminal e ideología", *Teoría y Derecho: revista de pensamiento jurídico*, núm. 17, 2015, p. 171.

64 *Ibid.*, p. 175.

65 MUÑOZ CONDE, F. y GARCÍA ARÁN, M.: *Derecho penal. Parte general*, Valencia, Tirant lo Blanch, 2015, p. 547.

to y la sanción se determina según los dictados subjetivos y arbitrarios de la ciudadanía. A nuestro juicio, se trata de un planteamiento potencialmente peligroso porque pretende analizar las sanciones penales desde el punto de vista de su conformación con el sentir ciudadano que, debido al tratamiento informativo de determinados crímenes mediáticos, se ve inmerso en una corriente de creciente «punitivismo»"[66]. En igual sentido, para ROIG TORRES, "lo verdaderamente inaceptable, desde la óptica constitucional, es que delega en los ciudadanos la valoración de la sanción correcta"[67].

Posiblemente uno de los autores que más brillantemente se haya acercado a la cuestión que aquí se aborda sea VIVES ANTÓN. Este autor sostiene que "la justificación básica de la introducción de la nueva pena se halla en la demanda social, es decir, en lo que se llama mayoritaria, de la sociedad, demande el endurecimiento de las penas no constituye una justificación democrática. Ese modo de justificar olvida que la democracia no se reduce a la voluntad y los deseos de la mayoría, sino que tiene otras exigencias definitorias: es un sistema político de ciudadanos que se reconocen como iguales en dignidad y derechos y que pretenden gobernarse por mayorías que tomen decisiones racionalmente fundadas y respetuosas con la dignidad de todos"[68]. Sigue exponiendo VIVES ANTÓN con una lucidez envidiable que "la «demanda social» es una lógica expresión de solidaridad ante el dolor de algunas víctimas de conductas execrables, frente a las que brotan sentimientos de repulsa y de venganza, fácilmente manipulables por poderes fácticos. Pero, la libertad no es un mercado en el que el legislador tenga como objetivo satisfacer esas demandas. Es más, el Estado surge como una institución que se impone a esos sentimientos y deseos y sustituye la reacción impulsiva de los afectados directa o indirectamente por

---

66 PINTO PALACIOS, F.: *La prisión permanente revisable. Los límites del castigo en un Estado de Derecho*, Las Rozas, Wolters Kluwer-La Ley, 2019, pp. 266-267.

67 ROIG TORRES, M.: *La cadena perpetua en el Derecho alemán y británico. La prisión permanente revisable*, Madrid, Iustel, 2016, p. 197.

68 VIVES ANTÓN, T.S.: "La dignidad...", *op. cit.*, pp. 179-180.

el delito, por una respuesta racional. Esa respuesta racional —la pena— parte de la idea de que la libertad —incluso de la libertad del imputado— ha de ser sacrificada lo menos posible: por eso no deberían poder imponerse más penas que las estricta y absolutamente necesarias, según expresaran las primeras grandes Declaraciones de Derechos y exige la Constitución española de 1978, en virtud del principio de proporcionalidad"[69]. Pero, el citado autor va más allá al afirmar que "con el máximo respeto hacia las víctimas de cualquier delito, y especialmente a las de los delitos más graves, ha de dejarse siempre muy claro que el fin de la pena no es curar las heridas que el delito produjo. La sociedad debe intentar curarlas, hasta donde sea posible, por los medios adecuados; es decir, por aquellos que puedan disminuir el daño sufrido y el dolor que le es inherente; pero la pena ha de limitarse a tutelar el ordenamiento jurídico, y sólo se justifica en la medida en que es útil para proporcionar esa tutela. Por eso si el Estado al configurar la pena procediera según los impulsos que nacen de las víctimas y de su entorno social, acabaría convirtiéndose no en el Estado de la justicia sino en el de la venganza; esto es, en el Estado totalitario que propugnara Carl Schmitt"[70].

Esta idea ha sido acogida, entre otros, por autoras como BENITO SÁNCHEZ, para quien "es habitual que las leyes de reforma apelen a una supuesta demanda ciudadana como justificación esencial. Ese apelar a la demanda social se ha convertido ya en rasgo característico del populismo Punitivo (…), dentro de lo que es el uso electoralista del Derecho penal (…). Con la expresión «demanda social» parece que se estuviera refiriendo el legislador a la voluntad democrática del pueblo, pero incluso aunque una mayoría de la sociedad demandara un endurecimiento de las penas o una intensificación de la intervención penal, eso no constituye per se una justificación democrática para la elevación de las penas (…). La democracia es

---

69 VIVES ANTÓN, T. S.: "¿Estado democrático o Estado autoritario? (Reflexiones jurídico-políticas a propósito de un Anteproyecto de Código Penal)", *Teoría y Derecho: revista de pensamiento jurídico*, núm. 4, 2008, p. 266.

70 *Ibid.*, p. 267.

mucho más que la expresión de los deseos de una mayoría. La democracia es también reconocer derechos «al otro», al delincuente, y especialmente, es reconocerle la dignidad a la que se refiere el art. 10.1 de nuestra Constitución, una dignidad que se ve conculcada con penas que no posibilitan la resocialización, las penas largas y/o indeterminadas que reclama el populismo punitivo"[71].

Siguiendo esta estela, a juicio de CÁMARA ARROYO y FERNÁNDEZ BERMEJO, "nuestro actual sistema de reforma penal adolece de la necesaria reciprocidad y equilibrio en los límites de la demanda social. Es cierto que nuestro legislador debe adaptar el Derecho penal a los nuevos tiempos y atender a las demandas sociales, pero también es necesario que conozca los límites de tales concesiones y aporte la información necesaria para evitar peticiones que van en contra del sentir humanista de la norma. En ocasiones, por tanto, será el legislador el que marque la línea a seguir a la hora de modificar el Código, mientras que en otros supuestos la ciudadanía, por «clamor popular», incentivará el cambio. Mientras que en otros sectores del ordenamiento jurídico un cambio de paradigma impulsado por un consenso social no tiene por qué afectar a los derechos fundamentales, ni modificar o matizar principios constitucionales básicos produciendo regresiones inadmisibles en la filosofía que inspira la norma dentro de un Estado democrático y de Derecho, en el caso del Derecho penal todas las precauciones a la hora de escuchar los «cantos de sirena» son pocas"[72].

En este sentido, señala MIRÓ LLINARES que "hasta si se considerase que existe una demanda social para su introducción, tal condición no puede considerarse por sí misma suficiente. La legitimidad de una sanción no deriva exclusivamente de un supuesto acuerdo social sobre la preferencia de dicha sanción respecto de determinados crímenes, sino que en su legitimación y justificación de-

---

71 BENITO SÁNCHEZ, D.: *Evidencia empírica y populismo punitivo…*, *op. cit.*, p. 166.

72 CÁMARA ARROYO, S. y FERNÁNDEZ BERMEJO, D.: *La prisión permanente revisable…*, *op. cit.*, pp. 85-86.

bieran incluirse razones de coherencia con el propio sistema penal y, por supuesto, su compatibilidad con el sistema de garantías y límites que conforman un Estado social y democrático de Derecho"[73]. Así, para GÁLVEZ JIMÉNEZ, "la introducción de la pena prisión permanente revisable en el Código Penal debe estar justificada por razones objetivas de necesidad. Las exigencias de los ciudadanos en relación con las modificaciones en el sistema punitivo penal no puede ser óbice para incluir en nuestro ordenamiento una pena que en primera instancia es permanente en el tiempo. Las normas penales deben adaptarse a los cambios de la sociedad, pero ésta no puede decidir en qué sentido tienen que ser modificadas las primeras"[74].

A nuestro juicio, como se ha visto, resulta difícil "medir" el grado de apoyo de la opinión pública acerca de una institución como la PPR, pero, estamos convencidos, como apunta PONCELA GARCÍA, de que, si no había una "imperiosa demanda social", sí existía, al menos, un clima favorable al endurecimiento de las penas, motivado por una percepción social de la benevolencia del castigo[75]. Apoyo que, por cierto, no sólo provendría del electorado conservador. Es más, en nuestra opinión, esto, que resulta innegable, consideramos se mantiene intacto todavía hoy. Queda fuera de toda duda que en la conformación de esa opinión fueron (y son) muchos los factores que influyeron (y siguen haciéndolo). Contribuyendo especialmente a mantener esas soflamas punitivas los medios de comunicación. Pero, a pesar de todo ello, no podemos compartir plenamente la idea que, por ejemplo, mantiene CARBONELL MATEU, respecto de que se trata de una demanda populista "creada artificialmente", pues, sin negar las influencias que se pueden lograr sobre la ciudadanía, entendemos que debe respetarse y reconocer-

---

73 MIRÓ LLINARES, F.: "La demanda social...", *op. cit.*, p. 13. En idénticos términos, BENITO SÁNCHEZ, D.: *Evidencia empírica y populismo punitivo...*, *op. cit.*, p. 116.

74 GÁLVEZ JIMÉNEZ, A.: "La aplicación de la prisión permanente revisable ex LO 1/2015, de 1 de julio", *Revista Internacional de Doctrina y Jurisprudencia*, núm. 18, 2018, p. 19.

75 PONCELA GARCÍA, J. A.: "La prisión...", *op. cit.*, p. 403.

se que pueda haber individuos que por convicción u otras razones legítimas se muestren favorables a este tipo de penas (lo contrario implicaría negar a la sociedad una capacidad crítica y de libre pensamiento que queremos pensar todavía no nos han arrebatado, o al menos no del todo).

Por otro lado, las premisas expuestas por VIVES ANTÓN nos parecen irrenunciables por ser básicas en un Estado democrático. La democracia no es ni puede identificarse con lo que la mayoría decide en un momento dado. No, al menos, de forma exclusiva y excluyente. Queremos decir con ello que ¡naturalmente! las demandas sociales pueden, incluso sería saludable que lo fueran, ser tenidas en consideración por los poderes públicos; y, en particular, por el legislador penal (en nuestro caso). ¿Puede haber algo más democrático que eso? Ahora bien, evidentemente, el legislador (que ostenta el poder de configurar el *ius puniendi* del Estado) queda compelido a fijar los límites a esas legítimas soflamas punitivistas. Esta es su responsabilidad en un Estado democrático. De forma que, la petición popular deba pasar irremediablemente otros filtros, siendo el principal su encaje constitucional. Para ello, y en general sobre la oportunidad o conveniencia de adoptar tal decisión político-criminal, así como para depurar la técnica legislativa empleada, el legislador debería asumir las críticas o propuestas de mejora que los diversos órganos consultivos le trasladasen en sus respectivos dictámenes[76]. A partir de aquí, que finalmente la iniciativa de la sociedad civil triunfase dependerá de otro tipo de consideraciones quizás ya no de índole jurídica, sino política (y ahí nos moveríamos irremediablemente en el terreno electoral, ideológico, etc.). En resumen, que las demandas sociales no puedan sustituir el criterio del legislador o condicionarlo hasta tal punto de identificarse con aquél no debe suponer un veto a que tales iniciativas se lleven a cabo o, incluso, lleguen a ser consideradas. Pero, dándoles el valor o la

---

[76] A pesar de su carácter no vinculante, creemos que un menor grado de politización de estas instituciones (Consejo de Estado, CGPJ, etc.) contribuiría positivamente a dotar de mayor peso los informes emitidos por éstas.

trascendencia que como tales deben tener, nada más. Así, la iniciativa popular no puede reputarse antidemocrática mientras: 1) no sea la única o principal razón que motive la adopción de la decisión política (en cuyo caso ésta revestiría tintes claramente totalitarios); y, 2) la regulación no sea, como mínimo, contraria a la CE. Si bien, el proceso de legitimación de la norma no acabará ahí (claro está).

Por todo ello, debemos criticar esa utilización torticera que el legislador de 2015 evidencia en el Preámbulo de la Ley al referirse en los términos que lo hace a la demanda social. Para empezar, no creo que los ciudadanos demandaran condenar con PPR delitos como los de muerte del rey, de jefe extranjero, genocidio, lesa humanidad, etc. Posiblemente sí ciertos tipos de asesinatos (de niños, subsiguientes a una violación, o en casos de terrorismo), lo que también es mucho decir porque no sé cómo el legislador midió esa demanda (permítaseme la ironía). Sin duda, el legislador estuvo torpe a la hora de explicar los motivos que le condujeron a adoptar dicha pena, lo que resulta triste cuando había (hay) motivos suficientes para justificar desde un plano constitucional, técnico-jurídico, político y social la introducción de la PPR en nuestro ordenamiento. No haberlo hecho en su momento supuso perder una oportunidad (posiblemente la única de la que disponía el legislador) para haber tratado de convencer (no digo lograr) con mejores razones a quienes rechazaban (y seguirán rechazando) esta sanción.

En último lugar, no puede obviarse la enorme capacidad que los medios de comunicación tienen para conformar la opinión pública. Habiendo coadyuvado especialmente a favorecer una actitud positiva frente a la introducción de la PPR. El riguroso estudio de DE SOUZA DE ALMEIDA apunta a que hubo presión mediática en la aprobación de esta pena en España[77]. Particularmente, en aquellos

---

77 DE SOUZA DE ALMEIDA, D.: *Prensa, opinión pública y política criminal en España: Un análisis sobre la posible influencia del populismo penal mediático en la aprobación de la prisión permanente revisable*, Tesis Doctoral, Universidad Autónoma de Madrid, 2018, p. 399.

momentos en los cuales el debate estaba en la agenda política[78]. Como destaca la citada autora "los políticos, recelosos de sufrir desprestigio mediático o de obtener impopularidad ante al electorado, del que anhela una respuesta inmediata y positiva, se sienten compelidos a incluir tales reivindicaciones en su pauta electoral y, así, tranquilizar a la colectividad"[79].

La doctrina se ha pronunciado respecto de esta cuestión poniendo de relieve que "desde hace ya unos cuantos años entre la ciudadanía impera una sensación de inseguridad creciente, alimentada por los medios de comunicación de masas, que con el propósito de ganar audiencia recurren con insistencia al recuerdo de delitos atroces cometidos, lo que contribuye a que se tenga la percepción de que esta clase de delitos se produce con una frecuencia mayor a la cual lo hacen en realidad"[80]. Así, como manifiesta JUANATEY DORADO, "todo lo relacionado con la criminalidad ha adquirido un interés social, mediático y político inexistente en épocas anteriores (podría sustituirlo por inusitado)"[81]. No le falta razón cuando afirma que "los medios de comunicación han visto en el fenómeno de la delincuencia un fecundo elemento para cumplir objetivos políticos, ideológicos o simplemente lucrativos. Esto ha dado lugar a un uso desmedido de las noticias relacionadas con el fenómeno de la delincuencia, convirtiéndose en uno de los principales temas de atención mediática al que se dedican grandes titulares en la prensa, la radio y la televisión. Todo ello ha generado un aumento, sin fundamento real, en la preocupación y el miedo al delito, con la consiguiente demanda social de mayor intervención"[82].

---

78 *Ibid.*, p. 437.

79 *Ibid.*, p. 432.

80 GONZÁLEZ COLLANTES, T.: "¿Sería inconstitucional…", *op. cit.*, p. 9.

81 JUANATEY DORADO, C.: "Política criminal, reinserción y prisión permanente revisable", *Anuario de Derecho Penal y Ciencias Penales*, núm. 65, 2012, pp. 133-134.

82 *Ibid.*, p. 134.

En igual sentido, para PONCELA GARCÍA "hay que tener en cuenta que la percepción de la criminalidad por parte de los ciudadanos se sustenta, primeramente, sobre la propia experiencia como víctima o la de allegados, pero, de manera secundaria y mayoritaria, entra en juego la información ofrecida por los medios de comunicación. De esta forma, en España la mediatización de delitos atroces aquí sucedidos en las últimas décadas sí ha podido contribuir a crear una sensación de inseguridad y desconfianza en relación con la Administración de Justicia. Parece claro que el tratamiento mediático de ciertos hechos tiende a distorsionar la percepción social de la criminalidad"[83]. Apuntando CÁMARA ARROYO y FERNÁNDEZ BERMEJO que "las garantías constitucionales del castigo estatal siguen siendo un caballo de batalla informativo en el que los medios de comunicación han tomado un camino que escora hacia el amarillismo y el impacto social. Nos encontramos en la era de la información, pero el exceso de plataformas accesibles para el ciudadano y el tratamiento de los datos, sesgado por las distintas posiciones ideológicas, han terminado por transformarla en la era de la *infoxicación*"[84].

En resumen, como destaca PASCUAL MATELLÁN, "a pesar del descenso generalizado de los delitos en nuestro país, la atención que los medios de comunicación dedican al asunto ha ido en aumento. Esto lleva a la ciudadanía a pensar que el número de delitos ha aumentado, en lugar de haber disminuido. Los programas televisivos, en particular los denominados «programas espectáculo», han visto que todos los temas que se traten relacionados con el derecho penal, especialmente con los casos más graves, tienen un alto índice de audiencia. Todo lo que tiene que ver con homicidios, asesinatos, parece interesar mucho; de ahí que se realicen numerosos programas tratando este tipo de asuntos, haciendo juicios paralelos con diversos fines: políticos, ideológicos o simplemente económicos, con el objetivo de aumentar la audiencia a base de explotar las emociones

---

83 PONCELA GARCÍA, J. A.: "La prisión...", *op. cit.*, pp. 403-404.

84 CÁMARA ARROYO, S. y FERNÁNDEZ BERMEJO, D.: *La prisión permanente revisable...*, *op. cit.*, p. 85.

humanas, conversando con la víctima de la violación, hablando con los padres de la persona asesinada... Todo esto va a desembocar en un aumento de la preocupación y del miedo al delito de la población, que pedirá mayor seguridad, mayor protección y, por tanto, reformas penales. Ante este deseo popular, no hay partido en el poder que se resista a intentar ganar votos a golpe de Código Penal y, por tanto, endureciendo las penas, endurecimiento que, como he dicho anteriormente, no sirve para frenar la delincuencia"[85].

Ahora bien, siendo la libertad de información un pilar esencial en todo sistema democrático, lo único que se puede exigir a los medios de comunicación es que adopten una actitud responsable en el tratamiento de la información relativa a asuntos penales. Reduciendo, por ejemplo, la sobredimensión que dan al fenómeno criminal y la sobreexposición a la que someten a las víctimas con tintes efectistas más que meramente informativos. Está claro que los medios de comunicación son un negocio y que dependen de las audiencias. Pero, curiosamente, respondan a una u otra línea editorial, todos coinciden en sobreexplotar el fenómeno delincuencial por el rédito que les proporciona. En cualquier caso, sin pretender interferir en esa necesaria labor que desarrollan sí consideramos que deberían abandonar esos mensajes alarmistas que en la mayoría de las ocasiones no se ajustan a la realidad de las cosas. Con todo, como destaca DE SOUZA ALMEIDA, "sería equivocado demonizar a los medios, pues ellos no fueron los únicos instauradores de la directriz punitivista. De la misma forma, sería incorrecto eximirlos, visto que colaboran en la construcción de las agendas pública y política"[86].

Sintetizan todo cuanto se ha dicho en este apartado las palabras de RÍOS MARTÍN al referirse a que "cuando se conocen los gravísimos delitos frente a los que se puede aplicar la pena de prisión perpetua revisable, a cualquier ciudadano le puede parecer justa, e

---

85 PASCUAL MATELLÁN, L.: "La prisión permanente revisable...", *op. cit.*, p. 60.

86 DE SOUZA DE ALMEIDA, D.: *Prensa, opinión pública...*, *op. cit.*, p. 444.

incluso, escasa. Pero el Estado no puede quedar atado a la opinión que una buena parte de los ciudadanos tienen en torno al fenómeno delictivo y que se expande y consolida a través de los medios de comunicación. Sin duda, en el proceso de elaboración de las leyes penales tiene que escuchar a las víctimas de cualquier delito, pero eso no significa que el legislador tenga que otorgarles legitimidad absoluta para dictar en exclusiva la política criminal a seguir, sobre todo cuando el debate público-mediático está huérfano de una reflexión serena con todos los elementos jurídicos y sociológicos del fenómeno delictivo"[87]. El legislador, en consecuencia, debería haber acudido a otro tipo de razones más sólidas para justificar la inclusión de la PPR en el sistema de penas, sobre todo, porque estaban a su disposición. Lamentablemente no supo exponerlas, ya no digamos exprimirlas. Por el contrario, el lector encontrará a lo largo de este trabajo sobradas razones para formarse una opinión favorable sobre esta pena.

6. LA DECISIÓN POLÍTICA A EXAMEN: ¿RACIONALIDAD VS. LEGITIMIDAD?

Uno de los principales focos donde la doctrina puso su atención fue en la falta de necesidad de esta pena debido a que España contaba con unas cifras de criminalidad razonables, a la baja año tras año, y que no se había experimentado incremento alguno de aquellos delitos para los que se contemplaba la PPR.

Así, por ejemplo, BENITO SÁNCHEZ destaca que "el legislador, una vez más, omitió cualquier referencia a datos empíricos sobre estos delitos en el Preámbulo de la ley de reforma. Sin embargo, tales datos existen. Si se acude al Anuario del Ministerio del Interior, se observa que estos delitos muestran una curva ligeramente descendente en la última década. Además, España se ubica entre los países de Europa con las tasas de homicidio/asesinato más

---

87 RÍOS MARTÍN, J.: *La prisión perpetua…*, *op. cit.*, p. 21.

bajas de Europa y, por lo tanto, del mundo"[88]. En idéntico sentido, para GARCÍA PÉREZ, "el continuo endurecimiento del sistema no se puede explicar por la evolución de las tasas de delincuencia en España"[89]. Así también, a juicio de PASCUAL MATELLÁN, la introducción de la PPR no parecía obedecer a un aumento de los delitos especialmente graves[90]. Por su parte, JUANATEY DORADO afirmaba que "la situación que parecen mostrar los trabajos sobre la materia es que ni se ha producido ese aumento de la criminalidad, ni esa tendencia expansionista del Derecho penal parece deberse a un estudio de expertos que haya mostrado que una política criminal de mano dura es la mejor solución para resolver los problemas de delincuencia que puede haber hoy en España"[91]. Concluyendo ORTS BERENGUER y GONZÁLEZ CUSSAC que "desde la óptica de la necesidad, la introducción de esta pena no tiene ninguna explicación. Las cifras de criminalidad grave siguen siendo en España de las más bajas de Europa, y por tanto del mundo; no ha habido un aumento de la criminalidad grave ni se aprecia tendencia alguna en esta dirección en los últimos años; y nos encontramos, por fortuna, con las cifras más bajas de delitos graves de terrorismo de los últimos treinta años"[92].

Junto a lo anterior, se ha advertido que "este tipo de medidas, normalmente, vienen alentadas por los propios gobiernos que, antes de presentar un plan de agravación de las penas, suelen crear un ambiente de temor e inseguridad en los ciudadanos para que apoyen, o al menos no se opongan, a la elevación de las penas. Real-

88 BENITO SÁNCHEZ, D.: *Evidencia empírica y populismo punitivo...*, *op. cit.*, p. 141.

89 GARCÍA PÉREZ, O.: "La legitimidad de la prisión permanente revisable a la vista del estándar europeo y nacional", *Estudios Penales y Criminológicos*, vol. 38, 2018, p. 415.

90 PASCUAL MATELLÁN, L.: "La prisión permanente revisable...", *op. cit.*, p. 59.

91 JUANATEY DORADO, C.: "Política criminal...", *op. cit.*, p. 130.

92 ORTS BERENGUER, E. y GONZÁLEZ CUSSAC, J. L.: *Compendio...*, *op. cit.*, p. 463.

mente se trata de políticas electoralistas que lo que persiguen es conseguir los votos de aquellos que son más vulnerables y de los que, sin serlo, así se sienten por influencia de delitos recientes con gran impacto social y mediático"[93]. Esto es, el incremento punitivo se excusa en una sensación de impunidad que ha sido falsamente creada[94].

Efectivamente, estamos de acuerdo con estos autores en que la inclusión de la PPR en el sistema de penas no parecía responder a un problema de delincuencia específico. En consecuencia, no se adoptaba tal trascendente decisión para atajar una situación de tales características. Sin embargo, ello no resta ni un ápice de legitimidad a la decisión política. Dicho de otra forma, no toda decisión político-criminal que afecte al sistema de penas tiene por qué obedecer a la lógica anteriormente descrita; esto es, que sólo quedase avalada si se cohonestara con un incremento o descenso de la criminalidad. La capacidad de acción (legitimidad) del legislador no puede verse limitada por tales estadísticas (evidencias empíricas), pues, aunque sería recomendable tenerlas en cuenta, en el proceso de elaboración de toda decisión político-criminal influyen —como es natural— otra serie de factores.

En segundo lugar, la doctrina ha mostrado su rechazo a la PPR bajo el argumento de que el CP ya contaba (con carácter previo a la PPR) con penas lo suficientemente elevadas como para que se produjera un mayor endurecimiento. Así, por ejemplo, en opinión de BASSO, no concurría ninguna necesidad político-criminal "que justificara el incremento del nivel de punición producido en el sistema español con la incorporación de la pena de duración potencialmente perpetua, en tanto hasta 2015 ya se contaba con sanciones penales de intensidad sumamente elevada (el límite máximo

---

93 SERRANO GÓMEZ, A. y SERRANO MAÍLLO, I.: *Constitucionalidad de la prisión permanente revisable y razones para su derogación*, Madrid, Dykinson, 2016, pp. 28-29.

94 SÁNCHEZ ROBERT, M. J.: "La prisión permanente revisable en las legislaciones española y alemana", *Anales de Derecho*, núm. 1, 2016, p. 41.

ordinario de pena de prisión era de 20 años, y se preveía la posibilidad de imponer penas de hasta 40 años en supuestos concursales, o incluso de mayor duración frente a acumulación de condenas)"[95]. Desarrolla esta idea FUENTES OSORIO[96] cuando se refiere a que, con anterioridad a la reforma del CP en 2015:

- había penas de prisión que podían llegar directamente hasta los 25 años (arts. 140, 473.1, 485.1 y 3, 605.1 CP) e incluso los 30 (arts. 473.2, 485.3, 572.2.1, 605.1 CP).
- del mismo modo se podía superar este límite indirectamente: a través del incremento de la pena en grados (por la concurrencia de circunstancias agravantes) es posible alcanzar los 30 años de prisión (art. 70.3 CP).
- en supuestos concursales, el art. 76 CP contemplaba que: (i) la condena no podía exceder del triple del tiempo de la pena más grave. Y (ii) máximo de 20 años. Sin embargo, había excepciones a estos límites que nos permitían llegar hasta los 25 y 30 años como en el caso anterior, e incluso a los 40 años:
    - 25 años: cuando se hayan cometido dos o más delitos y alguno de ellos tenga una pena de hasta 20 años.
    - 30 años: cuando se hayan cometido dos o más delitos y alguno de ellos tenga una pena superior a 20 años.
    - 40 años: cuando se hayan cometido dos o más delitos y al menos dos de ellos tengan una pena superior a 20 años. Y cuando se sea responsable por delitos de terrorismo y alguno este sancionado con una pena superior a 20 años.
- este sistema se recrudecía todavía más cuando se utilizaba el art. 78 CP. Este artículo indicaba que, si al aplicar los límites del art. 76 CP la condena máxima resultante es inferior a la

---

95 BASSO, G. J.: "Reflexiones sobre la ilegitimidad de la prisión permanente revisable", *Revista General de Derecho Penal*, núm. 34, 2020, p. 7.

96 FUENTES OSORIO, J.L.: "¿La botella medio llena o medio vacía?...", *op. cit.*, p. 318 y ss.

mitad de la suma de las penas impuestas, el Juez Sentenciador podrá decidir vincular los periodos de obligados cumplimiento de los beneficios penitenciarios a la suma total de las penas y no de la condena (art. 78 CP); y,

- cuando no se podía realizar la refundición no se establecía una condena máxima, sino que persistían las penas individuales que hay que cumplir de manera sucesiva: se irán acumulando una tras otra sin límite. De este modo se consagra, de facto, un sistema de cadena perpetua.

A nuestro modo de ver, resulta evidente que, del panorama recién descrito, no puede negarse que nuestro CP no contara (con anterioridad a la reforma operada en 2015) con un sistema de penas de por sí severo. Sin embargo, tras la introducción de la PPR no han sido derogados ni el art. 70.3 CP, ni el art. 76 CP, ni el art. 78 CP. Y, esto es así porque, lo que el legislador ha entendido es que determinados delitos de asesinato; algún supuesto concursal (como el asesinato subsiguiente a un delito contra la libertad sexual); y, algún supuesto de reincidencia (asesinato precedido de condena previa por dos o más muertes) fuesen castigados con una nueva pena (la PPR) al considerar que se trata de supuestos que revisten una extrema gravedad y debían sancionarse (para diferenciarlos de otros supuestos) con una mayor pena. Con unos plazos de suspensión (revisión) propios, con reglas específicas para acceder al tercer grado, etc. Recogiéndose, a su vez, unas nuevas reglas concursales específicas para combinaciones de otras penas en concurrencia con penas de PPR (art. 78 bis CP). Así, no se trata de si el CP permitía que se pudiera llegar a imponer una pena de prisión de hasta un máximo de 40 años (art. 76.1 CP). La cuestión es si un asesinato de un menor de 16 años debe castigarse con hasta 25 años o debe merecer PPR. Por último, debe recordarse que los años de condena fijados en sentencia no tenían por qué coincidir con los que, en la práctica, se acababan cumpliendo al entrar en juego la aplicación de los denominados "beneficios penitenciarios" (tercer grado, libertad condicional, etc.). Por lo que, salvo excepciones, en la mayoría de los casos, los topes fijados por el marco penal abstracto no se correspondían con los años de cumplimiento efectivo en prisión. La PPR viene, en parte, a revertir dicha situación al prever unos "periodos de seguridad" más elevados (en permisos de salida, tercer grado y revisión).

En otro orden de cosas, CARBONELL MATEU cuestiona la necesidad de la PPR, en primer lugar, porque España no es, precisamente, un país con una tasa excesivamente elevada de asesinatos, y el anterior art. 140 CP ya permitía llegar a los 25 años de privación de libertad. Señala que la aplicación de la PPR no depende tanto de la gravedad del hecho (la lesión de la vida humana se colma con el homicidio simple y la pena que corresponde es la de diez a quince años), sino "por reproches morales que difícilmente justifican una respuesta penal tan dispar"[97]. En nuestra opinión, y discrepando profundamente del citado autor, no puede afirmarse (porque no es así) que la PPR obedezca a un "reproche moral" y no a que la contundente respuesta se deba a la especial gravedad de los hechos perpetrados. A nuestro parecer, hechos que se consideran merecedores de un mayor reproche (jurídico) no pueden sancionarse con penas cuyo cumplimiento efectivo queda, además, bastante por debajo de los marcos penales previstos en abstracto (de 15, 20 o 25 años, en el caso del homicidio/asesinato).

Por otro lado, la doctrina ha puesto de manifiesto el error que supone creer en los efectos milagrosos de la PPR sobre una reducción o evitación de los delitos más graves[98]. Señala MUÑOZ CONDE, que "todavía no se ha conseguido aportar pruebas de que ni con la prisión perpetua, ni tan siquiera con la pena de muerte, en los

---

97 CARBONELL MATEU, J. C.: "Prisión permanente revisable...", *op. cit.*, pp. 213-214.

98 Así, por ejemplo, GARCÍA VALDÉS, C.: "Sobre la prisión permanente y sus consecuencias penitenciarias", en ARROYO ZAPATERO, L.; LASCURAÍN SÁNCHEZ, J.A. y PÉREZ MANZANO, M. (Eds.): *Contra la cadena perpetua*, Cuenca, Ediciones de la Universidad de Castilla-La Mancha, 2016, p. 172. MIR PUIG, C.: *Derecho penitenciario. El cumplimiento de la pena de libertad*, Barcelona, Atelier, 2018, p. 76. Y PASCUAL MATELLÁN, L.: "La prisión permanente revisable...", *op. cit.*, p. 59.

países en los que aún se aplica, se haya conseguido reducir las cuotas de criminalidad violenta"[99]. En este sentido, para BENITO SÁNCHEZ, "los delitos contra la vida se encuentran, sin duda, entre los delitos más graves del texto punitivo, y en su comisión, se emplean en ocasiones medios crueles. Sin embargo, ignora el legislador que un recrudecimiento de la respuesta penal en este ámbito no tiene por qué conducir a una reducción del número de estos delitos. De hecho, tras la incorporación de la pena de prisión permanente revisable se han seguido cometiendo (escasos) atroces delitos contra la vida como los que parece que alentaron su inclusión en el Código Penal"[100].

Se cuestiona, por tanto, la eficacia de esta pena. Aducen a este respecto MUÑOZ CONDE y GARCÍA ARÁN que "teniendo en cuenta los delitos para los que está prevista la pena de prisión permanente revisable, no cabe alegar necesidades de prevención general para incorporar esta pena al Código penal español: los índices de asesinatos cometidos en España son muy bajos y, por otra parte, el perfil de los hipotéticos autores de asesinatos múltiples, asesinato del titular de la Corona o genocidio no permiten esperar que la cadena perpetua ejerza un especial efecto intimidatorio en estos casos"[101]. En estos términos se ha pronunciado también BASSO al afirmar que "la nueva pena de PPR presenta problemas de eficacia, (...) —por lo menos en los casos de crímenes por convicción (como por ejemplo, los terroristas) o de delitos pasionales, en los que el sujeto activo del delito no se deja motivar especialmente por la norma primaria de conducta— de la finalidad de prevención general negativa o disuasoria de la pena"[102].

---

99 MUÑOZ CONDE, F.: "Contra la cadena perpetua", en MUÑOZ CONDE, F. (Dir.): *Análisis de las reformas penales. Presente y futuro*, Valencia, Tirant lo Blanch, 2014, pp. 22-23.

100 BENITO SÁNCHEZ, D.: *Evidencia empírica y populismo punitivo...*, *op. cit.*, p. 141.

101 MUÑOZ CONDE, F. y GARCÍA ARÁN, M.: *Derecho penal. Parte general...*, *op. cit.*, p. 551.

102 BASSO, G. J.: "Reflexiones...", *op. cit.*, pp. 8-9.

En nuestra opinión, lo primero que cabría decir de todas estas afirmaciones es que la conclusión a la que llegan podría igualmente aplicarse a otros tantos delitos de nuestro CP que no están castigados con PPR, pues, queda claro que quien ha resuelto cometer un crimen y está dispuesto asumirlo hasta las últimas consecuencias poco le importa cuál sea el castigo que se le vaya a imponer. De forma que, no consideramos que el efecto intimidatorio sea menor en la PPR que en otras penas de prisión. Es más, por simple lógica, cabría predecir lo contrario. Pero, aun asumiendo que el efecto disuasorio de la PPR fuere nulo o escaso, naturalmente, estos hechos deben ser castigados; y, al revestir una especial gravedad, deben serlo con una pena de tal magnitud (la PPR). Se realizan, por ende, a nuestro juicio, vaticinios que (tanto en un sentido como en el contrario) son difíciles de "acreditar". Que..., aun con la PPR se seguirán cometiendo determinados delitos (para los que está prevista esta pena), seguro que sí. Que..., el número de estos delitos puede incrementarse aun con esta pena, también. Que..., pueden mantenerse en cifras mínimas, es otra posibilidad. Difícilmente lo podríamos averiguar porque, para ello, tendríamos que buscar (si ello fuera posible) qué ciudadanos no han cometido determinados delitos por la amenaza de pena que supone la PPR. Por tanto, esto no dejan de ser especulaciones. En definitiva, augurar el efecto preventivo de esta pena —como el de otras penas de prisión— es demasiado aventurado; y, poco recomendable utilizarlo como argumento serio y sólido (en cualquier sentido). Así, por ejemplo, tampoco podemos saber a ciencia cierta si gracias a la PPR la criminalidad violenta no aumenta.

La doctrina ha puesto también de relieve que la PPR no incrementará la seguridad ciudadana. Señala a este respecto RÍOS MARTÍN que "la sensación pública de inseguridad continuará igual, porque no se ha intervenido ni sobre las causas sociales que originan las situaciones precarias y los comportamientos delictivos (adicciones, problemas mentales, déficits en la socialización, pobreza e injusticia estructural a nivel nacional e internacional, entre otros), ni sobre el origen de la sensación pública de inseguridad colectiva (desinformación de las instituciones del sistema penal, y la desproporción y desmesura informativa de los crímenes cometidos en casi todas partes del mundo)"[103].

Efectivamente, en nuestra opinión, no puede utilizarse como argumento para justificar la inclusión de la PPR en el catálogo de penas que con ésta se alcanzarán mayores cotas de seguridad. Tal cosa no puede garantizarla ni la PPR ni ninguna otra pena privativa de libertad. Así, por ejemplo, el castigo contenido en la norma (por muy severo que éste sea) puede quedar vacío de contenido si la función de evitación o persecución de delitos (que compete a las fuerzas y cuerpos de seguridad del Estado) no resulta ser todo lo exitosa que cupiera esperar. Atribuir a la pena cometidos que no le son propios sólo conduce a la frustración. Máxime cuando, sobre todo, hablamos de una "sensación" de (in)seguridad, que no atenderá a parámetro objetivo alguno. La función de la pena en un Estado democrático como el nuestro debe ser otra: la de tutelar determinados bienes jurídicos[104]. En cualquier caso, no creemos que en España exista un problema real de tal magnitud; y, de cualquier modo, no puede confiarse a la PPR unas expectativas (invertir esa "hipotética" falta de seguridad ciudadana) cuyo cumplimiento no depende en exclusiva de ésta.

En este sentido, coincidimos con CÁMARA ARROYO y FERNÁNDEZ BERMEJO cuando señalan que "existen otros caminos con mayor viabilidad para afrontar la sensación de seguridad ciudadana antes que las penas privativas de libertad de larga duración, como es el caso de las funciones de policía, programas de prevención

---

103 RÍOS MARTÍN, J.: "La pena de prisión permanente revisable. La suspensión y sustitución de las penas", *Cuadernos penales José María Lidón*, núm. 10, 2014, p. 31.

104 Estamos, por tanto, en contra de MANZANARES SAMANIEGO cuando propugna que "quizá sea necesaria, tras la abolición de la pena de muerte, para mantener en la población la conciencia del Derecho y el sentimiento de seguridad pública". *Vid.*, MANZANARES SAMANIEGO, J. L.: *Comentarios al Código Penal*, Las Rozas, La Ley-Wolters Kluwer, 2016, p. 201.

del delito e, incluso, la mejora del funcionamiento del sistema de Administración de Justicia. Curiosamente, mientras que la reforma plantea reforzar la confianza del ciudadano en la justicia introduciendo la prisión permanente revisable (cosa que, en el fondo, no afecta a otra cosa que a su tranquilidad emocional de manera temporal, hasta la producción de un nuevo hecho delictivo de gravedad), la mejora de los recursos en el medio judicial sería mucho más eficaz para llevar a cabo esta tarea, ya que sería una verdadera medida contra la impunidad de los delitos mediante una adecuada celeridad procesal, evitando las dilaciones indebidas, prescripciones, etc."[105]. En consecuencia, como sostenemos, las razones por las cuales la introducción de la PPR queda justificada deben ser (y son) otras.

Ahora bien, no puede sostenerse, como afirma el GEPC, que la PPR sea "disfuncional"[106], pues, no presenta problemas de coexistencia con el resto de penas privativas de libertad, ni contradicciones internas. Además, no resulta inidónea para la tutela de bienes jurídicos, ni persigue fines distintos a los asignados tradicionalmente a las penas (preventivos y retributivos).

Llegados a este punto, convendría advertir, como recuerda GONZÁLEZ CUSSAC, que el abandono de la función de tutela de bienes jurídicos (que se le asigna a la pena) y sustitución por la del mantenimiento de la seguridad colectiva, no es sino reflejo de un pensamiento totalitario. Señala el citado autor que, en este supuesto, "los fines del castigo, más allá de consideraciones de prevención general, descansarán en la finalidad de inocuización, de aislamiento y de exclusión del peligroso. Y una pregunta final: ¿queda algún espacio para la resocialización? (ninguno….)"[107]. Al respecto, con

---

105 CÁMARA ARROYO, S. y FERNÁNDEZ BERMEJO, D.: *La prisión permanente revisable…*, *op. cit.*, p. 94.

106 GRUPO DE ESTUDIOS DE POLÍTICA CRIMINAL: *Revisión y actualización…*, *op. cit.*, p. 176.

107 *Cfr.*, GONZÁLEZ CUSSAC, J. L.: "El renacimiento del pensamiento totalitario en el seno del estado de Derecho: la doctrina del *derecho penal enemigo*", *Revista Penal*, núm. 19, 2007, p. 69.

referencias específicas a la PPR, ACALE SÁNCHEZ ha manifestado que "más que la finalidad de proteger a víctima alguna, con su disposición e imposición, lo que se persigue por parte del legislador no es otra que castigar más pura y simplemente a los autores"[108]. Así también, para CORRAL MARAVER, "supone el triunfo de los fines de inocuización y retribución de las penas, frente a otros fines que deberían ocupar un lugar más relevante a la hora de elaborar las respuestas penales, como la prevención especial negativa o la reinserción del penado"[109]. En este sentido, a juicio de CARBONELL MATEU, la PPR es fruto de una concepción "en la que se abandona el carácter protector de bienes jurídicos que corresponde al Derecho penal, por una función exclusivamente de prevención general positiva, que hace depender la libertad de los ciudadanos de la confianza —no importa por qué medios— de la vigencia de las normas, con un claro anclaje expiacionista"[110].

Concluyendo MIRÓ LLINARES que, si, como parece, el único sentido preventivo de la PPR es la inocuización (entendida como la eliminación social de aquellos que el legislador considera que no son reinsertables), "estamos ante una involución difícilmente cohonestable con nuestra Constitución"[111]. Por ello, afirma CARBONELL MATEU que la PPR tiene un "carácter ejemplarizante"[112].

A nuestro juicio, sin embargo, la severidad de la PPR se adecua o corresponde con la magnitud de unos hechos que revisten una extrema gravedad. No puede negarse, por tanto, que se refuerza la tutela de bienes jurídicos apostando por un mayor componente retributivo de la sanción, pero, esto no equivale a una "neutralización" del reo. Así, según nuestro criterio, no puede afirmarse que

---

108 ACALE SÁNCHEZ, M.: *La prisión permanente revisable…*, *op. cit.*, p. 53.

109 CORRAL MARAVER, N.: *Las penas largas…*, *op. cit.*, p. 245.

110 CARBONELL MATEU, J. C.: "Prisión permanente revisable…", *op. cit.*, pp. 220-221.

111 MIRÓ LLINARES, F.: "La demanda social…", *op. cit.*, p. 13.

112 CARBONELL MATEU, J. C.: "Prisión permanente revisable…", *op. cit.*, p. 218.

la finalidad de la PPR sea la de apartar de la sociedad (recluir de por vida) a los condenados a esta pena. El legislador no considera que determinados sujetos no sean reinsertables por haber cometido determinados delitos (los castigados con PPR). No se parte de tal premisa. Si el legislador hubiere pretendido tal cosa, habría implantado una prisión perpetua o habría previsto mayores restricciones para lograr la suspensión. Sin embargo, no ha contemplado ninguna de estas opciones que sí tenderían claramente a la "inocuización" del sujeto (entre otras cosas porque sería inconstitucional). La sanción que supone la PPR no conlleva un sacrificio desmedido (mayor o igual que el daño producido por la lesión del bien jurídico). Desde esta perspectiva, el castigo queda justificado.

Ahora bien, la cuestión es si todas las tachas que se han vertido por la doctrina conducen a la supuesta "irracionalidad" de la PPR, a su "ilegitimidad", a ambas, o a ninguna de ellas.

Proclama VIVES ANTÓN que "los derechos constitucionales liberales pertenecen a la esencia misma del proceso democrático o, dicho de otro modo, que más allá de ellos (que constituyen el núcleo de lo que llamamos Estado de Derecho) no hay ninguna democracia posible: como ha razonado Habermas hasta la saciedad, democracia y Estado de Derecho se autoimplican, de modo que no puede hablarse de la una sin el otro; y cuando, por el recurso irracional a la pena se menoscaban las exigencias del Estado de Derecho se está menoscabando, a la vez, el sistema democrático y optando por un Estado autoritario"[113].

Lo anterior podría llevarnos a afirmar *a priori* que, de ser irracional la PPR, no sería democrática. Sin embargo, debemos tener en cuenta el matiz que introduce VIVES ANTÓN; y, es que, para calificar de tal ese recurso irracional de la pena debe conllevar un "menoscabo de las exigencias del Estado de Derecho". Así, en caso de no producirse tal vulneración, por mucho que la decisión no

---

113 VIVES ANTÓN, T. S.: "¿Estado democrático…", *op. cit.*, p. 267.

fuere racional, el recurso a la pena no podría calificarse de antidemocrático (para nosotros).

En consecuencia, lo anterior nos permite tener en cuenta dos parámetros a la hora de enjuiciar la decisión política de incluir la PPR dentro del catálogo de penas. Se trata, como advertíamos más arriba de la "racionalidad" (esto es, un criterio si se prefiere más técnico u objetivo) y de la legitimidad (esto es, de los márgenes que se le reconocen a la voluntad política o capacidad legislativa dentro de los límites constitucionales). Y, a nuestro juicio, bastaría con que se diera esta última (la legitimidad) para enunciar el carácter democrático de la PPR.

Veámoslo con unos simples ejemplos.

Ejemplo 1 (racional pero ilegítima). Podría calificarse de racional una decisión basada, por ejemplo, en: a) un incremento considerable y generalizado de robos con violencia o de agresiones sexuales (sin penetración o introducción de objetos); b) si esto estuviera causando verdaderos problemas de convivencia; c) si el incremento de los efectivos policiales (medidas de vigilancia) u otros medios no hubieran dado buenos resultados; d) si las penas de prisión previstas para castigar tales hechos fueren bajas (de hasta unos cinco años, aproximadamente); y, e) se entendiese que un aumento de la pena podría resultar efectivo para su reducción. La pregunta es: ¿sería legítimo que el legislador promoviera un endurecimiento de la respuesta punitiva hasta el extremo de castigar con PPR tales hechos? La respuesta sería evidente: no, porque, entre otros motivos, no superaría el canon de proporcionalidad en sentido estricto (sería inconstitucional).

Ejemplo 2 (irracional e ilegítima). Imaginemos por un segundo que el legislador pretendiera crear un nuevo delito consistente en "acudir a clases con camiseta de tirantes, pantalones cortos y chanclas" y lo sancionara con una pena de trabajos en beneficio de la comunidad. Sería irracional porque no creo que esto pudiera constituir un serio problema de seguridad; ni alterar el correcto desarrollo de las clases; y, puede que los reglamentos de los centros educativos, universidades, etc. ya contemplaran alguna disposición regulando estos aspectos de "decoro". Pero, también sería ilegítima porque no atisbamos bien jurídico alguno que justificara la intervención del *ius puniendi*. Además, atentaría contra el libre desarrollo de la personalidad, etc.

Ejemplo 3 (irracional pero legítima). Podría calificarse de irracional la introducción de la PPR porque: a) las estadísticas no informaran de un incremento especial de aquellos delitos para los que se prevé esta pena; b) la escasa o inexistente capacidad intimidatoria para prevenir esos delitos así lo desaconsejara; c) el CP ya permitiera imponer penas de hasta 25 o 30 años (incluso de hasta 40 años en supuestos concursales), etc. Ahora bien: ¿no sería legítimo que el legislador, a pesar de ese "pronóstico en contra", abogara por introducir la PPR en el CP al considerar oportuno un incremento de las penas en determinados delitos? Creemos que mientras su configuración normativa no atentara contra la Constitución así debiera ser. Esto es lo que, a nuestro juicio, sucede con la PPR vigente en España. Por el contrario, sería ilegítima la decisión de configurar una PPR sin posibilidad de permisos de salida, con un endurecimiento de los actuales requisitos de acceso al tercer grado o a la revisión, etc.

Ejemplo 4 (racional y legítima). El anterior ejemplo, a nuestro entender, adolece de un pequeño defecto. Decimos esto porque, en nuestra opinión, la proporcionalidad que observamos entre la imposición del castigo (PPR) y la extrema gravedad de los delitos para los que se prevé debería ser entendida (así lo creemos) como un parámetro de racionalidad que invalidaría el carácter —al menos parcial— de irracionalidad. Siendo esto así, y estimándose plenamente legítima la decisión del legislador de incrementar las penas hasta los límites que la CE, a nuestro juicio, tolera (revisabilidad), no cabe concluir otra cosa que: la PPR es racional, legítima; y, por ello, democrática.

La doctrina mayoritaria, al contrario que nosotros, ha sostenido que "la introducción de la pena de prisión permanente en España en

2015 no obedece a criterios racionales de política-criminal"[114]. Destacándose que "nos encontramos ante un tozudo anti-intelectualismo por parte de los poderes públicos en el diseño de las herramientas de control social más gravosas para las libertades ciudadanas"[115]. Y señalando que "el recurso a esta figura es una muestra visible de la falta de una política criminal racional y coherente por parte de los poderes públicos, más centrada en asegurar la imposición del castigo inmediato que en la búsqueda de un modelo donde a largo plazo pueda efectivamente distinguirse un sistema garantista centrado en la búsqueda de la resocialización del penado"[116]. Respecto de esta última afirmación, cabría manifestar que el hecho de que se considere que la política pública adoptada por el legislador (PPR) es desacertada porque no priorice la resocialización, como destaca el autor, no puede llevarnos a calificar la misma de irracional e incoherente. Puede, desde luego, resultar irracional e incoherente desde ese prisma. Pero, esa perspectiva o ideología no es la única viable en un Estado democrático. El sistema (en nuestro caso de penas) no sólo puede calificarse de "garantista" si pretende la resocialización del penado. La tutela de bienes jurídicos (función primordial de la pena) permite que el legislador potencie (legítimamente) el efecto retributivo de ciertas penas. El límite es la Constitución. Y, la configuración que el legislador español hace de la PPR no lo ha rebasado, como se justifica en este trabajo.

Por su parte, para CANCIO MELIÁ, la reforma sólo puede calificarse, más allá de la discrepancia de fondo, de "político-criminalmente ilegítima por el desprecio a todo debate parlamentario y público en este ámbito que implica la ausencia de una mínima justificación de la introducción de la nueva pena"[117]. Como ya he-

114 ORTS BERENGUER, E. y GONZÁLEZ CUSSAC, J. L.: *Compendio…*, *op. cit.*, p. 463.

115 CÁMARA ARROYO, S. y FERNÁNDEZ BERMEJO, D.: *La prisión permanente revisable…*, *op. cit.*, p. 92.

116 CORRECHER MIRA, J.: "Nuevas perspectivas…", *op. cit.*, p. 354.

117 CANCIO MELIÁ, M.: "La pena de cadena perpetua…", *op. cit.*, p. 7.

mos manifestado, la PPR (como cualquier otra decisión político-criminal) no puede calificarse de ilegítima por ¿haberse sustraído? del debate parlamentario y público, máxime cuando no obedece a una decisión caprichosa, sino plenamente justificada[118].

La discusión acerca de la racionalidad/legitimidad de la decisión política (tal y como aquí la hemos planteado) viene condicionada por otro debate: el de si la política criminal es o no "una política pública más". Señala a este respecto SILVA SÁNCHEZ que la política criminal no puede ser una política pública más, pues, "basta con observar el lenguaje, la iconografía y el sufrimiento humano que rodean al juicio, a la imposición de la condena y a su ejecución"[119]. Sin embargo, a continuación, reconoce (como nosotros) que "el Estado ostenta autoridad para obligar con sus normas y para reaccionar contra la infracción de cualquiera de ellas recurriendo a una pena. En efecto, el principio democrático es determinante —también— de la legislación penal. Por lo tanto, no cabe tildar de ilegítima a ninguna decisión en materia de criminalización, siempre que respete los derechos fundamentales —y en particular el principio constitucional de proporcionalidad—"[120].

En nuestra opinión, la política criminal es una política pública "más" (sin paliativos). Ahora bien, para SILVA SÁNCHEZ, "quien sostenga que el Derecho penal ha de ser una política pública más, tiene que considerar la razonable posibilidad de que sea gestionado, en lugar de por la jurisdicción penal, por una agencia administrativa. Esto es, por el poder ejecutivo, que es el responsable de las políticas públicas. Ello, con independencia de que los actos (admi-

---

118 En este sentido, AGUDO FERNÁNDEZ, E.; JAÉN VALLEJO, M. y PERRINO PÉREZ, Á. L.: *Penas, medidas y tras consecuencias jurídicas del delito*, Madrid, Dykinson, 2017, p. 69.

119 SILVA SÁNCHEZ, J.M.: "¿El Derecho penal como una política pública…más? Bases para un consenso sobre las discrepancias", en MUÑOZ SÁNCHEZ, J.; GARCÍA PÉREZ, O.; CEREZO DOMÍNGUEZ, A.I. y GARCÍA ESPAÑA, E. (Dirs.): *Estudios político-criminales, jurídico-penales y criminológicos. Libro Homenaje al Profesor José Luis Díez Ripollés*, Valencia, Tirant lo Blanch, 2023, p. 403

120 *Ibid.*, p. 404.

nistrativos) dictados por la agencia especializada correspondiente fueran luego revisados por la jurisdicción"[121]. Efectivamente, tal y como lo plantea SILVA SÁNCHEZ, ese escenario sería plausible. Sucede, sin embargo, que la ejecución de esa política pública (por su especial contenido) se ha confiado directamente a la Administración de Justicia. Sería materialmente insostenible (en términos económicos, de recursos personales, etc.) mantener una doble administración dedicada a "impartir justicia". Con todo, el planteamiento sería viable si, naturalmente, todas las garantías que rodean al proceso de imposición de la pena se pudiesen ofrecer por parte de la Administración (respeto de los derechos fundamentales, formación jurídica de los funcionarios, etc.) y ¡se produjera una modificación del art. 25.3 CE! De ser así, no tendríamos inconveniente alguno en que, en primera instancia, los asuntos penales se resolvieran en sede administrativa y pudieran ser, posteriormente, revisados por la jurisdicción penal.

Pero, cuando decimos que la "política" criminal es una "política pública más" nos estamos refiriendo a que el proceso de configuración de ésta no puede diferir al de otras, aunque, evidentemente, su contenido sea especialmente particular (siendo la privación de libertad su máximo exponente, entre otros derechos).

Para SILVA SÁNCHEZ "tanto si se sostiene que aquella es una política más, como si se afirma su excepcionalidad, es preciso considerar el papel que en la determinación de tales cuestiones tienen diversos agentes. En particular, debe examinarse la relación entre el poder legislativo, los expertos en ciencias empíricas y sociales, y en fin los juristas especialistas en Derecho penal"[122].

En cuanto al primero de esos elementos (la competencia del legislador), afirma SILVA SÁNCHEZ que "en un régimen democrático la competencia para el diseño de esa política —como de cualquier otra— es del poder legislativo, en la medida en que este

---

121 *Ibid.*, p. 408.
122 *Ibid.*, p. 409.

representa la voluntad popular. Ahora bien, resulta innegable que, de modo previo a la decisión legislativa, la política práctica del Derecho penal, que se lleva a cabo en la vida pública de los diversos países, cuenta con una pluralidad de agentes —partidos políticos, asociaciones, medios de comunicación—, que ejercen una considerable presión sobre el legislador. Además, lo hacen con varios denominadores comunes. Estos son, en primer lugar, el de la extrema contingencia, que deriva de la rápida sucesión de las circunstancias y de la velocidad que se requiere en la reacción frente a estas. En segundo lugar, que cada uno de los agentes implicados tiene intereses específicos en relación con el modo de afrontar los hechos socialmente lesivos. En fin, en tercer lugar, que ninguno de ellos cuenta con un conocimiento experto"[123].

No obstante, a nuestro juicio, cabría destacar que el "conocimiento experto" se necesita para la traducción de la decisión política a una norma escrita. El conocimiento experto, en este caso de un penalista, resulta absolutamente irrelevante en la adopción de la decisión política. Queremos decir con ello que, sin él, se puede decidir perfectamente si se debe o no materializar la misma. En lo único que sí resulta imprescindible consultar a un experto en la materia —por el bien de esa política— es en dos momentos (el primero mucho más decisivo que el segundo): a) su constitucionalidad, único límite para toda política pública; y, b) la técnica legislativa más correcta (de redacción del precepto). El penalista —si se le consulta— poco tiene que decir respecto de la oportunidad de la decisión, de su conveniencia, de su necesidad, del rédito que el proponente va a obtener, del momento adecuado de llevarla a cabo, de los intereses partidistas, etc. Para la "decisión", con toda rotundidad, será más positivo contar con un "asesor político" que no con un jurista.

Respecto de la influencia de los expertos en ciencias sociales, señala SILVA SÁNCHEZ que "en realidad, no se discute que la legisla-

123 *Idem*.

ción penal, en tanto que expresión de una política del Estado, tiene que considerar los resultados de los estudios de las ciencias empíricas y sociales. En efecto, estas pueden proporcionar, por un lado, datos sobre cuáles son las representaciones sociales de lo justo; por otro lado, sobre cuáles son las emociones que desencadena un delito; y, asimismo, sobre qué efectos sociales produce la normatividad, la amenaza de pena y la imposición efectiva de esta. A su vez, todos estos datos son necesarios para identificar los problemas y acometer las posibles soluciones. Ahora bien, además las ciencias empíricas y sociales aportan elementos que poseen una cierta fuerza normativa. No en vano, la máxima que alude a una «fuerza normativa de lo fáctico» ha sido aceptada de modo general. Pues bien, sería erróneo ignorar la relevancia normativa que puede tener la constatación (o ausencia de constatación) de determinados datos de hecho"[124]. Con todo, como advierte el citado autor, "los resultados alcanzados por las ciencias experimentales son, por definición, siempre provisionales. Además, dependen tanto del modelo teórico de partida como del diseño concreto de cada experimento. En el caso de las llamadas ciencias sociales, a lo anterior se añade que estas no sólo describen los hechos institucionales a los que se refieren —conforme a los modelos teóricos respectivos—, sino que también los valoran. En ocasiones, esto tiene lugar presentando de modo explícito o implícito como descripciones lo que, en realidad, son valoraciones. Por tanto, el manejo jurídico de los datos de hecho —y de las valoraciones pre-jurídicas— requiere, en primer lugar, un criterio de selección de los elementos relevantes. Luego, en segundo lugar, es preciso disponer de reglas concretas de manejo de los datos seleccionados. Ahora bien, ni aquel criterio ni estas reglas pueden ser fácticos. Por tanto, sin tener presente una idea de justicia —ya sea como realidad metafísica o como representación empírica de lo justo— no es posible tomar decisiones. En definitiva, lo fáctico —expresión que comprende tanto los hechos brutos como los institucionales—, no predetermina las decisiones político-jurídicas. Lo

---

124 *Ibid.*, pp. 410-411.

que sí hace —y no es poco— es impedir la adopción de decisiones normativas sobre bases fácticas refutadas"[125].

A nuestro juicio, sin embargo, se otorga un papel quizás demasiado protagonista a las conclusiones de esos estudios, evidencias empíricas, etc., como límites a la acción del legislador que, si bien debería aprovechar tales medios, no puede verse constreñido exclusivamente por éstos hasta el punto de tener que obedecer a tales dictados ciegamente. Naturalmente, pueden existir otras razones que (siempre y cuando respeten la CE) aconsejen lo contrario.

Por último, en cuanto a las valoraciones jurídicas, apunta SILVA SÁNCHEZ que la cuestión es "si alguien puede esgrimir la competencia para, una vez conocidas las creencias compartidas en una sociedad, concretarlas en propuestas de enunciados relativos a una cuestión concreta de política jurídica. La posición tradicional de la doctrina del Derecho penal es que ella es competente para formular tales propuestas"[126]. Como destaca el citado autor, esta posición ha sido muy criticada en los últimos años, pues, "se le reprocha que pretende condicionar la creación y la aplicación de la ley mediante construcciones conceptuales que la mediatizan. En particular, se añade que no existe una autoridad epistémica de los expertos —se supone que sólo de los expertos en Derecho, no de los químicos o ingenieros— frente a las mayorías democráticas. Pues bien, desde luego, la sabiduría práctica no está reservada a quienes ejercen una determinada profesión, como, en lo que aquí se refiere, a los profesores de Derecho. Por el contrario, las fuentes del conocimiento vienen dadas por la ciencia, por la experiencia personal empírica y metafísica, así como por la comprensión sapiencial"[127]. Sin embargo, aduce SILVA SÁNCHEZ que "como mínimo, debería aceptarse que, en general, los juristas académicos dedican más tiempo, disponen de un instrumental más preciso y sufren menos condicionantes

---

125 *Ibid.*, p. 411.
126 *Ibid.*, p. 412.
127 *Idem*.

que los partidos políticos, los medios de comunicación o las asociaciones de parte. Por tanto, parece que su intervención en los procesos previos a la deliberación parlamentaria de las leyes, e incluso en el seno de esta, es bastante razonable"[128].

Por el contrario, en nuestra opinión, pretender que la política estuviere fuertemente condicionada, sino sustraída, por quienes únicamente tuvieren conocimiento experto en una materia conllevaría no sólo a que el Derecho Penal (sino también otras políticas de gran calado como la sanitaria, energética, de vivienda, educativa, económico-financiera, de infraestructuras, etc.) únicamente pudieran aprobarse bajo la condescendencia de penalistas, sanitarios, profesores, ingenieros, economistas, etc. En fin, un secuestro de la democracia en toda regla.

Sigue manifestado SILVA SÁNCHEZ que "en estos términos, podría afirmarse que la política jurídica, y de modo previo la crítica externa al sistema legal vigente, es misión de la doctrina del Derecho penal, aunque no sea sólo de ella. Ciertamente, también la filosofía y la ciencia política pueden efectuar tal forma de crítica. Sin embargo, la dogmática de *lege ferenda* no pretende poner en cuestión la legitimidad general de un régimen legal, lo que la distingue radicalmente de aquellas. Su crítica tiene un objeto concreto y va acompañada de una propuesta técnico-jurídica de *lege ferenda*, justificada desde el punto de vista conceptual y sistemático. En efecto, en el plano general de la política jurídico-penal —relativo a la criminalización de determinadas formas de conducta, o a la adopción de ciertas formas de castigo— la dogmática no dispone de criterios determinantes, sino sólo de líneas argumentales asimismo generales. Aquí es preciso aceptar un cierto carácter contingente de las decisiones políticas. En cambio, en el segundo ámbito, en el que se trata de decidir sobre cuestiones concretas que muestran al tiempo implicaciones estructurales conceptuales y valorativas, la cuestión

---

128 *Ibid.*, p. 413.

es distinta. En efecto, aquí la argumentación dogmática de *lege ferenda* tiene un papel determinante y, a mi juicio, insustituible"[129].

En este punto, debemos mostrar una vez más nuestro desacuerdo con SILVA SÁNCHEZ por cuanto la dogmática es perfectamente sustituible, incluso, sería muy aconsejable que lo fuera. La CE es la que no puede sustituirse (es el único marco que nos dice qué podemos y qué no podemos hacer). Pero no nos dice ni cuándo, ni cómo, ni por qué hacerlo (esto es tarea de la política —como arte—). No de la doctrina (o más concretamente, de esa ciencia difusa que es la dogmática). La política criminal es una política pública más, si bien distinta al resto (por su contenido), pero no por sus formas (por eso es una "política" más). Y, como tal, no puede quedar reservada en exclusiva al criterio de quienes no son representantes de la soberanía. La democracia lo impide. Como en otras tantas políticas públicas, sería más que aconsejable que al conocimiento técnico se le diera audiencia en la conformación de una u otra decisión (igual oportunidad se debiera brindar a otros "agentes" o "partes"). Pero, bajo ningún concepto, su opinión debiera ser vinculante en lo que respectase a la parte estrictamente "política" de la política (permítaseme el juego de palabras).

En último lugar, ACALE SÁNCHEZ afirma que "la sustitución del programa electoral de un partido político por la Constitución y lo que es peor, llegar a confundir una cosa con la otra, pone de manifiesto que la justificación que sostiene a la política criminal de referencia no es otra cosa que la mera auto-constatación de la ideología dominante"[130]. En esta línea, FUENTES OSORIO señala que la PPR "satisface las actitudes punitivas más severas, propias de un sector más reducido de la población (más comunes en sujetos con ideologías autoritarias; que han sido víctimas de delitos y presentan miedo al delito; o que están preocupados por la cohesión social y el

---

129 *Ibid.*, p. 413.

130 ACALE SÁNCHEZ, M.: *La prisión permanente revisable…*, *op. cit.*, p. 39.

respeto de los valores), pero que se identifica con el espectro electoral concreto del legislador"[131].

Por el contrario, de lo que estamos convencidos es que cada vez resulta más difícil atribuir (o identificar) cierta configuración del Derecho penal a una u otra ideología. Esto es, que cierta política criminal sea más de derechas o más de izquierdas (más progresista o más conservadora). Y, tampoco creemos que se compadezca con la realidad que quienes defendamos esta pena tengamos un carácter autoritario (no es al menos nuestro caso). Si siguiéramos esta argumentación, deberíamos calificar de autoritario no sólo al PP sino también al gobierno PSOE-PODEMOS que tras su llegada al poder contaba con la mayoría parlamentaria suficiente como para derogar la PPR y no lo hicieron. Es más, no podemos olvidar que el PSOE apoyó la LO 2/2015, que contemplaba la imposición de esta pena en casos de muertes por terrorismo. En segundo lugar, la legitimidad democrática de una Ley (en nuestro caso de la PPR) la otorga la mayoría parlamentaria que requiere su aprobación, por lo que no creo que se trate de imponer una determinada ideología sobre otra (se corresponde con la representatividad salida de las urnas). Y, en todo caso, lo que sí es legítimo es que la ley plasme, recoja o albergue la traducción de una determinada ideología; esto es, un determinado posicionamiento sobre un tema concreto. Así las cosas, el legislador tiene plena legitimidad, por ejemplo, para introducir la PPR si considera que la política criminal debe ir en la línea de un endurecimiento de las penas de prisión. Resultando igual de legítimo lo opción contraria.

7. UNA ÚLTIMA CUESTIÓN

Apunta CORRECHER MIRA que "si se termina institucionalizando formalmente la pena perpetua de prisión, supondría de

---

131 FUENTES OSORIO, J.L.: "¿La botella medio llena o medio vacía?...", *op. cit.*, p. 317.

manera inexorable un paso más en el camino emprendido por el legislador español hacia la hipertrofia del sistema penitenciario. La medida debería venir acompañada de un aumento del gasto público en el mantenimiento de las Instituciones Penitenciarias, tanto para mantener la salubridad de éstas y evitar la reclusión de los presos en condiciones de hacinamiento, como para garantizar un tratamiento penitenciario que podría prolongarse durante el total de la vida del recluso"[132]. Sin embargo, a nuestro parecer, aun cuando el número de nuevos presos condenados a PPR aumente año tras año; y, asumiendo que habrá presos que la cumplirán a perpetuidad (al no obtener la revisión), no puede obviarse que la población penitenciaria desciende cada año. Lo anterior nos permite atisbar que, en todo caso, lo que puede producirse es una compensación o estancamiento de las cifras, pero, no desde luego una hipertrofia. Apuntan en esta dirección CÁMARA ARROYO y FERNÁNDEZ BERMEJO cuando indican que "medidas como la prisión permanente revisable pueden contribuir al estancamiento de la situación y a elevar el coste económico de la misma"[133].

En cualquier caso, consideramos que España cuenta con un índice de población penitenciaria razonable. Y lo seguirá teniendo a pesar de que la PPR rompa (llegado el caso) esa tendencia a la baja que se viene observando desde hace años. Lo que no puede pasarse por alto, obviamente, es el coste económico adicional o extraordinario que comporta este tipo de penas. Vaticinaba JUANATEY DORADO antes de la aprobación de la PPR que "la prisión permanente revisable demanda recursos personales y materiales muy elevados, que ni en este momento ni en un futuro próximo van a estar disponibles"[134]. No obstante, esta es una obligación ineludible del Gobierno. Y, sin duda, la dotación económica para las prisio-

---

132 CORRECHER MIRA, J.: "Nuevas perspectivas...", *op. cit.*, p. 362.

133 CÁMARA ARROYO, S. y FERNÁNDEZ BERMEJO, D.: *La prisión permanente revisable...*, *op. cit.*, p. 98.

134 JUANATEY DORADO, C.: "Una «moderna barbarie»: la prisión...", *op. cit.*, pp. 10-11.

nes españolas debe aumentarse para atender las necesidades de este nuevo tipo de presos que van a pasar largos períodos en las cárceles. Cada vez más conforme vayan pasando los años.

Ahora bien, no consideramos que lo anterior nos permite concluir, como afirma CORRECHER MIRA, que "la masificación de las Instituciones penitenciarias y la inexistencia de fondos públicos para paliar este déficit, pueden suponer el planteamiento de la privatización como solución al problema que los mismos mecanismos de control social formal han originado"[135]. No creemos que se llegue a tal escenario, sin duda, poco deseable.

135 CORRECHER MIRA, J.: "Nuevas perspectivas…", *op. cit.*, p. 362.

Capítulo II
Régimen jurídico

1. TRAMITACIÓN PARLAMENTARIA

En las líneas que siguen se lleva a cabo un análisis de las distintas propuestas planteadas acerca del diseño legal de la PPR hasta su aprobación por la LO 1/2015, de 30 de marzo. Lo que nos permitirá vislumbrar la depuración que experimentó la norma desde su concepción original hasta su entrada en vigor.

1.1. Enmienda del PP (reforma CP 2010)

El primer intento para introducir la PPR en nuestro país lo protagonizó el PP con ocasión de la reforma del Código Penal operada en 2010 (bajo el Gobierno del socialista José Luis Rodríguez Zapatero). Si bien, como sabemos, las enmiendas planteadas no fueron acogidas.

La Enmienda núm. 384 modificaba el art. 33 CP para incluir en la letra a) del apartado 2, como pena grave, la "prisión perpetua revisable".

La justificación contenida en la citada enmienda era la siguiente:

> *La «prisión perpetua revisable» que se propone introducir se configura como una pena excepcional a aplicar en supuestos muy restringidos, pero que han alcanzado el máximo grado de reprochabilidad social. El carácter singular que se le pretende dar ha hecho que se configure como una pena distinta y no como una prolongación de la pena privativa de libertad. Por ello, tampoco se altera el artículo 70.3 del Código Penal pues se pretende mantener el carácter de mínima intervención y que no se pueda pasar a esta pena más que en los casos en que así lo señale el Código expresamente y no por extensión por aplicación de un grado superior de la pena privativa de libertad.*
>
> *Sin embargo, el punto determinante de la nueva pena y lo que la diferencia de otros precedentes históricos es su carácter de revisable, orientada a la rehabilitación del reo y a su reinserción social. Este planteamiento hace que la misma se adecue a*

la perfección con los postulados de nuestra Constitución a la hora de caracterizar las penas y especialmente a lo previsto en sus artículos 15 y 25.

Por este carácter de revisable su planteamiento se encuentra en línea con la legislación vigente en la mayoría de países de la Unión Europea: Alemania, Francia, Italia, Reino Unido, Grecia, Dinamarca e Irlanda.

En estos países, no existe la prisión perpetua entendida como condena ineludiblemente de por vida, ya que en todos los países se contempla la revisión de la condena y la posibilidad de concesión de la libertad vigilada pasado un plazo de tiempo, tal y como ahora se propone".

La Enmienda núm. 386 añadía un art. 35 bis al Código Penal, con la siguiente redacción:

"La pena de prisión perpetua revisable se cumplirá por un período inicial de veinte años, sin que quepa aplicar ningún beneficio de condena, salvo los que se consideraran de necesidad grave de carácter humanitario apreciada expresamente por el Tribunal sentenciador.

Cumplidos veinte años de internamiento, el Tribunal sentenciador decidirá si procede la revisión de la condena, conforme a lo previsto en el artículo 90 bis de este Código".

La justificación era la siguiente:

"La «prisión perpetua revisable» que se propone introducir se configura como una pena excepcional a aplicar en supuestos muy restringidos pero que han alcanzado el máximo grado de reprochabilidad social. El carácter singular que se le pretende dar ha hecho que se configure como una pena distinta y no como una prolongación de la pena privativa de libertad. Por ello, tampoco se altera el artículo 70.3 del Código Penal pues se pretende mantener el carácter de mínima intervención y que no se pueda pasar a esta pena más que en los casos en que así lo señale el Código expresamente y no por extensión por aplicación de un grado superior de la pena privativa de libertad.

Sin embargo, el punto determinante de la nueva pena y lo que la diferencia de otros precedentes históricos es su carácter de revisable, orientada a la rehabilitación del reo y a su reinserción social. Este planteamiento hace que la misma se adecue a la perfección con los postulados de nuestra Constitución a la hora de caracterizar las penas y especialmente a lo previsto en sus artículos 15 y 25.

Por este carácter de revisable su planteamiento se encuentra en línea con la legislación vigente en la mayoría de países de la Unión Europea. En ésta no existe la pri-

sión perpetua entendida como condena ineludiblemente de por vida, ya que en todos los países se contempla la revisión de la condena y la posibilidad de concesión de la libertad vigilada pasado un plazo de tiempo, tal y como ahora se propone.

En Italia, la prisión perpetua («ergastolo») se revisa a los 26 años. En la revisión uno de los factores que se evalúa especialmente es el grado de colaboración con la Justicia (criterio que también está presente en la aplicación del art. 41 bis del Reglamento Penitenciario que permite al Ministerio de Justicia suspender la aplicación del régimen ordinario en los supuestos de crimen organizado, terrorismo o revueltas carcelarias).

En el Reino Unido la encontramos en términos similares pues la primera revisión de la prisión perpetua se realiza a los 20 años y posteriormente otra a los 25.

En Grecia también existe esta pena pero con un plazo de revisión algo mayor, a los 20 años.

En Francia el proceso de revisión se inicia tras 15 años de cumplimiento y la eventual puesta en libertad de los condenados a prisión perpetua sigue 3 fases:

1. Período de observación de 6 a 12 meses en el Centro Nacional de Observación (CON) de la cárcel parisina de Fresnes. El preso es observado y sometido a exámenes, tests, entrevistas, etc.

2. Régimen de semilibertad (similar al 3.er grado) durante 1-2 años. El condenado trabaja fuera pero vuelve a dormir a prisión, y disfruta de permisos de fin de semana.

3. Libertad vigilada y confinamiento durante un periodo de 5 años. La persona es sometida a medidas de control judicial, está obligado a residir en una región francesa determinada por el tribunal y debe respetar ciertas prohibiciones.

En febrero de 2008 se aprobó en Francia la «Ley de retención de seguridad», que permite a los jueces mantener en prisión a aquellas personas que habiendo cumplido su condena sean juzgadas como «peligrosas».

Estas medidas se superponen a las cautelas de la revisión de la prisión perpetua con lo cual los mecanismos de seguridad pueden reforzarse.

En Alemania la prisión perpetua es revisable a los 15 años de condena, pudiéndose en ese momento obtener la libertad condicional [parágrafo 57.a) del Código Penal alemán] continuar cumpliendo la prisión. En este país el Tribunal Constitucional ha tenido ocasión de pronunciarse expresamente a favor de la constitucionalidad de esta pena. El mismo plazo se aplica en Austria y Suiza.

El siguiente escalón lo encontramos en Dinamarca en donde la revisabilidad se establece a los 12 años.

Por último, el país de la Unión en donde existe esta pena con un plazo más corto de revisión es Irlanda en donde se comienza a evaluar a los 7 años".

La Enmienda núm. 387 modificaba el art. 55 CP del siguiente modo:

"La pena de prisión perpetua revisable así como la pena de prisión igual o superior a diez años llevarán consigo la inhabilitación absoluta durante el tiempo de la condena, salvo que ésta ya estuviere prevista como pena principal para el supuesto de que se trate. El juez podrá además disponer la inhabilitación especial para el ejercicio de la patria potestad, tutela, curatela, guarda o acogimiento, o bien la privación de la patria potestad, cuando estos derechos hubieren tenido relación directa con el delito cometido. Esta vinculación deberá determinarse expresamente en la sentencia".

La justificación aportada era la siguiente:

"En coherencia con la introducción de la nueva pena de prisión perpetua revisable".

La Enmienda núm. 388 añadía un segundo párrafo al art. 62 CP, con la siguiente redacción:

"Como penas de referencia para las inferiores en grado se tomarán las prisiones temporales previstas como alternativas con la prisión perpetua. Si esta fuera la única pena, se considera como pena de referencia a dichos efectos la prisión de 25 a 30 años".

La justificación era la siguiente:

"Para determinar las penas de referencia para los supuestos de tentativa en los delitos castigados con prisión perpetua revisable. En este caso es posible su establecimiento en la parte general del Código, lo cual resulta técnicamente más adecuado".

La Enmienda núm. 389 añadía un art. 90 bis CP, con la siguiente redacción:

"1. En la pena de prisión perpetua revisable el Tribunal sentenciador podrá conceder la libertad condicional, una vez cumplidos veinte años de internamiento, siempre que concurran los requisitos siguientes:

1.° Contar con un pronóstico favorable de reinserción social.

2.° Constatación del arrepentimiento del condenado.

> *3.º Haber satisfecho sus responsabilidades civiles, salvo insolvencia total o parcial debidamente acreditada y declarada por el Tribunal sentenciador, con audiencia de las víctimas siempre que sea posible.*
>
> *4.º Que la gravedad de la culpa no exija continuar con el cumplimiento efectivo de la pena.*
>
> *El Tribunal recabará antes de pronunciarse cuantos informes considere oportunos y, en todo caso, dará audiencia a las víctimas del delito. También podrá imponer las reglas de conducta previstas en el artículo 83.*
>
> *2. La libertad condicional será de 3 a 5 años. Si el reo cometiere un nuevo delito o inobservara gravemente las reglas de conducta en ese tiempo, se aplicarán las normas previstas en el artículo 84 de este Código.*
>
> *Transcurrido dicho plazo sin revocación, se acordará la libertad definitiva del reo.*
>
> *3. Una vez denegada la libertad condicional, no cabrá nuevo pronunciamiento hasta 5 años después. Lo mismo ocurrirá cuando se produjere la revocación de la libertad condicional ya concedida".*

La justificación aportada coincidía con la de la Enmienda núm. 386.

La Enmienda núm. 390 introducía un nuevo art. 140 bis CP, redactado de la siguiente forma:

> *"El que matare a otro concurriendo alguna agresión sexual de las descritas en el artículo 179 de este Código, será castigado con la pena de veinticinco a treinta años o prisión perpetua revisable".*

La justificación era:

> *"Por la gravedad de este tipo de delito y la alarma social creada en torno a ellos se considera que deben ser acreedores de la nueva pena de prisión perpetua revisable en los supuestos más graves".*

La Enmienda núm. 392 daba una nueva redacción al art. 485 CP, cuyo tenor literal quedaba redactado de la siguiente forma:

> *"1. El que matare al Rey o a la Reina será castigado con la pena de prisión perpetua revisable.*
>
> *(....)".*

La justificación era:

> *"La muerte del Jefe del Estado tradicionalmente ha sido considerada como uno de los delitos con castigo más grave pues atenta no sólo al bien jurídico de la vida del Monarca sino también a la estabilidad constitucional".*

La Enmienda núm. 394 modificaba el apartado 2 del art. 572 CP, quedando redactado como sigue:

> *"Los que perteneciendo, actuando al servicio o colaborando con las organizaciones o grupos terroristas, atentaren contra las personas, incurrirán:*
>
> *– En la pena de prisión perpetua revisable si causaran la muerte de una persona.*
>
> *(...)".*

La justificación era la siguiente:

> *"El terrorismo cuando causa la muerte de personas constituye uno de los crímenes más graves de la sociedad actual tanto por la alarma que crea como por la pluralidad de bienes jurídicos atacados, por lo que resulta acreedor a la pena que se configura como más grave en concordancia con las otras enmiendas de este Grupo Parlamentario".*

La Enmienda núm. 396 modificaba el apartado 1 del art. 605 CP, que quedaba redactado como sigue:

> *"El que matare al Jefe de un Estado extranjero, o a otra persona internacionalmente protegida por un Tratado, que se halle en España, será castigado con la pena de prisión de veinte a veinticinco años. Si concurrieran en el hecho dos o más circunstancias agravantes se impondrá la pena de prisión de veinticinco a treinta años o prisión perpetua revisable".*

La justificación era la siguiente:

> *"Por la gravedad del delito, su trascendencia social, política y por la tensión internacional que crearía si se diera el supuesto, se considera que debe ser acreedor de la nueva pena de prisión perpetua revisable en los supuestos más graves".*

La Enmienda núm. 397 modificaba el número 1° del apartado 1, del art. 607 CP, que quedaba redactado como sigue:

"Con la pena de prisión de quince a veinte años, si matare a alguno de sus miembros.

Si concurrieran en el hecho dos o más circunstancias agravantes, se impondrá la pena de prisión perpetua revisable".

La justificación era la siguiente:

"Por la gravedad del delito, los múltiples bienes jurídicos afectados por el ataque y el amplio consenso que existe en los países de nuestro entorno sobre la reprochabilidad de la acción, se considera que, en los supuestos más graves, se debe imponer al delincuente la pena de prisión perpetua revisable".

Por último, la Enmienda núm. 385 modificaba el número 1° del apartado 2, del art. 607 bis CP, quedando redactado como sigue:

"Con la pena de prisión de quince a veinte años, si causaran la muerte de alguna persona.

Si concurriera en el hecho alguna de las circunstancias previstas en el artículo 139, se impondrá la pena de prisión perpetua revisable".

La justificación era la siguiente:

"Por la gravedad del delito, los múltiples bienes jurídicos afectados por el ataque y el amplio consenso que existe en los países de nuestro entorno sobre la reprochabilidad de la acción, se considera que, en los supuestos más graves, se debe imponer al delincuente la pena de prisión perpetua revisable".

En resumen, lo más destacado de la Enmienda del PP (2010) es:

- plazo de revisión a los 20 años.
- sin posibilidad de aplicar ningún beneficio penitenciario (salvo los de carácter humanitario).
- requisitos para obtener la suspensión:

  1.° Contar con un pronóstico favorable de reinserción social.

  2.° Constatación del arrepentimiento del condenado.

  3.° Haber satisfecho sus responsabilidades civiles, salvo insolvencia total o parcial debidamente acreditada y declarada por el Tribunal sentenciador, con audiencia de las víctimas siempre que sea posible.

4.° Que la gravedad de la culpa no exija continuar con el cumplimiento efectivo de la pena.

- plazo de suspensión: de 3 a 5 años.
- tras denegación de la suspensión o revocación: período de 5 años sin poder solicitar una nueva revisión.
- pena inferior en grado: de 25 a 30 años.
- delitos: asesinato subsiguiente a alguna agresión sexual del art. 179 CP; regicidio; muerte en casos de terrorismo; muerte de Jefe extranjero o persona protegida internacionalmente; genocidio (cuando concurran dos circunstancias agravantes); lesa humanidad (cuando en el hecho concurra alguna de las circunstancias previstas en el art. 139 CP).

1.2. Anteproyecto de julio de 2012

A continuación, haremos un repaso por aquellas disposiciones contenidas en el Anteproyecto de Ley Orgánica por la que se modifica la Ley Orgánica 10/1995, de 23 de noviembre, del Código Penal, de 16 de julio de 2012, promovido por el Gobierno del PP.

1.2.1. Exposición de Motivos

En el apartado I EM se manifestaba en relación con la PPR lo siguiente:

> *"La necesidad de fortalecer la confianza en la administración de justicia hace necesario poner a su disposición un sistema legal que garantice resoluciones judiciales previsibles que, además, sean percibidas en la sociedad como justas. Con esta finalidad, se lleva a cabo una profunda revisión del sistema de penas que se articula a través de tres elementos: la incorporación de la prisión permanente revisable, reservada a los supuestos más graves de delincuencia terrorista; el sistema de medidas de seguridad, con ampliación del ámbito de aplicación de la libertad vigilada, e introducción de la regulación de la custodia de seguridad, como medida de seguridad privativa de li-*

bertad que puede ser impuesta, en supuestos excepcionales, a delincuentes reincidentes peligrosos; y la revisión de la regulación del delito continuado".

En el apartado II EM se proclamaba que:

"La reforma introduce una nueva pena de prisión permanente revisable, que podrá ser impuesta en los casos más graves de delincuencia terrorista. En estos casos, la valoración de la especial gravedad de delitos que, además del extraordinario daño causado a la víctima, atentan contra el Estado y el orden constitucional, justifica una respuesta extraordinaria mediante la imposición de una pena de prisión de duración indeterminada (prisión permanente), si bien sujeta a un régimen de revisión: tras el cumplimiento íntegro de una parte relevante de la condena (35 años de prisión), acreditada la reinserción del penado, éste puede obtener una libertad condicionada al cumplimiento de ciertos requisitos, en particular, la confirmación del abandono de su relación con el grupo u organización a que pertenecía; y la adhesión al cumplimiento de su compromiso de reparación (moral y material) a favor de las víctimas de sus delitos.

Lo elevado de este límite de revisión se relaciona con el carácter extraordinariamente limitado con el que esta pena podrá ser impuesta, pues aparece reservada únicamente para los delitos de homicidio o asesinato terrorista. Y el límite de 35 años de cumplimiento de condena para el acceso a la libertad condicional es ya aplicable actualmente cuando el límite de cumplimiento se fija en 40 años de prisión, y fueron impuestas en realidad condenas que sumaban el doble de esa duración.

La prisión permanente revisable, cuya regulación se anuncia, de ningún modo renuncia a la reinserción del penado: una vez cumplida una parte mínima de la condena (que en el Derecho comparado se fija habitualmente entre 15 y 25 años), un Tribunal colegiado deberá valorar nuevamente las circunstancias del penado y del delito cometido y podrá revisar su situación personal. Una revisión judicial periódica de la situación personal del penado no existe en la actualidad ni para las penas máximas de veinticinco, treinta o cuarenta años de prisión, ni para las acumulaciones de condena que pueden llegar a fijar límites incluso superiores. Y justamente lo que determina la inhumanidad de una pena es la falta de un horizonte de libertad que, en el proyecto de prisión permanente revisable, garantiza la existencia de un procedimiento judicial continuado de revisión.

En la prisión permanente revisable, cumplida esa primera parte mínima de la pena, si el Tribunal considera que no concurren los requisitos necesarios para que el penado pueda recuperar la libertad, se fijará un plazo para llevar a cabo una nueva revisión de su situación; y si, por el contrario, el Tribunal valora que cumple los requisitos necesarios para quedar en libertad, se establecerá un plazo de libertad condicional en el que se impondrán condiciones y medidas de control orientadas tanto a garantizar la seguridad de la sociedad, como a asistir al penado en esta fase final de su reinserción social.

La pena de prisión permanente revisable no constituye, por ello, una suerte de "pena definitiva" en la que el Estado se desentiende del penado. Al contrario, se trata de una institución que compatibiliza la existencia de una respuesta penal ajustada a la gravedad de la culpabilidad, con la finalidad de reeducación a la que debe ser orientada la ejecución de las penas de prisión.

Se trata, en realidad, de un modelo extendido en el Derecho comparado europeo que el Tribunal Europeo de Derechos Humanos ha considerado ajustado a la Convención Europea de Derechos Humanos, que ha declarado que cuando la Ley nacional ofrece la posibilidad de revisión de la condena de duración indeterminada con vistas a su conmutación, remisión, terminación o libertad condicional del penado, esto es suficiente para dar satisfacción al art. 3 del Convenio (cfr. SSTEDH 12-2-2008, caso Kafkaris vs. Chipre; 3-11-2009, caso Meixner vs. Alemania).

El Consejo de Estado ha tenido también oportunidad de pronunciarse sobre la constitucionalidad de las penas de duración indeterminada —pero revisables—, al informar con relación a la ratificación por España del Estatuto de la Corte Penal Internacional, en el que está prevista la posible imposición de una pena de prisión permanente".

Por su parte, el apartado V EM aludía a que:

(...) se introduce la regulación del régimen de revisión de la prisión permanente revisable (también como una modalidad de libertad condicional o de suspensión de la ejecución del resto de la pena). En este caso, se ha fijado un régimen de revisión a partir del cumplimiento de 35 años de condena.

Lo elevado de este límite de revisión se relaciona con el carácter extraordinariamente limitado con el que esta pena podrá ser impuesta, pues aparece reservada únicamente para los delitos de homicidio o asesinato terrorista. Y el límite de 35 años de cumplimiento de condena para el acceso a la libertad es ya aplicable actualmente cuando el límite de cumplimiento se fija en 40 años de prisión, y fueron impuestas en realidad condenas que sumaban el doble de esa duración.

La revisión de la prisión permanente se regula como un supuesto de libertad condicional o de suspensión de la ejecución de la pena. Si el Tribunal concede la libertad, fija un plazo de "suspensión" de la ejecución durante el cual el penado queda sujeto a condiciones: el incumplimiento de las mismas o la comisión de nuevos delitos determi-

na —durante este período de suspensión— la revocación de la misma y el reingreso del penado en prisión. Para la revisión de la prisión se establece un doble régimen. Cumplidos los primeros 35 años de condena, el Tribunal deberá revisar de oficio si la prisión debe ser mantenida cada dos años; y lo hará también siempre que el penado lo solicite, si bien tras la desestimación de una petición podrá fijar un plazo máximo de un año dentro del cual no se dará curso a nuevas solicitudes".

1.2.2. Articulado

Se introduce un nuevo apartado 3 en el art. 36 CP, que queda redactado como sigue:

"En el caso de que hubiera sido impuesta una pena de prisión permanente revisable, la concesión de permisos de salida o la progresión a tercer grado requerirán de la existencia de un pronóstico individualizado y favorable de reinserción social adoptado por el Juez de Vigilancia Penitenciaria conforme a lo dispuesto en el párrafo último del apartado anterior. En estos casos, la progresión a tercer grado requerirá que el penado haya extinguido de forma efectiva 32 años de prisión".

Se modifica el art. 76 CP, cuyo apartado 1 queda redactado como sigue:

"1. No obstante lo dispuesto en el artículo anterior, el máximo de cumplimiento efectivo de la condena del culpable no podrá exceder del triple del tiempo por el que se le imponga la más grave de las penas en que haya incurrido, declarando extinguidas las que procedan desde que las ya impuestas cubran dicho máximo, que no podrá exceder de 20 años. Excepcionalmente, este límite máximo será:

a) De 25 años, cuando el sujeto haya sido condenado por dos o más delitos y alguno de ellos esté castigado por la ley con pena de prisión de hasta 20 años.

b) De 30 años, cuando el sujeto haya sido condenado por dos o más delitos y alguno de ellos esté castigado por la ley con pena de prisión superior a 20 años.

c) De 40 años, cuando el sujeto haya sido condenado por dos o más delitos y, al menos, dos de ellos estén castigados por la ley con pena de prisión superior a 20 años

d) De 40 años, cuando el sujeto haya sido condenado por dos o más delitos referentes a organizaciones y grupos terroristas y delitos de terrorismo del Capítulo VII del Título XXII del Libro II de este Código y alguno de ellos esté castigado por la ley con pena de prisión superior a 20 años.

e) Cuando el sujeto haya sido condenado por dos o más delitos y, al menos, uno de ellos esté castigado por la Ley con pena de prisión permanente revisable, se estará a lo dispuesto en el artículo 92 de este Código".

Se modifican los apartados 2 y 3 del art. 78 CP, que quedan redactados como sigue:

"2. Dicho acuerdo será preceptivo en los supuestos previstos en los párrafos a, b, c y d del apartado 1 del artículo 76 de este Código, siempre que la pena a cumplir resulte inferior a la mitad de la suma total de las impuestas. En el caso de que hubiera sido impuesta una pena de prisión permanente revisable, la concesión de permisos de salida y la progresión a tercer grado requerirá de la existencia de un pronóstico individualizado y favorable de reinserción social adoptado por el Juez de Vigilancia Penitenciaria conforme a lo dispuesto en el apartado siguiente.

3. En estos casos, el Juez de vigilancia, previo pronóstico individualizado y favorable de reinserción social y valorando, en su caso, las circunstancias personales del reo y la evolución del tratamiento reeducador, podrá acordar razonadamente, oídos el Ministerio Fiscal, Instituciones Penitenciarias y las demás partes, la aplicación del régimen general de cumplimiento. Si se tratase de delitos referentes a organizaciones y grupos terroristas y delitos de terrorismo del Capítulo VII del Título XXII del Libro II de este Código, o cometidos en el seno de organizaciones o grupos criminales, y atendiendo a la suma total de las penas impuestas, la anterior posibilidad sólo será aplicable:

a) Al tercer grado penitenciario, cuando quede por cumplir una quinta parte del límite máximo de cumplimiento de la condena; o se hayan extinguido de forma efectiva 32 años de condena, si hubiera sido impuesta una pena de prisión permanente revisable.

b) A la libertad condicional, cuando quede por cumplir una octava parte del límite máximo de cumplimiento de la condena. Si hubiera sido impuesta una pena de prisión permanente revisable, se estará en todo caso a lo dispuesto en el artículo 92 de este Código".

Se modifica el art. 92, que queda redactado como sigue:

"1. El Tribunal acordará la suspensión de la ejecución de la pena de prisión de duración indeterminada cuando se cumplan los siguientes requisitos:

a) Que el penado haya extinguido de forma efectiva treinta y cinco años de su condena.

b) Que el penado muestre signos inequívocos de haber abandonado los fines y los medios de la actividad terrorista y haya colaborado activamente con las autoridades, bien para impedir la producción de otros delitos por parte de la organización o grupo terrorista, bien para atenuar los efectos de su delito, bien para la identificación, captura y procesamiento de responsables de delitos terroristas, para obtener pruebas o para impedir la actuación o el desarrollo de las organizaciones o asociaciones a las que haya pertenecido o con las que haya colaborado, lo que podrá acreditarse mediante una declaración expresa de repudio de sus actividades delictivas y de abandono de la violencia y una petición expresa de perdón a las víctimas de su delito, así como por los informes técnicos que acrediten que el preso está realmente desvinculado de la organización terrorista y del entorno y actividades de asociaciones y colectivos ilegales que la rodean y su colaboración con las autoridades.

2. La suspensión de la ejecución tendrá una duración de cinco a diez años. Son aplicables las normas contenidas en el párrafo 2º del artículo 80.1 y en los arts. 82.2 y 83 a 87 de este Código.

3. Extinguida la parte de la condena a que se refiere la letra a) del apartado 1 de este Artículo, el Tribunal deberá verificar, al menos cada dos años, sobre el cumplimiento del resto de requisitos de la libertad condicional. El Tribunal resolverá también las peticiones de concesión de la libertad condicional del penado, pero podrá fijar un plazo de hasta un año dentro del cual, tras haber sido rechazada una petición, no se dará curso a sus nuevas solicitudes".

Se modifica el apartado 2 del art. 572 CP, que queda redactado como sigue:

"2. Los que perteneciendo, actuando al servicio o colaborando con las organizaciones o grupos terroristas atentaren contra las personas, incurrirán:

1. En la pena de prisión de prisión de duración indeterminada revisable si causaran la muerte de una persona.

2. En la pena de prisión de quince a veinte años si causaran lesiones de las previstas en los artículos 149 y 150 o secuestraran a una persona.

3. En la pena de prisión de diez a quince años si causaran cualquier otra lesión o detuvieran ilegalmente, amenazaran o coaccionaran a una persona."

1.3. Anteproyecto de octubre de 2012

El Anteproyecto de Ley Orgánica por la que se modifica la Ley Orgánica 10/1995, de 23 de noviembre, del Código Penal, de 11 de octubre 2012, amplía el régimen jurídico de la PPR, como se verá a continuación.

1.3.1. Exposición de Motivos

En el apartado I EM se razona que:

"La necesidad de fortalecer la confianza en la Administración de Justicia hace preciso poner a su disposición un sistema legal que garantice resoluciones judiciales previsibles que, además, sean percibidas en la sociedad como justas. Con esta finalidad, se lleva a cabo una profunda revisión del sistema de consecuencias penales que se articula a través de tres elementos: la incorporación de la prisión permanente revisable, reservada a delitos de excepcional gravedad; el sistema de medidas de seguridad, con ampliación del ámbito de aplicación de la libertad vigilada, e introducción de la regulación de la custodia de seguridad, como medida de seguridad privativa de libertad que puede ser impuesta, en supuestos excepcionales, a delincuentes reincidentes peligrosos; y la revisión de la regulación del delito continuado".

En el II, se expone que:

"La reforma introduce una nueva pena de prisión permanente revisable, que podrá ser impuesta únicamente en supuestos de excepcional gravedad —asesinatos especialmente graves, homicidio del jefe del Estado o de su heredero, de jefes de Estado extranjeros y en los supuestos más graves de genocidio o de crímenes de lesa humanidad— en los que está justificada una respuesta extraordinaria mediante la imposición de una pena de prisión de duración indeterminada (prisión permanente), si bien sujeta a un régimen de revisión: tras el cumplimiento íntegro de una parte relevante de la condena, cuya duración depende de la cantidad de delitos cometidos y de su naturaleza, acreditada la reinserción del penado, éste puede obtener una libertad condicionada al cumplimiento de ciertas exigencias, en particular, la no comisión de nuevos hechos delictivos.

La prisión permanente revisable, cuya regulación se anuncia, de ningún modo renuncia a la reinserción del penado: una vez cumplida una parte mínima de la condena un Tribunal colegiado deberá valorar nuevamente las circunstancias del penado y del delito cometido y podrá revisar su situación personal. Una revisión judicial periódica de la situación personal del penado no existe en la actualidad ni para las penas máximas de veinticinco, treinta o cuarenta años de prisión, ni para las acumulaciones de condena que pueden llegar a fijar límites incluso superiores. Y justamente lo que determina la inhumanidad de una pena es la falta de un horizonte de libertad que, en la regulación de la prisión permanente revisable, garantiza la existencia de un procedimiento judicial continuado de revisión.

En la prisión permanente revisable, cumplida esa primera parte mínima de la pena, si el Tribunal considera que no concurren los requisitos necesarios para que el penado pueda recuperar la libertad, se fijará un plazo para llevar a cabo una nueva revisión de su situación; y si, por el contrario, el Tribunal valora que cumple los requisitos necesarios para quedar en libertad, se establecerá un plazo de libertad condicional en el que se impondrán condiciones y medidas de control orientadas tanto a garantizar la seguridad de la sociedad, como a asistir al penado en esta fase final de su reinserción social.

La pena de prisión permanente revisable no constituye, por ello, una suerte de "pena definitiva" en la que el Estado se desentiende del penado. Al contrario, se trata de una institución que compatibiliza la existencia de una respuesta penal ajustada a la gravedad de la culpabilidad, con la finalidad de reeducación a la que debe ser orientada la ejecución de las penas de prisión.

Se trata, en realidad, de un modelo extendido en el Derecho comparado europeo que el Tribunal Europeo de Derechos Humanos ha considerado ajustado a la Convención Europea de Derechos Humanos, que ha declarado que cuando la Ley nacional ofrece la posibilidad de revisión de la condena de duración indeterminada con vistas a su conmutación, remisión, terminación o libertad condicional del penado, esto es suficiente para dar satisfacción al artículo 3 del Convenio (cfr. SSTEDH 12-2-2008, caso Kafkaris vs. Chipre; 3-11-2009, caso Meixner vs. Alemania).

El Consejo de Estado ha tenido también oportunidad de pronunciarse sobre la constitucionalidad de las penas de duración indeterminada —pero revisables—, al informar con relación a la ratificación por España del Estatuto de la Corte Penal Internacional, en el que está prevista la posible imposición de una pena de prisión permanente".

Por su parte, en el apartado V EM el legislador señala que:

"(...) se introduce la regulación del régimen de revisión de la prisión permanente revisable como un supuesto de libertad condicional o de suspensión de la ejecución de la pena. Si el Tribunal concede la libertad, fija un plazo de "suspensión" de la ejecución durante el cual el penado queda sujeto a condiciones: el incumplimiento de las mismas o la comisión de nuevos delitos determina —durante este período de suspensión— la revocación de la misma y el reingreso del penado en prisión. Para la revisión de la prisión se establece un doble régimen. Cumplida una parte de la condena que oscila

entre 25 y 35 años de condena, el Tribunal deberá revisar de oficio si la prisión debe ser mantenida cada dos años; y lo hará también siempre que el penado lo solicite, si bien tras la desestimación de una petición podrá fijar un plazo máximo de un año dentro del cual no se dará curso a nuevas solicitudes".

Y, en último lugar, en el apartado VIII se destaca que:

"La reforma prevé la imposición de una pena de prisión permanente revisable para los asesinatos especialmente graves, que son ahora definidos en el artículo 140 del Código Penal: asesinato de menores de dieciséis años o de personas especialmente vulnerables; asesinatos subsiguientes a un delito contra la libertad sexual; asesinatos cometidos en el seno de una organización criminal; y asesinatos reiterados o cometidos en serie".

1.3.2. Articulado

Se introducen dos nuevos apartados 3 y 4 en el art. 36 CP, con la siguiente redacción:

"3. En el caso de que hubiera sido impuesta una pena de prisión permanente revisable, la clasificación del condenado en el tercer grado no podrá efectuarse:

a) Hasta el cumplimiento de veinte años de prisión efectiva, en el caso de que el penado lo hubiera sido por un delito del Capítulo VII del Título XXII del Libro II de este Código.

b) Hasta el cumplimiento de quince años de prisión efectiva, en el resto de los casos.

La clasificación en tercer grado deberá ser autorizada por el Tribunal previo pronóstico individualizado y favorable de reinserción social, oídos el Ministerio Fiscal e Instituciones Penitenciarias.

En estos supuestos, el penado no podrá disfrutar de permisos de salida hasta que haya cumplido un mínimo de doce años de prisión, en el caso de previsto en la letra a), y ocho años de prisión, en el previsto en la letra b).

4. En todo caso, podrá acordarse la progresión a tercer grado por motivos humanitarios y de dignidad personal, valorando especialmente su dificultad para delinquir y escasa peligrosidad, en el caso de penados enfermos muy graves con padecimientos incurables. En estos supuestos, la progresión a tercer grado deberá ser autorizada por el Tribunal previo informe del Ministerio Fiscal".

Se añade un apartado 4 al art. 70 CP con la siguiente redacción:

"La pena inferior en grado a la de prisión permanente es la pena de prisión de veinte a treinta años."

Se modifica el art. 76 CP, quedando redactado su apartado 1 del siguiente modo:

"1. No obstante lo dispuesto en el artículo anterior, el máximo de cumplimiento efectivo de la condena del culpable no podrá exceder del triple del tiempo por el que se le imponga la más grave de las penas en que haya incurrido, declarando extinguidas las que procedan desde que las ya impuestas cubran dicho máximo, que no podrá exceder de 20 años. Excepcionalmente, este límite máximo será:

a) De 25 años, cuando el sujeto haya sido condenado por dos o más delitos y alguno de ellos esté castigado por la ley con pena de prisión de hasta 20 años.

b) De 30 años, cuando el sujeto haya sido condenado por dos o más delitos y alguno de ellos esté castigado por la ley con pena de prisión superior a 20 años.

c) De 40 años, cuando el sujeto haya sido condenado por dos o más delitos y, al menos, dos de ellos estén castigados por la ley con pena de prisión superior a 20 años.

d) De 40 años, cuando el sujeto haya sido condenado por dos o más delitos referentes a organizaciones y grupos terroristas y delitos de terrorismo del Capítulo VII del Título XXII del Libro II de este Código y alguno de ellos esté castigado por la ley con pena de prisión superior a 20 años.

e) Cuando el sujeto haya sido condenado por dos o más delitos y, al menos, uno de ellos esté castigado por la Ley con pena de prisión permanente revisable, se estará a lo dispuesto en los artículos 92 y 78 bis de este Código".

Se introduce un nuevo art. 78 bis CP, con la siguiente redacción:

"1. En los casos previstos en el apartado e) del artículo 76 de este Código la progresión a tercer grado requerirá del cumplimiento:

a) de un mínimo de dieciocho años de prisión, cuando el penado lo haya sido por varios delitos y uno de ellos esté castigado con pena de prisión permanente revisable y el resto de las penas impuestas sumen total que exceda de cinco años.

b) de un mínimo de veintidós años de prisión, cuando el penado lo haya sido por varios delitos y dos o más de ellos estén castigados con una de prisión permanente revisable.

2. En estos casos, la suspensión de la ejecución del resto de la pena requerirá que el penado haya extinguido:https://cloud.tirant.com/cloud/public/e8e94dun mínimo de veinticinco años de prisión, en el supuesto al que se refiere la letra a) del apartado anterior

b) un mínimo de treinta años de prisión en el de la letra b) del apartado anterior.

3. Si se tratase de delitos referentes a organizaciones y grupos terroristas y delitos de terrorismo del Capítulo VII del Título XXII del Libro II de este Código, o cometidos en el seno de organizaciones criminales, los límites mínimos de cumplimiento para el acceso al tercer grado de clasificación serán de veinticuatro años de prisión, en el supuesto al que se refiere la letra a) del apartado primero, y de treinta y dos años de prisión en el de la letra b) del apartado primero.

En estos casos, la suspensión de la ejecución del resto de la pena requerirá que el penado haya extinguido un mínimo de veintiocho años de prisión, en el supuesto al que se refiere la letra a) del apartado primer, y de treinta y dos años de prisión en el de la letra b) del apartado primero".

Se modifica el art. 92 CP, que queda redactado como sigue:

"1. El Tribunal acordará la suspensión de la ejecución de la pena de prisión permanente revisable cuando se cumplan los siguientes requisitos:

a) Que el penado haya cumplido de forma efectiva veinticinco años de su condena, sin perjuicio de lo dispuesto en el artículo 78 bis para los casos regulados en el mismo.

b) Que se encuentre clasificado en tercer grado.

c) Que el Tribunal, a la vista de la personalidad del penado, sus antecedentes, las circunstancias del delito cometido, la relevancia de los bienes jurídicos que podrían verse afectados por una reiteración en el delito, su conducta durante el cumplimiento de la pena, sus circunstancias familiares y sociales, y los efectos que quepa esperar de la propia suspensión de la ejecución y del cumplimiento de las medidas que fueren impuestas, pueda fundar, previa valoración de los informes de evolución remitidos por el Centro Penitenciario y por aquellos especialistas que el propio Tribunal determine, la existencia de un pronóstico favorable de reinserción social.

En el caso de que el penado lo hubiera sido por varios delitos, el examen de los requisitos a que se refieren las letras b) y c) del apartado 1 se realizará con relación al conjunto de delitos cometidos valorado en su conjunto.

2. Si se tratase de delitos referentes a organizaciones y grupos terroristas y delitos de terrorismo del Capítulo VII del Título XXII del Libro II de este Código, será además necesario que el penado muestre signos inequívocos de haber abandonado los fines y los medios de la actividad terrorista y haya colaborado activamente con las autoridades, bien para impedir la producción de otros delitos por parte de la organización o grupo terrorista, bien para atenuar los efectos de su delito, bien para la identificación, captura y procesamiento de responsables de delitos terroristas, para obtener pruebas o para impedir la actuación o el desarrollo de las organizaciones o asociaciones a las que haya pertenecido o con las que haya colaborado, lo que podrá acreditarse mediante una declaración expresa de repudio de sus actividades delictivas y de abandono de la violencia y una petición expresa de perdón a las víctimas de su delito, así como por los informes técnicos que acrediten que el preso está realmente desvinculado de la organización terrorista y del entorno y actividades de asociaciones y colectivos ilegales que la rodean y su colaboración con las autoridades.

3. La suspensión de la ejecución tendrá una duración de cinco a diez años. Son aplicables las normas contenidas en el párrafo 2º del artículo 80.1 y en los arts. 82.2 y 83 a 87 de este Código.

4. Extinguida la parte de la condena a que se refiere la letra a) del apartado 1 de este artículo o, en su caso, en el artículo 78 bis, el Tribunal deberá verificar, al menos cada dos años, sobre el cumplimiento del resto de requisitos de la libertad condicional. El Tribunal resolverá también las peticiones de concesión de la libertad condicional del penado, pero podrá fijar un plazo de hasta un año dentro del cual, tras haber sido rechazada una petición, no se dará curso a sus nuevas solicitudes".

Se modifica el art. 136 CP, cuyo apartado 2 tendrá la siguiente redacción:

"2. Para la cancelación de las condenas impuestas por los delitos previstos en este apartado, salvo que por la pena impuesta corresponda un plazo superior conforme al apartado 1 de este artículo, el plazo necesario para la cancelación sin que el penado haya vuelto a delinquir será el siguiente:

a) 25 años para las penas impuestas por delitos de terrorismo, las penas de prisión permanente revisable y las impuestas por la comisión de delitos imprescriptibles.

(...)".

En cuanto al catálogo de delitos castigados con PPR,

Se modifica el art. 140 CP:

"1. El asesinato será castigado con pena de prisión permanente revisable cuando concurra alguna de las siguientes circunstancias:

1.ª Que la víctima sea menor de dieciséis años de edad, o se trate de una persona especialmente vulnerable por razón de su edad, enfermedad, o discapacidad física o mental.

2.ª Que el hecho fuera subsiguiente a un delito contra la libertad sexual que el autor hubiera cometido sobre la víctima.

3.ª Que del delito se hubiera cometido por quien perteneciere a una organización criminal».

2. Al reo de asesinato que hubiera sido condenado por la muerte de más de dos personas se le impondrá una pena de prisión permanente revisable. En este caso, será de aplicación lo dispuesto en los arts. 78.1.b y 78.2.b de este Código".

Se modifica el art. 485 CP, que tendrá la siguiente redacción:

"1. El que matare al Rey o al Príncipe heredero de la Corona será castigado con la pena de prisión permanente revisable.

(...)".

Se modifica el apartado 2 del art. 572 CP, que queda redactado como sigue:

"2. Los que perteneciendo, actuando al servicio o colaborando con las organizaciones o grupos terroristas atentaren contra las personas, incurrirán:

1. En la pena de prisión de prisión permanente revisable si causaran la muerte de una persona.

(...)".

Se modifica el apartado 1 del art. 605 CP, que queda redactado como sigue:

"1. El que matare al Jefe de un Estado extranjero, o a otra persona internacionalmente protegida por un Tratado, que se halle en España, será castigado con la pena prisión permanente revisable".

Se modifica el apartado 1 del art. 607 CP, que queda redactado del siguiente modo:

"1. Los que, con propósito de destruir total o parcialmente un grupo nacional, étnico, racial, religioso o determinado por la discapacidad de sus integrantes, perpetraren alguno de los actos siguientes, serán castigados:

> *1. Con la pena de prisión de prisión permanente revisable, si mataran a alguno de sus miembros.*
>
> *2. Con la prisión de prisión permanente revisable, si agredieran sexualmente a alguno de sus miembros o produjeran alguna de las lesiones previstas en el artículo 149.*
>
> *(...)".*

Se modifica el número 1 del apartado 2 del art. 607 bis CP, que queda redactado como sigue:

> *"1. Con la pena de prisión de prisión permanente revisable si causaran la muerte de alguna persona".*

1.4. Anteproyecto de abril de 2013

1.4.1. Exposición de motivos

El Anteproyecto de abril de 2013 reitera en buena medida las razones aducidas en la EM del Anteproyecto de octubre de 2012.

Apartado I:

> *"La necesidad de fortalecer la confianza en la Administración de Justicia hace preciso poner a su disposición un sistema legal que garantice resoluciones judiciales previsibles que, además, sean percibidas en la sociedad como justas. Con esta finalidad, se lleva a cabo una profunda revisión del sistema de consecuencias penales que se articula a través de tres elementos: la incorporación de la prisión permanente revisable, reservada a delitos de excepcional gravedad; el sistema de medidas de seguridad, con ampliación del ámbito de aplicación de la libertad vigilada; y la revisión de la regulación del delito continuado".*

Apartado II:

> *"La reforma introduce una nueva pena de prisión permanente revisable, que podrá ser impuesta únicamente en supuestos de excepcional gravedad —asesinatos especialmente graves, homicidio del jefe del Estado o de su heredero, de jefes de Estado extranjeros y en los supuestos más graves de genocidio o de crímenes de lesa humanidad— en los que está justificada una respuesta extraordinaria mediante la imposición de una pena de prisión de duración indeterminada (prisión permanente), si bien sujeta a un régimen de revisión: tras el cumplimiento íntegro de una parte relevante de la con-*

dena, cuya duración depende de la cantidad de delitos cometidos y de su naturaleza, acreditada la reinserción del penado, éste puede obtener una libertad condicionada al cumplimiento de ciertas exigencias, en particular, la no comisión de nuevos hechos delictivos.

La prisión permanente revisable, cuya regulación se anuncia, de ningún modo renuncia a la reinserción del penado: una vez cumplida una parte mínima de la condena un Tribunal colegiado deberá valorar nuevamente las circunstancias del penado y del delito cometido y podrá revisar su situación personal. Una revisión judicial periódica de la situación personal del penado no existe en la actualidad ni para las penas máximas de veinticinco, treinta o cuarenta años de prisión, ni para las acumulaciones de condena que pueden llegar a fijar límites incluso superiores. Y justamente lo que determina la inhumanidad de una pena es la falta de un horizonte de libertad que, en la regulación de la prisión permanente revisable, garantiza la existencia de un procedimiento judicial continuado de revisión.

En la prisión permanente revisable, cumplida esa primera parte mínima de la pena, si el Tribunal considera que no concurren los requisitos necesarios para que el penado pueda recuperar la libertad, se fijará un plazo para llevar a cabo una nueva revisión de su situación; y si, por el contrario, el Tribunal valora que cumple los requisitos necesarios para quedar en libertad, se establecerá un plazo de libertad condicional en el que se impondrán condiciones y medidas de control orientadas tanto a garantizar la seguridad de la sociedad, como a asistir al penado en esta fase final de su reinserción social.

La pena de prisión permanente revisable no constituye, por ello, una suerte de "pena definitiva" en la que el Estado se desentiende del penado. Al contrario, se trata de una institución que compatibiliza la existencia de una respuesta penal ajustada a la gravedad de la culpabilidad, con la finalidad de reeducación a la que debe ser orientada la ejecución de las penas de prisión.

Se trata, en realidad, de un modelo extendido en el Derecho comparado europeo que el Tribunal Europeo de Derechos Humanos ha considerado ajustado a la Convención Europea de Derechos Humanos, que ha declarado que cuando la Ley nacional ofrece la posibilidad de revisión de la condena de duración indeterminada con vistas a su conmutación, remisión, terminación o libertad condicional del penado, esto es suficiente para dar satisfacción al artículo 3 del Convenio (cfr. SSTEDH 12-2-2008, caso Kafkaris vs. Chipre; 3-11-2009, caso Meixner vs. Alemania).

El Consejo de Estado ha tenido también oportunidad de pronunciarse sobre la constitucionalidad de las penas de duración indeterminada —pero revisables—, al informar con relación a la ratificación por España del Estatuto de la Corte Penal

Internacional, en el que está prevista la posible imposición de una pena de prisión permanente".

Apartado VI:

"(...) se introduce la regulación del régimen de revisión de la prisión permanente revisable como un supuesto de libertad condicional o de suspensión de la ejecución de la pena. Si el Tribunal concede la libertad, fija un plazo de "suspensión" de la ejecución durante el cual el penado queda sujeto a condiciones: el incumplimiento de las mismas o la comisión de nuevos delitos determina —durante este período de suspensión— la revocación de la misma y el reingreso del penado en prisión. Para la revisión de la prisión se establece un doble régimen. Cumplida una parte de la condena que oscila entre 25 y 35 años de condena, el Tribunal deberá revisar de oficio si la prisión debe ser mantenida cada dos años; y lo hará también siempre que el penado lo solicite, si bien tras la desestimación de una petición podrá fijar un plazo máximo de un año dentro del cual no se dará curso a nuevas solicitudes".

1.4.2. Articulado

Se modifica el apartado 2 del art. 33 CP, que queda redactado como sigue:

"2. Son penas graves:

a) La prisión permanente revisable.

b) La prisión superior a cinco años.

c) La inhabilitación absoluta.

d) Las inhabilitaciones especiales por tiempo superior a cinco años.

e) La suspensión de empleo o cargo público por tiempo superior a cinco años.

f) La privación del derecho a conducir vehículos a motor y ciclomotores por tiempo superior a ocho años.

g) La privación del derecho a la tenencia y porte de armas por tiempo superior a ocho años.

h) La privación del derecho a residir en determinados lugares o acudir a ellos, por tiempo superior a cinco años.

i) La prohibición de aproximarse a la víctima o a aquellos de sus familiares u otras personas que determine el juez o tribunal, por tiempo superior a cinco años.

j) La prohibición de comunicarse con la víctima o con aquellos de sus familiares u otras personas que determine el juez o tribunal, por tiempo superior a cinco años.

k) La privación de la patria potestad".

Se modifica el art. 35 CP, que queda redactado como sigue:

"Son penas privativas de libertad la prisión permanente revisable, la prisión, la localización permanente y la responsabilidad personal subsidiaria por impago de multa. Su cumplimiento, así como los beneficios penitenciarios que supongan acortamiento de la condena, se ajustarán a lo dispuesto en las leyes y en este Código".

Se modifica el art. 36 CP, cuyo apartado 1 tendrá la siguiente redacción:

"1. La pena de prisión permanente será revisada de conformidad con lo dispuesto en el artículo 92.

La clasificación del condenado en el tercer grado deberá ser autorizada por el Tribunal previo pronóstico individualizado y favorable de reinserción social, oídos el Ministerio Fiscal e Instituciones Penitenciarias, y no podrá efectuarse:

a) Hasta el cumplimiento de veinte años de prisión efectiva, en el caso de que el penado lo hubiera sido por un delito del Capítulo VII del Título XXII del Libro II de este Código.

b) Hasta el cumplimiento de quince años de prisión efectiva, en el resto de los casos.

En estos supuestos, el penado no podrá disfrutar de permisos de salida hasta que haya cumplido un mínimo de doce años de prisión, en el caso de previsto en la letra a), y ocho años de prisión, en el previsto en la letra b)".

Se añade un apartado 4 al art. 70 CP con la siguiente redacción:

"La pena inferior en grado a la de prisión permanente es la pena de prisión de veinte a treinta años".

Se introduce una nueva letra e) en el apartado 1 del art. 76, que queda redactada del siguiente modo:

"e. Cuando el sujeto haya sido condenado por dos o más delitos y, al menos, uno de ellos esté castigado por la Ley con pena de prisión permanente revisable, se estará a lo dispuesto en los artículos 92 y 78 bis".

Se introduce un nuevo art. 78 bis CP, con la siguiente redacción:

"1. En los casos previstos en el apartado e) del artículo 76 la progresión al tercer grado requerirá del cumplimiento:

a) de un mínimo de dieciocho años de prisión, cuando el penado lo haya sido por varios delitos, uno de ellos esté castigado con pena de prisión permanente revisable y el resto de las penas impuestas sumen un total que exceda de cinco años

b) de un mínimo de veinte años de prisión, cuando el penado lo haya sido por varios delitos, uno de ellos esté castigado con una pena de prisión permanente revisable y el resto de las penas impuestas sumen un total que exceda de quince años.

c) de un mínimo de veintidós años de prisión, cuando el penado lo haya sido por varios delitos y dos o más de ellos estén castigados con una de prisión permanente revisable, o bien uno de ellos esté castigado con una pena de prisión permanente revisable y el resto de penas impuestas sumen un total de veinticinco años o más.

2. En estos casos, la suspensión de la ejecución del resto de la pena requerirá que el penado haya extinguido:

a) Un mínimo de veinticinco años de prisión, en los supuestos a los que se refieren las letras a) y b) del apartado anterior

b) Un mínimo de treinta años de prisión en el de la letra c) del apartado anterior.

3. Si se tratase de delitos referentes a organizaciones y grupos terroristas y delitos de terrorismo del Capítulo VII del Título XXII del Libro II de este Código, o cometidos en el seno de organizaciones criminales, los límites mínimos de cumplimiento para el acceso al tercer grado de clasificación serán de veinticuatro años de prisión, en los supuestos a que se refieren las letras a) y b) del apartado primero, y de treinta y dos años de prisión en el de la letra c) del apartado primero.

En estos casos, la suspensión de la ejecución del resto de la pena requerirá que el penado haya extinguido un mínimo de veintiocho años de prisión, en los supuestos a que se refieren las letras a) y b) del apartado primero, y de treinta y cinco años de prisión en el de la letra b) del apartado primero".

Se modifica el art. 92 CP, que queda redactado como sigue:

"1. El Tribunal acordará la suspensión de la ejecución de la pena de prisión permanente revisable cuando se cumplan los siguientes requisitos:

a) Que el penado haya cumplido veinticinco años de su condena, sin perjuicio de lo dispuesto en el artículo 78 bis para los casos regulados en el mismo.

b) Que se encuentre clasificado en tercer grado.

c) Que el Tribunal, a la vista de la personalidad del penado, sus antecedentes, las circunstancias del delito cometido, la relevancia de los bienes jurídicos que podrían verse afectados por una reiteración en el delito, su conducta durante el cumplimiento de la pena, sus circunstancias familiares y sociales, y los efectos que quepa esperar de la propia suspensión de la ejecución y del cumplimiento de las medidas que fueren impuestas, pueda fundar, previa valoración de los informes de evolución remitidos por el Centro Penitenciario y por aquellos especialistas que el propio Tribunal determine, la existencia de un pronóstico favorable de reinserción social.

En el caso de que el penado lo hubiera sido por varios delitos, el examen de los requisitos a que se refieren las letras b) y c) del apartado 1 se realizará con relación al conjunto de delitos cometidos valorado en su conjunto.

El Tribunal resolverá sobre la suspensión de la pena de prisión permanente revisable tras un procedimiento oral contradictorio en el que intervendrán el Ministerio Fiscal y el penado, asistido por su abogado.

2. Si se tratase de delitos referentes a organizaciones y grupos terroristas y delitos de terrorismo del Capítulo VII del Título XXII del Libro II de este Código, será además necesario que el penado muestre signos inequívocos de haber abandonado los fines y los medios de la actividad terrorista y haya colaborado activamente con las autoridades, bien para impedir la producción de otros delitos por parte de la organización o grupo terrorista, bien para atenuar los efectos de su delito, bien para la identificación, captura y procesamiento de responsables de delitos terroristas, para obtener pruebas o para impedir la actuación o el desarrollo de las organizaciones o asociaciones a las que haya pertenecido o con las que haya colaborado, lo que podrá acreditarse mediante una declaración expresa de repudio de sus actividades delictivas y de abandono de la violencia y una petición expresa de perdón a las víctimas de su delito, así como por los informes técnicos que acrediten que el preso está realmente desvinculado de la organización terrorista y del entorno y actividades de asociaciones y colectivos ilegales que la rodean y su colaboración con las autoridades.

3. La suspensión de la ejecución tendrá una duración de cinco a diez años. Son aplicables las normas contenidas en el párrafo 2° del artículo 80.1 y en los arts. 82.2, 83 y 85 a 87

4. Extinguida la parte de la condena a que se refiere la letra a) del apartado 1 de este artículo o, en su caso, en el artículo 78 bis, el Tribunal deberá verificar, al menos cada dos años, sobre el cumplimiento del resto de requisitos de la libertad condicional. El Tribunal resolverá también las peticiones de concesión de la libertad condicional del penado, pero podrá fijar un plazo de hasta un año dentro del cual, tras haber sido rechazada una petición, no se dará curso a sus nuevas solicitudes".

Se modifica el art. 136 CP, cuyo apartado 2 tendrá la siguiente redacción:

> *"2. Para la cancelación de las condenas impuestas por los delitos previstos en este apartado, salvo que por la pena impuesta corresponda un plazo superior conforme al apartado 1 de este artículo, el plazo necesario para la cancelación sin que el penado haya vuelto a delinquir será el siguiente:*
>
> *a) 25 años para las penas impuestas por delitos de terrorismo, las penas de prisión permanente revisable y las impuestas por la comisión de delitos imprescriptibles.*
>
> *b) 20 años para las penas impuestas por los delitos de homicidio doloso y asesinato,*
>
> *c) 15 años para las penas impuestas por delitos contra la libertad e indemnidad sexual.*
>
> *d) 15 años para las penas impuestas por delitos contra la salud pública, cuando la pena impuesta sea igual o superior a 5 años.*
>
> *e) 15 años para las penas impuestas por delitos de tenencia, tráfico y depósito de armas, municiones y explosivos.*
>
> *f) 15 años para las penas impuestas por delitos cometidos por una organización criminal".*

En cuanto a los delitos,

Se modifica el art. 140 CP, que tendrá la siguiente redacción:

> *"1. El asesinato será castigado con pena de prisión permanente revisable cuando concurra alguna de las siguientes circunstancias:*
>
> *1ª. Que la víctima sea menor de dieciséis años de edad, o se trate de una persona especialmente vulnerable por razón de su edad, enfermedad, o discapacidad física o mental.*
>
> *2ª. Que el hecho fuera subsiguiente a un delito contra la libertad sexual que el autor hubiera cometido sobre la víctima.*
>
> *3ª. Que del delito se hubiera cometido por quien perteneciere a un grupo u organización criminal.*
>
> *2. Al reo de asesinato que hubiera sido condenado por la muerte de más de dos personas se le impondrá una pena de prisión permanente revisable. En este caso, será de aplicación lo dispuesto en los artículos 78 bis.1.b y 78 bis.2.b".*

Se modifica el art. 485 CP, que tendrá la siguiente redacción:

"1. El que matare al Rey o al Príncipe heredero de la Corona será castigado con la pena de prisión permanente revisable.

(...)".

Se modifica el apartado 2 del art. 572 CP, que queda redactado como sigue:

"2. Los que perteneciendo, actuando al servicio o colaborando con las organizaciones o grupos terroristas atentaren contra las personas, incurrirán:

1. En la pena de prisión de prisión permanente revisable si causaran la muerte de una persona.

(...)".

Se modifica el apartado 1 del art. 605 CP, que queda redactado como sigue:

"1. El que matare al Jefe de un Estado extranjero, o a otra persona internacionalmente protegida por un Tratado, que se halle en España, será castigado con la pena prisión permanente revisable".

Se modifica el apartado 1 del art. 607 CP, que queda redactado del siguiente modo:

"1. Los que, con propósito de destruir total o parcialmente un grupo nacional, étnico, racial, religioso o determinado por la discapacidad de sus integrantes, perpetraren alguno de los actos siguientes, serán castigados:

1. Con la pena de prisión de prisión permanente revisable, si mataran a alguno de sus miembros.

2. Con la prisión de prisión permanente revisable, si agredieran sexualmente a alguno de sus miembros o produjeran alguna de las lesiones previstas en el artículo 149.

(...)".

Se modifica el número 1 del apartado 2 del art. 607 bis CP, que queda redactado como sigue:

"1. Con la pena de prisión de prisión permanente revisable si causaran la muerte de alguna persona".

1.5. Proyecto de Ley Orgánica (octubre de 2013)

Las anteriores iniciativas parlamentarias cristalizaron en el Proyecto de Ley Orgánica, de 4 de octubre de 2013, siendo el último texto sometido a debate hasta la aprobación de la LO 1/2015, de 30 de marzo.

1.5.1. Exposición de Motivos

Las referencias a la PPR en la EM se encuentran recogidas en:

Apartado I:

> *"La necesidad de fortalecer la confianza en la Administración de Justicia hace preciso poner a su disposición un sistema legal que garantice resoluciones judiciales previsibles que, además, sean percibidas en la sociedad como justas. Con esta finalidad, se lleva a cabo una profunda revisión del sistema de consecuencias penales que se articula a través de tres elementos: la incorporación de la prisión permanente revisable, reservada a delitos de excepcional gravedad; el sistema de medidas de seguridad, con ampliación del ámbito de aplicación de la libertad vigilada; y la revisión de la regulación del delito continuado".*

Apartado II:

> *"La reforma introduce una nueva pena de prisión permanente revisable, que podrá ser impuesta únicamente en supuestos de excepcional gravedad —asesinatos especialmente graves, homicidio del jefe del Estado o de su heredero, de jefes de Estado extranjeros y en los supuestos más graves de genocidio o de crímenes de lesa humanidad— en los que está justificada una respuesta extraordinaria mediante la imposición de una pena de prisión de duración indeterminada (prisión permanente), si bien sujeta a un régimen de revisión: tras el cumplimiento íntegro de una parte relevante de la condena, cuya duración depende de la cantidad de delitos cometidos y de su naturaleza, acreditada la reinserción del penado, éste puede obtener una libertad condicionada al cumplimiento de ciertas exigencias, en particular, la no comisión de nuevos hechos delictivos.*
>
> *La prisión permanente revisable, cuya regulación se anuncia, de ningún modo renuncia a la reinserción del penado: una vez cumplida una parte mínima de la condena un Tribunal colegiado deberá valorar nuevamente las circunstancias del penado y del delito cometido y podrá revisar su situación personal. Una revisión judicial*

periódica de la situación personal del penado no existe en la actualidad ni para las penas máximas de veinticinco, treinta o cuarenta años de prisión, ni para las acumulaciones de condena que pueden llegar a fijar límites incluso superiores.Y justamente lo que determina la inhumanidad de una pena es la falta de un horizonte de libertad que, en la regulación de la prisión permanente revisable, garantiza la existencia de un procedimiento judicial continuado de revisión.

En la prisión permanente revisable, cumplida esa primera parte mínima de la pena, si el Tribunal considera que no concurren los requisitos necesarios para que el penado pueda recuperar la libertad, se fijará un plazo para llevar a cabo una nueva revisión de su situación; y si, por el contrario, el Tribunal valora que cumple los requisitos necesarios para quedar en libertad, se establecerá un plazo de libertad condicional en el que se impondrán condiciones y medidas de control orientadas tanto a garantizar la seguridad de la sociedad, como a asistir al penado en esta fase final de su reinserción social.

La pena de prisión permanente revisable no constituye, por ello, una suerte de «pena definitiva» en la que el Estado se desentiende del penado. Al contrario, se trata de una institución que compatibiliza la existencia de una respuesta penal ajustada a la gravedad de la culpabilidad, con la finalidad de reeducación a la que debe ser orientada la ejecución de las penas de prisión.

Se trata, en realidad, de un modelo extendido en el Derecho comparado europeo que el Tribunal Europeo de Derechos Humanos ha considerado ajustado a la Convención Europea de Derechos Humanos, que ha declarado que cuando la Ley nacional ofrece la posibilidad de revisión de la condena de duración indeterminada con vistas a su conmutación, remisión, terminación o libertad condicional del penado, esto es suficiente para dar satisfacción al artículo 3 del Convenio (cfr. SSTEDH 12-2-2008, caso Kafkaris vs. Chipre; 3-11-2009, caso Meixner vs. Alemania).

El Consejo de Estado ha tenido también oportunidad de pronunciarse sobre la constitucionalidad de las penas de duración indeterminada —pero revisables—, al informar con relación a la ratificación por España del Estatuto de la Corte Penal Internacional, en el que está prevista la posible imposición de una pena de prisión permanente".

Apartado VI:

"(…) se introduce la regulación del régimen de revisión de la prisión permanente revisable como un supuesto de libertad condicional o de suspensión de la ejecución de la pena. Si el Tribunal concede la libertad, fija un plazo de «suspensión» de la ejecución durante el cual el penado queda sujeto a condiciones: el incumplimiento

de las mismas o la comisión de nuevos delitos determina —durante este período de suspensión— la revocación de la misma y el reingreso del penado en prisión. Para la revisión de la prisión se establece un doble régimen. Cumplida una parte de la condena que oscila entre 25 y 35 años de condena, el Tribunal deberá revisar de oficio si la prisión debe ser mantenida cada dos años; y lo hará también siempre que el penado lo solicite, si bien tras la desestimación de una petición podrá fijar un plazo máximo de un año dentro del cual no se dará curso a nuevas solicitudes".

Apartado XI:

"La reforma prevé la imposición de una pena de prisión permanente revisable para los asesinatos especialmente graves, que son ahora definidos en el artículo 140 del Código Penal: asesinato de menores de dieciséis años o de personas especialmente vulnerables; asesinatos subsiguientes a un delito contra la libertad sexual; asesinatos cometidos en el seno de una organización criminal; y asesinatos reiterados o cometidos en serie".

1.5.2. Articulado

Se modifica el apartado 2 del art. 33 CP, que queda redactado como sigue:

"2. Son penas graves:

a) La prisión permanente revisable.

b) La prisión superior a cinco años.

c) La inhabilitación absoluta.

d) Las inhabilitaciones especiales por tiempo superior a cinco años.

e) La suspensión de empleo o cargo público por tiempo superior a cinco años.

f) La privación del derecho a conducir vehículos a motor y ciclomotores por tiempo superior a ocho años.

g) La privación del derecho a la tenencia y porte de armas por tiempo superior a ocho años.

h) La privación del derecho a residir en determinados lugares o acudir a ellos, por tiempo superior a cinco años.

i) La prohibición de aproximarse a la víctima o a aquellos de sus familiares u otras personas que determine el juez o tribunal, por tiempo superior a cinco años.

j) La prohibición de comunicarse con la víctima o con aquellos de sus familiares u otras personas que determine el juez o tribunal, por tiempo superior a cinco años.

k) La privación de la patria potestad".

Se modifica el art. 35 CP, que queda redactado como sigue:

"Son penas privativas de libertad la prisión permanente revisable, la prisión, la localización permanente y la responsabilidad personal subsidiaria por impago de multa. Su cumplimiento, así como los beneficios penitenciarios que supongan acortamiento de la condena, se ajustarán a lo dispuesto en las leyes y en este Código".

Se modifica el art. 36 CP, cuyo apartado 1 tendrá la siguiente redacción:

"1. La pena de prisión permanente será revisada de conformidad con lo dispuesto en el artículo 92.

La clasificación del condenado en el tercer grado deberá ser autorizada por el Tribunal previo pronóstico individualizado y favorable de reinserción social, oídos el Ministerio Fiscal e Instituciones Penitenciarias, y no podrá efectuarse:

a) Hasta el cumplimiento de veinte años de prisión efectiva, en el caso de que el penado lo hubiera sido por un delito del Capítulo VII del Título XXII del Libro II de este Código.

b) Hasta el cumplimiento de quince años de prisión efectiva, en el resto de los casos.

En estos supuestos, el penado no podrá disfrutar de permisos de salida hasta que haya cumplido un mínimo de doce años de prisión, en el caso de previsto en la letra a), y ocho años de prisión, en el previsto en la letra b)".

Se añade un apartado 4 al art. 70 CP con la siguiente redacción:

"La pena inferior en grado a la de prisión permanente es la pena de prisión de veinte a treinta años".

Se introduce una nueva letra e) en el apartado 1 del artículo 76, que queda redactada del siguiente modo:

"e) Cuando el sujeto haya sido condenado por dos o más delitos y, al menos, uno de ellos esté castigado por la Ley con pena de prisión permanente revisable, se estará a lo dispuesto en los artículos 92 y 78 bis".

Se introduce un nuevo art. 78 bis CP, con la siguiente redacción:

"1. En los casos previstos en el apartado e) del artículo 76 la progresión a tercer grado requerirá del cumplimiento:

a) de un mínimo de dieciocho años de prisión, cuando el penado lo haya sido por varios delitos, uno de ellos esté castigado con pena de prisión permanente revisable y el resto de las penas impuestas sumen un total que exceda de cinco años,

b) de un mínimo de veinte años de prisión, cuando el penado lo haya sido por varios delitos, uno de ellos esté castigado con una pena de prisión permanente revisable y el resto de las penas impuestas sumen un total que exceda de quince años,

c) de un mínimo de veintidós años de prisión, cuando el penado lo haya sido por varios delitos y dos o más de ellos estén castigados con una de prisión permanente revisable, o bien uno de ellos esté castigado con una pena de prisión permanente revisable y el resto de penas impuestas sumen un total de veinticinco años o más.

2. En estos casos, la suspensión de la ejecución del resto de la pena requerirá que el penado haya extinguido:

a) Un mínimo de veinticinco años de prisión, en los supuestos a los que se refieren las letras a) y

b) del apartado anterior.

b) [sic] Un mínimo de treinta años de prisión en el de la letra c) del apartado anterior.

3. Si se tratase de delitos referentes a organizaciones y grupos terroristas y delitos de terrorismo del Capítulo VII del Título XXII del Libro II de este Código, o cometidos en el seno de organizaciones criminales, los límites mínimos de cumplimiento para el acceso al tercer grado de clasificación serán de veinticuatro años de prisión, en los supuestos a que se refieren las letras a) y b) del apartado primero, y de treinta y dos años de prisión en el de la letra c) del apartado primero.

En estos casos, la suspensión de la ejecución del resto de la pena requerirá que el penado haya extinguido un mínimo de veintiocho años de prisión, en los supuestos a que se refieren las letras a) y b) del apartado primero, y de treinta y cinco años de prisión en el de la letra b) del apartado primero".

Se modifica el art. 92 CP, que queda redactado como sigue:

"1. El Tribunal acordará la suspensión de la ejecución de la pena de prisión permanente revisable cuando se cumplan los siguientes requisitos:

a) Que el penado haya cumplido veinticinco años de su condena, sin perjuicio de lo dispuesto en el artículo 78 bis para los casos regulados en el mismo.

b) Que se encuentre clasificado en tercer grado.

c) Que el Tribunal, a la vista de la personalidad del penado, sus antecedentes, las circunstancias del delito cometido, la relevancia de los bienes jurídicos que podrían verse afectados por una reiteración en el delito, su conducta durante el cumplimiento de la pena, sus circunstancias familiares y sociales, y los efectos que quepa esperar de la propia suspensión de la ejecución y del cumplimiento de las medidas que fueren impuestas, pueda fundar, previa valoración de los informes de evolución remitidos por el Centro Penitenciario y por aquellos especialistas que el propio Tribunal determine, la existencia de un pronóstico favorable de reinserción social.

En el caso de que el penado lo hubiera sido por varios delitos, el examen de los requisitos a que se refiere la letra c) del apartado 1 se realizará con relación al conjunto de delitos cometidos valorado en su conjunto.

El Tribunal resolverá sobre la suspensión de la pena de prisión permanente revisable tras un procedimiento oral contradictorio en el que intervendrán el Ministerio Fiscal y el penado, asistido por su abogado.

2. Si se tratase de delitos referentes a organizaciones y grupos terroristas y delitos de terrorismo del Capítulo VII del Título XXII del Libro II de este Código, será además necesario que el penado muestre signos inequívocos de haber abandonado los fines y los medios de la actividad terrorista y haya colaborado activamente con las autoridades, bien para impedir la producción de otros delitos por parte de la organización o grupo terrorista, bien para atenuar los efectos de su delito, bien para la identificación, captura y procesamiento de responsables de delitos terroristas, para obtener pruebas o para impedir la actuación o el desarrollo de las organizaciones o asociaciones a las que haya pertenecido o con las que haya colaborado, lo que podrá acreditarse mediante una declaración expresa de repudio de sus actividades delictivas y de abandono de la violencia y una petición expresa de perdón a las víctimas de su delito, así como por los informes técnicos que acrediten que el preso está realmente desvinculado de la organización terrorista y del entorno y actividades de asociaciones y colectivos ilegales que la rodean y su colaboración con las autoridades.

3. La suspensión de la ejecución tendrá una duración de cinco a diez años. El plazo de suspensión y libertad condicional se computará desde la fecha de puesta en libertad del penado. Son aplicables las normas contenidas en el párrafo 2.º del artículo 80.1 y en los artículos 83, 86, 87 y 91.

El Juez o Tribunal, a la vista de la posible modificación de las circunstancias valoradas, podrá modificar la decisión que anteriormente hubiera adoptado conforme al artículo 83, y acordar la imposición de nuevas prohibiciones, deberes o prestaciones, la modificación de las que ya hubieran sido acordadas, o el alzamiento de las mismas.

Asimismo, el Juez de Vigilancia Penitenciaria revocará la suspensión de la ejecución del resto de la pena y la libertad condicional concedida cuando se ponga de manifiesto un cambio de las circunstancias que hubieran dado lugar a la suspensión que no permita mantener ya el pronóstico de falta de peligrosidad en que se fundaba la decisión adoptada.

4. Extinguida la parte de la condena a que se refiere la letra a) del apartado 1 de este artículo o, en su caso, en el artículo 78 bis, el Tribunal deberá verificar, al menos cada dos años, sobre el cumplimiento del resto de requisitos de la libertad condicional. El Tribunal resolverá también las peticiones de concesión de la libertad condicional del penado, pero podrá fijar un plazo de hasta un año dentro del cual, tras haber sido rechazada una petición, no se dará curso a sus nuevas solicitudes".

Se modifica el art. 136 CP, cuyo apartado 2 tendrá la siguiente redacción:

"2. Para la cancelación de las condenas impuestas por los delitos previstos en este apartado, salvo que por la pena impuesta corresponda un plazo superior conforme al apartado 1 de este artículo, el plazo necesario para la cancelación sin que el penado haya vuelto a delinquir será el siguiente:

a) 25 años para las penas impuestas por delitos de terrorismo, las penas de prisión permanente revisable y las impuestas por la comisión de delitos imprescriptibles.

b) 20 años para las penas impuestas por los delitos de homicidio doloso y asesinato,

c) 15 años para las penas impuestas por delitos contra la libertad e indemnidad sexual.

d) 15 años para las penas impuestas por delitos contra la salud pública, cuando la pena impuesta sea igual o superior a 5 años.

e) 15 años para las penas impuestas por delitos de tenencia, tráfico y depósito de armas, municiones y explosivos.

f) 15 años para las penas impuestas por delitos cometidos por una organización criminal".

Se modifica el art. 140 CP, que tendrá la siguiente redacción:

"1. El asesinato será castigado con pena de prisión permanente revisable cuando concurra alguna de las siguientes circunstancias:

1.ª Que la víctima sea menor de dieciséis años de edad, o se trate de una persona especialmente vulnerable por razón de su edad, enfermedad, o discapacidad física o mental.

2.ª Que el hecho fuera subsiguiente a un delito contra la libertad sexual que el autor hubiera cometido sobre la víctima.

3.ª Que del delito se hubiera cometido por quien perteneciere a un grupo u organización criminal.

2. Al reo de asesinato que hubiera sido condenado por la muerte de más de dos personas se le impondrá una pena de prisión permanente revisable. En este caso, será de aplicación lo dispuesto en los artículos 78 bis.1.b) y 78 bis.2.b)".

Se modifica el art. 485 CP, que tendrá la siguiente redacción:

"1. El que matare al Rey o al Príncipe heredero de la Corona será castigado con la pena de prisión permanente revisable.

(...)".

Se modifica el apartado 2 del art. 572 CP, que queda redactado como sigue:

"2. Los que perteneciendo, actuando al servicio o colaborando con las organizaciones o grupos terroristas atentaren contra las personas, incurrirán:

1) En la pena de prisión permanente revisable si causaran la muerte de una persona.

(...)".

Se modifica el apartado 1 del artículo 605, que queda redactado como sigue:

"1. El que matare al Jefe de un Estado extranjero, o a otra persona internacionalmente protegida por un Tratado, que se halle en España, será castigado con la pena prisión permanente revisable".

Se modifica el apartado 1 del art. 607 CP, que queda redactado del siguiente modo:

"1. Los que, con propósito de destruir total o parcialmente un grupo nacional, étnico, racial, religioso o determinado por la discapacidad de sus integrantes, perpetraren alguno de los actos siguientes, serán castigados:

1) Con la pena de prisión de prisión permanente revisable, si mataran a alguno de sus miembros.

2) Con la pena de prisión permanente revisable, si agredieran sexualmente a alguno de sus miembros o produjeran alguna de las lesiones previstas en el artículo 149.

(...)".

Se modifica el número 1 del apartado 2 del art. 607 bis CP, que queda redactado como sigue:

"1. Con la pena de prisión de prisión permanente revisable si causaran la muerte de alguna persona".

1.6. Cuadro comparativo

A continuación, se presenta de forma esquemática la regulación proyectada en cada una de las iniciativas legislativas que culminaron con la aprobación de la LO 1/2015, de 30 de marzo.

NORMA	DELITOS PARA LOS QUE SE PREVÉ PPR
Anteproyecto Julio 2012	– Art. 572.2 CP (delitos de terrorismo con resultado de muerte).
Anteproyecto Octubre 2012	– Art. 140.1 CP (asesinato): menores de 16 años o personas especialmente vulnerables (edad, enfermedad, discapacidad); subsiguiente a un delito contra la libertad sexual; o, por quien perteneciere a un grupo u organización criminal. – Art. 140.2 CP (asesinato): condena previa por haber causado la muerte de más de 2 personas. – Art. 485.1 CP: muerte del Rey o del Príncipe heredero. – Art. 572.2 CP: delitos de terrorismo con resultado de muerte. – Art. 605.1 CP: muerte de Jefe de Estado extranjero o persona protegida internacionalmente por tratado que se encuentre en España. – Art. 607.1: genocidio (muerte de algunos miembros, agresión sexual o lesiones del art. 149 CP). – Art. 607 bis 2. 1.º CP (lesa humanidad): muerte de alguna persona.
Anteproyecto Abril 2013	Ídem
Proyecto de LO Octubre 2013	Ídem

NORMA	PERMISOS DE SALIDA (PLAZOS)
Anteproyecto Julio 2012	No se prevé una cláusula específica.
Anteproyecto Octubre 2012	No se prevé una cláusula específica: ¿aplicación del régimen general?
Anteproyecto Abril 2013	– 8 años (regla general) – 12 años (terrorismo)
Proyecto de LO Octubre 2013	Ídem

NORMA	TERCER GRADO (PLAZOS)
Anteproyecto Julio 2012	32 años
Anteproyecto Octubre 2012	– 15 años (general) – 18 años (1 PPR + 5 años) – 20 años (terrorismo) – 22 años (2 o más PPR; y, art. 140.2 CP) – 24 años: terrorismo y organización criminal (1 PPR + 5 años) – 32 años: terrorismo y organización criminal (2 o más PPR)
Anteproyecto Abril 2013	– 15 años (general) – 18 años (1 PPR + 5 años) – 20 años (terrorismo) – 20 años: 1 PPR + 15 años; y, art. 140.2CP – 22 años: 2 o más PPR; o, 1 PPR + 25 años o superior – 24 años: terrorismo y organización criminal (1 PPR + 5 años; y, 1 PPR + 15 años) – 32 años: terrorismo y organización criminal (2 o más PPR; o, 1 PPR + 25 años o superior)
Proyecto de LO Octubre 2013	Ídem

NORMA	REVISIÓN (PLAZOS)
Anteproyecto Julio 2012	35 años
Anteproyecto Octubre 2012	– 25 años (general) – 25 años (1 PPR + 5 años) – 28 años: terrorismo y organización criminal (1 PPR + 5 años) – 30 años (2 o más PPR; y, art. 140.2 CP) – 32 años: terrorismo y organización criminal (2 o más PPR)

NORMA	REVISIÓN (PLAZOS)
Anteproyecto Abril 2013	– 25 años (general) – 25 años (1 PPR + 5 años; y, 1 PPR + 15 años) – 28 años: terrorismo y organización criminal (1 PPR + 5 años; y, 1 PPR + 15 años) – 30 años: 2 o más PPR; o, 1 PPR + 25 años o superior; y, art. 140.2CP – 35 años: terrorismo y organización criminal (2 o más PPR; o, 1 PPR + 25 años o superior)
Proyecto de LO Octubre 2013	Ídem

NORMA	INCLUSIÓN DE LA PPR EN EL LISTADO DE PENAS GRAVES (art. 33.2 CP)
Anteproyecto Julio 2012	NO
Anteproyecto Octubre 2012	NO
Anteproyecto Abril 2013	SÍ
Proyecto de LO Octubre 2013	SÍ

NORMA	INCLUSIÓN DE LA PPR EN EL CATÁLOGO DE PENAS PRIVATIVAS DE LIBERTAD (art. 35 CP)
Anteproyecto Julio 2012	NO
Anteproyecto Octubre 2012	NO
Anteproyecto Abril 2013	SÍ
Proyecto de LO Octubre 2013	SÍ

NORMA	PENA INFERIOR EN GRADO (PPR): art. 70.4 CP (de 25 a 30 años)
Anteproyecto Julio 2012	NO
Anteproyecto Octubre 2012	SÍ
Anteproyecto Abril 2013	SÍ
Proyecto de LO Octubre 2013	SÍ

NORMA	REVISIÓN (REQUISITOS): art. 92.1 CP
Anteproyecto Julio 2012	– Plazo – Cláusula específica en casos de terrorismo: abandono de la actividad y colaboración con autoridades
Anteproyecto Octubre 2012	– Plazo – Clasificado en 3r grado – Pronóstico favorable de reinserción – Cláusula específica en casos de terrorismo: abandono de la actividad y colaboración con autoridades
Anteproyecto Abril 2013	Ídem
Proyecto de LO Octubre 2013	Ídem

NORMA	REVISIÓN (PROCEDIMIENTO ORAL CONTRADICTORIO) (art. 92.1 CP)
Anteproyecto Julio 2012	NO
Anteproyecto Octubre 2012	NO
Anteproyecto Abril 2013	SÍ
Proyecto de LO Octubre 2013	SÍ

NORMA	PLAZO DE SUSPENSIÓN (art. 92.3 CP)
Anteproyecto Julio 2012	5 a 10 años
Anteproyecto Octubre 2012	Ídem
Anteproyecto Abril 2013	Ídem
Proyecto de LO Octubre 2013	Ídem

NORMA	SUSPENSIÓN. APLICACIÓN REGLAS (art. 92.3 CP)
Anteproyecto Julio 2012	Son aplicables las normas contenidas en: – art. 80. 1 párrafo segundo CP – art. 82.2 CP – arts. 83 a 87 CP
Anteproyecto Octubre 2012	Ídem
Anteproyecto Abril 2013	Ídem
Proyecto de LO Octubre 2013	Son aplicables las normas contenidas en: – art. 80. 1 párrafo segundo CP – art. 83 CP – art. 86 CP – art. 87 CP – art. 91 CP

NORMA	MODIFICACIÓN OBLIGACIONES IMPUESTAS TRAS LA SUSPENSIÓN (art. 92.3 CP)
Anteproyecto Julio 2012	NO
Anteproyecto Octubre 2012	NO
Anteproyecto Abril 2013	NO
Proyecto de LO Octubre 2013	SÍ

NORMA	REVOCACIÓN JVP: art. 92.3 CP
Anteproyecto Julio 2012	NO
Anteproyecto Octubre 2012	NO
Anteproyecto Abril 2013	NO
Proyecto de LO Octubre 2013	SÍ

NORMA	REVISIÓN PERIÓDICA POR EL TRIBUNAL O A PETICIÓN DEL PENADO (art. 92.4 CP)
Anteproyecto Julio 2012	El Tribunal (cada 2 años). A petición del penado: tras su rechazo se puede establecer 1 año de espera.
Anteproyecto Octubre 2012	Ídem
Anteproyecto Abril 2013	Ídem
Proyecto de LO Octubre 2013	Ídem

NORMA	CANCELACIÓN ANTECEDENTES POR PPR: art. 136 CP
Anteproyecto Julio 2012	No se prevé una cláusula específica
Anteproyecto Octubre 2012	25 años
Anteproyecto Abril 2013	Ídem
Proyecto de LO Octubre 2013	Ídem

2. LA REGULACIÓN DE LA PRISIÓN PERMANENTE REVISABLE EN EL CÓDIGO PENAL: ASPECTOS TÉCNICOS

En este apartado procederemos a analizar exhaustivamente todos aquellos aspectos que conforman el régimen jurídico de la PPR. Para ello, recurriremos principalmente a la regulación contenida en el CP, pero, también aludiremos a otras normas con incidencia más o menos directa sobre esta pena. Así, no sólo nos centraremos en los aspectos sustantivos que rodean la regulación de la PPR, sino también en los procesales.

2.1. *Una perspectiva panorámica del marco normativo*

PLAZOS DE REVISIÓN DE LA PRISIÓN PERMANENTE REVISABLE (art. 78 bis 2 y 3 CP y art. 92.1.a CP)							
Resto de delitos				**Terrorismo y org. criminales**			
Un único delito	PPR + penas superiores a 5 años (Supuesto del art. 78 bis 1 a) CP)	PPR + penas superiores a 15 años + 140.2 CP por remisión (Supuesto del art. 78 bis 1 b) CP)	2 o más PPR; o PPR + penas de 25 años o superiores (Supuesto del art. 78 bis 1 c) CP)	Un único delito	PPR + penas superiores a 5 años (Supuesto del art. 78 bis 1 a) CP)	PPR + penas superiores a 15 años (Supuesto del art. 78 bis 1 b) CP)	2 o más PPR; o PPR + penas de 25 años o superiores (Supuesto del art. 78 bis 1 c) CP)
25 años (art. 92.1.a) CP)	25 años (art. 78 bis 2.a) CP)	25 años (art. 78 bis 2.a) CP)	30 años (art. 78 bis 2.c) CP)	25 años (art. 92.1.a y 92.2 CP)	28 años (art. 78 bis 3 CP)	28 años (art. 78 bis 3 CP)	35 años (art. 78 bis 3 CP)
CLASIFICACIÓN EN TERCER GRADO (arts. 36.1 CP y 78 bis 1 y 3 CP)							
15 años (art. 36.1 b) CP)	18 años (art. 78 bis 1 a) CP)	20 años (art. 78 bis 1 b) CP)	22 años (art. 78 bis 1 c) CP)	20 años * org. criminales (15 años) (art. 36.1 a) CP)	24 años (art. 78 bis 3 CP)	24 años (art. 78 bis 3 CP)	32 años (art. 78 bis 3 CP)
PERMISOS DE SALIDA (art. 36.1 in fine CP)							
8 años				12 años * org. criminales (8 años)			

DELITOS	
Art. 140.1 CP (asesinato)	– menores de 16 años o personas especialmente vulnerables (edad, enfermedad, discapacidad) – subsiguiente a un delito contra la libertad sexual – por quien perteneciere a un grupo u organización criminal
Art. 140.2 CP (asesinato)	condena previa por haber causado la muerte de más de 2 personas
Art. 485.1 CP	muerte del Rey o Reina o del Príncipe heredero o Princesa heredera
Art. 573 bis 1.1ª CP	delitos de terrorismo con resultado de muerte
Art. 605.1 CP:	muerte de Jefe de Estado extranjero o persona protegida internacionalmente por tratado que se encuentre en España.
Art. 607.1 CP: genocidio	– muerte de algunos miembros – agresión sexual – lesiones del art. 149 CP
Art. 607 bis 2. 1.º CP: lesa humanidad	muerte de alguna persona

OTROS ASPECTOS	
Art. 33.2 CP	Pena grave
Art. 70.4 CP	Pena inferior en grado (20 a 30 años)
Art. 92.1 CP	Requisitos revisión (plazo, tercer grado, pronóstico reinserción favorable)
Art. 92.2 CP	Criterios revisión específicos para terrorismo
Art. 92.3 CP	– Plazo de suspensión (5 a 10 años) – Remisión a arts. 83, 86, 87 y 91 CP. – Revocación por Tribunal sentenciador – Revocación por JVP
Art. 92.4 CP	– Verificación (de oficio) por Tribunal sentenciador de los requisitos para la suspensión (cada dos años) – Solicitudes de revisión por el penado (ilimitadas), pero, se puede fijar 1 año hasta nueva solicitud

2.2. *La clasificación penitenciaria de los condenados a PPR*

Como sabemos, el sistema de individualización científica permite clasificar a los penados en tres grados: primero (régimen cerrado), segundo (régimen ordinario) y tercero (régimen abierto). En el caso de la PPR, para los dos primeros debemos acudir a las disposiciones contenidas en la LOGP y en el RP. En cambio, para el tercer grado (al que dedicaremos un apartado específico) hay que estar a lo dispuesto no sólo en la legislación anteriormente mencionada sino también en las previsiones especiales que el CP alberga.

Tal y como se recoge en el art. 10.1 LOGP, el régimen cerrado (primer grado) está destinado a los penados calificados de peligrosidad extrema o para casos de inadaptación a los regímenes ordinario y abierto, apreciados por causas objetivas en resolución motivada. El apartado 3 de dicho artículo señala que el régimen de estos centros se caracterizará por una limitación de las actividades en común de los internos y por un mayor control y vigilancia sobre los mismos en la forma que reglamentariamente se determine. Por último, el citado precepto contiene una previsión de vital importancia especialmente para los condenados a PPR. Se indica al respecto que *"la permanencia de los internos destinados a estos centros será por el tiempo necesario hasta tanto desaparezcan o disminuyan las razones o circunstancias que determinaron su ingreso"*.

El art. 91 RP establece que dentro del régimen cerrado se establecen dos modalidades en el sistema de vida, según los internos sean destinados a Centros o módulos de régimen cerrado o a departamentos especiales. Serán destinados a *Centros o módulos de régimen cerrado* aquellos penados clasificados en primer grado que muestren una manifiesta inadaptación a los regímenes comunes. Mientras que serán destinados a *departamentos especiales* aquellos penados clasificados en primer grado que hayan sido protagonistas o inductores de alteraciones regimentales muy graves, que hayan puesto en peligro la vida o integridad de los funcionarios, Autoridades, otros internos o personas ajenas a la Institución, tanto dentro como fuera de los

Establecimientos y en las que se evidencie una peligrosidad extrema (se trata de una agravación del régimen cerrado ordinario prevista en el art. 91.3 RP).

Los arts. 93 y 94 RP regulan las condiciones de vida de cada uno de ellos[136].

---

[136] En los *departamentos especiales* (art. 93 RP): 1) Los internos disfrutarán, como mínimo, de tres horas diarias de salida al patio. Este número podrá ampliarse hasta tres horas más para la realización de actividades programadas. 2) Diariamente deberá practicarse registro de las celdas y cacheo de los internos. Cuando existan fundadas sospechas de que el interno posee objetos prohibidos y razones de urgencia exijan una actuación inmediata, podrá recurrirse al desnudo integral por orden motivada del Jefe de Servicios, dando cuenta al Director. Este cacheo se practicará en la forma prevista en el artículo 68 RP. 3) En las salidas al patio no podrán permanecer, en ningún caso, más de dos internos juntos. Este número podrá aumentarse hasta un máximo de cinco para la ejecución de actividades programadas. 4) Los servicios médicos programarán las visitas periódicas a estos internos, informando al Director sobre su estado de salud. 5) El Consejo de Dirección elaborará las normas de régimen interior sobre servicios de barbería, duchas, peluquería, Economato, distribución de comidas, limpieza de celdas y dependencias comunes, disposición de libros, revistas, periódicos y aparatos de radio y televisión y sobre las ropas y enseres de que podrán disponer los internos en sus celdas. 6) Para estos departamentos especiales se diseñará un modelo de intervención y programas genéricos de tratamiento ajustados a las necesidades regimentales, que estarán orientados a lograr la progresiva adaptación del interno a la vida en régimen ordinario, así como a la incentivación de aquellos factores positivos de la conducta que puedan servir de aliciente para la reintegración y reinserción social del interno, designándose el personal necesario a tal fin. En los *módulos o centros cerrados* (art. 94 RP): 1) Los internos disfrutarán, como mínimo, de cuatro horas diarias de vida en común. Este horario podrá aumentarse hasta tres horas más para la realización de actividades previamente programadas. 2) El número de internos que, de forma conjunta, podrán realizar actividades en grupo, será establecido por el Consejo de Dirección, previo informe de la Junta de Tratamiento, con un mínimo de cinco internos. 3) La Junta de Tratamiento programará detalladamente las distintas actividades culturales, deportivas, recreativas o formativas, laborales u ocupacionales que se someterán a la aprobación del Consejo de Dirección. Estos programas se remitirán al Centro Directivo para su autorización y seguimiento.

Por su parte, el art. 102.5 RP enumera una serie de criterios que deben ponderarse (por tanto, no son de aplicación automática) para clasificar al penado en primer grado: a) naturaleza de los delitos cometidos a lo largo de su historial delictivo, que denote una personalidad agresiva, violenta y antisocial; b) comisión de actos que atenten contra la vida o la integridad física de las personas, la libertad sexual o la propiedad, cometidos en modos o formas especialmente violentos; c) pertenencia a organizaciones delictivas o a bandas armadas, mientras no muestren, en ambos casos, signos inequívocos de haberse sustraído a la disciplina interna de dichas organizaciones o bandas; d) participación activa en motines, plantes, agresiones físicas, amenazas o coacciones; e) comisión de infracciones disciplinarias calificadas de muy graves o graves, de manera reiterada y sostenida en el tiempo; f) introducción o posesión de armas de fuego en el Establecimiento penitenciario, así como la tenencia de drogas tóxicas, estupefacientes y sustancias psicotrópicas en cantidad importante, que haga presumir su destino al tráfico.

A este respecto, GARCÍA VALDÉS entiende que "por mandato del art. 10 de la LOGP, al ser clasificados estos penados de «peligrosidad extrema», sin duda criminal, pues de otro modo no se entendería la imposición de la pena perpetua, han de ser necesariamente situados en primer grado y en sus correspondientes establecimientos o departamentos especiales, con todas las limitaciones de actividades en común y superior control y vigilancia que ello conlleva, es decir una larga privación de libertad con determinados inconvenientes regimentales (por ejemplo, larga estancia en celda, paseos cortos y controlados en el patio, visitas y correspondencia limitadas), ausentes en otros grados de tratamiento"[137]. A nuestro modo de ver, la clasificación en primer grado de los condenados a PPR no puede ni debe ser automática. Debe aplicarse, en consecuencia, de forma excepcional, para aquellos casos que estrictamente así lo requieran; y, en todo caso, el tiempo que los condenados a PPR pasen

---

137 GARCÍA VALDÉS, C.: "Sobre la prisión permanente...", *op. cit.*, p. 177.

en este grado debiera ser el mínimo indispensable. Así se deduce del art. 72.4 LOGP cuando dispone que *"en ningún caso se mantendrá a un interno en un grado inferior cuando por la evolución de su tratamiento se haga merecedor a su progresión"*.

Como señala CERVELLÓ DONDERIS, "casi todos los criterios son referentes a las conductas delictivas cometidas y por lo tanto poco representativas de inadaptación penitenciaria o peligrosidad futura, no obstante, vista la excepcionalidad del primer grado hay que mantener su sentido de intervención mínima, transitoria y subsidiaria, para que dure lo estrictamente necesario y se aplique sólo en caso justificado, de hecho debe comprobarse que no sean otras las causas de la agresividad, como pueda ser la presencia de una patología psiquiátrica, evitando ligarlo *a priori* a un tipo de delito o clase de pena"[138]. Es por ello que estamos plenamente de acuerdo con la citada autora cuando afirma que "es muy importante evitar la confusión entre condenados a pena perpetua y riesgo de peligrosidad, lo que puede dar lugar a una errónea vinculación entre ambos con la consiguiente clasificación en primer grado y con ello la aplicación de normas de control y seguridad más estrictas y restrictivas, por ello no cabe realizar una clasificación generalizada en primer grado de estos sujetos, sino solamente teniendo en cuenta los aspectos individuales correspondientes"[139].

En esta línea, como destacan FERNÁNDEZ ARÉVALO y NISTAL BURÓN, "la concurrencia de las variables contempladas en los apartados a), b) y c) del artículo 102.5 RP, no determina con automatismo la aplicación del régimen cerrado, y la institución penitenciaria debe determinar si, con independencia de la concurrencia de estas variables, el recluso condenado a prisión permanente revisable deber ser separado del resto de la población reclusa, por concurrir aquí y ahora una peligrosidad extrema o una inadaptación

138 CERVELLÓ DONDERIS, V.: "El silencio normativo...", *op. cit.*, pp. 226-227.

139 *Ibid.*, p. 227.

manifiesta"[140]. En definitiva, como advierte CASALS FERNÁNDEZ, "es muy importante que no se haga una clasificación generalizada en primer grado de estos sujetos, sino que se haga solamente teniendo en cuenta los aspectos individuales correspondientes"[141].

En todo caso, como pone de manifiesto LEGANÉS GÓMEZ, se puede acudir vía recurso al JVP quien debe garantizar que el interno no se encuentre clasificado en primer grado si no es en base a datos objetivos, sus características y necesidades de tratamiento[142].

De lo anterior cabe concluir, como hace CERVELLÓ DONDERIS, que "la clasificación general de los condenados a prisión permanente revisable debe ser la de segundo grado, la excepcional y debidamente motivada, la de primer grado, y el reto, progresar a tercer grado, por ser necesario para la revisión"[143].

En cuanto a la clasificación en segundo grado, el art. 102.3 RP dispone que *"serán clasificados en segundo grado los penados en quienes concurran unas circunstancias personales y penitenciarias de normal convivencia, pero sin capacidad para vivir, por el momento, en semilibertad"*. Por tanto, como advierte CERVELLÓ DONDERIS, al ser el grado con menos circunstancias específicas de convivencia no hay más concreción que los criterios generales del art. 102.3 RP. Y, en consecuencia, su aplicación es sencillamente por exclusión de no presentar circunstancias de primer grado ni de tercer grado[144]. El régimen de cumplimiento previsto para los penados clasificados en segundo grado es el determinado en los arts. 76 y ss. RP.

---

140 FERNÁNDEZ ARÉVALO, L. y NISTAL BURÓN, J.: *Derecho Penitenciario*, Cizur Menor, Thomson Reuters-Aranzadi, 2016, p. 316.

141 CASALS FERNÁNDEZ, Á.: *La prisión…*, *op. cit.*, p. 187.

142 LEGANÉS GÓMEZ, S.: "La clasificación penitenciaria en la prisión permanente revisable", en RODRÍGUEZ YAGÜE, C. (Dir.): *El diseño de la ejecución penitenciaria de la prisión permanente revisable*, Valencia, Tirant lo Blanch, 2024, p. 166.

143 CERVELLÓ DONDERIS, V.: *Prisión perpetua y de larga duración. Régimen jurídico de la prisión permanente revisable*, Valencia, Tirant lo Blanch, 2015, pp. 250-251.

144 CERVELLÓ DONDERIS, V.: *Derecho penitenciario*, 4ª edición, Valencia, Tirant lo Blanch, 2016, p. 227.

Para la clasificación en tercer grado deberán tenerse en cuenta los requisitos a los que alude el art. 36.1 CP y las disposiciones previstas en el art. 72 LOGP (en la medida en que no sean incompatibles con lo regulado en el CP respecto de los condenados a PPR).

En cuanto al procedimiento de clasificación inicial, el mismo viene regulado en el art. 103 RP. Entre sus principales aspectos cabe destacar:

1) La propuesta de clasificación inicial penitenciaria se formulará por las Juntas de Tratamiento, previo estudio del interno.

2) La propuesta se formulará en el impreso normalizado aprobado por el Centro Directivo en el plazo máximo de dos meses desde la recepción en el Establecimiento del testimonio de la sentencia.

3) El protocolo de clasificación penitenciaria contendrá la propuesta razonada de grado y el programa individualizado de tratamiento, en el que se dará cobertura a las necesidades y carencias detectadas en el interno en los ámbitos señalados en el artículo 20.2 de este Reglamento. En el programa se señalarán expresamente los destinos, actividades, programas educativos, trabajo y actividades ocupacionales o de otro tipo que deba seguir el interno.

4) La resolución sobre la propuesta de clasificación penitenciaria se dictará, de forma escrita y motivada, por el Centro Directivo en el plazo máximo de dos meses desde su recepción.

5) La resolución de clasificación inicial se notificará al interno interesado, indicándole en la notificación que, de no estar conforme con la misma, puede acudir en vía de recurso ante el Juez de Vigilancia.

6) El Centro Directivo podrá ampliar el plazo para dictar la resolución de clasificación inicial hasta un máximo de dos meses más, para la mejor observación de la conducta y la consolidación de los factores positivos del interno.

7) Si la propuesta de la Junta de Tratamiento de clasificación en segundo grado no fuese unánime, la misma se remitirá al Centro Directivo para la resolución que proceda.

Señala el art. 102.2 RP que *"para determinar la clasificación, las Juntas de Tratamiento ponderarán la personalidad y el historial individual, familiar, social y delictivo del interno, la duración de las penas, el medio social al que retorne el recluso y los recursos, facilidades y dificultades existentes en cada caso y momento para el buen éxito del tratamiento"*.

Y, la propuesta de clasificación inicial puede recurrirse ante el JVP (tal y como prevé el art. 76.2 f) LOGP).

En referencia a la revisión de la clasificación, el art. 105.1 RP establece que cada seis meses como máximo, los internos deberán ser estudiados individualmente para evaluar y reconsiderar, en su caso, todos los aspectos establecidos en el modelo individualizado de tratamiento al formular su propuesta de clasificación inicial. Salvo para la modalidad de primer grado que es cada tres meses (art. 98.2 RP). Además, el art. 105.2 RP prevé que cuando la Junta de Tratamiento no considere oportuno proponer al Centro Directivo cambio en el grado asignado, se notificará la decisión motivada al interno, que podrá solicitar la remisión del correspondiente informe al Centro Directivo para que resuelva lo procedente sobre el mantenimiento o el cambio de grado. La resolución del Centro Directivo se notificará al interno con indicación del derecho de acudir en vía de recurso ante el Juez de Vigilancia. Respecto de esta cuestión, los arts. 65.4 II LOGP y 105.3 RP permiten que: *"cuando un mismo equipo reitere por segunda vez la calificación de primer grado, el interno podrá solicitar que su próxima propuesta de clasificación se haga en la central de observación"*.

En otro orden de cosas, el art. 65.2 LOGP apunta que *"la progresión en el tratamiento dependerá de la modificación de aquellos sectores o rasgos de la personalidad directamente relacionados con la actividad delictiva; se manifestará en la conducta global del interno y entrañará un acrecentamiento de la confianza depositada en el mismo y la atribución de responsabilidades, cada vez más importantes, que implicarán una mayor libertad"*[145]. Y, por su parte, el art. 65.3 RP establece que *"la regresión de grado procederá cuando se aprecie en el interno, en relación al tratamiento, una evolución desfavorable de su personalidad"*[146]. En la progresión y regresión de grado resulta esencial la previsión de una disposición como la contenida en el art. 106.4 RP que advierte de que *"cuando el interno no participe en un programa individualizado de tratamiento, la valoración de su evolución se realizará en la forma descrita en el artículo 112.4, salvo cuando la Junta de Tratamiento haya podido efectuar una valoración de la integración social del interno por otros medios legítimos"*.

El art. 112.3 RP permite que el interno pueda rechazar libremente o no colaborar en la realización de cualquier técnica de estudio de su personalidad, sin que ello tenga consecuencias disciplinarias, regimentales ni de regresión de grado. Y, el apartado 4 establece que en los casos a que se refiere el apartado anterior, la clasificación inicial y las posteriores revisiones de la misma se realizarán mediante la observación directa del comportamiento y los informes pertinentes del personal penitenciario de los Equipos Técnicos que tenga relación con el interno, así como utilizando los datos documentales existentes.

Resalta CERVELLÓ DONDERIS que, en la práctica, lo que viene a determinar la progresión de primero a segundo grado es la ausencia de incidencias negativas y buen comportamiento, y de segundo a tercero se pueden tener en cuenta otros criterios como pueda ser el haber disfrutado de permisos sin incidencias o la ausencia de sanciones. En cuanto a la regresión, suele valorarse el incumplimiento de obligaciones, la comisión de nuevos delitos o no reingreso tras un permiso y, en definitiva, todo tipo de comportamientos desfavorables que valoren la conducta penitenciaria

---

145 En términos similares se pronuncia el art. 160.2 RP.

146 Aquí, el art. 106.3 RP difiere mínimamente del art. 65.3 LOGP al señalar que *"la regresión de grado procederá cuando se aprecie en el interno, en relación al tratamiento, una evolución negativa en el pronóstico de integración social y en la personalidad o conducta del interno"*.

globalmente y no en hechos aislados como puede ser la comisión de una infracción[147].

En cualquier caso, la propuesta de clasificación inicial puede recurrirse ante el JVP (tal y como prevé el art. 76.2 f) LOGP).

Resulta también de interés destacar, en relación con la ubicación de los condenados a PPR, que "no hay razón, en general, para aislarles del resto de internos, haciéndoles cumplir su pena confinados en solitario o concentrados en centros penitenciarios o módulos específicos, de hecho, suele ser recomendable que convivan con otros internos y se les mantenga ocupados. Esto no sólo facilita la convivencia y el buen funcionamiento del centro, sino que ayuda a que se priorice en la pena su carácter de revisable y no el de permanente"[148]. Por tanto, no deberían imponerse más restricciones que las propias de cada grado. Mención aparte merecen los departamentos para jóvenes, destinados a internos menores de veintiún años y, excepcionalmente, a los que no hayan alcanzado los veinticinco años de edad (art. 173 RP). Estos módulos o departamentos (tal y como recoge el art. 176 RP) se diversifican en distintos tipos dependiendo de que los internos a ellos destinados se encuentren clasificados en primero, segundo o tercer grado.

En último lugar, quisiéramos hacer alusión a la posibilidad de incluir a los condenados a PPR en los FIES. Señala ACALE SÁNCHEZ que, "a simple vista, los condenados a prisión permanente revisable podrán ser «inscritos» en un fichero especial. Sin embargo, dada la gravedad de la pena impuesta y de la novedad que supone su vigencia dentro del ordenamiento jurídico español, recurrir sin más a los FIES vacía de contenido las garantías que ofrece el principio de legalidad y de seguridad jurídica no solo para el penado, sino para la sociedad en su conjunto"[149]. A este respecto, para CERVELLÓ

---

147 CERVELLÓ DONDERIS, V.: *Derecho penitenciario…*, *op. cit.* p. 223.

148 CERVELLÓ DONDERIS, V.: *Prisión perpetua y de larga duración…*, *op. cit.*, p. 258.

149 ACALE SÁNCHEZ, M.: *La prisión permanente revisable…*, *op. cit.*, p. 160.

DONDERIS, "las normas de control, seguridad y vigilancia han de ser las propias del grado de clasificación al que pertenezcan, sin que Circulares o Instrucciones puedan recoger limitaciones adicionales por indeterminadas razones de seguridad. En este sentido hay que tener especial cautela en que su inclusión en algún tipo específico de ficheros de especial seguimiento (FIES) no encubra limitaciones similares a las del primer grado que excedan de la autorización legal"[150]. Por lo tanto, "las características del cumplimiento penitenciario de los penados a prisión permanente revisable, se han de derivar del grado de clasificación en el que se encuentren, y en caso de necesitar algún tipo de medida excepcional, ha de derivarse de una razón suficientemente justificada y asociada al estudio individualizado del sujeto y no de la naturaleza de la pena que cumple"[151].

La previsión legal se encuentra recogida en el art. 6.4 RP: *"La Administración penitenciaria podrá establecer ficheros de internos que tengan como finalidad garantizar la seguridad y el buen orden del establecimiento, así como la integridad de los internos. En ningún caso la inclusión en dicho fichero determinará por sí misma un régimen de vida distinto de aquél que reglamentariamente corresponda"*. Esta última previsión, que parece actuar como cláusula de salvaguarda, se compadece mal con lo dispuesto en la propia Instrucción I-12/2011, sobre internos de especial seguimiento/medidas de seguridad de la Secretaría General de Instituciones Penitenciarias.

La citada Instrucción establece la siguiente clasificación:

1) Colectivo FIES-1 CD (CONTROL DIRECTO)

Se incluyen internos especialmente conflictivos y peligrosos, protagonistas e inductores de alteraciones regimentales muy graves que hayan puesto en peligro la vida o integridad de los funcionarios, autoridades, otros internos o personal ajeno a la Institución, tanto

---

150 CERVELLÓ DONDERIS, V.: "El silencio normativo…", *op. cit.*, pp. 229-230.

151 CERVELLÓ DONDERIS, V.: *Prisión perpetua y de larga duración…*, *op. cit.*, p. 259.

dentro como fuera del centro con ocasión de salidas para traslados, diligencias u otros motivos.

2) Colectivo FIES-2 DO (DELINCUENCIA ORGANIZADA)

Se incluyen internos ingresados en relación con delitos cometidos en el seno de organizaciones o grupos criminales conforme a los conceptos fijados en el Código Penal en sus artículos 570 bis y 570 ter, tanto si se trata de delitos independientes relacionados con la participación en los mismos, cuanto si en la tipificación de las infracciones se ha previsto específicamente un subtipo agravado por pertenencia a organización, así como internos de alto potencial de peligrosidad ingresados por su vinculación con asociaciones ilícitas.

3) Colectivo FIES-3 BA (BANDAS ARMADAS)

Se incluyen todos aquellos internos ingresados por vinculación a bandas armadas o elementos terroristas, y aquéllos que, de acuerdo con los informes de las Fuerzas de Seguridad, colaboran o apoyan a estos grupos.

4) Colectivo FIES-4 FS (FUERZAS DE SEGURIDAD Y FUNCIONARIOS DE II.PP.)

Se incluyen los internos que pertenecen o han pertenecido a estos colectivos profesionales, al exigirse durante su internamiento determinadas cautelas, conforme a lo previsto en el artículo 8 de la Ley Orgánica de las Fuerzas y Cuerpos de Seguridad del Estado.

5) Colectivo FIES-5 CE (CARACTERÍSTICAS ESPECIALES)

Se incluyen diversos grupos de internos que, dadas sus características criminológicas o penitenciarias, precisan de un especial seguimiento, por razones de seguridad:

- Internos con un historial penitenciario de alta conflictividad, evasiones o violencia grave.
- Autores de delitos graves contra las personas, la libertad sexual o relativos a la corrupción, que hayan generado gran alarma social.
- Pertenecientes o vinculados a colectivos o grupos violentos.

- Internos que, sin estar procesados o condenados por terrorismo islamista, destaquen por su fanatismo radical, por su afinidad al ideario terrorista y por liderar o integrar grupos de presión o captación en el centro penitenciario.
- Condenados por un Tribunal Penal Internacional.
- Colaboradores de la justicia contra bandas terroristas u otras organizaciones criminales.

La Instrucción prevé en su apartado 3 una serie de "Medidas de seguridad relativas al control de internos vinculados a grupos terroristas y otras organizaciones o grupos de delincuencia organizada" que implican una serie de restricciones que no deberían permitirse y que van más allá de lo dispuesto en el art. 65 RP.

Por todo lo anterior, debe destacarse, como hace RODRÍGUEZ YAGÜE, el papel que deben jugar los Jueces de Vigilancia en la garantía del cumplimiento de la previsión recogida en el art. 6.4 RP. Como apunta la citada autora, "de otra forma, y dado que la probabilidad de que la categorización como FIES de los condenados a prisión permanente revisable y penas de larga duración les acompañe durante toda la condena, nos encontramos ante un nuevo obstáculo que dificulta el acceso a las figuras previstas para acceder a la libertad, temporal o total, vía permisos, pero sobre todo tercer grado, libertad condicional y, en el caso de la pena indeterminada, a su posibilidad de revisión"[152].

2.3. Comunicaciones y visitas

Salvo incomunicación judicial decretada, los internos estarán autorizados para comunicar periódicamente, de forma oral y escrita, en su propia lengua, con sus familiares, amigos y representantes acreditados de organismos e instituciones de cooperación penitenciaria (art. 51.1 RP).

---

152 RODRÍGUEZ YAGÜE, C.: *La ejecución de las penas…*, *op. cit.*, p. 108.

Se contemplan, igualmente, las comunicaciones de los internos con el Abogado defensor o con el Abogado expresamente llamado en relación con asuntos penales y con los Procuradores que lo representen (art. 51.2 RP).

Además, podrán ser autorizados los internos a comunicar con profesionales acreditados en lo relacionado con su actividad, con los asistentes sociales y con sacerdotes o ministros de su religión (art. 51.3 RP).

Respecto de las comunicaciones escritas, éstas son ilimitadas (art. 46 RP).

En cuanto a las comunicaciones orales, el art. 42 RP prevé que:

- El Consejo de Dirección fijará, preferentemente durante los fines de semana, los días en que puedan comunicar los internos, de manera que tengan, como mínimo, dos comunicaciones a la semana, y cuantas permita el horario de trabajo los penados clasificados en tercer grado.
- El horario destinado a este servicio será suficiente para permitir una comunicación de veinte minutos de duración como mínimo, no pudiendo comunicar más de cuatro personas simultáneamente con el mismo interno.
- Si las circunstancias del establecimiento lo permitieran, se podrá autorizar a los internos a que acumulen en una sola visita semanal el tiempo que hubiera correspondido normalmente a dos de dichas visitas.
- Los familiares deberán acreditar el parentesco con los internos y los visitantes que no sean familiares habrán de obtener autorización del Director del establecimiento para poder comunicar.

El art. 47 RP regula las llamadas telefónicas, pudiéndose autorizar la comunicación telefónica de los internos en los siguientes casos: a) cuando los familiares residan en localidades alejadas o no puedan desplazarse para visitar al interno; y, b) cuando el interno haya de comunicar algún asunto importante a sus familiares, al Abogado defensor o a otras personas. Las comunicaciones telefónicas se efectuarán, en función de las circunstancias de cada establecimiento, garantizando una frecuencia mínima de cinco llamadas por semana; su duración vendrá determinada en las normas de régimen interior del centro penitenciario, no siendo inferior a cinco minutos.

Por último, el art. 45.1 RP regula las visitas familiares o de allegados de aquellos internos que no disfruten de permisos ordinarios de salida:

- se concederá una comunicación íntima al mes como mínimo, cuya duración no será superior a tres horas ni inferior a una, salvo que razones de orden o de seguridad del establecimiento lo impidan.
- se concederá, una vez al mes como mínimo, una comunicación con sus familiares y allegados, que se celebrará en locales adecuados y cuya duración no será superior a tres horas ni inferior a una.
- se concederán, previa solicitud del interesado, visitas de convivencia a los internos con su cónyuge o persona ligada por semejante relación de afectividad e hijos que no superen los diez años de edad. Su duración máxima será de seis horas.

Como destaca CERVELLÓ DONDERIS "las visitas y comunicaciones en este tipo de condenados adquieren una especial importancia para mantener la relación con la sociedad externa y facilitar los vínculos afectivos que puedan ser de apoyo hacia la futura excarcelación. En caso de ausencia de contactos familiares, las entidades sociales externas pueden ser de gran ayuda por la importante función de apoyo, estímulo y asesoramiento que desempeñan con los internos"[153].

[153] CERVELLÓ DONDERIS, V.: "El silencio normativo…", *op. cit.*, p. 229.

2.4. *Permisos de salida*

Como ha destacado la doctrina, cuando el CP se refiere a los permisos de salida es a los ordinarios[154]. Así, los extraordinarios, al justificarse por razones humanitarias, deben quedar fuera de estas limitaciones, como ocurre en general con sus previsiones del art. 47.1 LOGP[155]. Señala RODRÍGUEZ YAGÜE que la confusión se debe a la "incorrecta expresión utilizada por el legislador al regular los plazos de cumplimiento «mínimo» para el acceso a los permisos en el art. 36.1 CP, puesto que, al referirse genéricamente a permisos de salida, sin precisar si se trata de ordinarios o extraordinarios, puede llevar a la interpretación de que incluye ambas figuras. Sin embargo, tal interpretación, en nuestra opinión, contraría el derecho a la dignidad del interno, que es la base sobre la que se articula esta figura"[156]. Estamos por tanto de acuerdo en que para la concesión de los permisos extraordinarios (a condenados por PPR) no pueden exigirse las limitaciones temporales contenidas en el art. 36.1 CP. Rigen sólo para la concesión de los permisos ordinarios.

Por otro lado, como ha puesto de relieve GONZÁLEZ TASCÓN, de la redacción del art. 36.1 *in fine* CP podría entenderse que la concesión de permisos de salida queda restringida a los supuestos en los que los internos estén clasificados en tercer grado por la utilización de la expresión *"en estos supuestos"*. Sin embargo, el desfase temporal entre los plazos de obtención de permisos y de acceso al tercer grado impiden que el citado precepto quede restringido únicamente a este último supuesto[157]. El art. 36.1 CP establece que los permisos de salida se pueden obtener a los 8 y 12 años, según el

---

154 *Vid.*, por todos, TAMARIT SUMALLA, J. M.: "La prisión permanente revisable", en QUINTERO OLIVARES, G.: *Comentario a la reforma penal de 2015*, Cizur Menor, Thomson Reuters-Aranzadi, 2015, p. 98.

155 CERVELLÓ DONDERIS, V.: "El silencio normativo…", *op. cit.*, p. 233.

156 RODRÍGUEZ YAGÜE, C.: *La ejecución de las penas…, op. cit.*, p. 137.

157 GONZÁLEZ TASCÓN, M. M.: "Regulación legal de la pena de prisión permanente revisable", *Revista de Derecho y Proceso Penal*, núm. 41, 2016, pp. 110-111.

caso. Y, que el acceso al tercer grado se prevé a partir de los 15 y 20 años respectivamente. Por tanto, sería imposible que sólo disfrutasen de permisos ordinarios de salida los clasificados en tercer grado cuando ello es temporalmente imposible.

El art. 36.1 *in fine* CP fija que el penado no podrá disfrutar de permisos de salida hasta que haya cumplido un mínimo de doce años de prisión, en el caso que el penado lo hubiera sido por un delito del Capítulo VII del Título XXII del Libro II de este Código; y, ocho años de prisión, en el resto de los casos. Así pues, la primera observación que cabe realizar es que, en el caso de los condenados a PPR por delitos cometidos en el seno de organizaciones criminales, se aplicará el plazo general, ya que no están incluidos en el supuesto especial de terrorismo[158]. A diferencia de lo que sucede con los plazos para acceder al tercer grado.

La segunda observación es que en el caso de la PPR acumulada con otras penas de prisión no hay ninguna referencia al respecto. Nos referimos a estas situaciones:

- *Situación penológica 1*. Que el resto sumen un total que exceda de cinco años, es decir, penas entre más de cinco y 15 años.
- *Situación penológica 2*. Que el resto sumen un total que exceda de 15 años, es decir, penas entre más de 15 y menos de 25.
- *Situación penológica 3*. Que, a la condena de prisión permanente revisable, se le acumulen:
  a) Otra o más penas de prisión permanente revisable.
  b) Penas de prisión que sumen 25 años o más.

Al respecto, la pregunta que debemos plantearnos es: ¿cuándo podría obtener un permiso de salida una persona condenada a PPR y a otras penas de prisión que excedan de cinco años? A juicio de ARRIBAS LÓPEZ, "en modo alguno sea posible interpretar que en

---

158 Así lo ponen de manifiesto, CERVELLÓ DONDERIS, V.: "El silencio normativo...", *op. cit.*, p. 231. Y CASALS FERNÁNDEZ, Á.: "La ejecución penitenciaria...", *op. cit.*, p. 679.

esos casos el CP veda la posibilidad de que puedan disfrutarse permisos penitenciarios. En efecto, una opinión de tal naturaleza, además de desconocer completamente el funcionamiento de los instrumentos facilitadores de la reinserción social y su imprescindible manejo progresivo por los operadores penitenciarios (recuérdese, al respecto, todo lo que hemos dicho más atrás) resultaría insensata y peligrosa pues supondría, ni más ni menos, postular que pudiese progresarse a un interno a tercer grado situándolo en régimen abierto, caracterizado por la semi-libertad, sin haber comprobado antes cuál es su respuesta y su evolución posterior a salidas autorizadas de corta duración, que podrían ir en aumento"[159]. Por tanto, la conclusión es que, en casos de concurso de delitos, se deben aplicar los plazos generales de 8 y 12 años (respectivamente).

No obstante, cabría efectuar el siguiente matiz: si bien no hay una previsión de plazos específica, como veremos a continuación, los supuestos de concurrencia de delitos sí tienen plazos para acceso al tercer grado más elevados. De ahí que, el disfrute de mayor número de días de permisos (propio del tercer grado) se retrasará en estos supuestos.

Los permisos de salida se pueden conceder cuando el condenado se encuentre clasificado en segundo o tercer grado. En el caso de que el penado haya obtenido el segundo grado se le podrá conceder hasta un total de treinta y seis días por año; y en caso de que haya accedido al tercer grado, cuarenta y ocho días cada año (art. 47 LOGP). El art. 154.2 RP establece que *"los límites máximos anuales de treinta y seis y cuarenta y ocho días de permisos antes señalados, se distribuirán, como regla general, en los dos semestres naturales de cada año, concediendo en cada uno de ellos hasta dieciocho y veinticuatro días, respectivamente"*. Además, tal y como reza el art. 154.3 RP, dentro de los indicados límites no se computarán las salidas de fin de semana propias del régimen abierto ni las salidas programadas que se regu-

---

159 ARRIBAS LÓPEZ, E.: "Los permisos penitenciarios de salida en el Código Penal", *Diario La Ley*, núm. 9065, 2017, p. 6.

lan en el artículo 114 de este Reglamento, ni los permisos extraordinarios regulados en el artículo siguiente.

Los permisos de salida se conceden previo informe preceptivo del Equipo Técnico (art. 154.1 RP). A este respecto, el art. 156.1 RP señala que: *"el informe preceptivo del Equipo Técnico será desfavorable cuando, por la peculiar trayectoria delictiva, la personalidad anómala del interno o por la existencia de variables cualitativas desfavorables, resulte probable el quebrantamiento de la condena, la comisión de nuevos delitos o una repercusión negativa de la salida sobre el interno desde la perspectiva de su preparación para la vida en libertad o de su programa individualizado de tratamiento"*.

Para la evaluación de las circunstancias a las que hace referencia el RP, la Administración penitenciaria ha elaborado dos instrumentos, acumulativos, que tienen como objetivo la valoración del riesgo en la concesión de los permisos de salida: la tabla de variables de riesgo (TVR) y la tabla de concurrencia de circunstancia peculiares (M-CCP). Ambas están previstas, en la actualidad, en la Instrucción 1/2012, sobre permisos de salida y salidas programadas.

La primera de ellas, la TVR, incorpora como variables de riesgo, puntuando diversos niveles de en cada una de ellas: la extranjería, la drogodependencia, la profesionalidad, la reincidencia, los quebrantamientos previos, la previa clasificación en primer grado, la ausencia de permisos previos, el déficit convivencial, la lejanía y la existencia de presiones internas dentro del establecimiento. En la M-CCP se prevé como circunstancias peculiares: el resultado en la TVR (si el riesgo es igual o superior a 65 puntos), el tipo delictivo, la pertenencia a una organización delictiva, la trascendencia social del delito, la lejanía del cumplimiento de las ¾ partes (si le resta más de cinco años para el cumplimiento de este plazo temporal), la existencia de un trastorno psicopatológico o la existencia de una resolución judicial o administrativa de expulsión.

Advierte RODRÍGUEZ YAGÜE que "algunas de las variables previstas tanto en la TVR como en la M-CCP pueden dificultar el acceso a los permisos de salida ordinarios de los condenados a prisión permanente revisable"[160]. Si bien, a nuestro juicio, esto sucede también en el resto de penas de prisión. Por tanto, el problema es de esos instrumentos. O más bien, del uso que se hace de los mismos.

Para esta autora, el primer problema que suscita la M-CCP es la previsión específica del tipo delictivo, "donde se refiere expresamente a condenas por delitos contra las personas, libertad sexual o violencia de género y a la organización delictiva, con pertenencia a banda armada o de carácter internacional, lo que estará presente en los supuestos para los que se contempla la pena de prisión permanente revisable. Este criterio no puede ser decisivo en la denegación de los permisos de salida puesto que, en primer lugar, no ha sido recogido por el legislador en la regulación de esta figura y, en segundo lugar, porque la tipología delictiva ya ha servido para establecer la extensión temporal de la pena y, tenerla de nuevo en cuenta con efectos negativos podría implicar un problema de ne bis in ídem"[161]. Sigue señalando la cita autora que "también muy posiblemente se pueda acumular, desfavorablemente, la circunstancia referida a la existencia de trascendencia social del hecho cometido, concretada en la Instrucción en la existencia de especial ensañamiento en la ejecución, pluralidad de víctimas o que éstas sean menores de edad o especialmente desamparadas, lo que particularmente se dará en los asesinaros calificados del art. 139 CP para los que se prevé la prisión permanente revisable. Además, hay que tener en cuenta que la denegación de un permiso por el reproche social de los delitos cometidos supone una reiterativa valoración del reproche que previamente ha tenido ya en cuenta el legislador en la previsión de la penalidad para estos delitos y que, ese reproche puede ser distinto, menor, en el momento de estudio del permiso que en el momento de la comisión del hecho"[162].

160 RODRÍGUEZ YAGÜE, C.: *La ejecución de las penas…, op. cit.*, p. 131.

161 *Ibid.*, p. 132.

162 *Ibid.*, p. 133.

A juicio de RODRÍGUEZ YAGÜE, otro factor impeditivo para el disfrute de permisos en este tipo de supuestos es la lejanía con el cumplimiento de las ¾ partes de la condena. En concreto, la Instrucción señala que esto se produce cuando resten más de cinco años para el acceso a la misma (se refiere a la libertad condicional)[163]. En el caso de la PPR debe entenderse la lejanía respecto del proceso de revisión de la misma, pero, como sostiene esta autora, esta lejanía no puede suponer un obstáculo para la concesión de los permisos de salida[164]. Efectivamente, no se deberían denegar los permisos porque reste mucho para la revisión. Los permisos se pueden conceder desde los 8 o 12 años y a partir de ahí deberían aprobarse.

En cuanto a los inconvenientes que presente la TVR, apunta RODRÍGUEZ YAGÜE que "se encuentran otros factores de riesgo que posiblemente estén presentes en condenados a penas de larga duración y a prisión permanente revisable; es el caso de la clasificación previa bajo el art. 10 LOGP, que como vimos es un régimen utilizado a menudo para los delincuentes para los que se prevén este tipo de penas; la ausencia de permisos de salida con anterioridad, que convierte en un círculo vicioso la concesión de permisos; la deficiencia convivencial, que se verá afectada claramente con condenas de esta duración; o la lejanía del lugar de disfrute del permiso, que estará condicionada al lugar de destino que haya decidido la Administración penitenciaria"[165].

En términos similares, para ICUZA SÁNCHEZ, "la TCCP prevé entre sus variables el tipo delictivo, definido como condenas por delitos contra las personas o la libertad sexual. Como se ha señalado en el apartado anterior, la gravedad del delito es uno de los motivos que habitualmente se utiliza para denegar un permiso en la práctica penitenciara. En la misma línea, otra de las variables que recoge la TCCP es la de organización delictiva, es decir, pertenencia a banda

---

163 *Idem.*

164 *Ibid.*, p. 134

165 *Ibid.*, p. 135.

armada o de carácter internacional, que también se prevé en la TVR como la profesionalidad, dentro de la cual incluye la pertenencia a banda armada. Si nos fijamos en los delitos para los que se prevé la PPR, comprobamos que se trata de delitos graves, siendo todos ellos delitos contra las personas y también alguna contrala libertad sexual, así como el asesinato causado por un terrorista o por persona perteneciente a un grupo u organización criminal. Por tanto, no parece infundado sostener que en base a estas variables es muy probable y fácil que se deniegue un permiso a una persona condenada a una pena de PPR. Estas variables siempre estarán presentes en la PPR y, por ello, supondrán un claro freno en la concesión de los permisos. También muy posiblemente se pueda acumular, desfavorablemente, la circunstancia referida a la transcendencia social del hecho cometido, concretada en la TCCP en la existencia de especial ensañamiento en la ejecución, pluralidad de víctimas o que estas sean menores de edad o especialmente desamparadas, lo que particularmente se dará en los asesinatos cualificados del art. 139 en relación con el 140 para los que se prevé la PPR (el art. 140 contempla el asesinato de un menor de 16 años y el asesinato de más de dos personas). De hecho, como ya se ha puesto de manifiesto anteriormente, las resoluciones tanto administrativas como judiciales, apoyándose en la señalada variable, suelen argumentar la «necesidad de reproche social» o «la alarma social» para denegar los permisos de salida. Por tanto, es evidente que teniendo en cuenta los delitos tan graves para los que se prevé esta pena, esta variable siempre tendrá cabida y fuerza denegatoria"[166].

Sigue señalando la citada autora que "entre los motivos que habitualmente utiliza la administración penitenciaria para denegar un permiso encontramos la «lejanía de las tres cuartas partes de la condena», es decir, que resten más de 5 años para el cumplimiento de las tres cuartas partes. Esta variable que está prevista en la TCCP y

---

166 ICUZA SÁNCHEZ, I.: *La prisión permanente revisable: Un análisis a la luz de la jurisprudencia del TEDH y del modelo inglés*, Valencia, Tirant lo Blanch, 2020, p. 347.

que además tiene cobertura del TC y es seguida por las Audiencias provinciales y los JVP perjudicará de forma clara y directa a quienes han sido condenados a la PPR, por tratarse de una pena larga e indeterminada, lo que supone que el cumplimiento de las tres cuartas partes quedará muy lejana en el tiempo, teniendo en cuenta que el plazo de revisión se establece entre los 25 y los 35 años. Otra de las variables utilizadas con frecuencia en la práctica penitenciaria para denegar un permiso es la «falta de apoyo familiar y social», la cual se encuentra contemplada en la TVR bajo la denominación «deficiencia convivencial». Cuando una persona presa lleva más de quince años encerrado, sus vínculos sociales se deterioran mucho y es posible que esté solo, por tanto, es muy probable que esta circunstancia también actúe en contra del reo. Otro de los motivos habituales de denegación de permisos es la «elevada prisionización» utilizada de forma recurrente en la denegación de permisos. Inevitablemente, este efecto de la prisionización existirá en el caso de la persona condenada a una pena larga e indeterminada como es la PPR y, por consiguiente, éste será otro motivo más que podrá ser utilizado para denegar un permiso"[167].

Por último, respecto de la TVR, a juicio de ICUZA SÁNCHEZ, "también recoge la variable de la clasificación previa en primer grado, lo que posiblemente esté presente en personas condenadas a PPR y penas de larga duración incidiendo de forma negativa sobre la concesión de los permisos, ya que este régimen es utilizado muy a menudo para las personas para las que se prevén este tipo de penas (siendo en el caso del terrorismo, muy frecuente esta clasificación). También el CPT y el Subcomité para la prevención de la tortura han contrastado que son numerosos los países que asignan un régimen de aislamiento a los condenados a cadena perpetua"[168].

No les falta razón a RODRÍGUEZ YAGÜE y a ICUZA SÁNCHEZ cuando realizan tales críticas, de ahí que, aunque no sea un proble-

---

[167] *Ibid.*, pp. 347-348.

[168] *Ibid.*, p. 349.

ma exclusivo de la PPR, la interpretación más o menos restrictiva que se haga de los parámetros previstos en ambos instrumentos determinará que se concedan o no permisos de salida a estos reclusos. Es por ello que, salvo en aquellos casos donde las circunstancias no aconsejen la autorización de tales permisos, la regla general debiera ser la de llevar a cabo un juicio favorable a su concesión. Las razones son dos: 1) los permisos pueden concederse por un período de uno a siete días (por lo que no necesariamente tienen que concederse por el tiempo máximo); y, 2) el art. 156.2 RP prevé que *"el Equipo Técnico establecerá, en su informe, las condiciones y controles que se deban observar, en su caso, durante el disfrute del permiso de salida, cuyo cumplimiento será valorado para la concesión de nuevos permisos"*(la Instrucción 1/2012, relativa a los permisos de salida y salidas programadas, recoge un listado no cerrado de posibles medidas)[169].

En otro orden de cosas, como apunta CERVELLÓ DONDERIS, como no se hace referencia alguna al procedimiento, se seguirá el previsto en los arts.160 a 162 del RP, donde se indica que el Juez de vigilancia los concederá cuando estén clasificados en segundo grado y sean de más de dos días de duración, a diferencia del resto de casos que serán concedidos por el Centro Directivo, quedando de esta manera como la única figura fuera del control judicial[170].

Cabría advertir que los permisos de salida concedidos (ordinarios y extraordinarios) pueden suspenderse cuando, antes de empezar a disfrutarlos, se produzcan hechos que modifiquen las circunstancias que propiciaron su concesión. En tales casos, la Dirección podrá suspender motivadamente con carácter provisional el permiso, poniéndose en conocimiento de la Autoridad administrativa o judicial

---

169 En este sentido, RODRÍGUEZ YAGÜE, C.: *La ejecución de las penas…, op. cit.*, p. 140.

170 CERVELLÓ DONDERIS, V.: "El silencio normativo…", *op. cit.*, pp. 232-233. De igual opinión, LÓPEZ PEREGRÍN, C.: "Más motivos para derogar la prisión permanente revisable", *Revista Electrónica de Ciencia Penal y Criminología*, núm. 20-30, 2018, p. 26. Y CASALS FERNÁNDEZ, Á.: "La ejecución penitenciaria…", *op. cit.*, p. 680.

competente la suspensión para que resuelva lo que proceda (art. 157.1 RP). Asimismo, los permisos pueden revocarse si el interno aprovechase el disfrute de cualquier clase de permiso para fugarse o cometiese un nuevo delito durante el mismo, sin perjuicio de las consecuencias que se puedan derivar de su conducta en el orden penal y penitenciario y de que dichas circunstancias deban valorarse negativamente por el Equipo Técnico para la concesión de futuros permisos ordinarios (art. 157.2 RP).

En último lugar, aludiremos a la posibilidad de disfrutar de permisos extraordinarios de salida. En este sentido, como sostiene ROIG TORRES, "aunque el artículo 36.1 CP aluda a los permisos de salida en general, creo que hay que entender que los sentenciados a prisión permanente sí tienen derecho a los permisos extraordinarios, por enfermedad o defunción de familiares próximos o alumbramiento de la esposa o pareja afectiva, puesto que el artículo 47, apartado 1, de la Ley Orgánica General Penitenciaria y el artículo 155 del Reglamento, los reconocen a los internos, sin excepción. Además, el artículo 48 de esta ley contempla la posibilidad de conferirlos también a los preventivos. Por otra parte, esta interpretación es acorde con la norma contenida en el apartado 3 del artículo 36 CP para la concesión del tercer grado por causas humanitarias"[171].

Los permisos extraordinarios pueden obedecer a:

a) Motivos familiares o personales (art. 47.1 LOGP y 155.1 RP):

- fallecimiento o enfermedad grave de padres, cónyuge, hijos, hermanos y otras personas vinculadas con los internos.
- Alumbramiento de la esposa (debe entenderse ampliable a la pareja de hecho, pues, el art. 155.1 RP habla también de similar relación de afectividad).

---

171 ROIG TORRES, M.: *La cadena perpetua…*, *op. cit.*, p. 153.

– Importantes y comprobados motivos (aquí pueden incluirse la asistencia a celebraciones familiares, actividades académicas, etc.).

La duración de estos permisos vendrá determinada por su respectiva finalidad, siempre que no exceda del límite fijado para los permisos ordinarios. Es decir, hasta siete días consecutivos (art. 155.2 RP).

b) Motivos sanitarios (art. 155.4 RP):

A juicio de ROIG TORRES, "suscita algunas dudas si tienen igualmente derecho a los permisos extraordinarios del apartado 4 del artículo 155 del Reglamento Penitenciario, donde se recoge la posibilidad de permitir la salida, con las debidas medidas de seguridad, por motivos sanitarios, para realizar consultas ambulatorias fuera del centro o para el internamiento en un hospital extra-penitenciario. Se trata, por tanto, de una atención médica accesoria o adicional a la que está obligada a proporcionar la Administración penitenciaria (arts. 3.4 y 36 a 40 LOGP). Este carácter independiente o complementario explica que se limiten las autorizaciones a los internos clasificados en segundo y tercer grado. De todos modos, me parece razonable aplicar esta misma regla a los sujetos a prisión permanente, dejando abierta su solicitud excepto cuando estén en primer grado"[172].

Los permisos extraordinarios de salida para consulta ambulatoria extrapenitenciaria pueden concederse por tiempo de hasta doce horas de duración.

En los que se autoricen para ingreso en un hospital extrapenitenciario el tiempo de disfrute será de hasta dos días de duración. En este último caso, si el interno tuviera que permanecer ingresado más de dos días, la prolongación del permiso por el tiempo necesario deberá ser autorizada por el Juez de Vigilancia cuando se trate

---

172 *Ibid.*, pp. 153-154.

de penados clasificados en segundo grado o por el Centro Directivo para los clasificados en tercer grado.

Los permisos extraordinarios son imperativos ("se concederán"), a diferencia de los ordinarios que son potestativos ("se podrán conceder"). En los permisos ordinarios, se exige en todo caso informe del Equipo Técnico. En los extraordinarios sólo si es por procedimiento no urgente, ya que sí lo es no se requiere dicho informe. Los permisos ordinarios los disfrutan sólo los clasificados en segundo y tercer grado, mientras que los extraordinarios todos los internos (salvo en el supuesto contemplado en el art. 155.4 RP). En los permisos ordinarios prima la finalidad resocializadora, en los extraordinarios la humanitaria. Y, así como los permisos ordinarios tienen un límite anual, en el caso de los extraordinarios esto no es así y pueden concederse cuantas veces se estime oportuno.

2.5. Recompensas

Los condenados a prisión permanente revisable sí van a tener acceso teóricamente, sin restricciones por la naturaleza del delito o la tipología delictiva, a las recompensas penitenciarias, las cuales también pretenden estimular la buena conducta y la participación de los internos.

El art. 263 RP dispone que, los actos que pongan de manifiesto buena conducta, espíritu de trabajo y sentido de la responsabilidad en el comportamiento de los internos, así como la participación positiva en las actividades asociativas reglamentarias o de otro tipo que se organicen en el Establecimiento, serán estimulados con alguna de las siguientes recompensas:

a) Comunicaciones especiales y extraordinarias adicionales.

b) Becas de estudio, donación de libros y otros instrumentos de participación en las actividades culturales y recreativas del Centro.

c) Prioridad en la participación en salidas programadas para la realización de actividades culturales.

d) Reducciones de las sanciones impuestas.

e) Premios en metálico.

f) Notas meritorias.

g) Cualquier otra recompensa de carácter análogo a las anteriores que no resulte incompatible con los preceptos reglamentarios

Ahora bien, como señala RODRÍGUEZ YAGÜE: "su efectividad es menor puesto que, frente a los beneficios penitenciarios, no inciden ni en la duración de la condena (como el indulto) ni en el tiempo efectivo que se pasa en prisión (como el adelantamiento de la libertad condicional). Salvando el caso de la recompensa consistente en la concesión de comunicaciones especiales y extraordinarias adicionales, que supone un importante refuerzo del interno con los vínculos en el exterior, el resto tienen una incidencia limitada respecto al sistema de ejecución, actuando más bien sobre la situación de mayor bienestar del interno, pero nunca condicionado su régimen de vida ni implicando su posibilidad de salida al exterior"[173].

Pudiendo tener también un impacto importante la reducción de las sanciones impuestas. En este sentido, el art. 261 RP señala que los plazos de cancelación podrán ser acortados hasta la mitad de su duración si, con posterioridad a la sanción y antes de completarse dichos plazos, el interno obtuviere alguna recompensa.

2.6. Tercer grado

Tal y como establece el art. 72.2 LOGP, el tercer grado se cumple en establecimiento abierto.

El art. 80 RP contempla tres tipos de Establecimientos de régimen abierto:

---

[173] En este sentido, RODRÍGUEZ YAGÜE, C.: *La ejecución de las penas…*, *op. cit.*, p. 143.

a) Centros Abiertos o de Inserción Social
b) Secciones Abiertas
c) Unidades Dependientes

Por su parte, el art. 83 RP establece que la actividad penitenciaria en régimen abierto tiene por objeto potenciar las capacidades de inserción social positiva que presentan los penados clasificados en tercer grado, realizando las tareas de apoyo y de asesoramiento y la cooperación necesaria para favorecer su incorporación progresiva al medio social.

Los principios que caracterizan al régimen abierto se encuentran recogidos en el art. 83.2 RP:

a) Atenuación de las medidas de control, sin perjuicio del establecimiento de programas de seguimiento y evaluación de las actividades realizadas por los internos dentro y fuera del Establecimiento
b) Autorresponsabilidad, mediante el estímulo de la participación de los internos en la organización de las actividades
c) Normalización social e integración, proporcionando al interno, siempre que sea posible, atención a través de los servicios generales de la comunidad para facilitar su participación plena y responsable en la vida familiar, social y laboral
d) Prevención para tratar de evitar la desestructuración familiar y social
e) Coordinación con cuantos organismos e instituciones públicas o privadas actúen en la atención y reinserción de los reclusos, promoviendo criterios comunes de actuación para conseguir su integración en la sociedad.

El art. 86.4 RP establece que, en general, el tiempo mínimo de permanencia en el Centro será de ocho horas diarias, debiendo pernoctarse en el Establecimiento, salvo cuando, de modo voluntario, el interno acepte el control de su presencia fuera del Centro mediante dispositivos telemáticos adecuados proporcionados por la

Administración Penitenciaria u otros mecanismos de control suficiente, en cuyo caso sólo tendrán que permanecer en el Establecimiento durante el tiempo fijado en su programa de tratamiento para la realización de actividades de tratamiento, entrevistas y controles presenciales

Así también, como norma general, estos internos disfrutarán de salidas de fin de semana, como máximo, desde las dieciséis horas del viernes hasta las ocho horas del lunes (art. 87.1 RP). Y, podrán disfrutar de los días festivos establecidos en el calendario oficial de la localidad donde esté situado el Establecimiento. Cuando los días festivos sean consecutivos al fin de semana, la salida se ampliará en veinticuatro horas por cada día festivo (art. 87.3 RP).

En cuanto a los plazos para acceder al tercer grado, la primera referencia la encontramos en el art. 36.1 CP. Así, la letra a) de dicho precepto fija un plazo de veinte años de prisión efectiva, en el caso de que el penado lo hubiera sido por un delito del Capítulo VII del Título XXII del Libro II de este Código (terrorismo). Pero, no incluye a las organizaciones criminales. Por ello, no cabe concluir otra cosa que en esos casos regirá el plazo general de los quince años. Este plazo de quince años es el que fija el art. 36.1 b) CP para el resto de supuestos. En cualquier caso, estos dos plazos (de 20 y 15 años, respectivamente) se entienden para condenados a una única PPR (o juntamente con otras penas que no superen los 5 años).

En casos de concurrencia de delitos hay que estar a lo dispuesto en el art. 78 bis CP.

Para delitos comunes, se fijan los siguientes plazos (art. 78 bis 1 CP):

a) de un mínimo de dieciocho años de prisión, cuando el penado lo haya sido por varios delitos, uno de ellos esté castigado con pena de prisión permanente revisable y el resto de las penas impuestas sumen un total que exceda de cinco años.

b) De un mínimo de veinte años de prisión, cuando el penado lo haya sido por varios delitos, uno de ellos esté castigado con una pena de prisión permanente revisable y el resto de las penas impuestas sumen un total que exceda de quince años.

Este plazo se aplica también a los supuestos del art. 140.2 CP.

c) De un mínimo de veintidós años de prisión, cuando el penado lo haya sido por varios delitos y dos o más de ellos estén castigados con una pena de prisión permanente revisable, o bien uno de ellos esté castigado con una pena de prisión permanente revisable y el resto de penas impuestas sumen un total de veinticinco años o más.

Si se tratase de delitos referentes a organizaciones y grupos terroristas y delitos de terrorismo del Capítulo VII del Título XXII del Libro II de este Código, o cometidos en el seno de organizaciones criminales, los límites mínimos de cumplimiento para el acceso al tercer grado de clasificación son (art. 78 bis 3 CP):

– 24 años: cuando el penado lo haya sido por varios delitos, uno de ellos esté castigado con pena de prisión permanente revisable y el resto de las penas impuestas sumen un total que exceda de cinco años.
– 24 años: cuando el penado lo haya sido por varios delitos, uno de ellos esté castigado con una pena de prisión permanente revisable y el resto de las penas impuestas sumen un total que exceda de quince años.
– 32 años: cuando el penado lo haya sido por varios delitos y dos o más de ellos estén castigados con una pena de prisión permanente revisable, o bien uno de ellos esté castigado con una pena de prisión permanente revisable y el resto de penas impuestas sumen un total de veinticinco años o más.

Debe advertirse a este respecto que las referencias del art. 78 bis 3 CP lo son exclusivamente a supuestos de terrorismo y a delitos cometidos en el seno de organizaciones criminales. Sin embargo, no se mencionan a los grupos criminales, y el art. 140.1.3ª CP sí alude a ambos (grupos y organizaciones criminales). La conclusión a la que nos lleva dicha ausencia es que en el caso de asesinatos cometidos en el marco de un grupo criminal deberán aplicarse los plazos comunes (de 15, 18, 20 o 22 años).

Pero, junto a la anterior, cabría hacer otra apreciación: el art. 78 bis CP alude, en puridad, a *"y el resto de las penas impuestas sumen un total..."*. Sin embargo, a nuestro juicio, las únicas penas que pueden computarse a tales efectos son estrictamente las de prisión.

Además de los plazos enumerados anteriormente, el art. 36.1 CP exige para que el tribunal autorice la clasificación del condenado en el tercer grado un "pronóstico individualizado y favorable de reinserción social". Pero nada dice sobre los elementos que deben conformarlo.

A juicio de ICUZA SÁNCHEZ, ese pronóstico debe ser realizado en función de los requisitos que vienen relacionados en el art. 92 CP[174]. Efectivamente, el art. 92.1 c) CP exige para la suspensión de la ejecución de la PPR un "pronóstico favorable de reinserción" y enumera una serie de parámetros. Si siguiéramos esta exégesis, habría un primer pronunciamiento sobre el pronóstico de reinserción del penado al alcanzar los plazos del tercer grado; y, otro (basado en los mismos elementos) a la hora de la revisión. Esta interpretación podría criticarse por cuanto no tiene mucho sentido que una vez obtenido ese pronóstico favorable de reinserción se vuelve a enjuiciar tal capacidad del penado en un segundo momento. Sin embargo, sí tendría lógica si entendiéramos que entre la obtención del tercer grado y de la suspensión pueden pasar varios años; y, en consecuencia, ese pronóstico puede haber variado. Lo que sí necesitaría ser reinterpretado es la referencia que el art. 92.1 c) CP hace a *"los efectos que quepa esperar de la propia suspensión de la ejecución y del cumplimiento de las medidas que fueren impuestas"*.

No obstante, a nuestro juicio, los parámetros del art. 92.1 CP sobre el pronóstico de reinserción no pueden utilizarse por falta de base legal. Por cuanto no podemos olvidar que el art. 36.1 CP no

---

174 ICUZA SÁNCHEZ, I.: *La prisión permanente...*, *op. cit.*, p. 365.

fija unos criterios específicos ni remite a los del art. 92.1 CP. Esto nos lleva a concluir que, en el caso del tercer grado, el pronóstico de reinserción de los condenados a PPR debe basarse en las pautas que contempla la LOGP, el RP y las Instrucciones de II.PP.

Con todo, como podrá comprobarse a continuación, no estamos convencidos de que uno u otro sistema sea más beneficioso para el reo.

El art. 63 LOGP enuncia, con carácter general, que la clasificación debe tomar en cuenta no sólo la personalidad y el historial individual, familiar, social y delictivo del interno, sino también la duración de la pena y medidas penales en su caso, el medio a que probablemente retornará y los recursos, facilidades y dificultades existentes en cada caso y momento para el buen éxito del tratamiento (así también el art. 102.2 RP). Y, por su parte, el art. 102.4 RP establece que la clasificación en tercer grado se aplicará a los internos que, por sus circunstancias personales y penitenciarias, estén capacitados para llevar a cabo un régimen de vida en semilibertad.

Por el contrario, el art. 92.1 c) CP alude a: la personalidad del penado, sus antecedentes, las circunstancias del delito cometido, la relevancia de los bienes jurídicos que podrían verse afectados por una reiteración en el delito, su conducta durante el cumplimiento de la pena, sus circunstancias familiares y sociales, y los efectos que quepa esperar de la propia suspensión de la ejecución y del cumplimiento de las medidas que fueren impuestas.

Las principales diferencias entre ambos estriban en que, en el primero, se menciona la duración de la pena. Mientras que, en el segundo, se tienen en cuenta elementos como las circunstancias del delito y la relevancia de los bienes jurídicos que podrían verse afectados en caso de reincidencia. El resto de parámetros resultan, a nuestro juicio, *mutatis mutandi*, equiparables.

Ahora bien, como destaca ICUZA SÁNCHEZ, "en la práctica, la Administración penitenciaria a la hora de realizar ese pronóstico valora una serie de criterios, como los permisos de salida disfrutados, la gravedad del delito, el tiempo que resta hasta la libertad condicional, la conducta penitenciaria, disponer de una oferta laboral, contar con apoyo social y/o familiar o carecer de variables psicológicas que permitan hacer un juicio de no reincidencia"[175].

Algunas de esas "prácticas" a las que alude la citada autora, concretamente valorar la gravedad del delito o el no haber disfrutado de permisos, se apartan de lo dispuesto en la Instrucción 9/2007, sobre clasificación y destino de los penados. Ésta señala como posibles datos que serán tenidos en cuenta para las progresiones a tercer grado (por presentar una evolución favorable del interno): haber obtenido una valoración normal o superior en las evaluaciones, dentro de las actividades programadas con carácter prioritario en el programa individualizado de tratamiento; estar incluido en un programa de tratamiento al que se le pueda dar continuidad en medio comunitario; haber disfrutado permisos sin incidencias o internos que, sin haber disfrutado de los mismos, por su evolución y fechas de cumplimiento, se aconseje un tercer grado; y, ausencia de sanciones disciplinarias. A ellos añade que, para los delitos de extrema gravedad o que hayan provocado alarma social, se *"exigirá un estudio exhaustivo de las circunstancias y, en su caso, de los posibles tratamientos que deban seguir, para que en ningún caso estos condicionantes impidan la progresión"*.

Respecto a la lejanía de la libertad condicional, cabría advertir que hay supuestos en los que esa diferencia es mínima: de 3, 4 y 5 años (ver cuadro). Sin embargo, en otros es de 7, 8 y hasta de 10 años. En este sentido, queremos manifestar que este parámetro no puede condicionar por sí sólo la denegación del tercer grado.

En cuanto a la existencia de una oferta de trabajo en el exterior, resalta RODRÍGUEZ YAGÜE que "en efecto, si bien este requisito no aparece entre las variables que deben ser tenidas en cuenta en la clasificación (art. 102 RP), sí lo recoge el RP en una serte de formulación negativa como una de las situaciones —la falta de un trabajo en el exterior— que pueden justificar la adopción de un ré-

---

175 *Idem*.

gimen abierto restringido (art. 82). Siendo la empleabilidad de los penados uno de los mayores obstáculos existentes en el proceso de reinserción en general, más en una situación de crisis económica, en los casos de penas de larga duración y de prisión permanente revisable, con la exigencia del cumplimiento de largos periodos previos de la pena en prisión, la existencia de una oferta de trabajo en el exterior, tras 15 o 20 años, será muy reducida, por no decir prácticamente anecdótica, a no ser que venga facilitado por algún familiar persona cercana. Ello avocará a estos condenados bien a la no progresión, bien a la adopción de un régimen abierto restringido"[176]. Con todo, en nuestra opinión, esa praxis no puede condicionar algo tan importante como la obtención del tercer grado. Y, además, resulta contradictoria con lo dispuesto en el art. 82.4 RP para el tercer grado restringido: "*La modalidad de vida a que se refiere este artículo tendrá como objetivo ayudar al interno a que inicie la búsqueda de un medio de subsistencia para el futuro o, en su defecto, encontrar alguna asociación o institución pública o privada para su apoyo o acogida en el momento de su salida en libertad*". No puede, pues, exigirse tal requisito cuando, precisamente, una de las finalidades del tercer grado debe ser propiciar que el penado encuentre trabajo.

En cualquier caso, el informe emitido por II.PP. debe responder a una valoración global (en conjunto) de todas las variables. Debiéndose sopesar la relevancia que cada una de ellas debe tener sobre el resto. Además, cabría advertir que, en el caso de la PPR, el tercer grado lo concede el Tribunal sentenciador; y, dicho dictamen no es vinculante. Señalando el art. 36.1 CP que también será oído el Ministerio Fiscal en la toma de dicha decisión.

Por su parte, CERVELLÓ DONDERIS entiende que, dado que esta autorización de acceso al tercer grado tiene los mismos efectos que el levantamiento del periodo de seguridad en los supuestos del art. 36.2 CP, "podrían valorarse los mismos criterios favorables utilizados para el levantamiento del periodo de seguridad como son

---

176 RODRÍGUEZ YAGÜE, C.: *La ejecución de las penas…, op. cit.*, p. 117.

la asunción del delito, la actitud de respeto a la víctima, la conducta en libertad después de la comisión del delito y antes de entrar en prisión y la participación en programas de tratamiento, según se recoge en la Instrucción SGIP 7/2010 de 14 de diciembre"[177]. Sin embargo, a nuestro juicio, tal previsión no podría extenderse a la PPR, pues, no se recoge ninguna referencia expresa a esta pena.

En otro orden de cosas, el art. 72.5 LOGP exige, para la obtención del tercer grado, el pago de la responsabilidad civil:

> *"La clasificación o progresión al tercer grado de tratamiento requerirá, además de los requisitos previstos por el Código Penal, que el penado haya satisfecho la responsabilidad civil derivada del delito, considerando a tales efectos la conducta efectivamente observada en orden a restituir lo sustraído, reparar el daño e indemnizar los perjuicios materiales y morales; las condiciones personales y patrimoniales del culpable, a efectos de valorar su capacidad real, presente y futura para satisfacer la responsabilidad civil que le correspondiera; las garantías que permitan asegurar la satisfacción futura; la estimación del enriquecimiento que el culpable hubiera obtenido por la comisión del delito y, en su caso, el daño o entorpecimiento producido al servicio público, así como la naturaleza de los daños y perjuicios causados por el delito, el número de perjudicados y su condición.*
>
> *Singularmente, se aplicará esta norma cuando el interno hubiera sido condenado por la comisión de alguno de los siguientes delitos: a) Delitos contra el patrimonio y contra el orden socioeconómico que hubieran revestido notoria gravedad y hubieran perjudicado a una generalidad de personas. b) Delitos contra los derechos de los trabajadores. c) Delitos contra la Hacienda Pública y contra la Seguridad Social. d) Delitos contra la Administración pública comprendidos en los capítulos V al IX del título XIX del libro II del Código Penal".*

La doctrina ha entendido que este criterio resulta exigible en condenados a PPR[178].

---

177 CERVELLÓ DONDERIS, V.: *Derecho penitenciario…*, *op. cit.* p. 215.

178 Así, por ejemplo, CERVELLÓ DONDERIS, V.: *Prisión perpetua y de larga duración…*, *op. cit.*, p. 237. ICUZA SÁNCHEZ, I.: *La prisión permanente…*, *op. cit.*, p. 366. GÁLVEZ JIMÉNEZ, A.: "La aplicación…", *op. cit.*, p. 12. Y LÓPEZ LÓPEZ, C. I.: "La prisión permanente revisable a la luz del principio de hu-

Y, por su parte, el art. 72.6 LOGP prevé una serie de condiciones específicas para condenados por terrorismo:

> *"Del mismo modo, la clasificación o progresión al tercer grado de tratamiento penitenciario de personas condenadas por delitos de terrorismo de la sección segunda del capítulo V del título XXII del libro II del Código Penal o cometidos en el seno de organizaciones criminales, requerirá, además de los requisitos previstos por el Código Penal y la satisfacción de la responsabilidad civil con sus rentas y patrimonio presentes y futuros en los términos del apartado anterior, que muestren signos inequívocos de haber abandonado los fines y los medios terroristas, y además hayan colaborado activamente con las autoridades, bien para impedir la producción de otros delitos por parte de la banda armada, organización o grupo terrorista, bien para atenuar los efectos de su delito, bien para la identificación, captura y procesamiento de responsables de delitos terroristas, para obtener pruebas o para impedir la actuación o el desarrollo de las organizaciones o asociaciones a las que haya pertenecido o con las que haya colaborado, lo que podrá acreditarse mediante una declaración expresa de repudio de sus actividades delictivas y de abandono de la violencia y una petición expresa de perdón a las víctimas de su delito, así como por los informes técnicos que acrediten que el preso está realmente desvinculado de la organización terrorista y del entorno y actividades de asociaciones y colectivos ilegales que la rodean y su colaboración con las autoridades".*

Igualmente, la doctrina también ha estimado que tal precepto resulta de aplicación en el caso de la PPR[179].

Por el contrario, debemos rechazar la exigencia de esas dos condiciones por cuanto no vienen recogidas expresamente en el art. 36.1 CP, a diferencia de lo que sucede con el pronóstico favorable de reinserción.

En cuanto al órgano competente para conceder el tercer grado, el art. 36.1 CP atribuye tal potestad al Tribunal sentenciador. Sin

---

manidad, en ROCA DE AGAPITO, L. (Dir.): *Un sistema de sanciones penales para el siglo XXI*, Valencia, Tirant lo Blanch, 2019, pp. 290-291.

179 Así, por ejemplo, CERVELLÓ DONDERIS, V.: *Prisión perpetua y de larga duración...*, *op. cit.*, p. 237. ICUZA SÁNCHEZ, I.: *La prisión permanente...*, *op. cit.*, p. 366. Y LÓPEZ LÓPEZ, C. I.: "La prisión permanente revisable...", *op. cit.*, pp. 290-291.

embargo, el CP no ha previsto quién debe autorizar la regresión de grado en tales casos. A este respecto, no queda otra que recurrir al art. 103 RP, de forma que, la regresión del tercero al segundo grado le corresponderá al Centro Directivo (a propuesta de la Junta de Tratamiento). Pudiéndose recurrir tal decisión ante el JVP (art. 76.1. f LOGP).

Por lo que refiere al procedimiento, el art. 36.1 CP dispone que *"la clasificación del condenado en el tercer grado deberá ser autorizada por el tribunal previo pronóstico individualizado y favorable de reinserción social, oídos el Ministerio Fiscal e Instituciones Penitenciarias"*. Esa autorización deberá revestir forma de auto (que será recurrible). Pero, como puede observarse, únicamente se menciona la participación del Ministerio Fiscal e II.PP. Con todo, consideramos que debiera darse audiencia también al afectado (la defensa), por cuanto se trata de una decisión que le repercute directamente sobre sus intereses. No así a la víctima (a la acusación), por no estar prevista su participación en estos supuestos según el art. 13 del Estatuto de la Víctima.

El procedimiento de clasificación en tercer grado suele iniciarse de estas dos formas:

1) por petición del penado dirigida al Centro (ante motivos justificados o frente a la inactividad de la Administración penitenciaria).
2) a iniciativa de la Administración penitenciaria (de oficio).

En este caso, la evaluación del interno por la Junta de Tratamiento debe producirse, como máximo, cada seis meses[180].

En el caso de la PPR, una vez valorado el interno, y habiéndose propuesto su clasificación en tercer grado, el informe de la Junta de Tratamiento debe remitirse al Tribunal sentenciador. Pero, la cuestión es, como plantea RODRÍGUEZ YAGÜE, si, con carácter

---

180 A nuestro juicio, la evaluación de los internos condenados a PPR para progresar al tercer grado debiera producirse cada tres meses (plazo previsto para los clasificados en primer grado).

previo a la autorización del tribunal, debe obtenerse el pronunciamiento del Centro Directivo[181]. Para CERVELLÓ DONDERIS, no hace falta la ratificación por el Centro Directivo, sino que la Junta de Tratamiento la dirigirá al tribunal sentenciador[182]. Sin embargo, a nuestro juicio, el art. 103 RP no deja margen para la duda: se requiere aprobación por parte del Centro Directivo. Y, una vez obtenida, el informe se enviará al Tribunal sentenciador.

Con todo, cabe que la petición del penado no sea atendida; o, que la decisión de la Junta de Tratamiento, en cualquier caso, sea desfavorable a la concesión del tercer grado. En estos casos, la resolución será recurrible ante el JVP (art. 76.1. f LOGP).

La cuestión que aquí se plantea es si, en esta situación, y al margen de que pueda recurrir ante el JVP, el reo podría dirigirse directamente al Tribunal sentenciador (que es quien tiene que conceder el tercer grado). RODRÍGUEZ YAGÜE considera que el interno debe poder dirigirse al tribunal sentenciador para su solicitud en el supuesto en el que aquel proceso no se lleve a cabo, pero, entiende que, para ello, sería necesario prever un mecanismo, vía queja o recurso, que permita iniciar tal procedimiento[183]. A no ser que, como apunta la citada autora, "pueda ser interpretado que, dado que también es el tribunal el competente para autorizar el acceso al tercer grado, pueda hacerlo directamente sin solicitud previa por parte de Instituciones Penitenciarias, e incluso, en la misma vista, proceder también a la concesión de la libertad condicional si se dan los requisitos para ello"[184]. Pues bien, efectivamente, a nuestro parecer, nada impide que el penado pueda instar directamente ante el Tribunal sentenciador la concesión del tercer grado. Pero, consideramos que sólo podría hacerlo en los supuestos arriba mencionados. Así, si,

---

181 RODRÍGUEZ YAGÜE, C.: *La ejecución de las penas…, op. cit.*, p. 120.

182 CERVELLÓ DONDERIS, V.: "Prisión permanente revisable II (art. 36)", en GONZÁLEZ CUSSAC, J. L. (Dir.): *Comentarios a la Reforma del Código Penal de 2015* (2ª edición), Valencia, Tirant lo Blanch, 2015, p. 230.

183 RODRÍGUEZ YAGÜE, C.: *La ejecución de las penas…, op. cit.*, p.120.

184 *Ibid.*, p. 176.

por ejemplo, se hubiere recurrido ante el JVP la determinación del Centro directivo, cabría esperar al pronunciamiento de éste antes de acudir al Tribunal sentenciador.

Lo que sí queda claro es que, a diferencia del art. 92.4 CP, el Tribunal sentenciador no podrá (de oficio) promover la clasificación del interno en tercer grado una vez alcanzado los plazos.

No obstante, existen dos alternativas ante la denegación del tercer grado (pleno).

La primera viene enunciada en el art. 82 RP, se trata del régimen abierto restringido.

El apartado primero del citado artículo establece que *"en los casos de penados clasificados en tercer grado con una peculiar trayectoria delictiva, personalidad anómala o condiciones personales diversas, así como cuando exista imposibilidad de desempeñar un trabajo en el exterior o lo aconseje su tratamiento penitenciario, la Junta de Tratamiento podrá establecer la modalidad de vida en régimen abierto adecuada para estos internos y restringir las salidas al exterior, estableciendo las condiciones, controles y medios de tutela que se deban observar, en su caso, durante las mismas"*.

Esta modalidad de vida tiene como objetivo ayudar al interno a que inicie la búsqueda de un medio de subsistencia para el futuro o, en su defecto, encontrar alguna asociación o institución pública o privada para su apoyo o acogida en el momento de su salida en libertad (art. 82.3 RP). Y se asimilará, lo máximo posible, a los principios del régimen abierto a que se refiere el artículo siguiente (art. 82.4 RP).

Como destaca RODRÍGUEZ YAGÜE, "su adopción debe ser instrumental en tanto debería servir como paso a un régimen abierto pleno. Eso sí, su concesión requerirá haber cumplido los duros requisitos temporales impuestos por el Código Penal para la prisión permanente revisable, no pudiéndose adoptar en un momento anterior ante una progresión positiva del penado"[185]. Se trata, como

---

185 *Ibid.*, p. 118.

apunta CERVELLÓ DONDERIS, de una opción para aquellos sujetos que no hayan conseguido progresar al tercer grado una vez alcanzados los plazos que el CP fija[186].

Así también, como propone esta autora, el art. 86.4 RP, que monitoriza las salidas en tercer grado, puede ser una opción adecuada[187].

La segunda alternativa viene dada por la aplicación del art. 100.2 RP.

Señala el referido precepto que: *"con el fin de hacer el sistema más flexible, el Equipo Técnico podrá proponer a la Junta de Tratamiento que, respecto de cada penado, se adopte un modelo de ejecución en el que puedan combinarse aspectos característicos de cada uno de los mencionados grados, siempre y cuando dicha medida se fundamente en un programa específico de tratamiento que de otra forma no pueda ser ejecutado. Esta medida excepcional necesitará de la ulterior aprobación del Juez de Vigilancia correspondiente, sin perjuicio de su inmediata ejecutividad"*.

Como ponen de relieve CÁMARA ARROYO y FERNÁNDEZ BERMEJO, "en relación a la pena de prisión permanente revisable, resulta necesario que se aplique con mayor frecuencia la flexibilidad que permite el art. 100.2 RP, siempre que el tratamiento penitenciario de los penados que cumplen esta condena lo requiera, con el objeto de facilitar y poner a disposición, al igual que al resto de población reclusa, el acceso al tercer grado, tras haber superado los periodos de seguridad que la norma penal exige para poder disfrutar o acceder a determinadas instituciones penitenciarias. Este mecanismo se postula como una herramienta individualizadora, que facilita la progresión gradual, permitiendo la combinación de caracteres propios de distintos grados"[188]. Como señala CERVELLÓ

---

186 CERVELLÓ DONDERIS, V.: "El silencio normativo...", *op. cit.*, p. 239.

187 CERVELLÓ DONDERIS, V.: *Prisión perpetua y de larga duración...*, *op. cit.*, p. 215.

188 CÁMARA ARROYO, S. y FERNÁNDEZ BERMEJO, D.: *La prisión permanente revisable...*, *op. cit.*, p. 238. Así también, SOLAR CALVO, P.: "Fundamentos

DONDERIS, se trata de un mecanismo que "da mayor juego a la progresión al reducir las distancias entre grados"[189].

Junto con el tercer grado ordinario, el art. 36 prevé la posibilidad de conceder el tercer grado por razones humanitarias.

Tras la entrada en vigor de la LO 1/2015, de 30 de marzo, el art. 36.3 CP contemplaba que: *"en todo caso, el tribunal o el juez de vigilancia penitenciaria, según corresponda, podrá acordar, previo informe del Ministerio Fiscal, Instituciones Penitenciarias y las demás partes, la progresión a tercer grado por motivos humanitarios y de dignidad personal de penados enfermos muy graves con padecimientos incurables y de los septuagenarios valorando, especialmente su escasa peligrosidad"*. En aquel entonces se decía que la competencia en casos de PPR correspondía al Tribunal sentenciador (no al juez de vigilancia penitenciaria). Sin embargo, tras la LO 10/2022, de 6 de septiembre, el artículo es el 36.4 CP y su tenor literal el siguiente: *"en todo caso, la autoridad judicial de vigilancia penitenciaria, según corresponda, podrá acordar, previo informe del Ministerio Fiscal, Instituciones Penitenciarias y las demás partes, la progresión a tercer grado por motivos humanitarios y de dignidad personal de las personas condenadas enfermas muy graves con padecimientos incurables y de las personas septuagenarias, valorando, especialmente, su escasa peligrosidad"*. En consecuencia, ahora la competencia es del JVP.

Aquí, a diferencia de la liberación anticipada por motivos humanitarios contemplada en el art. 91.3 CP (por remisión del art. 92.3 CP), sólo se prevé una clase de tercer grado humanitario. No se prevé la modalidad "urgente", que no requiere más que informe médico.

En cualquier caso, como expone CERVELLÓ DONDERIS, "esta previsión permite que los septuagenarios y enfermos muy graves con padecimientos incurables puedan acceder al tercer grado sin

---

penitenciarios en contra de la constitucionalidad de la prisión permanente revisable", *Diario La Ley*, núm. 9166, 2018, p. 2. Y LEGANÉS GÓMEZ, S.: "La clasificación penitenciaria...", *op. cit.*, p. 168.

189 CERVELLÓ DONDERIS, V.: "El silencio normativo...", *op. cit.*, p. 228.

necesidad de cumplir tanto los requisitos cronológicos específicos del art. 36.1 CP y del art. 78 bis CP (en caso de concursos), como los generales de todo el tercer grado del art. 72 LOGP"[190].

El art. 36.4 CP no prevé un procedimiento automático, sino que la decisión del JVP se debe adoptar *"valorando, especialmente, su escasa peligrosidad"*. Como afirma CERVELLÓ DONDERIS, "la escasa peligrosidad hay que entenderla no como ausencia total de ésta, sino como pocas probabilidades de cometer nuevos delitos como consecuencia de las circunstancias de estos reclusos"[191]. Sin embargo, el CP introduce un matiz importante en el art. 36.4 (dice "especialmente") por lo que parece dejar la puerta abierta a otro tipo de factores. A este respecto, por ejemplo, el art. 104.4 RP se refiere a que los penados enfermos muy graves con padecimientos incurables, según informe médico, con independencia de las variables intervinientes en el proceso de clasificación, podrán ser clasificados en tercer grado por razones humanitarias y de dignidad personal, *"atendiendo a la dificultad para delinquir y a su escasa peligrosidad"*.

El procedimiento puede iniciarse por las mismas vías que en el tercer grado ordinario (por petición del interno o de la Junta de Tratamiento). Debiéndose remitir el informe al JVP (una vez sea aprobado por el Centro Directivo). Y, en este caso, consideramos igualmente que el penado podrá instar directamente ante el JVP la concesión de este tercer grado humanitario cuando el Centro Directivo (a propuesta de la Junta de Tratamiento) haya emitido un informe desfavorable o no haya atendido la petición del penado. En cualquier caso, para la toma de la decisión, el art. 36.4 CP contempla la intervención del Ministerio Fiscal, Instituciones Penitenciarias y *"las demás partes"*. Esta última referencia entendemos es una alusión al interesado. No pudiendo serlo a la acusación (por no per-

---

190 CERVELLÓ DONDERIS, V.: *Prisión perpetua y de larga duración…, op. cit.*, p. 262.

191 *Idem*.

mitirse dicha actuación según el art. 13 EV). El auto, en este caso, también será recurrible.

2.7. *El tratamiento penitenciario*

El tratamiento viene definido en el art. 59.1 LOGP como el conjunto de actividades directamente dirigidas a la consecución de la reeducación y reinserción social de los penados. El apartado 2 de dicho precepto señala que el tratamiento pretende hacer del interno una persona con la intención y la capacidad de vivir respetando la Ley penal, así como de subvenir a sus necesidades. A tal fin, se procurará, en la medida de lo posible, desarrollar en ellos una actitud de respeto a sí mismos y de responsabilidad individual y social con respecto a su familia, al prójimo y a la sociedad en general. Por su parte, el art. 61.1 LOGP establece que se fomentará que el interno participe en la planificación y ejecución de su tratamiento y colaborará para, en el futuro, ser capaz de llevar, con conciencia social, una vida sin delitos. En este sentido, el apartado 2 prevé que serán estimulados, en cuanto sea posible, el interés y la colaboración de los internos en su propio tratamiento. La satisfacción de sus intereses personales será tenida en cuenta en la medida compatible con las finalidades del mismo.

Los principios que deben inspirar el tratamiento vienen recogidos en el art. 62 LOGP:

a) Estará basado en el estudio científico de la constitución, el temperamento, el carácter, las aptitudes y las actitudes del sujeto a tratar, así como de su sistema dinámicomotivacional y del aspecto evolutivo de su personalidad, conducente a un enjuiciamiento global de la misma, que se recogerá en el protocolo del interno.

b) Guardará relación directa con un diagnóstico de personalidad criminal y con un juicio pronostico inicial, que serán emitidos tomando como base una consideración ponderada del enjuiciamiento global a que se refiere el apartado anterior, así como el resumen de su actividad delictiva y de todos los datos ambientales, ya sean individuales, familiares o sociales, del sujeto.

c) Será individualizado, consistiendo en la variable utilización de métodos médicobiológicos, psiquiátricos, psicológicos, pedagógicos y sociales, en relación a la personalidad del interno.

d) En general será complejo, exigiendo la integración de varios de los métodos citados en una dirección de conjunto y en el marco del régimen adecuado.

e) Será programado, fijándose el plan general que deberá seguirse en su ejecución, la intensidad mayor o menor en la aplicación de cada método de tratamiento y la distribución de los quehaceres concretos integrantes del mismo entre los diversos especialistas y educadores.

f) Será de carácter continuo y dinámico, dependiente de las incidencias en la evolución de la personalidad del interno durante el cumplimiento de la condena.

Lo anterior debe ponerse en relación con el art. 110 RP, que prevé que, para la consecución de la finalidad resocializadora de la pena privativa de libertad, la Administración Penitenciaria:

a) Diseñará programas formativos orientados a desarrollar las aptitudes de los internos, enriquecer sus conocimientos, mejorar sus capacidades técnicas o profesionales y compensar sus carencias.

b) Utilizará los programas y las técnicas de carácter psicosocial que vayan orientadas a mejorar las capacidades de los internos y a abordar aquellas problemáticas específicas que puedan haber influido en su comportamiento delictivo anterior.

c) Potenciará y facilitará los contactos del interno con el exterior contando, siempre que sea posible, con los recursos de la comunidad como instrumentos fundamentales en las tareas de reinserción.

Por todo ello, debemos insistir en que la existencia de programas de tratamiento adecuados que se dirijan a la rehabilitación de los condenados a PPR resulta de vital trascendencia. Pues, no sólo facilitará la progresión de grado del interno (hasta alcanzar el tercero), sino que debe tener como objetivo último lograr la suspensión de la ejecución de la pena (art. 92 CP). Con todo, como advierte CERVELLÓ DONDERIS, no pueden negarse las dificultades que presenta planificar un programa adecuado de tratamiento en una pena indefinida de la que se desconoce la fecha de liberación[192].

Para VAN ZYL y RODRÍGUEZ YAGÜE, esta "obligación" debería ser implementada en una doble vía. En primer lugar, "debería plasmarse en el diseño de tratamientos individualizados y adecuados temporalmente a atender las necesidades de estos condenados, en consonancia con lo establecido en la Recomendación (2003) 23 del Comité de Ministros del Consejo de Europa sobre la gestión por las administraciones penitenciarias de los condenados a cadena perpetua y otras penas de larga duración". Y, en segundo lugar, "debe referirse también al diseño de los regímenes de vida en sentido amplio (en cuanto a elección de centro, módulo, forma de vida, acceso a actividades, etc)"[193].

Destacan CÁMARA ARROYO y FERNÁNDEZ BERMEJO que "el acceso a programas que aseguren la rehabilitación del interno deben formar parte de la vida diaria del interno condenado a cadena perpetua. Entre los programas y actividades que deberían de incluirse para este tipo de reclusos, caben destacar: programas educativos que estén orientados al desarrollo integral de la persona y que tengan en cuenta las características sociales, económicas y culturales del interno; trabajo penitenciario y programas de formación profesional que les permitan desarrollar las competencias

192 CERVELLÓ DONDERIS, V.: "El silencio normativo…", *op. cit.*, p. 233.

193 VAN ZYL SMIT, D. y RODRÍGUEZ YAGÜE, C.: "Un acercamiento a la jurisprudencia del Tribunal Europeo de Derechos Humanos sobre la cadena perpetua y a su posible proyección sobre la prisión permanente revisable en España", *Revista General de Derecho Penal*, núm. 31, 2019, p. 28.

personales y profesionales necesarias para poder mantenerse una vez obtengan la puesta en libertad; programas de control de emociones negativas; programas de salud que contribuyen a su resocialización; programas de adaptación a la vida en prisión; programas de actividades culturales y recreativas; asistencia espiritual y religiosa; programas de desarrollo de habilidades y competencias personales; y, programas de interacción con otros internos"[194].

Para CERVELLÓ DONDERIS, "el primer aspecto que debe valorarse a la hora de planificar el tratamiento de un condenado a prisión permanente revisable es el de su individualización, es decir, no partir de estereotipos o presunciones de peligrosidad, sino de las características individuales de cada sujeto en particular. Entre las figuras delictivas cuya pena prevista es la prisión permanente revisable debe diferenciarse entre delitos enmarcados dentro de una organización delictiva, como puedan ser los delitos de terrorismo, y los delitos de asesinato, que van a ser los más frecuentes. Entre estos últimos es posible que muchos sujetos sean primarios, tengan una buena conducta penitenciaria e incluso presenten una edad media o avanzada, y sólo un número limitado de ellos, sean personas peligrosas, con largo historial delictivo y comportamiento conflictivo"[195].

Según esta autora, "el grupo de los no peligrosos no debería presentar demasiados problemas penitenciarios si se lleva a cabo un adecuado tratamiento que facilite la progresión en la clasificación, para ello la estimulación y motivación para la participación en actividades diversas es esencial, porque de lo contrario se corre el riesgo de estancarse en el segundo grado sin poder progresar, ni dar por finalizada su pena. No ha ayudado mucho el legislador en esta difícil tarea para los profesionales de Instituciones penitenciarias con la limitación de plazos para acceso a tercer grado y a los permisos de

---

194 CÁMARA ARROYO, S. y FERNÁNDEZ BERMEJO, D.: *La prisión permanente revisable…*, *op. cit.*, p. 229.

195 CERVELLÓ DONDERIS, V.: "El silencio normativo…", *op. cit.*, pp. 233-234.

salida y la multiplicación de requisitos, muchas veces imposibles de cumplir". Sin embargo, en cuanto al grupo de internos con largo historial delictivo o comportamiento conflictivo, "el reto es mucho mayor, ya que los intentos de fuga, las agresiones o altercados en la prisión, pueden condicionar no sólo su régimen de cumplimiento, sino su tratamiento penitenciario, que en muchos casos será inexistente, por rechazo del interno o por no ofrecimiento por parte de la Administración. Compatibilizar las necesarias medidas de seguridad con un trato digno y humano acompañado de las correspondientes garantías legales es el objetivo inexcusable de todo Estado de Derecho y de una dirección penitenciaria profesional y no sometida a la presión social y política, ya que sólo de un régimen de vida que respete la prohibición de tratos inhumanos o degradantes se puede derivar la planificación de un tratamiento dirigido a atenuar la conflictividad del interno"[196].

Concluye CERVELLÓ DONDERIS señalando que, además de la oferta de programas de tratamiento generales existente para todos los reclusos, para los penados a PPR se deberían crear algunos específicos como los que se señalan a continuación[197]:

a) Motivación y estimulación para afrontar el cumplimiento de una pena de larga duración e indeterminada. El tratamiento penitenciario es voluntario sin que en ningún caso quepa obligar a los internos a seguirlo, ni que su rechazo pueda producir consecuencias disciplinarias, regimentales o de regresión de grado. Pese a ello no deja de ser preocupante y contradictorio que la negativa del penado a participar en los programas de intervención pueda repercutir en la misma duración de la pena si afecta al pronóstico favorable de reinserción social necesario para su revisión.

Esto obliga a que la Administración penitenciaria diseñe una estrategia especifica con estos internos con el fin de que se adapten a las circunstancias de su pena y las diferencias de cumplimiento que

---

196 *Ibid.*, p. 234.
197 *Ibid.*, pp. 235-236.

conlleva con el resto de penados. La dejación por parte de la institución de esos internos puede bloquear su progresión, aumentar su conflictividad o facilitar su prisionización como adaptación pasiva al medio, se trataría de un punto intermedio entre la colonización apuntada por Goffman como asunción del medio carcelario y la regresión situacional como ausencia de cualquier participación.

b) Preparación para la progresión a tercer grado: se trata de una necesidad específica e imprescindible para estos internos. En la actualidad si un interno no progresa a tercer grado el mayor problema es la imposibilidad de obtener la libertad condicional y con ello el inconveniente de cumplir toda su condena en segundo grado, de hecho, lamentablemente, la mayoría de los internos cumplen de esta manera su pena hasta obtener la libertad definitiva. En los condenados a prisión permanente revisable el acceso a tercer grado es indispensable, ya que va a ser determinante para suspender la ejecución de su pena y poder alcanzar algún día la excarcelación, por eso resulta necesario que los penados sean preparados para la progresión.

Para ello sería adecuado extender la misma obligación contenida en el art. 90.3 RP que prevé que *"en los centros con módulos o departamentos de régimen cerrado se diseñará un programa de intervención específico que garantice la atención personalizada a los internos que se encuentren en dicho régimen, por equipos técnicos, especializados y estables"*.

c) Atención especial a la salud en general y a la salud mental en particular: es un instrumento de tratamiento respetuoso con la dignidad humana, ya que tanto la extensión de las condenas como la incertidumbre sobre la fecha de liberación pueden hacer mella en el equilibro emocional de los internos, por eso, además del control sanitario general, se ha de cuidar especialmente la vigilancia de posibles trastornos mentales y el riesgo de prisionización, que les impida esforzarse por la excarcelación, especialmente en la ancianidad.

DE LEÓN VILLALBA subraya los efectos que las penas de larga duración producen sobre los internos[198]:

- Descenso del rendimiento congnitivo, bien por el período de estancia en prisión, o por el deficiente proceso educativo, o la influencia de otras psicopatologías en el rendimiento, como ocurre con la depresión.
- Descenso especialmente agudo en las funciones de atención, cálculo y memoria. El déficit en el rendimiento en estas funciones incapacita para el estudio, para la formación profesional y para los programas de tratamiento psicológico de tipo cognitivo.
- Incremento generalizado de las alteraciones psicopatológicas, a tres niveles de análisis: global, dimensional y de síntomas discretos, lo que se concreta en un mayor nivel de sufrimiento.
- Alta puntuación en la dimensión depresión, como enfermedad tanto física como psíquica, con alto grado de sufrimiento en las personas.
- Alto nivel de paranoidismo, que provoca suspicacia y desconfianza generalizada en los demás, generando un problema importante de soledad (se observa con frecuencia que estos internos de largo internamiento son solitarios crónicos).
- Alto nivel de psicoticismo, cuya sintomatología abarca un espectro que va del trastorno esquizoide leve hasta la esquizofrenia.
- Favorecimiento de la pérdida progresiva de vínculos familiares y deterioro de las mismas.

---

198 DE LEÓN VILLALBA, F. J.: "Prisión permanente revisable y derechos humanos", en ARROYO ZAPATERO, L.; LASCURAÍN SÁNCHEZ, J.A. y PÉREZ MANZANO, M. (Eds.): *Contra la cadena perpetua*, Cuenca, Ediciones de la Universidad de Castilla-La Mancha, 2016, pp. 101-102.

- Favorecimiento del aislamiento exterior, pérdida de relación con el exterior, lo cual en el momento de la libertad provoca importantes problemas «podría existir cierta vinculación con el fenómeno del sinhogarismo, como expresión manifiesta de una escasa competencia social adquirida y consolidada con la acumulación de tiempo de privación de libertad».
- Insuficiente grado de superación de las drogodependencias y alcoholismo.

Destaca también el citado autor que "la edad, juega un papel fundamental en este tipo de penas. En el caso de presos jóvenes, por el factor de aislamiento social y por el desarrollo en un ámbito en el que no se promocionan los valores prosociales. En el caso de la mediana edad, por la creación de una expectativa totalmente incierta sobre su posible reincorporación a la sociedad, sobre todo en el caso de los varones. Y, por último, en el caso de la tercera edad, para los que se acumula la incorporación a un contexto totalmente extraño, el temor a morir en prisión lejos de la familia o entorno social de referencia, y una falta de expectativas respecto de su vida en prisión, ya que difícilmente podrá aportarles algo"[199].

Así, para DE LEÓN VILLALBA, entre los tipos de programas y actividades que habrían de ponerse a disposición de este tipo de internos deberían incluirse[200]:

- Programas educativos que estén orientados al desarrollo integral de la persona y que tengan en cuenta las características sociales, económicas y culturales del interno.
- Trabajo penitenciario y programas de formación profesional que les permitan desarrollar las competencias personales y profesionales necesarias para poder mantenerse una vez obtengan la puesta en libertad.
- Programas de control de emociones negativas.

---

199 *Ibid.*, p. 102.
200 *Ibid.*, p. 104.

- Programas de salud que contribuyan a su resocialización, como por ejemplo, programas contra la drogadicción y alcoholismo y de prevención de enfermedades infecciosas como la tuberculosis, el VIH y la hepatitis.
- Programas de adaptación a la vida en prisión.
- Programas y actividades culturales y recreativas, incluido el deporte.
- Asistencia espiritual y religiosa.
- Programas de desarrollo de habilidades y competencias personales.
- Programas de interacción con otros internos.

En todo caso, como advierte DE LEÓN VILLALBA, "el coste económico de un interno de larga duración, incluidos los internos condenados a cadena perpetua, no puede convertirse en un argumento que justifique la ausencia, por ejemplo, de un tratamiento adecuado a su situación"[201].

Por último, resulta bastante ilustrativo el análisis que lleva a cabo NIETO GARCÍA sobre las distintas fases del abordaje terapéutico en condenados a PPR. Veámoslo.

Respecto del abordaje terapéutico tras ser condenado a PPR, señala este autor que, en ese primer periodo, el penado sufre[202]:

- El impacto de una condena que no le devuelve un horizonte de libertad a corto o medio plazo, ni de salidas de prisión a prueba. Ello le acerca a la necesidad de aceptar las consecuencias de su delito y afrontar que su defensa ante la Administración de Justicia (salvo reconocimiento de los hechos) no ha prosperado.

---

201 *Ibid.*, p. 105.

202 NIETO GARCÍA, Á. J.: "La prisión permanente revisable. Abordaje terapéutico del condenado", *Diario La Ley*, núm. 10050, 2022, p. 2.

- El desmoronamiento personal, al tener el condenado que vivir mediáticamente en los medios de comunicación su culpabilidad y la reproducción de la escena del crimen que le condujeron a prisión preventivamente, con la vitola de autor de los hechos probados.
- Es probable que el sentimiento de desesperanza, ante la larga condena y el reflejo en los medios de comunicación de su acción —ya culpable— generen ideación suicida.
- Porque la gravedad de los hechos comporta abandono familiar y social en ocasiones, lo que provoca la ausencia de comunicaciones con familiares y amigos, generándose un proceso de desocialización del tejido familiar y social de referencia que le abocan, o bien, a generar nuevas redes de amistad con otros reclusos, o interesar la labor de apoyo y comprensión del personal público y del tercer sector.
- El encarcelamiento de una persona en prisión, en tanto en cuanto supone un elemento traumático en una persona, generalmente cuando es a propósito del primer ingreso en prisión, provoca el desarrollo de mecanismos de personalidad resistente, resiliencia y crecimiento postraumático o aprendizaje a través del proceso de lucha.

Apunta NIETO GARCÍA que "estos mecanismos deben ser trabajados por el personal penitenciario para quienes reciben ese impacto traumático de la pena de prisión permanente revisable, procurando, en estos inicios de condena, tomar en consideración la evitación de la institucionalización por el recluso —asunción de los roles de «delincuente» y de «recluso» sin expectativa de ciudadano libre en un futuro—, para lo cual se ha de procurar el contacto con los profesionales del equipo técnico y del tercer sector que faciliten estrategias y habilidades de afrontamiento, la búsqueda de nuevos objetivos vitales y un propósito positivo vital. En definitiva, devolver la cualidad de ciudadano al condenado vs al etiquetamiento delincuenciado en su fuero interno"[203].

En cuanto al abordaje terapéutico en la etapa meseta de cumplimiento de la PPR, destaca el citado autor que se trata del momento más crítico del cumplimiento de condena (aunque pueda parecer lo contrario).

Señala NIETO GARCÍA que "corresponde al personal penitenciario establecer los incentivos necesarios del interno en su proceso de reinserción social, generando expectativas en el recluso acordes con su diagnóstico criminal, sus posibilidades de formación y actividad laboral, que le permitan como a cualquier ciudadano contar con alternativas vitales —aún en el interior del Establecimiento— que generen adaptación personal continúa. Si bien se huye de la institucionalización del recluso, resulta evidente que la prisión será la gran ciudad de vida del interno, donde va a desarrollar la misma, y en ella deben darse alternativas personales, profesionales y formativas al interno para que desarrolle su vida". Pero, "no sólo corresponde al personal penitenciario el establecimiento de los incentivos tratamentales, sino que es primordial durante el periodo de meseta de cumplimiento de la condena la observación del interno, a fin de evaluar su deterioro personal, de salud física o mental, ello en consonancia con el artículo 66 del Reglamento penitenciario cuando dice *«La observación de los internos estará encaminada al conocimiento de su comportamiento habitual y de sus actividades y movimientos dentro y fuera del departamento asignado, así como de sus relaciones con los demás internos y del influjo beneficioso o nocivo que, en su caso, ejercieren sobre los mismos. Si en dicha observación se detectaran hechos o circunstancias que pudieran ser relevantes para la seguridad del Establecimiento o el tratamiento de los internos, se elevarán los oportunos informes»*. Observación que no debe quedar sólo en los miembros del equipo técnico o de los servicios sanitarios, sino también del personal de vigilancia, co-

203 *Idem*.

nocedores a fondo de los movimientos del recluso en ese día a día en prisión"[204].

En definitiva, para este autor, "los programas de reinserción del interno en esta fase de meseta, deben combinar no sólo aspectos técnicos del itinerario de reinserción —etiológico delictivo, formativo, laboral— sino que ha de comportar la transformación personal que garantice la dignidad del recluso en el cumplimiento de condena, en sus relaciones personales, en su desenvolvimiento en la vida diaria en prisión y en su evolución física y mental en el recinto penitenciario con el paso de los años —manejos temporales, identidad, autoestima, estigmatización, ideación suicida por ausencia de expectativas, autoeficacia…—"[205].

Respecto del abordaje terapéutico pasados 25 años de condena, en opinión de NIETO GARCÍA, el programa de tratamiento ha de permitir evaluar los aspectos expuestos para la formación de un pronóstico favorable de reinserción social[206]:

- La personalidad del penado.
- Conducta durante el cumplimiento de la pena.
- Circunstancias familiares y sociales.
- Efectos que quepa esperar de la suspensión de la ejecución y de las medidas que fueren impuestas.

Señala este autor que, "en este tramo de condena, se podrá valorar la evolución favorable del interno, en particular su resiliencia para sobreponerse a una situación como la que la pena *a priori* suponía, valorando las estrategias y habilidades de afrontamiento que le han permitido participar voluntariamente en su programa de intervención etiológica y en actividades de reinserción futura". La conducta del interno debe concebirse "no sólo como la ausencia de infracciones disciplinarias o participación en incidentes regimentales,

---

204 *Ibid.*, pp. 3-4.

205 *Ibid.*, p. 4.

206 *Ibid.*, p. 6.

sino en sentido amplio y positivo: la voluntariedad y participación en su programa de reinserción social, las relaciones con el resto de reclusos y su colaboración activa con el personal penitenciario en el desarrollo de las obligaciones inherentes a su ingreso en prisión". Asimismo, "se valorará la concreta participación en actividades tratamentales que faciliten un itinerario de reinserción —formativas y laborales— y que le permitan subvenir a sus necesidades a su salida en prisión". Teniéndose también en cuenta, "el medio social y familiar de referencia para la inserción social del recluso a su salida de prisión, con especial atención a los apoyos y acogidas y su relación con el tejido social de la/s víctima/s". Igualmente, "se valorarán los esfuerzos por mantener y recuperar sus lazos de referencia durante su estancia en prisión"[207].

En último lugar, destaca NIETO GARCÍA que "próxima la excarcelación del interno o de cualquier salida autorizada, tiene que ser atendido y preparado este cambio por el personal penitenciario, con un programa específico de atención de salidas de prisión, estableciendo estrategias de afrontamientos de la vida en libertad o semilibertad o en permiso de salida. Ello, en la medida que comporta —después de años— un elemento estresante que puede provocar efectos adversos en el recluso e incluso ideación suicida por tener que enfrentarse a una vida libre, tecnológicamente nueva en muchos aspectos, que desconoce; a enfrentarse a emociones que le evoquen recorrer espacios después de largos años en la ciudad, en su domicilio o incluso en el lugar de los hechos delictivos; a vivir con la estigmatización de que sale de prisión quien la sociedad apartó por largo tiempo por una conducta tan grave; al rechazo familiar y social y a establecer un ámbito de interacción distinto al que día a día ha venido manteniendo en prisión"[208].

---

207 *Idem*.

208 *Ibid.*, pp. 6-7.

Dentro del tratamiento, cobran especial importancia dos figuras penitenciarias como son las salidas programadas (art. 114 RP) y las salidas tratamentales (art. 117 RP).

Respecto de las primeras, señala YAGÜE RODRÍGUEZ que "con los mismos requisitos que se exigen para los permisos de salida ordinarios, la legislación penitenciaria configura otro recurso, las salidas programadas, que permiten la realización de salidas para llevar a cabo actividades específicas de tratamiento (art. 114 RP). Estas visitas, que como norma general no serán superiores a dos días, donde los internos van acompañados por personal del centro o de otras instituciones o voluntarios que realizan habitualmente actividades relacionadas con el tratamiento de los reclusos, permiten su salida fuera de prisión, manteniendo un contacto, aunque limitado con el exterior, reduciendo sus efectos negativos y sirviendo como un incentivo en la conducta del individuo. La mera duración de la condena o el perfil delictivo no deben ser un obstáculo para el disfrute de estas salidas, si se cumplen los requisitos previstos en la legislación"[209].

En cuanto a las segundas (previstas para los internos clasificados en segundo grado), se brinda la posibilidad de acudir regularmente a una institución exterior para la realización de un programa concreto de atención especializada, siempre que éste sea necesario para su tratamiento y reinserción social. Junto a la necesidad de ser una actividad justificada en el tratamiento, el acceso a esta medida requiere que el interno presente *"un perfil de baja peligrosidad social y no ofrezca riesgos de quebrantamiento de condena"*, exigencia que, como destaca RODRÍGUEZ YAGÜE, "puede producir resistencia en las Juntas de Tratamiento a la hora de su aplicación real a los condenados a penas de prisión de larga duración o de prisión permanente revisable"[210]. Así, "aunque para los casos que estamos estudiando su operatividad será reducida, al requerir que se trate de un penado

---

209 RODRÍGUEZ YAGÜE, C.: *La ejecución de las penas…, op. cit.*, p. 135.

210 *Ibid.*, p. 209.

de un perfil bajo de peligrosidad social, que requiera una actuación asistencial extrapenitenciaria por algún tipo de necesidad asistencial, es una medida interesante en tanto permite excepcionar los largos períodos de seguridad establecidos para el acceso al tercer grado en la prisión permanente revisable y en la pena de prisión (art. 36.1 y 2 CP), más si se trata de pluralidad delictiva (con la activación de los arts. 78 y 78 bis CP)"[211].

Como se ha puesto de manifiesto, el tratamiento se erige en el eje central sobre el que se hace depender, tanto la obtención del tercer grado, como la revisión (incluso la concesión de permisos). Con todo, no podemos olvidar que el sometimiento del interno al mismo es absolutamente voluntario. Es un derecho, no una obligación. Sin embargo, que el condenado a PPR no participe de ninguna actividad tratamental no debe abocarle a cumplir la pena de forma perpetua. El art. 106.4 RP es claro al respecto: *"cuando el interno no participe en un programa individualizado de tratamiento, la valoración de su evolución se realizará en la forma descrita en el artículo 112.4, salvo cuando la Junta de Tratamiento haya podido efectuar una valoración de la integración social del interno por otros medios legítimos"*. Y, el art. 112.4 RP establece que, en estos casos, *"la clasificación inicial y las posteriores revisiones de la misma se realizarán mediante la observación directa del comportamiento y los informes pertinentes del personal penitenciario de los Equipos Técnicos que tenga relación con el interno, así como utilizando los datos documentales existentes"*.

2.8. La revisión de la prisión permanente

2.8.1. Requisitos

El art. 92.1 CP establece que el tribunal acordará la suspensión de la ejecución de la pena de prisión permanente revisable cuando se cumplan los siguientes requisitos:

---

211 *Ibid.*, p. 210.

a) Que el penado haya cumplido veinticinco años de su condena, sin perjuicio de lo dispuesto en el artículo 78 bis para los casos regulados en el mismo.

b) Que se encuentre clasificado en tercer grado.

c) La existencia de un pronóstico favorable de reinserción social.

Por tanto, como puede evidenciarse, no se exige el pago de la responsabilidad civil a que hubiere sido condenado[212]. No hay base legal para ello, a diferencia de lo que sucede en el art. 90 CP, donde expresamente se dice: "*No se concederá la suspensión si el penado no hubiese satisfecho la responsabilidad civil derivada del delito en los supuestos y conforme a los criterios establecidos por los apartados 5 y 6 del artículo 72 de la Ley Orgánica 1/1979, de 26 de septiembre, General Penitenciaria*". Así, como sostiene CERVELLÓ DONDERIS, "en la libertad condicional se exige el pago de la responsabilidad civil (…), mientras que en la revisión de la prisión permanente revisable se omite este requisito, lo que impide que le pueda alcanzar el art. 90.1 CP. La razón es que hay que evitar en todo caso que el pago de la responsabilidad civil pueda obstruir la liberación del condenado a prisión permanente revisable, porque evidentemente no es lo mismo valorarla para adelantar la excarcelación, que para concluir una pena, que de lo contrario, se convertiría en perpetua"[213].

Opina lo contrario RODRÍGUEZ YAGÜE, para quien "es verdad que el legislador no incorpora la satisfacción de la responsabilidad civil al art. 92 CP como elemento exigido para la revisión de la condena y acceso a la libertad condicional en la prisión permanente revisable, pero sí que se puede interpretar como exigible, en aplicación del art. 72.5 y 6 LOGP, para la previa progresión al tercer

---

212 En este mismo sentido, ORTS BERENGUER, E. y GONZÁLEZ CUSSAC, J. L.: *Compendio…*, *op. cit.*, p. 461.

213 CERVELLÓ DONDERIS, V.: *Libertad condicional y sistema penitenciario*, Valencia, Tirant lo Blanch, 2019, p. 178.

grado"[214]. Sin embargo, como ya vimos, entre los requisitos expresamente previstos en el art. 36.1 CP para la concesión del tercer grado no se encontraba el pago de la responsabilidad civil, motivo suficiente por el cual tampoco allí se puede exigir.

La citada autora aporta otro argumento, sosteniendo que "en tanto el art. 92 CP remite al art. 86 CP, referido a las causas de revocación, artículo en el que se contempla, entre otras, no dar cumplimiento al compromiso de pago de las responsabilidades civiles a que hubiese sido condenado salvo que careciera de capacidad económica para ello, parece que también se trata de un condicionamiento para el acceso a este tipo de pena"[215]. A nuestro juicio, como luego se verá, esa exigencia del pago de la responsabilidad civil sólo puede tener cabida allí donde se prevé; esto es, en sede de revocación de la suspensión (art. 86.1 CP por remisión del art. 92.3 CP) con todos los matices que más adelante se harán.

En cualquier caso, si, en contra de nuestro criterio, los tribunales asumieran esta última tesis (lo que, por otro lado, constituiría una clara interpretación *contra legem* inasumible), consideramos que debieran tenerse en cuenta las cautelas advertidas por RODRÍGUEZ YAGÜE. Así, esta condición debería "ser interpretada de una manera muy flexible, no como exigencia de satisfacción de la misma con carácter previo a la concesión de estas figuras, sino evaluando positivamente la conducta efectivamente observada en orden a restituir lo sustraído y reparar los perjuicios materiales y morales en función a las capacidades reales, presentes y futuras que tenga el condenado"[216].

De las tres exigencias que recoge el CP en su art. 92.1, una de ellas, estar clasificado en tercer grado, ya fue objeto de estudio. La relativa al "pronóstico favorable de reinserción" será examinada a continuación. De manera que, ahora, haremos una simple enumera-

---

214 RODRÍGUEZ YAGÜE, C.: *La ejecución de las penas…, op. cit.*, p. 169.

215 *Ibid.*, pp. 169-170.

216 *Ibid.*, p. 170.

ción de los plazos que deben cumplirse para que se pueda conceder la suspensión de la ejecución de la pena.

El art. 92.1 a) CP establece un único plazo de veinticinco años. Este plazo, que no distingue por tipología delictiva, es aplicable exclusivamente a condenados a una única PPR; o, junto con otras penas que no superen los cinco años.

Para los casos de concurrencia delictiva hay que acudir a lo dispuesto en el art. 78 bis CP.

Para delitos comunes, se fijan los siguientes plazos (art. 78 bis 2 CP):

- un mínimo de veinticinco años de prisión, cuando el penado lo haya sido por varios delitos, uno de ellos esté castigado con pena de prisión permanente revisable y el resto de las penas impuestas sumen un total que exceda de cinco años.
- un mínimo de veinticinco años de prisión, cuando el penado lo haya sido por varios delitos, uno de ellos esté castigado con una pena de prisión permanente revisable y el resto de las penas impuestas sumen un total que exceda de quince años.

Este plazo se aplica también a los supuestos del art. 140.2 CP.

- un mínimo de treinta años de prisión, cuando el penado lo haya sido por varios delitos y dos o más de ellos estén castigados con una pena de prisión permanente revisable, o bien uno de ellos esté castigado con una pena de prisión permanente revisable y el resto de penas impuestas sumen un total de veinticinco años o más.

Si se tratase de delitos referentes a organizaciones y grupos terroristas y delitos de terrorismo del Capítulo VII del Título XXII del Libro II de este Código, o cometidos en el seno de organizaciones criminales, los límites mínimos de cumplimiento para el acceso al tercer grado de clasificación son (art. 78 bis 3 CP):

- 28 años: cuando el penado lo haya sido por varios delitos, uno de ellos esté castigado con pena de prisión permanente revisable y el resto de las penas impuestas sumen un total que exceda de cinco años.

- 28 años: cuando el penado lo haya sido por varios delitos, uno de ellos esté castigado con una pena de prisión permanente revisable y el resto de las penas impuestas sumen un total que exceda de quince años.
- 35 años: cuando el penado lo haya sido por varios delitos y dos o más de ellos estén castigados con una pena de prisión permanente revisable, o bien uno de ellos esté castigado con una pena de prisión permanente revisable y el resto de penas impuestas sumen un total de veinticinco años o más.

Debe advertirse a este respecto, como sucede con la clasificación en tercer grado, que las referencias del art. 78 bis 3 CP lo son exclusivamente a supuestos de terrorismo y a delitos cometidos en el seno de organizaciones criminales. Sin embargo, no se mencionan a los grupos criminales, y el art. 140.1.3ª CP sí alude a ambos (grupos y organizaciones criminales). La conclusión a la que nos lleva dicha ausencia es que en el caso de asesinatos cometidos en el marco de un grupo criminal deberán aplicarse los plazos comunes (de 25 o 30 años).

Pero, junto a la anterior, cabría hacer otra apreciación: el art. 78 bis CP alude, en puridad, a *"y el resto de las penas impuestas sumen un total…"*. Sin embargo, como ya sostuvimos, las únicas penas que pueden computarse a tales efectos son estrictamente las de prisión (no otras de distinta naturaleza).

2.8.2. El pronóstico favorable de reinserción social

El art. 92.1 c) CP establece como tercer requisito para conceder la revisión que *"el tribunal, a la vista de la personalidad del penado, sus antecedentes, las circunstancias del delito cometido, la relevancia de los bienes jurídicos que podrían verse afectados por una reiteración en el delito, su conducta durante el cumplimiento de la pena, sus circunstancias familiares y sociales, y los efectos que quepa esperar de la propia suspensión de la ejecución y del cumplimiento de las medidas que fueren impuestas, pueda fundar, previa valoración de los informes de evolución remitidos por el centro penitenciario y por aquellos especialistas que el propio tribunal determine, la existencia de un pronóstico favorable de reinserción social".*

A juicio de CASALS FERNÁNDEZ, se da cierta paradoja con esta exigencia, pues, "si el penado condenado a prisión permanente revisable ha llegado a la clasificación que conlleva el modo de vida en régimen abierto parece sobreentenderse que existe tal pronóstico favorable de reinserción social"[217]. Sin embargo, como ya vimos, y al margen de la discusión sobre qué elementos debían fundar ese pronóstico (en el caso del tercer grado y para la revisión), el pronóstico de reinserción que permitió clasificar al interno en tercer grado no tiene por qué mantenerse hasta el momento en que tenga que decidirse sobre si procede o no acordar la revisión; esto es, puede haber variado. Ahora bien, sí entendemos que la vida en semi-libertad que permite el régimen abierto (tercer grado) debería contribuir sobremanera a que, finalmente, tras el paso de unos años, se acuerde la suspensión de la ejecución de la pena.

A continuación, procederemos a analizar cada uno de los elementos que deben conformar ese pronóstico de reinserción.

1) *La personalidad del penado.*

Varios son los parámetros que podrían utilizarse para valorar este criterio. Por ejemplo, el mayor o menor grado de sociabilidad que el penado muestre, la capacidad de adaptación, la voluntad que tenga para participar en actividades, para ayudar a otras personas, etc. Otro grupo de variables podría referir a la mayor o menor predisposición a la conflictividad, a la violencia, a la alteración del orden. Y, por último, podrían evaluarse aspectos más clínicos como una mayor tendencia a la actividad criminal, a cambios de personalidad, incluso el desarrollo o germen de ciertos tipos de enferme-

---

217 CASALS FERNÁNDEZ, Á.: *La prisión…*, *op. cit.*, p. 138.

dades mentales que pudieran condicionar una mayor predisposición delictiva.

2) *Sus antecedentes.*

Lo primero que debe advertirse respecto de este aspecto es que los antecedentes no pueden tenerse en cuenta como agravantes en la PPR (la única gradación que admite es la inferior en grado). Por tanto, éste será el momento para valorarlos en caso de que concurran. Con todo, hay dos supuestos en los que esos antecedentes sí son valorados: 1) el del art. 140.2 CP (cometer un asesinato, habiendo sido condenado por la muerte de más de dos personas); y, 2) supuestos de acumulación de condenas que deban dar lugar a la aplicación del art. 78 bis CP[218]. Pues bien, en estos dos casos, a nuestro juicio, esos "antecedentes" no podrían valorarse para el pronóstico de reinserción, pues, ya serían tenidos en cuenta en fase de "determinación de la pena".

Ahora bien, la pregunta es: ¿qué tipo de delitos podrían afectar negativamente a la conformación de ese pronóstico favorable de reinserción? En nuestra opinión, sólo debieran tomarse en consideración delitos (dolosos) del mismo tipo que los enjuiciados (principalmente, aquellos que hubieran causado la muerte de una persona). Así, a nuestro parecer, no deberían tenerse en cuenta antecedentes por delitos como robos, estafas, lesiones, homicidio imprudente, u otros como agresiones sexuales. Y, en todo caso, como propone ICUZA SÁNCHEZ, "los criterios referidos al pasado únicamente deberían tenerse en cuenta si aportan información que pueda ayudar a predecir la peligrosidad futura"[219]. No obstante, si se quisiera optar por una interpretación más restrictiva, se podría exigir que los antecedentes lo fueran por delitos castigados con PPR.

Advierte en este sentido ROIG TORRES que "hechos como detenciones, procesos pendientes, o absoluciones por motivos distin-

---

218 Por el contrario, si la condena previa ya se hubiera cumplido, entonces sí podrá reputarse como antecedente.

219 ICUZA SÁNCHEZ, I.: *La prisión permanente…*, *op. cit.*, p. 383.

tos a la inocencia, son admitidos por el Tribunal Supremo alemán como datos que permiten denegar la suspensión". Sin embargo, como sostiene esta autora, en España sólo debe atenderse a los antecedentes penales[220]. Así, por ejemplo, no podrán tenerse en cuenta otro tipo de antecedentes como los de carácter policial, etc. Y, además, como resulta evidente, los antecedentes cancelados o que debieran serlo no computarán a tales efectos.

Por último, los antecedentes que deberán valorarse serán los vigentes hasta la fecha en que se dicte la primera sentencia condenatoria (a PPR). No los que puedan acaecer en fase de recursos. La pregunta es: ¿si recae alguna sentencia posterior a esa fecha, pero, cuyos hechos acontecieran con anterioridad a la misma deberían tenerse en cuenta? La respuesta, a nuestro juicio, debe ser afirmativa.

3) *Las circunstancias del delito cometido.*

ROIG TORRES entiende que "más que a la gravedad del hecho, que ya tuvo en cuenta el legislador al fijar la sanción y el órgano judicial al determinar la pena, se alude a la forma de comisión y a las demás peculiaridades que revelen aspectos de la peligrosidad del autor"[221]. Y, por su parte, ICUZA SÁNCHEZ sostiene que "la violencia o no en el delito principal de la pena base no se relaciona con la posterior reincidencia. Por todo ello, la consideración de esos dos criterios de forma que afecte negativamente en el pronóstico debería estar bien fundamentada, para que el reo pueda rebatir las conclusiones alcanzadas"[222].

Sin embargo, a nuestro juicio, las "circunstancias del delito" que deben tenerse en cuenta en este momento son aquellas que, concurriendo en los hechos, no pudieron apreciarse en el momento de determinación de la pena porque la propia configuración de la PPR lo impide. Nos estamos refiriendo a aquellas circunstancias agra-

---

220 ROIG TORRES, M.: "El pronóstico de reinserción social en la prisión permanente revisable", *InDret*, núm. 1, 2018, p. 22.

221 *Idem*.

222 ICUZA SÁNCHEZ, I.: *La prisión permanente…*, *op. cit.*, p. 384.

vantes (a excepción de la reincidencia, que se valora en los antecedentes) que no permiten ni imponer la pena en su mitad superior, ni superior en grado. Asimismo, también deberá apreciarse la concurrencia de circunstancias atenuantes que no impliquen una rebaja de la pena inferior en grado, pues, éstas ya se tendrían en cuenta a la hora de aplicar el art. 70.4 CP (que señala que la pena inferior en grado a la PPR es la de prisión de 20 a 30 años).

4) *La relevancia de los bienes jurídicos que podrían verse afectados por una reiteración en el delito.*

Este parámetro requiere, en nuestra opinión, de un doble juicio: de un lado, centrado en la probabilidad de reincidencia; y, de otro lado, en el tipo de delitos que podría cometer nuevamente tras su liberación.

En este sentido, coincidimos plenamente con ICUZA SÁNCHEZ cuando defiende que este valor "podría ser interpretado en el sentido de que la probabilidad de reincidencia en cualquier delito no es motivo para denegar la libertad condicional, limitándose a la protección de los bienes jurídicos más importantes. De esta forma, no sería válido, como fundamento para denegar la libertad condicional, una genérica alusión a la probabilidad de reiteración delictiva, sino que sería necesario que esa probabilidad estuviese referida a la comisión de delitos similares a los que llevaron a imponer la PPR"[223].

En puridad, el criterio refiere a la "relevancia" de los bienes jurídicos. Pero, esto nos llevaría a confeccionar un listado de cuáles son esos bienes jurídicos más relevantes, algo en lo que seguramente no nos pondríamos de acuerdo. O, en caso de hacerlo, podrían ser varios: la vida, la libertad sexual, la integridad física, etc. Incluso, aun cuando llegáramos a la conclusión de que la vida es el bien jurídico más relevante, no toda hipotética reiteración delictiva que afectare

---

223 *Ibid.*, p. 386.

a este valor tendría por qué afectar negativamente al pronóstico de reinserción.

Efectivamente, a nuestro juicio, en el pronóstico de reincidencia únicamente debería tomarse en consideración la probabilidad de cometer delitos que se castigaran con PPR. Ni tan siquiera otros delitos sancionados con penas largas de prisión[224]. Esta es, en nuestra opinión, la exégesis más respetuosa con el principio de proporcionalidad, habida cuenta de la tremenda limitación de la libertad que comporta en la PPR la no concesión de la revisión por ausencia de un pronóstico favorable. Es más, si quisiéramos llegar al extremo de realizar una interpretación verdaderamente restrictiva, únicamente debería considerarse el riesgo de cometer el mismo delito. Con todo, resultaría plausible que se tomara como referencia la probabilidad de cometer delitos que comportaran la muerte de una persona (homicidio y asesinato) sin que ésta fuere castigada necesariamente con PPR.

En cuanto al primer elemento (la probabilidad de que el sujeto reincidiese), éste será tratado más adelante en un apartado específico. Aquí baste con enunciar que, pudiéndose clasificar la probabilidad de comisión de nuevos delitos en riesgo bajo, medio o alto; la ubicación en estas dos últimas escalas (riesgo medio o alto) no tiene por qué conducir, siempre y en todo caso, a un juicio negativo. Máxime si se tiene en cuenta que: durante el plazo de suspensión, pueden imponerse determinadas prohibiciones y deberes que reduzcan tal riesgo (art. 83 CP); en los delitos de asesinato del art. 140 CP se puede imponer una medida de libertad vigilada (siendo

---

224 A juicio de MARTÍNEZ GARAY, "parece razonable asumir que también en nuestro contexto la probabilidad de reincidencia a la que se refiere el pronóstico que requiere el art. 92.1. c) CP para la revisión de la pena es la de comisión de nuevos delitos violentos y graves contra las personas". *Cfr.*, MARTÍNEZ GARAY, L.: "Revisión con riesgo bajo, y también con riesgo alto: razones para que las valoraciones de riesgo no impidan la revisión de la pena de prisión permanente", *Revista General de Derecho Penal*, núm. 39, 2023, p. 21. Sin embargo, la autora no especifica cuáles son, a su parecer, tales delitos. En cualquier caso, se trata de una interpretación que, a nuestro juicio, debe descartarse.

obligatoria en casos de terrorismo); y, en todo caso, la suspensión de la ejecución de la pena puede revocarse, entre otros motivos, al delinquir. Además, como destaca ICUZA SÁNCHEZ, "debe tenerse muy en cuenta que los delitos más graves, como el asesinato (delito principal para el que se prevé la PPR), son los que menores tasas de reincidencia presentan y que en condenas más largas la reincidencia es menor que en estancias cortas en prisión, por no mencionar el hecho tan evidente como es que, en el momento de realizar esa valoración, habrá transcurrido un tiempo muy amplio, 25 años como mínimo, desde la comisión del delito"[225].

Advierte en este sentido CERVELLÓ DONDERIS que "las dificultades para emitir un pronóstico de comportamiento futuro genera una gran incertidumbre sobre la extensión de esta pena, especialmente si se tiene en cuenta que en los delitos más graves, suele ser elevado el número de falsos positivos en la predicción de conducta criminal, entre otras razones por la arbitrariedad y falta de justificación con la que se suelen emitir los pronósticos, lo que contrasta con resultados que avalan que en condenas más largas, la reincidencia es menor que en estancias cortas en prisión. De ello se deduce la necesidad de exigir una rigurosa motivación cuando se deniegue por esta razón, ya que en definitiva supone hacer un pronóstico de comportamiento futuro para decidir la necesidad de continuar o interrumpir el cumplimiento de la pena"[226].

5) *Su conducta durante el cumplimiento de la pena.*

Señala ICUZA SÁNCHEZ que "una valoración negativa de este criterio no debe asociarse directamente con un mal comportamiento fuera de prisión (ni viceversa) y, por otra, que la reclusión en prisión durante tantos años dificulta mantener y demostrar un buen comportamiento, porque la personalidad y las habilidades sociales

[225] ICUZA SÁNCHEZ, I.: *La prisión permanente…*, *op. cit.*, pp. 383-384.

[226] CERVELLÓ DONDERIS, V.: *Prisión perpetua y de larga duración…*, *op. cit.*, pp. 217-218.

se deterioran"[227]. En cuanto a la primera consideración, debemos mostrar nuestra disconformidad puesto que "el cumplimiento de la pena" no sólo se lleva a cabo dentro de prisión. Sí lleva razón cuando afirma que, los efectos que el cumplimiento de una pena de tan larga duración produce sobre el interno, deberían llevar a flexibilizar la valoración de este criterio. Esto es, no se puede exigir del preso un comportamiento ejemplar. De forma que, deben excluirse de la valoración posibles episodios puntuales o aislados en los que el condenado protagonice alguna escena como las que se relatan a continuación. Así también, cuando se observen actitudes positivas y negativas deberá procederse a realizar una valoración global, sopesando qué hechos deben primar sobre otros.

En cuanto al comportamiento dentro de prisión, cabría valorar aspectos tales como: altercados, riñas, discusiones, conflictos con otros presos o con los funcionarios, faltas de respeto hacia ambos, mostrar en todo momento una actitud combativa u hostil, organización de motines, etc. Debe tratarse, en consecuencia, de hechos que revistan de cierto calado; esto es, que comprometan la seguridad, el orden o la convivencia del Centro. Para acreditar tales circunstancias deberán examinarse las posibles sanciones que se hubieren podido imponer; o, los partes emitidos por los funcionarios de prisiones en los que quedaren registrados tales aspectos. Así, principalmente, deberán considerarse aquellos comportamientos que hubieren ocasionado alguna regresión de grado, restricción o suspensión de las comunicaciones y visitas, supresión de los permisos de salida ordinarios, o traslados de centros. Pero, también, aquellos otros incidentes que, no habiendo tenido estas consecuencias, no evidencien una conducta adecuada del preso.

Naturalmente, la conducta del interno durante el cumplimiento de la pena también puede tener una vertiente positiva. Así sucederá cuando el penado muestre una actitud proactiva, solidaria, colaboradora, etc.

---

227 ICUZA SÁNCHEZ, I.: *La prisión permanente…*, *op. cit.*, p. 387.

Por último, *a priori*, en aquellos supuestos en los que el interno muestre una actitud pasiva o indiferente debería realizarse una evaluación neutra (ni positiva ni negativa); sin embargo, la ausencia de incidentes debe valorarse favorablemente al reo.

En cuanto al comportamiento fuera del centro penitenciario, éste debe incluirse en la valoración, por cuanto, la pena se sigue cumpliendo también cuando el interno sale al exterior. En consecuencia, cualquier clase de problema que puede plantearse durante un permiso de salida (ordinario o extraordinario), una salida programada, o durante el tercer grado, debe someterse a examen.

6) *Sus circunstancias familiares y sociales.*

Este criterio se presta a un doble análisis: cuantitativo y cualitativo. Así, no bastará con determinar que exista tal apoyo familiar o social, sino que habrá que identificar el grado en que éste se da.

Para empezar, habrá que estar a los lazos familiares que el penado tenga o, mejor dicho, mantenga. No sólo con sus parientes más allegados (padres, hermanos, cónyuge, hijos...), sino otros con los que conserve relación.

Junto a las anteriores, o en caso de no existir éstas, habrá que analizar el entramado social que pueda cobijar al preso una vez éste salga de prisión. En primer lugar, cabrá tener en cuenta las amistades con las que el preso cuente. Pero, existe un amplio abanico de posibilidades, como: acogida en centros o instituciones sociales; ayudas que pueda recabar de las Administraciones Públicas para su sustento; colaboración con entidades con fines sociales, culturales o religiosos; etc.

El apoyo, en cualquier caso, puede ser de índole económica, material (de medios), laboral, emocional, etc.

Advierte, no obstante, ICUZA SÁNCHEZ, que el apoyo familiar parece ser el factor más determinante en la concesión de la libertad condicional. Y que, en nuestro caso, tras largos años de encierro, las relaciones sociales y familiares se van degenerando de tal forma que pueden llegar incluso a ser inexistentes[228]. Por ello, el hecho de no contar (actualmente) en el exterior con ningún tipo de soporte familiar o social puede contrarrestarse con la existencia de una expectativa fundada (basada en indicios) de que pueda ser así. Y, en todo caso, este elemento (como el resto de los que forman el pronóstico de reinserción) no puede, por sí sólo, condicionar el resultado de dicha valoración.

No se alude, sin embargo, a la situación económica del penado. ¿Puede entonces influir esta circunstancia en el pronóstico de reinserción? Dos son las interpretaciones que cabe hacer al respecto: a) excluir de dicho parámetro, al carecer de base legal, que el reo cuente con recursos suficientes; o, b) entender, como creemos, que la capacidad económica del sujeto podría quedar abarcada por el concepto de "circunstancias sociales", si bien, en este caso la falta de dichos medios no podría operar en sentido negativo.

7) *Los efectos que quepa esperar de la propia suspensión de la ejecución y del cumplimiento de las medidas que fueren impuestas.*

A simple vista, podemos comprobar que este criterio encierra, a su vez, dos aspectos.

En cualquier caso, no se trata de valorar si la excarcelación anticipada del reo condenado a PPR generaría una gran inseguridad en la población (alarma social). Tampoco los posibles efectos (reacciones) en las víctimas/familiares. Esto no es posible.

Así las cosas, este parámetro debe entenderse, en su primera modalidad, como una cláusula en la que el tribunal (motivadamente) explique, a su juicio, las razones que le lleven a creer que la suspensión va a ser positiva para el penado: porque la revisión pueda aumentar su confianza en el sistema judicial; reforzar o asegurar el cumplimiento de la norma; porque le va a permitir retomar o tener una nueva vida, etc. Y, en cuanto a la parte de los efectos que quepa esperar del cumplimiento de las medidas que fueron impuestas (se

---

228 *Idem*.

refiere a las del art. 83 CP), se tratará igualmente de justificar los motivos por los que el tribunal confía en que las mismas se cumplirán conforme a lo previsto y permitirán reducir las posibilidades de que el sujeto vuelva a delinquir.

Eso sí, el CP exige un juicio normativo sobre este aspecto, ¡no un acto de fe! De ahí que, debemos insistir en que se justifiquen suficientemente aquellos criterios o indicios que permitan sustentar la conclusión a la que se llegue. Y, tampoco este elemento es un cajón de sastre en el que puedan valorarse aspectos que no quedan abarcados en el pronóstico de reinserción tal y como lo configura el CP.

Ahora bien, en ningún caso pueden utilizarse, para emitir un juicio negativo sobre esta condición, precedentes como: haber regresado de grado en algún momento; haberse suprimido la posibilidad de disfrutar de permisos de salida; haberse impuesto determinadas sanciones por incidentes dentro o fuera de prisión; o, incluso por haber delinquido con motivo de alguna salida fuera del centro. El examen de esta circunstancia exige un juicio a futuro ("*los efectos que quepa esperar de…*") que no puede quedar lastrado o condicionado por unos elementos que, en todo caso, deben valorarse en relación con la conducta del penado.

Estos son, pues, los siete criterios en los que debe basarse el pronóstico favorable de reinserción social. Sin embargo, al lector le puede extrañar que no se haga mención alguna a los progresos conseguidos tras el tratamiento penitenciario cuando, por ejemplo, el art. 67 LOGP establece que: "*concluido el tratamiento o próxima la libertad del interno, se emitirá un informe pronóstico final, en el que se manifestarán los resultados conseguidos por el tratamiento y un juicio de probabilidad sobre el comportamiento futuro del sujeto en libertad, que, en su caso, se tendrá en cuenta en el expediente para la concesión de la libertad condicional*".

A nuestro juicio, aun cuando es cierto que la evolución experimentada por el penado a raíz de del tratamiento no sea un factor expresamente recogido en el art. 92.1 c) CP, cabe decir que el haberse sometido satisfactoriamente a dicho tratamiento puede repercutir positivamente sobre algunos de esos parámetros. Así sucederá, por ejemplo, con la personalidad del reo, su conducta durante el cumplimiento de la pena, las circunstancias familiares y sociales, o reduciendo el riesgo de reincidencia. Pero, principalmente, donde consideramos que el tratamiento desplegará todos sus efectos es en relación con la última de las variables: "*los efectos que quepa esperar de la propia suspensión de la ejecución y del cumplimiento de las medidas que fueren impuestas*".

2.8.3. Especial alusión al juicio de peligrosidad como elemento nuclear del pronóstico de reinserción

Aun cuando muchos los confunden, ambos pronósticos, el de peligrosidad y el de reinserción, no son equivalentes[229]. El examen sobre la peligrosidad del sujeto recae principalmente sobre la reincidencia, mientras que el de reinserción es un estudio sobre la capacidad del reo de volver a vivir en sociedad. Por tanto, la peligrosidad, como vimos, forma parte del pronóstico de reinserción, pero, no puede identificarse con él. Y, más concretamente, dentro del análisis sobre *"la relevancia de los bienes jurídicos que podrían verse afectados por una reiteración en el delito"*, se asocia a la parte del cálculo (o medición) de la probabilidad (o riesgo) de reincidencia.

---

[229] Señala equivocadamente MARTÍNEZ GARAY que "la revisión de la pena depende ante todo de que exista respecto del sujeto un pronóstico favorable de reinserción social, esto es, que quepa predecir que una vez en libertad no cometerá nuevos delitos". *Vid.*, MARTÍNEZ GARAY, L.: "Predicción de peligrosidad y juicio de constitucionalidad de la prisión perpetua", en ARROYO ZAPATERO, L.; LASCURAÍN SÁNCHEZ, J.A. y PÉREZ MANZANO, M. (Eds.): *Contra la cadena perpetua*, Cuenca, Ediciones de la Universidad de Castilla-La Mancha, 2016, p. 151. Esta confusión viene propiciada, en buena medida, por la errónea equiparación que también efectúa el art. 92.3 CP cuando establece que se revocará la suspensión cuando ya no pueda mantenerse la concesión de la suspensión. No siendo así, pues, claramente, el art. 92.1 CP hace depender la revisión de la PPR del pronóstico favorable de reinserción social.

Es cierto que algunos de los elementos descritos en el art. 92.1 c) CP pueden utilizarse para la elaboración de ese pronóstico de reincidencia (como la personalidad, o las circunstancias familiares) pero no sucede lo mismo con otros (como las circunstancias del delito, la conducta del penado, o los efectos que quepa esperar de la propia suspensión y de las medidas impuestas), siendo discutible incluir en dichas valoraciones los antecedentes.

Con todo, no podemos negar que este elemento puede jugar un papel fundamental en la conformación de dicho pronóstico de reinserción, pues, una de las principales garantías que pueden exhibirse para conceder la revisión es que el sujeto no presente signos de reincidencia (o que éstos sean asumibles). Ahora bien, esta afirmación debe ser matizada por dos razones:

A) La falta de confianza en los instrumentos de medición que se pueden utilizar para evaluar el riesgo de reincidencia.

Tradicionalmente, este tipo de pronósticos se venían resolviendo a través de juicios clínicos (realizados principalmente por psiquiatras y psicólogos), pero, como ya sucede en algunos ámbitos (programa VioGen o Riscanvi), podría recurrirse a sistemas automatizados que proporcionasen una valoración del riesgo de reincidencia.

La doctrina ha puesto el acento en el elevado grado de falibilidad de estas herramientas de predicción de la peligrosidad por las altas tasas de error que presentan[230], cuestionándose que puedan adoptarse decisiones que limitan de manera muy importante los derechos fundamentales de los individuos basándose en estimaciones de un riesgo futuro de delincuencia o de delincuencia violenta sometidos a un grado de incertidumbre tan elevado[231].

---

230 ICUZA SÁNCHEZ, I.: *La prisión permanente…*, *op. cit.*, pp. 388-389. ROIG TORRES, M.: "El pronóstico…", *op. cit*, p. 17. Y RÍOS MARTÍN, J.: *La prisión perpetua…*, *op. cit.*, p. 90.

231 MARTÍNEZ GARAY, L.: "Errores conceptuales en la estimación de riesgo de reincidencia. La importancia de diferenciar sensibilidad y valor predictivo, y estimaciones de riesgo absolutas y relativas", *Revista Española de Investigación*

A lo anterior, cabría añadir otras críticas como los sesgos que puedan presentar los citados instrumentos, la falta de transparencia (sobre la información volcada, o su tratamiento), la idoneidad de los parámetros utilizados, y, especialmente, un déficit de legitimidad (o, si se prefiere, de convalidación normativa).

Actualmente, no se dispone de un instrumento específico que permita medir el grado de reincidencia que puede presentar un condenado a PPR. Con todo, las posibilidades son varias: 1) podría optarse por un sistema más reglado (por ejemplo, a través de una Instrucción de II.PP. en la que se contemplaran los parámetros a evaluar y su metodología) que permitiese a la Administración Penitenciaria basar parte de su informe final en dicho pronóstico de reincidencia; 2) optar por un sistema más institucional (por medio de una herramienta proporcionada por el Ministerio de Justicia) que pudiera ser utilizada por el Ministerio Fiscal o estar a disposición del propio Tribunal; o, de otras que se pudieran crear en el mercado y que fueran empleadas por los peritos.

En nuestra opinión, no debe mostrarse un rechazo radical a este tipo de instrumentos, del mismo modo que no se muestran grandes reparos en recurrir a un experto en salud mental para dirimir tales cuestiones (a pesar del elevado grado de subjetividad que puede presentar), pues, de pocas herramientas más se dispone. En este sentido, tales instrumentos de valoración no dejarán de ser medios de prueba (aportados por cada una de las partes o de oficio por el tribunal) que, como otras, en este caso tratarán de arrojar algo de luz sobre un aspecto (el riesgo de reincidencia). Como cualquier otro dictamen de experto, estará en manos del tribunal conceder o no mayor o menor credibilidad al mismo a la hora de formar su convicción (a través de un procedimiento contradictorio). Debiendo quedar suficientemente motivado las razones que conducen al Tribunal a asumir o apartarse de los resultados que muestren tales

---

Criminológica, núm. 14, 2016, pp. 22-23. Y FUENTES OSORIO, J.L.: "¿La botella medio llena o medio vacía?...", *op. cit.*, p. 338.

sistemas. En definitiva, esos instrumentos pueden ayudar al tribunal, pero, naturalmente, las conclusiones que proporcionen no pueden sustituir su opinión.

ICUZA SÁNCHEZ repara especialmente en la dificultad que tiene el reo (o su representante) para refutar los resultados estadísticos o matemáticos. Señalando que, ante estos resultados, los abogados, los miembros del Equipo Técnico o incluso los jueces poco pueden hacer cuando se obtenga un resultado de riesgo alto[232]. Por ello, como pone de relieve MARTÍNEZ GARAY, en el caso de que se hayan utilizado herramientas estructuradas de valoración del riesgo, resultará imprescindible conocer qué herramienta se ha aplicado, cuáles son la sensibilidad, especificidad, y valores predictivos positivo y negativo (pues esto es lo que permite conocer las tasas de falsos positivos y falsos negativos), cuáles son las probabilidades de reincidencia asociadas a cada nivel de riesgo, qué factores integran la herramienta y qué peso tiene cada factor —o combinación de factores— en el resultado final, así como si la herramienta ha sido validada en población española y, en su caso, las características de las muestras utilizadas y los resultados de dichos estudios de validación[233].

En todo caso, la conclusión que se alcanzase sobre este extremo no podría llegar a condicionar por sí sola un pronóstico desfavorable de reinserción, pues, como vimos, son otros los aspectos que también deben valorarse junto a la reincidencia.

B) Un nivel de riesgo medio o incluso alto no debe frustrar la concesión de la revisión.

Sentado lo anterior, en cuanto a los niveles de riesgo, MARTÍNEZ GARAY apunta que "si los tribunales interpretaran de forma literal el texto de la ley y para conceder la suspensión de la ejecución de la pena de prisión permanente reclamaran disponer de

---

232 ICUZA SÁNCHEZ, I.: *La prisión permanente…*, *op. cit.*, p. 391.

233 MARTÍNEZ GARAY, L.: "Revisión con riesgo…", *op. cit.*, p. 36.

informes en los que se asegurase la ausencia total de probabilidad de reincidencia («falta de peligrosidad»), entonces lo que sí podría predecirse con certeza es que nunca se revisaría la pena, sencillamente porque esa clase de pronunciamiento no puede hacerse con base científica. Y tendríamos ya el argumento en el que basar tanto la inconstitucionalidad de este castigo, como su incompatibilidad con el art. 3 del Convenio Europeo de Derechos Humanos"[234].

Con todo, como ya advertimos, el art. 92.1 c) CP no exige una cosa así. El tenor literal del precepto, como puede comprobarse, no alude a que la revisión sólo se concederá si se observa una "falta de peligrosidad". Se fija como criterio, por el contrario, obtener un pronóstico favorable de reinserción social. Y, como también dijimos, el juicio sobre la reincidencia es uno más de los otros tantos parámetros que conforman ese pronóstico. Por todo ello, cabría concluir que el CP no exige un riesgo cero de reincidencia (lo cual, como resulta evidente, tampoco es posible). Lo que nos permite, entre otras cosas, realizar las siguientes consideraciones.

En lo que sigue, sí estamos absolutamente de acuerdo con las conclusiones a las que llega MARTÍNEZ GARAY. Así, si el resultado de la estimación es de *riesgo bajo*, como señala la citada autora, "la revisión de la pena y subsiguiente concesión de la suspensión de la ejecución y libertad condicional debería concederse en todo caso. Habida cuenta de las altas tasas de acierto que tienen los pronósticos en estos casos, de que es una decisión *pro reo*, y de que la denegación supondría prolongar indefinidamente una limitación extraordinariamente gravosa del derecho a la libertad, no alcanzo a ver qué argumento podría válidamente oponerse a la revisión en este caso. La única excepción que se me ocurre sería que en el caso concreto estuvieran acreditados indicios concretos de que el sujeto planea un nuevo delito violento, por ejemplo que haya emitido amenazas creíbles de volver a matar; es decir, que se cumplieran los criterios del 'test Osman' según los ha establecido la jurisprudencia

---

234 *Ibid.*, p. 12.

del Tribunal Europeo de Derechos Humanos. Se trata, no obstante, de un supuesto que se me antoja inverosímil, pues si están acreditados estos indicios lo normal será que se hayan tenido en cuenta al elaborar el pronóstico, y éste en consecuencia no haya sido de riesgo bajo"[235].

Pero, también, cuando el resultado de la estimación sea de *riesgo medio o incluso alto*, "la revisión de la pena y subsiguiente concesión de la suspensión de la ejecución y libertad condicional debería concederse, a mi juicio, igualmente. Exceptuando el caso de que concurran las circunstancias del 'test Osman' a las que me acabo de referir, considero que en estos casos tampoco está justificada la denegación de la revisión porque, ante todo, el número de falsos positivos es altísimo, lo que desde el punto de vista de la proporcionalidad hace a mi juicio excesivo el sacrificio de la libertad individual que comporta el mantenimiento en prisión. Y además, porque creo que resulta difícil legitimar una decisión tan drástica contra reo cuando muchos de los factores de riesgo que se tienen en cuenta en la valoración son circunstancias que el condenado no puede cambiar, que ya influyeron en la determinación de la pena, que no le son reprochables, y que la propia naturaleza de este castigo —debido a sus larguísimos tiempos de cumplimiento obligatorio— habrá contribuido a empeorar"[236].

La propia autora advierte que "podría objetarse que la tesis que aquí se ha expuesto no respeta el tenor literal del art. 92.1.c) CP, pues éste reclama para la revisión un «pronóstico favorable de reinserción social», y aquí se está defendiendo dejar en libertad condicional —salvo casos excepcionales— también a quienes reciban una evaluación de riesgo alto"[237]. Sin embargo, la interpretación que defiende la autora (y que suscribimos por completo) puede darse, justamente, porque el criterio de la reincidencia no es el único que

---

235 *Ibid.*, pp. 36-37.
236 *Ibid.*, p. 37.
237 *Ibid.*, p. 39.

forma el pronóstico de reinserción. Si así fuera, una estimación de riesgo alto nos abocaría irremediablemente a denegar la revisión. Por el contrario, ante un resultado de riesgo alto, el Tribunal sentenciador deberá valorar si constituye un factor lo suficientemente determinante como para condicionar (*per se*) un pronóstico negativo de reinserción; o, por el contrario, como debería suceder, procediese a valorar en conjunto éste y el resto de los parámetros.

Además de por los motivos anteriormente aducidos, existen otros argumentos que refuerzan esta tesis. Así, cabría recordar que, si existen fundadas razones de reiteración delictiva, lo que debería hacerse es adoptar alguna de las prohibiciones y deberes que establece el art. 83 CP (por remisión del art. 92.3 CP). En segundo lugar, si el condenado a PPR delinque durante el plazo de suspensión, se revocará y reingresará en prisión (regresando seguramente al segundo grado); convirtiéndose de nuevo la PPR en una pena perpetua (al menos hasta una próxima revisión). Y, en tercer lugar, una vez remitida la pena, cabría recordar que puede imponerse la medida de libertad vigilada en aquellos supuestos del art. 140 CP (siendo obligatoria en terrorismo).

Más dudas nos genera la posibilidad, a la que apunta MARTÍNEZ GARAY, de que el pronóstico de riesgo "pueda ser de gran utilidad para ayudar a decidir cuál deba ser la duración de la libertad condicional dentro del margen de entre 5 y 10 años que permite la ley"[238]. Efectivamente, ese es el plazo que contempla el art. 92.3 CP, pero, consideramos que no existe base legal (ni en ese ni en otro precepto del CP) para utilizar el pronóstico de reincidencia a la hora de concretar ese plazo de suspensión. Siendo una interpretación plausible, parece más bien que los criterios de los que dispone el Tribunal para acotar ese periodo se encuentran recogidos en el párrafo segundo del art. 80.1 CP (por remisión del propio art. 92.3 CP).

---

238 *Ibid.*, p. 37.

2.8.4. El pronóstico de reinserción en casos de concurrencia de delitos

El art. 92.1 CP alberga la siguiente disposición: *"en el caso de que el penado lo hubiera sido por varios delitos, el examen de los requisitos a que se refiere la letra c) se realizará valorando en su conjunto todos los delitos cometidos"*.

El precepto presupone, en consecuencia, o parece dar a entender, que la comisión de otros delitos puede repercutir sobre el pronóstico de reinserción; esto es, que lo puede alterar.

Con todo, a nuestro juicio, el legislador parte de una premisa errónea. Y, es que, en nuestra opinión, no se trata de comprobar en qué grado el hecho de que concurran más delitos pueda influir en cada uno de esos aspectos. Esto resulta, para empezar, difícil de determinar; y, en segundo lugar, afirmar que la configuración de cada parámetro venga condicionada únicamente por el número de delitos cometidos es algo que no se sostiene porque, como resulta razonable, concurrirán seguramente otras variables. Veámoslo.

En cuanto a la personalidad del penado, podría afirmarse que ésta podría repercutir en que el sujeto cometa más delitos; o, más de un tipo que de otro. Pero, también podría decirse lo contrario; esto es, que la comisión de un mayor número de delitos es lo que estaría condicionando el cambio de personalidad del sujeto. En cualquier caso, a nosotros, lo único que nos debe importar es si la personalidad del sujeto es o no compatible con llevar de nuevo una vida en sociedad.

Si recurrimos a la conducta del penado, un condenado a dos PPR puede mostrar una actitud intachable; y, en cambio, un delincuente condenado a una pena de prisión de cinco años ser un preso muy conflictivo o peligroso. Pero, el único dato relevante para nosotros debe ser el comportamiento que exteriorice (no las causas que le llevan a ello).

Lo mismo sucede respecto de las circunstancias familiares o sociales. ¿Puede tener mayores dificultades para encontrar trabajo un delincuente cuanto más delitos haya cometido?: puede. ¿Puede producir mayor alejamiento de la familia el hecho de que el sujeto haya cometido más de un delito?: puede. Pero, en cualquier caso, lo relevante será si el interno cuenta con apoyo familiar y social en el exterior que le permita o facilite retornar a la sociedad.

Y, también, en el juicio de reincidencia, el hecho de haber cometido múltiples delitos no tiene por qué aumentar ese nivel de riesgo.

Respecto de los antecedentes, la previsión no tiene efecto alguno. Y, en cuanto a "las circunstancias del delito", tampoco puede tenerlo en aquellos casos que no lleven aparejada PPR, por cuanto, se tratará de aspectos que ya habrán sido valorados a la hora de enjuiciar la/s conducta/s. Sí cuando la segunda o el resto de condenas también lo sean a PPR.

Por último, en referencia a *"los efectos que quepa esperar de la propia suspensión de la ejecución y del cumplimiento de las medidas que fueren impuestas"*, la comisión de un mayor número de delitos no permite atisbar que los efectos de la suspensión vayan a ser negativos. Y, tampoco, que ello impida cumplir las prohibiciones y deberes que, conforme al art. 83 CP, se establezcan.

La única conclusión clara que, a nuestro juicio, permite extraer este precepto (absolutamente prescindible, por no generar más que confusión) es que, bajo ningún concepto, puede afirmarse que la existencia de varios delitos constituya (automáticamente) un obstáculo a esa reinserción, pues, el art. 78 bis CP ya prevé para esos casos períodos más amplios para alcanzar el tercer grado u obtener la revisión.

2.8.5. La revisión en supuestos de terrorismo: requisitos adicionales

En virtud del art. 92.2 CP, si se tratase de delitos referentes a organizaciones y grupos terroristas y delitos de terrorismo del Capítulo VII del Título XXII del Libro II de este Código (no en caso de organizaciones criminales)[239], para la suspensión de la ejecución de la pena será necesario, además de los criterios previsto en el art. 92.1 CP, que el penado:

1) muestre signos inequívocos de haber abandonado los fines y los medios de la actividad terrorista; y,
2) haya colaborado activamente con las autoridades. Esta colaboración debe prestarse para:
   - impedir la producción de otros delitos por parte de la organización o grupo terrorista;
   - atenuar los efectos de su delito;
   - la identificación, captura y procesamiento de responsables de delitos terroristas;
   - obtener pruebas; o,
   - para impedir la actuación o el desarrollo de las organizaciones o asociaciones a las que haya pertenecido o con las que haya colaborado.

Se trata, en consecuencia, de dos exigencias acumulativas.

Lo anterior podrá acreditarse mediante:

1) una declaración expresa de repudio de sus actividades delictivas y de abandono de la violencia; y,
2) una petición expresa de perdón a las víctimas de su delito;

Así como por los informes técnicos que acrediten que:

a) el preso está realmente desvinculado de la organización terrorista y del entorno y actividades de asociaciones y colectivos ilegales que la rodean; y,
b) su colaboración con las autoridades.

---

239 Adviértase que el art. 90.8 CP alude a los mismos requisitos, pero, sí los extiende a delitos cometido en el seno de organizaciones criminales.

A juicio de RODRÍGUEZ YAGÜE, el legislador parece haber olvidado que para haber accedido previamente al tercer grado el sujeto ya se habría desvinculado de la banda armada, pues así lo requiere desde 2003 el art. 72.6 LOGP[240]. Efectivamente, el art. 72.6 LOGP menciona los mismos criterios que el art. 92.2 CP. Pero, como ya advertimos en su momento, en el caso de la PPR, para el tercer grado el art. 36.1 CP sólo exige que concurra un pronóstico individualizado y favorable de reinserción social. Así pues, en nuestro caso, esas exigencias adicionales sólo se tendrán en cuenta a la hora de conceder o no la revisión en supuestos de terrorismo cuando se haya cometido un delito con resultado de muerte.

Por su parte, LANDA GOROSTIZA advierte que "el nuevo artículo 92.2 CP añade como presupuesto particular sólo para terrorismo —sin mención del crimen organizado— los requisitos de abandono y colaboración que, sin embargo, de acuerdo con el artículo 72.6 LOGP son requisitos también para este último en la medida en que se precisa de la previa clasificación en tercer grado. He aquí otra contradicción sistemática que bien podría abrir la puerta a la derogación de la exigencia de abandono y colaboración tasados respecto de las organizaciones y grupos criminales si se entendiera que el artículo 92.2 CP es ley especial respecto del artículo 72.6 LOGP: en tal caso sólo el terrorismo en sentido estricto —al igual que en los casos del art. 36.1 CP: periodos mínimos más largos para permisos y tercer grado sólo en terrorismo— debería cumplir con ese segundo escalón de requisitos —o presupuestos obstáculo— en el proceso de revisión de la prisión permanente"[241]. Efectivamente, el art. 72.6 LOGP alude a personas condenadas por delitos de terrorismo de la sección segunda del capítulo V del título XXII del libro II del Código Penal o cometidos en el seno de organizaciones cri-

---

240 RODRÍGUEZ YAGÜE, C.: *La ejecución de las penas…, op. cit.*, pp. 170-172.

241 LANDA GOROSTIZA, J. M.: "Prisión perpetua y de muy larga duración tras la LO 1/2015: ¿derecho a la esperanza? Con especial consideración del terrorismo y del TEDH", *Revista Electrónica de Ciencia Penal y Criminología*, 2015, núm. 17-20, p. 22.

minales. Sin embargo, y descartada la aplicación de dicho precepto para la clasificación en tercer grado, el art. 92.2 CP no se refiere a las organizaciones criminales. Por tanto, su aplicación únicamente alcanza a los supuestos de terrorismo[242]. El legislador se aparta así, de los dispuesto en el art. 90.8 CP para la libertad condicional, en donde esas exigencias extra sí se dirigen a ambos colectivos.

En cuanto a la primera de las condiciones (el abandono de los fines y medios de la actividad terrorista), la doctrina ha destacado que esa alusión "habrá de interpretarse como una referencia a la actividad criminal, lo que hace difícil su delimitación con los medios de la actividad terrorista. Desde luego, cualquier interpretación de aquéllos que los identifique con el ideario político al servicio del cual se ha llevado a cabo la conducta criminal resultaría patentemente inconstitucional"[243]. Por tanto, no cabe incluir el abandono de fines que se ajusten a la legalidad.

En cuanto a la segunda de las condiciones, hay que entender que la colaboración con las autoridades se podrá prestar en la medida en que el sujeto tenga capacidad para ello. Asimismo, ésta puede darse desde el inicio del cumplimiento de la condena (incluso antes) y no sólo con carácter previo a la suspensión (lo cual, en este caso, después de tantos años, no parece tener mucho sentido).

Con todo, el precepto no especifica cómo de inequívocos deben ser los indicios para considerar que el condenado a PPR haya abandonado los fines y los medios de la actividad terrorista; y, en cuanto a la colaboración con las autoridades, tampoco se concreta cuál debe ser el grado de ésta para considerarla suficiente o determinante. Queremos con ello decir que el tribunal goza de un amplio margen

---

242 DEL CARPIO DELGADO, J.: "La pena de prisión permanente en el anteproyecto de 2012 de reforma del Código Penal español", *Revista Penal México*, núm. 5, 2013-2014, p. 102.

243 CARBONELL MATEU, J. C.: "Prisión permanente revisable…", *op. cit.*, p. 219. En igual sentido, CÁMARA ARROYO, S. y FERNÁNDEZ BERMEJO, D.: *La prisión permanente revisable…*, *op. cit.*, p. 136.

de discreción para estimar si concurren o no dichos requisitos, lo que hace que la motivación deba ser suficientemente explícita.

2.8.6. Inicio del procedimiento de revisión

El CP guarda silencio sobre esta cuestión.

Sin embargo, a nuestro juicio, las opciones que se presentan son las siguientes:

1) La iniciativa puede partir de la Administración penitenciaria (así cabe desprenderse de una lectura del art. 67 LOGP), elevando el correspondiente informe al Tribunal sentenciador. Asimismo, el penado puede dirigir al Centro una petición formal para que ésta promueva la incursión de dicho expediente.

2) El Tribunal sentenciador debe proceder, al menos cada dos años, a revisar de oficio el cumplimiento del resto de requisitos de la libertad condicional (art. 92.4 CP). Sin embargo, tal y como permite este precepto, el Tribunal puede llevar a cabo antes esa verificación. Es más, en nuestra opinión, ese plazo de "como máximo dos años" debe ser para las posteriores revisiones. En cambio, entendemos que la primera vez que el Tribunal sentenciador deba revisar la PPR será en cuanto se hayan alcanzado los plazos previstos en el art. 92.1 a) CP y en el art. 78 bis CP.

3) El interno puede solicitar directamente ante el Tribunal sentenciador que se proceda a la revisión. El art. 92.4 CP es claro a este respecto cuando establece que *"el tribunal resolverá también las peticiones de concesión de la libertad condicional del penado"*.

El Anteproyecto de Ley de Enjuiciamiento Criminal de 2020 prevé revertir dicha situación y en su art. 913 bajo la rúbrica "Iniciación del procedimiento de revisión" establece que:

> *1. Con antelación suficiente a que transcurra el tiempo de condena, el tribunal encargado de la ejecución, de oficio o a instancia de la persona condenada, iniciará el procedimiento para la revisión de la pena de prisión permanente revisable.*
>
> *2. El tribunal reclamará de la Administración Penitenciaria información sobre el grado de clasificación en el que se encuentre el penado y el programa individualizado de tratamiento.*
>
> *Asimismo, recabará el dictamen de especialistas debidamente cualificados en la elaboración de pronósticos de peligrosidad y reinserción social, que se ajustará a lo establecido en esta ley para los instrumentos de valoración del riesgo, y acordará que se expida certificación relativa al cumplimiento de las responsabilidades civiles y el decomiso.*
>
> *3. En todo caso, el Centro Penitenciario remitirá al tribunal encargado de la ejecución el expediente de la pena de prisión permanente revisable cuando hayan transcurrido los plazos establecidos legalmente para su revisión y la persona condenada se encuentre clasificada en tercer grado.*

2.8.7. El procedimiento de revisión

El art. 92.1 *in fine* CP señala que: *"El tribunal resolverá sobre la suspensión de la pena de prisión permanente revisable tras un procedimiento oral contradictorio en el que intervendrán el Ministerio Fiscal y el penado, asistido por su abogado"*.

Así pues, la primera característica de este procedimiento es que la competencia para resolver sobre la suspensión se atribuye al Tribunal (sentenciador), no al JVP como hace el art. 90 CP.

Respecto de las partes personadas a las que se les debe dar audiencia el CP únicamente alude al Ministerio Fiscal y al penado (asistido por su abogado).

Nada se dice nada sobre las otras acusaciones (popular y particular). A juicio de algunos autores, sería lógico que fuesen invitadas a comparecer por aplicación de los principios generales del proceso[244]. Y, especialmente, a la acusación particular, en virtud de lo

[244] Así, por ejemplo, FERRER GARCÍA, A.: "La prisión permanente…", *op. cit.*, pp. 34-35. FERNÁNDEZ ARÉVALO, L. y NISTAL BURÓN, J.: *Derecho Peni-*

dispuesto en el art. 13 EV[245]. Sin embargo, y descartada de plano la participación de la acusación popular en este momento, tampoco estamos de acuerdo en que deba darse entrada a la acusación particular. Así lo han expresado los Jueces de Vigilancia Penitenciaria: "el art. 13 del EV legitima a la víctima para recurrir las resoluciones relativas al alzamiento del periodo de seguridad, las que acuerdan la aplicación del régimen general de cumplimiento y por las que se concede la libertad condicional. Se refiere exclusivamente a resoluciones dictadas por el JVP. Sin embargo, en los delitos castigados con pena de prisión permanente revisable la competencia para otorgar la suspensión de la pena corresponde al Tribunal sentenciador (art. 92 del Código Penal). En consecuencia, con respecto a esta pena, pese a su gravedad, no cabe entender legitimada a la víctima para recurrir el auto otorgando el beneficio, al no haber sido dictado por el JVP"[246].

No puede ser de otra forma, el legislador recela con motivo de las intenciones que pueden conducir a la víctima (o a la acusación popular) a entorpecer la concesión de la revisión. Así, a nuestro juicio, la representación del interés público encarnizada en la figura del Ministerio Fiscal nos parece correcta y suficiente.

En cuanto a la decisión final que compete adoptar al Tribunal sentenciador, el propio CP parece reducirla al juicio sobre el pro-

---

tenciario, Cizur Menor, Thomson Reuters-Aranzadi, 2016, p. 301. Y PONCELA GARCÍA, J. A.: "La prisión...", *op. cit.*, p. 411.

245 En este sentido, REBOLLO VARGAS, R.: "Otra vuelta de tuerca al Código Penal: la suspensión de la ejecución de la pena y la prisión permanente (ir) revisable", en DE LEÓN VILLALBA, F. J. (Dir.): *Penas de prisión de larga duración*, Valencia, Tirant lo Blanch, 2017, p. 702. FERRER GARCÍA, A.: "La prisión permanente...", *op. cit.*, pp. 34-35. Y PONCELA GARCÍA, J. A.: "La prisión...", *op. cit.*, p. 411.

246 Criterios y acuerdo sobre la especialización del Juez de Vigilancia Penitenciaria (aprobados en el encuentro de jueces de Vigilancia Penitenciaria celebrado en Málaga los días 29-31 de mayo de 2017). Disponible en: https://juristadeprisiones.com/wp-content/uploads/2018/07/Criterios-y-acuerdos-de-los-JVP-2017.pdf

nóstico favorable de reinserción, pues, tras la comprobación del cumplimiento de los plazos y que el sujeto se encuentre disfrutando del tercer grado, no habrá nada más sobre lo que debatir.

El art. 92.1 c) CP señala al respecto que: *"el tribunal, a la vista de la personalidad del penado, sus antecedentes, las circunstancias del delito cometido, la relevancia de los bienes jurídicos que podrían verse afectados por una reiteración en el delito, su conducta durante el cumplimiento de la pena, sus circunstancias familiares y sociales, y los efectos que quepa esperar de la propia suspensión de la ejecución y del cumplimiento de las medidas que fueren impuestas, pueda fundar, previa valoración de los informes de evolución remitidos por el centro penitenciario y por aquellos especialistas que el propio tribunal determine, la existencia de un pronóstico favorable de reinserción social".*

El precepto, por una parte, como ya vimos, enumera los ítems que debe valorar el Tribunal y que le van a permitir fundar la existencia de un pronóstico favorable de reinserción social. Pero, junto con lo anterior, se prevé que este órgano valore previamente: 1) los informes de evolución remitidos por el centro penitenciario; y, 2) los de aquellos especialistas que el propio tribunal determine. A esto, cabrá sumar las consideraciones que efectúe el Ministerio Público. Y, naturalmente, las alegaciones que haga la defensa; pudiendo aportar, especialmente, informes científicos que avalen el pronóstico positivo de reinserción[247]. Respecto del informe del centro penitenciario, no cabe duda de que éste es obligatorio. Sin embargo, los de aquellos especialistas *"que el propio tribunal determine"* parecen ser contingentes; esto es, que sólo se solicitarán en caso de que el Tribunal lo considere necesario para tomar una decisión.

La alusión a "los informes de evolución remitidos por el centro penitenciario", debe ponerse en relación con el informe de pronóstico final emitido por la Junta de Tratamiento en los términos previstos en el art. 67 LOGP. A juicio de SOLAR CALVO, "lo anterior

---

[247] Se refiere a este aspecto concreto DEL CARPIO DELGADO, J.: "La pena de prisión permanente...", *op. cit.*, p. 102.

supone que para la revisión de la prisión permanente es necesario que el interno haya desarrollado su tratamiento, de modo que se hayan modificado «aquellos sectores o rasgos de la personalidad directamente relacionados con la actividad delictiva» tal y como el art. 65 LOGP determina como necesario para que se pueda emitir el informe final del art. 67 LOGP en sentido favorable"[248].

Sin embargo, ese pronóstico que se centra en evaluar los progresos llevados a cabo gracias al tratamiento no recoge, como ya vimos, todos los aspectos a que alude el art. 92.1 c) CP. Se quedarían por valorar, por parte de la Administración Penitenciaria, los antecedentes del penado y las circunstancias del delito cometido. Así, y mientras no se reforme la legislación penitenciaria para adecuarla a lo dispuesto en el art. 92.1 c) CP, entendemos que no podrá exigirse que el Informe de la Junta de Tratamiento se refiera a la totalidad de aspectos. Pero, esto no es negativo.

En cuanto a los informes que el Tribunal sentenciador pueda encargar a especialistas, cabría advertir que el órgano colegiado puede solicitar a éstos que se pronuncien sobre alguna de las variables que conforman el pronóstico para tener una mayor información. Aunque, evidentemente, nada obsta para que se solicite un dictamen sobre todos y cada uno de los puntos.

Por su parte, el Ministerio Fiscal y la defensa podrán optar por formular un alegato en el que se refieran a todos los elementos que conforman el pronóstico de reinserción; o, limitarse a aquellos aspectos que consideren más importantes o que presenten mayores dudas. Especialmente pulcra debiera ser la actuación del Ministerio Fiscal, el cual no tiene por qué verse abocado a abanderar una sed de venganza que no le corresponde, lo que se espera de él es una intervención en este proceso de revisión conforme a su Estatuto.

---

[248] SOLAR CALVO, P.: "¿Es el tratamiento penitenciario voluntario? Valoración de la cuestión a la luz de la prisión permanente revisable", *Anuario de Derecho Penal y Ciencias Penales*, núm. 71, 2018, p. 325. Así también, ICUZA SÁNCHEZ, I.: *La prisión permanente*..., *op. cit.*, p. 379.

Por tanto, sí, cabe que esperar que el Fiscal abogue, en su caso, por conceder la suspensión de la ejecución de la PPR.

En cualquier caso, el fallo del juez sí deberá contener un pronunciamiento sobre cada uno de los parámetros a los que refiere el art. 92.1 c) CP[249]. No puede dictaminarse, en consecuencia, una estimación genérica o global acerca del pronóstico de reinserción. Debiéndose concretar las distintas razones que, respecto de cada uno de los elementos, conducen al Tribunal a decantar su convicción de un lado o de otro.

Con todo, resta por saber cómo debe el Tribunal realizar la valoración de los aspectos que conforman el pronóstico de reinserción. En primer lugar, cabría advertir que los informes previos del centro penitenciario y de los especialistas no son vinculantes. Por tanto, el Tribunal, motivadamente, puede apartarse o rebatir las conclusiones a las que se llegue en tales dictámenes si existen otras contrastadas razones que así lo aconsejen. De igual modo, deberán analizarse pormenorizadamente las justificaciones que contengan tales informes, y no quedarse únicamente con la valoración final. No puede, en consecuencia, mostrarse una fe ciega en el conocimiento experto; si bien, éste, puede ser de gran utilidad.

En segundo lugar, el Tribunal debe llevar a cabo una estimación global sobre el pronóstico de reinserción, no pudiendo quedar condicionado sólo por algunos de sus elementos. Lo anterior no empece para que se pueda conferir mayor peso a algunos aspectos sobre otros. Aquí, la discrecionalidad (que no arbitrariedad) de la que goza el Tribunal permite conceder mayor importancia a la concurrencia de determinados valores en detrimento de otros. Habrá que estar a las circunstancias concretas del caso.

En relación con esta cuestión, a juicio de LÓPEZ LÓPEZ, "el procedimiento de revisión debería valorar ante todo los esfuerzos del reo por reinsertarse en la sociedad, así como los objetivos con-

---

249 *Cfr.* ICUZA SÁNCHEZ, I.: *La prisión permanente…*, *op. cit.*, p. 379.

seguidos durante su estancia en prisión. Relegando a un segundo plano el resto de requisitos"[250]. Así también, para BERNAL DEL CASTILLO, "la necesidad de dar especial importancia al pronóstico positivo de reinserción, exige relativizar el valor de los criterios que ya se tuvieron en cuenta a la hora de dictar sentencia condenatoria o de la clasificación del penado, como sucede con los antecedentes penales, las circunstancias relativas al delito ya cometido o a los bienes jurídicos que podrían verse afectados por una posible reiteración de los delitos que dieron lugar a la condena, dado que, serán importantes en la medida en que arrojen alguna luz sobre la futura integración social del condenado. En cambio, deben tener una especial relevancia los datos relativos al comportamiento del sujeto durante la condena, sus condiciones para emprender la vida en sociedad, etc."[251].

En igual sentido, en opinión de ICUZA SÁNCHEZ, el principal objetivo de la revisión debe ser la valoración del progreso hacia la resocialización llevada a cabo por el preso. Por ello, "los aspectos relacionados con el delito cometido o los antecedentes únicamente deben ser ponderados si ofrecen alguna información sobre la posible conducta delictiva futura o, como dice el precepto, si sirven para valorar la relevancia de los bienes jurídicos que podrían verse afectados en caso de reiteración delictiva. En caso de que revelen la existencia de una posible reiteración delictiva, la consecuencia no necesariamente ha de ser el mantenimiento del preso en prisión, si no que debería analizarse si ese riesgo o probabilidad puede ser minimizado o controlado a través de la imposición de unas reglas de conducta a cumplir durante la libertad condicional. Solo en caso de que la probabilidad delictiva se relacione con la comisión de delitos graves similares a los que llevaron a imponer la PPR y exista una probabilidad elevada de que eso suceda, debería denegarse la

---

[250] LÓPEZ LÓPEZ, C. I.: "La prisión permanente revisable…", *op. cit.*, pp. 290-291.

[251] BERNAL DEL CASTILLO, J. B.: "La pena de prisión…", *op. cit.*, pp. 243-244.

libertad condicional"[252]. Así, "aunque el conjunto de los criterios revisores de la PPR se sitúa a la misma altura y aparentemente con el mismo valor, es decir, sin establecer ninguna jerarquía ni armonización clara, los factores que informan sobre la evolución positiva del preso (consideraciones preventivo especiales positivas) deben prevalecer sobre las consideraciones retributivas, preventivo generales y preventivo especiales negativas"[253].

En tercer y último lugar, la valoración sobre los elementos que condicionan el pronóstico de reinserción debiera regirse, en nuestra opinión, por la siguiente máxima: la regla debería ser abogar por la revisión, salvo excepciones en las que verdaderamente se considere que las expectativas de reinserción son nulas o escasas. Y esto por cuanto, como ya advertimos en otro lugar, existen mecanismos que permiten tener un seguimiento o control sobre el preso una vez excarcelado. Así sucede con los deberes y prohibiciones del art. 83 CP; la medida de libertad vigilada; u, otras como imponer un plazo de suspensión en su extensión máxima (hasta diez años), o revocar la suspensión y ordenar el reingreso y regresión de grado. Debe primar, pues, una interpretación *pro libertate* que ahondará en reforzar una aplicación constitucional de esta pena[254].

Por último, la resolución que adopte el Tribunal sentenciador tendrá forma de auto, que será recurrible.

Sin embargo, el art. 92 CP no parece contemplar un escenario que, posiblemente, se pueda plantear en la práctica. Se trata de la posibilidad de pronunciarse en el mismo procedimiento sobre la concesión del tercer grado e, inmediatamente después, sobre la suspensión. Esta circunstancia se dará en aquellos supuestos en los que el interno no haya alcanzado el tercer grado en el momento en que prevé el CP, sino posteriormente, una vez cumplidos los plazos que se fijan para proceder a la revisión. Con todo, sería deseable por

---

252 ICUZA SÁNCHEZ, I.: *La prisión permanente...*, *op. cit.*, p. 380.

253 *Ibid.*, pp. 380-381.

254 En este sentido también, ROIG TORRES, M.: "El pronóstico...", *op. cit*, p. 11.

economía procesal que así fuera; y, especialmente, porque podría beneficiar al reo (al limitarse su tiempo de permanencia en prisión). En este caso, huelga decir que se debería ser sumamente cautelosos a la hora de respetar los principios que informan todo procedimiento contradictorio, así como observar debidamente las garantías y derechos de los que gozan las partes.

El Anteproyecto de Ley de Enjuiciamiento Criminal de 2020 prevé una regulación específica del procedimiento de revisión. Se trata de los arts. 914 y 915:

Artículo 914. Audiencia.

1. El tribunal encargado de la ejecución convocará a una audiencia al Ministerio Fiscal, a las partes acusadoras personadas, a la persona condenada y a su defensa para oírlas sobre la suspensión de la ejecución de la pena de prisión permanente revisable y, en su caso, sobre las reglas de conducta que hayan de ser observadas.

2. El tribunal convocará a la víctima no personada para ser oída sobre las medidas o reglas de conducta previstas en la ley siempre que haya solicitado que se le notifiquen las resoluciones que se dicten en la fase de ejecución.

Artículo 915. Decisión.

1. En la misma comparecencia, si fuera posible, o en los cinco días siguientes, el tribunal resolverá sobre la suspensión de la ejecución de la pena de prisión permanente revisable.

2. Si dispusiera la suspensión de la ejecución, en el mismo auto fijará el plazo de suspensión y en su caso, las prohibiciones, deberes y prestaciones que hayan de ser observados.

3. Si se deniega la suspensión, se ordenará continuar el cumplimiento de la pena de prisión y se fijará el plazo, que no podrá ser superior a dos años, en el que se realizará la nueva revisión.

Asimismo, podrá fijar un plazo de hasta un año en el cual no se darán curso a las solicitudes de la persona condenada.

4. El cómputo del plazo de suspensión de la ejecución de la condena comenzará desde la fechade puesta en libertad de la persona condenada.

2.8.8. Plazo de suspensión e imposición de prohibiciones y deberes

El art. 92.3 CP establece que la suspensión de la ejecución tendrá una duración de cinco a diez años. Y, "aunque no se explicita, debe interpretarse que le corresponderá al Tribunal fijar el plazo de suspensión en el momento de acordar la misma"[255]. Obsérvese que, en este caso, el plazo de suspensión es único, a diferencia de lo que ocurre con los permisos de salida, o con el tercer grado y la revisión (cuando se trata de concursos de delitos y/o tipología delictiva).

Este precepto remite, entro otros, al párrafo segundo del art. 80.1 CP que reza así: *"para adoptar esta resolución el juez o tribunal valorará las circunstancias del delito cometido, las circunstancias personales del penado, sus antecedentes, su conducta posterior al hecho, en particular su esfuerzo para reparar el daño causado, sus circunstancias familiares y sociales, y los efectos que quepa esperar de la propia suspensión de la ejecución y del cumplimiento de las medidas que fueren impuestas"*. Entendiendo parte de la doctrina que se trata de criterios a tener en cuenta para acordar la suspensión.

Así, por ejemplo, CARBONELL MATEU sostiene que este precepto "resulta claramente reiterativo pues los supuestos previstos en el 92 son manifiestamente más específicos"[256]. Para FERNÁNDEZ ARÉVALO y NISTAL BURÓN, "de un cotejo de las variables mencionadas en dicha norma, aparece una repetición casi literal del artículo 92.3 CP, pero con una diferencia, a saber, la mención de «su conducta posterior al hecho, en particular su esfuerzo para reparar el daño causado», lo que reintroduce entre las variables a tomar en consideración, de una parte, la cuestión de la satisfacción de las responsabilidades civiles, y de otra, una actitud activa de empatía hacia la víctima por parte del reo, encaminada a compensar todo tipo de perjuicios, incluso los morales, que podría llegar a interpretarse en

---

255 TAMARIT SUMALLA, J. M.: "La prisión...", *op. cit.*, p. 100.

256 CARBONELL MATEU, J. C.: "Prisión permanente revisable...", *op. cit.*, p. 220.

una solicitud de perdón y concienciación de los males infligidos"[257]. Y, en opinión de CERVELLÓ DONDERIS, "en estos dos amplios listados hay matices como la diferencia entre la personalidad del penado o sus circunstancias personales, pero la mayor diferencia es que con el art. 80 se añade la conducta posterior al hecho y en especial el esfuerzo en la reparación, lo que en casos de terrorismo ya va vinculado a la propia concesión de la revisión por ser un requisito propio e ineludible"[258].

Por el contrario, consideramos que la remisión que efectúa el art. 92.3 CP al párrafo segundo del art. 80.1 CP no debe interpretarse de esa forma. No se trata, pues, a nuestro juicio, de una ampliación o modificación de los criterios que deben tenerse en cuenta para suspender la ejecución de la pena. Estos son exclusivamente los recogidos en el art. 92.1 CP. Así las cosas, los parámetros a los que alude el art. 80.1 II CP deben utilizarse para fijar (delimitar) el plazo concreto de la suspensión (entre los 5 y los 10 años)[259]. Así se recoge expresamente, por ejemplo, en el art. 81 CP cuando señala que el plazo de suspensión será de dos a cinco años para las penas privativas de libertad no superiores a dos años, y de tres meses a un año para las penas leves, y *"se fijará por el juez o tribunal, atendidos los criterios expresados en el párrafo segundo del apartado 1 del artículo 80"*.

Por tanto, los criterios que permitirán individualizar ese plazo abstracto son los siguientes[260]:

– las circunstancias del delito cometido;

– las circunstancias personales del penado;

– sus antecedentes;

---

257 FERNÁNDEZ ARÉVALO, L. y NISTAL BURÓN, J.: *Derecho Penitenciario*, op. cit., pp. 303-304.

258 CERVELLÓ DONDERIS, V.: *Libertad condicional…*, *op. cit.*, p. 190.

259 Así lo ha entendido también, por ejemplo, BERNAL DEL CASTILLO, J. B.: "La pena de prisión…", *op. cit.*, p. 245.

260 *Vid.*, con detalle, ABEL SOUTO, M.: *La suspensión de la ejecución de la pena*, Valencia, Tirant lo Blanch, 2017, pp. 54-62.

- su conducta posterior al hecho (en particular su esfuerzo para reparar el daño causado);
- sus circunstancias familiares y sociales; y,
- los efectos que quepa esperar de la propia suspensión de la ejecución y del cumplimiento de las medidas que fueren impuestas.

En otro orden de cosas, el art. 92.3 CP también remite al art. 83 CP. Este precepto, como señala su apartado primero, permite que el juez o tribunal pueda condicionar la suspensión al cumplimiento de una serie de prohibiciones y deberes cuando ello resulte necesario para evitar el peligro de comisión de nuevos delitos, sin que puedan imponerse deberes y obligaciones que resulten excesivos y desproporcionados.

Aquí, la referencia al juez o tribunal debe reducirse únicamente a la del tribunal (sentenciador) que es a quien corresponde acordar la suspensión. En segundo lugar, cabe advertir que la imposición de las prohibiciones y deberes que a continuación se mencionarán es potestativa; esto es, sólo deben decretarse cuando existan razones para ello. En tercer lugar, relacionado con lo anterior, el criterio que rige para seleccionar la imposición de una o varias de estas medidas es que "*resulte necesario para evitar el peligro de comisión de nuevos delitos*". En cuarto lugar, el citado artículo impone una clara restricción: no podrán acordarse el cumplimiento de deberes y obligaciones "*que resulten excesivos y desproporcionados*". Por último, las medidas del art. 83 CP podrán adoptarse en el mismo auto en que se acuerde la revisión (junto con el plazo de suspensión) o bien en un momento posterior (si así lo considera el tribunal).

Se trata de las siguientes:

1.ª Prohibición de aproximarse a la víctima o a aquéllos de sus familiares u otras personas que se determine por el juez o tribunal, a sus domicilios, a sus lugares de trabajo o a otros lugares habitualmente frecuentados por ellos, o de comunicar con los mismos por cualquier medio. La imposición de esta prohibición será siempre comunicada a las personas con relación a las cuales sea acordada.

2.ª Prohibición de establecer contacto con personas determinadas o con miembros de un grupo determinado, cuando existan indicios que permitan suponer fundadamente que tales sujetos pueden facilitarle la ocasión para cometer nuevos delitos o incitarle a hacerlo.

3.ª Mantener su lugar de residencia en un lugar determinado con prohibición de abandonarlo o ausentarse temporalmente sin autorización del juez o tribunal.

4.ª Prohibición de residir en un lugar determinado o de acudir al mismo, cuando en ellos pueda encontrar la ocasión o motivo para cometer nuevos delitos.

5.ª Comparecer personalmente con la periodicidad que se determine ante el juez o tribunal, dependencias policiales o servicio de la administración que se determine, para informar de sus actividades y justificarlas.

6.ª Participar en programas formativos, laborales, culturales, de educación vial, sexual, de defensa del medio ambiente, de protección de los animales, de igualdad de trato y no discriminación, resolución pacífica de conflictos, parentalidad positiva y otros similares.

7.ª Participar en programas de deshabituación al consumo de alcohol, drogas tóxicas o sustancias estupefacientes, o de tratamiento de otros comportamientos adictivos.

8.ª Prohibición de conducir vehículos de motor que no dispongan de dispositivos tecnológicos que condicionen su encendido o funcionamiento a la comprobación previa de las condiciones físicas del conductor, cuando el sujeto haya sido condenado por un delito contra la seguridad vial y la medida resulte necesaria para prevenir la posible comisión de nuevos delitos.

9.ª Cumplir los demás deberes que el juez o tribunal estime convenientes para la rehabilitación social del penado, previa conformidad de éste, siempre que no atenten contra su dignidad como persona.

Como ha destacado GARCÍA ALBERO, la exigencia de que las prohibiciones o deberes recogidos en el art. 83 no puedan resultar excesivos y desproporcionados, "tiene una especial importancia en la prisión permanente revisable, no sólo por la intervención punitiva que añade después de largos años de condena, sino porque de su cumplimiento depende que la revisión se pueda revocar, por ello la decisión de imponer prohibiciones y deberes requiere seleccionar los más adecuados para el fin propuesto, que puede ser neutralizar riesgos o facilitar la inserción social, y con la condición de que sea estrictamente necesario, proporcionado en su duración y adecuado para dichos fines"[261].

Subraya también este autor que no se expresa el plazo de los deberes y prohibiciones[262]. Si bien, como el art. 83.1 CP vincula la imposición de estas medidas a *"que resulte necesario para evitar el peligro de comisión de nuevos delitos"*, el mayor o menor grado de reincidencia que el sujeto presente podrá utilizarse no sólo como valor a considerar en la imposición de alguna de estas prohibiciones y deberes, sino, también, para acotar su plazo (que naturalmente no podrá exceder del máximo que se fije en la resolución adoptada por el Tribunal).

En todo caso, como pone de relieve GARCÍA ALBERO, "es muy importante motivar la necesidad de su imposición por el excesivo número de prohibiciones, su amplio contenido y la discrecionalidad que les acompaña. Como prueba de ello se observa que algunos deberes y prohibiciones tienen un contenido asegurativo, de control o

---

261 GARCÍA ALBERO, R.: "La suspensión de la ejecución de las penas", en QUINTERO OLIVARES, G. (Dir.): *Comentario a la reforma penal de 2015*, Cizur Menor, Thomson Reuters-Aranzadi, 2015, p. 158.

262 *Ibid.*, p. 240.

protección a las víctimas, similar a las penas privativas de derechos entre los que se puede citar a la prohibición de aproximación a la víctima, de comunicación con la misma o de residencia, o la prohibición de conducción de vehículos de vehículos de motor; otros con un contenido más asistencial van dirigidos a la preparación para la libertad como es la participación en programas formativos o de deshabituación (aunque esto después de un encierro tan prolongado es llamativo porque indica el fracaso penitenciario); y el último recogido en el art. 83.1.9º es demasiado abierto al permitir cualquier deber que el tribunal estime conveniente para la rehabilitación social, siempre que no afecte a la dignidad como personas, lo que choca abiertamente con la seguridad jurídica"[263]. Si bien, respecto de esta última posibilidad, cabría recordar que, además, se exige previa conformidad del penado.

Precisamente, a juicio de FERNÁNDEZ ARÉVALO y NISTAL BURÓN las medidas o prestaciones que contiene el art. 84 CP podrían ser integradas por vía de imposición facultativa en el artículo 81.1.9ª CP. Los citados autores se muestran favorables a esta cobertura legal indirecta, "en función de las circunstancias de cada caso, que las hacen aparentemente viables, en el caso de la primera —el cumplimiento del acuerdo alcanzado por las partes en virtud de mediación— y de la tercera —realización de trabajos en beneficio de la comunidad, especialmente cuando resulte adecuado como forma de reparación simbólica a la vista de las circunstancias del hecho y del autor—. Resulta, sin embargo, de difícil comprensión la aplicabilidad de la segunda —pago de una multa—, cuya extensión determinará el juez o tribunal en atención a las circunstancias del caso, que no podrá ser superior a la que resultase de aplicar dos cuotas de multa por cada día de prisión sobre un límite máximo de dos tercios de su duración"[264]. Por el contrario, debemos mostrar nuestra disconformidad con tales postulados, pues, como puede

---

263 *Ibid.*, pp. 223-224.

264 FERNÁNDEZ ARÉVALO, L. y NISTAL BURÓN, J.: *Derecho Penitenciario*, *op. cit.*, p. 306.

comprobarse, entre los artículos a los que remite el art. 92.3 CP no se encuentra el art. 84 CP. Y las disposiciones de este precepto no pueden incardinarse subrepticiamente en una cláusula como la del art. 81.1.9ª CP.

Por último, hay que mencionar que para el control del cumplimiento de las medidas deberá de tenerse en cuenta la normativa establecida en el Capítulo IV del Real Decreto 840/2011, de 17 de junio, que regula el cumplimiento y seguimiento de las reglas de conducta impuestas con carácter complementario a la suspensión de la ejecución de la pena.

Por su parte, el párrafo segundo del art. 92.3 CP señala que *"el juez o tribunal, a la vista de la posible modificación de las circunstancias valoradas, podrá modificar la decisión que anteriormente hubiera adoptado conforme al artículo 83, y acordar la imposición de nuevas prohibiciones, deberes o prestaciones, la modificación de las que ya hubieran sido acordadas, o el alzamiento de las mismas"*. Se trata de una adaptación de lo dispuesto en el art. 85 CP. De ahí que se diga "el juez o tribunal"; sin embargo, como sabemos, los casos de PPR no serán enjuiciados por un juez, sino por un tribunal. Así, una vez más, en nuestro caso, se tratará de una competencia que se atribuye al Tribunal sentenciador.

El Anteproyecto de Ley de Enjuiciamiento Criminal de 2020 prevé en su art. 916.1 que:

> *1. Dentro del plazo fijado por el tribunal, que no podrá ser superior a un año, se convocará al Ministerio Fiscal, a las partes acusadoras, a la persona condenada y a su defensa a una audiencia para comprobar el cumplimiento del régimen de la suspensión y, en su caso, para decidir sobre la modificación de sus condiciones o la revocación de la suspensión.*
>
> *Antes de la celebración de la vista el tribunal solicitará informes sobre el cumplimiento de las obligaciones, deberes, prestaciones y medidas que se hubieran impuesto, así como cualquier otro que resulte necesario para decidir. En todo caso, las partes podrán aportar las pruebas documentales o periciales que consideren relevantes.*
>
> *El tribunal resolverá en el acto o en los cinco días siguientes por medio de auto.*
>
> *(...).*

El art. 92.3 CP remite también al art. 87 CP. Siendo realmente de aplicación, en el caso de la PPR, su apartado primero, que alude a la remisión de la pena: "*Transcurrido el plazo de suspensión fijado sin haber cometido el sujeto un delito que ponga de manifiesto que la expectativa en la que se fundaba la decisión de suspensión adoptada ya no puede ser mantenida, y cumplidas de forma suficiente las reglas de conducta fijadas por el juez o tribunal, éste acordará la remisión de la pena*".

Aquí, lo único que no se entiende es por qué el precepto se refiere a "*y cumplidas de forma suficiente las reglas de conducta fijadas por el juez o tribunal*". Este parámetro no puede tenerse en cuenta para entender remitida la pena, pues, la referencia es la que fija el art. 86 CP (revocación de la suspensión) que alude a un incumplimiento grave o reiterado de las prohibiciones y deberes que le hubieran sido impuestos conforme al artículo 83 CP[265].

El Anteproyecto de Ley de Enjuiciamiento Criminal de 2020 contiene una disposición específica sobre este aspecto:

Artículo 917. Remisión definitiva de la prisión permanente revisable.

> *1. Transcurrido el plazo de suspensión, se solicitará hoja de antecedentes penales actualizada e informe sobre el cumplimiento de las obligaciones, deberes, prestaciones y medidas impuestos y cuantos otros informes el tribunal considere necesarios. Una vez recibidos todos estos documentos, se convocará al Ministerio Fiscal, a la persona condenada, a su defensa y a las partes acusadoras a una audiencia sobre el cumplimiento de las condiciones de la suspensión de la ejecución y la remisión definitiva de la pena.*
>
> *2. Celebrada la audiencia, el tribunal resolverá lo que proceda sobre la remisión definitiva de la pena.*

En último lugar, como es conocido, la libertad condicional en la reforma llevada a cabo por la LO 1/2015, pasa a ser una modalidad

265 Así parece entenderlo también GÁLVEZ JIMÉNEZ cuando se refiere a que, además de no haber cometido ningún delito durante el plazo de suspensión, el sujeto debe haber mostrado una conducta acorde con lo previsto por el Tribunal. *Cfr.* GÁLVEZ JIMÉNEZ, A.: "La aplicación…", *op. cit.*, p. 18.

de suspensión de la ejecución del resto de la pena, lo que supone que el tiempo pasado en libertad condicional no computará como tiempo de cumplimiento de la condena[266]. Esto significaría que, en caso de revocación y reingreso en prisión, el plazo de la suspensión no se tendría en cuenta en la condena que le quedara por cumplir. Sin embargo, esta característica de la nueva configuración dada en 2015 a la libertad condicional, no opera o no tiene ningún efecto sobre la PPR. Así, dado que el cumplimiento de la pena puede ser perpetuo, el reingreso en prisión (por revocación de la suspensión) no influye en ningún cómputo de años de condena. Y, tampoco en los plazos de revisión, pues, si se revoca la suspensión es porque se concedió la revisión; y, si se concedió la revisión, fue porque ya se había alcanzado el plazo.

2.8.9. Revocación de la suspensión

El art. 92.3 *in fine* CP, reza así: *"el juez de vigilancia penitenciaria revocará la suspensión de la ejecución del resto de la pena y la libertad condicional concedida cuando se ponga de manifiesto un cambio de las circunstancias que hubieran dado lugar a la suspensión que no permita mantener ya el pronóstico de falta de peligrosidad en que se fundaba la decisión adoptada"*.

Lo anterior ha dado cabida, en la doctrina, a interpretaciones muy variopintas sobre en quién recae verdaderamente la competencia para revocar la suspensión, habida cuenta que el art. 92.1 CP atribuye la potestad para suspender la ejecución al Tribunal (sentenciador).

---

266 MARTÍN ARAGÓN, M. M.: *Del cumplimiento íntegro…*, *op. cit.*, p. 113. NISTAL BURÓN, J.: "La duración del cumplimiento efectivo de la nueva pena de «prisión permanente revisable» introducida por la Ley Orgánica 1/2015, de 30 de marzo, de reforma del Código Penal, *Revista Aranzadi Doctrinal*, núm. 6, 2015 [versión electrónica].

Así, por ejemplo, ACALE SÁNCHEZ sostiene que se trata de un error y que cabe entender que es competente el tribunal[267]. A juicio de SOLAR CALVO, "la concesión de la libertad condicional corresponde al Tribunal sentenciador, mientras que su revocación continúa asignándose al JVP como es habitual para la libertad condicional"[268]. Y, para PONCELA GARCÍA, "de esta atribución parece derivar que al juez de vigilancia penitenciaria le corresponde hacer el seguimiento y control del condenado en este periodo de libertad, valorando las circunstancias concurrentes en cada momento, pero la misma tarea se encomienda al tribunal, con la posibilidad de introducir cambios en las prohibiciones, deberes y prestaciones a las que se condiciona la suspensión del resto de la pena, y resulta verdaderamente chirriante que ambos órganos judiciales controlen al penado en libertad al mismo tiempo y se asigne al tribunal una competencia menor (la modificación de condiciones) que al juez de vigilancia penitenciaria (revocación)"[269].

Por el contrario, lo que el CP hace en el caso de la PPR es establecer un doble sistema de revocación. Así, existen dos tipos: la general y común del art. 86 CP, cuya competencia es del Tribunal sentenciador; y, la específica del art. 92.3 *in fine* CP, que queda en manos del Juez de Vigilancia[270]. La revocación que es competencia del tribunal no viene recogida expresamente (como tal) en este precepto, sin embargo, el párrafo primero del art. 92.3 CP sí remite a lo dispuesto en el art. 86 CP. En dicho artículo se atribuye la competencia al "juez o tribunal", lo que, en nuestro caso, debe reducirse al tribunal. En estos casos, el tribunal podrá revocar la condicional en caso de recibir nueva condena criminal, por el in-

---

267 ACALE SÁNCHEZ, M.: *La prisión permanente revisable…*, *op. cit.*, p. 171.

268 SOLAR CALVO, P.: "¿Es el tratamiento…", *op. cit.*, p. 323.

269 PONCELA GARCÍA, J. A.: "La prisión…", *op. cit.*, p. 412.

270 Así lo han entendido también, CERVELLÓ DONDERIS, V.: *Libertad condicional…*, *op. cit.*, p. 191. LÓPEZ LÓPEZ, C. I.: "La prisión permanente revisable…", *op. cit.*, pp. 296-297. Y FERRER GARCÍA, A.: "La prisión permanente…", *op. cit.*, p. 35.

cumplimiento grave de los deberes impuestos y por la no colaboración con la justicia[271].

Respecto de la revocación contemplada en el art. 86 CP, el apartado primero de dicho precepto permite acordarla cuando el penado:

a) *Sea condenado por un delito cometido durante el período de suspensión y ello ponga de manifiesto que la expectativa en la que se fundaba la decisión de suspensión adoptada ya no puede ser mantenida.*

Como apunta CERVELLÓ DONDERIS, "en realidad se trata de un requisito acumulativo, es decir, el sujeto ha de haber cometido un delito durante el plazo de revisión, no antes; ser condenado por ello durante el mismo plazo, ya que si la pena ha sido remitida, no le alcanzaría; y además, que se evidencie la necesidad de no mantener la revisión ya que puede tratarse de un delito desconectado de las expectativas creadas, por ejemplo un delito imprudente o uno de distinta naturaleza al que motivó la prisión permanente revisable. Por eso la mera comisión de un delito no obliga a revocar la suspensión, que podrá mantenerse, pero remite la decisión a la valoración judicial"[272].

b) *Incumpla de forma grave o reiterada las prohibiciones y deberes que le hubieran sido impuestos conforme al artículo 83, o se sustraiga al control de los servicios de gestión de penas y medidas alternativas de la Administración penitenciaria.*

Para CERVELLÓ DONDERIS, "la dicción permite que sean incumplimientos no graves pero sí reiterados, o bien puntuales pero graves, lo que resulta inadecuado en una pena como la de prisión permanente revisable, dada la trascendencia que conlleva de reingreso en prisión, por ello debería interpretarse de manera restricti-

---

271 FERNÁNDEZ CODINA, G.: *Prisión permanente revisable. Una nueva perspectiva para apreciar su constitucionalidad en tanto que pena de liberación condicionada*, Barcelona, JM Bosch Editor, 2019, p. 30.

272 CERVELLÓ DONDERIS, V.: *Prisión perpetua y de larga duración…*, *op. cit.*, pp. 226-227.

va, es decir que el incumplimiento sea grave y además reiterado en el tiempo, y que la sustracción al control también lo sea, para que no suponga una consecuencia desproporcionada"[273].

A nuestro juicio, por el contrario, aunque podamos compartir el planteamiento de la citada autora (siendo deseable que así fuera), no creemos que se pueda concluir tal cosa. A no ser que aboguemos por realizar una interpretación *contra legem*, lo cual debe descartarse. El precepto es claro en este sentido: dice de forma grave o reiterada.

En cualquier caso, tal y como establece el apartado 2 del art. 86 CP, si el incumplimiento de las prohibiciones, deberes o condiciones no hubiera tenido carácter grave o reiterado, el juez o tribunal podrá:

- Imponer al penado nuevas prohibiciones, deberes o condiciones, o modificar las ya impuestas.
- Prorrogar el plazo de suspensión, sin que en ningún caso pueda exceder de la mitad de la duración del que hubiera sido inicialmente fijado. En nuestro caso, 15 años en total.

c) *Incumpla de forma grave o reiterada las condiciones que, para la suspensión, hubieran sido impuestas conforme al artículo 84.*

En nuestro caso, esta cláusula no puede resultar de aplicación, pues, el art. 92 CP no remite en ningún momento al art. 84 CP. Como ya dijimos, no es posible condicionar la suspensión de la ejecución de la pena a alguna de las previsiones que contiene ese precepto.

d) *Facilite información inexacta o insuficiente sobre el paradero de bienes u objetos cuyo decomiso hubiera sido acordado; no dé cumplimiento al compromiso de pago de las responsabilidades civiles a que hubiera sido condenado, salvo que careciera de capacidad económica para ello; o facilite información inexacta o insuficiente sobre su patrimonio, incumpliendo la obligación impuesta en el artículo 589 de la Ley de Enjuiciamiento Civil.*

---

273 *Ibid.*, p. 227.

CERVELLÓ DONDERIS ha manifestado que se trata de la previsión "más exigente y difícil de cumplir". Resaltando que "este último supuesto ha causado cierta sorpresa por su incoherencia en una figura que está valorando la necesidad o no de pena por razones de prevención especial"[274].

En nuestra opinión, la cláusula relativa al decomiso no debiera preocuparnos demasiado (en el caso de la PPR) si se tiene en cuenta la naturaleza de los delitos para los que está prevista. Y, tampoco el requisito del pago de la responsabilidad civil (cuya exigencia aquí si tiene cobertura legal), en tanto en cuanto se dice expresamente que *"salvo que careciera de capacidad económica para ello"*. En cuanto a la previsión concerniente a facilitar información inexacta o insuficiente sobre su patrimonio, incumpliendo la obligación impuesta en el art. 589 LECrim, siempre nos ha generado dudas sobre su virtualidad práctica: en primer lugar, porque el art. 589 LECrim (que permite fijar una fianza y, si no se aporta, decretar el embargo de bienes para asegurar las responsabilidades pecuniarias que pudieran declararse) se refiere a *"cuando del sumario resulten indicios de criminalidad contra una persona"*; y, aquí, estamos en fase de revocación de la suspensión (habiendo trascurrido muchos años desde entonces). Además, el art. 589 LECrim en ningún momento establece la obligación de que el sujeto deba facilitar información sobre su patrimonio (esa averiguación corresponde a la Administración judicial).

En todo caso, las circunstancias enumeradas en el art. 83.1 CP no son acumulativas, de forma que basta que concurra alguna de ellas o varias. No obstante, consideramos que la revocación fundada en alguna de estas causas debe ser lo suficientemente poderosa como para tener que decretar la revocación, máxime cuando, en el caso de la PPR, se ordenará el reingreso en prisión para el cumplimiento a perpetuidad de la pena (salvo que se concediera la revisión más adelante). Y, naturalmente, deberá quedar suficientemente motivada.

---

[274] *Ibid.*, p. 228.

En cuanto al procedimiento, el tribunal resolverá después de haber oído al Fiscal y a las demás partes (art. 86.4 CP). Sin embargo, el citado precepto contempla una excepción: *"podrá revocar la suspensión de la ejecución de la pena y ordenar el ingreso inmediato del penado en prisión cuando resulte imprescindible para evitar el riesgo de reiteración delictiva, el riesgo de huida del penado o asegurar la protección de la víctima"*. Este caso, como indica CERVELLÓ DONDERIS, "actúa como una especie de ingreso en prisión sin necesidad de los requisitos de audiencia previstos, pero una vez se tome la decisión debe ser comunicada inmediatamente al Fiscal y las partes"[275]. Con todo, si bien en este supuesto se concede al tribunal la potestad para revocar la suspensión *inaudita parte*, el último inciso del art. 86.4 CP prevé que el tribunal *"podrá acordar la realización de las diligencias de comprobación que fueran necesarias y acordar la celebración de una vista oral cuando lo considere necesario para resolver"*.

El Anteproyecto de Ley de Enjuiciamiento Criminal de 2020 prevé un art. 916 que se encarga de regular estos aspectos en relación con la PPR:

Artículo 916. Modificación, prórroga y revocación de la suspensión de la ejecución de la pena de prisión permanente revisable.

> *1. Dentro del plazo fijado por el tribunal, que no podrá ser superior a un año, se convocará al Ministerio Fiscal, a las partes acusadoras, a la persona condenada y a su defensa a una audiencia para comprobar el cumplimiento del régimen de la suspensión y, en su caso, para decidir sobre la modificación de sus condiciones o la revocación de la suspensión.*
>
> *Antes de la celebración de la vista el tribunal solicitará informes sobre el cumplimiento de las obligaciones, deberes, prestaciones y medidas que se hubieran impuesto, así como cualquier otro que resulte necesario para decidir. En todo caso, las partes podrán aportar las pruebas documentales o periciales que consideren relevantes.*
>
> *El tribunal resolverá en el acto o en los cinco días siguientes por medio de auto.*

---

275 *Idem*.

2. Cuando el tribunal conozca cualquier circunstancia que pueda dar lugar a la revocación de la suspensión de la ejecución o de cualquier incumplimiento de las obligaciones, deberes o prestaciones impuestos, procederá a convocar dicha audiencia con la urgencia que requiera el caso.

Si resulta imprescindible para evitar el riesgo de fuga o de reiteración delictiva o para asegurar la protección de la víctima, el tribunal podrá acordar, provisionalmente, la revocación y el ingreso en prisión, sin perjuicio de celebrar la audiencia prevista en el apartado anterior y, a continuación, ratificar o dejar sin efecto la revocación.

La otra modalidad de revocación que el CP alberga es la contemplada en el art. 92.3 *in fine* CP. Como ya vimos, se prevé que el juez de vigilancia penitenciaria revocará la suspensión de la ejecución del resto de la pena y la libertad condicional concedida "*cuando se ponga de manifiesto un cambio de las circunstancias que hubieran dado lugar a la suspensión que no permita mantener ya el pronóstico de falta de peligrosidad en que se fundaba la decisión adoptada*".

Como ya hemos advertido en otro lugar, el precepto parte de un error: aludir a la falta de "peligrosidad" como fundamento de la decisión adoptada (se refiere a la suspensión), pues, el art. 92.1 c) CP alude a un pronóstico favorable de reinserción.

Lo anterior se presta a dos posibles interpretaciones:

1) no se trataría de reevaluar todos los elementos que integran el pronóstico de reinserción, sino sólo el de reincidencia (que es el que asociamos a la peligrosidad).

   Sucede, sin embargo, que el CP habla de falta de peligrosidad; y, como es obvio, ningún instrumento de valoración puede ofrecer tal resultado porque esa falta absoluta de peligrosidad no es exigible (por irreal).

   Lo que sí puede valorarse es que haya habido un cambio en el pronóstico de reincidencia. Y, en caso de haberse producido, se podrá revocar la suspensión.

2) Que haya habido un cambio en cualquiera de los parámetros que conforman el pronóstico de reinserción del art. 92.1 c) CP. No sólo de la reincidencia[276].

Ésta es, a nuestro juicio, la exégesis que cabe hacer del art. 92.3 *in fine* CP, pues, se alude expresamente a *"un cambio de las circunstancias que hubieran dado lugar a la suspensión"*.

Tiene todo el sentido que así sea, pues, si para efectuar el pronóstico de reinserción se toman en consideración unos valores y éstos cambian, lo lógico será que se deba reconsiderar la suspensión.

Lo único es que para llevar a cabo esa reevaluación se requiere de un examen periódico por parte del JVP; y, el CP no fija plazo alguno para ello. Sólo se dice *"cuando se ponga de manifiesto"* un cambio en... De modo que, para que el JVP pueda pronunciarse sobre esa revocación deberá tener conocimiento de esos cambios. La crítica que cabe hacer al precepto es que no contempla ningún procedimiento; esto es, no se alude a si debe el JVP dar audiencia al Ministerio Fiscal y al penado. A nuestro juicio, así debiera ser.

No obstante, el Tribunal Constitucional, a nuestro modo de ver, de forma inexplicable, ha considerado en su sentencia 169/2021, de 6 de octubre, que: *"el cambio de las circunstancias que hubieran dado lugar a la suspensión que no permita mantener ya el pronóstico de falta de peligrosidad en que se fundaba la decisión adoptada"* sólo tenga efecto revocatorio cuando vaya acompañado de alguno de los incumplimientos tipificados en el art. 86.1 CP. Considera el Alto Tribunal que el art. 92.3 *in fine* CP otorga al juez de vigilancia penitenciaria,

---

276 No estamos de acuerdo con CERVELLÓ DONDERIS cuando afirma que "hay que tener en cuenta también que, así como para la revisión se exige pronóstico de reinserción social, para la revocación es la peligrosidad lo que se valora, lo que puede tener ligeras diferencias, ya que el pronóstico de reinserción puede tener un umbral de exigencia menor que el de peligrosidad". *Vid.*, CERVELLÓ DONDERIS, V.: *Prisión perpetua y de larga duración...*, *op. cit.*, p. 216. A nuestro juicio, es al revés: el de reinserción, por cuanto se valoran más aspectos, es más exigente; en cambio, la reincidencia supone valorar sólo un aspecto.

como órgano competente para el control de la libertad condicional, una facultad casi omnímoda para ordenar el reingreso en prisión del liberado en virtud de una valoración de sus circunstancias personales exenta de pautas legales (FJ, 9).

El TC no ha declarado la inconstitucionalidad del precepto, sino que ha propuesto una interpretación conforme a la CE que consiste, curiosamente, en vaciar de contenido el art. 92.3 *in fine* CP. En nuestra opinión, consideramos que se trata de una decisión profundamente desacertada por lo dicho más arriba. Cualquiera de las dos interpretaciones propuestas, en especial la que hemos defendido, consideramos que permitirían concluir que el precepto no encierra ninguna tacha de inconstitucionalidad. Además, se trata de una previsión idéntica a la contemplada en el art. 90.5 CP.

2.8.10. La revisión de la PPR tras una primera denegación de la suspensión o tras una revocación de ésta

Aparentemente, el art. 92.4 CP únicamente alude al primer supuesto: la posibilidad de revisar la PPR una vez se haya denegado ésta.

Por un lado, este artículo prevé que *"el tribunal deberá verificar, al menos cada dos años, el cumplimiento del resto de requisitos de la libertad condicional"*. Y, por otro lado, se permite que el penado pueda solicitar de forma ilimitada cuantas peticiones de revisión estime necesarias. Si bien, en este caso, el propio precepto establece que el tribunal *"podrá fijar un plazo de hasta un año dentro del cual, tras haber sido rechazada una petición, no se dará curso a sus nuevas solicitudes"*. Pero, puede no fijarse, pues, no es preceptivo (*podrá*).

En cambio, el artículo parece guardar silencio sobre el segundo de los supuestos: cuando se haya revocado la suspensión. ¿Se puede en estos casos solicitar nuevas revisiones?

A juicio de FERNÁNDEZ ARÉVALO y NISTAL BURÓN, "el efecto de la revocación es que el liberado debe reingresar a cumplir la pena de prisión permanente revisable, con la consecuencia de que deja de ser revisable, convirtiéndose en prisión perpetua y de por vida, por no contemplarse previsiones especiales de nueva revisión. Por consiguiente, no existirán más que dos opciones para la excarcelación: la libertad condicional como septuagenario o enfermo grave con padecimientos incurables"[277].

Sin embargo, no consideramos que pudiera llegarse a tal conclusión. El TC, en su sentencia 169/2021, de 6 de octubre, ha estimado que el CP no contempla la situación del penado que haya reingresado en prisión tras la revocación de una libertad condicional previamente concedida, lo que deja abierta la posibilidad de interpretar que la revocación puede constituir un obstáculo para obtener una nueva revisión de la pena. Por ello, ha aclarado que *"tras la revocación de la libertad condicional, habrán de estimarse subsistentes las exigencias impuestas al tribunal sentenciador en el artículo 92.4 CP de verificar, con una periodicidad bianual, el cumplimiento de los requisitos para el acceso a la libertad condicional y de resolver las peticiones que el penado le dirija con los condicionamientos temporales establecidos en dicha norma"*(FJ, 9).

El pronunciamiento del TC sobre esta cuestión debe valorarse positivamente, sin embargo, consideramos que el art. 92.4 CP ya permitía alcanzar tal conclusión. Repárese en el hecho de que el precepto alude a que *"extinguida la parte de la condena a que se refiere la letra a) del apartado 1 de este artículo o, en su caso, en el artículo 78 bis, el tribunal deberá verificar, al menos cada dos años, el cumplimiento del resto de requisitos de la libertad condicional"*. En consecuencia, como puede observase, el precepto no distingue entre una u otra situación (de rechazo de la suspensión o de revocación de ésta). Y lo mismo sucede cuando el artículo se refiere a que *"el tribunal resolverá también las peticiones de concesión de la libertad condicional del penado"*. En este último caso, la única duda posible hubiere sido si el tribunal podría fijar también el plazo de hasta un año para no recibir nuevas solicitudes.

---

277 FERNÁNDEZ ARÉVALO, L. y NISTAL BURÓN, J.: *Derecho Penitenciario*, *op. cit.*, p. 309.

Ahora bien, el hecho de haberse revocado la suspensión ¿puede ser considerado negativamente en una futura revisión?

Desde luego, el CP no alude a esta circunstancia como un aspecto a valorar negativamente. Por lo que no podría ser un obstáculo para conceder una nueva suspensión.

Sin embargo, podría sostenerse que ese "precedente" podría tenerse en cuenta, especialmente, a la hora de examinar el parámetro relativo a *"los efectos que quepa esperar de la propia suspensión de la ejecución"*; y, en menor medida, en el de la *"relevancia que de los bienes jurídicos que podrían verse afectados por una reiteración en el delito"*. Por el contrario, nuestra posición es reacia a esto último. La valoración de ese dato (el de la revocación previa) en el pronóstico de reinserción resulta forzada. De forma que, en nuestra opinión, no debiera condicionar el fallo del tribunal respecto de una futura revisión.

2.9. La revisión de la PPR por motivos humanitarios

El art. 92.3 CP remite al art. 91 CP. Este precepto permite conceder la libertad condicional a:

a) los penados que hubieran cumplido la edad de setenta años, o la cumplan durante la extinción de la condena.

b) Cuando se trate de enfermos muy graves con padecimientos incurables.

El art. 91.1 CP condiciona esta excarcelación por motivos humanitarios a que se reúnan una serie de requisitos específicos, lo que significa (por la remisión expresa que se hace a este precepto) que, para la concesión de esta clase de revisión, no operan los requisitos propios del art. 92.1 CP en la medida en que se aparten de aquellos.

A su vez, el art. 91.1 CP señala que esos requisitos son los exigidos en el art. 90 CP, excepto el relativo a los períodos de seguridad. De forma que, deberían darse dos circunstancias: que el penado se encuentre clasificado en tercer grado; y, que haya observado buena conducta. Sin embargo, esta última condición no se encuentra recogida como requisito para conceder la suspensión en el caso de la PPR, debiéndose descartar su empleo. En consecuencia, la única exigencia que se establece para conceder esta clase de liberación anticipada es que el penado se encuentre clasificado en tercer grado.

El competente para decretar tal suspensión es el JVP, quien, a la hora de resolver sobre ésta, valorará, junto a las *circunstancias personales*, la *dificultad para delinquir* y la *escasa peligrosidad* del sujeto (art. 91.2 CP). Además, cuando se trate de enfermos muy graves con padecimientos incurables, esta condición deberá acreditarse tras la práctica de los informes médicos que, a criterio del juez de vigilancia penitenciaria, se estimen necesarios (art. 91.1 *in fine* CP).

En cuanto al procedimiento, el art. 91.2 CP señala que, cuando a la Administración penitenciaria le conste que el interno se halle en cualquiera de los dos supuestos previstos en la norma, elevará el expediente de libertad condicional, con la urgencia que el caso requiera, al juez de vigilancia penitenciaria. Naturalmente, el interno podrá igualmente dirigir una petición al Centro solicitando la aplicación de este instrumento. Y, entendemos, que también podrá dirigirse directamente al JVP cuando la Administración penitenciaria no lo promueva o lo haya denegado.

Sin embargo, ante el silencio que guarda el art. 91 CP, parece que el JVP podrá decidir sobre esta cuestión *inaudita parte* (a diferencia de lo que prevé el art. 36.4 CP para el tercer grado). Con todo, este escenario es inadmisible, debiéndose dar audiencia al Ministerio Fiscal, al interesado, y parece que también a la acusación particular si estuviera personada en la causa y hubiere solicitado que se le notificara la resolución (en virtud de los dispuesto en el art. 13 EV, pues, se trata de una resolución sobre libertad condicional que dicta el JVP). El auto del JVP será recurrible (incluso por la víctima, a pesar de que no se haya personado).

Por otro lado, el art. 90.3 CP contempla un supuesto específico de excarcelación por motivos humanitarios en casos de urgencia. Es competencia, en nuestro caso, del tribunal sentenciador. El peligro para la vida del interno, a causa de su enfermedad o de su avanzada edad, debe ser "patente", por estar así acreditado por el dictamen del médico forense y de los servicios médicos del establecimiento penitenciario. Y, para este caso, no es preciso observar ningún otro requisito (es decir, ni estar clasificado en tercer grado), más que *"la falta de peligrosidad relevante del penado"*. Con todo, no es éste, en realidad, el único parámetro que se somete a valoración. El art. 90.3 CP obliga a que, en nuestro caso el tribunal, requiera el informe de pronóstico final a la Administración penitenciaria *"al objeto de poder hacer la valoración a que se refiere el apartado anterior"*. Y, como vimos, el apartado 2 del art. 90 CP establece que se valorará, junto a las circunstancias personales, la dificultad para delinquir y la escasa peligrosidad del sujeto. Por último, el penado estará obligado a facilitar al servicio médico penitenciario, al médico forense, o a aquel otro que se determine por el juez o tribunal, la información necesaria para poder valorar sobre la evolución de su enfermedad.

En cuanto al procedimiento, tampoco se prevé ninguna previsión. Pueden darse por reproducidas las consideraciones que hicimos más arriba. Si bien, aquí no cabe dar entrada a la acusación particular, pues, se trata de una resolución del tribunal (no del JVP). Y la iniciativa partirá del interesado.

Por su parte, el art. 90.4 CP prevé que resultan aplicables al supuesto regulado en este artículo las disposiciones contenidas en los apartados 4, 5 y 6 del artículo anterior. La duda que nos surge es si estas disposiciones a las que se remite alcanzan también a la excarcelación por razones de urgencia. A nuestro juicio, no debería ser así. Aunque no parecen excluirse expresamente.

En consecuencia:

a) se podrá denegar la suspensión de la ejecución del resto de la pena cuando el penado hubiera dado información inexacta o insuficiente sobre el paradero de bienes u objetos cuyo decomiso hubiera sido acordado; no dé cumplimiento conforme a su capacidad al compromiso de pago de las responsabilidades civiles a que hubiera sido condenado; o facilite información inexacta o insuficiente sobre su patrimonio, incumpliendo la obligación impuesta en el artículo 589 de la Ley de Enjuiciamiento Civil (art. 90.4 CP).

b) Resultarán aplicables las normas contenidas en los artículos 83, 86 y 87 (art. 90.5 CP).

Por el contrario, la remisión al art. 90.6 CP no resulta de aplicación a la PPR por la naturaleza de esta pena.

En cualquier caso, coincidimos con CERVELLÓ DONDERIS cuando afirma que la remisión a esos apartados del art. 90 CP "alejan esta figura del carácter pretendidamente humanitario y la transforman en un instrumento de contenido disciplinario"[278].

Una cuestión que no hemos planteado hasta el momento, pero que afecta también a los presos aquejados de una enfermedad muy grave con padecimientos incurables, es la relativa a si puede evitarse su entrada en prisión.

Señala a este respecto el art. 80.4 CP que *"los jueces y tribunales podrán otorgar la suspensión de cualquier pena impuesta sin sujeción a requisito alguno en el caso de que el penado esté aquejado de una enfermedad muy grave con padecimientos incurables, salvo que en el momento de la comisión del delito tuviera ya otra pena suspendida por el mismo motivo"*.

En nuestra opinión, como sostiene CERVELLÓ DONDERIS, "el carácter humanitario de esta causa específica de suspensión de cualquier pena impuesta, regulada en el art. 80.4 CP, permite que alcance también a los condenados a prisión permanente revisable, en cuyo caso en la misma sentencia, o cuando sea firme, pero a la mayor urgencia posible, el Juez o Tribunal deberá resolver sobre su concesión o no. Por lo tanto, sólo si la enfermedad se padece en el momento del juicio podrá acogerse a este tipo especial de suspensión, pero no si la desarrolla durante el cumplimiento, porque es

---

278 CERVELLÓ DONDERIS, V.: *Prisión perpetua y de larga duración…*, *op. cit.*, p. 229.

ese caso al haberse iniciado la ejecución ya no se puede suspender; sino en su caso optar a la libertad condicional adelantada"[279].

2.10. Otras cuestiones

2.10.1. Pena inferior en grado

La PPR no se presta a individualización, salvo en casos concretos. Así, sólo puede producirse una rebaja de la pena inferior en grado.

El art. 70.4 CP establece que la pena inferior en grado a la de prisión permanente es la pena de prisión de veinte a treinta años. Como destaca FUENTES OSORIO, al no indicarse cómo se seguirá bajando de grado, se debería aplicar la regla general del art. 70 CP (20 a 10, 10 a 5 años)[280].

Esa rebaja inferior en grado es posible en casos de tentativa[281] (art. 62 CP) y complicidad (art. 63 CP). Y, así también, allí donde

---

279 *Ibid.*, pp. 295-296.

280 FUENTES OSORIO, J.L.: "¿La botella medio llena o medio vacía?...", *op. cit.*, p. 344.

281 La SAP Zaragoza 96/2018, de 13 de abril, condena al autor de un delito de asesinato en grado de tentativa acabada (con la concurrencia de la circunstancia agravante de parentesco y las atenuantes de reparación parcial del daño y analógica de alteración psíquica) a la pena de 20 años. La SAP Granada 324/2019, de 27 de agosto, condena al autor de un delito de asesinato en grado de tentativa del art 140.1.1ª CP a la pena de 25 años y un día, al concurrir sólo una agravante (la de género) lo que exige imponer la pena de veinte a treinta años en la mitad superior. La SAP Valencia 455/2019, de 21 de octubre, condena al autor de un delito de asesinato del art. 140.1.1ª CP en grado de tentativa en concurso ideal con un delito de lesiones psíquicas a la pena de 28 años de prisión (concurriendo en el primero de ellos las agravantes de parentesco y de razones de género y la atenuante de confesión de la infracción). La SAP Ciudad Real 3/2022, de 7 de febrero, condena a la pena de prisión de 8 años al autor de un delito de asesinato alevoso del art. 140.1.1ª CP en grado de tentativa, concurriendo las circunstancias atenuante muy cualificada de alteración psíquica y agravante de parentesco. Y a la misma pena por idéntico delito cometido en las mismas circunstancias sobre otra persona.

cuando se castiguen los actos preparatorios (provocación, conspiración y proposición).

En el ámbito de los delitos de terrorismo (cuando se haya ocasionado una muerte) el art. 579 bis CP contiene dos previsiones específicas:

- El apartado 3 permite imponer la pena inferior en uno o dos grados "*cuando el sujeto haya abandonado voluntariamente sus actividades delictivas, se presente a las autoridades confesando los hechos en que haya participado y colabore activamente con éstas para impedir la producción del delito, o coadyuve eficazmente a la obtención de pruebas decisivas para la identificación o captura de otros responsables o para impedir la actuación o el desarrollo de organizaciones, grupos u otros elementos terroristas a los que haya pertenecido o con los que haya colaborado*".
- El apartado 4 permite también imponer la pena inferior en uno o dos grados "*cuando el hecho sea objetivamente de menor gravedad, atendidos el medio empleado o el resultado producido*".

Por otro lado, también hay que acudir al art. 66.1 CP. Las combinaciones que permiten una rebaja de la pena inferior en grado son:

- cuando concurran dos o más circunstancias atenuantes, o una o varias muy cualificadas, y no concurra agravante alguna (2ª). En este caso se puede aplicar la pena inferior hasta en dos grados.
- cuando no concurran atenuantes ni agravantes aplicarán la pena establecida por la ley para el delito cometido, en la extensión que estimen adecuada, en atención a las circunstancias personales del delincuente y a la mayor o menor gravedad del hecho (6ª).
- cuando concurran atenuantes y agravantes, las valorarán y compensarán racionalmente para la individualización de la pena. En el caso de persistir un fundamento cualificado de atenuación aplicarán la pena inferior en grado (7ª).

Se pregunta al respecto FUENTES OSORIO, ¿de qué modo puede tener en cuenta el juez aquellas combinaciones de circunstancias modificativas de la responsabilidad que no generan una bajada de grado, por ejemplo, cuando concurra una sola circunstancia atenuante no cualificada (art. 66.1.1 CP) o sean varias circunstancias agravantes y atenuantes sin existir un fundamento cualificado de atenuación (art. 66.1.7 CP)? Para este autor, "al no haber un marco penal (lo que de nuevo abunda en su indeterminación) debería interpretarse, a favor de reo, que siempre se debe bajar un grado"[282]. Sin embargo, a nuestro juicio, ello no es posible[283]. Como vimos en otro lugar, las atenuantes que no conlleven una rebaja de pena inferior en grado, así como las agravantes, podrán ser valoradas en el pronóstico de reinserción del art. 92.1 c) CP; concretamente, dentro del parámetro *"las circunstancias del delito cometido"*.

Sin olvidar que el art. 68 CP (eximentes incompletas) contempla que, en los casos previstos en la circunstancia primera del artículo 21, los jueces o tribunales impondrán la pena inferior en uno o dos grados a la señalada por la ley, atendidos el número y la entidad de los requisitos que falten o concurran, y las circunstancias personales de su autor, sin perjuicio de la aplicación del artículo 66 del presente Código.

Por último, la regla 8ª del art. 66.1 CP prevé que *"cuando los jueces o tribunales apliquen la pena inferior en más de un grado podrán hacerlo en toda su extensión"*.

Con todo, no hay que olvidar estos dos posibles escenarios:

A) que la PPR rebajada en grado (20 a 30 años) puede concurrir con otras penas, en cuyo caso habrá concurso de delitos.

B) Que si la PPR rebajada en grado concurre con otra u otras PPR habrá que estar a las reglas del art. 78 bis CP.

---

282 *Idem*.

283 Así también, ICUZA SÁNCHEZ, I.: *La prisión permanente...*, *op. cit.*, p. 42.

2.10.2. Autoría y participación. Actos preparatorios punibles

La PPR se impondrá a todos aquellos que el CP considera autores. A saber, según el art. 28 CP: quienes realizan el hecho por sí solos, conjuntamente o por medio de otro del que se sirven como instrumento. También serán considerados autores: a) los que inducen directamente a otro u otros a ejecutarlo; y, b) los que cooperan a su ejecución con un acto sin el cual no se habría efectuado.

Como se señaló más arriba, al cómplice (art. 29 CP) se le impondrá la pena inferior en grado a la PPR (de 20 a 30 años).

En cuanto a los actos preparatorios punibles (arts. 17 y 18 CP), la provocación, conspiración y proposición se castigan en todos los delitos para los que se prevé PPR:

- asesinatos del art. 140 CP (art. 141 CP).
- muerte del Rey o la Reina o del Príncipe o la Princesa de Asturias, del art. 485.1 CP (art. 488 CP).
- muerte en caso de terrorismo, del art. 573 bis 1.1ª CP (art. 579.2 CP).
- muerte de un Jefe de un Estado extranjero, u otra persona internacionalmente protegida por un Tratado, que se halle en España del art. 605.1 CP; muerte, agresiones sexuales y lesiones del art. 149 CP en casos de genocidio del art. 607.1 CP; y, muerte en delitos de lesa humanidad del art. 607 bis CP (art. 615 CP).

2.10.3. Acumulación de condenas

El art. 76.1 CP fija máximos de cumplimiento efectivo de la condena en supuestos concursales de hasta 20, 25, 30 y 40 años. Y, el art. 76.2 CP, permite acogerse a tales límites aun cuando las condenas hubieran recaído en procesos distintos (siempre y cuando los hechos fueren anteriores a la fecha de la sentencia a la que se pretenden acumular).

Pero, el art. 78 bis CP (al que remite expresamente el art. 76.1. e) CP, no contiene mención alguna sobre cómo debe operarse en el segundo supuesto; esto es, en los de acumulación de condenas.

Los escenarios que podrían plantearse son:

a) se condena a PPR, a PPR junto con otras penas, o a varias PPR; y, más tarde, se pretende acumular unos hechos que acontecieron con anterioridad a la sentencia condenatoria.

b) se condena a PPR, a PPR junto con otras penas, o a varias PPR; y, más tarde, se pretende acumular unos hechos que, sin embargo, son posteriores a la sentencia condenatoria.

El primero de los casos encajaría con lo dispuesto en el art. 76.2 CP, por lo que no debería plantear excesivos problemas su extensión.

Sin embargo, el segundo ejemplo vendría vetado por el art. 76.2 CP. Se trataría, precisamente, de un supuesto en el que no sería posible la acumulación. Esto, en nuestro caso, implicaría que tras una eventual concesión de la revisión el sujeto tendría que cumplir las penas que no hubieren sido objeto de acumulación. Este escenario, sin duda, no puede ser más desfavorable para el reo. En este sentido, y no habiendo una disposición expresa que regula la acumulación de condenas en caso de PPR, consideramos que en ambos casos serían igualmente de aplicación las reglas del art. 78 bis CP. De esta forma, por más condenas que recayeran sobre el reo, los plazos máximos de acceso al tercer grado y de revisión siempre serían los de este artículo. Esta es, pues, a nuestro juicio, la opción más razonable.

2.10.4. Otras penas principales. Penas accesorias

Teniendo en cuenta que el art. 54 CP establece que *"las penas de inhabilitación son accesorias en los casos en que, no imponiéndolas especialmente, la Ley declare que otras penas las llevan consigo"*, las que a continuación se enumeran deben reputarse penas principales.

El art. 579 bis 1 CP establece que se castigará también, por un tiempo superior entre seis y veinte años al de la duración de la pena de privación de libertad impuesta en su caso en la sentencia, y *"atendiendo proporcionalmente a la gravedad del delito, el número de los cometidos y a las circunstancias que concurran en el delincuente"*, con las penas de:

- inhabilitación absoluta; e,
- inhabilitación especial para profesión u oficio educativos, en los ámbitos docente, deportivo y de tiempo libre.

El art. 607.2 CP contempla la imposición, por un tiempo superior entre tres y cinco años al de la duración de la pena de privación de libertad impuesta en su caso en la sentencia, y *"atendiendo proporcionalmente a la gravedad del delito y a las circunstancias que concurran en el delincuente"*, de la pena de:

- inhabilitación especial para profesión u oficio educativos, en el ámbito docente, deportivo y de tiempo libre.

Y el art. 607 bis 3 CP prevé que se acuerde, por un tiempo superior entre tres y cinco años al de la duración de la pena de privación de libertad impuesta en su caso en la sentencia, y *"atendiendo proporcionalmente a la gravedad del delito y a las circunstancias que concurran en el delincuente"*, la pena de:

- inhabilitación especial para profesión u oficio educativos, en el ámbito docente, deportivo y de tiempo libre.

Por su parte, el art. 616 CP obliga a imponer como penas principales en los delitos de muerte de jefe extranjero o persona protegida internacionalmente; genocidio; y, lesa humanidad:

- inhabilitación absoluta entre diez y veinte años (cuando el delito fuere cometido por autoridad o funcionario público).
- inhabilitación especial para empleo o cargo público entre uno a diez años (cuando el delito fuere cometido por particular).

Así también, el art. 140 bis 2 CP establece que si la víctima y quien sea autor de los delitos previstos en los tres artículos precedentes tuvieran un hijo o hija en común, la autoridad judicial impondrá, respecto de éste, la pena de privación de la patria potestad. Acordándose también esta pena cuando la víctima fuere hijo o hija del autor, respecto de otros hijos e hijas, si existieren[284]. Esta privación de la patria potestad, a diferencia de la prevista en el art. 55 CP, es de imposición obligatoria.

Con todo, junto a lo anterior, habrá que tener en cuenta lo previsto en el art. 55 CP (penas accesorias)[285]. Así, tal y como reza este precepto, dado que la PPR es una pena superior a diez años, también deberá imponerse (como pena accesoria) la inhabilitación absoluta *durante el tiempo de la condena* en los siguientes casos:

- Art. 140 CP (asesinato de menor de dieciséis años o persona especialmente vulnerable por razón de su edad, enfermedad o discapacidad; subsiguiente a un delito sexual; por quien perteneciere a un grupo u organización criminal; y, tras una condena previa por más de dos muertes).
- Art. 485 CP (muerte del Rey o la Reina o del Príncipe o la Princesa de Asturias).
- Art. 605.1 CP (muerte de un Jefe de un Estado extranjero, u otra persona internacionalmente protegida por un Tratado, que se halle en España). Sólo cuando el delito fuere cometido por particular.
- Art. 607.1 CP (muerte, agresiones sexuales y lesiones del art. 149 CP en casos de genocidio).

  Sólo cuando el delito fuere cometido por particular.

---

284 Disposición introducida por la LO 8/2021, de 4 de junio.

285 En contra, CERVELLÓ DONDERIS, V.: *Prisión perpetua y de larga duración…*, *op. cit.*, pp. 238-239. Sostiene esta autora que "para ello sería necesario que en la previsión del art. 55 CP se incluyera junto a la pena de prisión también a la prisión permanente revisable, ya que según reza el art. 33.2 son penas diferentes". A nuestro juicio, la aplicación del art. 55 CP a la PPR es plenamente viable desde el momento en que la PPR es una pena superior a diez años.

– Art. 607 bis CP (muerte en delitos de lesa humanidad). Sólo cuando el delito fuere cometido por particular.

OBSERVACIÓN: En estos últimos tres casos (muerte de Jefe de Estado extranjero, genocidio y lesa humanidad) se produce una situación peculiar. Cuando estos delitos son cometidos por un particular, el art. 616 CP instituye como pena principal la inhabilitación especial para empleo o cargo público entre uno a diez años. Sin embargo, por aplicación del art. 55 CP también debe imponerse la pena accesoria de inhabilitación absoluta. En este supuesto, dado que el cumplimiento simultáneo no es posible, pues, se trata de penas homogéneas, sólo cabrían dos opciones: 1) ordenar el cumplimiento sucesivo, siguiendo la regla del art. 75 CP; o, 2) entender que la inhabilitación especial para empleo o cargo público ya queda abarcada por la inhabilitación absoluta[286].

A nuestro juicio, la primera solución resulta desmesurada. De forma que, debería abogarse por aplicar la segunda de las alternativas.

Por otro lado, el art. 55 CP prevé igualmente que se puede disponer la inhabilitación especial para el ejercicio de la patria potestad, tutela, curatela, guarda o acogimiento, o bien la privación de la patria potestad, *"cuando estos derechos hubieren tenido relación directa con el delito cometido"*. Vinculación que, tal y como dispone el propio precepto, debe determinarse expresamente en la sentencia[287].

Así también, resultaría de aplicación el art. 57.1 *in fine* CP. En este sentido, dado que todos los delitos para los que se prevé PPR son considerados graves (al tener esta pena tal calificación), el Tribunal podrá acordar la imposición de una o varias de las prohibicio-

---

286 En virtud del art. 41 CP, la inhabilitación absoluta produce la privación definitiva de todos los honores, empleos y cargos públicos que tenga el penado, aunque sean electivos. Produce, además, la incapacidad para obtener los mismos o cualesquiera otros honores, cargos o empleos públicos, y la de ser elegido para cargo público.

287 *Vid.*, por ejemplo, SAP Toledo 83/2019 de 25 de abril. Y SAP Barcelona 27/2022, de 19 de abril.

nes del art. 48 CP. Y lo podrá hacer por un tiempo superior entre uno y diez años al de la duración de la pena de prisión impuesta en la sentencia. Esas prohibiciones son:

- La privación del derecho a residir en determinados lugares o acudir a ellos.
- La prohibición de aproximarse a la víctima, o a aquellos de sus familiares u otras personas que determine el tribunal.
- La prohibición de comunicarse con la víctima, o con aquellos de sus familiares u otras personas que determine el tribunal.

Con todo, la aplicación de estas disposiciones a la PPR presenta un inconveniente; y, es que, no permite hacer una interpretación literal de tales preceptos. La imposición de estas penas principales y accesorias lo es por tiempo superior entre seis y veinte años al de la duración de la pena impuesta en la sentencia; entre tres y cinco años; durante el tiempo de la condena; o, entre uno y diez años (respectivamente). Sin embargo, a diferencia del resto de penas de prisión, la PPR no permite (por definición) fijar un tiempo de condena concreto. De este modo, la imposición de estas penas principales y accesorias en la PPR requiere de una interpretación ajustada a la naturaleza de esta pena.

Las opciones, a nuestro juicio, son tres:

1) considerar equiparable "el tiempo de la condena" o "la duración de la pena impuesta en la sentencia" a los períodos de revisión que se fijan en los arts. 92 y 78 bis CP. Siendo éste el único dato cierto que se puede conocer en el momento de la condena[288].

2) Considerar equiparable "el tiempo de la condena" o "la duración de la pena impuesta en la sentencia" al momento en que

---

[288] Esta postura parece ser defendida por LÓPEZ PEREGRÍN, al menos para las prohibiciones del art. 48 CP. *Cfr.*, LÓPEZ PEREGRÍN, C.: "Algunos problemas que plantea la determinación y ejecución de la pena de prisión permanente revisable", *Revista Penal México*, núm. 21, 2022, p. 52.

se concediere la suspensión (lo que no tiene por qué coincidir con los plazos arriba señalados, sino que puede producirse posteriormente).

3) Considerar equiparable "el tiempo de la condena" o "la duración de la pena impuesta en la sentencia" al período que oscila entre el ingreso en prisión y hasta que se produce la remisión de la pena[289].

Naturalmente, de las tres interpretaciones, la primera es la que resulta más beneficiosa para el reo. Las otras dos pueden suponer un cumplimiento excesivamente largo; eso, en el mejor de los casos, pues, si no se obtuviere la revisión, esas otras penas se convertirían en perpetuas. A este respecto, y dado que el CP no prevé expresamente esta última posibilidad, consideramos que la opción más acertada debiera ser la primera.

Si nos decantáramos por cualquiera de las otras dos alternativas (e imaginando que se concediera la suspensión), su aplicación tendría unas consecuencias drásticas, especialmente, sobre las inhabilitaciones previstas en casos de terrorismo que se adoptarán "por un tiempo superior entre seis y veinte años al de la duración de la pena de privación de libertad impuesta en su caso en la sentencia". Veamos, a continuación, cuáles serían los distintos escenarios.

- *Situación 1: si a un delito de terrorismo con resultado de muerte le corresponde un plazo de revisión de 25 años y se impone una inhabilitación absoluta y especial por un tiempo superior entre 6 y 20 años; su duración podría oscilar entre los 31 y los 45 años.*

---

[289] Parece acoger esta tesis, ACALE SÁNCHEZ. *Cfr.*, ACALE SÁNCHEZ, M.: *La prisión permanente revisable…*, *op. cit.*, p. 153. Señala esta autora que "la pena de prisión permanente revisable no termina de cumplirse hasta que hayan pasado los largos plazos que prevé el art. 92, esto es, más allá del tiempo de estancia en prisión". Aunque critica que, "con semejante duración, parece pues que las penas de inhabilitación recuperan completamente su carácter infamante".

Esta respuesta penológica resulta, a nuestro modo ver, más que suficiente Si bien, consideramos que no sería aconsejable, en ningún caso, alcanzar los 20 años (salvo supuestos excepcionales).

- *Situación 2: si al reo se le concediese la suspensión a los 30 años (aunque podría haber sido a los 25 años), y se le impone una inhabilitación absoluta y especial por un tiempo superior entre 6 y 20 años; su duración podría oscilar entre los 36 y los 50 años.*

Como resulta evidente, la respuesta es desmedida.

- *Situación 3: si al reo se le concede la suspensión a los 25 años (aunque puede ser más tarde), se decreta un período de suspensión de 10 años, y se le impone una inhabilitación absoluta y especial por un tiempo superior entre 6 y 20 años; su duración podría oscilar entre los 41 y los 65 años.*

Todo un despropósito.

La jurisprudencia, por su parte, está llegando a conclusiones dispares.

La mayoría de Audiencias Provinciales se limitan a imponer la inhabilitación absoluta "por el tiempo de la condena"[290]. Esto parece conllevar que la inhabilitación absoluta acompañe al reo todo su tiempo de internamiento hasta que se declare remitida la pena.

---

290 Así, por ejemplo, SAP Tenerife 100/2018, de 21 de marzo; SAP Álava 278/2018; SAP A Coruña 484/2018, de 16 de octubre; SAP Barcelona 7/2019, de 4 de marzo; SAP Toledo 83/2019, de 25 de abril; SAP Madrid 628/2019, de 30 de octubre; SAP Valencia 584/2019, de 30 de octubre; SAP Bizcaia 79/2019, de 23 de diciembre; SAP Tenerife 42/2020, de 14 de febrero; SAP Tenerife 177/2020, de 2 de julio; SAP Huesca 97/2020, de 6 de octubre; SAP Teruel 38/2021, de 27 de abril; SAP Asturias 16/2021, de 26 de mayo; SAP Barcelona, de 20 de julio de 2021; SAP Huelva 135/2021, de 9 de diciembre; SAP Tenerife 46/2022, de 17 de febrero; SAP Lugo 54/2022, de 28 de febrero; SAP La Rioja 29/2022, de 11 de marzo; SAP Barcelona 27/2022, de 19 de abril; SAP Madrid 682/2022, de 28 de noviembre; SAP Cuenca 22/2023, de 6 de febrero; SAP Lugo 64/2023, de 15 de marzo; SAP La Rioja 67/2023, de 17 de abril; SAP Toledo 75/2023, de 3 de mayo.

Pero, si no se produjere la suspensión, entonces esta inhabilitación devendría perpetua, lo que no nos parece aceptable.

La SAP Pontevedra 47/2023, de 21 de marzo, establece que la inhabilitación absoluta tendrá una duración mínima de 22 años (plazo fijado en sentencia para progresar al tercer grado).

La SAP A Coruña 197/2019, de 17 de diciembre, marca el tiempo de cumplimiento en veinte años. En nuestra opinión, el límite contenido en el art. 40.1 CP de veinte años (para la inhabilitación absoluta) no puede operar en el caso de condenas a PPR. De hecho, en el CP se contempla alguna excepción a ese límite, como en el art. 473.1 CP, donde se prevé una inhabilitación absoluta entre quince y veinticinco años.

Y, en otras ocasiones, el período de inhabilitación absoluta viene establecido junto con otras prohibiciones. Así, por ejemplo, la SAP Barcelona 22/2021, de 8 de junio, impone la accesoria de inhabilitación absoluta, prohibición de comunicarse por cualquier medio y de aproximarse a (...) a una distancia no inferior a mil metros de su persona, domicilio, lugar de trabajo o cualquier lugar en que estos se encuentren por un periodo de tiempo de un año superior a la pena de prisión permanente revisable. Por su parte, la SAP Almería 379/2019, de 30 de septiembre, impone la inhabilitación absoluta, así como la privación del derecho a residir y acudir al termino municipal de Níjar y al lugar donde residen (...) y su familia, por tiempo de 30 años, y prohibición de aproximarse a menos de 500 metros de la persona, domicilio, lugar de trabajo o cualquier otro en el que se encuentren, y prohibición de comunicar, todo ello, respecto de (...), por tiempo de 30 años.

En cuanto a las prohibiciones, en algunas ocasiones se establece únicamente que, las acordadas, se impongan "por tiempo superior en 10 años a la pena de prisión impuesta"[291]. En otras, se decretan por tiempo de diez años "contados a partir de la fecha de su

[291] Así, por ejemplo, SAP Tenerife 100/2018, de 21 de marzo; SAP Toledo 83/2019 de 25 de abril; SAP Barcelona 27/2022, de 19 de abril.

puesta en libertad"[292]. O, por ejemplo, como hace la SAP A Coruña 197/2019, de 17 de diciembre, se impone por una duración que "será la de la pena y en todo caso desde el inicio de cumplimiento de la misma y hasta que transcurran 10 años desde la conclusión sin revocación del eventual plazo de suspensión de la pena". En cambio, otras Audiencias Provinciales optan por señalar un período de diez años superior "a la pena privativa de libertad efectivamente impuesta"[293]; o, de cinco años "más que la duración efectiva de la pena de prisión permanente revisable superior"[294]. Por otro lado, la SAP La Rioja 67/2023, de 17 de abril, impone determinas prohibiciones por tiempo de diez años superior a la duración de la pena de prisión permanente revisable "sea cual sea la duración definitiva de esa prisión permanente revisable". Por último, otras Audiencias Provinciales fijan algunas de estas prohibiciones en 25[295], 26[296] o 30 años[297].

2.10.5. La prescripción de la PPR y de los delitos castigados con dicha pena

Tal y como dispone el art. 133.1 CP, las penas de prisión impuestas en sentencia firme por más de 20 años prescriben a los 30 años. Este es, pues, el caso de la PPR.

Sin embargo, en virtud del art. 133.2 CP, no prescribirá la PPR cuando se imponga por estos delitos:

- terrorismo
- genocidio
- lesa humanidad

---

292 SAP Teruel 38/2021, de 27 de abril.

293 Así, por ejemplo, SAP Valencia 584/2019, de 30 de octubre; y, SAP Huesca 97/2020, de 6 de octubre.

294 SAP A Coruña 484/2018, de 16 de octubre.

295 SAP Cuenca 22/2023, de 6 de febrero.

296 SAP Alicante 6/2020, de 25 de noviembre.

297 SAP Pontevedra 42/2017, de 14 de julio.

Tampoco prescriben, en virtud del art. 131.3 CP, los citados delitos. El resto de infracciones castigadas con PPR prescribirán a los veinte años.

2.10.6. Cancelación de antecedentes penales

En el caso de la PPR, en virtud de lo dispuesto en el art. 136.1 e) CP, los antecedentes penales se cancelarán a los diez años (plazo previsto para las penas graves). Si bien, se exige como condición que el penado no hubiera vuelto a delinquir durante ese período. Para ello, sólo se tiene en cuenta la comisión de delitos dolosos[298].

Advierte LÓPEZ PEREGRÍN que los antecedentes penales se podrían cancelar en un momento en que el sujeto aún podría estar cumpliendo libertad vigilada[299]. Esta situación puede darse porque el cumplimiento de la libertad vigilada, que (como veremos) no se prevé para todos los delitos castigados con PPR ni es obligatoria en todos esos casos, puede ser posterior a la pena privativa de libertad impuesta (art. 106.2 CP). Sin embargo, tal y como reza el art. 136.2 CP, si la extinción de la pena ocurriese mediante la remisión condicional, el plazo, una vez obtenida la remisión definitiva, se computará retrotrayéndolo al día siguiente a aquel en que hubiere quedado cumplida la pena si no se hubiere disfrutado de este beneficio. La solución en estos casos es que, para la cancelación de los antecedentes por PPR, *"se tomará como fecha inicial para el cómputo de la duración de la pena el día siguiente al del otorgamiento de la suspensión"*. Así, siendo el plazo de suspensión de la PPR entre 5 y 10 años; el de cancelación de antecedentes de 10 años; y, el de la libertad vigilada de hasta 10 años (posteriores al cumplimiento de la pena): el escenario que habíamos planteado es perfectamente posible. Con todo, pueden darse otras situaciones en las que ello no sea así: por ejemplo, cuando se impusiera el plazo de suspensión mínimo (5

---

298 DEL CARPIO DELGADO, J.: "La pena de prisión permanente...", *op. cit.*, p. 106.

299 LÓPEZ PEREGRÍN, C.: "Más motivos para...", *op. cit.*, p. 41.

años); y, la libertad vigilada se acordara por un tiempo máximo de hasta 4 años. En este supuesto restaría un año para proceder a la cancelación de los antecedentes (que se fija en 10).

2.10.7. Indulto

La Ley de 18 de junio de 1870, de Reglas para el ejercicio de la Gracia de indulto, prevé dos tipos de indulto: total o parcial.

El art. 4 entiende por indulto total: la remisión de todas las penas a que hubiese sido condenado y que todavía no hubiese cumplido el delincuente.

Y, por indulto parcial: la remisión de alguna o algunas de las penas impuestas, o de parte de todas las en que hubiese incurrido y no hubiese cumplido todavía el delincuente. Reputándose también indulto parcial la conmutación de la pena o penas impuestas al delincuente en otras menos graves.

El art. 11 establece que el indulto total se otorgará a los penados tan sólo en el caso de existir a su favor razones de justicia, equidad o utilidad pública, a juicio del Tribunal sentenciador y del Consejo de Estado.

Por su parte, el art. 12 señala que, en los demás casos, se concederá tan sólo el parcial, y con preferencia la conmutación de la pena impuesta en otra menos grave dentro de la misma escala gradual. Sin embargo, podrá también conmutarse la pena en otra de distinta escala cuando haya méritos suficientes para ello, a juicio del Tribunal sentenciador o del Consejo de Estado, y el penado además se conformare con la conmutación.

En cualquier caso, el Gobierno (el Consejo de Ministros) es el competente para adoptar tal decisión.

Sin embargo, la propuesta de indulto, además de traer causa en una iniciativa del propio Gobierno (art. 21), puede remitirse por el Tribunal sentenciador (art. 20) tal y como prevé el art. 4.3 CP; o, iniciarse a raíz de la petición del propio penado u otros (art. 19).

Además, el JVP también puede elevar el correspondiente expediente de indulto cuando la Junta de Tratamiento, previa propuesta del Equipo Técnico, así se lo solicite (art. 206 RP)[300].

Respecto de su concesión, a juicio de CERVELLÓ DONDERIS, "al ser una pena que carece de duración determinada, parece incompatible con el parcial y solo compatible con el indulto total"[301].

Sin embargo, en nuestra opinión, sí podría concederse un indulto parcial. La discrecionalidad propia de esta medida y la ausencia de reglas que lo impidieren, hacen que sea una opción plenamente viable.

Así, las opciones que se le plantean al Gobierno son varias:

1) si se trata de una única pena de PPR, podrá sustituir ésta por:
   - una pena de entre 20 y 30 años (siguiendo lo dispuesto en el art. 70.4 CP).
   - una pena de prisión cuyo límite máximo fueran 30 años (art. 70.3 CP).
   - una pena de prisión cuya duración venga equiparada a los períodos de revisión que se fijan para los delitos individuales: 25 años.
2) en supuestos concursales (PPR + otras penas; o, más de una PPR), se podría:
   - indultar aquellas penas que obligaren a aplicar los plazos más extensos del art. 78 bis CP.

---

300 Los requisitos que se fijan en el art. 206.1 RP son que concurran en el penado, de modo continuado durante un tiempo mínimo de dos años y en un grado que se pueda calificar de extraordinario, todas y cada una de las siguientes circunstancias: a) buena conducta; b) desempeño de una actividad laboral normal, bien en el Establecimiento o en el exterior, que se pueda considerar útil para su preparación para la vida en libertad; c) participación en las actividades de reeducación y reinserción social.

301 CERVELLÓ DONDERIS, V.: "El silencio normativo...", *op. cit.*, p. 213.

- sustituir la PPR y el resto de penas por una pena de prisión cuya extensión viniera delimitada por los plazos máximos del art. 76.1 CP (25, 30, o 40 años).
- sustituir la PPR y el resto de penas por una pena de prisión cuya duración venga equiparada a los períodos de revisión que se fijan en el art. 78 bis CP.
- indultar la PPR, pero, no el resto de penas de prisión.

A lo anterior cabría añadir la posibilidad de indultar únicamente las penas de inhabilitación o las del art. 57 CP; u, optando por la sustitución de la PPR, reducir su temporalidad.

De todas las opciones que se presentan en ambos casos, a nuestro juicio, la que debiera regir es aquella que sustituyera la PPR (o la PPR + otras penas) por una pena de prisión delimitada por los plazos de revisión que se fijan en el CP para cada supuesto, pues, a partir de esos períodos el penado podría obtener igualmente la liberación de forma anticipada.

2.10.8. Prisión provisional

El art. 504 LECrim establece dos tipos de supuestos:

A) uno (art. 504.3 LECrim), de seis meses, cuando la prisión provisional se hubiere acordado en virtud de lo previsto en el apartado 1.3° b) del art. 503 LECrim. Esto es, para evitar la ocultación, alteración o destrucción de las fuentes de prueba.

B) Otro (art. 504.2 LECrim), aplicable cuando la prisión provisional se hubiera decretado en virtud de lo previsto en los párrafos a) o c) del apartado 1.3° o en el apartado 2 del art. 503 LECrim.

La letra a) del art. 503.1.3° refiere a asegurar la presencia del investigado o encausado en el proceso cuando pueda inferirse racionalmente un riesgo de fuga; y, la c) a evitar que el investigado o encausado pueda actuar contra bienes jurídicos de la víctima.

Por su parte, el apartado 2 del art. 503 alude a la finalidad de evitar el riesgo de que el investigado o encausado cometa otros hechos delictivos, concurriendo además los requisitos 1° y 2° del art. 503.1 (existencia de hechos que presenten carácter de delito sancionado con pena igual o superior a dos años; y, que aparezcan en la causa motivos bastantes para creer responsable criminalmente del delito a la persona contra quien se haya de dictar el auto de prisión).

En este caso, como regla general, la duración de la prisión preventiva no podrá exceder de un año si el delito tuviere señalada pena privativa de libertad igual o inferior a tres años; o, de dos años si la pena privativa de libertad señalada para el delito fuera superior a tres años.

Ahora bien, como advierte LÓPEZ PEREGRÍN, "el problema más grave proviene sin embargo de que en el segundo párrafo del art. 504.2 LECrim, se establece que, si fuere condenado el investigado o encausado, la prisión provisional podrá prorrogarse «... *hasta el límite de la mitad de la pena efectivamente impuesta en la sentencia, cuando ésta hubiere sido recurrida*». Pero, ¿cómo se aplica este límite en caso de prisión permanente revisable? Nada se ha previsto al respecto, por lo que, en tanto en cuanto no se solucione esta cuestión de forma expresa, habrá que encontrar una por vía interpretativa, porque lo contrario, esto es, entender que en este caso la prisión provisional no tiene límite temporal, es una conclusión inaceptable"[302].

En nuestra opinión, para poder aplicar esta disposición a los casos de PPR, la cláusula "*hasta el límite de la mitad de la pena efectivamente impuesta en la sentencia*" debería equipararse a "*hasta el límite de la mitad del plazo de revisión efectivamente impuesto en la sentencia*".

Por último, afirma CERVELLÓ DONDERIS que "la ausencia de una previsión específica para el cómputo de la prisión provisional tampoco permite su abono en una pena indeterminada, lo que re-

---

302 LÓPEZ PEREGRÍN, C.: "Más motivos para...", *op. cit.*, p. 40.

quería de una mención expresa para aplicarlo en los límites cronológicos de las figuras penitenciarias"[303]. Por el contrario, en nuestra opinión, la previsión contenida en el art. 58 CP es plenamente aplicable en el caso de la PPR. El tiempo de prisión provisional debe tenerse en cuenta para la satisfacción de los distintos plazos (o períodos de seguridad) que el CP fija a la hora del disfrute de permisos de salida; acceso al tercer grado; o, concesión de la revisión. No encontramos obstáculo alguno para ello.

2.10.9. Libertad vigilada

Tal y como establece el art. 140 bis 1 CP, la medida de libertad vigilada es potestativa en los supuestos de asesinato hipercualificado del art. 140 CP. Y obligatoria en el caso de muerte con fines terroristas (art. 579 bis.2 CP).

El período por el que puede imponerse esta medida es, en virtud del art. 105.2 a) CP, de hasta diez años.

Como reza el art. 106 CP, la libertad vigilada consistirá en el sometimiento del condenado a control judicial a través del cumplimiento por su parte de alguna o algunas de las siguientes medidas:

a) La obligación de estar siempre localizable mediante aparatos electrónicos que permitan su seguimiento permanente.

b) La obligación de presentarse periódicamente en el lugar que el Juez o Tribunal establezca.

c) La de comunicar inmediatamente, en el plazo máximo y por el medio que el Juez o Tribunal señale a tal efecto, cada cambio del lugar de residencia o del lugar o puesto de trabajo.

d) La prohibición de ausentarse del lugar donde resida o de un determinado territorio sin autorización del Juez o Tribunal.

---

303 CERVELLÓ DONDERIS, V.: "El silencio normativo...", *op. cit.*, pp. 213-214.

e) La prohibición de aproximarse a la víctima, o a aquellos de sus familiares u otras personas que determine el Juez o Tribunal.

f) La prohibición de comunicarse con la víctima, o con aquellos de sus familiares u otras personas que determine el Juez o Tribunal.

g) La prohibición de acudir a determinados territorios, lugares o establecimientos.

h) La prohibición de residir en determinados lugares.

i) La prohibición de desempeñar determinadas actividades que puedan ofrecerle o facilitarle la ocasión para cometer hechos delictivos de similar naturaleza.

j) La obligación de participar en programas formativos, laborales, culturales, de educación sexual u otros similares.

k) La obligación de seguir tratamiento médico externo, o de someterse a un control médico periódico.

El art. 106.2 CP establece que la medida de libertad vigilada deberá acordarse en la sentencia (para su cumplimiento posterior a la pena privativa de libertad impuesta) "siempre que así lo disponga de manera expresa este Código". Sin embargo, a diferencia de lo que sucede, por ejemplo, en el art. 192.1 CP, en los delitos castigados con PPR donde se prevé esta medida no se contiene tal cláusula. En consecuencia, lo anterior permite decretar la libertad vigilada tanto para su cumplimiento posterior a la pena, como en un momento previo. Y no tener que hacerlo en el momento de dictar sentencia, sino en fase de ejecución[304].

304 El procedimiento previsto en el art. 106.2 II CP, entendemos que resultaría de aplicación sólo si la libertad vigilada se acordara en sentencia y su cumplimiento fuere posterior a la pena. El precepto prevé que: al menos dos meses antes de la extinción de la pena privativa de libertad, de modo que la medida de libertad vigilada pueda iniciarse en ese mismo momento, el Juez de Vigilancia Penitenciaria, por el procedimiento previsto en el artículo 98, elevará la oportuna propuesta al Tribunal sentenciador, que, con arreglo a dicho procedimien-

Respecto de esta cuestión, CERVELLÓ DONDERIS ha expresado que "si se cumple durante el periodo de suspensión se solapan los contenidos y la finalidad de éste y de la libertad vigilada, y si se cumple a continuación, al terminar el periodo de suspensión, prolongaría de manera desproporcionada la carga punitiva, de hecho permitiría el sometimiento hasta diez años más después del plazo de suspensión, lo que unido a los diez años iniciales más cinco años en caso de incumplimiento grave y reiterado de deberes, puede dar un máximo de veinticinco años de vigilancia después de cumplimiento penitenciario y con ello abandonar claramente el objetivo resocializador y priorizar el asegurativo"[305]. Ahondando en que "en relación a sus contenidos, los de la libertad vigilada recogidos en el art. 106 CP son muy similares a las prohibiciones y deberes de la suspensión de la ejecución de la prisión permanente revisable, por ello se puede producir un solapamiento similar al de la libertad vigilada con las prohibiciones del art. 57 CP, pese a que la STS 347/2013, de 9 de abril considere que pueden ser compatibles por actuar en momentos distintos"[306].

En nuestra opinión, si durante el período de suspensión se impusieren alguna de las prohibiciones o deberes del art. 83 CP, la medida de libertad vigilada debiera cumplirse con posterioridad a

---

to, concretará, sin perjuicio de lo establecido en el artículo 97, el contenido de la medida fijando las obligaciones o prohibiciones enumeradas en el apartado 1 de este artículo que habrá de observar el condenado. En cualquier caso, tal y como dispone el art. 98.1 CP: cuando se trate de una medida de libertad vigilada que deba ejecutarse después del cumplimiento de una pena privativa de libertad, el Juez de Vigilancia Penitenciaria estará obligado a elevar al menos anualmente, una propuesta de mantenimiento, cese, sustitución o suspensión de la misma. Para formular dicha propuesta el Juez de Vigilancia Penitenciaria deberá valorar los informes emitidos por los facultativos y profesionales que asistan al sometido a medida de seguridad o por las Administraciones Públicas competentes y, en su caso, el resultado de las demás actuaciones que a este fin ordene.

305 CERVELLÓ DONDERIS, V.: *Prisión perpetua y de larga duración…, op. cit.*, pp. 243-244.

306 *Ibid.*, p. 235.

la pena. Por tanto, sólo podría desplegar efectos si no se acordaran tales medidas o se alzaren. En estos casos, el cumplimiento de la libertad vigilada podría iniciarse durante el plazo de suspensión de la PPR.

No obstante, el sometimiento a control (una vez remitida la pena) puede eternizarse en el tiempo (a perpetuidad), pues, al período inicial de suspensión de 5 a 10 años o (si es ampliado) hasta quince años —como permite el art. 86.2 b) CP—, habrá que sumar los hasta 10 años de la libertad vigilada[307]. Esto es, hasta un total de 25 años una vez producida la liberación que, en el mejor de los casos, se producirá a los 25 años. Así, y suponiendo que el interno, en el mejor de los casos, cuente con 18 años cuando ingrese en prisión, su relación con la administración de justicia no finalizaría hasta los 68 años. Es por ello que, a nuestro modo de ver, la libertad vigilada no debería imponerse por tiempo superior a su límite mínimo (que podemos situar en torno al año y que, excepcionalmente, podría llegar hasta los cinco). Dependiendo de si el plazo de suspensión es mayor o menor (o, incluso, se prorroga). Así, si, por el contrario, se impone un plazo de suspensión mínimo (de cinco años), la libertad vigilada podría decretarse por un tiempo que oscilara entre los cinco años y, rara vez, hasta los diez.

La jurisprudencia de las Audiencias Provinciales parece decantarse por imponer la medida de libertad vigilada durante diez años, a ejecutar con posterioridad a la pena privativa de libertad[308]. Otras, lo hacen por un tiempo de cinco años (también a ejecutar con posterioridad a la pena privativa de libertad)[309]. Sin embargo, en otras

---

307 Hacen referencia a esta cuestión, CERVELLÓ DONDERIS, V.: *Prisión perpetua y de larga duración…, op. cit.*, p. 244. Y LÓPEZ PEREGRÍN, C.: "Algunos problemas…", *op. cit.*, p. 53.

308 SAP Tenerife 100/2018, de 21 de marzo; SAP Toledo 83/2019 de 25 de abril; SAP Valencia 287/2020, de 31 de julio; SAP Huesca 97/2020, de 6 de octubre; SAP Huelva 135/2021, de 9 de diciembre; SAP Tenerife 46/2022, de 17 de febrero; SAP Barcelona 27/2022, de 19 de abril; SAP Lugo 64/2023, de 15 de marzo; SAP La Rioja 67/2023, de 17 de abril.

309 SAP Almería 379/2019, de 30 de septiembre.

ocasiones, el fallo únicamente se limita a imponer la medida de libertad vigilada por tiempo de diez años[310], de cinco[311], o de dos[312] sin mayor detalle.

Por su parte, el art. 106.3 CP establece que, por el mismo procedimiento del artículo 98, el Tribunal podrá:

a) Modificar en lo sucesivo las obligaciones y prohibiciones impuestas.

b) Reducir la duración de la libertad vigilada o incluso poner fin a la misma en vista del pronóstico positivo de reinserción que considere innecesaria o contraproducente la continuidad de las obligaciones o prohibiciones impuestas.

c) Dejar sin efecto la medida cuando la circunstancia descrita en la letra anterior se dé en el momento de concreción de las medidas que se regula en el número 2 del presente artículo.

Asimismo, el art. 106.4 CP señala que, en caso de incumplimiento de una o varias obligaciones, el Tribunal, a la vista de las circunstancias concurrentes y por el mismo procedimiento indicado en los números anteriores, podrá modificar las obligaciones o prohibiciones impuestas. Y, si el incumplimiento fuera reiterado o grave, revelador de la voluntad de no someterse a las obligaciones o prohibiciones impuestas, se deducirá, además, testimonio por un presunto delito del artículo 468 de este Código.

En otro orden de cosas, como advierte CERVELLÓ DONDERIS, no se alude en el CP a los órganos encargados de su control y seguimiento, si bien, como defiende esta autora, "se entiende que se optará por la misma solución que para las prohibiciones y deberes de la suspensión de la ejecución, es decir el servicio de gestión de penas y medias y los Cuerpos de Seguridad respectivamente"[313].

---

310 SAP Lugo 54/2022, de 28 de febrero; y, SAP Toledo 75/2023, de 3 de mayo.

311 SAP Valencia 584/2019, de 30 de octubre.

312 SAP Barcelona 22/2021, de 8 de junio.

313 CERVELLÓ DONDERIS, V.: *Prisión perpetua y de larga duración…*, *op. cit.*, p. 245. A juicio de esta autora, lo anterior "resulta insuficiente y requiere ya de

Señala por su parte LÓPEZ PEREGRÍN, respecto de la libertad vigilada en casos de PPR, que: "lo que resulta ilógico es que se haya previsto expresamente, porque si el condenado a prisión permanente revisable presenta alta peligrosidad, no podrá acceder al tercer grado ni a la libertad condicional, por lo que la prisión se convertirá en perpetua; y si presenta una peligrosidad baja que le permita acceder al tercer grado y después a la libertad condicional, cumpliendo todos los requisitos impuestos hasta conseguir la remisión de la pena tras un largo periodo de suspensión a prueba, entonces tampoco tendría ya mucho sentido extender el control a través de la libertad vigilada"[314]. Sin embargo, como ya se defendió, esta medida de libertad vigilada (junto con las de art. 83 CP) puede cumplir un papel muy importante de cara a favorecer o potenciar la revisión de la prisión permanente. Especialmente, cuando haya dudas de que el pronóstico de reinserción sea favorable; o, más concretamente, cuando el riesgo de reincidencia no sea bajo. Es más, en nuestra opinión, la imposición de esta medida (en sentencia) debiera propiciar una cuasi automática revisión de todas las PPR, salvo casos muy excepcionales.

En cualquier caso, como destaca RODRÍGUEZ YAGÜE, "al menos en este caso su incumplimiento no puede dar lugar a una revocación y vuelta a prisión a cumplir la parte suspendida; la pena ya estará o cumplida o remitida, con lo que estaríamos ante un supuesto de quebrantamiento de condena del art. 468 CP"[315].

---

manera inaplazable de la creación de órganos especializados en los que necesariamente debería haber criminólogos que participen en las propuestas de todo el recorrido de la misma, es decir imposición, decisión de contenido y supervisión".

314 LÓPEZ PEREGRÍN, C.: "Algunos problemas...", *op. cit.*, p. 53.

315 RODRÍGUEZ YAGÜE, C.: *La ejecución de las penas...*, *op. cit.*, p. 182.

2.10.10. Sustitución de la PPR en casos de imposición a ciudadanos extranjeros

Como sabemos, el art. 89 CP permite sustituir las penas de prisión de más de un año impuestas a un ciudadano extranjero por su expulsión del territorio español.

Ahora bien, la cuestión que se nos plantea es si, ante el silencio que el CP guarda, este precepto resulta o no aplicable a la PPR. Sin embargo, coincidimos con LÓPEZ PEREGRÍN cuando afirma que "si llevamos al extremo la afirmación de que la prisión permanente es una pena autónoma y que, al no mencionarse expresamente en el art. 89 CP, no puede entenderse incluida en el término «prisión», llegaríamos al absurdo, en mi opinión, de sustituir por expulsión penas largas de prisión, pero no las de prisión permanente. Y no creo que haya ninguna razón para distinguir aquí"[316].

La regla general es la de que procede sustituir la pena por la expulsión del territorio nacional. El legislador aboga por ella, especialmente, en el art. 89.4 III CP, cuando el extranjero hubiera residido en España durante los diez años anteriores y:

a) Hubiera sido condenado por uno o más delitos contra la vida, libertad, integridad física y libertad e indemnidad sexuales castigados con pena máxima de prisión de más de cinco años *y se aprecie fundadamente un riesgo grave de que pueda cometer delitos de la misma naturaleza*.

b) Hubiera sido condenado por uno o más delitos de terrorismo u otros delitos cometidos en el seno de un grupo u organización criminal.

A partir de aquí, el CP fija una serie de excepciones.

Así, por ejemplo, si el ciudadano lo fuere de la Unión Europea, el art. 89.4 II CP únicamente prevé su expulsión "*cuando represente una amenaza grave para el orden público o la seguridad pública en atención*

316 LÓPEZ PEREGRÍN, C.: "Algunos problemas…", *op. cit.*, p. 20.

a la naturaleza, circunstancias y gravedad del delito cometido, sus antecedentes y circunstancias personales".

Y, por su parte, el art. 89.4 I CP prohíbe la sustitución cuando, a la vista de las circunstancias del hecho y las personales del autor, en particular su arraigo en España, la expulsión resulte desproporcionada.

Pero, la principal limitación que el CP introduce a esa sustitución (generalizada) viene enunciada en el art. 89.2 CP. Según este precepto: *"cuando hubiera sido impuesta una pena de más de cinco años de prisión, o varias penas que excedieran de esa duración, el juez o tribunal acordará la ejecución de todo o parte de la pena, en la medida en que resulte necesario para asegurar la defensa del orden jurídico y restablecer la confianza en la vigencia de la norma infringida por el delito. En estos casos, se sustituirá la ejecución del resto de la pena por la expulsión del penado del territorio español, cuando el penado cumpla la parte de la pena que se hubiera determinado, acceda al tercer grado o se le conceda la libertad condicional".*

En este sentido, y siendo la PPR una pena de prisión superior a cinco años, se podrá sustituir por completo por la expulsión del territorio salvo que, como reza el art. 89.2 CP, el tribunal estime que su cumplimiento total o parcial *"resulte necesario para asegurar la defensa del orden jurídico y restablecer la confianza en la vigencia de la norma infringida por el delito".*

Para estos casos, el propio precepto permite condicionar la sustitución a que:

1) se haya cumplido la parte de pena que se hubiera determinado: por ejemplo, 10 años;

2) se haya accedido al tercer grado; o

3) se le conceda la libertad condicional.

A priori, si quisiéramos hacer una interpretación lo más favorable al reo, de las tres posibilidades que se brindan al tribunal debería optarse por la primera. Si bien, en nuestra opinión, si el tribunal fijase un tiempo determinado de cumplimiento de condena, éste no podría rebasar jamás los períodos de suspensión de la pena del art. 92 y 78 bis CP. En este sentido, diríamos que, siendo la expulsión irremediablemente la consecuencia final, no tendría sentido alguno alargar innecesariamente la estancia en prisión de este tipo de penados. Además, esta opción es la que más se ajusta a la *ratio essendi* del precepto, cuya finalidad es la de sustituir la pena por la expulsión del territorio español. Por el contrario, si se fijara como condición alcanzar el tercer grado o la libertad condicional, sería posible que el reo extranjero no fuera jamás expulsado por tener que cumplir la pena a perpetuidad (en caso de no cumplir con los requisitos que fija el CP en sus arts. 36, 78 bis y 92).

Ahora bien, lejos de parecer una cuestión frívola, el excarcelar y expulsar del país a estos penados cuando hubieren cumplido la parte de condena impuesta o hubieren sido clasificados en tercer grado, generaría una situación de discriminación respecto de los presos nacionales. A este respecto, téngase en cuenta que el haber obtenido el tercer grado no es garantía de que se conceda posteriormente la revisión; y, que, si no se obtiene la suspensión, la pena será perpetua. En cambio, los presos extranjeros, aunque sufrieren una consecuencia tan drástica como la expulsión del territorio, vivirán en libertad. Esta situación, sin embargo, no se presenta en la pena de prisión (común), pues, tanto en un caso como en otro, más tarde o más temprano, el reo alcanzará la libertad.

De acogerse esta tesis, la solución más adecuada sería abogar por la tercera de las posibilidades. No expulsar del territorio al reo extranjero hasta que no hubiere obtenido la libertad condicional (la suspensión).

Con todo, también es cierto que, la opción más sensata parece ser aquella que esté a las circunstancias concretas del caso para así tener mayores elementos de juicio y decidir cuál de todas es la mejor solución.

2.10.11. Orden europea de detención y entrega

La Ley 23/2014, de 20 de noviembre, de reconocimiento mutuo de resoluciones penales en la Unión Europea, establece en su art. 55.1 que: *"Cuando la infracción en que se basa la orden europea de detención y entrega esté castigada con una pena o una medida de seguridad privativa de libertad a perpetuidad, la ejecución de la orden europea de detención y entrega por la autoridad judicial española estará sujeta a la condición de que el Estado miembro de emisión tenga dispuesto en su ordenamiento una revisión de la pena impuesta o la aplicación de medidas de clemencia a las cuales la persona se acoja con vistas a la no ejecución de la pena o medida".*

En consecuencia, cuando se solicite al Estado español la entrega de un sujeto para que cumpla una pena perpetua en otro Estado miembro, bastará con que se acredite:

- que el Estado miembro de emisión tenga dispuesto en su ordenamiento una revisión de la pena impuesta; o,
- la aplicación de medidas de clemencia.

Por el contrario, cuando sea España la que solicite a otro país de la UE la entrega de un sujeto para que cumpla aquí una pena de prisión permanente revisable, pueden presentarse ciertos inconvenientes.

Y, es que, el art. 5.2 de la Decisión Marco del Consejo, de junio de 2002, relativa a la orden de detención europea y a los procedimientos de entrega entre Estados miembros (2002/584/JAI), establece que: *"cuando la infracción en que se basa la orden de detención europea esté castigada con una pena o una medida de seguridad privativas de libertad a perpetuidad, la ejecución de la orden de detención europea podrá estar sujeta a la condición de que el Estado miembro emisor tenga dispuesto en su ordenamiento jurídico una revisión de la pena impuesta, previa petición o cuando hayan transcurrido al menos 20 años, o para la aplicación de medidas de clemencia a las cuales la persona se acoja con arreglo al Derecho o práctica del Estado miembro emisor con vistas a la no ejecución de dicha pena o medida".*

En consecuencia, si el Estado miembro en cuestión dispone de una norma como la española (de 2014) en la que no se impone como condición más que haya revisión, o medidas de clemencia, no habrá ningún obstáculo para que se pueda entregar el sujeto al Estado español. Por el contrario, como la normativa de ese otro Estado exija que la revisión se pueda solicitar a los 20 años (como dispone la Decisión Marco) no podría concederse.

2.10.12. Principio de justicia universal

Algunos de los delitos que se castigan con PPR, podrían activar el mecanismo de justicia universal que alberga el art. 23 LOPJ. En consecuencia, no cabría descartar la aplicación de este procedimiento cuando concurriesen las circunstancias previstas en dicho precepto.

Los delitos son los siguientes:

- Art. 23.3 LOPJ:
  b) Contra el titular de la Corona y su Sucesor.
- Art. 23.4 LOPJ:
  a) Genocidio, lesa humanidad.
  e) Terrorismo.
  j) Delitos cometidos en el seno de un grupo u organización criminal.

2.11. Delitos para los que se prevé PPR

2.11.1. Los asesinatos del art. 140.1 CP

Señala el art. 140.1 CP que el asesinato será castigado con pena de prisión permanente revisable cuando concurra alguna de las siguientes circunstancias:

1.ª Que la víctima sea menor de dieciséis años de edad, o se trate de una persona especialmente vulnerable por razón de su edad, enfermedad o discapacidad.

2.ª Que el hecho fuera subsiguiente a un delito contra la libertad sexual que el autor hubiera cometido sobre la víctima.

3.ª Que el delito se hubiera cometido por quien perteneciere a un grupo u organización criminal.

Y, para que los hechos previamente puedan ser calificados de asesinato, la muerte debe haberse producido concurriendo alguna de las circunstancias siguientes:

1) Alevosía.

2) Precio, recompensa o promesa.

3) Ensañamiento, aumentando deliberada e inhumanamente el dolor del ofendido.

4) Para facilitar la comisión de otro delito o para evitar que se descubra.

En el primero de los supuestos, el asesinato se castigará con PPR cuando la víctima:

a) sea menor de dieciséis años de edad; o,

b) se trate de una persona especialmente vulnerable por razón de su edad, enfermedad o discapacidad.

El requisito relativo a la edad (menor de dieciséis años) parece ser bastante automático, pues, bastará con su constatación. Por el contrario, en el otro supuesto debe acreditarse la "especial vulnerabilidad" que puede deberse a la edad, al padecimiento de una enfermedad o al grado de discapacidad que se tenga. En cualquier caso, la especial vulnerabilidad que procede de estas tres causas concurrirá, a nuestro juicio, cuando la víctima que se encuentre en alguna de estas situaciones haya visto mermadas sus posibilidades de defensa, su capacidad de reacción o de ofrecer resistencia[317].

---

317 La STS 626/2021, de 14 de julio, ratifica la imposición de PPR al acusado por el asesinato alevoso de su abuelo que, según los hechos probados, "en el momento de los hechos contaba con 87 años de edad, sin que padeciera dolencias por las que requiriera cuidados para su vida cotidiana". En la citada

Sin embargo, la interpretación que la jurisprudencia viene haciendo de la alevosía por desvalimiento, convierte en asesinatos alevosos automáticamente la muerte de menores de corta edad, o ancianos de edad avanzada, inválidos, enfermos graves, etc. En consecuencia, si se optare por imponer PPR en los casos del art. 140.1.1ª CP con base en esa interpretación de la alevosía por desvalimiento que viene automáticamente dada por las características físicas o naturales se estaría incurriendo, a nuestro juicio, en un claro *bis in idem*, pues, no puede una misma circunstancia ser presupuesto del tipo básico y, a su vez, de su hipercualificación[318].

Las Audiencias Provinciales han resuelto mayoritariamente en favor de esa "compatibilidad"[319]. Sin embargo, ha habido otras que, como nosotros, consideran que en ese tipo de situaciones sí se da un supuesto de *bis in idem*.

---

sentencia se condena además al acusado por los asesinatos de su padre (20 años de prisión) y de su madre (20 años y 6 meses de prisión). Lo criticable de esta resolución, en relación con la imposición de PPR por el asesinato del abuelo de 87 años, es que no se entra a valorar si esa avanzada edad determinó una especial vulnerabilidad de la víctima que justificase la imposición de la PPR. Incluso, si nos atenemos a los propios hechos probados podría llegarse a la conclusión contraria, pues, se recoge expresamente la siguiente información: "sin que padeciera dolencias por las que requiriera cuidados para su vida cotidiana". En nuestra opinión, este tipo de extremos debieran quedar suficientemente acreditados en la resolución, pues, son los que en este caso permitían acordar la imposición de esta pena.

318 Así también, entre otros, RODRÍGUEZ YAGÜE, C.: "Seis frentes abiertos de la prisión permanente revisable", *Diario La Ley*, núm. 9479, 2019, p. 4. LÓPEZ PEREGRÍN, C.: "Algunos problemas…", *op. cit.*, pp. 10-11. Y DEVIS MATAMOROS, A.: "Crónica de una confusión anunciada: tratamiento jurisprudencial del asesinato de personas especialmente vulnerables", *La Ley Penal*, núm. 160, 2023, p. 9.

319 *Vid.*, a título ilustrativo, SAP Bizcaia 79/2019, de 23 de diciembre; y, SAP Huesca 97/2020, de 6 de octubre. En ambas la muerte alevosa se funda en la edad del menor y, a su vez, se considera esta circunstancia para imponer la PPR. Por su parte, la SAP Tenerife 42/2020, de 14 de febrero, valora la especial vulnerabilidad de la víctima para sustentar la alevosía por desvalimiento (que concurre con ensañamiento) y para la condena a PPR.

Así, por ejemplo, la SAP Madrid 807/2017, de 18 de diciembre, afirma en su FJ.1 que:

> *"En los supuestos en que la edad de la víctima (niños de escasa edad) o la enfermedad o discapacidad física o mental, determinan por sí solas la alevosía, nos encontraremos, entonces sí, ante el tipo básico de asesinato (art. 139.1.1ª). No cabrá apreciar además el asesinato agravado del art. 140.1.1ª pues las condiciones de la víctima basan ya la alevosía. Lo impide la prohibición del bis in idem. Para ello no hace falta replantear ni alterar los contornos de la alevosía.*
>
> *Cuando a la alevosía se superpongan circunstancias del apartado 1ª del art. 140.1 no contempladas para calificar el ataque como alevoso será posible la compatibilidad. Así, el acometimiento por la espalda de un menor de 15 años se calificará de asesinato alevoso del art. 138.1 CP (el ataque por la espalda integra la alevosía) y especialmente grave del art. 140.1.1ª (por ser la víctima un menor). Es asumible el ejemplo que tomamos prestado del dictamen del Fiscal.*
>
> *La muerte de un ser desvalido que suponga por sí alevosía, habrá de resolverse a través de la herramienta del concurso de normas otorgando preferencia al asesinato alevoso (139.1.1ª CP con prisión de 15 a 25 años) frente al homicidio agravado por las circunstancias de la víctima (138.2.a) con prisión de 15 años y 1 día a 22 años y 6 meses), por aplicación de las reglas de especialidad y alternatividad (art. 8. reglas 1 y 4 CP)".*

El Tribunal Supremo, en su sentencia 80/2017, de 10 de febrero, defendía esta misma posición (FJ, 3)[320]:

> *"(...) Si entendemos que también con la ley actual concurre alevosía en atención a la edad de la víctima habría que encajar la conducta en el asesinato del art. 139.1 (prisión de 15 a 25 años) con exclusión, por virtud de la prohibición de doble valoración, del art 140.1 (pena de prisión permanente revisable).*
>
> *(...)*
>
> *No es acogible la afirmación de la recurrente al señalar que el art. 140.1 CP sería muestra de que el legislador de 2015 ha atendido a las críticas doctrinales antes men-*

---

320 Así también, STS 520/2018, de 31 de octubre; y, STS 700/2018, de 9 de enero de 2019. La STS 716/2018, de 16 de enero de 2019, anulaba la PPR impuesta y la sustituía por la de prisión de 24 años por considerar que se daba una situación de *bis in idem* al valorar doblemente la especial vulnerabilidad de la víctima para el asesinato y luego para la imposición de la PPR.

cionadas imponiendo una reinterpretación auténtica de la alevosía. Ese entendimiento desborda e hipervalora el alcance de la reforma.

Ciertamente el apartado 1.1ª del artículo 140 suscita problemas de deslinde con la alevosía. Pero la solución no pasa inevitablemente por un reformateo del concepto actual de la alevosía o un replanteamiento de sus fronteras o perfiles.

Una gran parte de los casos en que la víctima es menor de edad o persona especialmente vulnerable serán supuestos de alevosía. Pero no todos necesariamente. De lo contrario ciertamente carecería de sentido la previsión del homicidio agravado que recoge el vigente art. 138.2 a) CP. El homicidio agravado por razón de la víctima ha de tener su propio campo de acción: aquel en que no exista alevosía.

Son imaginables sin excesivo esfuerzo supuestos en que pese a ser la víctima menor de 16 años o vulnerable por su enfermedad o discapacidad no concurrirá alevosía. Sería entonces aplicable el homicidio agravado del art. 138.2. a) CP. Pensemos en el homicidio sobre un adolescente de 15 años capaz ya de desplegar su propia defensa. O incluso, excepcionalmente, en niños en compañía de personas que las protegen y por tanto revierten la situación de indefensión connatural a la corta edad y complexión física en formación y por ello muy débil, si el menor fuese atracado cuando está solo (aunque este ejemplo se presta a discusión por cuanto el art. 22.1 CP habla de defensa proveniente del ofendido y no de terceros).

En los supuestos en que la edad de la víctima (niños de escasa edad) o la enfermedad o discapacidad física o mental, determinan por sí solas la alevosía, nos encontraremos, entonces sí, ante el tipo básico de asesinato (art. 139.1.1ª). No cabrá apreciar además el asesinato agravado del art. 140.1.1ª pues las condiciones de la víctima basan ya la alevosía. Lo impide la prohibición del bis in idem. Para ello no hace falta replantear ni alterar los contornos de la alevosía.

Cuando a la alevosía se superpongan circunstancias del apartado 1ª del art. 140.1 no contempladas para calificar el ataque como alevoso será posible la compatibilidad. Así, el acometimiento por la espalda de un menor de 15 años se calificará de asesinato alevoso del art. 138.1 CP (el ataque por la espalda integra la alevosía) y especialmente grave del art. 140.1.1ª (por ser la víctima un menor). Es asumible el ejemplo que tomamos prestado del dictamen del Fiscal.

La muerte de un ser desvalido que suponga por sí alevosía, habrá de resolverse a través de la herramienta del concurso de normas otorgando preferencia al asesinato alevoso (139.1.1ª CP con prisión de 15 a 25 años) frente al homicidio agravado por las circunstancias de la víctima (138.2.a) con prisión de 15 años y 1 día a 22 años y 6 meses), por aplicación de las reglas de especialidad y alternatividad (art. 8. reglas 1 y 4 CP)".

Si bien, también ha habido otros pronunciamientos en contra[321].

Esta situación ha desembocado en la STS (Pleno) 585/2022, de 14 de junio, la cual ha entendido que no hay vulneración alguna del principio *ne bis in idem* en estos supuestos, bajo los siguientes argumentos (FJ, 3):

> *"Una segunda línea jurisprudencial compatibiliza la alevosía basada exclusivamente en la edad de la víctima con la hipercualificación del artículo 140.1.1 CP, ya que la agravación de la víctima menor de 16 años supone un fundamento jurídico distinto que justifica la decisión del legislador, y que no implica un mecanismo duplicativo (bis in idem) que impida la calificación en el art. 140.1. 1.° del Código Penal.*
>
> *Así en la sentencia 701/2020, de 16 de diciembre se destaca el distinto fundamento de la alevosía, para cualificar el delito de asesinato, y la mayor protección que la ley concede a los menores, al establecer la hiper-agravación correspondiente a la prisión permanente revisable, con cita de la sentencia 367/2019, de 18 de julio, en donde se proclama que la pena de prisión permanente revisable, que resulta de aplicación del art. 140.1 del Código Penal tiene un fundamento distinto de las agravaciones que dan lugar al delito de asesinato. Por decisión del legislador, al incorporar tal pena a nuestro catálogo delictivo, como consecuencia de una decisión de política criminal, ha establecido que cuando en un delito de asesinato concurra alguna de las circunstancias detalladas en tal precepto, corresponderá la imposición de la pena de prisión permanente revisable, y ello ocurrirá en tres clases de supuestos: 1°) por razón de la especial vulnerabilidad de la víctima, que se predica con carácter general para los menores de 16 años; 2°) por razón de que el hecho fuera subsiguiente a un delito contra la libertad sexual que el autor hubiera cometido sobre la víctima; y 3°) cuando el delito se hubiera cometido por quien perteneciere a un grupo u organización criminal.*
>
> *Sigue diciendo la citada sentencia que "Se trata de un diverso fundamento para la aplicación de tal precepto que agrava el delito de asesinato; por un lado, un hecho cualificado como tal delito de asesinato, y de otro, una mayor protección a un tipo de víctimas, como ocurre en el caso enjuiciado. Son dos bases diferentes para dos agravaciones diferentes: no hay bis in idem sino un legítimo bis in altera.".*
>
> *Posteriormente, se ha seguido la misma línea en la sentencia 814/2020, de 5 de mayo, en la que se razona al respecto que "La agravación que el legislador contempla*

---

[321] Así, por ejemplo, 339/2019, de 3 de julio; STS 367/2019, de 18 de julio; STS de 5 de mayo de 2020; STS 701/2020, de 16 de diciembre; y, STS 719/2021, de 23 de septiembre.

en ese precepto no es la que corresponde, siempre y en todo caso, a la muerte alevosa por desvalimiento. No toda víctima de un asesinato ejecutado sobre seguro, con esta modalidad de alevosía por desvalimiento, ha sido sobreprotegida hasta el punto de incluir su muerte entre los supuestos de singular agravación.

Desde esta perspectiva, de lo que se trata es de responder a la cuestión de si la muerte alevosa de un menor cuya edad le inhabilita para cualquier defensa —hay menores que sí pueden defenderse—, impide un tratamiento agravado acorde con su mayor antijuridicidad. Y la respuesta ha de ser negativa. La consideración del asesinato de un niño como un presupuesto para sumar al desvalor inherente al medio ejecutivo la mayor reprochabilidad de la muerte a edad temprana, no suscita, a nuestro juicio, insuperables problemas de inherencia.

De acuerdo con esta idea, el art. 140.1.1 del CP no agrava lo que ya ha sido objeto de agravación en el art. 139.1, esto es, la muerte de una menor ejecutada con alevosía por desvalimiento. El legislador ha seleccionado, entre las distintas modalidades de asesinato en las que el autor se aprovecha de la natural incapacidad de reacción defensiva de la víctima, un grupo social muy singular, a saber, el de las personas más vulnerables y, precisamente por ello, más necesitadas de protección. Conforme a la interpretación que ahora postulamos, la muerte alevosa de un niño siempre será más grave que la muerte alevosa de un mayor de edad que es asesinado mientras duerme o se encuentra bajo los efectos de sustancias que le obnubilan. Y siempre será más grave porque el desvalor de la conducta es también mucho más intenso, sin que lo impida la regla prohibitiva de inherencia que proclama el art. 67 del CP.(...)".

En igual línea las SSTS 367/2021, de 30 de abril, y 704/2021, de 19 de septiembre y 719/2021, de 23 de septiembre.

Sostiene el recurrente, con cita de aquellas sentencias que consideran aplicable, que el art. 140.1.1 cuando la alevosía del art. 139.1.1 recae sobre niños de corta edad, que no existe bis in idem, y que procede imponer la pena de prisión permanente revisable. Invoca las SSTS 520/2018, 31 de octubre; 5 de mayo de 2020; 701/2020, de 15 de diciembre; y 678/2020, de 11 de diciembre. Sostiene que la reforma operada por la LO 1/2015 prevé la posibilidad de comisión de un homicidio del art. 138 respecto las personas previstas en el 140.1, aplicando a este supuesto un mayor reproche penal, siendo sancionada esta conducta con la pena superior en grado.

En el caso actual, como resulta del relato fáctico antes transcrito, la sentencia ha estimado que concurre la modalidad de alevosía por desvalimiento al recaer la acción homicida sobre un niño de dos años y seis meses de edad, siendo por tanto, plenamente aplicable la doctrina actual y mayoritaria de esta Sala, recogida en la sentencia dictada por la Magistrada Presidenta del Tribunal del Jurado, en la que la pena de pri-

sión permanente revisable, que resulta de aplicación del art. 140.1 del Código Penal, tiene un fundamento distinto de las agravaciones que dan lugar al delito de asesinato, y ello por decisión del legislador, al incorporar tal pena a nuestro catálogo delictivo, pues en definitiva nos encontramos con una regla de punición especial.

La reforma que incorpora la prisión permanente revisable es consecuencia de una decisión de política criminal, así como, está basada en principios de oportunidad, siendo la principal razón de la introducción de esta pena de considerable gravedad, la percepción social de la existencia de una delincuencia especialmente grave por razón de las víctimas del delito, personas desvalidas, como son los niños y los ancianos, lo que sin duda implica un mayor desvalor de la acción, un plus de antijuridicidad en la misma. El legislador penal, en distintos supuestos, ha ideado diversas fórmulas de agravación para la parte especial del Código Penal fundadas en la necesidad de una tutela cualificada a favor de determinados sectores sociales, expuestos a un riesgo especialmente elevado de sufrir daño en sus bienes mas esenciales —vida, salud, libertad, dignidad, integridad corporal— siendo los niños, ancianos y demás personas vulnerables por razón de enfermedad o discapacidad, ese tipo de víctimas que justifican esa punición especialmente grave acordada por el legislador.

Además, se ha buscado una finalidad de prevención especial positiva, como decía el Anteproyecto de 2012 de reforma del Código Penal, que justificaba la revisión de las penas en que la "necesidad de fortalecer la confianza en la Administración de Justicia hace preciso poner a su disposición un sistema legal que garantice resoluciones judiciales previsibles que, además, sean percibidas en la sociedad como justas".

La sentencia contiene un Voto Particular que suscribimos por completo. Está firmado por los Excmos. Sres. Magistrados D. Andrés Martínez Arrieta y D. Leopoldo Puente Segura, al que se adhiere el Excmo. Sr. Magistrado D. Antonio del Moral García. Transcribimos, a continuación, los motivos que llevan a estos magistrados a disentir de la posición mayoritaria de la Sala:

"A nuestro juicio la reforma propiciada por la Ley Orgánica 1/2015, de 30 de marzo, supuso la voluntad decidida del legislador de corregir una línea de interpretación asumida por esta Sala según la cual la causación de la muerte a una persona en condiciones de vulnerabilidad que, por esencia, la inhabilitaban para el ejercicio de cualquier defensa eficaz, integraba, por sí misma, la tipicidad del asesinato por alevosía.

De acuerdo con el artículo 22.1 del Código Penal, concurre la alevosía cuando el culpable comete cualquiera de los delitos contra las personas empleando en la ejecución medios, modos o formas que tiendan directa o especialmente a asegurar el resultado sin el riesgo que para su persona pudiera proceder de la defensa por parte del ofendido.

Resulta, cuando menos, paradójico así que pueda reprocharse al sujeto activo del delito el empleo de "medios, modos o formas encaminados, directa y especialmente, a asegurar la ejecución, evitando el riesgo que para su persona pudiera proceder de la defensa del ofendido", cuando se afirma, al mismo tiempo, que éste, el ofendido, se encuentra per se inhabilitado para el ejercicio de cualquier defensa eficaz.

En este contexto, por ejemplo la sentencia 462/2021, con cita de la 81/2021, de 2 de febrero, recuerda que, para la aplicación de la circunstancia calificadora del asesinato, hay que atender no tanto al mecanismo concreto homicida, como al marco total de la acción. Es preciso que aparezca descrita en el hecho probado a través de una expresión indicativa, la acechanza, la sorpresa, el quebranto de la confianza derivada de la convivencia, o "incluso el aprovechamiento de la situación de indefensión que sufre la víctima".

El legislador del 2015, conocedor de esta interpretación de la Sala II del Tribunal Supremo, hace suyos, a nuestro juicio, los planteamientos de la mayor parte de la doctrina, que había venido criticando esta construcción jurisprudencial al considerar en algunos pronunciamientos la configuración de la alevosía a partir exclusivamente de la situación objetiva de indefensión, en la medida en que dicha exégesis trastocaba el entendimiento más ajustado de la alevosía, restando eficacia, incluso anulando, el elemento subjetivo de la agravación. En la medida en que la jurisprudencia limitaba el elemento de tendencia, de selección de un medio, modo o forma de actuar, dirigido a asegurar el resultado e impedir la defensa, se argumentaba que, en estos casos, nos encontramos con una agravación del delito por el resultado (la naturaleza o condición de la víctima que se reputa especialmente necesitada de protección), al margen de cualquier reproche encuadrable en el modo escogido por el autor para ejecutar la muerte. Y esa decisión, legítima, de agravar la pena en atención al resultado producido (y perseguido) por el autor, no debía ser "camuflada" a través de una figura, la alevosía, que responde a finalidades y objetivos distintos.

Consideramos que el legislador reacciona contra la interpretación de esta Sala, reconduciendo la cuestión, al introducir, como elemento de cualificación del homicidio (y también del asesinato, en idénticos términos), sendos subtipos agravados y definidos de idéntico modo: cuando la víctima sea menor de 16 años o persona especialmente vulnerable por razón de su edad, enfermedad o discapacidad. En ambos casos se agrava el homicidio (o el asesinato), en atención a la mayor necesidad de protección que las referidas víctimas demandan como consecuencia de su situación objetiva de desvalimiento.

Ciertamente, la realidad nos muestra la existencia de personas situacionalmente desvalidas a las que no se va a aplicar el art. 140.1.1 CP, personas dormidas, embriagadas, inconscientes. Pero para que así suceda, y los hechos puedan ser calificados como asesinato, la muerte dolosa habrá tenido que producirse en condiciones en las que quepa identificar que el ataque se desarrolló de forma que su autor buscara o aprovechara dicha situación, con el designio de evitar cualquier defensa que pudiera proceder del ofendido. Una cosa es que la víctima, por su propia condición o naturaleza (supuestos del artículo 140.1.1), no sea capaz de articular defensa eficaz alguna (en cuyo caso, la agravación de la pena puede estar justificada, pero no la aplicación de la alevosía); y otra, distinta, que el autor del delito aproveche la situación de quien, aunque en otras circunstancias podría hacerlo, carece, en estas, escogidas o aprovechadas por su agresor, de toda posibilidad de defensa eficaz (ataque propiamente alevoso).

Consideramos, por eso, que a la vista de la nueva regulación de los delitos previstos en los artículos 138 y siguientes del Código Penal, debió aprovechar este Tribunal para abandonar definitivamente la controvertida figura de la alevosía por desvalimiento construida exclusivamente en atención a las características personales del sujeto pasivo (menor de 16 años o persona especialmente vulnerable por razón de su edad, enfermedad o discapacidad). Al no hacerlo, consideramos también que se produce una doble valoración peyorativa de un mismo y solo hecho (la condición de la víctima) que, por una parte, ha servido para configurar el asesinato (139.1, alevosía) y, por otra, para agravarlo (artículo 140.1.1ª). Se trata, creemos, del mismo hecho, del mismo sujeto activo y también del mismo fundamento, vulnerándose así la prohibición del ne bis in ídem, no proclamada expresamente en nuestro texto constitucional, pero que, como su máximo intérprete ha explicado repetidamente, resulta ineludible consecuencia de los principios de legalidad y proporcionalidad.

En definitiva, la interpretación de la norma que nos ocupa exigía, consideramos, revisar nuestra doctrina sobre la alevosía para evitar ese solapamiento, y no mantener un criterio jurisprudencial, que el legislador ha querido corregir, y que produce, además, los indeseables efectos referidos.

En el caso, el hecho probado relata que el acusado ejerció fuerza física sobre el menor (que contaba con dos años de edad) propinándole una paliza con golpes por todas partes llegando a oprimir el cuello con tanta intensidad que impedía que el niño entonces respirara hasta que el menor se desvaneció perdiendo la consciencia. El hecho es atroz. Mas, a nuestro parecer, debió ser calificado como un delito de homicidio agravado, de los previstos en el artículo 138.2 a) del Código Penal (pena de quince años y un día a veintidós años y seis meses, que, en gran parte se solapa con la prevista para el delito de asesinato). No se trató, por lo explicado, de un ataque alevoso. En cualquier caso, la aplicación de la alevosía, circunstancia única que conforma el asesinato y que la sentencia respalda, debió haber impedido la conjunta consideración de la circunstancia prevista en el artículo 140.1.1ª del Código Penal, so pena de incurrir en una prohibida doble valoración peyorativa.

Se afirma en la sentencia que no hay vulneración del bis in ídem porque el hecho agrede dos bienes jurídicos distintos, uno la cualificación de la acción, la muerte de un desvalido, y otro que afecta al resultado, es un menor o una persona desvalida, argumentación que no desvirtúa el fundamento de nuestra oposición: la doble consideración del desvalimiento. Cuando se alude a la cualificación de la acción, la misma se fundamenta en que se atacó a quien no podía defenderse, asegurada la ejecución sin defensa alguna que pudiera proceder del ofendido en cuanto, fuera cualquiera el modo en el que hubiera sido atacado, dicha defensa no resultaría posible por la especial condición de la víctima (menor de dos años).Y el mayor disvalor del resultado se sitúa, creemos que aquí con razón, en esa misma condición del menor, como persona esencialmente desvalida, incapaz de toda defensa. En ambos casos, aunque bajo distintas etiquetas, es el mismo hecho el que se valora dos veces, frente al mismo sujeto activo y con idéntico fundamento.

Por otro lado, la consideración del bien jurídico es un instrumento de interpretación del precepto penal destinado a limitar el ius puniendi del Estado, en la medida en que el tipo penal se concreta en su inteligencia por el bien jurídico. Al respecto hemos señalado en anteriores pronunciamientos que la teoría del bien jurídico sirve para explicar la estructura, la naturaleza, de los delitos, pero no es suficiente para determinar el ámbito de lo prohibido, máxime cuando desde la dogmática penal siempre se ha considerado al bien jurídico como un criterio limitador del ius puniendi del Estado, y no como un punto de apoyo para extender la tipicidad. (STS 920/2016, de 12 de diciembre).

El anterior fundamento de nuestra disensión cobra especial relieve con relación a la condenada. Ciertamente, ésta no ha formulado una oposición a la sentencia condenatoria, pero su situación permite argumentar de manera, aún más plástica, el fundamento de nuestra oposición. Ha sido condenada por una modalidad de comportamiento omisivo, "Brigida que se encontraba en la vivienda mientras el acusado ejercía esa fuerza física sobre el menor y siendo consciente de lo que su pareja estaba haciendo, incluso que le estaba oprimiendo el cuello con tanta intensidad que impedía que el niño respirara hasta que el menor se desvaneció, lo consintió, no haciendo nada para proteger al menor e impedirlo". Esa conducta omisiva integra la realización del delito por la posición de garante de la madre que no hace nada por impedir el resulta-

do que su pareja realizaba y tratarse de una persona evidentemente desvalida, en una situación que le obligaba a actuar para proteger el bien jurídico. El desvalimiento de la víctima aparece por primera vez como fundamento de su responsabilidad. Pero, además, como se trata de un menor en situación de desvalimiento, la sentencia le aplica la cualificación por la alevosía, convirtiendo el acto homicida en asesinato. El desvalimiento aparece por segunda vez para cualificar el homicidio. En un tercer momento se aplica el apartado primero del artículo 140 CP al constatar que, al desarrollarse la acción sobre un menor especialmente desvalido por razón de su edad, la consecuencia jurídica se agrava y se impone la pena de prisión permanente revisable. Es la tercera vez que sobre el hecho del desvalimiento se conforma la penalidad.

Recapitulando: consideramos preciso reformular la interpretación jurisprudencial de la norma, de conformidad con la modificación del tipo penal, recordando que la alevosía exige una precisión en el relato fáctico, exigiendo la descripción de una conducta del sujeto activo dirigida a procurar la indefensión de la víctima, asegurando la producción del resultado, con efectiva concurrencia del elemento objetivo, medios, modos y formas para asegurar el resultado e impedir la defensa, y el subjetivo, que son buscados por el autor, evitando la doble consideración del desvalimiento de la víctima en la subsunción de los hechos".

Otra cosa sería, por ejemplo, que, en el caso de un fornido joven de quince años, se le hubieran proporcionado unos fármacos para anular cualquier posibilidad de defensa. Aquí, la alevosía por desvalimiento ya no descansaría en el dato de la edad y sí podría ser valorada para la imposición de PPR[322].

De igual modo, no habría inconveniente alguno en apreciar el asesinato del art. 140.1. 1ª CP si, por ejemplo, éste pudiera ser calificado de tal con base en otra circunstancia del art. 139.1 CP (como

322 Así, STS 678/2020, de 11 de diciembre. En la STS 36/2023, de 26 de enero, se identifica la edad con la alevosía (art. 139 CP) para luego imponer la PPR (140.1.1ª CP), cuando, en realidad, en este caso, efectivamente creemos no se incurre en *bis in idem* porque la alevosía debió basarse en que se suministraron fármacos para imposibilitar toda capacidad de respuesta. El desvalimiento no vino dado por la edad de la víctima.

el ensañamiento)[323] u otro tipo de alevosía distinta al desvalimiento (como la sorpresiva)[324].

Por otro lado, la STS 187/2023, de 15 de marzo, recoge un supuesto en el que se condena a PPR al autor de un delito de asesinato con ensañamiento (en comisión por omisión), cometido sobre persona especialmente vulnerable por razón de enfermedad[325]. Así

---

323 En la STS 320/2021, de 21 de abril, se condena al autor por un delito de asesinato de una persona con discapacidad. En este caso no se infringe la prohibición de *ne bis in idem* porque para la calificación como asesinato se tuvo en cuenta el ensañamiento y la discapacidad (alevosía por desvalimiento) para el 140.1 CP. En la STS 113/2022, de 10 de febrero, consideramos que no habría *bis in idem*, pues, concurre la circunstancia de ensañamiento, y con ella el delito de asesinato, pero, el TS vuelve a asociar la alevosía por desvalimiento a la edad y se utiliza también para la condena a PPR por delito del art. 140.1.1ª CP.

324 Así, por ejemplo, SAP Madrid 628/2019, de 30 de octubre. En igual sentido se pronuncia la STS 367/2021, de 30 de abril; STS 269/2022, de 22 de marzo; y, STS 560/2022, de 8 de junio. En ocasiones, como sucede en la STS 704/2021, de 16 de septiembre, se impone PPR por un delito del art. 140.1.1ª CP basándose en que la alevosía es por desvalimiento cuando, en realidad, los hechos permiten sostener que se trataba de una alevosía sorpresiva. Pudiéndose evitar fácilmente incurrir en un claro *bis in idem*.

325 En los hechos probados se relata que en la noche del 17 de junio de 2019 Rosaura se encontraba físicamente muy mal y llamó repetidamente por teléfono a Leandro para que fuera a su casa a ayudarla. Enterado finalmente Leandro de lo que Rosaura le pedía, fue a la vivienda de ésta, situada en la AVENIDA000, n.° NUM001, de DIRECCION000, a la que llegó poco después de las 22:45 horas. Al llegar Leandro a casa de Rosaura, ésta se encontraba en un estado de gran deterioro físico, con dificultad respiratoria creciente y carente de articulación motora, lo que le impedía hacer nada por sí misma, entre otros síntomas que evidenciaban la necesidad de intervención inmediata de otro que la auxiliara, y de eso cualquier persona dentro de los parámetros de la normalidad se habría dado cuenta, y Leandro se dio cuenta. Sin embargo, Leandro no prestó ninguna ayuda a Rosaura, y hasta pasadas las 03:39 horas del día 18, estuvo contemplando cómo, la mujer se iba deteriorando cada vez más, perdía la conciencia y se le iba apagando la vida, y mientras la contemplaba, los sufrimientos de Rosaura fueron clara y perceptiblemente en constante aumento. Por último, Rosaura sufrió una hiperglucemia tal que le provocó un fallo multiorgánico y la muerte. Se señala así que la muerte de Rosaura no se hubiera producido si Leandro, al ver el estado en que ésta se encontraba cuando llegó a la vivienda de la mujer o cómo se iba deteriorando, hubiera pedido

también, la SAP Alicante 526/2020, de 28 de septiembre, condenó a PPR por un delito de asesinato (en comisión por omisión) a una madre que no hizo nada mientras veía como su pareja acababa con la vida de su hijo menor de dieciséis años[326].

En cuanto al segundo tipo de asesinato (*subsiguiente a un delito contra la libertad sexual*), lo primero que cabría preguntarse es si cualquier atentado contra la libertad sexual puede dar lugar a la imposición de la PPR.

El Título VIII, bajo la rúbrica "Delitos contra la libertad sexual", abarca figuras como las de las agresiones sexuales (Cap. I); las agresiones sexuales a menores de dieciséis años (Cap. II); acoso sexual (Cap. III); delitos de exhibicionismo y provocación sexual (Cap. IV); y, delitos relativos a la prostitución y a la explotación sexual y corrupción de menores (Cap. V).

---

el auxilio de los servicios de emergencias médicas, y si Leandro no hizo nada por ayudar a Rosaura fue porque quería que se produjera la muerte de ésta, o porque preveía que se podía producir y le daba igual que muriera.

326 En los hechos probados consta que: en la mañana del día 13 de septiembre de 2018, Jesús, conociendo la alta probabilidad de que se pudiera producir la muerte del menor y aceptándolo, ejerció fuerza física sobre el menor, Isidro, propinándole una paliza, con golpes por todas partes (bofetadas, puñetazos, incluso estampándolo contra alguna superficie etc), que impactaron en distintas partes de su cuerpo, llegando a oprimirle el cuello con tanta intensidad que impedía que el niño respirara hasta que el menor se desvaneció, perdiendo la consciencia. Amelia, que se encontraba en la vivienda mientras el acusado ejercía esa fuerza física sobre el menor y siendo consciente de lo que su pareja estaba haciendo, incluso que le estaba oprimiendo el cuello con tanta intensidad que impedía que el niño pudiera respirar hasta que el menor se desvaneció, lo consintió, no haciendo nada para proteger al menor e impedirlo. Cuando los acusados, Jesús y Amelia, se dieron cuenta de la gravedad de los hechos cometidos se apresuraron a trasladar al menor al HOSPITAL001, donde recibió atención sanitaria, si bien el día 17 de septiembre de 2018, Isidro, falleció a consecuencia de las graves lesiones que le había causado el acusado, Jesús, y que se recogen el informe de autopsia, siendo la causa principal del fallecimiento por encefalopatía anóxica por compresión mecánica extrínseca en cuello (estrangulamiento).

Por el contrario, a nuestro juicio, los únicos delitos contra la libertad que se debieran tener en cuenta para adoptar la imposición de la PPR son aquellas agresiones sexuales que consistieren en violación; esto es, acceso carnal por vía vaginal, anal o bucal, o introducción de miembros corporales u objetos por alguna de las dos primeras vías (como así la define el art. 179.2 CP). Aplicar la PPR en el resto de casos nos parece una vulneración flagrante del principio de proporcionalidad, situación que puede reconducirse fácilmente en sede jurisprudencial[327].

En segundo lugar, el art. 140.1.2ª CP hace alusión a que el delito de asesinato sea "subsiguiente". Aquí, en nuestra opinión, sólo cabe entender que la muerte debe producirse en un breve lapso de tiempo posterior siempre (subsiguiente) al delito sexual. Se requiere, en definitiva, inmediatez entre la agresión sexual y el asesinato; por lo que lo importante es el orden de los factores (primero se tiene que producir el delito sexual y a continuación el asesinato). Ahora bien, discrepamos de LÓPEZ PEREGRÍN cuando sostiene que el citado precepto "deja fuera del tipo, en consecuencia, la muerte producida durante la comisión del delito sexual"[328]. Así lo entiende también, por ejemplo, la SAP Valencia 440/2022, de 1 de septiembre. Por el contrario, consideramos que una vez consumada la violación (por la introducción de objetos o penetración), si a los pocos segundos o minutos después se produce, por ejemplo, la muerte de la víctima por asfixia, ese asesinato también será subsiguiente. Del mismo modo que si la muerte se produce una vez que el/la autor/a haya concluido el acto sexual. Queremos con ello decir que nos cuesta creer que la consumación de ambos delitos pueda producirse de forma simultánea.

---

327 Señala, por el contrario, DEL CARPIO DELGADO que, dado que no se distingue entre los distintos delitos que conforman el Título VII, el que mate a su víctima después de violarla será castigado con la misma pena que aquel que la mata después de realizarle unos tocamientos constitutivos de delito. *Cfr*. DEL CARPIO DELGADO, J.: "La pena de prisión permanente…", *op. cit.*, p. 92.

328 LÓPEZ PEREGRÍN, C.: "Más motivos para…", *op. cit.*, p. 12.

Con todo, también este supuesto presenta problemas de *bis in idem*. En esta ocasión, la fricción se produce con la circunstancia 4ª del art. 139.1 CP (cometer un asesinato para evitar que se descubra otro delito previo)[329]. Así las cosas, si la muerte subsiguiente se llevase a cabo para impedir el descubrimiento del delito sexual y este hecho fuere el que diese lugar a la calificación de la muerte como asesinato, para evitar una vulneración del principio *ne bis in idem*, no debería aplicarse esta cualificación[330]. De lo contrario, tendríamos que acotar el ámbito de aplicación del art. 139.1.4ª CP a asesinatos que se cometieran tras un mayor lapso de tiempo (cuando el delito previo fuere de carácter sexual); o, que dicha cláusula no fuere aplicable a los delitos contra la libertad sexual. Pero, nada de esto se dice en dicho precepto. Por ello, entendemos que para aplicar la PPR en estos supuestos, el asesinato debe venir calificado como tal por una circunstancia distinta a la del art. 139.1.4ª CP.

Por último, a nuestro modo de ver, también se plantearían problemas de *bis in idem* si se pretendiese castigar el delito sexual previo (con pena de prisión) y el asesinato subsiguiente (castigado con PPR) en concurso[331]. Esta posibilidad queda vetada, en nuestra opinión, desde el momento en que el castigo con PPR se produce porque abarca ambos hechos (como si de uno solo se tratase). De lo contrario, la respuesta penológica resultaría desproporcionada por cuanto se aplicarían los plazos de acceso a tercer grado y revisión del art. 78 bis CP.

La mayoría de Audiencias Provinciales vienen obviando esta circunstancia e imponen la correspondiente pena de prisión por el

---

329 RODRÍGUEZ YAGÜE, C.: "Seis frentes abiertos...", *op. cit.*, p. 4.

330 Así lo entiende también LÓPEZ PEREGRÍN, C.: "Más motivos para...", *op. cit.*, pp. 12-13.

331 Así parece entenderlo también ACALE SÁNCHEZ, M.: "La prisión permanente revisable y la revisión del sistema de penas", en ACALE SÁNCHEZ, M.; RODRÍGUEZ MIRANDA, A. y NIETO MARTÍN, A. (Coords.): *Reformas penales en la península ibérica: A «jangada de pedra»?*, Madrid, Boletín Oficial del Estado, 2021, p. 368. Y LÓPEZ PEREGRÍN, C.: "Más motivos para...", *op. cit.*, p. 12.

delito sexual más PPR por el asesinato subsiguiente[332]. Esta solución ha sido igualmente avalada por el Tribunal Supremo[333]. Por el contrario, en la STS 97/2020, de 5 de marzo, se impone una única pena por el delito de asesinato subsiguiente (PPR). No obstante, los Magistrados hacen la siguiente aclaración: *"La Sala quiere dejar constancia de que la naturaleza extraordinaria del recurso de casación y, sobre todo, la ausencia de una impugnación de la sentencia dictada en la instancia por cualquiera de las acusaciones, impide abordar la discutible opción interpretativa que representa resolver el concurso normativo entre el delito de abuso sexual con penetración y el delito de asesinato con alevosía, mediante la imposición de una única pena que, desde luego, no abarca la porción de injusto definida por los delitos que se han declarado probados"*. Que el TS diga que mediante la imposición de la PPR no se abarque "la porción de injusto definida por los delitos que se han declarado probados" nos parece inaceptable. Cabría recordar al respecto que lo que permite imponer la PPR es que el asesinato se produce después del delito sexual. Cuando no se dé esa secuencia temporal será cuando se deba apreciar un concurso entre el delito sexual y el asesinato.

A una conclusión distinta llegaríamos si el concurso fuere, por ejemplo, entre un delito continuado de agresión sexual y un asesinato subsiguiente[334]. En estos supuestos, la solución concursal nos parece adecuada por cuanto las agresiones previas a la última tras la que se produce la muerte no pueden quedar impunes.

Por otro lado, la jurisprudencia está aceptando como válida la opción de que el delito sexual precedente al asesinato (por ejemplo, una agresión sexual), lo sea en grado de tentativa; y, no sólo eso, sino que también aprecia concurso entre ambos[335]. Esto nos pare-

---

332 Así, por ejemplo, SAP A Coruña 197/2019, de 17 de diciembre; SAP Barcelona 22/2021, de 8 de junio; SAP Huelva 135/2021, de 9 de diciembre; SAP Barcelona 27/2022, de 19 de abril; y, SAP La Rioja 67/2023, de 17 de abril.

333 STS 180/2020, de 19 de mayo; STS 650/2021, de 20 de julio; STS 765/2022, de 15 de septiembre; y, STS 320/2023, de 8 de mayo.

334 SAP Valencia 287/2020, de 31 de julio.

335 Así SAP Sevilla 6/2019, de 22 de abril. Y STS 418/2020, de 21 de julio.

ce tremendamente desafortunado, pues, aquí, el salto penológico entre la que debiera ser la solución más razonable (concurso entre agresión sexual en grado de tentativa y asesinato) y la que se propone (PPR) es abismal.

En tercer y último lugar, debemos referirnos al asesinato cometido *por quien perteneciere a un grupo u organización criminal*.

La primera consideración que debemos hacer es que el art. 140.1.3ª CP no especifica si es necesario o no para aplicar el asesinato hipercualificado que la muerte presente algún vínculo con la actividad del grupo u organización criminal. A nuestro juicio, no puede ser de otra forma. De modo que, el asesinato debe estar relacionado u obedecer al desarrollo de la actividad criminal que caracterice al grupo u organización criminal. Así, como defiende LÓPEZ PEREGRÍN, "no tendría sentido aplicar el tipo cualificado, por ejemplo, a quien, perteneciendo a un grupo criminal dedicado a la comisión de delitos patrimoniales, mata a su mujer en un contexto de violencia de género"[336].

Por otro lado, debe observarse que, en relación con las reglas específicas de acceso al tercer grado y de concesión de la revisión (art. 78 bis 3 CP), allí se hace alusión a delitos "*cometidos en el seno de organizaciones criminales*". La ausencia de toda mención a los grupos criminales ya vimos que debía interpretarse de forma que para ellos resultasen de aplicación los plazos comunes (del art. 78 bis 2 CP); pero, en ningún caso, una destipificación. Lo que ahora queremos resaltar es que los términos "cometido en el seno de" y "por quien perteneciera a" no son equivalentes. La desafortunada expresión "en el seno de" podría hacernos concluir que ni tan siquiera se exigiese pertenecer al grupo u organización criminal; sino que, bastaría con que el asesinato se hubiere cometido "en el marco de aquélla" o "bajo su amparo". Esto ampliaría enormemente el ámbito subjetivo de aplicación el art. 140.1.3ª CP, pero, no puede ser, pues, debemos

---

336 En este sentido, LÓPEZ PEREGRÍN, C.: "Más motivos para…", *op. cit.*, pp. 13.

estar a la expresión empleada por este precepto (que se refiere a "pertenecer").

Con todo, todavía no sabemos quiénes reúnen la condición de "pertenencia" a un grupo u organización criminal; y, tampoco, en qué términos se concreta ésta. Veámoslo.

Respecto de la organización criminal, el art. 570 bis CP se refiere (y castiga de forma distinta) a dos niveles diferentes de sujetos:

a) quienes promovieren, constituyeren, organizaren, coordinaren, o dirigieren una organización criminal.

b) quienes participaren activamente en la organización, formaren parte de ella o cooperaren económicamente o de cualquier otro modo con la misma.

El término "pertenencia" (al que alude el 140.1.3ª CP) no queda recogido en este precepto. Si bien sí lo hace una expresión equivalente: "formar parte de ella". La cuestión por tanto es a qué sujetos de los previstos en el art. 570 bis CP se puede castigar con PPR.

A nuestro juicio, tres son las premisas que deben tenerse en cuenta:

1) el sujeto debe desempeñar algún tipo de función dirigida, naturalmente, a la comisión de delitos;

2) la pertenencia, por tanto, no puede consistir en una simple adhesión; y,

3) que la pertenencia se mantenga en el momento de los hechos, no que haya sido previa, o posterior a éstos.

Lo anterior consideramos nos permite excluir a: quienes promovieren, constituyeren, u organizaren una organización criminal; y, a quienes cooperaren económicamente o de cualquier otro modo con la misma.

Estas consideraciones son extensibles al supuesto de pertenencia a grupo criminal al que también alude el art. 140.1.3ª CP. Si bien, el art. 570 ter CP se refiere a: quienes constituyeren, financiaren o integraren un grupo criminal. En este caso, por lo dicho más arriba, habría que excluir a quienes constituyeren y financiaren el grupo criminal.

La STS 821/2022, de 17 de octubre, presenta un caso interesante. El fallo recoge la condena a dos penas de PPR por dos asesinatos de dos miembros del mismo grupo criminal al que pertenecía el autor. Para la mayoría: *"ese dato —insistimos, no incluido en el factum— no es verdaderamente determinante. El contexto en el que se produjeron los asesinatos por los que se ha formulado acusación no es otro que el de un enfrentamiento entre bandas rivales, dedicadas al desapoderamiento violento de sustancias estupefacientes. Que el acceso a la vivienda en la que se produjeron los disparos fuera un gesto de confianza hacia el acusado o la expresión de un acto de deslealtad respecto del grupo criminal en el que, hasta esa fecha, desplegaba su actividad delictiva no altera el fundamento de la agravación. Desde la perspectiva que justifica la aplicación del art. 140.1.3 del CP, los hechos no tienen otro significado que el de un tiroteo entre grupos criminales rivales. El que Juan Ignacio diversificara su estrategia criminal entre ambas estructuras o que se pusiera al servicio de uno u otro grupo no debilita el fundamento de la agravación"*. Sin embargo, nos parece razonable la interpretación restringida que propone el Exmo. Sr. Magistrado D. Javier Hernández García en su voto particular. En éste se señala que el escenario que la norma contempla es el de la comisión de delitos frente a terceros, *extraneus* a su estructura: *"La propia exigencia de pertenencia del sujeto activo a la organización o grupo, como presupuesto de la hiperagravación, obliga a decantar como elemento constitutivo implícito que la víctima no puede ser, a la vez, integrante del grupo en cuyo seno se produce el delito"*.

En último lugar, como destacan CÁMARA ARROYO y FERNÁNDEZ BERMEJO, "la mención expresa a los asesinatos cometidos por quien pertenece a una organización o grupo criminal producirá un concurso de normas con los arts. 570 bis o 570 ter CP, por lo que no podrá castigarse este último comportamiento de forma autónoma, ya que ello vulneraría el principio *non bis in ídem*: se sancionarán solo el subtipo agravado del asesinato, con la pena de prisión permanente revisable, entendiéndose absorbido el delito autónomo de pertenencia o dirección de grupo u organización"[337].

Por el contrario, la jurisprudencia parece decantarse, una vez más, por apreciar un concurso entre ambos delitos[338]. Solución que no nos parece la más correcta, debiéndose, en consecuencia, imponer una única PPR por el delito del art. 140.1.3ª CP[339].

Con todo, lo que el CP no permite, a nuestro juicio, es combinar algunas o todas las circunstancias previstas en el art. 140.1 CP para castigar los hechos doblemente. Piénsese, por ejemplo, en el asesinato de una menor de 16 años cometido tras una violación a ésta (circunstancia 1ª y 2ª). O, en el asesinato perpetrado por un miembro de una organización criminal sobre una víctima de 6 años (circunstancia 1ª y 3ª). O, un asesinato cometido por un integrante de una organización criminal tras una violación a la hija de un miembro de una banda contraria (circunstancia 2ª y 3ª). Aunque, el escenario más surrealista sería aquel en que se pretendiese castigar el asesinato llevado a cabo por un miembro de una organización criminal tras una violación a la hija (menor de 16 años) de un miembro de una banda contraria (circunstancias 1ª, 2ª y 3ª).

2.11.2. El asesinato del art. 140.2 CP

En virtud del citado precepto, se impondrá PPR al reo de asesinato *"que hubiera sido condenado por la muerte de más de dos personas"*.

Lo primero que se discute en torno a este artículo es si la condena por la muerte de esas otras tres o más personas debe ser previa al asesinato actual; o si, por el contrario, se trata de enjuiciar (ahora) en un mismo procedimiento todas las muertes que hayan acontecido. Lo segundo, si al hablar de muertes cabe entender incluidos otros asesinatos o también homicidios.

---

337 CÁMARA ARROYO, S. y FERNÁNDEZ BERMEJO, D.: *La prisión permanente revisable…*, *op. cit.*, p. 132.

338 SAP Barcelona, de 20 de julio de 2021. Y STS 821/2022, de 17 de octubre.

339 Así, por ejemplo, SAP Madrid 682/2022, de 28 de noviembre.

A juicio de algunos autores, como CERVELLÓ DONDERIS, parece que el precepto "se está refiriendo a la comisión de tres asesinatos ordinarios y que las condenas se establezcan en la misma sentencia"[340]. Aunque, dentro de esa opción, también podrían admitirse otras combinaciones como: la comisión de un asesinato y dos homicidios; o dos asesinatos y un homicidio.

Para otros autores, como BARQUÍN SANZ, "esta cláusula parece aplicable tanto en una sola sentencia que condene al reo por más de dos asesinatos, como en vía de refundición de condenas teniendo en cuenta varias sentencias recaídas sobre el mismo individuo"[341].

Sin embargo, a nuestro juicio, el art. 140.2 CP únicamente permite imponer PPR cuando se condene al sujeto (en el momento actual) por asesinato y, previamente, se le hubiere condenado por otras 3 muertes (como mínimo). Esta parece ser la opción genuina del legislador recogida en el Preámbulo de la LO 1/2015, de 30 de marzo, que alude a "asesinatos reiterados o cometidos en serie" (X) y no a asesinatos múltiples.

La STS de 5 de mayo de 2020 considera que el art. 140.2 CP permite castigar las muertes producidas en un mismo acto (FJ, 8):

> *"los asesinatos previos han de castigarse conforme a los arts. 139 y 140 con sus respectivas penas, sin que queden absorbidos en el art. 140.2. No hay nada semejante a un concurso de normas a resolver por la regla de consunción (art. 8.3 CP). No estamos ante un único hecho para cuya calificación convergen distintos tipos penales. El concurso aparente de normas implica, por definición, una unidad valorativa frente al*

---

340 CERVELLÓ DONDERIS, V.: *Prisión perpetua y de larga duración…*, *op. cit.*, p. 237. Así también, ICUZA SÁNCHEZ, I.: *La prisión permanente…*, *op. cit.*, p. 39.

341 BARQUÍN SANZ, J.: "Nuevo impulso expansionista de la pena de prisión", en MORILLAS CUEVA, L. (Dir.): *La pena de prisión entre el expansionismo y el reduccionismo punitivo*, Madrid, Dykinson, 2016, p. 92. Así parece entenderlo también LÓPEZ PEREGRÍN cuando afirma que "el precepto no exige que las muertes se hayan producido en un determinado periodo de tiempo, ni tampoco que estén relacionadas entre sí". *Cfr*. LÓPEZ PEREGRÍN, C.: "Algunos problemas…", *op. cit.*, p. 15.

hecho cometido, de suerte que la aplicación de uno solo de los tipos que confluyen en la definición del concurso, es más que suficiente para agotar todo el desvalor jurídico-penal que puede predicarse de la infracción. Pues bien, la regla de absorción prevista en el art. 8.3 del CP, cuya aplicación reivindica la defensa —aun sin cita directa— exige que el desvalor de uno de los tipos aparezca incluido en el desvalor tenido en cuenta en el otro. Dicho con otras palabras, que la desaprobación de una conducta descrita por la ley y expresada en la pena que la misma ley señala para esa conducta (lex consumens), abarque el desvalor de otro comportamiento descrito y penado en otro precepto legal (lex consumpta). Nada de esto acontece en el supuesto que nos ocupa. Carecería de sentido que la muerte de tres o más personas fuera castigada con la misma pena que la muerte de una persona susceptible de ser calificada conforme al art. 140 del CP.Y que ese desenlace fuera el resultado de una extravagante regla de consunción aplicada en gravísimos delitos contra la vida.

La solución que proclama esta Sala se apoya, no sólo en el significado constitucional del principio non bis in ídem, sino en la propia literalidad del art. 140. 2. En su inciso final se dispone que «... en este caso, será de aplicación lo dispuesto en la letra b) del apartado 1 del artículo 78 bis y en la letra b) del apartado 2 del mismo artículo».

Carecería de sentido esta remisión al art. 78 bis del CP, que pretende, en el caso de concurrencia de la prisión permanente revisable con otras penas, endurecer el acceso al tercer grado o a la libertad condicional".

Por el contrario, la STS 113/2022, de 10 de febrero, entiende que las muertes deben ser previas (FJ, 22):

"Sobre la interpretación del artículo 140.2 del código penal, no se cuenta aún con doctrina jurisprudencial consolidada, puesto que el Tribunal Supremo no se ha visto llamado a perfilar sus contornos con valor ratio decidendi (la STS 5 mayo 2020, que confirma la aplicación del artículo 140.2 CP en un caso de asesinato múltiple, sólo tuvo que pronunciarse sobre si por todos los delitos se ha de aplicar la única pena de prisión permanente, o si la aplicación del artículo 140.2 no comporta absorción de las penas correspondientes a cada uno de los delitos cometidos).

La Sala entiende que las serias dudas en la interpretación del precepto han de resolverse en el sentido más favorable al reo, sin extenderlo a casos que no hayan de considerarse como claramente' subsumibles en el mismo; igualmente, entiende la Sala que el precepto ha de ser interpretado en el sentido que impida consecuencias concretas que no quepa presumir como queridas por el legislador, por resultar extrañas o directamente contrarias al conjunto, del ordenamiento jurídico-penal.Y son tres las consideraciones en las que se ha de basar la desestimación de los motivos indicados:

A) El precepto utiliza la expresión verbal "hubieran sido condenados", es decir, el pretérito pluscuamperfecto de subjuntivo, lo que comporta que la acción descrita (que no es matar, sino "ser condenado") se lleva a un momento anterior a la comisión del hecho del que se predica la prisión permanente revisable. Es decir, la condena que cualifica y agrava el asesinato ha de ser anterior a la comisión del (nuevo) asesinato. Por más que, ciertamente, el empleo de tiempos verbales en el artículo 140 no parece un criterio seguro de averiguación de la voluntad del legislador por la falta de un criterio gramatical recognoscible (en el 1401.1° se emplea el presente de subjuntivo, "sea", en el 2° se emplea el pretérito imperfecto de subjuntivo, "fuera", y en el 3°, el pretérito pluscuamperfecto de subjuntivo, "hubiera cometido", cuando en los tres casos habría podido y debido utilizarse el mismo tiempo verbal), parece gramaticalmente claro que si se hubiese querido contemplar el caso de asesinatos múltiples enjuiciados en un mismo procedimiento, la expresión simple y más correcta habría debido ser "quienes sean condenados", o quienes "fueren" condenados, pero no quienes "hubieran sido" condenados.

B) La exposición de motivos de la ley de reforma del Código que introdujo este precepto, hace referencia a los asesinatos "reiterados o cometidos en serie", y no a los asesinatos múltiples, lo que denota, más que una acción conjunta realizada con unidad de acto y aprovechando la misma circunstancia u ocasión, una decisión o dolo.de matar que surge después de haberlo hecho antecedentemente, es decir, una secuencia de crímenes con autonomía propia que repiten o reiteran los cometidos con anterioridad sin unidad de acción.

C) La interpretación alternativa conducida a una consecuencia difícilmente asumible en el presente caso, en el que la aplicación o no del artículo 140.2 dependería del orden en la ejecución de las víctimas: en efecto, si Herminia hubiese sido la última, al estar ya penado ese asesinato con prisión permanente revisable por el art. 140.1.1° no podría volver a serlo de nuevo por el hecho de ser subsiguiente a las dos muertes anteriores. No es fácil imaginar que semejante consecuencia (es decir, que la pena varíe según el urden de ejecución de las víctimas, cuando en el dolo inicial ya se ha contempla matar a las tres) haya sido querida por el legislador".

La STS 969/2022, de 15 de diciembre, se pronuncia en idéntico sentido y revoca la PPR impuesta (art. 140.2 CP) en un caso en el que se habían producido tres asesinatos.

Al margen de la postura que se mantenga al respecto, lo que sí debe excluirse son tanto los homicidios imprudentes como los delitos de participación en el suicidio ajeno[342]. Con todo, sí parece haber cierto consenso en la doctrina a la hora de restringir la aplicación de este precepto a los asesinatos[343]. Esta opción nos parece razonable dada la gravedad de la pena, si bien, la jurisprudencia deberá pronunciarse al respecto.

En cualquier caso, esos tres o más asesinatos previos, podrán haber ocasionado un único pronunciamiento o varios.

Ahora bien, no podemos perder de vista que la PPR se impone en este caso "al reo de asesinato". Y ello implica, a nuestro juicio, una remisión al delito de asesinato del art. 139.1 CP, pues, el resto de asesinatos (del 140.1 CP, del Rey o su heredero, de terrorismo, de Jefe extranjero, de genocidio, o de lesa humanidad) ya se castigan con esta pena. Se trata, pues, de castigar un asesinato que no reúne ninguna circunstancia especial (como las del resto de supuestos mencionados), pero, que merece tal respuesta por ser reincidente.

En cuanto a las condenas previas (por asesinato, debe entenderse), éstas pueden haberse extinguido, puede que estén pendientes de cumplimiento (no se haya producido el ingreso en prisión), o que se estén cumpliendo. En cualquier caso, no se tendrán en cuenta si la pena hubiera prescrito o si los antecedentes penales se hubieren cancelado (o debieran haberlo sido).

Y, además, esas condenas previas no pueden serlo a PPR. Si así fuere, no cabría aplicarse este precepto, pues, en ese caso, como ya vimos, habría que acumular las condenas conforme a las reglas del art. 78 bis CP. Del mismo modo, cabría advertir que si esas condenas previas se están cumpliendo o se está pendiente del ingreso en

---

342 Por el contrario, la SAP Valencia 440/2022, de 1 de septiembre, entiende que la muerte puede ser imprudente.

343 LÓPEZ PEREGRÍN, C.: "Algunos problemas…", *op. cit.*, p. 15. Y DEL CARPIO DELGADO, J.: "La pena de prisión permanente…", *op. cit.*, p. 92.

prisión quedarán absorbidas por la nueva pena: no habrá cumplimiento sucesivo, ni concurso de delitos.

Con todo, repárese en el hecho que el art. 140.2 CP establece en este caso unos plazos específicos para acceder al tercer grado y a la revisión, pues, remite a la letra b) del apartado 1 del artículo 78 bis y en la letra b) del apartado 2 del mismo artículo. Esto ocasiona que no se puedan aplicar otros plazos en caso de que este delito del art. 140.2 CP concurra con otros. En otras palabras, se ha fijado un período de seguridad único.

Antes de finalizar este apartado, quisiéramos detenernos en dos sentencias del Tribunal Supremo que nos causan cierta perplejidad, pues, ofrecen una solución que, en nuestra opinión, no se ajusta a lo dispuesto en el CP:

La STS 461/2022, de 11 de mayo, ratificó las condenas impuestas por el TSJ de Aragón a un sujeto que había perpetrado (entre otros delitos) tres asesinatos en una finca rural:

- por la muerte del miembro de la familia propietaria de la finca se le condenó a 25 años de prisión.
- por la muerte de uno de los guardias civiles se le condenó a 25 años de prisión.
- por la muerte del otro guardia civil se le impuso la pena de PPR.

Lo llamativo de la solución proporcionada por el TS es que ni en los hechos probados, ni en la propia fundamentación, se recoge el motivo por el que se impuso PPR por la muerte de uno de los guardias civiles, y es que no concurre razón alguna para que ello hubiere sido así (no se da ningún supuesto del art. 140.1 CP). La única explicación que se nos ocurre (pero que sorpresivamente tampoco se menciona en la resolución) es que se hubiere considerado que estábamos ante el supuesto del art. 140.2 CP, entendido como triple asesinato[344]. Lo llamativo, más allá de decantarse por la aplicación de este precepto (de por sí rechazable), es que la PPR se impone en concurso con las otras penas de prisión restantes que hacen (como se indica en la propia sentencia) que *"el acusado no podrá progresar al tercer grado hasta que cumpla un mínimo de veintidós años de prisión, y la suspensión de la ejecución del resto de la pena requerirá el cumplimiento de un mínimo de treinta años"*. Por el contrario, en nuestra opinión, en este supuesto únicamente debería haberse apreciado un concurso de delitos por los tres asesinatos.

Una respuesta similar observamos también en la STS 513/2022, de 26 de mayo. En esta ocasión, al acusado se le condena por haber asesinado a su hermano y a sus padres:

- por el asesinato del hermano se le impuso la pena de prisión de 22 años 6 meses y 1 día.
- por el asesinato del padre la pena de prisión de 21 años.
- por el asesinato de la madre PPR.

Como en el anterior caso, en éste, tampoco constan las razones por las que se impone PPR por la muerte de la madre. Sin embargo, se aprecia concurso entre las tres infracciones y se recurre a la misma regla penológica: requiriendo la progresión a tercer grado el cumplimiento de un mínimo de veinte años de prisión conforme señala el artículo 78 bis 1. b) CP, y requiriendo la suspensión de la

344 Así se recoge expresamente en la SAP Teruel 38/2021, de 27 de abril. En ella la Audiencia Provincial consideró que: *"La Sentencia del T. Supremo de 5 de Mayo de 2020, ha entendido que cada asesinato debe de ser penalizado individualizadamente, y que, por ello, los asesinatos previos han de castigarse conforme a los arts. 139 y 140 con sus respectivas penas, sin que queden absorbidos en el art. 140.2, de forma que los dos primeros asesinatos serían castigados con la pena prevista en el Art. 139, y el tercero con la prevista en el Art. 140.2, por estimar que, al concurrir la prisión permanente revisable con otras penas, la consecuencia sería el endurecimiento al acceso al tercer grado o a la libertad condicional, conforme al Art. 78 bis del C.Penal, y ello porque no es lo mismo que el autor del hecho haya acabado con la vida de una persona, de tres, o de una víctima especialmente vulnerable en los términos del artículo 140 del C. Penal"* (FJ, 9)..

ejecución del resto de la pena que el acusado haya extinguido un mínimo de treinta años de prisión conforme dispone la letra b) del apartado 2 del artículo 78 bis.

2.11.3. El resto de delitos

El art. 485.1 CP establece que: *"El que matare al Rey o a la Reina o al Príncipe o a la Princesa de Asturias será castigado con la pena de prisión permanente revisable"*.

El art. 573 bis 1.1ª CP (delitos de terrorismo) señala que se castigará con "la de prisión por el tiempo máximo previsto en este Código" si se causara la muerte de una persona.

La LO 1/2015, de 30 de marzo, no contemplaba la PPR para delitos de terrorismo con resultado muerte. El legislador introdujo esta pena, para tales casos, a través de la LO 2/2015, de 30 de marzo. Inicialmente se preveía expresamente la prisión permanente revisable, pero, dado que el partido en el gobierno (el PP) buscaba el consenso con el principal partido de la oposición (el PSOE) que estaba en contra de la introducción de este tipo de privación de libertad, finalmente se utilizó la fórmula que ahora figura en dicho precepto, permitiendo al PSOE aprobar la reforma sin apoyar explícitamente esta nueva sanción.

A raíz de lo anterior, para DOMÍNGUEZ IZQUIERDO, la técnica empleada es tan defectuosa que al final aunque estuviera claro que la intención era castigar con la prisión permanente revisable este delito terrorista lo cierto es que no es ésta la sanción que se prevé para dicha infracción. Y ello porque, tal como se desprende de los arts. 33, 35 y 36 CP, hay dos sanciones privativas de libertad distintas: la prisión y la prisión permanente revisable. En la medida en que en el art. 573 bis CP se alude a pena de prisión por el tiempo máximo previsto en el Código, con ello se está haciendo referencia a una pena de prisión por tiempo máximo de 30 años que es el límite que puede alcanzar esta privación de libertad por un solo hecho delictivo[345]. Añade GARCÍA PÉREZ, quien se muestra de acuerdo con lo anterior, que "el desajuste es fruto de la tramitación en paralelo de los dos proyectos de ley que luego cristalizarían en las Leyes Orgánicas 1/2015 y 2/2015 y es otra muestra más de las numerosas deficiencias técnicas a que en los últimos tiempos nos tiene acostumbrado el legislador"[346].

Por el contrario, en opinión de BARQUÍN SANZ, "qué cosa significa esta última frase para la mayoría parlamentaria que aprobó la LO 2/2015 es claro: prisión permanente revisable, prisión perpetua en Román paladino, en tanto siga formando parte del sistema de penas vigente en España. Pero no parece que los recursos lingüísticos que empleó para expresarlo sean muy afortunados, porque hay una base sólida, tanto literal como sistemática, para impugnar que la interpretación deba ser necesariamente ésa. Fundamentalmente, que la prisión permanente revisable no tiene un tiempo concreto establecido y que en el propio elenco de penas privativas de libertad (art. 35 CP) se describe como una categoría separada de las penas de prisión a secas, las cuales tienen asignado un tiempo determinado de hasta treinta años (arts. 473 y 485 CP). No obstante, también hay argumentos a favor de la validez del circunloquio, así ciertos referentes indirectos como el mayor rigor de las condiciones para acceder a la suspensión del cumplimiento del resto de la pena (antigua libertad condicional) y a la clasificación en tercer grado, que la pena inferior; o, incluso con mayor fuerza argumentativa aún, el dato de que la pena inferior en grado a la de prisión perpetua sea prisión de veinte a treinta años (art. 74.4 CP)"[347].

Efectivamente, para nosotros, no cabe ninguna duda de que la pena que cabe imponer en este supuesto es la PPR, más allá de los atajos lingüísticos que el legislador emplease para conseguir un mayor respaldo político a la norma.

---

345 DOMÍNGUEZ IZQUIERDO, E. M.: "El nuevo sistema...", *op. cit.*, p. 155.

346 GARCÍA PÉREZ, O.: "La legitimidad...", *op. cit.*, p. 419.

347 BARQUÍN SANZ, J.: "Nuevo impulso...", *op. cit.*, p. 95.

Con todo, en este ámbito, y a diferencia de lo que sucede en el art. 140.1.3ª CP, el castigo con PPR se contempla con independencia de que se pertenezca o no a una organización o grupo terrorista. Por eso, aunque no sea la expresión más acertada, no nos parece inadecuada la alusión que el CP hace en el art. 78 bis CP a: *"si se tratase de delitos referentes a organizaciones y grupo terroristas y delitos de terrorismo del Capítulo VII del Título XXII del Libro II"*. En el art. 573 bis 1.1ª CP la muerte es calificada como delito terrorista porque concurre alguna de las circunstancias del art. 573.1 CP.

Por su parte, el art. 605.1 CP establece que: *"El que matare al Jefe de un Estado extranjero, o a otra persona internacionalmente protegida por un Tratado, que se halle en España, será castigado con la pena de prisión permanente revisable"*.

El art. 607.1 CP contempla que, los que, con propósito de destruir total o parcialmente un grupo nacional, étnico, racial, religioso o determinado por la discapacidad de sus integrantes, perpetraren alguno de los actos siguientes, serán castigados:

> *1.º Con la pena de prisión permanente revisable, si mataran a alguno de sus miembros.*
>
> *2.º Con la pena de prisión permanente revisable, si agredieran sexualmente a alguno de sus miembros o produjeran alguna de las lesiones previstas en el artículo 149.*
>
> *(...).*

Y, en último lugar, el art. 607 bis 2.1º CP castiga a los reos de delitos de lesa humanidad, con la pena de prisión permanente revisable, si causaran la muerte de alguna persona.

Como ha podido observarse, en todos estos delitos se castiga con PPR ocasionar la "muerte" de alguna persona. Por tanto, cabe incluir tanto la figura del homicidio como la del asesinato[348]. A diferencia de lo que hemos sostenido con motivo del art. 140.2 CP, donde veíamos oportuna la restricción a los casos de asesinato, en

---

[348] ICUZA SÁNCHEZ, I.: *La prisión permanente...*, *op. cit.*, pp. 39-40.

estos supuestos consideramos razonable mantener ambas posibilidades (dadas las características que rodean este grupo de delitos)[349]. De no ser así, la muerte homicida en estos casos debería reconducirse a la pena prevista para el homicidio (común).

Por otro lado, en los supuestos de genocidio, aunque sería deseable que sólo se castigara con PPR la muerte de una persona, no es posible obviar que esta pena se prevé también expresamente para otros dos casos: agresiones sexuales y lesiones del art. 149 CP.

2.12. Medidas de seguridad (privativas de libertad) en casos de PPR

A los sujetos inimputables y semi-imputables no se les podrá aplicar la PPR cuando hayan sido condenados por alguno de los delitos que prevén tal pena.

En el primero de los casos (inimputables), lo que se puede decretar, si fuere necesaria, es una medida privativa de libertad. De lo contrario, puede optarse por la aplicación de cualquiera otra de las medidas previstas en el apartado 3 del artículo 96 CP (no privativas de libertad). En el segundo de los casos (semi-imputables), además de la pena correspondiente, se podrán imponer tanto medidas privativas como no privativas de libertad.

Veamos, en primer lugar, las medidas privativas de libertad que pueden imponerse a aquellos sujetos inimputables.

El art. 101.1 CP establece que al sujeto que sea declarado exento de responsabilidad criminal conforme al número 1.° del artículo 20, se le podrá aplicar, si fuere necesaria, la *medida de internamiento para tratamiento médico o educación especial en un establecimiento adecuado al tipo de anomalía o alteración psíquica que se aprecie*.

El art. 20.1° CP se refiere al que al tiempo de cometer la infracción penal, a causa de cualquier anomalía o alteración psíquica,

---

349 Alguna duda nos genera los casos de terrorismo.

no pueda comprender la ilicitud del hecho o actuar conforme a esa comprensión. El trastorno mental transitorio no eximirá de pena cuando hubiese sido provocado por el sujeto con el propósito de cometer el delito o hubiera previsto o debido prever su comisión.

El art. 102.1 CP establece que a los exentos de responsabilidad penal conforme al número 2.° del artículo 20 se les aplicará, si fuere necesaria, la *medida de internamiento en centro de deshabituación público, o privado debidamente acreditado u homologado*.

El art. 20.2° CP se refiere al que al tiempo de cometer la infracción penal se halle en estado de intoxicación plena por el consumo de bebidas alcohólicas, drogas tóxicas, estupefacientes, sustancias psicotrópicas u otras que produzcan efectos análogos, siempre que no haya sido buscado con el propósito de cometerla o no se hubiese previsto o debido prever su comisión, o se halle bajo la influencia de un síndrome de abstinencia, a causa de su dependencia de tales sustancias, que le impida comprender la ilicitud del hecho o actuar conforme a esa comprensión.

El art. 103.1 CP establece que a los que fueren declarados exentos de responsabilidad conforme al número 3.° del artículo 20, se les podrá aplicar, si fuere necesaria, la *medida de internamiento en un centro educativo especial*.

El art. 20.3° CP se refiere al que, por sufrir alteraciones en la percepción desde el nacimiento o desde la infancia, tenga alterada gravemente la conciencia de la realidad.

El Código Penal, sin embargo, no contempla ninguna previsión específica para cuando estas medidas de seguridad se vayan a aplicar a un sujeto que debiera haber sido condenado a PPR de no concurrir algunas de las tres causas de exención aquí examinadas. No obstante, ese silencio no debe abocarnos a concluir que no pueden decretarse tales medidas[350].

---

350 Como señala MAGRO SERVET, "la pena de prisión permanente revisable es privativa de libertad, lo que lleva aparejado que no existe prohibición técnico jurídica de aplicar la medida de internamiento en los casos en los que la pena a

En los tres supuestos que recogen los arts. 101, 102 y 103 CP se contempla que *"El internamiento no podrá exceder del tiempo que habría durado la pena privativa de libertad, si el sujeto hubiera sido declarado responsable y, a tal efecto, el Juez o Tribunal fijará en la sentencia ese límite máximo"*.

Sin embargo, como sabemos, en la PPR el cumplimiento puede ser a perpetuidad.

Así las cosas, las opciones que se presentan son dos: 1) extender todo el régimen previsto para la PPR a cada medida de seguridad "permanente revisable"; o, 2) fijar, en todo caso, una limitación temporal.

La primera alternativa debe descartarse de plano, pues, no es posible trasladar una regulación concebida para el cumplimiento de una pena a una medida de seguridad. Así, por ejemplo, no resultarían de aplicación ni las disposiciones relativas a los permisos de salida o la concesión del tercer grado, entre otros aspectos. Y, en este sentido, tampoco los requisitos que se establecen para la revisión, donde se exige estar clasificado en tercer grado o un pronóstico favorable de reinserción (cuando aquí de lo que se trata es de valorar la "peligrosidad" del sujeto)[351].

En consecuencia, el único escenario que cabe contemplar es aquel en el que se decrete el cumplimiento de la medida de internamiento por un tiempo concreto. La imposición de esta clase de medidas según *el tiempo que habría durado la pena privativa de libertad*

---

aplicar sea la de prisión permanente revisable". *Vid.*, MAGRO SERVET, V.: "La medida de internamiento en centro especial de los artículos 101 y siguientes del Código Penal y su compatibilidad con la prisión permanente revisable", *La Ley Penal*, núm. 152, 2021, p. 10.

351 Como apunta BENÍTEZ SÁNCHEZ, no puede decretarse una medida de internamiento permanente revisable mientras no haya una cláusula específica en el CP que así lo permita. *Vid.*, BENÍTEZ SÁNCHEZ, C.: "Prisión permanente revisable y medidas de seguridad. A propósito del internamiento permanente revisable", en RODRÍGUEZ YAGÜE, C. (Dir.): *Penas perpetuas*, Valencia, Tirant lo Blanch, 2023, p. 578.

nos podría llevar al cumplimiento de una medida de internamiento perpetuo, lo que resultaría, a nuestro modo de ver, claramente inconstitucional (al no preverse su revisión)[352]. Téngase en cuenta, a este respecto, que, a pesar de que los arts. 101 a 103 CP permitan imponer la medida de internamiento por debajo del tiempo máximo de condena (pues se dice que no podrá rebasarla); y, el art. 97 CP permita cesar, sustituir o suspender la medida: no se establece ningún plazo específico para ello (a diferencia de lo que sucede en los arts. 92 y 78 bis CP). Por el contrario, a juicio de LÓPEZ PEREGRÍN, "en estos supuestos actualmente la medida de seguridad no tiene establecido un límite temporal, dependiendo su terminación exclusivamente de que el juez decrete el cese de la medida por considerar que ha desaparecido la peligrosidad del sujeto o de que decida su sustitución por otra más adecuada o su suspensión (art. 97 CP); de lo contrario, podría permanecer internado hasta su muerte"[353]. Con todo, como ya hemos manifestado, esta posición nos parece inasumible.

Así las cosas, no se prevé un "internamiento permanente revisable" como nueva medida de seguridad, sino que el internamiento decretado conforme a lo dispuesto en el art. 95.1 CP será "revisable" porque todas las medidas de seguridad lo son (art. 97 CP).

---

352 Así lo entiende también, SIERRA LÓPEZ, M.V.: "La medida de «internamiento permanente revisable»: una consecuencia de la prisión permanente revisable en el ámbito de las medidas de seguridad", *Revista Electrónica de Ciencia Penal y Criminología*, núm. 23-11, 2021, pp. 14-15.

353 LÓPEZ PEREGRÍN, C.: "Más motivos para…", *op. cit.*, pp. 53-54. Sostiene en igual sentido MARTÍNEZ GARAY que: "la introducción de la pena de prisión permanente ha provocado que también se hayan convertido en permanentes las medidas de seguridad de internamiento cuando se impongan por la comisión de delitos castigados con pena de prisión perpetua. Esta consecuencia se debe a cómo está regulado el límite máximo de duración de las medidas de seguridad privativas de libertad en los arts. 6 y 101 a 104 CP, en los que como es sabido no se establece un límite máximo absoluto para estas medidas sino que se liga su duración a la de la pena prevista para el delito cometido". *Vid.*, MARTÍNEZ GARAY, L.: "Predicción de peligrosidad…", p. 154.

A partir de aquí quedaría por determinar cuál debe ser ese plazo máximo. A nuestro juicio, atendiendo al número de delitos cometidos y su tipología, habría que estar a los plazos de revisión que marcan los arts. 92 y 78 bis CP (respectivamente). Para lo demás (ejecución, mantenimiento, cese, sustitución…), regiría lo dispuesto en los arts. 97 y 98 CP[354].

La SAP A Coruña 125/2016, de 15 de junio, acordó la imposición de una medida de internamiento en centro psiquiátrico por un periodo máximo de veinticinco años en un delito del art. 140.1.1ª CP. En este caso se apreció la concurrencia de la circunstancia eximente completa de enajenación mental.

Cuando se trate de supuestos concursales, es doctrina consolidada del Tribunal Supremo que el plazo máximo de una única medida de seguridad puede fijarse con referencia a la suma de la duración de las penas privativas de libertad aplicables a cada uno de los hechos cometidos[355]. Esto aplicado al caso de la PPR implicaría que, cuando se tuviere que decretar el cumplimiento de una medida de internamiento (habiéndose cometido más de un delito) los plazos previstos en el art. 78 bis CP actuarán de tope.

Por su parte, la SAP Valencia 73/2017, de 8 de febrero, absuelve a la autora de un delito de asesinato contra víctima menor de 16 años de edad del art. 140.1ª CP y de un delito de homicidio del art. 138.1 CP, por la concurrencia de la circunstancia eximente completa en ambos delitos de alteración psíquica del art. 20.1° CP. Sin embargo, el fallo de la sentencia se limita a imponer una pena [sic] de internamiento en centro psiquiátrico permanente revisable por el delito de asesinato, con la aplicación de los artículos 101.2, 92 y 78 bis todos ellos del Código Penal, en la ejecución de

---

354 En este sentido también parecen pronunciarse MAGRO SERVET, V.: "La medida de internamiento…", *op. cit.*, p. 3. Y SIERRA LÓPEZ, M. V.: "La medida de «internamiento…", *op. cit.*, p. 24.

355 Así, por ejemplo, STS 34/2020, de 6 de febrero; STS 526/2018, de 5 de noviembre; STS 730/2014, de 5 de noviembre; STS 890/2010, de 8 de octubre; STS 482/2010, de 4 mayo.

la pena, y a la medida por el delito de homicidio de internamiento en centro psiquiátrico por tiempo de 13 años, 9 meses y 1 día, y al pago de las costas causadas. La sentencia parece tener claro que al estar ante un supuesto concursal resultarán de aplicación los plazos del art. 78 bis CP, pero, no especifica ni en qué supuesto del art. 78 bis CP nos encontramos; ni si ese plazo debe tenerse en cuenta para el tiempo máximo de cumplimiento de la medida de internamiento; o, si es el plazo a partir del cual se podrá revisar la medida de internamiento.

Con todo, cabría preguntarse si, siendo el plazo máximo el que hemos propuesto, la medida de internamiento no podría decretarse por un tiempo inferior. A nuestro juicio, ello no sería aconsejable porque para "reducir" dicho plazo ya están las previsiones del art. 97 CP. En cambio, ese precepto no permite aumentar el período de cumplimiento. Otra posibilidad consistiría en asumir como límites mínimos los plazos que se prevén en el art. 36.1 CP y 78 bis CP para el acceso al tercer grado. Esto es, que, aunque luego pudieran reducirse por los efectos del art. 97 CP, el punto de partida fuere no imponer un período de cumplimiento inferior a lo establecido en esos artículos.

En virtud de lo dispuesto en el art. 97 CP, durante la ejecución de la sentencia, el Tribunal sentenciador adoptará, por el procedimiento establecido en el artículo siguiente, alguna de las siguientes decisiones:

a) Mantener la ejecución de la medida de seguridad impuesta.

b) Decretar el cese de cualquier medida de seguridad impuesta en cuanto desaparezca la peligrosidad criminal del sujeto.

c) Sustituir una medida de seguridad por otra que estime más adecuada, entre las previstas para el supuesto de que se trate. En el caso de que fuera acordada la sustitución y el sujeto evolucionara desfavorablemente, se dejará sin efecto la sustitución, volviéndose a aplicar la medida sustituida.

d) Dejar en suspenso la ejecución de la medida en atención al resultado ya obtenido con su aplicación, por un plazo no superior al que reste hasta el máximo señalado en la sentencia que la impuso. La suspensión quedará condicionada a que el sujeto no delinca durante el plazo fijado, y podrá dejarse sin efecto si nuevamente resultara acreditada cualquiera de las circunstancias previstas en el artículo 95 de este Código.

El procedimiento viene fijado en el art. 98 CP. El apartado primero determina que: *"A los efectos del artículo anterior, cuando se trate de una medida de seguridad privativa de libertad o de una medida de libertad vigilada que deba ejecutarse después del cumplimiento de una pena privativa de libertad, el Juez de Vigilancia Penitenciaria estará obligado a elevar al menos anualmente, una propuesta de mantenimiento, cese, sustitución o suspensión de la misma. Para formular dicha propuesta el Juez de Vigilancia Penitenciaria deberá valorar los informes emitidos por los facultativos y profesionales que asistan al sometido a medida de seguridad o por las Administraciones Públicas competentes y, en su caso, el resultado de las demás actuaciones que a este fin ordene"*. Y, por su parte, el apartado 3 prevé que, en nuestro caso, el Tribunal sentenciador *"resolverá motivadamente a la vista de la propuesta o los informes a los que respectivamente se refieren los dos apartados anteriores, oída la propia persona sometida a la medida, así como el Ministerio Fiscal y las demás partes. Se oirá asimismo a las víctimas del delito que no estuvieren personadas cuando así lo hubieran solicitado al inicio o en cualquier momento de la ejecución de la sentencia y permanezcan localizables a tal efecto"*.

Resta por examinar qué régimen resulta aplicable a los semiimputables.

Según establece el artículo 70.4 CP, *"la pena inferior en grado a la de prisión permanente revisable es la pena de prisión de veinte a treinta años"*. Ahora bien, de acuerdo a la peligrosidad criminal del sujeto, el sistema español permite imponer conjuntamente con la pena una medida de seguridad. El régimen previsto para estos casos viene establecido en los arts. 99 y 104 CP y permite al tribunal sentenciador: 1) imponer únicamente la pena atenuada (no considerando necesaria la medida de seguridad); 2) imponer la pena atenuada junto con una medida privativa de libertad; y, 3) imponer la pena atenuada junto con una medida no privativa de libertad.

El art. 104.1 CP señala que, en los supuestos de eximente incompleta en relación con los números 1.°, 2.° y 3.° del artículo 20, el Tribunal (en nuestro caso) podrá imponer, además de la pena correspondiente, las medidas previstas en los artículos 101, 102 y 103. No obstante, la medida de internamiento sólo será aplicable cuando la pena impuesta sea privativa de libertad "*y su duración no podrá exceder de la de la pena prevista por el Código para el delito*". Para su aplicación se observará lo dispuesto en el artículo 99.

Y, por su parte, el art. 99 CP establece que: en el caso de concurrencia de penas y medidas de seguridad privativas de libertad, el juez o tribunal ordenará el cumplimiento de la medida, que se abonará para el de la pena. Una vez alzada la medida de seguridad, el juez o tribunal podrá, si con la ejecución de la pena se pusieran en peligro los efectos conseguidos a través de aquélla, suspender el cumplimiento del resto de la pena por un plazo no superior a la duración de la misma, o aplicar alguna de las medidas previstas en el artículo 96.3.

El problema surge cuando se acuerda, junto con la pena, la imposición de una medida de seguridad (ambas privativas de libertad). El art. 104 CP establece que la duración de la medida "*no podrá exceder de la pena prevista por el Código para el delito*", a lo que se une que, conforme al Acuerdo de Pleno de 31 de marzo de 2009, el Tribunal Supremo ha establecido la duración máxima de la medida de seguridad acudiendo a la pena señalada en abstracto. Lo anterior supondría que, a pesar de rebajarse la pena en uno o dos grados, la duración de la medida tendría que establecerse conforme a la pena considerada en abstracto y, por tanto, podría suponer la indeterminación temporal de la misma. Aunque el art. 104 CP no obligue a ello automáticamente, pues, lo que no puede es "exceder" la pena prevista.

Señala a este respecto LÓPEZ PEREGRÍN que "interpretado literalmente, ello supondría para el semiimputable que cometa un delito que tenga prevista la pena de prisión permanente revisable la reintroducción de la medida de seguridad privativa de libertad vitalicia, aunque revisable"[356]. Revisable porque, aunque se impusiere a perpetuidad, siempre podría el Tribunal adoptar alguna de las medidas que permite el art. 97 CP para revertir dicho carácter.

Por el contrario, a nuestro juicio, si se impusiera una pena inferior en grado a la PPR (art. 70.4 CP), el tiempo por el que se podría acordar el internamiento debería corresponderse al de la horquilla fijada en dicho precepto: entre veinte y treinta años (esto es, no necesariamente con el de la pena concreta que se estableciera en sentencia)[357]. Ese nuevo marco penal abstracto podría considerarse, en nuestro caso, la *"pena prevista por el Código"*.

La SAP Cádiz 350/2019, de 5 de noviembre, condena al autor criminalmente responsable de un delito de asesinato del art. 140.1.1ª CP, con la concurrencia de la circunstancia agravante de parentesco y la circunstancia eximente incompleta de alteración psíquica, con el carácter de muy cualificada, a la pena de 23 años de prisión e inhabilitación absoluta. E impone una medida de seguridad de internamiento en centro penitenciario adecuado para el tratamiento de su enfermedad psiquiátrica con la misma duración de la pena de prisión impuesta, esto es, 23 años[358]. Pero, no siempre se acuerda la medida de internamiento. Así, por ejemplo, la SAP Girona 108/2021, 9 de marzo, declara responsable a la autora

---

356 LÓPEZ PEREGRÍN, C.: "Más motivos para...", *op. cit.*, p. 53.

357 Así también, MAGRO SERVET, V.: "La medida de internamiento...", *op. cit.*, p. 3.

358 Se impone, además, al condenado X la prohibición de aproximarse a Y en un radio de 200 metros, a su domicilio, lugar de trabajo o estudio o cualquier otro frecuentado por ésta o donde se encuentre y prohibición de comunicarse con ella por cualquier medio escrito u oral, por sí o por terceras personas, por plazo superior en diez años, máximo legalmente previsto en el art. 57 del C. Penal, al de duración de la pena de prisión impuesta y a cumplir simultáneamente con ésta.

de un delito de asesinato de persona menor de dieciséis años, con la concurrencia de la circunstancia eximente incompleta de alteración mental, de la circunstancia atenuante de confesión y de la circunstancia agravante de parentesco, a la pena de veinte años de prisión[359]. Por su parte, la SAP La Rioja 30/2022, de 14 de marzo, condena al autor de un delito del art. 140.1.1ª CP, concurriendo la circunstancia agravante de parentesco del art. 23 CP y la atenuante de alteración psíquica de los arts. 21.1ª en relación con el art. 20.1ª del Código Penal, como muy cualificada, a la pena de veinte años de prisión. E impone la medida de libertad vigilada por plazo de 10 años, tras extinguir la pena privación de libertad, conforme a los arts. 140 bis, 104, 105.2, a) 106.1, k) y 2, consistente en el sometimiento del penado a tratamiento médico psiquiátrico y psicológico[360].

Ahora bien, una vez alzada la medida de internamiento, el art. 99 CP permite al Tribunal (no es obligatorio) adoptar alguna de estas tres decisiones:

1) ordenar la ejecución de la pena de prisión acordada (si no se pusieran en peligro los efectos conseguidos a través del internamiento);
2) suspender el cumplimiento del resto de la pena por un plazo no superior a la duración de la misma; o,
3) aplicar alguna de las medidas previstas en el artículo 96.3 CP.

En cuanto a la primera de ellas (*ordenar la ejecución de la pena*), no puede entenderse como un mandato que decrete el cumplimiento

---

359 Se condena también a la pena accesoria legal de inhabilitación especial para el derecho de sufragio pasivo durante el tiempo de la condena. Y se impone la medida de libertad vigilada durante diez años a cumplir tras la pena de prisión.

360 En este caso, se impone también la pena accesoria de inhabilitación especial del derecho de sufragio pasivo durante el tiempo de la condena, absoluta (art. 55 del Código Penal) y el comiso y destrucción de los efectos intervenidos, cuchillo, navaja y martillo.

de la pena de PPR[361]. La pena que deberá ejecutarse es la fijada en sentencia (de 20 a 30 años). El art. 99 CP establece que el tiempo de cumplimiento de la medida se abonará para el de la pena. Así, si, por ejemplo, se fijó un internamiento por 20 años y la pena rebajada en un grado a la PPR se cifró en 30: restará por cumplir 10 años de prisión. Por el contrario, si el tiempo de internamiento supera al que se fijó para la pena: no podrá acordarse la ejecución de esta última.

En cuanto a la segunda (*suspender el cumplimiento de la pena*), si nos atenemos al tenor literal, el precepto permite acordar la suspensión por un período que no supere la duración de la pena. En nuestro caso, la suspensión podría alcanzar los 30 años. Con todo, y dado que esos plazos nos parecen desmesurados, podrían tenerse como referencia los previstos en el art. 90.5 *in fine* CP (libertad condicional): de dos a cinco años[362].

El CP no se pronuncia, sin embargo, sobre cuáles son las circunstancias que, en nuestro caso, el Tribunal tendrá en cuenta para revocar esa suspensión y ordenar el ingreso en prisión para el cumplimiento de la pena. Y, es que, por ejemplo, no se prevé expresamente si puede imponer alguna de las prohibiciones y deberes del art. 83 CP. Si, por el contrario, se entendiese que resultan de aplicación las previsiones del art. 90.5 CP, entonces la revocación podría producirse de concurrir alguna de las circunstancias del art. 86 CP. Más dudas nos genera el hecho de que pudiera revocarse la suspensión porque se entendiese que el ingreso en prisión no frustrase los logros alcanzados con la medida de internamiento. Si así se considerase, entonces lo que habrá que hacer es directamente decretar el cumplimiento de la pena, no suspenderla para luego revocarla.

---

361 Como así afirma SIERRA LÓPEZ, M. V.: "La medida de «internamiento…", *op. cit.*, p. 29.

362 Para SIERRA LÓPEZ, el plazo de suspensión debiera ser el previsto en el art. 92.3 CP: de cinco a diez años. *Ibid.*, pp. 29-30.

La tercera consiste en sustituir la pena por alguna medida de seguridad no privativa de libertad de las previstas en el art. 96.3 CP:

1.ª La inhabilitación profesional.

2.ª La expulsión del territorio nacional de extranjeros no residentes legalmente en España.

3.ª La libertad vigilada

4.ª La custodia familiar. El sometido a esta medida quedará sujeto al cuidado y vigilancia del familiar que se designe y que acepte la custodia, quien la ejercerá en relación con el Juez de Vigilancia Penitenciaria y sin menoscabo de las actividades escolares o laborales del custodiado.

5.ª La privación del derecho a conducir vehículos a motor y ciclomotores.

6.ª La privación del derecho a la tenencia y porte de armas.

En último lugar, el art. 108.1 CP establece que, si el sujeto fuera extranjero no residente legalmente en España, el tribunal (en nuestro caso) acordará en la sentencia, previa audiencia de aquél, la expulsión del territorio nacional como sustitutiva de las medidas de seguridad que le sean aplicables, *salvo que el tribunal* (en nuestro caso), previa audiencia del Ministerio Fiscal, *excepcionalmente y de forma motivada, aprecie que la naturaleza del delito justifica el cumplimiento en España*. Así también, como dispone el citado precepto, en el supuesto de que, acordada la sustitución de la medida de seguridad por la expulsión, ésta no pudiera llevarse a efecto, se procederá al cumplimiento de la medida de seguridad originariamente impuesta.

2.13. Responsabilidad civil y decomiso

Como establece el art. 109.1 CP: "*La ejecución de un hecho descrito por la ley como delito obliga a reparar, en los términos previstos en las leyes, los daños y perjuicios por él causados*". Los supuestos para los que se prevé la PPR conllevan todos ellos la muerte de una persona. Y, además, en el delito de genocidio, pueden haberse producido también agresiones sexuales o lesiones. Así las cosas, todos estos casos generarán responsabilidad civil. Siendo los responsables criminales quienes deban satisfacer dicha responsabilidad civil (art. 116 CP).

Con todo, de las tres formas que el CP prevé para cumplir con esa responsabilidad civil, la indemnización de perjuicios materiales y morales (art. 113 CP) parece que será la habitual.

Si bien, como permite el art. 109.2 CP, el perjudicado puede, en todo caso, optar por exigir la responsabilidad civil ante la Jurisdicción Civil (reserva de acciones).

En definitiva, las disposiciones en materia de responsabilidad civil resultan plenamente aplicables a la PPR y no presentan ninguna especialidad.

Lo mismo sucede con el decomiso (arts. 127 y ss. CP), si bien, dada la naturaleza de los delitos para los que se prevé PPR, parece que la aplicación de esta institución vendrá circunscrita a la confiscación de aquellos instrumentos o efectos utilizados para ocasionar la muerte del sujeto (como pueden ser: cuchillos, navajas, martillos, hachas, catanas, escopetas, pistolas, sustancias, etc.).

3. CRÍTICAS A ASPECTOS CONCRETOS DE LA REGULACIÓN

Más allá del juicio sobre la constitucionalidad de la PPR (que veremos en su momento), la doctrina ha criticado severamente (y de forma casi unánime) prácticamente la totalidad de aspectos relativos a su regulación. En las líneas que siguen trataremos de analizar si éstas son fundadas o si, por el contrario, carecen de razón. Asimismo, se llevará a cabo una crítica personal respecto de aquellos elementos que conforman su régimen jurídico y que consideramos pueden y deben ser objeto de mejora en una hipotética (e imprevisible) reforma legislativa.

3.1. Los criterios que conforman el pronóstico favorable de reinserción

Antes de entrar a valorar las críticas que se han realizado al art. 92.1 c) CP, cabría poner de manifiesto que los requisitos que constituyen el pronóstico de reinserción son idénticos a los previstos en el art. 90.1 CP (para la concesión de la libertad condicional). Así pues, y más allá de que entonces las críticas aquí vertidas también deben entenderse hechas a ese otro precepto, hay que advertir que no se ha producido una gran innovación jurídica en el caso de la PPR (al menos en este aspecto), de forma que no se trata de unas condiciones o exigencias más severas que las fijadas en el caso de la suspensión de las penas de prisión (comunes).

En primer lugar, la doctrina ha coincidido en destacar que la consideración de todas aquellas circunstancias que se refieren al pasado del penado, que en su caso ya han sido objeto de valoración penal y que seguramente han servido para fundamentar la imposición de la pena de prisión permanente revisable, penalizan nuevamente al interno en el no acceso a la libertad condicional, pudiéndose entender como una vulneración del *ne bis in ídem*, además de que, en modo alguno, son susceptibles de modificación alguna por él: es el caso de los antecedentes, las circunstancias del delito cometido o la relevancia de los bienes jurídicos que podrían verse afectados por una reiteración del delito. Tampoco van a poder ser objeto de modificación por parte del penado las circunstancias familiares y sociales que, veinticinco o incluso treinta y cinco años después, y con los condicionamientos respecto al impacto familiar y social que suponen las penas largas de prisión, obviamente serán, cuanto menos, complicadas, si no inexistentes. Sólo la personalidad, la conducta durante el cumplimiento de la condena y la proyección referida a los efectos que quepa esperar de la propia suspensión de la ejecución y del cumplimiento de las medidas que fueren impuestas son elementos que son susceptibles de ser controlados o modificados por el penado y que dejan atrás la valoración de su pasado y se proyectan sobre su futuro, como debe hacer todo informe pronóstico[363]. Por el contrario, se ha señalado que en otros países la interrupción de la prisión "perpetua" no depende exclusivamente del penado, sino que se pone en manos del legislador a través de criterios objetivos y previsibles[364].

Como puede observarse, si el pronóstico de reinserción se basa en criterios que estrictamente dependan del reo se ve por un lado positivo, pero, por otro lado, se prefiere que éste obedezca a criterios que no dependan exclusivamente de él. Es por ello que, como consideramos, el CP acierta al utilizar criterios de diversa índole, lo que, sin duda, favorece la valoración en conjunto del pronóstico. Esto le permitirá al Tribunal sentenciador calibrar qué elementos deben primar sobre otros. Así, por ejemplo, si "la conducta del penado" tuviere un peso decisivo en el pronóstico final y el reo tuviere problemas de adaptación, convivencia, etc., el pronóstico no podría ser favorable. Mientras que al tener en cuenta otros criterios sí podría serlo. De igual modo, siempre que se alude a los requisitos que permiten fundar el pronóstico de reinserción nos da la sensación de que se hace pensando en que van a operar en sentido negativo[365]. Cuando, dependerá del caso (como es natural que así sea). Además, el juicio negativo de algunos de los parámetros no tiene por qué condicionar el resultado global del pronóstico. En todo caso, como

---

363 RODRÍGUEZ YAGÜE, C.: *La ejecución de las penas…, op. cit.*, pp. 167-168. CERVELLÓ DONDERIS, V.: *Prisión perpetua y de larga duración…, op. cit.*, pp. 216-217. VAN ZYL SMIT, D. y RODRÍGUEZ YAGÜE, C.: "Un acercamiento…", *op. cit.*, p. 25. PRESNO LINERA, M. Á.: "¿Es constitucional la pena de prisión permanente revisable?", en ROCA DE AGAPITO, L.: *Un sistema de sanciones penales para el siglo XXI*, Tirant lo Blanch, 2019, pp. 271-272. RÍOS MARTÍN, J.: *La prisión perpetua…, op. cit.*, p. 39.

364 ACALE SÁNCHEZ, M.: *La prisión permanente revisable…, op. cit.*, p. 126.

365 Señala a este respecto GUISASOLA LERMA que "dichas variables son aún más inadecuadas en el caso de la prisión permanente revisable dado que muchas de ellas se basan en consideraciones puramente retributivas, en circunstancias no modificables por él y que pueden contar en su perjuicio". *Vid.*, GUISASOLA LERMA, C.: *La libertad condicional: nuevo régimen jurídico conforme a la LO 1/2015 CP*, Valencia, Tirant lo Blanch, 2017, p. 51.

ya vimos, consideramos que el Tribunal debiera inclinarse (siempre que fuera posible) por una lectura *in dubio pro reo* (cuando se presentaran dudas sobre la calificación de algunos de los elementos). Así, tan sólo de forma excepcional; esto es, en aquellos casos en que las variables mostrasen una evidente ausencia de capacidad resocializadora, debería denegarse la revisión.

Señala además CANCIO MELIÁ que "la decisión de la suspensión se diseña como una salida prácticamente excepcional, al acumularse una serie de requisitos de dificilísima concurrencia —máxime, tras un período de cumplimiento obligatorio ya muy prolongado— para que se pueda formular por el Tribunal un pronóstico positivo de inocuidad del penado"[366]. Por el contrario, en nuestra opinión, el pronóstico positivo puede verse favorecido por la posibilidad de la que goza el penado de disfrutar de permisos de salida, acceso a tercer grado (régimen de semi-libertad) y otra serie de elementos como la posibilidad de recibir visitas, o mantener comunicación con familiares, etc., que le permitirán estar en contacto con la sociedad.

En otro orden de cosas, se ha afirmado que los criterios empleados por el CP para conformar el pronóstico de reinserción cuentan con un carácter "moralizante". Sostiene a este respecto ACALE SÁNCHEZ que "más o menos parece que se le está pidiendo al penado que presente proactivamente pruebas convincentes de que se ha reinsertado, mientras que la propia prisión ha adoptado durante toda la ejecución de la «prisión permanente» una posición pasiva muy cómoda, voyerista, limitándose a observar el esfuerzo que, en su caso, decida hacer aquél para recuperar la libertad: el Tribunal se limitará como si fuera un notario, a dar fe de ese esfuerzo (sin duda alguna, se trata de un juego de roles en el que el penado se ha llevado la parte más comprometida)"[367]. En igual sentido, para ÁLVAREZ GARCÍA, "el penado se verá obligado a convertirse en alguien «interiormente bueno» (moralmente hablando) para poder

---

366 CANCIO MELIÁ, M.: "La pena de cadena perpetua…", *op. cit.*, p. 3.
367 ACALE SÁNCHEZ, M.: "La prisión permanente…", *op. cit.*, p. 370.

mantener alguna esperanza de llegar a vivir como persona libre en algún momento; y de esa manera el Derecho Penal habrá traspasado una frontera que se creía infranqueable: la del comportamiento externo. En el fondo de estos posicionamientos se encuentra una concepción absolutamente moralizadora del Derecho Penal"[368]. Sin embargo, a nuestro juicio, las condiciones del art. 92.1 c) CP no pueden calificarse de tales. No puede sostenerse que el hecho de exigir un pronóstico favorable de reinserción entrañe una concepción moralizante del Derecho cuando, para empezar, algunos de esos criterios son también utilizados para la concesión de permisos de salida, acceso a tercer grado u obtención de la libertad condicional. Y, en todo caso, anudar la revisión de la PPR a que el condenado muestre alguna evidencia de que es capaz de retornar a la sociedad parece más que razonable. Y, sobre todo, una exigencia constitucional (art. 25.2 CE).

Por otro lado, para VAN ZYL y RODRÍGUEZ YAGÜE resulta dudoso que el condenado pueda conocer con certeza "lo que tiene que hacer y bajo qué condiciones para poder obtener la libertad", en tanto la mayor parte de elementos no van a ser susceptibles de modificación por su parte[369]. Así también, a juicio de ROIG TORRES, "a excepción de la conducta del condenado en prisión, es evidente que con el cúmulo de circunstancias recogidas en el artículo 92.1 c) CP, ajenas al comportamiento del interno, ni se valoran en esencia sus avances hacia la resocialización, ni puede saber desde el inicio de su condena lo que debe hacer para obtener la libertad"[370]. En este sentido, en opinión de LEGANÉS GÓMEZ, "el esfuerzo personal pierde sentido en un contexto normativo donde ese cambio individual, esa evolución en el cumplimiento, no es suficiente para

---

368 ÁLVAREZ GARCÍA, F. J.: "La esperanza", en ARROYO ZAPATERO, L.; LASCURAÍN SÁNCHEZ, J.A. y PÉREZ MANZANO, M. (Eds.): *Contra la cadena perpetua*, Cuenca, Ediciones de la Universidad de Castilla-La Mancha, 2016, pp. 88-89.

369 VAN ZYL SMIT, D. y RODRÍGUEZ YAGÜE, C.: "Un acercamiento...", *op. cit.*, p. 25.

370 ROIG TORRES, M.: "El pronóstico...", *op. cit*, p. 26.

acceder a la trayectoria de reinserción"[371]. Sin embargo, en nuestra opinión, no es cierto que el único aspecto que dependa del penado sea su conducta durante el cumplimiento; así, no puede olvidarse que el tratamiento que se diseñe y que irá dirigido a alcanzar esa reinserción repercutirá sobre aspectos como la personalidad, el riesgo de reincidencia, las circunstancias familiares y sociales, y los efectos que quepa esperar de la suspensión. De este modo, no puede concluirse que el penado no sepa qué tiene que hacer para obtener la libertad.

Otra de las críticas que se hace al art. 92.1 c) CP es que enumera una acumulación de criterios "sin jerarquía ni armonización clara"[372]. No obstante, esto que se ve como algo negativo, para nosotros no lo es. Esa discrecionalidad (que no arbitrariedad) en la valoración conjunta de los elementos permite adaptar el pronóstico de reinserción a las circunstancias concretas del caso. Esto es, en unos supuestos, determinados criterios pueden jugar más a favor del reo que otros; y, en otros, suceder justo lo contrario.

Se ha sostenido también que "el artículo 92.1 CP hace depender la suspensión de la prisión permanente revisable de un «pronóstico de reinserción social» que todavía no puede realizarse de un modo riguroso, ni con los instrumentos de predicción del riesgo de violencia elaborados en el ámbito de la psicología y la psiquiatría en el plano mundial, ni con los informes y el conjunto de factores que enumera ese precepto"[373]. Apuntando que, "todos estos mecanismos, aunque van incrementando el porcentaje de aciertos, no son válidos para realizar el pronóstico favorable de reinserción social necesario para suspender la prisión permanente revisable. De manera que, si estas técnicas elaboradas y ensayadas a nivel mundial no sirven, por la tasa de fallos que todavía conllevan, es evidente que

371 LEGANÉS GÓMEZ, S.: "La clasificación penitenciaria...", *op. cit.*, p. 165.

372 LANDA GOROSTIZA, J. M.: "Prisión perpetua...", *op. cit.*, p. 25.

373 ROIG TORRES, M.: "El pronóstico...", *op. cit*, p. 14. En sentido similar, RÍOS MARTÍN, J.: *La prisión perpetua...*, *op. cit.*, p. 90.

el conjunto de circunstancias que de forma aleatoria enumera el legislador en el artículo 92.1 c) CP tampoco es idóneo"[374].

En nuestra opinión, como dijimos más arriba, no debiera rechazarse el uso de instrumentos automatizados para el cálculo del riesgo de reincidencia a pesar de sus múltiples limitaciones. Tendrán, en su caso, el mismo valor que otra prueba. Lo importante es que se garantice la igualdad de armas procesales y que, más allá de que cada una de las partes pueda aportar sus respectivas estimaciones, éstas tengan la oportunidad de contrarrestar la validez o fiabilidad de los resultados aportados por el resto. En cualquier caso, esa estimación sobre el grado de reincidencia que puede concurrir en un preso no es equiparable al pronóstico de reinserción (que abarca el resto de elementos enumerados en el art. 92.1 c) CP). Con todo, tampoco descartaríamos que para la emisión de ese pronóstico de reinserción se recurriese a esta clase de instrumentos de medición (con las cautelas que vimos en su momento). Se trataría de descomponer cada uno de los criterios que en la actualidad conforman ese juicio de reinserción en más ítems o parámetros, de asignar unos porcentajes, establecer combinaciones, etc. Pero, una vez más, debiera subrayarse que el CP nos exige una valoración de carácter técnico-jurídico (no científica); esto es, sobre la concurrencia de unos elementos normativos. Así las cosas, la reticencia no debiera proyectarse tanto sobre la utilización de estos recursos, sino en el uso o aplicación concreta que se haga de ellos.

Entrando ya a analizar las críticas que se han vertido sobre los criterios que conforman el pronóstico de reinserción, cabe poner de manifiesto que los aspectos que más objeciones han recibido son los relativos a los antecedentes, las circunstancias del delito cometido, y la relevancia de los bienes jurídicos. Señala a este respecto RODRÍGUEZ YAGÜE que "la consideración de todas aquellas circunstancias que se refieren al pasado del penado, que en su caso ya han sido objeto de valoración penal y que seguramente han servido

---

374 *Ibid.*, p. 17.

para fundamentar la imposición de la pena de prisión permanente revisable, penalizan nuevamente al interno en el no acceso a la libertad condicional, pudiéndose entender como una vulneración del *ne bis in ídem*"[375]. Llegándose a defender que "el informe sobre el pronóstico favorable de reinserción del interno debería dejar fuera todos los elementos, ya referidos a su historial penal (antecedentes), ya al delito cometido y sus circunstancias, y basarse en los aspectos que son susceptibles de modificación por parte del sujeto y sobre los que van a incidir las actividades tratamentales, ya generales, ya específicamente clínicas"[376]. Por el contrario, a nuestro juicio, ni se puede (principio de legalidad) ni se debe prescindir de estos criterios. Las razones son las siguientes: 1) los antecedentes únicamente se pueden valorar en la imposición de la PPR si estamos ante el supuesto del art. 140.2 CP o en el de acumulación de condenas que deban dar lugar a la aplicación del art. 78 bis CP; en consecuencia, fuera de estos casos, nada obsta para que puedan valorarse a la hora de la suspensión; 2) las circunstancias del delito, más allá de aquellas que puedan ocasionar una rebaja de grado, tampoco habrán podido ser valoradas en el momento de imposición de la pena, de forma que tiene sentido que ahora se valoren aquellas atenuantes y agravantes que hubieren podido concurrir (y que no tienen por qué condicionar en sentido negativo el resultado del pronóstico)[377]; y, 3) en cuanto a la relevancia de los bienes jurídicos que pudieren verse afectados por una reiteración delictiva, entendemos que se trata de un criterio más que razonable, pues, la capacidad de rein-

---

375 RODRÍGUEZ YAGÜE, C.: *La ejecución de las penas…, op. cit.*, p. 167.

376 *Ibid.*, pp. 168-169.

377 No se trata, como afirma GARCÍA RIVAS, de que el Tribunal tenga que remontarse veinticinco años atrás (como mínimo) para detectar las circunstancias en que se desarrolló aquel delito. Y menos fijarse en que "indefectiblemente se tratará de un delito muy grave (asesinato agravado o terrorista, la mayoría de las veces), lo que con toda probabilidad provocó una sensación muy perturbadora en la población". *Cfr.* GARCÍA RIVAS, N.: "Razones para la inconstitucionalidad de la prisión permanente revisable", *Revista General de Derecho Penal*, núm. 28, 2017, p. 18.

serción del penado puede verse comprometida, en parte, por presentar determinado riesgo de reincidencia (se entiende de comisión de delitos que, al menos, conlleven la muerte de una persona; o, si se quiere ser más riguroso, que se castiguen también con PPR)[378].

A CÁMARA ARROYO y FERNÁNDEZ BERMEJO les sorprende que, a la hora de fundar el pronóstico favorable de reinserción social, elementos como los antecedentes, las circunstancias del delito cometido y la relevancia de los bienes jurídicos afectados por el delito, aparezcan como mecanismos evaluables de cara a un pronóstico favorable de reinserción social del penado, "ya que estos se tienen en cuenta en el proceso clasificatorio penitenciario, pero poco tienen de relación con el pronóstico individualizado y favorable de reinserción social"[379]. Sin embargo, a nuestro juicio, donde puede que no debieran evaluarse es en esa fase penitenciaria.

En cuanto a la relevancia de los bienes jurídicos, el CP se refiere claramente a *"que podrían verse"* afectados por una reiteración en el delito. Por ello, no cabe entender, como han interpretado algunos autores criticando este hecho, que se trata de la relevancia de "los bienes jurídicos afectados"[380]. No es un juicio pasado, sino futuro (de riesgo de reincidencia). Respecto de este elemento, se ha dicho

---

378 No consideramos, pues, como así entiende GARCÍA RIVAS, que, dado que se alude a la *relevancia de los bienes jurídicos* que podrían verse afectados por una reiteración "en el delito", está claro que esos bienes jurídicos serán siempre sí o sí relevantes. *Cfr.* GARCÍA RIVAS, N.: "Razones...", p. 19. Como vimos, lo que procede en este caso es hacer una estimación de la probabilidad que tiene el sujeto de cometer nuevos delitos (que supongan un resultado de muerte o, incluso, más específicamente, castigados con PPR).

379 CÁMARA ARROYO, S. y FERNÁNDEZ BERMEJO, D.: *La prisión permanente revisable...*, *op. cit.*, p. 208.

380 Así, por ejemplo, DAUNIS RODRÍGUEZ, A.: "La prisión permanente revisable. Principales argumentos en contra De su incorporación al acervo punitivo español", *Revista de Derecho Penal y Criminología*, núm. 10, 2013, pp. 80-81. CÁMARA ARROYO, S. y FERNÁNDEZ BERMEJO, D.: *La prisión permanente revisable...*, *op. cit.*, p. 208. PONCELA GARCÍA, J. A.: "La prisión...", *op. cit.*, p. 414. Y VAN ZYL SMIT, D. y RODRÍGUEZ YAGÜE, C.: "Un acercamiento...", *op. cit.*, p. 25.

también que "si se tiene en cuenta que la prisión permanente se aplica a delitos de asesinato y a homicidios terroristas, además de algunos insólitos, como el homicidio de los reyes o de los príncipes, ciertos genocidios y delitos de lesa humanidad, el tribunal partirá de una predisposición negativa a la hora de considerar la suspensión"[381]. Por el contrario, a nuestro juicio, la conclusión que cabría alcanzar es justo la contraria: dadas las tasas de reincidencia en estos delitos la "predisposición" (si es que cabe hablar en estos términos) debería ser favorable a la suspensión. Y, además, tras un período tan largo de encarcelamiento se puede suponer que las capacidades delictivas del sujeto habrán disminuido considerablemente.

También se ha objetado, por tratarse de una circunstancia ya tenida en cuenta para determinar la aplicación de la PPR, la gravedad del delito[382]. Sin embargo, este ítem no se encuentra recogido en el art. 92.1 c) CP.

En relación con la personalidad del penado, apunta ROIG TORRES que "hacer depender de ella la excarcelación del penado es una opción más propia de un Derecho penal de autor, donde los rasgos personales del responsable influyen en la medida de la pena, sin vincularla únicamente a la gravedad del hecho y de la culpabilidad"[383]. Por el contrario, en nuestra opinión, la personalidad no influye en la medida de la pena, pues, la PPR no se adopta en virtud de este criterio (como es lógico). Siendo ésta, pues, una pena perpetua, en cuya imposición ya se valoró la gravedad del hecho y la "culpabilidad", aquí la personalidad influirá en la posible liberación anticipada. Además, cabría recordar que este parámetro no sólo es utilizado para la revisión de la PPR, sino también en la concesión de permisos, denegación del tercer grado, y a la hora de configurar el programa de tratamiento.

---

381 *Ibid.*, p. 23.

382 Así LÓPEZ PEREGRÍN, C.: "Algunos problemas…", *op. cit.*, p. 57.

383 ROIG TORRES, M.: "El pronóstico…", *op. cit*, p. 18.

Por otro lado, la conducta durante el cumplimiento de la pena constituye un dato objetivo para tratar de evaluar la peligrosidad del interno, pero, a juicio de alguna autora, "cabe intuir que esa conducta conflictiva que ya se advierte en presos con penas de larga duración posiblemente se acentuará si se impone la prisión permanente, al aplazarse considerablemente la posibilidad de obtener permisos de salida y establecerse plazos de cumplimiento extremadamente lejanos"[384]. Efectivamente, se trata de una intuición, pues, para poder alcanzar tal conclusión deberíamos disponer de datos. Así las cosas, por el mismo motivo, podría argumentarse en sentido contrario. En cualquier caso, resulta curioso que el único requisito que se hace depender del reo (y por eso es celebrado por la mayoría de la doctrina) también sea criticado. En consecuencia, consideramos que estamos en lo cierto cuando valoramos positivamente que no sea el único parámetro a tener en cuenta para conformar el pronóstico de reinserción (ni tan siquiera, en algunos casos, el principal).

De las circunstancias familiares y sociales se destaca que "después de periodos tan largos de prisión es muy probable que la persona condenada se haya distanciado de sus familiares y amigos e incluso que esté roto el vínculo, bien por la condena o simplemente porque hayan fallecido"[385]. A nuestro juicio, no puede negarse que el apoyo familiar y social constituye un pilar esencial sobre el que se puede construir ese pronóstico de reinserción. Pero, dicho esto, también debemos afirmar que puede haber presos a los que esa falta de respaldo no les afecte porque nunca la tuvieron o no la necesiten; e, igualmente, pueden obtener un pronóstico favorable. Creemos, pues, que esta circunstancia puede variar mucho de un tipo de preso a otro. En segundo lugar, se apunta a las escasas o

---

384 *Ibid.*, p. 24.

385 *Idem.* Así lo ponen de relieve también, MUÑOZ CONDE, F. y GARCÍA ARÁN, M.: *Derecho penal. Parte general…*, *op. cit.*, p. 550. Por el contrario, se muestra partidario de esta circunstancia, como nosotros, GARCÍA RIVAS, N.: "Razones…", pp. 6-7.

nulas expectativas de encontrar trabajo[386]. Aquí, diríamos que esa dificultad (evidente) no sólo se le presenta a un condenado a PPR, sino, puede que también a otros presos que no hayan pasado tanto tiempo en prisión. Está claro que es un estigma importante. Aunque también es cierto que el régimen de semi-libertad y el programa de tratamiento deben estar orientados a lograr (al menos a intentar) ese objetivo. También como dijimos no tiene por qué exigirse haber encontrado un puesto de trabajo, sino que las expectativas para ello sean favorables por las aptitudes del preso, su carácter, etc. Por no mencionar la existencia de instituciones sociales que se encargan de brindar ese apoyo a colectivos vulnerables.

Por otra parte, en referencia a los efectos que quepa esperar de la propia suspensión de la ejecución y del cumplimiento de las medidas que fueren impuestas, señala CERVELLÓ DONDERIS que esta previsión debe servir "para la elección en su caso de los deberes o prohibiciones, pero no para denegar su suspensión"[387]. A nuestro juicio, como ya vimos, el Tribunal sentenciador puede y debe decretar algunas de las prohibiciones o deberes del art. 83 CP cuando no esté muy convencido de que la suspensión vaya a ser todo lo exitosa que cupiera esperar. Pero, naturalmente, puede haber casos en los que debido a las circunstancias que se presenten en el caso concreto ni con la imposición de esas medidas se pueda fundar un pronóstico favorable.

En último lugar, a juicio de CÁMARA ARROYO, asombra que no se hayan adoptado los criterios generales establecidos en el art. 80.1 CP, donde se regula el régimen general de suspensión de la pena privativa de libertad, y en el que se indica que "*para adoptar esta resolución el juez o tribunal valorará las circunstancias del delito cometido, las circunstancias personales del penado, sus antecedentes, su conducta posterior al hecho, en particular su esfuerzo para reparar el daño causado,*

---

[386] GONZÁLEZ COLLANTES, T.: *El mandato resocializador del artículo 25.2 de la Constitución*, Valencia, Tirant lo Blanch, 2017, p. 158.

[387] CERVELLÓ DONDERIS, V.: *Prisión perpetua y de larga duración…, op. cit.*, p. 217.

sus circunstancias familiares y sociales, y los efectos que quepa esperar de la propia suspensión de la ejecución y del cumplimiento de las medidas que fueren impuestas". Destaca a este respecto el citado autor que, "como puede observarse, el criterio es muy similar pero, en el caso de la suspensión de la prisión permanente revisable, sorprendentemente se han dejado de lado algunas cuestiones que supondrían una mayor satisfacción a las víctimas del delito (conducta posterior al hecho, reparación del daño causado)"[388]. A nuestro juicio, por el contrario, que esta última circunstancia no se haya previsto en el art. 92.1 c) CP nos parece una decisión político-criminal más que acertada. No se puede supeditar la obtención de algo tan serio y decisivo para la libertad del condenado a PPR como es la suspensión de la pena a "una mayor satisfacción a las víctimas del delito". Esto en un Estado democrático resulta intolerable.

3.2. Los criterios adicionales para la revisión en supuestos de terrorismo

Otro de los puntos que ha suscitado el rechazo también unánime de la doctrina son las exigencias adicionales previstas en el art. 92.2 CP para los casos de terrorismo. Por cierto, sorprendentemente, y a diferencia de lo que sucede en el art. 90.8 CP, aquí los requisitos no alcanzan a los delitos cometidos "en el seno de organizaciones criminales". El porqué, no lo sabemos. Y, por ello, a nuestro juicio, no tiene sentido que allí se exijan a ambos para obtener la libertad condicional y aquí para la revisión sólo a los delitos de terrorismo. Si bien, al menos, la no aplicación de tales condiciones a las organizaciones criminales debe ser aplaudida por las razones que ahora veremos.

Se ha apuntado, a este respecto, que el legislador parece haber olvidado que para haber accedido previamente al tercer grado el

---

388 CÁMARA ARROYO, S.: "Cadena perpetua en España: la falacia de su justificación en el Derecho comparado y estado actual de la cuestión", *Derecho y cambio social*, núm. 57, 2019, pp. 349-350.

sujeto ya se exigen esos mismos criterios (art. 72.6 LOGP), de modo que resultan superfluos[389]. Sin embargo, como ya vimos, el art. 36.1 CP no se refiere a ninguna de estas condiciones. Únicamente se habla de plazos y de obtener un pronóstico favorable de reinserción. Con todo, aun cuando no se entendiese así, no resultaría incongruente su exigencia, pues, entre la concesión del tercer grado y la revisión pasarán unos cuantos años y, en consecuencia, esas circunstancias pueden haber variado.

Por lo demás, estamos plenamente de acuerdo con las críticas que se han formulado a tales parámetros. Así, por ejemplo, en opinión de RODRÍGUEZ YAGÜE, se ha señalado que "en primer lugar, esta colaboración, que va a ser inviable en muchos casos porque el penado, tras tantos años en prisión, no tendrá una vinculación actualizada con la organización, puede suponer una inexigible autopuesta en riesgo, cuando no autoinculpación en hechos hasta el momento desconocidos por la Justicia. Supone, en segundo lugar, una importante interferencia ideológica, cuando no moralizante —en el caso del perdón—, que además vulnera los principios de igualdad, pues no se exige a otros penados por delitos diferentes, y de reinserción, porque se desvía del contenido que debe tener ésta"[390]. En términos similares, para CERVELLÓ DONDERIS, "resulta cuestionable que tras largos años de condena pueda el penado colaborar activamente con las autoridades para impedir delitos o identificar a sus autores y es rechazable la referencia a aspectos morales como la necesidad de repudio o petición de perdón o aspectos ideológicos como los fines de la actividad terroristas, si no son delictivos"[391].

---

389 De esta opinión, RODRÍGUEZ YAGÜE, C.: *La ejecución de las penas…*, *op. cit.*, p. 172. CÁMARA ARROYO, S.: "Cadena perpetua…", *op. cit.*, p. 350. REBOLLO VARGAS, R.: "Otra vuelta de tuerca…", *op. cit.*, p. 703. CÁMARA ARROYO, S. y FERNÁNDEZ BERMEJO, D.: *La prisión permanente revisable…*, *op. cit.*, p. 136.

390 RODRÍGUEZ YAGÜE, C.: *La ejecución de las penas…*, *op. cit.*, pp. 170-172.

391 CERVELLÓ DONDERIS, V.: *Prisión perpetua y de larga duración…*, *op. cit.*, pp. 219-220.

En cuanto a la colaboración, se ha destacado que "no se tiene en cuenta que es improbable que la información que pueda dar una persona que hace treinta y cinco, o veinte, o quince, o diez años que está encerrada en prisión pueda resultar trascendente y contribuir a la identificación, captura, procesamiento y condena de otras personas relacionadas con la actividad terrorista y, por tanto, a impedir la comisión de delitos nuevos"[392]. Además, este requisito puede dar lugar a acusaciones falsas[393]. Y, en todo caso, como sostiene GIMBERNAT ORDEIG, se trata de una exigencia que, incluso éticamente, nos parece discutible[394].

Respecto de la petición de perdón a las víctimas, como señala ACALE SÁNCHEZ, supone "tanto como afirmar que el legislador va a entrar en el pensamiento del autor a fin de exigirle un cambio de su personalidad: violando así su dignidad personal"[395]. Como indica RODRÍGUEZ YAGÜE, "el requerimiento de conductas morales como el arrepentimiento tienen un más que difícil encaje en la idea de resocialización que debe estar dirigida a los actos y no a los pensamientos"[396]. Así las cosas, como resalta CARBONELL MATEU, se trata de un derecho, no de una concesión[397]. Por ello, como sostiene GIMBERNAT ORDEIG, "para un Derecho penal no moralizante lo único decisivo no debe ser que el condenado se convierta en un policía y experimente sentimientos que no está en su mano poder controlar, sino únicamente que tenga un pronóstico favorable de que no va a volver a delinquir"[398].

---

392 GONZÁLEZ COLLANTES, T.: *El mandato resocializador…*, *op. cit.*, p. 159. Así también, REBOLLO VARGAS, R.: "Otra vuelta de tuerca…", *op. cit.*, p. 703. CARBONELL MATEU, J. C.: "Prisión permanente revisable…", *op. cit.*, p. 218.

393 Así lo pone de relieve GONZÁLEZ COLLANTES, T.: *El mandato resocializador…*, *op. cit.*, p. 159.

394 GIMBERNAT ORDEIG, E.: "Contra la prisión…", *op. cit.*, p. 497.

395 ACALE SÁNCHEZ, M.: "La prisión permanente…", *op. cit.*, p. 370.

396 RODRÍGUEZ YAGÜE, C.: *La ejecución de las penas…*, *op. cit.*, p. 172.

397 CARBONELL MATEU, J. C.: "Prisión permanente revisable…", *op. cit.*, p. 219.

398 GIMBERNAT ORDEIG, E.: "Contra la prisión…", *op. cit.*, p. 497.

Se ha manifestado también que estos presupuestos particulares apuntan, no ya a la elaboración de un pronóstico favorable de peligrosidad criminal, sino a una exigencia intrusiva de retractación ideológica del penado. De forma que, se rompe la lógica preventivo-especial y se infiltran en el proceso de revisión consideraciones jurídicas y políticas que entroncan directamente con la dimensión retributiva y preventivo-general del castigo e incluso con un discurso desenfocado de los derechos de las víctimas[399].

En definitiva, no les falta razón a quienes como GARCÍA RIVAS señalan que "en el caso de los delitos de terrorismo, el legislador exige la contrición pública del recluso, manifestada bien por su colaboración activa con la justicia (el denostado premio a la delación), bien por una declaración pública de repudio a su vida pasada y a los ideales defendidos y de solicitud «expresa» de perdón a las víctimas. Sin perjuicio de la bondad que pueda manifestar este tipo de actitudes, lo cierto es que el sistema penal de un Estado democrático no puede exigir virtudes como la piedad, la condescendencia o el arrepentimiento moral"[400]. Se pregunta a este respecto FERNÁNDEZ CODINA si ¿puede el Estado inmiscuirse en el fuero interno del reo y exigirle que se arrepienta, que se disculpe o que abandone determinadas ideas/fines? Concluyendo el citado autor que "la respuesta es un claro no. Este es un extremo de la regulación actual que, no solo es criticable *de lege ferenda*, sino también inconstitucional, por contradecir frontalmente el art. 18 CE. La Constitución no permite exigirle a nadie que albergue o abandone determinadas ideas"[401]. Así también, para ÁLVAREZ GARCÍA, "el mantenimiento, pues, de esperanza en el condenado de poder llegar un día a abandonar la prisión estará condicionado a que actúe como delator. Es verdad que esa conducta, en el momento de determinación judicial de la pena puede suponer para el imputado una disminución sustancial de la sanción; pero ahora no estamos ante ese caso, sino

---

399 LANDA GOROSTIZA, J. M.: "Prisión perpetua...", *op. cit.*, p. 24.

400 GARCÍA RIVAS, N.: "Razones...", p. 19.

401 FERNÁNDEZ CODINA, G.: *Prisión permanente*.... *op. cit.*, p. 114.

frente a la ejecución de la pena y la imposición de una condición —la delación— para encontrar finitud a la pena de cadena perpetua, para poder mantener la esperanza, que será imposible de sostener si no se delata. Cuando se reclama la delación como condición de puesta en libertad en realidad se está exigiendo al sujeto una clara renuncia a su dignidad, lo que constituye un límite infranqueable para el Derecho"[402].

Así las cosas, al art. 92.2 CP "sólo le falta requerir la «rendición» del penado"[403].

Por todo ello, a nuestro juicio, la única circunstancia que debiera observarse para conceder la revisión en casos de terrorismo es que se haya producido una desconexión con la actividad terrorista (incluyendo cualquier vínculo con organizaciones o grupos de esta naturaleza). Pero, esto debería constatarse exclusivamente *a través de informes técnicos que acrediten que el preso está realmente desvinculado de la organización terrorista y del entorno y actividades de asociaciones y colectivos ilegales que la rodean*.

3.3. Los plazos (o períodos de seguridad)

La doctrina ha destacado que tanto los plazos de acceso a tercer grado como los relativos a la suspensión son excesivamente largos. Especialmente, si nos atenemos a las reglas concursales del art. 78 bis CP[404]. Se ha afirmado, a este respecto, que "si se analizan las reglas del art. 78 bis CP para los casos de concurso de delitos, se comprueba la obsesión por compensar aritméticamente los delitos

---

402 ÁLVAREZ GARCÍA, F. J.: "La esperanza", *op. cit.*, pp. 89-90.

403 GARCÍA RIVAS, N.: "La prisión permanente revisable en los informes de los órganos consultivos", en ARROYO ZAPATERO, L.; LASCURAÍN SÁNCHEZ, J.A. y PÉREZ MANZANO, M. (Eds.): *Contra la cadena perpetua*, Cuenca, Ediciones de la Universidad de Castilla-La Mancha, 2016, p. 113.

404 *Vid.*, por todos, GUARDIOLA GARCÍA, J.: "Reglas especiales para la aplicación de las penas; concurso de infracciones (arts. 76 y ss)", en GONZÁLEZ CUSSAC, J. L. (Dir.): *Comentarios a la Reforma del Código Penal de 2015 (2ª edición)*, Valencia, Tirant lo Blanch, 2015, pp. 318 y ss.

cometidos, propia del retribucionismo más rancio, especialmente querido para el legislador español"[405]. Ahora bien, de ambos elementos (tercer grado y revisión), los plazos que más críticas han recibido son los relativos a la revisión[406]. Llegándose a calificar de "desproporcionados"[407]. Incluso, que responden a una clara apuesta del legislador "por el carácter ejemplarizante y de satisfacción a demandas populistas creadas artificialmente"[408].

Por el contrario, a nuestro juicio, que los plazos sean más elevados en el art. 78 bis CP obedece a que tiene que observarse cierta proporcionalidad entre los supuestos enumerados en los arts. 36.1 CP y 92 CP (un único delito) y los previstos en ese precepto (pluralidad delictiva). La configuración de la PPR, por su propia naturaleza, no permite accionar las reglas tradicionales de los concursos, por lo que, sólo cabía hacerlo fijando unos plazos fijos. En definitiva, es lógico prever unos plazos más amplios de revisión para supuestos de entidad diferente[409]. Y, en cualquier caso, esos períodos tan largos (pues, lo son) condicionarían negativamente la consecución de los otros requisitos para obtener la suspensión si previamente no se contemplaran una serie de instituciones como la concesión de permisos, acceso al tercer grado (régimen de semi-libertad), visitas/

---

405 MUÑOZ CONDE, F. y GARCÍA ARÁN, M.: *Derecho penal. Parte general…*, *op. cit.*, p. 550.

406 *Vid*, por todos, CARBONELL MATEU, J. C.: "Prisión permanente revisable…", *op. cit.*, p. 218.

407 GONZÁLEZ CUSSAC, J.L.: "Señas de identidad…", *op. cit.*, p. 176.

408 GRUPO DE ESTUDIOS DE POLÍTICA CRIMINAL: *Revisión y actualización…*, *op. cit.*, p. 173.

409 Señala CERVELLÓ DONDERIS que prolongar tanto las posibilidades de suspensión como de la concesión del tercer grado en estos casos de concurso de delitos (es lo que permite el art. 78 bis CP) "supone indirectamente prolongar más la privación de libertad por una vía encubierta". *Vid.* CERVELLÓ DONDERIS, V.: *Prisión perpetua y de larga duración…*, *op. cit.*, p. 194. Por el contrario, no podemos estar de acuerdo con esta afirmación, pues, se trata de una mayor privación de libertad, en todo caso justificada, y que está expresamente prevista en el CP.

comunicaciones, posibilidad de someterse a un programa tratamental, etc.

Igualmente, se ha destacado que los plazos de suspensión previstos en la regulación española son superiores a los de países de nuestro entorno[410]. Siguiendo a CASALS FERNÁNDEZ[411], los países de nuestro entorno con un periodo de cumplimiento inferior a 12 años son Irlanda con 7 años; Noruega, Suecia, Suiza y Mónaco con 10 años; o Finlandia, Dinamarca y Chipre con 12 años. Por otro lado, los países europeos con un periodo de cumplimiento mayor de 12 años son Alemania, Austria, Liechtenstein, Luxemburgo, y Macedonia con 15 años; Bulgaria, Grecia, Hungría, República Checa y Rumania con 20 años. Dentro de éstos algunos tienen varios periodos de cumplimiento dependiendo del delito o delitos cometidos, por ejemplo, Bélgica tiene 10 años, 15 años y 23 años; Francia tiene la posibilidad de un primer periodo de 18 años o llegar hasta los 22 años; misma situación tiene el Reino Unido con un periodo mínimo de 12 años pudiendo llegar en caso muy excepcionales a los 30 años. Ciertamente, también tenemos algunos países que nos superan en temporalidad, pero son los menos, como Italia donde llega a los 26 años para el llamado "ergastolo" o Estonia con la revisión a los 30 años. El único país que no mantiene un periodo de cumplimiento sometido a término fijo es Holanda. No se establece ningún sistema de revisiones por buena conducta, como en otras democracias europeas. La única posibilidad de regresar a la sociedad es un indulto, otorgado por el rey, que no suele obtenerse[412].

En nuestra opinión, el establecimiento de plazos más o menos largos obedece a criterios de política-criminal que deben ser respetados por legítimos (siempre y cuando no rebasen el límite de lo constitucional). Entre otras cuestiones porque el sistema de penas

---

410 Así, por ejemplo, CÁMARA ARROYO, S.: "Cadena perpetua…", *op. cit.*, p. 347. Y ORTS BERENGUER, E. y GONZÁLEZ CUSSAC, J. L.: *Compendio…*, *op. cit.*, p. 463.

411 CASALS FERNÁNDEZ, Á.: *La prisión…*, *op. cit.*, p. 225.

412 *Ibid.*, p. 116.

de cada país obedece a una configuración distinta y particular. Dicho lo cual, si bien la mayoría de países de nuestro entorno sitúan el plazo de revisión en torno a los 20 años (incluso por debajo) también los hay que lo hacen por encima (como Italia, o en algunos supuestos Reino Unido). En todo caso, los plazos son un parámetro importante, pero, no el único sobre el que testar la severidad de la PPR. El plazo de revisión puede ser corto, pero, en cambio ir acompañado de unas condiciones que hagan imposible la excarcelación; que la revisión dependa de la concesión de algún tipo de medida de gracia (o no se trate de una revisión acordada por un tribunal); que no se prevean mecanismos intermedios (como los permisos de salida o el tercer grado) para permitir el contacto anticipado con la sociedad; o, que las condiciones de ejecución de la pena sean muy estrictas, etc. En nuestro caso, existen algunos plazos que superan sobradamente los veinticinco años, concretamente se apartan de esa barrera los de hasta 30 y 35 años. Pero, los supuestos para los que se prevén consideramos justifican ese notable incremento.

En relación con esta cuestión, se ha sostenido que "cuando se impone a una persona un período mínimo de 25, 30 o 35 años de prisión en realidad se está presumiendo que no puede reinsertarse y lo que se quiere es recluirla el mayor tiempo posible para que no delinca. Es puro y simple aislamiento, aunque se maquille con esas revisiones sucesivas que en nuestro ordenamiento tienen un claro propósito legitimador"[413].

En nuestra opinión, no se trata de presumir (o no) si el establecimiento de largos plazos de revisión obedece a la idea de que en ciertos delincuentes la reinserción sea imposible. Se trata de examinar si la regulación de la PPR permite, llegado el caso, la excarcelación del preso tras observarse un pronóstico favorable de reinserción. Para quienes estén en esa situación la solución en un Estado democrático no pueda ser otra que la excarcelación. Lo contrario, mantenerla de por vida en un centro penitenciario, atentaría claramente

---

413 ROIG TORRES, M.: *La cadena perpetua…*, *op. cit.*, p. 186.

contra la idea de dignidad de la persona. Pero, naturalmente, el legislador asume que habrá sujetos que nunca contarán con dichos pronósticos de reinserción favorables. De forma que, jamás lleguen a alcanzar dicha liberación tras intentos consecutivos de revisión (salvo por excarcelación humanitaria o indulto). Por tanto, no se trata de un puro y simple aislamiento, sino de que éste se deberá mantener cuando los sucesivos juicios de revisión permitan obtener la convicción (basada en evidencias y opiniones expertas) acerca de la incapacidad del sujeto de volver a vivir en sociedad. La cuestión por tanto se reduce a un juicio sobre si, en un Estado democrático, se debe entender que esta posibilidad (la de mantener encerrada de por vida a una persona que no muestre signo alguno de reinserción) no puede darse por entender que la idea de libertad debe primar —en todo caso— sobre aquélla. Debiendo soportar (asumir) el resto de la ciudadanía el riesgo de que tales sujetos vuelvan a la sociedad y puedan (o no) delinquir de nuevo en cualquier momento (seguridad). A nuestro juicio, la estancia perpetua en prisión de quienes no han evidenciado síntoma alguno de reinserción tiene perfectamente encaje en un Estado democrático. Siendo eso sí, algo excepcional. Existen, sin duda, otras alternativas al encarcelamiento perpetuo para estos casos, pudiéndose concretar en medidas dirigidas a privar también de por vida (pero ya no en un centro penitenciario) a este tipo de sujetos. Pero las objeciones para muchos seguirían siendo igualmente insalvables. Considerar, por el contrario, que en un Estado democrático sólo se pueda hacer frente a este tipo de situaciones, a lo sumo, recurriendo a la imposición de "medidas de seguridad" que implicaran una vigilancia, supervisión y control deambulatorio permanente (pero no privativo de libertad) es otra posibilidad. Pero, ambas opciones son, a nuestro parecer, igual de legítimas y constitucionales. Por tanto, la preferencia es política.

Y, además, no puede decirse que lo único que se pretenda con la PPR es apartar de la sociedad al condenado por determinados delitos (porque se presume no susceptible de reinserción) cuando se prevé, entre otros aspectos, todo un sistema de obtención de permisos de salida, acceso a tercer grado, y revisiones (ilimitadas) al que se puede acceder tras el cumplimiento de una serie de exigencias que, bajo ningún concepto, puede sostenerse que sean absolutamente inalcanzables para nadie.

Por su parte, existen autores para los cuales la probabilidad de reinserción de un sujeto encerrado durante veinticinco años o más, aun pudiendo tener una conducta ejemplar, será escasa o nula por su lejanía temporal a la vida fuera de prisión[414]. Se hace hincapié en que ni con unos plazos inferiores se evitaría la desocialización que producen períodos tan largos de encierro[415]. Con todo, como ya hemos advertido, ello sería así si antes de la revisión se impidiese tener comunicación con el exterior, pero no es esto lo que sucede. Máxime si, como vimos, se tiene en cuenta lo que implica disfrutar del régimen abierto (tercer grado).

En otro orden de cosas, cabría recordar que los plazos para delitos de terrorismo y delitos cometidos "en el seno de organizaciones criminales" son mayores que en el resto de infracciones.

Sin embargo, las críticas parecen haberse centrado en los primeros cuando, a nuestro juicio, los delitos de asesinato cometidos por quien "perteneciere" a una organización criminal (art. 140.1.3ª CP) no debieren ser sometidos a un plazo especial e idéntico a los delitos de terrorismo. En este último caso, como hemos adelantado, la previsión de unos mayores períodos para el acceso a tercer grado y revisión nos parece razonable, pues, de todos los delitos para los que se prevé PPR éstos pueden calificarse como los más graves (entre los graves). Y nos parece bien porque no se mide la gravedad (y, en consecuencia, un período de seguridad mayor) arreglo a la pertenencia o no a una organización terrorista, sino por las características del hecho cometido (art. 573 CP). Sin embargo, como sostendremos más adelante, en el caso de las organizaciones (y grupos)

---

414 CASALS FERNÁNDEZ, Á.: *La prisión…*, *op. cit.*, p. 232.

415 CUERDA RIEZU, A.: *La cadena perpetua y las penas muy largas de prisión: por qué son inconstitucionales en España*, Barcelona, Atelier, 2011, p. 100.

criminales, su inclusión en el listado de delitos castigados con PPR sí obedece a un criterio de "pertenencia a" que resulta rechazable.

Por el contrario, como advertíamos, se ha criticado la previsión de unos plazos más gravosos en casos de terrorismo. Así, por ejemplo, LANDA GOROSTIZA sostiene que "la nueva regulación española de la prisión permanente revisable en su régimen común, pero aún en mayor medida respecto de los regímenes especiales y particularmente en el caso del terrorismo, supone una mala solución a un caso difícil. La reinserción en materia de terrorismo requiere reflexiones adicionales que no justifican, sin embargo, un bloqueo tan radical y discriminatorio de las posibilidades de progresión de grado a base de presupuestos y periodos mínimos de cumplimiento que, de facto, lo puedan convertir en virtualmente imposible o simplemente al margen de toda lógica de reinserción en sentido estricto"[416]. No obstante, en nuestra opinión, resulta plausible que en estos casos los plazos sean mayores puesto que el proceso de reincorporación a la sociedad será más difícil de alcanzar y requerirá de mayor tiempo y esfuerzos para que pueda lograrse.

Con todo, más allá de las consideraciones que acabamos de realizar, quisiéramos poner de relieve cuatro aspectos en los que, al menos aparentemente, el CP muestra cierta incoherencia:

1.ª Tanto en los permisos de salida como en el acceso al tercer grado, los plazos de 12 y 20 años (respectivamente) únicamente alcanzan a los delitos de terrorismo. No a las organizaciones criminales, cuando, curiosamente, sí se les tiene en cuenta para la aplicación de los plazos superiores de los supuestos concursales (art. 78 bis CP). Y, como advertimos en su momento, no se mencionan por ninguna parte a los grupos criminales cuando, como prevé el art. 140.1.3ª el delito de asesinato también se castiga en estos casos con PPR.

416 LANDA GOROSTIZA, J. M.: "Prisión perpetua...", *op. cit.*, pp. 34-35.

2.ª Se observa una discordancia mayor cuando, en las reglas del art. 78 bis CP, se prevé (para acceder al tercer grado en casos de terrorismo y organizaciones criminales) idéntico plazo de 24 años para supuestos de diferente entidad como son: a) PPR + penas superiores a 5 años; y, b) PPR + penas superiores a 15 años.

Pero la incoherencia es mayor cuando en la revisión (para delitos comunes) se prevé un mismo plazo de 25 años para tres supuestos distintos: a) un único delito; b) PPR + penas superiores a 5 años; c) PPR + penas superiores a 15 años. También se observa algo parecido en los supuestos de terrorismo y organizaciones criminales, donde se prevé un mismo plazo de 28 años para: a) PPR + penas superiores a 5 años; y, b) PPR + penas superiores a 15 años.

3.ª Para el asesinato previsto en el art. 140.2 CP, se prevé unos plazos de acceso a tercer grado y revisión idénticos al supuesto de PPR + penas superiores a 15 años. Lo cual impide apreciar otros plazos cuando, a su vez, concurra con otros delitos.

4.ª Por último, entre los plazos de clasificación en tercer grado y de suspensión se observan unas diferencias que abarcan desde los diez años (en el peor de los casos) a los 3 años (en el mejor).

Todas estas cuestiones deberían ser, a nuestro modo de ver, corregidas en una futura e hipotética reforma del CP. Aunque, mientras ello no sucede habrá una desproporcionalidad positiva (en favor del reo).

Por último, la doctrina también ha puesto de manifiesto que el CP está retrasando injustificadamente la posibilidad legal de acceder a los permisos al situar los plazos en 8 y 12 años (respectivamente)[417].

---

417 Así, por ejemplo, CERVELLÓ DONDERIS, V.: "Prisión permanente revisable…", *op. cit.*, p. 232. REBOLLO VARGAS, R.: "Otra vuelta de tuerca…", *op. cit.*, p. 699. Y LÓPEZ PEREGRÍN, C.: "Algunos problemas…", *op. cit.*, p. 55.

Criticando también el establecimiento de plazos diferentes para los delitos de terrorismo, como clara plasmación de un derecho penal del enemigo[418]. Así, a juicio de CERVELLÓ DONDERIS, "es llamativo que si bien para establecer el acceso al régimen abierto, como si de un periodo de seguridad se tratara, se ha tomado la referencia de la mitad de la condena de la pena de treinta años, cuarenta años en el caso de delitos referentes a organizaciones y grupos terroristas y delitos de terrorismo, en el caso de los permisos de salida se utilizan parámetros diferentes ya que ocho años es la cuarta parte de treinta y dos y doce años es la cuarta parte de cuarenta y ocho, lo que supone un endurecimiento excepcional e injustificado por la diferencia de criterios entre progresión a tercer grado y acceso a permisos de salida (...). Utilizando el criterio general de treinta años en el supuesto general y cuarenta años en terrorismo, los permisos de salida podrían haber sido permitidos a los siete años y seis meses y diez años respectivamente, lo que sería más ventajoso que lo previsto en la reforma, e incluso tomando como referencia la fecha de revisión de la prisión permanente revisable a los veinticinco años, como duración hipotética de la misma, pasaría a seis años y tres meses el plazo para poder obtener permisos de salida"[419].

Sin embargo, bajo nuestro criterio, si se tiene en cuenta que la PPR se trata de una pena más gravosa que la pena de prisión (común) resulta mínimamente razonable que la concesión de esos permisos se pudiera retrasar. Y, en todo caso, nos parecen acertados desde el momento en que los plazos para la concesión del tercer grado son elevados (cuanto mayor fuere la distancia entre ambos peor). Así también, como ya dijimos con ocasión de los períodos de acceso a tercer grado y revisión, a nuestro modo de ver, la exigen-

---

418 LÓPEZ PEREGRÍN, C.: "Algunos problemas...", *op. cit.*, p. 55.

419 CERVELLÓ DONDERIS, V.: "El silencio normativo...", *op. cit.*, pp. 231-232. En igual sentido, CÁMARA ARROYO, S. y FERNÁNDEZ BERMEJO, D.: *La prisión permanente revisable...*, *op. cit.*, p. 189. Y GÁLVEZ JIMÉNEZ, A.: "La aplicación...", *op. cit.*, p. 19.

cia de un mayor tiempo en casos de terrorismo queda plenamente justificada.

Lo que sí resulta criticable, a nuestro juicio, en consonancia con lo manifestado más arriba, es que no se prevean plazos específicos para supuestos concursales[420]. Siendo una tarifa fija que, eso sí, beneficia al reo.

3.4. Tercer grado

La doctrina ha vaticinado que, dados los requisitos que se exigen para ser clasificado en tercer grado, el acceso al régimen abierto (o de semi-libertad) va a ser muy difícil en el caso de penados a PPR[421]. Se destaca que si el porcentaje de presos clasificados en ese grado es bajo (entre el 15 y 26 %), lo será mucho más para los condenados a PPR[422]. Lamentablemente, la primera posibilidad de acceder al tercer grado se le presentará al penado a partir de los quince años (en el mejor de los casos), lo que significa que sólo a partir del año 2030 (si fue condenado en 2015) se podrán valorar estos datos. Por el momento, no podemos aventurar cuál será el escenario que se presentará entonces. Habrá que estar, eso sí, muy atentos a este tipo de cifras; y, analizar en los casos en que se deniegue ese acceso al tercer grado por qué sucede eso. Sólo a partir de ahí podremos tener un juicio formado al respecto.

Para LÓPEZ LORCA, el hecho de que el art. 36.1 CP exija para la clasificación en tercer grado un *"previo pronóstico individualizado y favorable de reinserción social"* conlleva la existencia de unas condiciones de acceso más restrictivas que para el resto de los internos, a los que únicamente se les aplicará lo dispuesto en el art. 102.2 RP[423].

---

420 Así también, ARRIBAS LÓPEZ, E.: "Los permisos...", *op. cit.*, p. 7.

421 *Vid.*, entre otros, RÍOS MARTÍN, J.: *La prisión perpetua...*, *op. cit.*, pp. 48-49. Y FERRER GARCÍA, A.: "La prisión permanente...", *op. cit.*, p. 35.

422 ICUZA SÁNCHEZ, I.: *La prisión permanente...*, *op. cit.*, pp. 365-366.

423 LÓPEZ LORCA, B.: "La prisión permanente revisable. Naturaleza, ámbito de aplicación y modelo penológico", en DE LEÓN VILLALBA, F. J. (Dir.): *Penas de prisión de larga duración*, Valencia, Tirant lo Blanch, 2017, p. 624.

Pues bien, en nuestra opinión, y siendo razonable que se exija tal pronóstico de reinserción para la concesión del tercer grado[424], como vimos, el art. 36.1 CP no fija qué criterios deben tomarse para conformar aquél. Con todo, como ya expresáramos, no puede entenderse que son los mismos que los mencionados en el art. 92.1 c) CP (por falta de remisión expresa). Siendo ello así, los parámetros de referencia serán los previstos en los arts. 63 LOGP y 102, ap. 2 y 4 RP. Queremos con ello decir que, en consecuencia, las condiciones de acceso al tercer grado no son diferentes a las del resto de presos (comunes). Ahora bien, como también se señaló, es difícil concluir cuál de los dos regímenes es más "beneficioso".

En cualquier caso, si, como ha sostenido la doctrina (con razón), el problema parece estar más bien en la aplicación de la Instrucción de II.PP. sobre esta materia y "ciertas prácticas" de la Administración penitenciaria, lo que no puede concluirse es que la "dificultad" para acceder al tercer grado en casos de condenados a PPR se deba a la configuración legal de esta pena. Lo que habrá que hacer es repensar esos otros instrumentos que son los que se vienen aplicando a todo tipo de presos. Y, sobre todo, corregir determinadas "interpretaciones" que puede no se ajusten del todo a lo previsto en la LOGP y el RP.

Añade LÓPEZ PEREGRÍN que los otros requisitos que se establecen para el acceso al tercer grado; especialmente el relativo al cumplimiento de la responsabilidad civil (art. 72.5 LOGP) y, para los condenados por delitos de terrorismo o cometidos en el seno de organizaciones criminales, las exigencias adicionales del art. 72.6 LOGP, hacen casi imposible el acceso real al tercer grado[425]. Por el contrario, como tuvimos ocasión de ver en su momento, a nuestro juicio, esos dos criterios no resultan aplicables en el caso de condenados a PPR, pues, junto con los plazos, el único requisito al

---

424 De esta opinión también, GONZÁLEZ TASCÓN, M. M.: "Regulación legal...", *op. cit.*, p.112.

425 LÓPEZ PEREGRÍN, C.: "Algunos problemas...", *op. cit.*, p. 56.

que se hace mención expresa es el pronóstico de reinserción: no el pago de la responsabilidad civil, ni los específicos para terrorismo y organizaciones criminales.

Por otra parte, señala ACALE SÁNCHEZ que "la mera redacción del artículo 36.3 está poniendo de manifiesto que su finalidad no es permitir el acceso sino impedirlo, lo que se señala de forma literal al establecer que la clasificación del condenado en tercer grado «no podrá efectuarse», o que «no podrá disfrutar de permisos de salida» en el último párrafo del número 3.°, ignorando que tanto la clasificación penitenciaria como los permisos de salida no son un «premio» sino parte esencial del tratamiento del penado, en su «preparación para la vida en libertad» (artículo 47.2 de la Ley Orgánica 1/1979, General Penitenciaria)"[426]. Por el contrario, en nuestra opinión, el uso común del lenguaje nos lleva a rechazar tal tesis, pues, lo que se hace es fijar una restricción y para ello se recurre a la fórmula lingüística "no podrá efectuarse" (que se conceda o no dependerá de que concurran ciertas circunstancias). Se trata, además, de un recurso estilístico que podemos encontrar igualmente en el art. 36.2 CP (ya fuera del ámbito de aplicación de la PPR). Pero, tampoco estamos de acuerdo con el planteamiento de la citada autora por cuanto parece desprenderse que el acceso al tercer grado se configure casi como un "derecho". Queremos decir con ello que, naturalmente, la participación en el tratamiento no es garantía de nada.

Por último, para CERVELLÓ DONDERIS, "tal previsión es una clara invasión sobre la regulación penitenciaria específica contemplada en la LOGP, siendo rechazables las diferencias penitenciarias basadas en tipologías delictivas que ignoran la evolución personal de los internos, como ya criticara el Informe del CGPJ al Anteproyecto de reforma de 2012 al alertar de la distinción entre el sistema previsto en el periodo de seguridad para delitos de terrorismo, en el que solo se cambia el carácter preceptivo, y el sistema para con-

426 ACALE SÁNCHEZ, M.: "La prisión permanente...", *op. cit.*, p. 371.

denados con pena perpetua donde implícitamente se está añadiendo más tiempo de prisión efectiva para estos delitos. Por ello, y dado el carácter excepcional del art. 36 CP, al recoger los plazos para acceder al tercer grado de los supuestos de prisión permanente revisable, no se deberían incluir más distinciones relacionadas con las tipologías delictivas"[427]. Bajo nuestro punto de vista, por el contrario, creemos que se trata de una opción político-criminal plenamente viable. Además, el CP la contempla no sólo para casos de PPR, sino también en el supuesto del art. 36.2 CP (prisión común) para estos delitos: a) referentes a organizaciones y grupos terroristas y delitos de terrorismo del Capítulo VII del Título XXII del Libro II de este Código; b) cometidos en el seno de una organización o grupo criminal; c) delitos del Título VII bis del Libro II de este Código, cuando la víctima sea una persona menor de edad o persona con discapacidad necesitada de especial protección; d) delitos del artículo 181; y, e) delitos del Capítulo V del Título VIII del Libro II de este Código, cuando la víctima sea menor de dieciséis años.

3.5. Permisos de salida

Otro aspecto en el que la doctrina ha centrado sus críticas son los permisos de salida (ordinarios). Se recrimina que, en el caso de la PPR, la utilización de dos instrumentos como son la TVR y la M-CCP hace que la probabilidad de obtener un permiso disminuya significativamente[428].

---

427 CERVELLÓ DONDERIS, V.: "El silencio normativo...", *op. cit.*, p. 223.

428 *Vid.*, entre otros, LÓPEZ PEREGRÍN, C.: "Algunos problemas...", *op. cit.*, p. 55. LÓPEZ LORCA, B.: "La prisión permanente revisable...", *op. cit.*, p. 619. REBOLLO VARGAS, R.: "Otra vuelta de tuerca...", *op. cit.*, p. 700. RÍOS MARTÍN, J.: *La prisión perpetua...*, *op. cit.*, pp. 24-25. Y FERRER GARCÍA, A.: "La prisión permanente...", *op. cit.*, p. 15.

Refleja muy bien esta situación ICUZA SÁNCHEZ[429]:

1) la TCCP prevé entre sus variables el tipo delictivo, definido como condenas por delitos contra las personas o la libertad sexual. La gravedad del delito es uno de los motivos que habitualmente se utiliza para denegar un permiso en la práctica penitenciaria.

2) En la misma línea, otra de las variables que recoge la TCCP es la de organización delictiva, es decir, pertenencia a banda armada o de carácter internacional, que también se prevé en la TVP como la profesionalidad, dentro de la cual incluye la pertenencia a banda armada. Si nos fijamos en los delitos para los que se prevé la PPR, comprobamos que se trata de delitos graves, siendo todos ellos delitos contra las personas y también alguno contra la libertad sexual, así como el asesinato causado por un terrorista o por persona perteneciente a un grupo u organización criminal. Por tanto, no parece infundado sostener que en base a estas variables es muy probable y fácil que se deniegue un permiso a una persona condenada a una pena de PPR. Estas variables siempre estarán presentes en la PPR y, por ello, supondrán un claro freno en la concesión de los permisos.

3) También muy posiblemente se pueda acumular, desfavorablemente, la circunstancia referida a la transcendencia social del hecho cometido, concretada en la TCCP en la existencia de especial ensañamiento en la ejecución, pluralidad de víctimas o que estas sean menores de edad o especialmente desamparadas, lo que particularmente se dará en los asesinatos cualificados del art. 139 en relación con el 140 para los que se prevé la PPR (el art. 140 contempla el asesinato de un menor de 16 años y el asesinato de más de dos personas). Las resoluciones tanto administrativas como judiciales, apoyándose en la señalada variable, suelen argumentar la "necesidad de re-

---

429 ICUZA SÁNCHEZ, I.: *La prisión permanente…*, *op. cit.*, pp. 347-349.

proche social" o "la alarma social" para denegar los permisos de salida. Por tanto, es evidente que teniendo en cuenta los delitos tan graves para los que se prevé esta pena, esta variable siempre tendrá cabida y fuerza denegatoria.

4) Entre los motivos que habitualmente utiliza la administración penitenciaria para denegar un permiso encontramos la "lejanía de las tres cuartas partes de la condena", es decir, que resten más de 5 años para el cumplimiento de las tres cuartas partes. Esta variable, que está prevista en la TCCP y que además tiene cobertura del TC y es seguida por las Audiencias provinciales y los JVP, perjudicará de forma clara y directa a quienes han sido condenados a PPR, por tratarse de una pena larga e indeterminada, lo que supone que el cumplimiento de las tres cuartas partes quedará muy lejana en el tiempo, teniendo en cuenta que el plazo de revisión se establece entre los 25 y los 35 años.

5) Otra de las variables utilizadas con frecuencia en la práctica penitenciaria para denegar un permiso es la "falta de apoyo familiar y social", la cual se encuentra contemplada en la TVR bajo la denominación "deficiencia convivencial". Cuando una persona presa lleva más de quince años encerrado, sus vínculos sociales se deterioran mucho y es posible que esté solo, por tanto, es muy probable que esta circunstancia también actúe en contra del reo.

6) Otro de los motivos habituales de denegación de permisos es la "elevada prisionización" utilizada de forma recurrente en la denegación de permisos. Inevitablemente, este efecto de la prisionización existirá en el caso de la persona condenada a una pena larga e indeterminada como es la PPR y, por consiguiente, éste será otro motivo más que podrá ser utilizado para denegar un permiso.

7) Por último, la TVR también recoge la variable de la clasificación previa en primer grado, lo que posiblemente esté presente en personas condenadas a PPR y penas de larga dura-

ción incidiendo de forma negativa sobre la concesión de los permisos, ya que este régimen es utilizado muy a menudo para las personas para las que se prevén este tipo de penas (siendo en el caso del terrorismo, muy frecuente esta clasificación).

Ahora bien, estas herramientas no son únicamente aplicables a condenados por PPR[430]. Por tanto, en todo caso, el problema sería de esos instrumentos de "medición". Pero, en ningún caso, ello podría generar una crítica a la regulación de la PPR. Si los criterios son esos, lo que habría que hacer es cambiarlos, no afirmar que la PPR impide que los permisos se concedan. Otra cosa distinta será que, en la práctica, se haga una inadecuada interpretación de esos parámetros lo que, sin duda, debiera corregirse. En cualquier caso, como sucedía con la clasificación en tercer grado, los malos presagios que algunos auguran tendrán que ser ratificados por evidencias empíricas. De este modo, deberá hacerse un seguimiento estadístico sobre la concesión de permisos a este tipo de penados (los primeros podrán disfrutarse a partir de 2023, en el supuesto general). Y, examinar también, las razones que llevan, en su caso, a la denegación. Sólo así podremos concluir si la denegación de permisos de salida a condenados por PPR es generalizada y automática; o, por el contrario, es selectiva y justificada.

3.6. Los delitos

Apunta, en primer lugar, GARCÍA RIVAS, que el elenco de delitos no parece que responda a un criterio claro, no negándose su gravedad sino el criterio para seleccionarlos. En este sentido, se aduce

---

430 Afirma LÓPEZ PEREGRÍN que "si ya resulta criticable, por oponerse al sistema de individualización científica que en las penas de prisión por tiempo determinado no se atienda exclusivamente (o al menos de forma prioritaria) a la personalidad del penado y a su conducta penitenciaria, lo es aún más en el caso de la prisión permanente revisable, donde ello conllevará la práctica denegación de todos los permisos". *Vid.*, LÓPEZ PEREGRÍN, C.: "Algunos problemas...", *op. cit.*, p. 55.

que: 1) la selección de esos delitos no obedece a una escalada desmesurada en la comisión de esta clase delitos; y, 2) ya tienen asignadas penas muy elevadas[431]. Con todo, como ya expresáramos, la decisión política de incorporar la PPR al catálogo de penas no tiene por qué obedecer a un incremento de la criminalidad en determinados delitos o sustentarse únicamente en este hecho. Y, en igual sentido, el legislador goza de legitimidad suficiente para incrementar las penas hasta los límites que la CE permite. En este caso, a nuestro juicio, consideramos que los delitos para los que se ha previsto PPR (con los matices que luego haremos) no deben ser castigados con unas penas que como mucho alcanzarían los veinticinco años.

Señala, por otro lado, CARBONELL MATEU que "la previsión para el homicidio del Jefe del Estado, Jefe de Estado extranjero, delitos de lesa humanidad o genocidio, no deja de ser puramente simbólica por no decir anecdótica"[432]. Es cierto que la probabilidad de comisión de estos delitos es realmente baja, por no decir nula. Pero, más allá de que alguno de estos hechos seguramente nunca llegue a producirse, lo anterior no impide reconocer la gravedad de los mismos y la necesidad de tener articulada una respuesta para su represión (la PPR). En consecuencia, no podemos estar de acuerdo con ACALE SÁNCHEZ cuando sostiene que la pena de prisión permanente revisable se incluyó en el Código Penal español para castigar a los autores de los delitos que más rechazo social generan (asesinos y terroristas), mientras que la extensión de la pena a los demás delitos se realizó para intentar dar legitimidad a esta decisión y que no pareciera que se trataba de una pena "ad hoc"[433]. No

---

431 GARCÍA RIVAS, N.: "Razones…", pp. 4-5.

432 CARBONELL MATEU, J. C.: "Prisión permanente revisable…", *op. cit.*, p. 214.

433 ACALE SÁNCHEZ, M.: "Apuntes sobre la inconstitucionalidad de la pena de prisión permanente revisable desde la perspectiva del derecho penitenciario", en ARROYO ZAPATERO, L.; LASCURAÍN SÁNCHEZ, J.A. y PÉREZ MANZANO, M. (Eds.): *Contra la cadena perpetua*, Cuenca, Ediciones de la Universidad de Castilla-La Mancha, 2016, pp. 164. En esta línea, LÓPEZ PEREGRÍN, C.: "Más motivos para…", *op. cit.*, p. 16.

sabemos si el hecho de que la PPR alcanzase a estos delitos fuera una "táctica de camuflaje" del legislador, pero, de lo que sí estamos seguros es de que estas infracciones que revisten una extrema gravedad deben castigarse con PPR.

Se ha dicho también que "el criterio de los delitos especialmente graves es un criterio de carácter estrictamente formal con el que el legislador ha querido enmascarar una decisión arbitraria focalizada en la sobreprotección de la vida humana independiente"[434]. Por el contrario, en nuestra opinión, si la vida es considerada el bien jurídico más valioso del que disponemos, pues, arrebatada la vida carecemos de libertad, entonces parece razonable que el castigo con la pena más severa se reserve a estas figuras delictivas.

Así también, se ha afirmado que "no existe un criterio uniforme que permita identificar las razones por las que éstos y no otros delitos han sido sancionados con prisión permanente revisable. Es cierto que se trata de delitos especialmente graves. Sin embargo, existen otras infracciones en el Código Penal que ya estaban castigadas con elevadas penas de prisión —por ejemplo, el delito de rebelión que puede alcanzar los 30 años de prisión si se han esgrimido armas (art. 473.2 CP)— que no han visto modificada su pena"[435]. En nuestra opinión, la no selección de este delito para su castigo con PPR obedece a un criterio obvio que nos parece acertado: no se trata de un delito que atente contra la vida. Con todo, como veremos en el capítulo relativo a las propuestas de *lege ferenda*, estimamos que al catálogo debieran incorporarse otros delitos que, a nuestro juicio, también pueden considerarse de especial gravedad.

En cuanto al delito del art. 140.1.2ª CP (asesinato subsiguiente a un delito contra la libertad sexual), señala LÓPEZ PEREGRÍN que "no queda claro por qué el legislador considera más grave la muerte cuando es posterior a un delito sexual y no de otra clase, por ejem-

---

434 LÓPEZ LORCA, B.: "La prisión permanente revisable...", *op. cit.*, p. 593.

435 PINTO PALACIOS, F.: *La prisión permanente...*, *op. cit.*, p. 170.

plo un robo o un secuestro"[436]. A nuestro juicio, y entendiendo que no toda clase de delitos sexuales podrán ocasionar la imposición de la PPR, la justificación es clara: el bien jurídico y las penas previstas para los casos más graves (los de violación) que pueden superar los quince años, así lo requieren.

Se apunta también por esta autora a la inexplicable equiparación de todos los delitos sexuales, poniendo al mismo nivel, por ejemplo, agresión sexual y exhibicionismo[437]. Efectivamente, como vimos, el Título VIII del CP abarca cinco capítulos destinados a delitos de muy diversa entidad (agresiones sexuales, agresiones sexuales a menores de dieciséis años, acoso sexual, exhibicionismo y provocación sexual, prostitución y relativos a la explotación sexual y corrupción de menores). El legislador debiera corregir inmediatamente este sinsentido, pero, mientras no lo haga, como propusimos, la única interpretación que cabe esperar de la jurisprudencia es que únicamente den lugar a PPR aquellas agresiones sexuales que consistan en violación.

Por otro lado, para LÓPEZ PEREGRÍN, tampoco es fácil de entender por qué es preciso ser el autor de ambos delitos[438]. Nuestra contestación sería, en primer lugar, porque la responsabilidad penal es individual (y no cabe responsabilidad penal por el hecho ajeno u objetiva). Y, en segundo lugar, tiene sentido que se excluya al cómplice de un delito contra la libertad sexual que luego comete el asesinato.

En otro orden de cosas, como también vimos, en el asesinato subsiguiente la muerte ha de producirse de forma inmediatamente posterior al delito sexual. Esta interpretación, a juicio de algún autor, deja fuera del tipo la muerte producida durante la comisión del delito sexual. Así, por ejemplo, para LÓPEZ PEREGRÍN, "aunque

---

436 LÓPEZ PEREGRÍN, C.: "Más motivos para...", *op. cit.*, p. 11.

437 *Idem*. Así también, CERVELLÓ DONDERIS, V.: *Prisión perpetua y de larga duración...*, *op. cit.*, p. 189.

438 LÓPEZ PEREGRÍN, C.: "Más motivos para...", *op. cit.*, p. 12.

no se pueda llegar a otra conclusión por impedirlo el respeto al principio de legalidad, lo cierto es que no es fácil de explicar por qué, por ejemplo, merece prisión permanente revisable quien mata con ensañamiento a la víctima tras agredirla sexualmente y no quien la mata con ensañamiento mientras la agrede sexualmente"[439]. Sin embargo, como dijimos entonces, resulta difícil de creer que la violación y la muerte se produzcan a la vez, pues, la violación se consumará en el preciso instante en que el sujeto dé inicio a la penetración o introducción de objetos o miembros corporales (de forma que hacer coincidir este ataque sexual con el asesinato de la víctima resulta muy difícil), de ahí que entendamos que esa muerte producida "durante" la violación será también subsiguiente.

Respecto del delito del art. 140.1.3ª CP (asesinato por quien pertenezca a un grupo u organización criminal), la primera crítica que cabe hacer aquí es que "se equiparen a efectos de gravedad grupo y organización criminal, cuando en la regulación de los delitos relativos a organizaciones y grupos criminales (arts. 570 bis y ss. CP) las penas no son las mismas"[440].

La segunda crítica se proyecta sobre la absoluta indefinición que asola al término "pertenecer", cuando no es una figura que se recoja en el CP en sus arts. 570 bis y ter[441]. Si bien en otro apartado hemos llevado a cabo una exégesis que permitiría descifrar su campo de aplicación, consideramos que (de mantenerse esta cláusula) tendría que especificarse qué tipo de participación concreta debiera dar lugar a la aplicación de la PPR.

Con todo, creemos que la imposición de la PPR en estos supuestos debiera quedar vetada. Aquí sí se observa un claro ejemplo de Derecho penal del enemigo (que, curiosamente, no se da en terrorismo, donde no se distingue si al sujeto se le castiga o no con PPR

---

439 *Idem*.

440 *Ibid.*, p. 13.

441 Se refiere también a este aspecto, CERVELLÓ DONDERIS, V.: *Prisión perpetua y de larga duración…*, *op. cit.*, p. 189.

por su pertenencia o no a un grupo u organización terrorista). Se estaría acordando la imposición de la PPR por el simple hecho de pertenecer a un grupo u organización criminal cuando, en nuestra opinión, esto lo que debería dar lugar únicamente es a un concurso de delitos (entre el asesinato y esa pertenencia).

Por otra parte, como concluimos, en el delito del art. 140.2 CP se castiga al reo de asesinato que (previamente) hubiere sido castigado por la muerte de más de dos personas. Quizás, aquí lo que no se explica es por qué otro supuesto de gravedad similar (como la muerte en un mismo acto de más de tres personas) no puede llevar aparejada PPR.

En lo concerniente al delito del art. 573 bis 1 CP (muerte terrorista), se ha mantenido que "la elección de este supuesto para su inclusión en el grupo de delitos castigados con prisión permanente revisable (teniendo en cuenta además que el legislador ya había regulado el asesinato hiperagravado) se explica difícilmente, pues no parece que vaya a aplicarse ya a casos de terrorismo tradicional con una ETA en retroceso, ni se presenta como un instrumento útil frente al nuevo terrorismo yihadista con sujetos que están dispuestos a asumir como consecuencia del acto terrorista su propia muerte"[442]. No obstante, y reconociendo que es cierto lo que se afirma, consideramos plausible que el CP tenga prevista una respuesta para aquellos supuestos en que se consiguiese detener al sujeto.

Otro aspecto que no alcanzamos a entender es por qué la muerte de un Jefe de Estado extranjero o del Rey admiten la posibilidad de ser castigados con PPR y, en cambio, no se alude a la muerte del Presidente del Gobierno. Esta situación debiera replantearse, valorando la posibilidad de incluir este otro supuesto al que hemos hecho referencia.

Con todo, si hay algún delito que haya conseguido unificar la posición de la doctrina en este tema ese es el de genocidio. Y, es

---

442 LÓPEZ PEREGRÍN, C.: "Más motivos para…", *op. cit.*, p. 16.

que, sorprendentemente, en el art. 607.1 CP se equiparan acciones de entidad absolutamente dispar como una muerte, una agresión sexual y unas lesiones del art. 149 CP, excediéndose los límites del principio de proporcionalidad[443]. Curiosamente, y afortunadamente, no sucede lo mismo en el delito de lesa humanidad. Así las cosas, a nuestro juicio, únicamente la muerte de una persona debería dar lugar a la imposición de la PPR en estos casos.

En relación con los delitos de genocidio y lesa humanidad, se ha advertido que estos crímenes pueden, conforme a los Estatutos de los TTPPII, castigarse con PPR[444]. Efectivamente, así es, pero, tales sentencias no podrían ser ejecutadas en España si no se contemplara la PPR. Por otro lado, esa misma argumentación nos llevaría a que carecería de sentido que los ordenamientos jurídicos de los Estados parte del Estatuto de Roma contemplaran los delitos de genocidio y lesa humanidad, pues, ya los juzgaría la CPI u otros TTPI *ad hoc*. En cambio, si no se hiciera así, y la CPI, por ejemplo, no persiguiera tales delitos, quedarían impunes.

En último lugar, cabría reflexionar sobre si, en estos delitos de terrorismo, de regicidio, de muerte de jefe de Estado extranjero, genocidio o lesa humanidad, sería conveniente limitar la aplicación de la PPR únicamente a supuestos que pudieren ser calificados de asesinato y no también de homicidio.

3.7. Distribución competencial

Como sabemos, en el caso de la PPR, la competencia para conceder o denegar la suspensión de la ejecución de la pena recae sobre

---

443 Así lo han puesto de manifiesto también, DEL CARPIO DELGADO, J.: "La pena de prisión permanente...", *op. cit.*, p. 95. CERVELLÓ DONDERIS, V.: *Prisión perpetua y de larga duración...*, *op. cit.*, p. 189. CÁMARA ARROYO, S. y FERNÁNDEZ BERMEJO, D.: *La prisión permanente revisable...*, *op. cit.*, p. 133.

444 MARTÍNEZ GUERRA, A.: "La prisión permanente revisable: Un análisis del argumento internacional", *Revista de Derecho Penal y Criminología*, núm. 19, 2018, p. 133.

el Tribunal sentenciador (art. 92.1 CP). A este respecto, GUISASOLA LERMA ha manifestado que la atribución de la competencia para proceder a la revisión de la condena al tribunal sentenciador "no solo contribuirá a la sobresaturación de trabajo de los mismos, sino que resulta incoherente con el resto de la legislación, fundamentalmente porque los jueces y tribunales carecen de la cercanía que los jueces de vigilancia penitenciaria tienen respecto a la ejecución y del conocimiento de la evolución del penado"[445]. En este mismo sentido, para CÁMARA ARROYO y FERNÁNDEZ BERMEJO, "si es preciso realizar un juicio de peligrosidad o una efectiva revisión de la condena de prisión permanente revisable, no parece que lo más adecuado sea que tal estudio se verifique por parte del Tribunal sentenciador, sino que debería ajustarse en manos de quien ha tenido la oportunidad de hacer el seguimiento del penado durante el prolongado tiempo en el que ha estado en prisión: el Juez de Vigilancia Penitenciaria. No parece, en este sentido, demasiado verosímil que un tribunal revise una sentencia que impuso hace 25 años sin que exista una desconexión con la causa; y todo ello, por supuesto, en el improbable caso en el que todos los miembros del Tribunal sentenciador continúen en sus mismos destinos"[446].

La asignación de la competencia al Tribunal sentenciador para determinar si procede o no acordar la revisión se aparta del criterio empleado por el propio CP en el art. 90, donde corresponde al JVP pronunciarse sobre la concesión de la suspensión de la ejecución de la pena (libertad condicional). Como indica ROIG TORRES, en esta decisión parece haber pesado más el carácter colegiado del órgano al que se encomienda la revisión de una pena tan grave. Considerando la citada autora que esta opción legislativa no tiene una

---

445 GUISASOLA LERMA, C.: "Libertad condicional (arts. 90, 91 y 91)", en GONZÁLEZ CUSSAC, J. L. (Dir.): *Comentarios a la Reforma del Código Penal de 2015 (2ª edición)*, Valencia, Tirant lo Blanch, 2015, pp. 385-386. Aboga también por atribuir al JVP dicha competencia, RODRÍGUEZ YAGÜE, C.: *La ejecución de las penas…*, *op. cit.*, p. 188.

446 CÁMARA ARROYO, S. y FERNÁNDEZ BERMEJO, D.: *La prisión permanente revisable…*, *op. cit.*, pp. 137-138.

especial repercusión a la vista de los informes que se requieren[447]. Efectivamente, en nuestra opinión, si bien no debería plantear excesivos problemas el hecho de encomendar tal tarea al JVP, consideramos que resulta más apropiado por la relevancia de la resolución (está en juego la liberación anticipada o el cumplimiento a perpetuidad de la pena) dejarla en manos de un órgano colegiado como el Tribunal sentenciador, máxime atendiendo al procedimiento que se ha previsto para ello.

En cuanto a la clasificación en tercer grado, también se confía la misma al tribunal sentenciador (art. 36.1 CP). A juicio de GUISASOLA LERMA "el hecho de que el órgano competente para conceder la progresión sea el tribunal sentenciador planteará problemas en la práctica: transcurridos quince o veinte años de la sentencia, hubiera resultado más aconsejable que fuera el JVP el competente para otorgarla, por su proximidad con la Junta de Tratamiento y con la evolución del interno"[448]. En nuestra opinión, por coherencia, consideramos que, si la competencia para revisar la PPR se concede al Tribunal sentenciador y el acceso al tercer grado se configura como un requisito imprescindible para su concesión, resulta lógico que la clasificación en tercer grado recaiga también sobre el mismo órgano[449]. Debemos reconocer, eso sí, que la idea nos resulta un tanto marciana, pues, nos cuesta imaginar a un tribunal colegiado resolviendo sobre un tercer grado, pero, esto se prevé también en el supuesto del art. 36.2 CP. Lo que sí resulta a todas luces incon-

---

447 ROIG TORRES, M.: "El pronóstico…", *op. cit*, pp. 7-8.

448 GUISASOLA LERMA, C.: *La libertad condicional…*, *op. cit.*, p. 50. En igual sentido, CERVELLÓ DONDERIS, V.: *Prisión perpetua y de larga duración…*, *op. cit.*, pp. 236-237. REBOLLO VARGAS, R.: "Otra vuelta de tuerca…", *op. cit.*, p. 699. Y LEGANÉS GÓMEZ, S.: "La clasificación penitenciaria…", *op. cit.*, p. 170.

449 De esta opinión también, NISTAL BURÓN, J.: "La nueva pena de «Prisión Permanente Revisable» proyectada en la reforma del Código Penal. Su particular régimen penitenciario de cumplimiento", *Revista Aranzadi Doctrinal*, núm. 7, 2013 [versión electrónica].

gruente es atribuir la potestad para conceder el tercer grado al Tribunal sentenciador y no hacer lo mismo con la revocación.

Respecto de los permisos de salida, como vimos, el JVP los concederá cuando estén clasificados en segundo grado y sean de más de dos días de duración, a diferencia del resto de casos que serán concedidos por el Centro Directivo. Sin embargo, a juicio de ARRIBAS LÓPEZ, resulta llamativo que, habiéndosele atribuido al Tribunal sentenciador la competencia para decretar el tercer grado y la suspensión, en cambio, la autorización de permisos de salida (que suponen la excarcelación temporal del interno) escape a su competencia por no existir norma específica al respecto, lo cual resulta criticable por incoherente[450]. Por el contrario, en nuestra opinión, siendo cierto que el disfrute de permisos de salida puede condicionar la progresión en grado y, en definitiva, la revisión; y, que, en armonía con lo anterior, también deberían depender del Tribunal sentenciador, no dejaría de resultar extraño que un órgano colegiado tuviera que relegar sus asuntos a un segundo plano para dedicar parte de su preciado tiempo a estas cuestiones. Que la decisión quede en manos del JVP nos parece suficiente; y, respecto de los permisos que competan al Centro directivo cabría recordar que también estos son susceptibles de recurso ante el JVP (art. 162 RP).

En otro orden de cosas, en relación con la competencia atribuida al JVP para revocar la suspensión (art. 92.3 *in fine* CP), ésta ha sido calificada por algún autor de "despropósito", pues, "si la concesión de la suspensión y la modificación de las reglas de conducta corresponde al Tribunal sentenciador, no hay argumento razonable alguno para dar cabida ahora a la intervención del Juez de Vigilancia Penitenciaria, el cual no ha hecho el seguimiento de la suspensión"[451]. En esta línea, se ha manifestado que "no se entiende por qué en este

---

450 ARRIBAS LÓPEZ, E.: "Prisión permanente revisable y reinserción social", *Diario La Ley*, núm. 9144, 2018, p. 7.

451 DE MARCOS MADRUGA, F.: "Artículo 92", en GÓMEZ TOMILLO, M. (Dir.): *Comentarios prácticos al Código Penal. Tomo I*, Cizur Menor, Thomson Reuters-Aranzadi, 2015, p. 824.

supuesto la competencia varía, sobre todo teniendo en cuenta que los informes sobre el cumplimiento de la suspensión y las reglas de conducta impuesta se remiten al tribunal de ejecución, que en el caso será el tribunal sentenciador"[452]. Sin embargo, parecen olvidar estos autores que, como vimos, el CP alberga dos supuestos revocatorios: uno, atribuido al Tribunal, en relación con el art. 87 CP; y, otro, cuando se ponga de manifiesto un cambio de las circunstancias que hubieran dado lugar a la suspensión que no permita mantener ya el pronóstico de falta de peligrosidad en que se fundaba la decisión adoptada. Ya sabemos que el TC ha vaciado de contenido este último inciso del art. 92.3 CP, de forma que únicamente contempla la posibilidad de que sea el Tribunal sentenciador quien pueda revocar la suspensión conforme al art. 87 CP. No obstante, como tuvimos ocasión de defender en otro lugar, ambas modalidades de revocación son viables. Lo que sí admite crítica es que, en este escenario, no fuere el mismo Tribunal el que resolviere sobre la revocación.

Por último, también se observa cierta discordancia cuando la concesión del tercer grado y de la suspensión por motivos humanitarios (arts. 36.4 y 91 CP respectivamente) se deja en manos del JVP y no del Tribunal sentenciador[453]. Con todo, no vemos reparo alguno en que ello sea así debido a las circunstancias especiales que rodean estos supuestos.

3.8. La revocación de la suspensión

Algunos autores han centrado sus críticas en algunas de las causas de revocación que se contemplan en el art. 86.1 CP (por remisión del art. 92 CP).

Así, por ejemplo, se ha aludido a la indeterminación que presenta la cláusula relativa al incumplimiento grave o reiterado de

---

452 LÓPEZ LÓPEZ, C. I.: "La prisión permanente revisable...", *op. cit.*, p. 297.

453 En casos de urgencia, el art. 91.3 CP prevé que la suspensión de la ejecución la pueda acordar el tribunal. No sucede lo mismo con la clasificación en tercer grado.

las prohibiciones y deberes impuestos; y, a que "la expectativa en la que se fundaba la decisión de suspensión adoptada ya no puede ser mantenida"[454]. Si bien, ambas serían, en todo caso, críticas que no irían únicamente dirigidas a la PPR, pues, el campo natural de aplicación del citado precepto es la pena de prisión (común). Con todo, en cuanto a que el incumplimiento sea calificado de "grave" o "reiterado", no vemos objeción alguna en ese margen de discrecionalidad que se confiere en nuestro caso al Tribunal para poder ajustar su decisión a las circunstancias concretas del caso. Lo contrario, nos llevaría a una indeseable reglamentación del CP que tampoco daría solución a todos los escenarios que se pudieren plantear. Respecto del segundo elemento, cabría decir que esa cláusula es la que permite que no todo delito cometido durante el tiempo de suspensión origine automáticamente la revocación (por lo que debe ser bien recibida).

Critica LÓPEZ PEREGRÍN, aquí sí con razón, que el art. 86 prevea la revocación entre otros casos como cuando se incumpla de forma grave o reiterada una prohibición impuesta, se facilite información inexacta sobre el paradero de los bienes decomisados o se incumpla el compromiso de pago de la responsabilidad civil. Como sostiene esta autora, "hubiera sido conveniente establecer un régimen específico, con unos supuestos de revocación más estrictos en una pena que puede convertirse en vitalicia"[455].

Por otro lado, se ha criticado efusivamente la segunda modalidad de revocación prevista en el art. 92.3 *in fine* CP por su absoluta ambigüedad, que resulta completamente inaceptable desde el punto de vista del principio de legalidad y de la seguridad jurídica[456]. Recor-

---

454 VAN ZYL SMIT, D. y RODRÍGUEZ YAGÜE, C.: "Un acercamiento…", *op. cit.*, p. 27.

455 LÓPEZ PEREGRÍN, C.: "Algunos problemas…", *op. cit.*, p. 58.

456 Así, por ejemplo, ROIG TORRES, M.: *La cadena perpetua…*, *op. cit.*, pp. 167-168. CERVELLÓ DONDERIS, V.: *Prisión perpetua y de larga duración…*, *op. cit.*, pp. 225-226. RODRÍGUEZ YAGÜE, C.: *La ejecución de las penas…*, *op. cit.*, pp. 179-180. FUENTES OSORIO, J.L.: "¿La botella medio llena o medio va-

demos que el precepto reza así: *«(...) Asimismo, el juez de vigilancia penitenciaria revocará la suspensión de la ejecución del resto de la pena y la libertad condicional concedida cuando se ponga de manifiesto un cambio de las circunstancias que hubieran dado lugar a la suspensión que no permita mantener ya el pronóstico de falta de peligrosidad en que se fundaba la decisión adoptada (...)»*.

Ya hemos expresado en reiteradas ocasiones que, la STC 169/2021, de 6 de octubre, deja sin contenido este precepto. Pero, como sostuvimos en su momento, el artículo admitía alguna que otra interpretación razonable. En nuestra opinión, y dado que se alude a *"un cambio de las circunstancias que hubieran dado lugar a la suspensión"*, sería perfectamente posible revocar la suspensión cuando se hubiera producido algún cambio en alguno de los parámetros previstos en el art. 92.1 c) CP. Resulta plausible que así sea, pues, si para efectuar el pronóstico de reinserción se toman en consideración unos valores y éstos cambian, lo lógico será que se deba reconsiderar la suspensión. Ahora bien, el legislador tendría que haber incluido expresamente esta matización y haber previsto un procedimiento para resolver sobre tal cuestión. Se trata, además, de una cláusula prevista igualmente en el art. 90.5 CP.

3.9. Sobre los requisitos exigidos para la revisión de la PPR

El GEPC ha llegado a afirmar que la suspensión de la prisión perpetua revisable se hace depender de unos criterios que están en contradicción con postulados que deberían considerarse irrenunciables en un Derecho Penal democrático[457]. Esta afirmación resulta tan tajante como equivocada, pues, no se corresponde con

---

cía?...", *op. cit.*, p. 343. LÓPEZ PEREGRÍN, C.: "Algunos problemas...", *op. cit.*, p. 58. CASALS FERNÁNDEZ, Á.: *La prisión...*, *op. cit.*, p. 250. Y PONCELA GARCÍA, J. A.: "La prisión...", *op. cit.*, p. 415.

457 GRUPO DE ESTUDIOS DE POLÍTICA CRIMINAL: *Revisión y actualización...*, *op. cit.*, pp. 168-169.

la realidad. No sabemos si, a juicio del GEPC, resulta antidemocrático exigir un plazo hasta alcanzar la revisión o que el período de seguridad pueda rebasar los veinticinco años; o si, hacer depender la revisión de la concesión previa del tercer grado es lo que puede calificarse de tal; o, puede también no ser democrático requerir un pronóstico favorable de reinserción. En cualquier caso, en nuestra opinión, los tres criterios sobre los que se hace descansar la suspensión de la ejecución de la pena son los apropiados para permitir la excarcelación del condenado a PPR y eludir así el cumplimiento a perpetuidad de esta pena. En este sentido, a nuestro modo de ver, los criterios que el CP español contempla no resultan menos razonables que los previstos en otros Códigos Penales. Así, por ejemplo, como nos recuerda ROIG TORRES, el § 57a StGB exige, además de haberse cumplido 15 años de la pena, otros requisitos: que "la especial gravedad de la culpabilidad del condenado no haga necesario el resto de cumplimiento"; que "se pueda justificar —la suspensión— teniendo en cuenta los intereses de la seguridad del público en general"; y, que "la persona condenada consienta" su liberación[458].

Por su parte, a juicio de LASCURAÍN SÁNCHEZ, "la libertad dependerá de una circunstancia de apreciación hoy tan discrecional y acientífica como lo es la reinsertabilidad del preso"[459]. Evidentemente, el juicio sobre el pronóstico de reinserción es de carácter jurídico-normativo, no científico (es Derecho), y su apreciación sólo puede derivarse de la concurrencia de una serie de evidencias o indicios (hechos o circunstancias) que acrediten esa capacidad de reinserción del preso. Se dice, además, que la reinsertabilidad del preso admite un elevado grado de discrecionalidad. Naturalmente,

---

458 ROIG TORRES, M.: "Suspensión de la prisión permanente revisable. Situación en Derecho comparado y jurisprudencia del TEDH", en RODRÍGUEZ YAGÜE, C. (Dir.): *Penas perpetuas*, Valencia, Tirant lo Blanch, 2023, pp. 668-669.

459 LASCURAÍN SÁNCHEZ, J. A.: "No solo mala: inconstitucional", en ARROYO ZAPATERO, L.; LASCURAÍN SÁNCHEZ, J.A. y PÉREZ MANZANO, M. (Eds.): *Contra la cadena perpetua*, Cuenca, Ediciones de la Universidad de Castilla-La Mancha, 2016, p. 123.

toda decisión judicial tiene un componente discrecional (que no arbitrario), pero, en este caso, la discrecionalidad se ve reducida desde el momento en que el art. 92.1 c) CP enumera un amplio listado de variables que deben examinarse para emitir un veredicto acerca del grado de reinserción del penado. Y, en todo caso, cabría recordar que el Tribunal contará con el informe de II.PP., de los expertos que designe (en su caso) y de las razones y alegatos formulados tanto por el Ministerio Fiscal como por el propio reo. Sin olvidar la posibilidad de recurrir el auto que deniegue la revisión.

En línea con lo anterior, PRESNO LINERA cuestiona la idoneidad del pronóstico de reinserción como límite al disfrute de un derecho fundamental[460]. Sin embargo, en nuestra opinión, ese pronóstico no limita ningún derecho fundamental; más bien, al contrario, permite restablecer su ejercicio. La privación de libertad (perpetua) se dictamina tras haberse probado todos los elementos del tipo castigado con PPR. Lo que permite, precisamente, la revisión es anticipar la liberación del penado.

Para ACALE SÁNCHEZ, una vez alcanzados los plazos que fijan los arts. 92 y 78 bis CP, "se celebrará una vista para la revisión en la que se valorará con argumentos penitenciarios el arrepentimiento del penado. El carácter moralizante de la resolución no puede negarse"[461]. Por el contrario, a poco que se observen los elementos que conforman el pronóstico de reinserción se llegará a la conclusión de que éstos no miden el grado de "arrepentimiento" del sujeto. Y, en cuanto a la afirmación de que exigir un pronóstico de reinserción resulta "moralizante", no deja de ser llamativo que se critique a la PPR por obstaculizar (sino impedir) la reinserción; y, que se diga justo del mecanismo que permite obtener la suspensión que éste es moralizante. Si la reinserción (para no apreciar un efecto moralizante) sólo se pudiera conseguir o favorecer con plazos

460 PRESNO LINERA, M. Á.: "¿Es constitucional...", *op. cit.*, p. 275.

461 ACALE SÁNCHEZ, M.: "Apuntes sobre la inconstitucionalidad...", *op. cit.*, p. 167.

cortos de cumplimiento de la pena entonces una buena parte de bienes jurídicos quedarían desprovistos de protección (lo que sería inasumible).

Por otro lado, sostiene CERVELLÓ DONDERIS que "en este requisito la revisión de la prisión permanente revisable se aparta de la figura de la libertad condicional, ya que mientras en ésta se exige buena conducta suprimiéndose la necesidad de pronóstico de reinserción social, en la prisión permanente revisable no se exige buena conducta, pero sí pronóstico de reinserción social"[462]. Cabría puntualizar, sin embargo, que el art. 90 CP no alude expresamente a ese pronóstico de reinserción, pero, no puede olvidarse que sí recoge exactamente los mismos requisitos que conforman (en el art. 92.1 CP) el pronóstico de reinserción[463]. Es cierto que allí se exige "buena conducta" y no en el caso de la PPR, pero, ¿qué es sino "su conducta durante el cumplimiento de la pena"? Queremos con ello decir que no existen entre ambas figuras (libertad condicional y revisión) diferencia alguna en cuanto a los requisitos.

Por último, en opinión de RODRÍGUEZ YAGÜE, "si se configura, como ha hecho el legislador, el tercer grado como un requisito imprescindible para proceder a la revisión de la prisión permanente revisable, se está limitando, y con ello excepcionando, los casos en los que realmente va a poderse proceder a realizar a realizar tal proceso, cuanto más aquellos en los que la revisión acabe siendo positiva"[464]. Por el contrario, a nuestro parecer, exigir que el penado se encuentre clasificado en tercer grado para acceder a la revisión

---

462 CERVELLÓ DONDERIS, V.: *Prisión perpetua y de larga duración…, op. cit.*, p. 216.

463 El art. 90 CP establece que *"para resolver sobre la suspensión de la ejecución del resto de la pena y concesión de la libertad condicional, el juez de vigilancia penitenciaria valorará la personalidad del penado, sus antecedentes, las circunstancias del delito cometido, la relevancia de los bienes jurídicos que podrían verse afectados por una reiteración en el delito, su conducta durante el cumplimiento de la pena, sus circunstancias familiares y sociales y los efectos que quepa esperar de la propia suspensión de la ejecución y del cumplimiento de las medidas que fueren impuestas"*.

464 RODRÍGUEZ YAGÜE, C.: *La ejecución de las penas…, op. cit.*, p. 163-164.

no nos parece en absoluto descabellado, sino conveniente, pues, el disfrute del régimen abierto contribuirá a que el reo consiga esa liberación anticipada tan deseada. Y, durante ese período podrá demostrar que está capacitado para vivir plenamente en libertad.

3.10. Otros

3.10.1. Regulación caótica

La doctrina ha destacado que la regulación de la PPR "es un auténtico despropósito por la falta de sistemática empleada en la regulación de la misma, mostrando su resultado una inexcusable falta de rigor en la delimitación de una pena que afecta de una manera tan evidente a la dignidad humana"[465]. Así también, se ha dicho que esta pésima técnica legislativa obliga a que el intérprete de la norma haga un largo recorrido por el Código Penal para el análisis de su tratamiento de manera global[466]. En definitiva, a juicio de algunos autores, se trata de "una regulación compleja y laberíntica que, sin duda, dificulta su interpretación"[467].

Por el contrario, en nuestra opinión, lo importante es que el CP regule todos los aspectos (específicos) que configuran el régimen jurídico de la PPR; y, esto es lo que sucede. Pero es que, además, la ubicación sistemática es la correcta. La clasificación como pena grave se encuentra en el art. 33 CP (donde el resto de penas); la regulación para el acceso a tercer grado está contemplada donde debe estar (en el art. 36 CP); el proceso de revisión en al art. 92 CP (a continuación de la libertad condicional del art. 90 CP y de la excarcelación humanitaria del art. 91 CP); los supuestos concursales están ubicados donde se regulan éstos (arts. 73 y ss. CP); la apli-

---

465 CERVELLÓ DONDERIS, V.: "Prisión permanente revisable...", *op. cit.*, pp. 224-225.

466 SÁNCHEZ ROBERT, M. J.: "La prisión permanente...", *op. cit.*, p. 41. Y GRUPO DE ESTUDIOS DE POLÍTICA CRIMINAL: *Revisión y actualización...*, *op. cit.*, p. 176.

467 GUISASOLA LERMA, C.: *La libertad condicional...*, *op. cit.*, p. 48.

cación de la pena inferior en grado en el apartado 4 del art. 70 CP que es el que aborda este aspecto. Y, para el resto de asuntos, son de aplicación preceptos comunes como los relativos a las penas accesorias; medidas de seguridad; prescripción de las penas, cancelación de antecedentes; etc. En consecuencia, las críticas que se vierten sobre esta cuestión resultan infundadas, salvo que se pretendiese unificar toda su regulación en un título o capítulo específico, lo que, a nuestro juicio, es innecesario y totalmente desaconsejable[468].

3.10.2. La imposición preceptiva de la PPR: ausencia de alternativas

A juicio de algunos autores, como CASALS FERNÁNDEZ, "la pena de prisión permanente revisable es preceptiva para el Juez, no facultativa, lo que hubiera sido preferible, con el fin de dejar al Juez la posibilidad de valorar la pena más adecuada en función de las circunstancias de cada caso en particular o incluso que permitiera su elección con otra pena alternativa"[469]. Señala también, a este respecto, LÓPEZ PEREGRÍN que "en el momento de determinación de la pena es que no esté prevista una pena alternativa, pues ello impide al juez adecuar la respuesta penal a la gravedad del caso concreto"[470].

En nuestra opinión, ambas opciones político-criminales son igual de legítimas y adecuadas. Si se quisiera permitir la imposición potestativa de la PPR, habría que establecer unos requisitos *ad hoc* que ayudaran al tribunal a fundamentar su elección. Con todo, cree-

---

468 Así lo cree CASALS FERNÁNDEZ cuando afirma que se debería incorporar dentro del Libro I, Título III «De las penas», Capítulo I «De las penas, sus clases y efectos», una sección autónoma e independiente que regulara la pena de prisión permanente revisable. *Cfr.* CASALS FERNÁNDEZ, Á.: *La prisión…*, *op. cit.*, p. 171.

469 *Ibid.*, p. 160. Así también, CERVELLÓ DONDERIS, V.: "Prisión permanente revisable…", *op. cit.*, p. 228. Y CÁMARA ARROYO, S. y FERNÁNDEZ BERMEJO, D.: *La prisión permanente revisable…*, *op. cit.*, p. 81.

470 LÓPEZ PEREGRÍN, C.: "Algunos problemas…", *op. cit.*, p. 51.

mos que la proposición de tales criterios generaría, posiblemente, mayores discrepancias o rechazo que el que ya genera *per se* la PPR: sería abrir un nuevo frente. Y, aunque tales posibles criterios fueran del agrado de la mayoría y nos pareciesen razonables, siempre cabría la duda de si en una pena como la PPR puede haber tal margen de discrecionalidad en detrimento de una mayor seguridad jurídica. Lo anterior podría generar situaciones discriminatorias.

3.10.3. Regulación penitenciaria

Para ACALE SÁNCHEZ, "resulta sorprendente comprobar cómo tras la aprobación de la LO 1/2015, el 29 de junio de 2015, a dos días de la entrada en vigor de la profunda reforma de la pena de prisión llevada a cabo, Instituciones penitenciarias publicaba su Circular 4/2015, sobre «aspectos de la ejecución penal afectados por la reforma del Código penal en la LO 1/2015 de 30 de marzo». En su interior califica como una de las modificaciones más importantes llevadas a cabo la nueva pena de prisión permanente revisable, y sin embargo solo le dedica un párrafo —en p.8— en el que se limita a analizar la «libertad condicional a los condenados a la nueva pena de prisión permanente»: es decir, si se tiene en consideración que esa Circular parte precisamente de que muchas de esas modificaciones afectan «al ámbito de la ejecución de la pena privativa de libertad en una doble vertiente: en lo que podemos llamar el aspecto formal y en el denominado aspecto material», y que lo único que interesa a la Dirección General de Instituciones Penitenciarias es analizar el disfrute de la libertad condicional de los penados a prisión permanente, se pone de manifiesto una falta de preocupación absoluta por parte de la institución sobre las cuestiones esenciales desde el punto de vista penitenciario y de respeto a los derechos humanos de las personas privadas de libertad, que en definitiva son las que vienen a pautar el régimen de vida de estas personas durante todos esos años"[471].

---

[471] ACALE SÁNCHEZ, M.: *La prisión permanente revisable...*, *op. cit.*, pp. 118-119.

En este sentido, a juicio de algunos autores, "la regulación de la PPR introducida por la LO 1/2015, hace inaplazable una modificación de la LOGP, y del RP, que contemple la actividad penitenciaria en la ejecución de esta pena"[472]. De hecho, como recuerdan SERRANO GÓMEZ y SERRANO MAÍLLO, la Circular 4/2015 (disposición transitoria segunda) preveía dictar *ex profeso* una circular "en su momento"[473].

En nuestra opinión, que no se haya dictado ninguna disposición específica para regular el cumplimiento de esta pena en el ámbito penitenciario no es algo *per se* negativo. Entre otros motivos porque ello significa que no se podrán aplicar condiciones más restrictivas que al resto de presos. Así pues, una futura reforma de la legislación penitenciaria (LOGP y RP) o de sus disposiciones de desarrollo (Circulares o Instrucciones) únicamente puede servir para desarrollar la forma de cumplimiento de esta pena en prisión, pero, no para endurecer aspectos que no se contengan en el propio CP.

En otro orden de cosas, se ha señalado también por ACALE SÁNCHEZ que "la LO 1/2015 no ha ido acompañada de una reforma de la LOGP en virtud de la cual se señale cual es la formación que han de tener las personas que se encarguen de la ejecución de la pena de prisión permanente revisable: la mayor peligrosidad de estos sujetos, el fin de contención del peligro para la sociedad que la propia pena encierra, debería llevar aparejado la exigencia de una mayor cualificación profesional del personal que dentro de la prisión se encargue de ejecutar la prisión permanente revisable y de trabajar con los delincuentes que han cometido en libertad los delitos más graves, y que tienen un panorama tan oscuro por delante, que no tendrán grandes alicientes como para con causar problemas"[474]. Por el contrario, cabría recordar que los funcionarios de prisiones (en-

---

472 FERNÁNDEZ ARÉVALO, L. y NISTAL BURÓN, J.: *Derecho Penitenciario*, *op. cit.*, p. 316.

473 SERRANO GÓMEZ, A. y SERRANO MAÍLLO, I.: *Constitucionalidad...*, *op. cit.*, pp. 61-62.

474 ACALE SÁNCHEZ, M.: *La prisión permanente revisable...*, *op. cit.*, pp. 203-204.

tre otros profesionales que intervienen en el ámbito penitenciario) están de sobra acostumbrados a tratar con este tipo de presos, por lo que no vemos por ningún lado una falta de cualificación profesional. Y, tampoco tiene por qué producirse un aumento de la seguridad interna de los centros penitenciarios por albergar a esta clase de penados, pues, igualmente pueden resultar peligrosos otros presos no condenados a PPR.

3.10.4. Penas principales y accesorias

En nuestra opinión, el CP debiera incluir una regulación específica sobre esta cuestión para acabar con la dispersión normativa que afecta a esta materia. Y, sobre todo, para despejar las dudas que existen a la hora de aplicar estas penas cuando se trata de la PPR (por la dificultad de acotar el marco temporal de referencia).

A nuestro modo de ver, el legislador debiera optar por imponer junto con la PPR, en cada delito, otras penas principales (como ya hace en algunos preceptos). Descartándose la aplicación de otras penas accesorias, excepto las del art. 57 CP (que remite a alguna de las prohibiciones del art. 48 CP) que sí vemos bien que pudieran acordarse.

A nuestro juicio, en todos los delitos debiera decretarse la pena de inhabilitación absoluta. Por el contrario, en cuanto a la inhabilitación especial para profesión u oficio educativos, en el ámbito docente, deportivo y de tiempo libre; ésta podría ser de aplicación facultativa. Y, respecto de la inhabilitación o privación de la patria potestad, consideramos que únicamente debiera decretarse en los supuestos de asesinatos cometidos sobre menores.

Eso sí, en cualquier caso, para proceder al cálculo de la extensión de dichas penas debiera tomarse como referencia el plazo de revisión establecido en sentencia y que vendrá dado por lo dispuesto en los arts. 92 y 78 bis CP (dependiendo del caso). Particularmente, creemos que lo más adecuado sería recurrir a la fórmula de "cumplimiento por tiempo superior entre...y...años".

De este modo, consideramos que la inhabilitación absoluta debería imponerse por un tiempo superior entre 6 y 10 años al del plazo de revisión que corresponda. En el caso de la inhabilitación especial para profesión u oficio educativos, en el ámbito docente, deportivo y de tiempo libre, podría acordarse por un tiempo superior entre 6 y 10 años al del plazo de revisión que corresponda. Y, respecto de la inhabilitación o privación de la patria potestad, consideramos que ésta tendría que decretarse por un tiempo superior entre 6 y 10 años al del plazo de revisión que corresponda. De otra parte, las prohibiciones contenidas en el art. 48 CP (por remisión del art. 57 CP) podrían adoptarse por un tiempo superior entre uno y diez años al del plazo de revisión que corresponda.

Si, por el contrario, el legislador considerase que en estos casos la imposición de penas como la inhabilitación absoluta u otras debiera acordarse por "el tiempo de la condena" (lo que podría convertirlas también en penas perpetuas), el CP tendría que recogerlo expresamente. Pero, insistimos, no sería deseable que así sucediese.

3.10.5. Libertad vigilada

A juicio de ACALE SÁNCHEZ, "la previsión de imposición conjunta de prisión permanente revisable y libertad vigilada permite extraer dos conclusiones. En primer lugar, que o bien se trata de una contradicción intrínseca, porque la prisión permanente revisable solo se revisará cuando el penado elimine su peligrosidad social, mientras que la previsión de que se imponga la libertad vigilada deja al descubierto a priori que se desconfía en la capacidad del penado para anular su pronóstico de peligrosidad. O en segundo lugar, está dejando entrever el verdadero punto de partida del legislador y es que hay determinados delincuentes —los «asesinos» y los «terroristas»— que serán peligrosos sociales hasta que mueran, por eso, para ellos entre líneas se ha previsto un efectivo control penal de por vida"[475].

---

475 *Ibid.*, p. 174.

Efectivamente, algunos autores sostienen que "el cumplimiento de la libertad vigilada subsiguiente a la prisión permanente revisable presenta un problema principal consistente en la incoherencia de seguir vigilando por pronóstico de peligrosidad a quien se ha permitido excarcelar precisamente porque no es peligroso"[476].

Para ACALE SÁNCHEZ, "todo apunta a que en el caso de los condenados a penas de prisión permanente revisable por delitos de asesinato del artículo 140 y de terrorismo, la revisión de la condena va a ser mucho más costosa que en el resto de delitos castigados con la pena de prisión permanente. A la vista está que a priori el propio legislador presume la existencia de una peligrosidad posterior subsistente al cumplimiento de la prisión permanente. Aunque en el mejor de los casos, también es posible entender que en este caso, el problema que se ha llevado al Código Penal es que el legislador ha confundido la medida de seguridad post-penitenciaria con una mera medida de vigilancia policial, con lo que se estaría desvirtuando aún más la esencia de las medidas de seguridad"[477].

Pues bien, el problema está en que los autores citados confunden el pronóstico de peligrosidad con el de reinserción, cuando nada tienen que ver. Como vimos, el pronóstico de peligrosidad (o juicio sobre el riesgo de reincidencia) es sólo una parte del pronóstico de reinserción. La revisión no se concede porque el sujeto muestre un mayor o menor riesgo de cometer ciertos delitos; sino que se valora la capacidad y preparación del preso para vivir de nuevo en sociedad. Sólo así se explica que, una vez acordada la suspensión de la ejecución de la pena, la imposición de una medida de libertad vigilada tenga sentido. Esto es, la libertad vigilada puede propiciar que se decrete la revisión de la PPR a pesar de que el sujeto muestre

---

476 CERVELLÓ DONDERIS, V.: *Prisión perpetua y de larga duración…, op. cit.*, p. 242. Así también, ACALE SÁNCHEZ, M.: *La prisión permanente revisable…, op. cit.*, p. 174. CÁMARA ARROYO, S. y FERNÁNDEZ BERMEJO, D.: *La prisión permanente revisable…, op. cit.*, p. 137. Y CASALS FERNÁNDEZ, Á.: *La prisión…, op. cit.*, p. 163.

477 ACALE SÁNCHEZ, M.: *La prisión permanente revisable…, op. cit.*, pp. 174-175.

un riesgo medio o alto de reincidencia, pues, para tratar de evitar que ello suceda es por lo que se impone este tipo de medidas.

Ahora bien, a nuestro juicio, la regulación debiera modificarse para incluir los siguientes aspectos:

1) la libertad vigilada debiera preverse en todos los delitos que se castigan con PPR (en la actualidad sólo se contempla para los asesinatos del art. 140 CP y en terrorismo).
2) Su imposición debiera ser siempre facultativa (no obligatoria, como sucede en terrorismo).
3) Su cumplimiento debiera ser siempre posterior a la pena (esto es, una vez remitida). Salvo que no se impusieran algunas de las prohibiciones del art. 83 CP durante el período de suspensión, en cuyo caso podría cumplirse desde ese momento.
4) Si el cumplimiento de la libertad vigilada fuere posterior a la pena no debería exceder los cinco años. En cambio, si tuviere lugar desde la suspensión, podría alcanzar los diez años.

Se trataría de evitar, en la medida de lo posible, algo muy criticado por la doctrina como es la sujeción del penado a la administración judicial-penitenciaria de por vida[478].

3.10.6. Internamiento permanente revisable

En el caso de sujetos inimputables, los distintos tipos de internamiento previstos en los arts. 101 a 103 CP no pueden exceder del tiempo que habría durado la pena privativa de libertad. Esto, como vimos, a juicio de algunos autores suponía que, siendo la PPR

---

478 Así lo pone de manifiesto, por ejemplo, FRANCÉS LECUMBERRI, P.: "Sobre la inconstitucionalidad de la prisión permanente revisable", en DE VICENTE REMESAL, J., DÍAZ y GARCÍA CONLLEDO, M., PAREDES CASTAÑÓN, J.M., OLAIZOLA NOGALES, I., TRAPERO BARREALES, M. A., ROSO CAÑADILLAS, R. y LOMBANA VILLALBA, J. A. (Dirs.): *Libro homenaje al Profesor Diego Manuel Luzón Peña con motivo de su 70° aniversario. Vol II,* Madrid, Reus, 2020, p. 1286.

una pena "indeterminada", la medida de internamiento podría convertirse en vitalicia. Llegándose a la misma conclusión cuando se tratase de sujetos semi-imputables, pues, aunque en esos casos se producirá cuanto menos una rebaja de la pena (inferior en grado), el art. 104 CP contempla que su duración no podrá exceder de la de la pena prevista por el Código para el delito.

Lo anterior ha llevado a concluir a algunos autores que "el legislador ha abierto la puerta también a las medidas de seguridad privativas de libertad indeterminadas y, no sólo eso, sino también perpetuas"[479]. Considerando "inaceptable" que la falta de previsión del legislador haya ocasionado consecuencias tan graves[480].

Con todo, como propusimos, es posible llevar a cabo una interpretación distinta que no produzca tales efectos. La solución planteada pasa por acotar en el primer supuesto (inimputables) que el tiempo máximo se corresponda con el del plazo de revisión. Y, en el segundo, que no rebasara la pena inferior en grado a la PPR (de veinte a treinta años). Ahora bien, para despejar cualquier duda, el legislador debiera incluir esta previsión específica.

No obstante, ya apuntamos en su momento que, en el caso de los inimputables, la solución propuesta podría suponer una clara y abierta discriminación o desigualdad respecto de los condenados a PPR (que podrían cumplir condena a perpetuidad). Para evitar esta situación, no veríamos mal crear un régimen paralelo al de la PPR para las medidas de internamiento permanente revisable. Aunque, quizás, podría bastar con fijar unos períodos de seguridad tras los cuales podría resultar de aplicación lo dispuesto en el art. 97 CP.

3.10.7. La remisión al art. 83 CP

A juicio de CERVELLÓ DONDERIS, "no ha sido muy acertado esta remisión a un extenso listado de prohibiciones o deberes que

---

479 RODRÍGUEZ YAGÜE, C.: "Seis frentes abiertos...", *op. cit.*, p. 5.
480 LÓPEZ PEREGRÍN, C.: "Más motivos para...", *op. cit.*, p. 54.

pueden endurecer arbitrariamente la revisión, salvo que se justifique claramente su necesidad y relación directa con los objetivos previstos legalmente"[481]. Cabría recordar que esta remisión también la efectúa el art. 90.5 CP (libertad condicional) y no sólo el art. 92.3 CP (PPR). Con todo, en ambos casos nos parece razonable que una vez suspendida la ejecución de la pena se puedan imponer alguna de esas prohibiciones y deberes, siempre y cuando, como reza el precepto *"ello resulte necesario para evitar el peligro de comisión de nuevos delitos"* y no resulten ni *"excesivos"* ni *"desproporcionados"*. Además, la posibilidad de instaurar alguna de esas medidas debiera facilitar la concesión de la revisión.

Para la citada autora, también resulta criticable que "aunque en principio estos deberes deben ir delimitados en el momento de la revisión, si cambian las circunstancias, el tribunal puede acordar la imposición de nuevas prohibiciones, deberes o prestaciones, modificarlas o alzarlas, lo que aumenta la discrecionalidad judicial en esta figura, al estar abierto a numerosos cambios sin suficientes garantías, por no constar los criterios de modificación. Con ello se deja de nuevo al penado en una total indefensión, ya que puede ver cambiadas sus obligaciones a lo largo del tiempo de suspensión, según dispone el art. 92.3 CP"[482]. Aquí, también nos resulta acertada esta previsión, pues, parece lógico que esas medidas impuestas bajo unas condiciones puedan alzarse, modificarse o sustituirse por otras cuando *el peligro de comisión de nuevos delitos* haya variado durante el tiempo de la suspensión. Si bien, como no puede ser de otra forma, la decisión del Tribunal deberá estar suficientemente motivada.

Por otro lado, en opinión de LÓPEZ LÓPEZ, la fórmula abierta empleada en el art. 83.1.9ª CP "es demasiado ambigua, pudiendo el tribunal imponer casi cualquier tipo de deber, vulnerando el mandato de certeza"[483]. Sin embargo, parece olvidar esta autora que el

---

481 CERVELLÓ DONDERIS, V.: *Prisión perpetua y de larga duración..., op. cit.*, p. 222.

482 *Ibid.*, p. 224.

483 LÓPEZ LÓPEZ, C. I.: "La prisión permanente revisable...", *op. cit.*, p. 295.

propio precepto fija dos límites claros: 1) no pueden adoptarse en contra de la voluntad del reo, que debe prestar su conformidad; y, 2) no pueden atentar contra su dignidad como persona. Y, en todo caso, deben estimarse convenientes *"para la rehabilitación social del penado"*.

En cambio, lo que sí resulta verdaderamente criticable es que el art. 83 CP no prevea ningún procedimiento específico que contemple (a la hora de decidir sobre tales medidas) la participación del Ministerio Fiscal y del propio penado. Cabría entender que sí se les dará audiencia si el pronunciamiento sobre estos asuntos se produce en la misma vista en la que se decide sobre la revisión. Pero, por el contrario, parece que el alzamiento o novación de tales medidas se puede acordar *inaudita parte*, lo cual no debiera ser así.

3.10.8. La remisión al art. 87 CP

Como prevé el apartado 1 del art. 87 CP: *"transcurrido el plazo de suspensión fijado sin haber cometido el sujeto un delito que ponga de manifiesto que la expectativa en la que se fundaba la decisión de suspensión adoptada ya no puede ser mantenida, y cumplidas de forma suficiente las reglas de conducta fijadas por el juez o tribunal, éste acordará la remisión de la pena"*.

CERVELLÓ DONDERIS destaca negativamente la gran indeterminación que supone que en el primer caso el requisito va condicionado a que el juez entienda que las expectativas iniciales "ya no se mantienen", y en el segundo a que el cumplimiento de las reglas no sea "suficiente"[484]. La primera condición (que el sujeto no cometa un delito que ponga de manifiesto que la expectativa en la que se fundaba la decisión de suspensión adoptada ya no puede ser mantenida), nos parece muy razonable porque: cometer un delito o, mejor dicho, haber sido condenado —como exige el art. 86 CP—

---

484 CERVELLÓ DONDERIS, V.: *Prisión perpetua y de larga duración...*, *op. cit.*, p. 230.

no puede ocasionar automáticamente que se tenga que revocar la suspensión. Hay que valorar el delito de que se trata (si fuere un asesinato sí, pero, por ejemplo, un robo con violencia no afectaría).

Sí lleva razón la citada autora cuando critica el inciso final de ese precepto. Las prohibiciones y deberes del art. 83 CP o se cumplen o se incumplen, pero, no se cumplen más o menos. Y, además, la revocación en estos casos sólo puede producirse cuando el incumplimiento sea grave o reiterado (el legislador parece olvidar esto último). Con todo, no es una crítica que hagamos a la PPR, pues, el art. 87 CP no sólo se aplica a la PPR, sino al resto de penas de prisión (comunes).

3.10.9. El plazo de suspensión

El art. 92.3 CP únicamente establece que, si se concede, la suspensión de la ejecución tendrá una duración de 5 a 10 años, sin que, a juicio de LÓPEZ PEREGRÍN "se indique criterio alguno del que deba depender el establecimiento de una u otra duración"[485]. Por el contrario, como ya vimos, a nuestro juicio los criterios que deben tener en cuenta para delimitar ese plazo son los previstos en el párrafo segundo del art. 80.1 CP (por remisión del propio art. 92.3 CP).

Lo que sí resulta criticable es que el plazo oscile entre los cinco y los diez años. En este sentido, podría haberse empleado el mismo que el previsto en la "libertad condicional", que se cifra entre dos y cinco años (art. 90.5 CP).

En todo caso, como apunta DEL CARPIO DELGADO, es de valorar positivamente que se establezca un plazo único y que éste no dependa ni del número de delitos cometidos ni menos de su naturaleza[486].

---

485 LÓPEZ PEREGRÍN, C.: "Algunos problemas...", *op. cit.*, pp. 57-58.

486 DEL CARPIO DELGADO, J.: "La pena de prisión permanente...", *op. cit.*, p. 103.

3.10.10. La revisión por motivos humanitarios (art. 91 CP)

Advierte RODRÍGUEZ YAGÜE que, en el supuesto del art. 91.3 CP (riesgo patente para la vida), Instituciones Penitenciarias, a través de la Instrucción 3/2017, se arroga la dotación de contenido del presupuesto establecido en el CP para la concesión de esta figura, el peligro patente para la vida, entendiendo que es *"el que produce la enfermedad en estadio terminal o aquella situación en la que el fallecimiento es previsible, con razonable certeza, a muy corto plazo"* y prescindiendo de cualquier criterio médico objetivo para determinarlo[487]. Como sostiene acertadamente, "tal interpretación debe ser totalmente rechazada. En primer lugar, porque no debe ser Instituciones Penitenciarias quien tenga atribuida la interpretación de qué debe entenderse por peligro patente para la vida, sino que es competencia del Tribunal sentenciador no pudiendo en ningún caso sustraerse tal competencia vía Instrucción de IIPP. En segundo lugar, porque permitirlo supone dejar en sus manos, como así lo contempla el procedimiento, la no elevación de propuesta de suspensión de la ejecución para la concesión de la libertad condicional, no dando la posibilidad al Tribunal a solicitar los informes médicos oportunos, más allá de los emitidos por los médicos de la prisión, para evaluar la conexión de esta medida. De hecho afirma la Instrucción que en el caso de los internos penados en los que no se observe un riesgo patente para su vida, no se eleva propuesta de suspensión de la ejecución del resto de la pena para la concesión de la libertad condicional, si bien establece que deberán ser valorados de nuevo cada vez que se produzca un deterioro en su situación clínica y, en su defecto, ¡cada seis meses!, emitiendo de nuevo informe que actualice el pronóstico vital y el grado de deterioro funcional"[488].

Critica también con razón esta autora que, en el caso de enfermos muy graves con padecimientos incurables, resulte también de

---

487 RODRÍGUEZ YAGÜE, C.: *La ejecución de las penas…*, *op. cit.*, p. 203.

488 *Ibid.*, pp. 203-204.

aplicación los apartados 4 y 5 del art. 90 CP[489]. Efectivamente, lo prevé el propio art. 91.4 CP (no sólo para la PPR). Pero, al menos, en nuestro caso, la remisión al art. 91 no debiera haber sido en bloque.

Por último, denuncia RÍOS MARTÍN que muchos presos mueren en las cárceles a pesar de tener enfermedades graves o padecimientos incurables[490]. Esto resulta, en nuestra opinión, intolerable, pues, precisamente para evitar este tipo de situaciones están los arts. 36.4 y 91 CP.

3.10.11. El "rígido" régimen de la PPR

Para PONCELA GARCÍA, "la profusa y detallista regulación de la ejecución de la pena es una muestra del «reglamentarismo» o afán de concretar la regulación legal hasta sus últimos extremos, que se ha achacado a algunos aspectos de la reforma. Este abigarrado régimen parece tender, en efecto, a garantizar «resoluciones judiciales previsibles» (EM.I) por el sencillo método de reducir el margen de discrecionalidad judicial, hasta en la decisión sobre permisos de salida (art. 36.1)"[491]. Por el contrario, a nuestro parecer, la regulación de la PPR no es que sea o deje de ser profusa. Lo relevante a estos efectos es que contenga todos los aspectos que conforman su régimen jurídico. Se llama "principio de legalidad". A este respecto, resulta curioso que unos critiquen la extensa y concreta regulación de la PPR y otros la censuren por vulnerar el principio de legalidad.

Destaca en la misma línea LANDA GOROSTIZA que "en sus sub-regímenes más duros la imposición de la prisión permanente revisable es preceptiva, como lo son los periodos impuestos para la revisión de la libertad condicional. Periodos mínimos de cumplimiento que tienden a superar los 25 años con regulaciones más duras en casos de acumulación delictiva y un exceso de detallismo

---

489 *Ibid,* p. 201.

490 RÍOS MARTÍN, J.: *La prisión perpetua…*, *op. cit.*, pp. 40-44.

491 PONCELA GARCÍA, J. A.: "La prisión…", *op. cit.*, p. 413.

y control sin parangón en el ámbito comparado por lo que respecta a autorizar incluso permisos o el régimen abierto. Rezuma este detallismo la vocación de control por parte del poder ejecutivo —vía legislativa (por ministerio de la ley)— frente al poder judicial. El poder ejecutivo parece desconfiar del judicial cuando niega con sobrepresencia de requisitos y plazos preceptivos, no revisables, toda flexibilidad. Pero además la configuración de criterios y requisitos de revisión de forma acumulativa, no alternativa, priva de la posibilidad de que el progreso en materia de reinserción pueda, por sí, precipitar la liberación condicional. Ni preeminencia del principio de reinserción como clave para determinar la revisión —y la legitimidad— de la (continuación de la) prisión perpetua. Ni tampoco flexiblidad. La lógica retributiva o preventivo-general parecen tener capacidad de bloqueo de la progresión de grado ante la «malla reticular» de la multiplicidad de requisitos o, más bien, «presupuestos obstáculo» (periodos mínimos de tiempo, responsabilidad civil y, en casos de terrorismo o criminalidad organizada abandono de la violencia, cooperación con la justicia...) que se exigen. Por ello no parece que sea una casualidad que la competencia de revisión en estos casos no recaiga sobre el juez de vigilancia, más cercano a la eventual progresión resocializadora de la persona presa, sino precisamente sobre el tribunal sentenciador"[492].

Por el contrario, en nuestra opinión, que la imposición de la prisión permanente revisable sea preceptiva; que los periodos de revisión sean fijos; y, que se detallen aspectos como los relativos a los permisos o el régimen abierto: es muy positivo. Esto redunda en una mayor seguridad jurídica que creemos debe estar presente más que nunca en este tipo de pena. Si se hubiera optado por un régimen flexible, con mayor discrecionalidad para el tribunal, se hubiera tachado seguro de inconstitucional. Se busca así, una aplicación uniforme de esta pena.

---

492 LANDA GOROSTIZA, J. M.: "Fines de la pena en fase de ejecución penitenciaria: reflexiones a la luz de la prisión permanente revisable", *Revista de Derecho Penal y Criminología*, núm. 18, 2017, p. 132.

En otro orden de cosas, como ya dijimos, los requisitos que se exigen en el art. 92.1 CP para la revisión de la PPR consideramos que obedecen a una secuencia lógica (períodos de seguridad, tercer grado y pronóstico de reinserción). Los plazos son necesarios en una pena que se erige como la más severa de nuestro ordenamiento jurídico, sin duda, con una carga retributiva importante. La clasificación en tercer grado permite obtener evidencias de la preparación del reo para vivir en sociedad. Y, en cuanto al pronóstico de reinserción, que el tribunal sentenciador deba valorar todos y cada uno de los requisitos que exige el art. 92.1 c) CP no implica que deba darles a todos la misma importancia, valoración que entendemos deberá siempre realizarse bajo el prisma del principio *«favor libertatis»*.

Con todo, no nos parecería mal que, por ejemplo, los actuales plazos de revisión (fijos) fueran sustituidos (en una futura e hipotética reforma) por otros más flexibles en los que hubiera cierto margen de discrecionalidad; esto es, que se contemplara una horquilla para ajustar el plazo de revisión según la concurrencia de ciertas circunstancias. Así, como critica ICUZA SÁNCHEZ, los períodos vigentes "se imponen a toda persona que haya recibido una pena de PPR, sin un previo análisis individual del caso que tome en consideración las circunstancias concretas del hecho y del autor, lo que entra en contradicción con el principio de proporcionalidad. Se configura así un modelo opuesto al inglés, mediante el cual el plazo a cumplir antes de poder revisar la pena toma en consideración las circunstancias concretas del delito y la responsabilidad del autor (*harm and culpability*), así como la agravantes y atenuantes"[493].

3.10.12. Pena inferior en grado

Como sabemos, el art. 70.4 CP cifra la pena inferior en grado a la de PPR en una pena de prisión de veinte a treinta años. Ésta resultará aplicable a supuestos de tentativa, complicidad, eximente

493 ICUZA SÁNCHEZ, I.: *La prisión permanente…*, *op. cit.*, p. 378.

incompleta, concurrencia de dos circunstancias atenuantes o una muy cualificada y actos preparatorios punibles (a lo que cabría añadir los supuestos específicos de delación en terrorismo).

Lo primero que debemos destacar es que, si el límite máximo de la pena inferior en grado se fija en 30 años, el límite inferior no debiera haber sido (aplicando la regla general) de 20 años, sino de 15. Y, en puridad, siguiendo lo dispuesto en el art. 70.1.2ª CP, el límite máximo de la pena inferior en grado debiera haber sido de 30 años menos un día.

Por otro lado, a juicio de GARCÍA VALDÉS, esta previsión resulta desmesurada para aquellos supuestos para los que se prevé[494]. En este sentido, sí creemos oportuno reparar en un dato que pone de relieve CERVELLÓ DONDERIS cuando apunta que "puede ser incluso mayor que la pena de origen, cuya suspensión en general está prevista a los veinticinco años"[495]. Es por ello que, a nuestro modo ver, la pena inferior en grado debiera haberse establecido en una franja que oscilara entre los 12 años y seis meses y los 25 años (menos un día).

3.10.13. Atenuantes y agravantes

Advierte PONCELA GARCÍA que en la PPR "carecen de eficacia jurídica las circunstancias atenuantes y/o agravantes que concurran y que no determinen la imposición de pena inferior en grado. (…) No hay margen para adecuar la sanción a la gravedad de la conducta, con valoración de todas las circunstancias del hecho enjuiciado"[496]. Como dijimos en otro lugar, es cierto que la propia naturaleza de esta pena no permite la gradación que conlleva la concurrencia de circunstancias atenuantes o agravantes, pero, como

494 *Cfr.* GARCÍA VALDÉS, C.: "Sobre la prisión permanente…", *op. cit.*, p. 177.

495 CERVELLÓ DONDERIS, V.: *Prisión perpetua y de larga duración…*, *op. cit.*, pp. 189-190.

496 PONCELA GARCÍA, J. A.: "La prisión…", *op. cit.*, p. 413.

vimos, éstas podían valorarse en el pronóstico de reinserción (art. 92.1 c) CP) dentro del ítem "circunstancias del delito".

3.10.14. Gravedad del hecho y culpabilidad

A juicio de CÁMARA ARROYO, "no se encuentra en la prisión permanente revisable un castigo ajustado a la gravedad del hecho cometido y a la culpabilidad del autor, necesario cuando hablamos de verdaderas penas y del sentido retributivo de las mismas. Estos elementos nucleares del concepto de pena son sustituidos en la prisión permanente revisable por un juicio de peligrosidad criminal, las circunstancias personales del reo, etc. La duración final de la privación de libertad no se mide por la culpabilidad relativa al hecho, sino por la peligrosidad y las circunstancias concretas del autor del mismo"[497].

Sin embargo, no podemos estar de acuerdo con estas declaraciones, pues, lo que permite, precisamente, imponer esta pena (la PPR) es la especial gravedad que caracteriza a los hechos realizados por el sujeto. Además, cabría recordar que los períodos de seguridad (tercer grado, revisión) no son iguales en todos los casos. Y, esto es así porque (dentro de la gravedad) unos delitos lo son más que otros. En todo caso, no puede olvidarse que el legislador ha previsto un castigo que puede ser perpetuo: ¿cabe mayor ajuste a la gravedad de los hechos y "culpabilidad" del autor? Si bien, se prevé un mecanismo de revisión que permite la liberación anticipada. Es por ello que, para que se produzca el acortamiento de la pena, se deba obtener un pronóstico favorable de reinserción.

3.10.15. Procedimiento contradictorio (revisión). Informes

A juicio de CÁMARA ARROYO, "sorprende que no exista una estricta vinculación a los informes de los profesionales del centro

---

497 CÁMARA ARROYO, S.: "Cadena perpetua…", *op. cit.*, pp. 345-346.

penitenciario en el que ha permanecido el penado y que se admitan, con la misma carga de prueba en el proceso de revisión, informes de profesionales ajenos"[498]. No obstante, en nuestra opinión, como no puede ser de otra forma, la capacidad decisoria en un asunto tan relevante como la concesión o no de la revisión no podía dejarse en otras manos que no fueran las del Tribunal sentenciador. De ahí que se vea positivamente el hecho de que el tribunal no quede sujeto a las conclusiones que se recojan en el informe del Centro Penitenciario. El tribunal debe llevar a cabo un juicio sobre el pronóstico de reinserción del condenado y por tanto de lo que se trata es de que el tribunal forme su propia convicción (no que le venga ya dada por un externo). Otra cosa muy distinta es que en esa valoración el dictamen del Centro Penitenciario sea de gran utilidad por la información que proporcione. Pero, también en este sentido, puede tener un papel muy relevante el conocimiento (también experto) de otros profesionales que el Tribunal designe. Así como lo que tenga que alegar el Ministerio Fiscal y la defensa.

CASALS FERNÁNDEZ ha destacado también que "para poder valorar todo esto, el tribunal contará con informes de evolución remitidos por el centro penitenciario y por externos que el propio Tribunal decida, por lo tanto, no hay una estricta vinculación a los informes de los profesionales del centro y que más cerca están del preso. Esta cuestión ha sido discutida y no se llega a comprender que tenga el mismo peso un informe de un especialista que tenga cercanía con el preso o que sea totalmente desconocido, ya que, aunque en un primer momento puede plantearnos la objetividad de los informes, debemos tener presente que cuanto más cercano se está al preso en su día a día, una valoración más real se tiene de éste"[499]. Por el contrario, tampoco podemos compartir dicha crítica, pues, si bien *a priori* eso es lo que cabría pensar (resulta razonable hacerlo), en ocasiones el informe del centro penitenciario

---

498 *Ibid.*, p. 349.

499 CASALS FERNÁNDEZ, Á.: *La prisión…*, *op. cit.*, p. 231.

puede estar más contaminado, o ser menos imparcial que el de un experto ajeno que pueda tener una visión más objetiva.

3.10.16. Cancelación de antecedentes

Advierte CASALS FERNÁNDEZ, respecto de esta cuestión, que "la posibilidad de la cancelación de antecedentes es prácticamente remota"[500]. Efectivamente, a los largos períodos de revisión (mínimo 25 años), habrá que sumar el plazo de suspensión que se establezca (entre 5 y 10 años). Así las cosas, en el mejor de los casos, salvo que se ingrese siendo muy joven, que el penado vea cancelados sus antecedentes se antoja bastante difícil; o, se producirá en una edad muy avanzada. Con todo, el CP en su art. 136.1 e) no prevé un plazo de cancelación de antecedentes específico para el caso de la PPR. Se aplica el que corresponde a las penas graves (de 10 años). Lo cual es positivo[501].

Ahora bien, siendo la PPR la pena de mayor gravedad, no sería descabellado prever un plazo específico; eso sí, no superior, por ejemplo, a quince años. Aunque, en este sentido, consideramos que lo más apropiado sería establecer un plazo de cancelación de antecedentes por tiempo de diez años (el vigente), debiéndose rebajar, en consecuencia, el plazo para el resto de penas de prisión graves distintas a la PPR.

3.10.17. Clasificación en primer grado

GIMBERNAT ORDEIG pone de manifiesto el riesgo de que los condenados a PPR estén siempre clasificados en 1r grado[502]. Con todo, como vimos en su momento, la normativa penitenciaria no

---

500 *Ibid.*, p. 169.

501 Así también, CERVELLÓ DONDERIS, V.: *Prisión perpetua y de larga duración...*, *op. cit.*, p. 231. Y ROIG TORRES, M.: *La cadena perpetua...*, *op. cit.*, pp. 187-188.

502 GIMBERNAT ORDEIG, E.: "Contra la prisión...", *op. cit.*, p. 496.

conduce inexorablemente a esta conclusión. La regulación fija unos criterios que no tienen por qué conducir de forma automática a la clasificación en primer grado. Naturalmente, habrá presos a los que se les aplique el régimen cerrado, pero, no tiene por qué ser la norma, más bien, debiera ser la excepción. Y, en todo caso, cada cierto tiempo esa clasificación debe revisarse lo que debe permitir (cuando se den las condiciones para ello) la progresión al segundo y tercer grado. Si bien, como ya advertimos, sí es cierto que se deberá ser muy cauteloso con este aspecto, pues, más allá de las restricciones típicas de este régimen, de ello depende en gran medida que, finalmente, se le pueda conceder la suspensión.

3.10.18. La PPR en supuestos de terrorismo: ¿por qué no llamar a las cosas por su nombre?

El art. 573 bis 1.1ª CP (delitos de terrorismo) establece que se castigará con la pena de prisión *"por el tiempo máximo previsto en este Código"* si se causara la muerte de una persona. Como vimos, no hay duda de que, en la actualidad, y desde 2015, la pena que supone un mayor tiempo de reclusión es la PPR. Si bien, le asiste toda la razón a BARQUÍN SANZ cuando sostiene que "es preciso de nuevo manifestarse en términos críticos con el recurso a la manipulación semántica, los eufemismos y los circunloquios en la legislación penal, que son una amenaza adicional para el contenido material profundamente garantista del principio de legalidad"[503]. Hubiere sido preferible no obtener el apoyo del PSOE para la aprobación de la LO 2/2015 si, a cambio, se hubiere establecido de forma precisa que para estos casos la pena aplicable era la PPR (sin tapujos).

---

503 BARQUÍN SANZ, J.: "Nuevo impulso…", *op. cit.*, p. 95.

3.10.19. El irrevisable art. 76.1 CP

Como sabemos, el art. 76.1 CP establece que en caso de concurso de delitos el máximo de cumplimiento efectivo de la condena no podrá exceder de 20 años.

Y, excepcionalmente, este límite máximo será:

a) De 25 años, cuando el sujeto haya sido condenado por dos o más delitos y alguno de ellos esté castigado por la ley con pena de prisión de hasta 20 años.

b) De 30 años, cuando el sujeto haya sido condenado por dos o más delitos y alguno de ellos esté castigado por la ley con pena de prisión superior a 20 años.

c) De 40 años, cuando el sujeto haya sido condenado por dos o más delitos y, al menos, dos de ellos estén castigados por la ley con pena de prisión superior a 20 años.

d) De 40 años, cuando el sujeto haya sido condenado por dos o más delitos referentes a organizaciones y grupos terroristas y delitos de terrorismo del Capítulo VII del Título XXII del Libro II de este Código y alguno de ellos esté castigado por la ley con pena de prisión superior a 20 años.

Pues bien, algunos autores ponen de manifiesto que lo que sucede ahora (tras la introducción de la PPR) es que no existe una revisión para penas de tanta gravedad como las de 25, 30 o 40 años[504]. Efectivamente, no puede negarse que pudieran darse situaciones en las que un condenado a PPR fuere excarcelado a los 25 o 28 años, mientras que el condenado a 30 años de cumplimiento permanecería unos años más en prisión. Y, lo mismo puede suceder cuando la liberación anticipada del preso condenado a PPR se produjese a los 25, 28, 30 o 35 años; y, en cambio, la condena a un máximo de 40 años debería cumplirse íntegramente.

---

504 JAÉN VALLEJO, M. y PERRINO PÉREZ, Á. L.: *La reforma penal de 2015*, Madrid, Dykinson, 2015, p. 23.

Lo anterior, sin embargo, no nos puede hacer concluir que, entonces, también para esos casos debiera configurarse un procedimiento de revisión. No se generaría ningún trato desigual o discriminatorio, pues, más allá de esos posibles escenarios, el reo que fuere condenado a un máximo de cumplimiento de 25, 30 o 40 años abandonará el centro penitenciario una vez alcanzados dichos períodos (sí o sí), mientras que el cumplimiento en la PPR puede ser a perpetuidad si no se obtiene la suspensión.

Lo mismo podría decirse del art. 76.2 CP, pues, el cumplimiento sucesivo de las condenas no acumulables no será revisable.

Ambas cuestiones se abordan en la STS 467/2022, de 15 de mayo, aun cuando no constituye su *ratio decidendi*. En el fallo se ratifica la improcedencia de la acumulación de condenas que se solicitaba, sin embargo, al hilo de esta cuestión, las Excmas. Sras. Magistradas y los Excmos. Sres. Magistrados D. Andrés Martínez Arrieta, D. Andrés Palomo del Arco, Dña. Ana Ferrer García, Dña. Susana Polo García, D. Leopoldo Puente Segura y D. Javier Hernández García, en el Voto concurrente que formulan consideran que, tras veinticinco años de prisión efectiva, cualquier penado podría promover un procedimiento semejante al descrito en el art. 92 CP que permita suspender la ejecución del tiempo de prisión que le quede por cumplir.

De este modo, dicen, la revisión para el otorgamiento de la libertad condicional prevista para la pena de prisión permanente revisable en el art. 92 CP puede abordarse también:

1) cuando la acumulación de penas prevista en el art. 76.1 CP comporte un periodo de cumplimiento efectivo superior a los 25 años de prisión; y,

2) cuando por no ser factible la acumulación de penas o de bloques de penas a la luz del art. 76.2 CP, el cumplimiento sucesivo haya obligado al penado a estar más de 25 años en prisión.

Proclaman que no es axiológicamente admisible que a una persona condenada por delitos de especial gravedad a penas de prisión permanente revisable se le reconozca un mecanismo de reductibilidad *de iure* tras 25 años de prisión y que otra persona condenada por delitos de menor gravedad pueda permanecer en prisión sin dicha expectativa por un tiempo superior. Junto a ello se proclama la inadmisibilidad de cualquier interpretación sistemática del Código Penal que excluya que pueda aplicarse el art. 92 CP a supuestos de cumplimiento de penas privativas de libertad que tienen un inferior rigor punitivo que la prisión permanente revisable que el precepto contempla.

En contestación a este Voto concurrente, los Excmos. Sres. Magistrados D. Pablo Llarena Conde y D. Antonio del Moral García emiten por separado sendos Votos particulares que cuestionan con toda la razón del mundo: 1) la procedencia de dicho pronunciamiento; y, 2) su legalidad. Y es que, efectivamente, se trata de un *obiter dicta* fuera de lugar; pero, lo que resulta más grave, es que se propone un mecanismo no previsto en el CP. Así las cosas, lo planteado por aquellos Magistrados resulta del todo inasumible mientras no haya una reforma del CP en tal sentido.

3.10.20. El tratamiento

Como pone de relieve SOLAR CALVO, la doctrina mayoritaria asegura que el tratamiento penitenciario ha de ser voluntario en el sentido que recoge el art. 112 RP. Sin embargo, a juicio de esta autora "la revisión de la prisión permanente revisable y el cese del internamiento que supone dependen entre otros, de la satisfactoria realización de dicho tratamiento. Con ello, se dan varias consecuencias cuestionables. Primero, que se acepta que la norma sea indeterminada para quien [no] acepte llevar a cabo el tratamiento. Segundo, consecuencia de lo anterior, que una garantía jurídica de primer orden, como es la certeza de la condena y la seguridad jurídica de la que deriva, se hace depender de la voluntad del sujeto al que esa garantía ampara. Configuración bastante llamativa, no sólo por sí misma, sino porque para que pueda concurrir la garantía de la certeza del fin de la norma, se compele al interno para que renuncie a otro derecho, el de no someterse a tratamiento alguno"[505].

Por el contrario, en nuestra opinión, cabría recordar que, si bien el sometimiento a tratamiento puede redundar en que algunas de las variables del pronóstico de reinserción sean positivas, existen otros parámetros que no se ven alcanzados por el hecho de haberse sometido (o no) a éste. Incluso, el haber participado en algún programa específico tampoco es garantía de que el reo obtenga resultados positivos que puedan condicionar un pronóstico favorable. Pero es que, además, si el condenado a PPR no quisiera participar en el programa de tratamiento individualizado que se le hubiera propuesto, ello no debería comportar la emisión de un juicio negativo. Los arts. 106.4 y 112.4 RP lo impiden. En definitiva, algo que no es obligatorio para el penado (como el sometimiento al tratamiento) no puede valorarse en contra del reo cuando éste decida no prestarse a ello.

3.10.21. Indulto

En relación con esta institución, sostiene GONZÁLEZ COLLANTES que "es absurdo creer que una persona a quien no se le concede la revisión de la condena y el acceso a los beneficios penitenciarios vaya a ser propuesta para un indulto"[506]. En esta línea, para RODRÍGUEZ YAGÜE, "su utilización en la práctica va a ser excepcional, cuando no anecdótica y ello por la repercusión mediática y, en consecuencia, por el coste político consiguiente, que la adopción del derecho de gracia, entendido como perdón, puede tener en la opinión pública condicionada por la gravedad de las conductas cometidas por ese tipo de condenados"[507].

505 SOLAR CALVO, P.: "Fundamentos penitenciarios…", *op. cit.*, p. 4.
506 GONZÁLEZ COLLANTES, T.: "¿Sería inconstitucional…", *op. cit.*, p. 13.
507 RODRÍGUEZ YAGÜE, C.: *La ejecución de las penas…*, *op. cit.*, p. 150.

En nuestra opinión, más allá del uso (reducido o nulo) que se pueda hacer de esta herramienta, lo importante es que el ordenamiento no la excluya en casos de PPR. Además, la historia reciente de nuestro país nos demuestra que el protagonismo mediático que pueden cobrar ciertos condenados (piénsese en los del *Procés*) no es óbice para que un Gobierno recurra a esta medida de gracia; incluso, parece que tampoco en términos electorales se paga un precio muy alto por ello (más bien al contrario). En consecuencia, no vemos motivo alguno para que la respuesta fuere distinta cuando se tratare de condenados a PPR. Además, como propusimos, una solución bastante razonable vendría dada por la conversión de la PPR en una pena limitada (indulto parcial).

3.10.22. El papel de la víctima en fase de ejecución

Desde una perspectiva victimológica, para ACALE SÁNCHEZ, "ha de subrayarse el hecho de que en el momento en el que se ha definido la prisión permanente revisable se ha incluido una diferenciación entre víctimas de los delitos castigados con esta pena y las víctimas de delitos castigadas con penas de prisión temporales: así, no se entiende el motivo por el cual cuando se trata de una pena de prisión temporal superior a cinco años, la clasificación penitenciaria será adoptada por el Juzgado de Vigilancia Penitenciaria *«previo pronóstico individualizado y favorable de reinserción social y valorando, en su caso, las circunstancias personales del reo y la evolución del tratamiento reeducador, podrá acordar razonadamente, oídos el Ministerio Fiscal, Instituciones penitenciarias y las demás partes, la aplicación del régimen general de cumplimiento…»*, mientras que si se trata de la pena de prisión permanente revisable las acusaciones particular y popular carecen de voz y voto, en la medida en que el tribunal adoptará la decisión oídos el Ministerio Fiscal e Instituciones penitenciarias, ignorando en este caso las vindicaciones de las víctimas"[508].

---

[508] ACALE SÁNCHEZ, M.: *La prisión permanente revisable…*, *op. cit.*, p. 140.

Añade la citada autora que "la Ley 4/2015, de 27 de abril, del Estatuto de la Víctima del delito, ha venido a reconocerle a las víctimas de los delitos castigados con la pena de prisión permanente revisable, lo que el Código no les ha reconocido: esto es, la posibilidad —estén o no personadas en la causa— de informar en el proceso penitenciario sobre la concesión del tercer grado o la libertad condicional. El hecho de que haya que salirse del Código Penal para encontrar los derechos que el propio texto punitivo reconoce con carácter general (...) a las víctimas de los delitos castigados con la pena de prisión superior a cinco años debe ser criticado y *de lege ferenda*, debería dar lugar a que de mantenerse esta pena dentro del Código Penal, se incluyera el informe de las demás partes en los artículos 36.1, 78 bis y 92"[509].

En sentido similar, destaca PINTO PALACIOS, que "el legislador no contempló la intervención de los familiares de las víctimas en el proceso de revisión de la condena. En efecto, el art. 92 CP sólo prevé la intervención del condenado y del Ministerio Fiscal en el proceso oral contradictorio que se inicia para determinar si procede la suspensión de la ejecución de la pena. A diferencia de las penas privativas de libertad en las que se establece una participación activa de la víctima durante la fase de ejecución, en la prisión permanente no está contemplada. Se trata, sin duda, de una contradicción destacable pues, tras la aprobación del Estatuto de la Víctima, la ejecución penal se ha configurado, en cierta medida, como un modelo trilateral en el que interviene el Estado, el condenado y la víctima del delito. Siguiendo la lógica del legislador, cabría pensar que los familiares de la víctima deberían tener un espacio de intervención en la revisión de una prisión permanente"[510].

Por el contrario, estamos absolutamente en contra de la participación que el Estatuto de la Víctima ha concedido a ésta en fase de ejecución de sentencia. Nos parece un error porque lo único que

---

509 *Ibid.*, p. 141.

510 PINTO PALACIOS, F.: *La prisión permanente...*, *op. cit.*, pp. 227-228.

consigue es satisfacer los deseos de venganza de la víctima; y, en segundo lugar, se produce una revictimización. Además de que supone un obstáculo a la reinserción del penado. Afortunadamente, a pesar de que se critique, el CP no contempla la posibilidad de que la víctima o sus familiares participen de la decisión en la que se clasifique en tercer grado al reo o que conceda la revisión (no alcanzando las previsiones del EV a tales supuestos).

Con todo, el Anteproyecto de Ley de Enjuiciamiento Criminal de 2020 parece acoger dichas críticas, pues, prevé otorgar un mayor protagonismo a la acusación. Veámoslo.

Artículo 914. Audiencia.

> *1. El tribunal encargado de la ejecución convocará a una audiencia al Ministerio Fiscal, a las partes acusadoras personadas, a la persona condenada y a su defensa para oírlas sobre la suspensión de la ejecución de la pena de prisión permanente revisable y, en su caso, sobre las reglas de conducta que hayan de ser observadas.*
>
> *2. El tribunal convocará a la víctima no personada para ser oída sobre las medidas o reglas de conducta previstas en la ley siempre que haya solicitado que se le notifiquen las resoluciones que se dicten en la fase de ejecución.*

Artículo 916. Modificación, prórroga y revocación de la suspensión de la ejecución de la pena de prisión permanente revisable.

> *1. Dentro del plazo fijado por el tribunal, que no podrá ser superior a un año, se convocará al Ministerio Fiscal, a las partes acusadoras, a la persona condenada y a su defensa a una audiencia para comprobar el cumplimiento del régimen de la suspensión y, en su caso, para decidir sobre la modificación de sus condiciones o la revocación de la suspensión.*
>
> *Antes de la celebración de la vista el tribunal solicitará informes sobre el cumplimiento de las obligaciones, deberes, prestaciones y medidas que se hubieran impuesto, así como cualquier otro que resulte necesario para decidir. En todo caso, las partes podrán aportar las pruebas documentales o periciales que consideren relevantes.*
>
> *El tribunal resolverá en el acto o en los cinco días siguientes por medio de auto.*
>
> *2. Cuando el tribunal conozca cualquier circunstancia que pueda dar lugar a la revocación de la suspensión de la ejecución o de cualquier incumplimiento de las*

obligaciones, deberes o prestaciones impuestos, procederá a convocar dicha audiencia con la urgencia que requiera el caso.

Si resulta imprescindible para evitar el riesgo de fuga o de reiteración delictiva o para asegurar la protección de la víctima, el tribunal podrá acordar, provisionalmente, la revocación y el ingreso en prisión, sin perjuicio de celebrar la audiencia prevista en el apartado anterior y, a continuación, ratificar o dejar sin efecto la revocación.

Artículo 917. Remisión definitiva de la prisión permanente revisable.

1. Transcurrido el plazo de suspensión, se solicitará hoja de antecedentes penales actualizada e informe sobre el cumplimiento de las obligaciones, deberes, prestaciones y medidas impuestos y cuantos otros informes el tribunal considere necesarios. Una vez recibidos todos estos documentos, se convocará al Ministerio Fiscal, a la persona condenada, a su defensa y a las partes acusadoras a una audiencia sobre el cumplimiento de las condiciones de la suspensión de la ejecución y la remisión definitiva de la pena.

2. Celebrada la audiencia, el tribunal resolverá lo que proceda sobre la remisión definitiva de la pena.

Artículo 918. Notificación y registro.

(...)

2. Los autos dictados conforme a los artículos anteriores se notificarán a la víctima no personada que haya solicitado que se le notifiquen las resoluciones que se dicten en la fase de ejecución.

Por último, destaca RÍOS MARTÍN que la PPR no repara a la víctima[511]. Sucede, sin embargo, que las penas no están para eso. Efectivamente, que el castigo sea más severo (o el máximo que se pueda imponer) no tiene por qué suponer una mayor satisfacción de las necesidades o expectativas de la víctima o sus familiares. No obstante, las penas (en general) y las de prisión (más concretamente) no pueden orientarse a la consecución de tal fin. Ello sería autoritario. La función de la pena es, y debe seguir siendo, la tutela de bienes jurídicos.

---

511 RÍOS MARTÍN, J.: *La prisión perpetua...*, *op. cit.*, p. 69.

3.10.23. Prisión provisional

Advierten VAN ZYL SMIT y RODRÍGUEZ YAGÜE que "la previsión del abono del tiempo de privación de libertad sufrido provisionalmente por el sujeto que contempla el art. 58 CP (...) está diseñado para penas determinadas, no habiéndose hasta el momento recogido una previsión similar respecto a cómo proceder para el abono del tiempo en prisión provisional de tratarse de una pena como la prisión permanente revisable. Al tratarse la prisión permanente revisable de una pena indeterminada, el abono del período pasado en prisión provisional no debería tener un impacto en la pena en sí, sino en el tiempo que transcurre antes del acceso a los permisos de salida, al tercer grado y a la revisión de la pena con aplicación de la libertad condicional. Pero, a día de hoy, no existe tal previsión en la legislación española"[512].

Con todo, como vimos en su momento, el abono del tiempo pasado en prisión provisional puede y debe abonarse sin problemas para el cumplimiento de la PPR. Es parte de la condena y, como tal, computará para el disfrute de permisos de salida, acceso a tercer grado y suspensión de la ejecución. Pero, no vemos necesario que deba incluirse una previsión expresa en el CP regulando esta cuestión que entendemos ya tiene cabida en el actual art. 58 CP.

Señalan igualmente estos autores que "tampoco tiene fácil determinación en el supuesto de que continuara o se decretara la prisión provisional una vez el sujeto hubiera sido condenado a prisión permanente revisable, en espera de resolución de recurso, pues en estos casos el art. 504.2 LECrim, diseñado para la pena de prisión, señala que la prisión provisional podrá prorrogarse hasta el límite de la mitad de la pena efectivamente impuesta en la sentencia, limitación que no puede proyectarse sobre una pena indeterminada"[513]. Efectivamente, en su momento propusimos que ese lapso temporal

512 VAN ZYL SMIT, D. y RODRÍGUEZ YAGÜE, C.: "Un acercamiento...", *op. cit.*, pp. 23-24.

513 *Ibid.*, p. 24 (nota 6).

debía ser equiparado en el caso de la PPR a "la mitad del período de revisión" que correspondiese. Con todo, sería aconsejable que en la LECrim se reflejase esta previsión o cualquiera otra como, por ejemplo, fijar un número exacto de años.

3.10.24. Recursos

Se ha señalado por parte de algunos autores que "la ausencia de reforma de la LECrim también deja una laguna en la regulación procesal sobre el procedimiento de actuación de los Tribunales sentenciadores, más allá de lo recogido en el CP (arts. 36, 78 bis y 92), en las competencias y el procedimiento en materia de posibles recursos"[514].

Efectivamente, en la actualidad, el único recurso que cabe contra los autos que dicte el Tribunal sentenciador (tercer grado, revisión, revocación, etc.) es el de súplica (art. 236 LECrim). Recurso que se sustancia ante el mismo Tribunal. Pero, no puede interponerse, por ejemplo, el de apelación (por no estar previsto expresamente)[515].

A este respecto, como apuntan VAN ZYL y RODRÍGUEZ YAGÜE, "es necesario resaltar que la Ley de Enjuiciamiento Criminal española no ha sido todavía reformada para prever el sistema de recursos judiciales específicos que permitan la revisión de tal resolución judicial"[516]. La razón puede estar en que las primeras decisiones sobre clasificación en tercer grado no se sustentarán, como mínimo, hasta 2030. Y, las relativas a las primeras revisiones hasta 2040 (en el mejor de los casos). Pero, efectivamente, su reforma resulta inaplazable.

Con todo, la situación pudiera revertirse (esperemos que así sea) con la aprobación de la nueva LECrim. Así, el Anteproyecto

---

514 Así, RODRÍGUEZ YAGÜE, C.: "Seis frentes abiertos...", *op. cit.*, p. 5.

515 A diferencia de lo que ocurre con la libertad condicional, pues, allí, al tratarse de resoluciones del JVP, sí serán recurribles en apelación (DA 5ª LOPJ).

516 VAN ZYL SMIT, D. y RODRÍGUEZ YAGÜE, C.: "Un acercamiento...", *op. cit.*, p. 27.

de Ley de Enjuiciamiento Criminal de 2020 prevé en su art. 919 que *"Contra los autos que resuelvan el incidente de revisión de la pena de prisión permanente revisable y la remisión definitiva de esta pena podrán interponerse los recursos de apelación y casación"*[517]. El Anteproyecto no alude, sorpresivamente, al auto en el que se acuerde la revocación de la suspensión (salvo que quepa incluirlo "entre los que resuelvan el incidente de revisión").

En cualquier caso, siempre quedará expedita la vía de recurso frente al TC o al TEDH, por ejemplo, ante la denegación de la revisión.

3.10.25. Tribunal del Jurado

En virtud del art. 1.2 a) LOTJ, los asesinatos del art. 140 CP son competencia del Tribunal del Jurado. Sin embargo, en nuestra opinión, la citada Ley Orgánica debiera excluir estos supuestos. A este respecto, consideramos que no puede dejarse en manos de este Tribunal la valoración de unos hechos que pueden llevar aparejada la imposición de una pena tan severa como la PPR.

4. OTRAS CUESTIONES

4.1. Código Penal Militar

Destaca ACALE SÁNCHEZ que, al revisar el catálogo de penas que recoge la LO 14/2015, de 14 de octubre, del Código Penal militar, "se comprueba que ya entonces vigente en el Código Penal español la pena de prisión permanente revisable no ha sido allí incluida para proceder al castigo de los delitos militares"[518].

---

517 Como destaca DEL CARPIO DELGADO, "deben preverse las suficientes garantías procesales para procurar que los condenados a esta pena estén protegidos contra decisiones arbitrarias". *Cfr.* DEL CARPIO DELGADO, J.: "La pena de prisión permanente...", *op. cit.*, p. 107.

518 ACALE SÁNCHEZ, M.: *La prisión permanente revisable...*, *op. cit.*, p. 151.

En igual sentido, señala PINTO PALACIOS que "tampoco en el Código Penal Militar —cuya tramitación parlamentaria coincidió con la reforma penal— se incluyó la prisión permanente revisable a pesar de que existen delitos militares especialmente graves y castigadas con severas pena de prisión"[519]. El autor cita como ejemplos: el delito de traición militar castigado con pena de 15 a 25 años de prisión (artículo 24 CPM); o el delito de rendición injustificada de un puesto castigado con pena de 10 a 20 años de prisión (artículo 53.1 CPM); o el delito de abandono del servicio de armas cuando se produzca frente al enemigo, rebelde o sedicioso (artículo 67.1.1° CPM).

Con todo, que la PPR no se haya incorporado al catálogo de penas del CPM nos resulta lógico, pues, consideramos que la "gravedad" de los delitos que se destacan no es equiparable a la de aquellas infracciones que en el CP sí están sancionadas con dicha pena.

4.2. Cadena perpetua

Entiende CORRECHER MIRA que "la prisión permanente revisable, desafortunado eufemismo para el término cadena perpetua, representa la reintroducción formal de la pena privativa de libertad a perpetuidad, fuera del ordenamiento jurídico-penal español desde 1928"[520]. Por el contrario, basta con examinar con detalle el régimen jurídico de la PPR para darse cuenta de que tal afirmación no se corresponde con la realidad. La prisión perpetua a la que se refiere el autor no contemplaba entonces mecanismo de revisión alguno. Así, a diferencia de esa otra pena, en la PPR se habilita un mecanismo (rodeado de todas las garantías) que permite la liberación anticipada del reo. Cierto es que, puede haber presos que no obtengan la suspensión de la ejecución de la pena, en cuyo caso el cumplimiento será a perpetuidad, pero, no se tratará de una circunstancia imputable al Estado (que ha diseñado todo un sistema de

---

519 PINTO PALACIOS, F.: *La prisión permanente...*, *op. cit.*, p. 170.

520 CORRECHER MIRA, J.: "Nuevas perspectivas...", *op. cit.*, pp. 353-354.

obtención de permisos de salida, acceso a tercer grado, etc., para permitir que la excarcelación del interno sea posible).

4.3. La PPR ¿es más cruel que la pena de muerte?

Así lo considera, por ejemplo, ACALE SÁNCHEZ, para quien "la imposición de una pena de prisión permanente revisable puede ser más cruel que la imposición de una pena de prisión permanente sin revisión"[521]. A juicio de CERVELLÓ DONDERIS, "se podría plantear el paralelismo entre pena de muerte y pena perpetua en cuanto a su incertidumbre, ya que del mismo modo que de la pena de muerte se dice que puede ser trato inhumano o degradante por la afección psicológica que genera la espera de la ejecución con constantes aplazamientos, algo similar se podría plantear de una pena cuyo plazo de finalización se desconoce, siendo igual de inquietante el desconocimiento de la aplicación que se va a hacer de los requisitos de revisión caracterizados por su indeterminación y discrecionalidad"[522]. Por último, para MUÑOZ CONDE, "de hecho constituye una muerte en vida y puede producir el mismo o mayor grado de aflicción que la pena de muerte misma"[523].

Sin embargo, en nuestra opinión, tales afirmaciones resultan desafortunadas. La comparación nos parece muy poco acertada porque creemos que, a pesar de compartir la idea de que el desgaste prolongado que padece el penado es evidente (en la PPR), el grado de crueldad que implica la pena de muerte (en sus múltiples y variadas formas de ejecución) resulta incomparable. Debiéndose tener en cuenta que, el sujeto condenado a prisión permanente (que no obtuviera la suspensión) puede ver revertida su situación tras la estimación de algún recurso, de la concesión de una medida

---

521 ACALE SÁNCHEZ, M.: *La prisión permanente revisable…*, *op. cit.*, p. 206.

522 CERVELLÓ DONDERIS, V.: *Prisión perpetua y de larga duración…*, *op. cit.*, pp. 127-128.

523 MUÑOZ CONDE, F.: "Algunas reflexiones…", *op. cit.*, p. 299.

de gracia, etc. Situación que, por motivos evidentes, no puede darse en el caso de la pena de muerte.

4.4. La PPR y el art. 76.1 CP: una comparación odiosa

A simple vista, pudiera parecer que la PPR resulta más "benigna" que los plazos máximos de cumplimiento efectivo que se establecen en el art. 76.1 CP y que pueden alcanzar los 25, 30 o 40 años. Como relata RODRÍGUEZ YAGÜE, "esta anómala convivencia de penas de prisión de muy larga duración y prisión permanente revisable obligó a pronunciarse al Tribunal Supremo (TS) en su sentencia 298/2017, de 27 de abril, sobre qué régimen de cumplimiento, si el de la prisión permanente revisable o el configurado para una persona condenada a prisión, con máximos de cumplimiento de 40 años y activado el cumplimiento íntegro del art. 78 CP, era el más beneficioso a raíz del recurso interpuesto por el Sr. Trashorras contra el Auto de la AN (AAN de 14 de noviembre de 2016) que no revisó su pena impuesta por los atentados del 11-M en Madrid, ante su solicitud de que se le aplicase de manera retroactiva la prisión permanente revisable al considerar que el régimen de ejecución de ésta implicaba que se trataba de una norma penal más favorable que el correspondiente a su pena de prisión determinada. En su contestación al recurso de casación por infracción de Ley y de precepto constitucional, el TS desestima la solicitud entendiendo que es incuestionable de manera taxativa que la pena de prisión permanente revisable es más grave en tanto no tiene limitada su extensión temporal y que (reconociendo) aunque de hecho pueda tener una duración menor en privación de libertad, esa posibilidad dependerá siempre de la decisión del Tribunal"[524].

Efectivamente, como vimos, puede haber supuestos (excepcionales) en los que la liberación anticipada del penado (y, por tanto, su salida de prisión) se produzca antes que en el caso de un preso

524 RODRÍGUEZ YAGÜE, C.: "Seis frentes abiertos...", *op. cit.*, p. 2.

que tiene que cumplir íntegramente 30 o 40 años. Pero, como recuerdan CÁMARA ARROYO y FERNÁNDEZ BERMEJO, "lo único que se activa tras la concesión de la revisión es una suspensión de la pena, no la extinción de la condena y, se trata de una opción sometida a una serie de condiciones"[525]. En definitiva, no cabe duda de que una pena de prisión, aunque de 40 años de cumplimiento efectivo, siempre será más benévola (permítaseme la expresión) que otra cuyo sometimiento puede ser a perpetuidad cuando no se conceda la revisión.

4.5. Error judicial

En relación con este asunto, advierte RÍOS MARTÍN que los errores judiciales que pueden cometerse en casos de condena a PPR son irreversibles[526]. El citado autor resalta que la indemnización (a la que se alude en el art. 121 CE y en los arts. 292 a 297 LOPJ) se concede en muy pocas ocasiones porque los supuestos son muy restringidos[527]. Siendo ello así, y, pudiéndose dar situaciones en las que esto suceda, el Tribunal deberá actuar con toda cautela a la hora de imponer esta pena. Con todo, efectivamente, es un riesgo que no puede anularse y, aunque no propio de la PPR (puede predicarse del sistema judicial en general), es cierto que en nuestro caso los efectos serían más devastadores. Ahora bien, para evitar este tipo de circunstancias, o tratar de paliar sus consecuencias, debe destacarse el importante papel que desempeñan tribunales como el TC y el TEDH.

---

525 CÁMARA ARROYO, S. y FERNÁNDEZ BERMEJO, D.: *La prisión permanente revisable…*, *op. cit.*, p. 113.

526 RÍOS MARTÍN, J.: *La prisión perpetua…*, *op. cit.*, pp. 162 y ss.

527 *Ibid.*, pp. 164 y ss.

4.6. *Interferencias externas en la toma de la decisión judicial*

Estamos de acuerdo con DAUNIS RODRÍGUEZ cuando afirma que "no puede obviarse que se trata de una decisión de un Tribunal que, como cualquier otra decisión judicial, presenta un importante contenido valorativo, influida por muchos factores y elementos, entre los que destacan (muy especialmente en estos supuestos) la importante presión ciudadana, mediática y política"[528]. Efectivamente, no puede negarse la "presión" a la que pueden verse sometidos los jueces en casos de especial trascendencia pública. Esto sucede también en casos de políticos, banqueros, asesinos, violadores, etc.

Con todo, deben aplicar la ley, sea o no del agrado de la opinión social y al margen de la repercusión que ello puede tener. Lo contrario sería tanto como presumir que van a prevaricar.

4.7. *Efectos psicológicos*

Apunta LASCURAÍN SÁNCHEZ que "la pérdida de libertad y el sometimiento a control y disciplina de la práctica totalidad de los aspectos de la vida en un entorno potencialmente agresivo, produce, dicen los estudios psicológicos, un deterioro irreversible de la personalidad"[529]. Sin embargo, en nuestra opinión, la posibilidad de estar comunicado con el exterior, recibir visitas, disfrutar de permisos, acceder al tercer grado, participar en actividades, o las propias condiciones de vida dentro prisión, van encaminadas a paliar esos efectos, sin duda, adversos. Pero, esto no afecta sólo a los condenados a PPR. Ahora bien, sin duda, el tratamiento debe, entre

---

528 DAUNIS RODRÍGUEZ, A.: "La prisión permanente revisable...", *op. cit.*, p. 91. En igual sentido, MUÑOZ CONDE, F. y GARCÍA ARÁN, M.: *Derecho penal. Parte general...*, *op. cit.*, p. 550. CERVELLÓ DONDERIS, V.: "El silencio normativo...", *op. cit.*, p. 241. Y LÓPEZ PEREGRÍN, C.: "Más motivos para...", *op. cit.*, p. 6.

529 LASCURAÍN SÁNCHEZ, J. A.: "No solo mala...", *op. cit.*, p. 121. En igual sentido, GÁLVEZ JIMÉNEZ, A.: "La aplicación...", *op. cit.*, p. 6.

otras cosas, dirigirse a reducir esos efectos en la salud mental de los presos.

Señala también FRANCÉS LECUMBERRI que "después de tantos siglos de castigos y de prisiones se sabe que las consecuencias de la cárcel en las personas presas después de 15 años de encierro hacen muy difícil una valoración psicológica y de reinserción positiva y desde entonces los efectos psicosomáticos serán irreversibles"[530]. Si adoptáramos esta perspectiva, la solución sería clara: no podrían imponerse penas de prisión superiores a los quince años. Pero, debería tenerse claro que, en tal caso, estaríamos renunciando a tutelar adecuadamente una buena parte de bienes jurídicos.

4.8. *Problemas que pueden plantearse en los centros penitenciarios*

Para ACALE SÁNCHEZ, "es de suponer que el hecho de que puedan llegar a coincidir en las mismas prisiones condenados a penas de prisión permanente revisable que tengan un pronóstico de vida penitenciaria inferior al de otros penados por varios delitos que entren entre sí en concurso real y que tengan un máximo de cumplimiento de 40 años, es un hecho que no va a venir a facilitar las buenas relaciones y el ambiente dentro de nuestras —tensas por definición— prisiones"[531]. Más allá de que se trata de una simple conjetura, en todo caso, los problemas vendrán generados por el hecho de que esas otras penas no contemplan un mecanismo de revisión (como sí lo prevé la PPR). Pero, como ya dijimos, podría argumentarse lo contrario; esto es, el horizonte de liberación está asegurado para los presos que cumplan una condena fija (aunque sea de 40 años), no sucediendo lo mismo en el caso de los condenados a PPR.

---

530 FRANCÉS LECUMBERRI, P.: "Sobre una pena infame...", op. cit., p. 411.

531 ACALE SÁNCHEZ, M.: *La prisión permanente revisable..., op. cit.*, pp. 89-90.

A juicio de la citada autora, se trata también de "una pena que vendrá a hacer más violenta la violenta vida carcelaria. Sin duda alguna, los riesgos de fuga y de comportamientos más peligrosos serán superiores a los que comportan otras penas, en la medida en que la mayor pena pendiente que cumplir y las peores condiciones de cumplimiento (entre otras cosas, por la falta de concreción del momento máximo en el que se recuperará la libertad), envalentonarán a los condenados, a quienes les merecerá la pena «arriesgarse»"[532]. En primer lugar, cabría decir que también podría llegarse a la conclusión contraria; esto es, dado que la única posibilidad de excarcelación vendrá dada por la concesión de la revisión, los condenados a PPR estarán especialmente compelidos a hacer todo lo posible para alcanzar dicha suspensión (al menos, en lo que refiere a su conducta). En segundo lugar, si tuviéramos que considerar los ¿posibles? efectos nocivos que determinadas penas pueden ocasionar sobre la convivencia en los centros penitenciarios, entonces lo mejor sería (directamente) derogar del catálogo de penas la prisión. Y, en todo caso, para evitar este tipo de situaciones, se deberán proporcionar los medios necesarios para garantizar la seguridad dentro de las prisiones.

Por otro lado, en opinión de esta misma autora "también dentro de la prisión se cometen delitos, y es previsible que el número de delitos que cometan los condenados a esta pena sea elevado"[533]. Por nuestra parte, debemos decir que se trata de una afirmación sin base científica o empírica alguna. Nos parece aventurado lanzar esta clase de pronósticos.

En otro orden de cosas, cabría advertir que los largos períodos de cumplimiento que se prevén en la PPR (en el mejor de los casos) o su cumplimiento a perpetuidad (cuando no se obtenga la revisión) generarán conforme pasen los años un mayor envejecimiento de la

---

532 ACALE SÁNCHEZ, M.: "Apuntes sobre la inconstitucionalidad...", *op. cit.*, pp. 165-166.

533 ACALE SÁNCHEZ, M.: *La prisión permanente revisable...*, *op. cit.*, pp. 205-206.

población penitenciaria. A este respecto, resulta de interés, como pone de relieve CERVELLÓ DONDERIS, que "ante el envejecimiento de la población penitenciaria, y teniendo en cuenta que muchos de los internos habrán perdido o roto sus vínculos familiares, la Instrucción 8/2011 SGIP de 28 de junio de atención integral a las personas mayores en el medio penitenciario, incorporó una intervención específica de tratamiento, donde diferencia entre mayores de sesenta años, mayores de setenta años y personas con procesos o enfermedades incapacitantes; en ella se señala como objetivo reducir la clasificación en segundo grado y potenciar el régimen abierto, especialmente en no residencial; centralizar en un establecimiento penitenciario a quienes carezcan de vinculación familiar o de redes de asistencia para que reciban allí una atención integral; y adoptar en todos los establecimientos penitenciarios un programa de actividades y medios para mejorar la atención de las personas mayores y su calidad asistencial, para lo que se aprueba un protocolo de actuación"[534]. Como destaca esta autora, tres aspectos importantes relacionados con el régimen son: la referencia expresa a la adaptación del régimen disciplinario, evitando la sanción de aislamiento; la limitación del uso de medios coercitivos, especialmente de las esposas; y, la preferencia de la conducta sobre el rendimiento en la posibilidad de obtención de recompensas.

En cuanto al incremento del número de condenados a PPR, señala DE LEÓN VILLALBA que "en el futuro, tendrán que tomarse medidas adecuadas para evitar que la aplicación de la cadena perpetua suponga un incremento de la población penitenciaria y, como consecuencia de ello, genere un problema de hacinamiento"[535]. Naturalmente, este es un escenario que debe contemplarse y ante el que se deberá actuar si las circunstancias así lo aconsejan. Con todo, dado el descenso constante de la población penitenciaria (en general), consideramos que el hecho de que cada vez sean más los

---

534 CERVELLÓ DONDERIS, V.: *Prisión perpetua y de larga duración…*, *op. cit.*, pp. 266-267.

535 DE LEÓN VILLALBA, F. J.: "Prisión permanente…", *op. cit.*, p. 106.

reclusos condenados a PPR no ocasionará tales problemas. Lo que puede haber es un estancamiento.

Por último, como apunta RODRÍGUEZ YAGÜE, teniendo en cuenta que habrá presos que tengan que cumplir la pena de prisión de forma perpetua, será necesario establecer una programación específica de actuación para: a) aquellos que probablemente pasarán su vida natural en prisión; y, b) otro para aquellos a los que se les revoque la libertad condicional, volviendo en consecuencia a la prisión[536].

---

536 RODRÍGUEZ YAGÜE, C.: *La ejecución de las penas…*, *op. cit.*, p. 73.

Capítulo III
Examen sobre la constitucionalidad de la prisión permanente revisable

1. EL PARECER DE LA DOCTRINA

1.1. El posicionamiento mayoritario de la doctrina: la PPR es inconstitucional.

La doctrina, de manera abrumadora, ha rechazado la constitucionalidad de esta pena por su oposición a principios como los de seguridad jurídica (art. 9.3 CE); dignidad humana (art. 10 CE); igualdad (art. 14 CE); humanidad de las penas (art. 15 CE); legalidad (art. 25.1 CE); reinserción y reeducación (art. 25.2 CE); y, proporcionalidad y culpabilidad. Si bien, a juicio de algunos autores, también las penas de larga duración —y no sólo la PPR— presentan tintes de inconstitucionalidad[537].

1.1.1. Vulneración del art. 15 CE (prohibición de penas o tratos inhumanos o degradantes)

Se ha considerado que la PPR infringe esta prohibición desde el momento en que no se brinda al penado una expectativa (horizonte) realista de excarcelación; esto es, de que algún día pueda salir de prisión[538].

Esta falta de esperanza se debe, a juicio de algunos autores, a tres motivos:

---

537 Así, por ejemplo, MARTÍN ARAGÓN, M. M.: *Del cumplimiento íntegro…*, *op. cit.*, pp. 234 y ss.

538 SÁNCHEZ ROBERT, M. J.: "La prisión permanente…", *op. cit.*, p. 35.

1) los plazos previstos para el disfrute de permisos, de acceso al tercer grado, y de revisión, son muy elevados[539]. Haciéndose hincapié en que aquellos que alcanzan los 28, 30 o 35 años exceden de las previsiones del TEDH que sitúa al plazo de revisión en torno a los 25 años[540].

2) Inexistencia de un instrumento racional y certero de revisión[541]; y, que la excarcelación se hace depender de un pronóstico que se ha evidenciado insostenible científicamente y ha demostrado elevadas tasas de error (falsos positivos)[542]. En este sentido, se destaca que las condiciones para obtener la revisión son absolutamente indeterminadas[543].

3) La puesta en libertad no depende de la voluntad del reo; esto es, no permite responsabilizarle de su mantenimiento en

---

539 LASCURAÍN SÁNCHEZ, J. A.: *Principios penales democráticos*, Madrid, Iustel, 2021, p. 165. LÓPEZ LÓPEZ, C. I.: "La prisión permanente revisable…", *op. cit.*, pp. 295-297. PINTO PALACIOS, F.: *La prisión permanente…*, *op. cit.*, p. 149. PRESNO LINERA, M. Á.: "¿Es constitucional…", *op. cit.*, p. 268. Y LASCURAÍN SÁNCHEZ, J.A.; PÉREZ MANZANO, M.; ALCÁCER GUIRAO, R.; ARROYO ZAPATERO, L.; DE LEÓN VILLALBA, J.; MARTÍNEZ GARAY, L.: "Dictamen sobre la constitucionalidad de la prisión permanente revisable", en ARROYO ZAPATERO, L.; LASCURAÍN SÁNCHEZ, J.A. y PÉREZ MANZANO, M. (Eds.): *Contra la cadena perpetua*, Cuenca, Ediciones de la Universidad de Castilla-La Mancha, 2016, pp. 76-77.

540 CÁMARA ARROYO, S.: "Cadena perpetua…", *op. cit.*, pp. 348-349. DÍAZ Y GARCÍA CONLLEDO, M.: "La pena de prisión…", *op. cit*, p. 154. GARCÍA RIVAS, N.: "La prisión permanente…", *op. cit.*, pp. 111-112. Y RODRÍGUEZ YAGÜE, C.: "Seis frentes abiertos…", *op. cit.*, p. 3.

541 RODRÍGUEZ YAGÜE, C.: "Seis frentes abiertos…", *op. cit.*, p. 3.

542 LASCURAÍN SÁNCHEZ, J.A.; PÉREZ MANZANO, M.; ALCÁCER GUIRAO, R.; ARROYO ZAPATERO, L.; DE LEÓN VILLALBA, J.; MARTÍNEZ GARAY, L.: "Dictamen sobre…", *op. cit.*, pp. 76-77. Y RODRÍGUEZ YAGÜE, C.: "Seis frentes abiertos…", *op. cit.*, p. 3.

543 PINTO PALACIOS, F.: *La prisión permanente…*, *op. cit.*, pp. 288 y ss. RODRÍGUEZ YAGÜE, C.: "Seis frentes abiertos…", *op. cit.*, p. 3. DÍAZ Y GARCÍA CONLLEDO, M.: "La pena de prisión…", *op. cit*, p. 154. Y LASCURAÍN SÁNCHEZ, J.A.; PÉREZ MANZANO, M.; ALCÁCER GUIRAO, R.; ARROYO ZAPATERO, L.; DE LEÓN VILLALBA, J.; MARTÍNEZ GARAY, L.: "Dictamen sobre…", *op. cit.*, pp. 76-77.

prisión, pues, no se incorporan factores precisos relativos a cómo puede contribuir el reo a mejorar su pronóstico[544].

Se ha señalado también que, como consecuencia de la incertidumbre que genera el desconocimiento acerca de la extensión de la pena y la posibilidad de que ésta se convierta en perpetua, las consecuencias derivadas del encarcelamiento indeterminado y perpetuo agravan el sufrimiento de la persona[545]. Causando daños irreversibles en su personalidad[546]. Llegándose a afirmar que se genera una situación de angustia "parecida a la de la tortura"[547].

Por otro lado, se apunta que "esta inhumanidad también podría derivarse del trato que dicho preso reciba dentro de prisión y de las condiciones de vida en el establecimiento penitenciario"[548].

Con todo, el principal argumento empleado para justificar la inconstitucionalidad de la PPR por vulneración del art. 15 CE se centra en que esta pena es potencialmente perpetua; esto es, que en aquellos casos en los que no se revise, el cumplimiento de la pena será a perpetuidad[549]. A este respecto, RÍOS MARTÍN considera

---

544 PINTO PALACIOS, F.: *La prisión permanente…*, *op. cit.*, pp. 288 y ss. RODRÍGUEZ YAGÜE, C.: "Seis frentes abiertos…", *op. cit.*, p. 3. DÍAZ Y GARCÍA CONLLEDO, M.: "La pena de prisión…", *op. cit*, p. 154. Y LASCURAÍN SÁNCHEZ, J.A.; PÉREZ MANZANO, M.; ALCÁCER GUIRAO, R.; ARROYO ZAPATERO, L.; DE LEÓN VILLALBA, J.; MARTÍNEZ GARAY, L.: "Dictamen sobre…", *op. cit.*, pp. 76-77.

545 MARTÍN ARAGÓN, M.M.: "La prisión permanente…" *op. cit.*, p. 449. RODRÍGUEZ YAGÜE, C.: "Seis frentes abiertos…", *op. cit.*, p. 3. Y PINTO PALACIOS, F.: *La prisión permanente…*, *op. cit.*, pp. 288 y ss.

546 BASSO, G. J.: "Reflexiones…", *op. cit.*, pp. 12-13. CÁMARA ARROYO, S. y FERNÁNDEZ BERMEJO, D.: *La prisión permanente revisable…*, *op. cit.*, p. 147. Y DÍAZ Y GARCÍA CONLLEDO, M.: "La pena de prisión…", *op. cit*, p. 154.

547 FUENTES OSORIO, J.L.: "¿La botella medio llena o medio vacía?…", *op. cit.*, p. 332. Así también, CUERDA RIEZU, A.: *La cadena perpetua…*, p. 100.

548 SÁNCHEZ ROBERT, M. J.: "La prisión permanente…", *op. cit.*, p. 35.

549 BASSO, G. J.: "Reflexiones…", *op. cit.*, pp. 12-13. LASCURAÍN SÁNCHEZ, J. A.: *Principios penales…*, *op. cit.*, p. 165. PINTO PALACIOS, F.: *La prisión permanente…*, *op. cit.*, p. 149. FUENTES OSORIO, J.L.: "¿La botella medio llena o medio vacía?…", *op. cit.*, p. 333. DÍAZ Y GARCÍA CONLLEDO, M.:

que, dada la dificultad para disfrutar de permisos, acceder al tercer grado u obtener la revisión, la pena será indefinida[550].

A juicio de algunos autores, "el sometimiento a la condición de reinsertabilidad social del reo no cambia su naturaleza e inhumanidad, como tampoco la pena de muerte sería constitucional si se la sometiera a la condición de reinsertabilidad social del reo"[551].

Para DE PABLO SERRANO, "un sistema penal humano debe mostrar compasión incluso con los delincuentes sobre quienes recae el rigor de las penas, y debe tratarlos con humanidad para que conserven, en lo más hondo, un derecho a la esperanza cierto y posible, verificable. Surge así un triángulo entre humanidad-compasión-esperanza". Entiende el citado autor que "no se respeta la humanidad del penado cuando se le somete a un castigo de semejante extensión temporal que lo convierte en un simple medio al servicio de un fin mayor: la seguridad y la tranquilidad sociales. Y cuando se cosifica al ser humano y se le instrumentaliza para alcanzar fines colectivos, se le deja de tratar dignamente, se le somete a un trato inhumano"[552]. Por otra parte, este autor se pregunta "¿qué clase de compasión se muestra hacia quien alberga la posibilidad, perfectamente cierta y plausible, de pasar el resto de su vida encerrado en la cárcel sin ningún atisbo de esperanza? La esperanza del reo es, en

---

"La pena de prisión...", *op. cit*, p. 154. SERRANO GÓMEZ, A. y SERRANO MAÍLLO, I.: *Constitucionalidad...*, *op. cit.*, pp. 18 y 36-37. LASCURAÍN SÁNCHEZ, J.A.; PÉREZ MANZANO, M.; ALCÁCER GUIRAO, R.; ARROYO ZAPATERO, L.; DE LEÓN VILLALBA, J.; MARTÍNEZ GARAY, L.: "Dictamen sobre...", *op. cit.*, pp. 76-77.

550 RÍOS MARTÍN, J.: *La prisión perpetua...*, *op. cit.*, p. 116.

551 LASCURAÍN SÁNCHEZ, J.A.; PÉREZ MANZANO, M.; ALCÁCER GUIRAO, R.; ARROYO ZAPATERO, L.; DE LEÓN VILLALBA, J.; MARTÍNEZ GARAY, L.: "Dictamen sobre...", *op. cit.*, pp. 76-77. Y RODRÍGUEZ YAGÜE, C.: "Seis frentes abiertos...", *op. cit.*, p. 3.

552 DE PABLO SERRANO, A. L.: "El humanismo de Beccaria contra la prisión permanente revisable", en GORJÓN BARRANCO, M. C. (Dir.): *Políticas públicas en defensa de la inclusión, la diversidad y el género*, Salamanca, Ediciones Universidad de Salamanca, 2020, p. 1159.

primer lugar, un compromiso moral que deberíamos tener hacia el reo"[553].

En sentido similar, en opinión de DÍAZ Y GARCÍA-CONLLEDO "el principio de humanidad de las penas, más allá de la constitucionalidad o no, debe informar también la evolución de los sistemas penales hacia una mayor humanidad y respeto a la dignidad humana. No parece que este sea el camino con la pena de prisión permanente revisable. En todo caso, ha de plantearse si con una pena así, al menos en su configuración española, no se está haciendo primar la seguridad (en mi opinión más pretendida que real, por lo demás) de la sociedad frente a la dignidad de sus ciudadanos, incluso los privados de libertad, de forma que se avanza a un modelo excesivamente comunitarista y, en mi opinión, peligroso"[554].

En otro orden de cosas, a juicio de alguna autora, la PPR atenta contra el art. 15 CE porque realmente es una condena a pena perpetua. Afirmándose que la cadena perpetua es exactamente igual de inhumana que la pena de muerte, incluso, para los reclusos, es peor[555].

Por último, para RÍOS MARTÍN, "frente a la necesidad de todo ser humano de un espacio mínimo para desarrollar y desplegar todas sus capacidades «humanas» la cárcel lo imposibilita. Frente a la necesidad que no se anule su ámbito relacional, afectivo y social, la cárcel destruye la sociabilidad. Ante la necesidad de un contexto que garantice el equilibrio en la salud física y mental, la cárcel la deteriora intensamente. Frente a la necesidad de un espacio en el que se garantice su intimidad, la cárcel no lo posibilita. Ante la necesidad que todo ser humano precisa de un contexto en el que la violencia no sea forma continua de relación, la cárcel no lo ofrece"[556]. Este autor parece mantener una posición abolicionista de la pena de

---

553 *Ibid.*, p. 1160.

554 DÍAZ Y GARCÍA CONLLEDO, M.: "La pena de prisión…", *op. cit*, p. 155.

555 PASCUAL MATELLÁN, L.: "La prisión permanente revisable…", *op. cit.*, p. 62.

556 RÍOS MARTÍN, J.: *La prisión perpetua…*, *op. cit.*, pp. 138-139.

prisión, en consecuencia, no serían características exclusivas de la PPR.

1.1.2. Vulneración del art. 25.1 CE (principio de legalidad)

La doctrina ha sostenido también que la PPR infringe el principio de legalidad contenido en el art. 25.1 CE. Así, se afirma que la PPR vulnera el mandato de taxatividad (o de certeza) y de seguridad jurídica (art. 9.3 CE) desde el momento en que resulta absolutamente incierto su plazo máximo de duración (pudiendo incluso extenderse de por vida)[557]. Ciertamente, se conoce el mínimo, que será variable dependiendo de cuándo proceda la primera revisión (25 casi siempre, pero excepcionalmente 28, 30 o 35 años), pero no el máximo (salvo lo que dé de sí la vida del penado, claro, pues la pena acaba con la muerte)[558]. En este sentido, se dice que la PPR es una pena indeterminada[559]. Destacándose que la vida no dura lo mismo en todas las personas y, además, depende de la edad a la que el sujeto sea condenado[560]. Y que no existe una garantía de temporalidad no vitalicia[561].

Se ha señalado a este respecto que, para la jurisprudencia constitucional, las razones por las que una norma sancionadora puede

---

[557] BASSO, G. J.: "Reflexiones...", *op. cit.*, pp. 12-13. DAUNIS RODRÍGUEZ, A.: "La prisión permanente revisable...", *op. cit.*, pp. 101-102. LASCURAÍN SÁNCHEZ, J.A.; PÉREZ MANZANO, M.; ALCÁCER GUIRAO, R.; ARROYO ZAPATERO, L.; DE LEÓN VILLALBA, J.; MARTÍNEZ GARAY, L.: "Dictamen sobre...", *op. cit.*, pp. 77-78. Y MUÑOZ CONDE, F. y GARCÍA ARÁN, M.: *Derecho penal. Parte general...*, *op. cit.*, p. 549.

[558] DÍAZ Y GARCÍA CONLLEDO, M.: "La pena de prisión...", *op. cit*, pp. 153-154. Y RODRÍGUEZ YAGÜE, C.: "Seis frentes abiertos...", *op. cit.*, p. 3.

[559] FUENTES OSORIO, J.L.: "¿La botella medio llena o medio vacía?...", *op. cit.*, p. 340. CASALS FERNÁNDEZ, Á.: "La ejecución penitenciaria...", *op. cit.*, p. 673. GONZÁLEZ COLLANTES, T.: *El mandato resocializador...*, *op. cit.*, p. 171. Y RÍOS MARTÍN, J.: *La prisión perpetua...*, *op. cit.*, p. 159.

[560] GARCÍA PÉREZ, O.: "La legitimidad...", *op. cit.*, p. 421.

[561] PINTO PALACIOS, F.: *La prisión permanente...*, *op. cit.*, pp. 270 y ss.

vulnerar el mandato de taxatividad residen en que el límite máximo de la misma queda absolutamente indeterminado en la norma[562]. Se suelen destacar en relación con esta cuestión los siguientes pronunciamientos del TC: SSTC 136/1989, de 19 de julio; 207/1990, de 17 de diciembre; 36/1991, de 14 de febrero; 45/1994, de 15 de febrero; 25/2002, de 11 de febrero; y, 129/2006, de 24 de abril[563]. Con carácter más general, se recuerda que *"(...) el mandato de taxatividad o de certeza que se produce en la exigencia de predeterminación normativa de las conductas y sus correspondientes sanciones (lex certa) en virtud del cual el legislador debe promulgar normas concretas, precisas, claras e inteligibles, para que los ciudadanos deban conocer de antemano el ámbito de lo proscrito y prever, así, las consecuencias de sus acciones"* (SSTC 185/2014, de 6 de noviembre, FJ, 8; y, 146/2015, de 25 de junio, FJ, 2)[564]. En relación con lo anterior, para GARCÍA PÉREZ, "de asumir el TC la constitucionalidad de la regulación de la prisión permanente revisable a la vista de lo estipulado en la jurisprudencia del TEDH estaría infringiendo la cláusula de no regresión prevista en el art. 53 de la Convención Europea de Derechos Humanos, pues estaría utilizando el parámetro convencional para devaluar un derecho reconocido en nuestro Derecho interno. De ahí que, de hacerlo, nuestro país podría ser condenado por el TEDH por haber usado la jurisprudencia de éste para rebajar las garantías previstas en nuestro ordenamiento jurídico. No obstante, tampoco es seguro que en esta hipótesis pudiera recaer una condena sobre España en la medida en que, como hemos visto, a el TEDH no aborda siempre en las respuestas a los recursos planteados la posible violación del art. 53 de la Convención"[565].

LASCURAÍN SÁNCHEZ pone de ejemplo que "no sería soportable que castigáramos la estafa con la pena que el juez estimara

---

562 PRESNO LINERA, M. Á.: "¿Es constitucional...", *op. cit.*, p. 272.

563 CÁMARA ARROYO, S.: "Cadena perpetua...", *op. cit.*, p. 156. Y GARCÍA PÉREZ, O.: "La legitimidad...", *op. cit.*, pp. 451-452.

564 PRESNO LINERA, M. Á.: "¿Es constitucional...", *op. cit.*, p. 272.

565 GARCÍA PÉREZ, O.: "La legitimidad...", *op. cit.*, pp. 455-456.

conveniente atendida la gravedad de la misma y las circunstancias personales del culpable. O con una pena típica, legal, de seis meses a diez años de prisión para que el juez elija. O, ojo, con una pena cuya duración no se conoce en el momento de la sentencia sino que termina o no según vaya su ejecución. Pues esto es lo que se hace ahora"[566].

En esta línea, a juicio de CARBONELL MATEU, la PPR es inconstitucional por su clara contradicción con el principio de legalidad "que impone el conocimiento potencial de las consecuencias que se derivarán de la comisión de un hecho delictivo, en el momento de dicha comisión"[567]. Y es que, para SÁNCHEZ ROBERT, "la pena de prisión permanente revisable atentaría contra este principio al desconocer en qué momento va a concluir su cumplimiento"[568].

A colación de lo anterior, en opinión de algunos autores, "al hablarse de prisión de duración indefinida esto supone una vuelta encubierta de las sentencias indeterminadas en nuestro sistema penal"[569]. En relación con esta cuestión, señala CASALS FERNÁNDEZ que se infringe la garantía de determinación judicial, "siendo necesario que previamente la ley fije la duración de la pena de prisión que ha de tomar en consideración el juez, sin dejar su concreción a posteriores decisiones administrativas llevadas a cabo en sede penitenciaria"[570].

Por otro lado, advierte PRESNO LINERA que de lo que se trata es de saber si este requisito ofrece la determinación necesaria a

566 LASCURAÍN SÁNCHEZ, J. A.: "No solo mala...", *op. cit.*, p. 123.

567 CARBONELL MATEU, J. C.: "Prisión permanente revisable...", *op. cit.*, p. 220. En idéntico sentido, CORRECHER MIRA, J.: "Nuevas perspectivas...", *op. cit.*, p. 360.

568 SÁNCHEZ ROBERT, M. J.: "La prisión permanente...", *op. cit.*, p. 35.

569 CÁMARA ARROYO, S. y FERNÁNDEZ BERMEJO, D.: *La prisión permanente revisable...*, *op. cit.*, p. 107. Así también, JUANATEY DORADO, C.: "Política criminal...", *op. cit.*, p. 142. Por su parte, PINTO PALACIOS alude a la falta de determinación judicial de la pena. *Vid.*, PINTO PALACIOS, F.: *La prisión permanente...*, *op. cit.*, pp. 270 y ss.

570 CASALS FERNÁNDEZ, Á.: "La ejecución penitenciaria...", *op. cit.*, p. 672.

efectos de que, como exige el CEDH según la Gran Sala del TEDH (asunto Vinter), se respete el derecho de la persona condenada "*a conocer, desde el primer momento en el que la pena se impone, lo que tiene que hacer y bajo qué condiciones para poder obtener la libertad...*" (párr. 122), exigencia reiterada por la misma Gran Sala en el caso Hutchinson c. Reino Unido, de 17 de enero de 2017, párr. 44)[571]. Pues bien, para algunos autores, los criterios enumerados en el art. 92 CP son "inconcretos"[572]. Además de "excesivamente subjetivos"[573].

Al listado de razones aducidas hasta ahora cabría añadir que no se hayan especificado con suficiente precisión algunos de los supuestos de hecho castigados con PPR[574].

Se arguye también que "no se ha regulado de ninguna manera (siquiera mínima) la forma en que debe efectuarse el juicio sobre la (ausencia de) peligrosidad criminal del condenado, del cual depende esencialmente la puesta en libertad a través de la suspensión de la ejecución de la pena"[575]. Y que, además de indeterminada, la PPR es "insuficientemente determinable por la relevante vaguedad del único criterio de determinación que ha incorporado el legislador, que es el de la reinsertabilidad"[576]. En este sentido, a juicio de LEGANÉS GÓMEZ, "el pronóstico favorable de reinserción social previsto en el art. 92.1 c) CP como presupuesto para acordar la suspensión de la prisión permanente revisable, en la medida en que es impreciso, no es válido desde el punto de vista constitucional para denegar la excarcelación de la persona condenada"[577].

---

571 PRESNO LINERA, M. Á.: "¿Es constitucional...", *op. cit.*, p. 273.

572 MUÑOZ CONDE, F. y GARCÍA ARÁN, M.: *Derecho penal. Parte general...*, *op. cit.*, p. 550. Y CORRECHER MIRA, J.: "Nuevas perspectivas...", *op. cit.*, p. 360.

573 PINTO PALACIOS, F.: *La prisión permanente...*, *op. cit.*, pp. 270 y ss. Y CASALS FERNÁNDEZ, Á.: "La ejecución penitenciaria...", *op. cit.*, p. 673.

574 BASSO, G. J.: "Reflexiones...", *op. cit.*, pp. 9-10.

575 *Idem*.

576 RODRÍGUEZ YAGÜE, C.: "Seis frentes abiertos...", *op. cit.*, p. 3. Y CASALS FERNÁNDEZ, Á.: "La ejecución penitenciaria...", *op. cit.*, p. 673.

577 LEGANÉS GÓMEZ, S.: "La clasificación penitenciaria...", *op. cit.*, p. 180.

En otro orden de cosas, se ha destacado que "la condición resolutoria a la que se supedita la suspensión de la pena depende esencialmente de un pronóstico incierto, en el que tradicionalmente se sobreestima la peligrosidad, dando lugar a los denominados falsos positivos"[578].

Señala al respecto MARTÍNEZ GARAY que "el grado de certeza con el que se pueden efectuar estos pronósticos es por lo general muy bajo, está sometido a grandes márgenes de error, y conduce a una sobreestimación sistemática del riesgo"[579]. Y, "aunque los jueces se conformen con informes en los que se asuma un riesgo mínimo o muy bajo de reincidencia, la aplicación de un criterio extremadamente estricto para conceder las suspensiones multiplicará el número de falsos positivos, es decir, de personas que en realidad no habrían cometido delitos si hubieran sido puestas en libertad"[580]. Concluye la cita autora que "cabe asegurar que permanecerá privado de libertad indefinidamente un número de personas no peligrosas muy superior al de sujetos que sí tendrían un verdadero riesgo de volver a delinquir". Lo anterior produce, a juicio de ésta, "una vulneración del mandato de determinación por la enorme inseguridad jurídica a la que queda sometido quien sea condenado a esta pena"[581]. Por otra parte, para MARTÍNEZ GARAY, "la clase de delitos para los que está prevista esta pena contribuirá aún más a que los índices de sobreestimación de la peligrosidad en los condenados a prisión permanente sean extremadamente altos. Pues la pena está prevista para conductas que suceden con muy poca frecuencia (los asesinatos más graves y los asesinatos terroristas, y qué decir de los demás supuestos, porque los homicidios del Jefe del Estado y los

578 BASSO, G. J.: "Reflexiones...", *op. cit.*, pp. 9-10. DÍAZ Y GARCÍA CONLLEDO, M.: "La pena de prisión...", *op. cit*, pp. 153-154. Y LASCURAÍN SÁNCHEZ, J.A.; PÉREZ MANZANO, M.; ALCÁCER GUIRAO, R.; ARROYO ZAPATERO, L.; DE LEÓN VILLALBA, J.; MARTÍNEZ GARAY, L.: "Dictamen sobre...", *op. cit.*, pp. 77-78.

579 MARTÍNEZ GARAY, L.: "Predicción de peligrosidad...", p. 152.

580 *Ibid.*, p. 153.

581 *Idem*.

delitos de genocidio y lesa humanidad han sido hasta ahora por fortuna absolutamente testimoniales cuando no inexistentes en nuestro país). Como es sabido, en la predicción de eventos futuros la escasa prevalencia del fenómeno aumenta los errores de pronóstico debidos a falsos positivos, y en consecuencia son precisamente estos delitos de suma gravedad, pero muy escasa frecuencia, los más proclives a la sobreestimación de la peligrosidad, y con ello a la lesión del derecho a la libertad de personas que permanecerán encerradas sin ser verdaderamente peligrosas"[582].

La doctrina ha puesto de relieve igualmente la enorme inseguridad jurídica que contiene el art. 92.3 CP cuando se refiere a que *"el juez de vigilancia penitenciaria revocará la suspensión de la ejecución del resto de la pena y la libertad condicional concedida cuando se ponga de manifiesto un cambio de las circunstancias que hubieran dado lugar a la suspensión que no permita mantener ya el pronóstico de falta de peligrosidad en que se fundaba la decisión adoptada"*. Principalmente, por dos motivos: 1) porque alude a "un cambio de las circunstancias" sin concretar cuáles son[583]; y, 2) porque lo vincula con un pronóstico de "falta de peligrosidad"[584].

Por último, la tacha de inconstitucionalidad por vulneración del principio de legalidad se ha basado también en que el CP no incorpora una definición de la PPR[585]. Y, en que la dispersión de la regulación de la PPR "no ofrece la certeza exigible a una norma penal de esta importancia"[586].

---

582 *Idem*.

583 BASSO, G. J.: "Reflexiones...", *op. cit.*, pp. 9-10.

584 MARTÍNEZ GARAY, L.: "Predicción de peligrosidad...", p. 154.

585 PINTO PALACIOS, F.: *La prisión permanente...*, *op. cit.*, pp. 275-276.

586 *Ibid.*, p. 276.

1.1.3. Vulneración del art. 25.2 CE (principio de resocialización)

La doctrina ha defendido también que la PPR vulnera el mandato resocializador contenido en el art. 25.2 CE.

Se ha dicho, por ejemplo, que los largos períodos que se prevén para disfrutar de permisos de salida, acceder al tercer grado u obtener la revisión resultan incompatibles con tal principio resocializador[587]. Así, por ejemplo, se ha destacado que tales plazos "conllevan un prolongado y estricto apartamiento de la sociedad de la persona que resulte condenada y conducen a minimizar las esperanzas de liberación y a socavar la motivación para adscribirse a actividades orientadas a la resocialización"[588]. En este sentido, a juicio de RÍOS MARTÍN, existe una "imposibilidad práctica" de la aplicación de permisos, régimen abierto y suspensión que se establecen en el texto normativo[589]. Además, para SOLAR CALVO, "las salidas de permiso ordinario y el acceso al tercer grado, ofrecen a los internos las ventajas de la relajación del régimen penitenciario. En los permisos, porque suponen un descanso de las imposiciones regimentales, quedando los controles reducidos a las presentaciones policiales que se estimen pertinentes en el lugar que se haya señalado para el disfrute de la salida. En el tercer grado, porque el acceso a la semilibertad, solo obliga normalmente a la pernocta en un CIS, aumentando con ello ostensiblemente las horas de autonomía personal. Sin embargo, ambos conllevan controles adicionales,

---

587 JUANATEY DORADO, C.: "Una «moderna barbarie»: la prisión…", *op. cit.*, pp. 8-9. DAUNIS RODRÍGUEZ, A.: "La prisión permanente revisable…", *op. cit.*, p. 98. LASCURAÍN SÁNCHEZ, J.A.; PÉREZ MANZANO, M.; ALCÁCER GUIRAO, R.; ARROYO ZAPATERO, L.; DE LEÓN VILLALBA, J.; MARTÍNEZ GARAY, L.: "Dictamen sobre…", *op. cit.*, pp. 78-79. RODRÍGUEZ YAGÜE, C.: "Seis frentes abiertos…", *op. cit.*, p. 3. Y PRESNO LINERA, M. Á.: "¿Es constitucional…", *op. cit.*, p. 278.

588 BASSO, G. J.: "Reflexiones…", *op. cit.*, pp. 13-16.

589 RÍOS MARTÍN, J.: *La prisión perpetua…*, *op. cit.*, p. 155.

limitaciones de la autonomía y presiones internas, difícilmente sostenibles de manera excesivamente prolongada en el tiempo"[590].

Se ha señalado también que "resulta dudosamente constitucional que se estipule una condición resolutoria vacía de contenido, en tanto no se han identificado de forma suficientemente precisa por parte del legislador penal qué elementos —y de qué manera— deben tomarse en consideración al realizar el juicio valorativo respecto a la concurrencia o ausencia de peligrosidad criminal al que se sujeta la suspensión de la ejecución de la PPR"[591]. Así como que "deben rechazarse algunos de los criterios dispuestos para fundar el pronóstico de reinserción social que, más allá de informar sobre la capacidad del penado de regresar a la vida en libertad, persiguen otro tipo de finalidades preventivas generales o, simplemente, la retribución del delito cometido"[592]. En relación con la indeterminación de los criterios[593] se ha afirmado que "la resocialización presupone una expectativa razonable de recuperar los vínculos sociales, que es imposible de garantizar cuando tanto la posibilidad de salir de prisión como el riesgo de retornar a ella está sumida en tan altas

---

590 SOLAR CALVO, P.: "Fundamentos penitenciarios...", *op. cit.*, p. 1.

591 *Idem.*

592 DAUNIS RODRÍGUEZ, A.: "La prisión permanente revisable...", *op. cit.*, pp. 98-99. Apunta este autor en relación a "la importancia de los bienes jurídicos que podrían verse afectados por una reiteración en el delito" que no puede obviarse que la prisión perpetua es una pena que se aplica a hechos que han atentado gravemente contra el bien jurídico vida, por lo que, en caso de otorgarse una especial trascendencia a este criterio, la posibilidad de suspensión de la ejecución de la condena, quedaría, obviamente, reducida al máximo en la práctica. De igual modo, resulta especialmente criticable para este autor la inclusión de los "antecedentes penales" y las "circunstancias del delito cometido". Tales criterios —que se utilizan fundamentalmente en la fase de determinación de la pena— no aportan, según él, elemento de juicio alguno para la valoración, tras el cumplimiento de, al menos, veinticinco años de prisión, de la capacidad de reinserción social del delincuente.

593 RODRÍGUEZ YAGÜE, C.: "Seis frentes abiertos...", *op. cit.*, p. 3. PINTO PALACIOS, F.: *La prisión permanente...*, *op. cit.*, pp. 241 y ss. Y GRUPO DE ESTUDIOS DE POLÍTICA CRIMINAL: *Revisión y actualización...*, *op. cit.*, pp. 174-175.

cotas de incertidumbre"[594]. Por otro lado, se ha sostenido que la "vía resocializadora" abierta al penado una vez cumplida una parte mínima de la pena queda en entredicho, pues, no se aplican criterios lo suficientemente objetivos que garanticen la suspensión[595].

En línea con lo anterior, para DE PABLO SERRANO, no se ofrece un proceso de resocialización que proporcione garantías de que el sujeto podrá reincorporarse a la vida en sociedad y que sepa de antemano qué puede hacer para alcanzar con éxito esa situación de libertad[596].

Por otra parte, a juicio de MARTÍNEZ GARAY, "es contrario al principio de resocialización que la revisión de la pena de prisión perpetua esté diseñada de forma que depende en su mayor parte de circunstancias que o bien no son modificables por el reo, o bien por definición contribuirán a conformar un juicio negativo de pronóstico"[597]. Curiosamente, para otros autores, como ACALE SÁNCHEZ, "esta es la mayor diferencia que se observa entre los ordenamientos jurídicos europeos que se declara haber tomado de modelos, y el español: en aquellos la revisión de la pena se garantiza por el legislador al exigir la concurrencia de una serie de requisitos de carácter objetivo o por lo menos con carácter general, mientras que en el Código español, el legislador no puede garantizar que llegado el momento el penado recupere la libertad: dependerá de su comportamiento dentro de prisión. Por tanto, se trata de una revisión hipotética, no garantizada que convierte la pena de prisión permanente revisable en una prisión perpetua con eventual revisión

594 LASCURAÍN SÁNCHEZ, J.A.; PÉREZ MANZANO, M.; ALCÁCER GUIRAO, R.; ARROYO ZAPATERO, L.; DE LEÓN VILLALBA, J.; MARTÍNEZ GARAY, L.: "Dictamen sobre…", *op. cit.*, pp. 78-79.

595 SÁNCHEZ ROBERT, M. J.: "La prisión permanente…", *op. cit.*, p. 38. Por su parte, PINTO PALACIOS subraya la "arbitrariedad" en el pronóstico de reinserción social. *Vid.*, PINTO PALACIOS, F.: *La prisión permanente…*, *op. cit.*, pp. 241 y ss.

596 *Cfr.*, DE PABLO SERRANO, A. L.: "El humanismo de Beccaria…", *op. cit.*, p. 1161.

597 MARTÍNEZ GARAY, L.: "Predicción de peligrosidad…", p. 157.

si el penado acepta una serie de normas que le impone la institución carcelaria"[598].

En otro orden de cosas, la PPR se ha estimado contraria al art. 25.2 CE "por la exigencia adicional de un plazo de hasta diez años de suspensión condicional de la privación de libertad, lo que implica un sometimiento casi a perpetuidad al *ius puniendi*"[599]. Y también porque, tras la desestimación de una petición, el Tribunal podrá fijar un plazo de un año hasta que pueda volverá solicitarla, lo que, a juicio de GUISASOLA LERMA "violenta el mandato de reinserción y el sistema de individualización científica, fundamentado sobre la idea de la imposibilidad de mantenimiento de un sujeto en un régimen que no le corresponde"[600].

Por su parte, FUENTES OSORIO resalta que debe existir una posibilidad real de revisión mediante un procedimiento concreto. Lo cual implica cumplir una serie de requisitos[601]:

a) Se deben adoptar medidas (positivas) que eviten durante los largos periodos de prisión la asocialización del recluso. Dentro de estas medidas se consideran especialmente adecuadas el mantenimiento de contactos con el exterior.

b) El recluso sometido a prisión perpetua debe poder disfrutar de programas de tratamiento que favorezcan su rehabilitación en un entorno adecuado para ello. La imposibilidad de aplicar programas de tratamiento implicaría que el cumplimiento de la pena de prisión permanente no estaría orientado a la resocialización y, por ello, sería incompatible con la Constitución.

---

598 ACALE SÁNCHEZ, M.: "La prisión permanente…", *op. cit.*, p. 365.

599 RODRÍGUEZ YAGÜE, C.: "Seis frentes abiertos…", *op. cit.*, p. 3. LASCURAÍN SÁNCHEZ, J.A.; PÉREZ MANZANO, M.; ALCÁCER GUIRAO, R.; ARROYO ZAPATERO, L.; DE LEÓN VILLALBA, J.; MARTÍNEZ GARAY, L.: "Dictamen sobre…", *op. cit.*, pp. 78-79. Y GUISASOLA LERMA, C.: "Libertad condicional…", *op. cit.*, p. 391.

600 GUISASOLA LERMA, C.: *La libertad condicional…*, *op. cit.*, p. 52.

601 FUENTES OSORIO, J.L.: "¿La botella medio llena o medio vacía?…", *op. cit.*, pp. 334 y ss.

c) Deben existir, por consiguiente, diferentes mecanismos para flexibilizar la pena de prisión permanente en función de la evolución del recluso y que faciliten su ingreso progresivo en la sociedad: permisos de salida, tercer grado.

d) Se debe prever la posibilidad de acceder a la libertad condicional. La peligrosidad del sujeto es algo cambiante, por este motivo debe existir una posibilidad de revisión.

e) La peligrosidad se analizará respecto a la comisión de delitos de la misma naturaleza por la que cumple condena.

f) Hay que decidir qué periodo mínimo de cumplimiento (para cada beneficio penitenciario) es compatible con la finalidad resocializadora. Si las penas superiores a 15-20 años tienen unos efectos casi irreparables sobre el recluso los plazos de cumplimiento mínimo por encima de ese tiempo para acceder a la libertad condicional, en teoría, infringen dicho principio (y por ello son, además, penas inhumanas).

g) Debe existir una posibilidad real de incorporación progresiva a la sociedad. La fijación de un sistema formal que no se puede aplicar infringiría este principio de resocialización.

h) Derecho de acudir a un Tribunal, trascurrido el periodo de cumplimiento mínimo, para recurrir que se le deniegue la libertad o que se ordene el reingreso en prisión después de un periodo de libertad.

i) No puede existir un límite a las solicitudes de revisión: se deben poder realizar cuantas veces se quiera. Se deben establecer con intervalos de tiempo razonables para poder efectuar cada nueva solicitud.

A mayor abundamiento, se ha puesto de relieve que "lo que la LO 1/2015 establece es la instrumentalización de los fines del art. 25.2, supeditarlos a una política criminal retributiva, en la que el sistema de penas no aspira más que a imponer un castigo especialmente gravoso a las personas consideradas peligrosas por la entidad de los delitos cometidos. La idea es apartar a esos individuos de la sociedad durante el mayor tiempo posible (e incluso para siempre) a fin de que «paguen su deuda» con la sociedad, desconociendo que tras ese largo encierro (si no resultara definitivo), esas personas retornarán a una sociedad de la que han permanecido aisladas durante 25 o 35 años (15 o 20 si se les ha concedido el tercer grado)"[602].

Destaca por otra parte CASALS FERNÁNDEZ que "la reinserción social se configura como una proyección que debe de ser garantizada para los condenados a pena de prisión, debiendo el Estado en todo caso remover aquellos obstáculos que pudieran encontrarse en el camino resocializador, y poniendo en práctica todos los medios e instrumentos necesarios para que la tarea reinsertadora surta los efectos esperados, siempre en consonancia con la Constitución Española, la Ley General Penitenciaria y su Reglamento de desarrollo"[603].

Así también, subraya MUÑOZ CONDE que el hecho de que la PPR sea revisable "no deja de ser un eufemismo para salvar la contradicción que supone con el principio de reinserción social del condenado que se asigna a la pena de prisión y a las medidas de seguridad privativas de libertad en el art. 25.2 de la Constitución española, pues difícilmente puede ser compatible con este principio una pena que, por definición y desde el principio, niega, en el momento en que se aplica, cualquier posibilidad de reinserción, aunque legalmente se deje abierta la posibilidad de que trascurrido un largo periodo de tiempo pueda ser revisada"[604]. Se destaca al respecto que "en términos generales, parece incoherente afirmar que una pena de carácter indefinido —aunque sea revisable— pue-

---

602 MARTÍN ARAGÓN, M.M.: "La prisión permanente..." *op. cit.*, p. 451. En sentido similar, para CORRECHER MIRA, "la pena de prisión permanente revisable confirma el abandono manifiesto de los poderes públicos por orientar el sistema penitenciario de acuerdo con lo dispuesto por el artículo 25.2 CE". *Vid.* CORRECHER MIRA, J.: "Nuevas perspectivas...", *op. cit.*, p. 360.

603 CASALS FERNÁNDEZ, Á.: "La ejecución penitenciaria...", *op. cit.*, p. 675.

604 MUÑOZ CONDE, F.: "Contra la cadena perpetua", *op. cit.*, p. 18.

da favorecer la reinserción social del condenado a la misma"[605]. De forma que, en opinión de CÁMARA ARROYO y FERNÁNDEZ BERMEJO, "si el legislador deseaba introducir una variante del fin principal de las penas, justificando plenamente la introducción de la prisión permanente, debería modificar el art. 25.2 CE sin ambages. Una cosa es admitir que la interpretación del precepto es flexible, por cuanto la finalidad preventivo especial de las penas y medidas de seguridad es una «orientación» para el legislador y no un absoluto, y otra, muy diferente, es forzar este entendimiento llegando al extremo de proponer una prisión indefinida compatible con la reinserción social del penado"[606]. Los citados autores traen a colación la STS de 30 de mayo de 1992, según la cual:

> *"no puede conseguirse, o resulta muy difícil, la consecución del mandato constitucional de resocialización cuando se produce, en función de las circunstancias, una excesiva exasperación de las penas. La legalidad constitucional debe prevalecer sobre la ordinaria en supuestos como el que nos ocupa. El desentendimiento de la inspiración constitucional rehabilitadora y de reinserción social, llevaría a un «trato inhumano» a quien, sustraído a la mecánica normal del art. 70.2 del Código penal, se viese abocado a una situación de privación de libertad muy superior a los treinta años. Tal intensidad supondría una privación de oportunidad reinsertadora para el sujeto, una humillación o sensación de envilecimiento superior a la que acompaña a la simple imposición de la condena, trato inhumano y degradante proscrito por el artículo 15 de la Constitución".*

De igual modo, ACALE SÁNCHEZ[607] nos recuerda que "no puede haber penas privativas de libertad que por su duración o su modo

---

605 GÁLVEZ JIMÉNEZ, A.: "La aplicación…", *op. cit.*, p. 6. En sentido similar, PASCUAL MATELLÁN, L.: "La prisión permanente revisable…", *op. cit.*, p. 61. PINTO PALACIOS, F.: *La prisión permanente…*, *op. cit.*, pp. 241 y ss. CASALS FERNÁNDEZ, Á.: "La ejecución penitenciaria…", *op. cit.*, p. 673. LASCURAÍN SÁNCHEZ, J.A.; PÉREZ MANZANO, M.; ALCÁCER GUIRAO, R.; ARROYO ZAPATERO, L.; DE LEÓN VILLALBA, J.; MARTÍNEZ GARAY, L.: "Dictamen sobre…", *op. cit.*, pp. 78-79.

606 CÁMARA ARROYO, S. y FERNÁNDEZ BERMEJO, D.: *La prisión permanente revisable…*, *op. cit.*, p. 94.

607 ACALE SÁNCHEZ, M.: "La prisión permanente…", *op. cit.*, p. 365.

de cumplimiento impidan u obstaculicen de modo significativo la reeducación y reinserción social del condenado" (SSTC 28/1988, de 23 de febrero, 72/1994, de 3 de marzo, y 75/1998, de 31 de marzo).

Por su parte, SÁNCHEZ ROBERT apunta a que "la PPR potenciará el hacinamiento en las prisiones, perjudicando la gestión eficaz y humana de los reclusos, con la consecuencia inevitable de una más compleja reeducación de los presos"[608].

En último lugar, RÍOS MARTÍN señala una serie de aspectos que dificultan la resocialización: a) la cárcel genera en las personas una sensación de permanente peligro; b) la cárcel provoca en las personas una intensa desconfianza como sistema de supervivencia; c) el internamiento genera un intenso sentimiento de indefensión; d) la cárcel genera y exacerba un sentimiento de odio; y, e) la prisionización[609]. Resaltando que "al salir de la prisión existen una serie de condiciones objetivas que influyen en el desarraigo social: graves trastornos psíquicos originados por la estancia en la cárcel; dificultad para relacionarse y mantener relaciones empáticas hacia otros seres humanos sin manipular ni engañar; falta de posibilidades de trabajo; carencia de habilidades socio-laborales; situación familiar deteriorada y, en no pocas ocasiones, la necesidad de un tratamiento socio-sanitario ante graves problemas de salud (...). Todo ello hace casi imposible la inserción social. No quedan muchas posibilidades. La cárcel sumerge aún más a quienes ya vivían en la deriva social"[610].

1.1.4. Vulneración de otros principios

En primer lugar, la doctrina señala que, conforme a la jurisprudencia del TC[611], para comprobar si una medida restrictiva de un

608 SÁNCHEZ ROBERT, M. J.: "La prisión permanente...", *op. cit.*, p. 38.

609 RÍOS MARTÍN, J.: *La prisión perpetua...*, *op. cit.*, pp. 144 y ss.

610 *Ibid.*, p. 155.

611 *Vid.*, por ejemplo, SSTC 207/1996, de 16 de diciembre; 161/1997, de 2 de octubre; y, 127/2009, de 26 de mayo.

derecho fundamental supera el juicio de proporcionalidad (en sentido amplio), es necesario constatar si cumple los tres siguientes requisitos o condiciones:

a) si tal medida persigue un objetivo constitucionalmente legítimo y es susceptible de alcanzar el objetivo propuesto (juicio de idoneidad);

b) si, además, es necesaria, en el sentido de que no exista otra medida para la consecución de tal propósito que sea menos lesiva y resulte igualmente eficaz (juicio de necesidad); y, finalmente,

c) si la misma se ajusta a la gravedad de los hechos (juicio de proporcionalidad en sentido estricto).

Pues bien, a juicio de GONZÁLEZ COLLANTES, uno de los motivos por los cuales la PPR no pasaría el test de proporcionalidad es porque debe respetarse el requisito de adecuación a fin y la resocialización es una finalidad constitucional de la pena que debe tenerse en cuenta a la hora de realizar el juicio de oportunidad, además de que está más que demostrado que un incremento del rigor punitivo no va acompañado, o no siempre, de una reducción de la delincuencia[612]. Por el contrario, para JUANATEY DORADO, es obvio que unos de los fines que se persigue con la introducción de esta pena es prevenir la comisión de delitos especialmente graves. Para la citada autora, "este es también un objetivo legítimo y, en principio, la pena de prisión permanente revisable sí podría ser un instrumento idóneo para alcanzar ese objetivo"[613].

En cuanto al segundo parámetro, entiende JUANATEY DORADO que no se cumpliría por tres razones[614]:

---

612 GONZÁLEZ COLLANTES, T.: *El mandato resocializador…*, *op. cit.*, p. 162.

613 JUANATEY DORADO, C.: "Una «moderna barbarie»: la prisión…", *op. cit.*, p. 5.

614 *Ibid.*, p. 6.

1) para justificar la necesidad de introducir esta pena habría que verificar que las penas ya existentes se han mostrado insuficientes porque, después de 20, 25, 30 o 40 años, los presos que han cumplido esas condenas por delitos graves han mostrado un alto índice de reincidencia. No teniendo constancia de tal circunstancia, puesto que ni siquiera ha habido tiempo a que algún condenado cumpla los nuevos límites legales que pueden llegar hasta 40 años[615].
2) Dado que la pena se prevé exclusivamente para determinados tipos de delitos especialmente graves, su introducción en nuestro sistema legal debería basarse en la existencia de un incremento de este tipo de delitos, que hiciese necesario recurrir a penas de estas características para alcanzar el efecto intimidatorio que con las penas ya existentes no parecería lograrse[616].
3) Tampoco existen datos que prueben esa mayor eficacia preventiva e intimidatoria de la prisión permanente frente a las penas ya existentes.

Respecto del juicio de proporcionalidad en sentido estricto, afirma GONZÁLEZ COLLANTES que "a pesar de exigirse correspondencia entre la gravedad del delito cometido y la gravedad de la pena a imponer, ante la comisión de un delito muy grave que puede representar un trato cruel, inhumano y degradante, el Estado no puede responder con la misma moneda, porque lo impide el respe-

---

615 La doctrina comparte la opinión de que la existencia de penas de prisión que pueden alcanzar hasta los 40 años de cumplimiento hace innecesaria la introducción de una pena como la PPR. *Vid.* SÁNCHEZ ROBERT, M. J.: "La prisión permanente...", *op. cit.*, p. 35. DÍAZY GARCÍA CONLLEDO, M.: "La pena de prisión...", *op. cit*, p. 159. GONZÁLEZ COLLANTES, T.: *El mandato resocializador...*, *op. cit.*, p. 162. Y RÍOS MARTÍN, J.: *La prisión perpetua...*, *op. cit.*, p. 67.

616 Apuntan en este mismo sentido, LASCURAÍN SÁNCHEZ, J.A.; PÉREZ MANZANO, M.; ALCÁCER GUIRAO, R.; ARROYO ZAPATERO, L.; DE LEÓN VILLALBA, J.; MARTÍNEZ GARAY, L.: "Dictamen sobre...", *op. cit.*, pp. 76-77.

to por la dignidad humana"[617]. Sostiene en sentido parecido RÍOS MARTÍN que concurre un desequilibrio patente y excesivo o irrazonable entre la sanción y la finalidad de la norma[618].

Se ha dicho también que la PPR no respeta el principio de proporcionalidad al no ser graduable[619], pues, no prevé un límite mínimo ni máximo[620] que permita al tribunal graduar "la cantidad de injusto y de culpabilidad"[621]. En consecuencia, se destaca que la PPR no posibilita la valoración de las circunstancias atenuantes o agravantes[622], el grado de ejecución[623], o el nivel de participación[624]. Llegándose a sostener que resulta discriminatoria porque "implica un régimen de determinación de la pena distinto al de todas las restantes penas del Código"[625].

Por otro lado, a juicio de algún autor, "la imposición de un período de seguridad mínimo sumamente elevado de obligado cumplimiento de encierro efectivo impide todo tipo de posibilidad de que el tribunal de enjuiciamiento pueda adecuar la pena a imponer a la concreta configuración fáctica del delito perpetrado"[626]. Enten-

---

617 GONZÁLEZ COLLANTES, T.: *El mandato resocializador…*, *op. cit.*, p. 162.

618 RÍOS MARTÍN, J.: *La prisión perpetua…*, *op. cit.*, p. 67.

619 JUANATEY DORADO, C.: "Una «moderna barbarie»: la prisión…", *op. cit.*, p. 12. Y FUENTES OSORIO, J.L.: "¿La botella medio llena o medio vacía?…", *op. cit.*, pp. 343-344.

620 DAUNIS RODRÍGUEZ, A.: "La prisión permanente revisable…", *op. cit.*, p. 104.

621 ACALE SÁNCHEZ, M.: "La prisión permanente…", *op. cit.*, p. 367.

622 DAUNIS RODRÍGUEZ, A.: "La prisión permanente revisable…", *op. cit.*, p. 104. Y DE PABLO SERRANO, A. L.: "El humanismo de Beccaria…", *op. cit.*, p. 1164. Para SERRANO GÓMEZ y SERRANO MAÍLLO, "la imposibilidad de poder valorar las circunstancias modificativas de la responsabilidad criminal afecta al principio de culpabilidad". *Vid*. SERRANO GÓMEZ, A. y SERRANO MAÍLLO, I.: *Constitucionalidad…*, *op. cit.*, p. 60.

623 DAUNIS RODRÍGUEZ, A.: "La prisión permanente revisable…", *op. cit.*, p. 104.

624 *Ídem*.

625 CUERDA RIEZU, A.: "La cadena perpetua…", *op. cit.*, p. 137.

626 BASSO, G. J.: "Reflexiones…", *op. cit.*, p. 11.

diéndose que "la indeterminación de la condena imposibilita que la pena sea proporcional al delito"[627].

En otro orden de cosas, se ha estimado que la PPR vulnera el principio de culpabilidad desde el momento en que su imposición es obligatoria y no se ha previsto la aplicación alternativa de otras penas[628].

Asimismo, también se ha considerado que vulnera el principio de culpabilidad por el hecho de que la permanencia en prisión tras la primera revisión no dependa de la gravedad del delito o de la culpabilidad del penado, sino de la reinsertabilidad y de su peligrosidad[629].

Por otra parte, la doctrina ha considerado que la PPR infringe el principio de igualdad (art. 14 CE) cuando, por ejemplo, ante dos condenas iguales a PPR, los plazos de cumplimiento no sean los mismos[630]. Lo cual es posible, pues, como sabemos, los períodos previstos en los arts. 92 y 78 bis CP fijan un límite mínimo, pero, la excarcelación puede ser posterior. Así también, se ha sostenido que esta pena atenta contra el citado principio porque el cumplimiento será desigual debido a criterios como la edad[631] o las condiciones físicas y psíquicas de los penados[632]. Entendiéndose que la pena des-

---

627 CASALS FERNÁNDEZ, Á.: *La prisión…*, *op. cit.*, p. 149. Por su parte, BASSO considera que esto atenta contra el principio de "culpabilidad". *Vid*. BASSO, G. J.: "Reflexiones…", *op. cit.*, pp. 10-11.

628 FRANCÉS LECUMBERRI, P.: "Sobre la inconstitucionalidad…", *op. cit.*, p. 1291. DE PABLO SERRANO, A. L.: "El humanismo de Beccaria…", *op. cit.*, p. 1164. RODRÍGUEZ YAGÜE, C.: "Seis frentes abiertos…", *op. cit.*, p. 3. Y LASCURAÍN SÁNCHEZ, J. A.: "No solo mala…", *op. cit.*, p. 120.

629 DE PABLO SERRANO, A. L.: "El humanismo de Beccaria…", *op. cit.*, p. 1164. Y LASCURAÍN SÁNCHEZ, J. A.: "No solo mala…", *op. cit.*, p. 121.

630 BASSO, G. J.: "Reflexiones…", *op. cit.*, p. 3. Y CÁMARA ARROYO, S. y FERNÁNDEZ BERMEJO, D.: *La prisión permanente revisable…*, *op. cit.*, p. 156.

631 BASSO, G. J.: "Reflexiones…", *op. cit.*, p. 12. JUANATEY DORADO, C.: "Una «moderna barbarie»: la prisión…", *op. cit.*, p. 12. Y MUÑOZ CONDE, F.: "Contra la cadena perpetua", *op. cit.*, p. 22.

632 CUERDA RIEZU, A.: "La cadena perpetua vulnera el artículo 14 de la Constitución, que prohíbe cualquier trato discriminatorio", en ARROYO ZAPA-

plegará efectos diferentes en las pretensiones resocializadoras, disminuyendo éstas cuando el reo tenga una avanzada edad[633].

En igual sentido, para DAUNIS RODRÍGUEZ, la PPR no satisface las exigencias del principio de igualdad en la fase de selección legislativa de la pena, al menos, en tres supuestos[634]:

a) cuando prevé la prisión permanente al sujeto que, con el propósito de destruir total o parcialmente un grupo nacional, étnico, racial o religioso o determinado por la capacidad de sus integrantes, produzca a otra persona una lesión grave o un atentando a su libertad sexual[635]. A juicio de este autor, "estamos ante un comportamiento que presenta un grave desvalor de acción; pero que, no debería merecer el mismo reproche que el otorgado para los supuestos en los que, presentando el autor el mismo ánimo genocida, el resultado producido es, en cambio, la muerte del sujeto pasivo".

b) Cuando dispone la prisión permanente para los supuestos de delitos de asesinato precedidos por un delito contra la libertad sexual[636]. Para el citado autor, "de un lado, no delimita que atentado a la libertad sexual es merecedor de la prisión permanente revisable, sancionando de la misma forma comportamientos claramente diversos —v.gr., violación, abusos sexuales y child grooming, entre otros—, y, de otro lado, no justifica el mayor reproche penal a este grupo de supuestos, que presentan un similar desvalor al de otros comportamien-

---

TERO, L.; LASCURAÍN SÁNCHEZ, J.A. y PÉREZ MANZANO, M. (Eds.): *Contra la cadena perpetua*, Cuenca, Ediciones de la Universidad de Castilla-La Mancha, 2016, p. 137. Y DAUNIS RODRÍGUEZ, A.: "La prisión permanente revisable…", *op. cit.*, p. 105.

633 DAUNIS RODRÍGUEZ, A.: "La prisión permanente revisable…", *op. cit.*, p. 105.

634 *Ibid.*, p. 103.

635 A juicio de ROIG TORRES, esta previsión quebranta el principio de proporcionalidad. *Vid.*, ROIG TORRES, M.: "El pronóstico…", *op. cit*, p. 14.

636 A juicio de ROIG TORRES, esta previsión quebranta el principio de proporcionalidad. *Vid.*, ROIG TORRES, M.: "El pronóstico…", *op. cit*, p. 14.

tos, en los que el asesinato también viene precedido de un delito contra un bien jurídico personal —v.gr., integridad moral o la libertad—".

c) Cuando prevé la prisión permanente revisable para los homicidios cometidos en el seno de una organización terrorista, "al resultar una pena excesiva y exasperada que, en cambio, no está prevista para supuestos de similar gravedad, como los homicidios cometidos en el seno de una organización criminal".

A juicio de algunos autores, la PPR también transgrede el principio de igualdad porque el CP prevé para la suspensión de la ejecución de la pena, la progresión al tercer grado y el disfrute de permisos de salida unos límites diversos a los establecidos para el resto de penas[637]. En sentido similar, CORRECHER MIRA destaca, desde la perspectiva del principio de igualdad y no discriminación, que se ha creado "un subsistema penal, en esta ocasión, de mayor gravedad que lo dispuesto por el artículo 36.2 CP, donde una serie de reclusos experimentan un endurecimiento de las condiciones de cumplimiento de la condena, y en el cual la resocialización alcanza la máxima cota de abandono en el modelo de ejecución de la pena privativa de libertad"[638].

Con todo, una de las principales razones que se aducen en contra de la constitucionalidad de la PPR es que esta pena atenta contra la dignidad humana (art. 10 CE)[639]. En este sentido, entiende VIVES ANTÓN que "la idea de una privación potencialmente perpetua de la libertad choca, en mi opinión, con la imagen del hombre como

---

637 DAUNIS RODRÍGUEZ, A.: "La prisión permanente revisable...", *op. cit.*, p. 106.

638 CORRECHER MIRA, J.: "Nuevas perspectivas...", op. cit., pp. 361-362.

639 GIMBERNAT ORDEIG, E.: "Contra la prisión...", *op. cit.*, p. 497. ROIG TORRES, M.: "El pronóstico...", *op. cit*, pp. 12-13. BENÍTEZ SÁNCHEZ, C.: "Sobre el fenómeno intensivo...", *op. cit.*, p, 38. LEGANÉS GÓMEZ, S.: "La prisión permanente revisable y los «beneficios penitenciarios", *La Ley Penal*, núm. 110, 2014, p. 23. Y RÍOS MARTÍN, J.: *La prisión perpetua...*, *op. cit.*, p. 109.

un ser capaz de reflexión y razonamiento, como un ser que siempre puede cambiar y acabar dirigiendo su vida según unos mínimos de racionalidad. Esa imagen, que yace en el fondo de los ordenamientos democráticos, no puede, según creo, sino conducir a la conclusión de que la privación de libertad perpetua es una anomalía incongruente en ellos"[640]. En línea con lo anterior, el citado autor sostiene que "el castigo no trata de añadir al mal del delito el de la pena, sino de tutelar los bienes y derechos de los individuos y de la sociedad. Es esa función de tutela, y no la igualdad con el mal del delito, lo que puede justificar la pena; y, en un sistema democrático, cualquiera que sea la voluntad de sus miembros, esa tutela ha de llevarse a cabo respetando las exigencias que dimanan de la adopción de un sistema democrático, cuyo fundamento, como acaba de decirse, radica en la igual dignidad de todos. Por eso, una pena que lesione esa dignidad, incluso en el peor de los delincuentes, no puede considerarse un bien en una democracia"[641].

De igual modo, subraya MUÑOZ CONDE que "también cabe que la prisión sea efectivamente perpetua y que sólo termine con la muerte del condenado, treinta, cuarenta, cincuenta o sesenta años después de su condena; pero igual que sucede con la pena de muerte, ello es producto de una concepción de la pena como simple eliminación, exterminio, inocuización o incapacitación total del condenado, incompatible con el marco normativo de las Declaraciones Internacionales de Derechos Humanos, en las que el respeto a la dignidad del ser humano, también del delincuente, es el eje principal en torno al que debe girar la regulación legal del sistema de reacción punitiva frente al delito"[642].

Por su parte, DEL MORAL GARCÍA sostiene que "en la medida en que la pena de prisión permanente revisable (otra muestra elocuente de populismo punitivo) sea verdaderamente revisable

---

640 VIVES ANTÓN, T.S.: "La injerencia…", *op. cit.*

641 VIVES ANTÓN, T.S.: "La dignidad de todas las personas", *op. cit.*

642 MUÑOZ CONDE, F.: "Algunas reflexiones…", *op. cit.*, pp. 450-451.

(quince años sería un periodo adecuado para comenzar a valorar si sigue siendo necesaria la estancia en prisión), es una herramienta que no rechazo conceptualmente: entre otras cosas porque de hecho puede ser menos dura que algunas de las consecuencias del sistema de concurso real del art. 76 de nuestro Código Penal (...); y también porque creo que puede conjugar bien las exigencias de la prevención general (por el simbolismo inmediato que aplaca la alarma social) con la irrenunciable finalidad de reinserción y rehabilitación individual"[643]. Sin embargo, el citado autor afirma que tal y como ha sido configurada, la revisabilidad parece más un adorno que una realidad, dando la razón a sus detractores. La concreta regulación implementada se me antoja un exceso que (...) provoca consecuencias indeseables y casi esfuman esas gotas de esperanza que constituyen el distintivo de una pena conforme con la dignidad humana frente a la que no lo es"[644].

En opinión de FUENTES OSORIO[645], la PPR atenta contra la dignidad de la persona, en primer lugar, "porque coacciona al recluso a someterse a los programas resocializadores a la vista de las consecuencias que tendría su negativa. Cualquier imposición forzosa representa un atentado contra el «principio de libertad y autonomía de la conciencia», contra el libre desarrollo de la personalidad". Y, en segundo lugar, "porque en abstracto es una pena que priva de un derecho de manera definitiva". Respecto de esta última cuestión, el citado autor apunta que: a) ello implica atentar contra el aspecto esencial de la dignidad. La eliminación de una persona de manera física (muerte) o social (neutralización permanente del sujeto peligroso) implica la negación de la idea de persona; y, b) que se prevea la posibilidad de recuperación no cambia este carácter. La libertad

643 DEL MORAL GARCÍA, A.: "Prólogo", en BUSTOS RUBIO, M. y ABADÍAS SELMA, A. (Dirs.): *Una década de reformas penales*, Barcelona, JM Bosch, 2020, p. 42.

644 *Idem*.

645 FUENTES OSORIO, J.L.: "¿La botella medio llena o medio vacía?...", *op. cit.*, p. 339.

como derecho vinculado con la dignidad debe mantener siempre una posibilidad mínima y real de ejercicio. Ello exige un máximo de cumplimiento efectivo a partir del cual el sujeto sepa que, con independencia de su conducta, podrá disfrutar de libertad. Este máximo debe poder ser alcanzable (biológicamente) por una persona.

Así también, para ROBERT SÁNCHEZ, "la prisión permanente revisable conlleva, como consecuencia, que la persona condenada quizá no vuelva a salir a la calle. Las posibilidades de salir algún día de la cárcel no son realmente altas dado el régimen jurídico de la revisión que hemos examinado. La decisión o no de suspender el resto de la pena de todo condenado a perpetuidad está en manos de un tribunal que puede equivocarse sobre el juicio de peligrosidad del condenado. Además, la persona que entra dentro de la cárcel, y desde la perspectiva de la política criminal, se «institucionaliza» y por tanto tendrá pocas posibilidades de «superar» el examen del tribunal referente a su aptitud para poder ser devuelto a la sociedad. Teniendo en cuenta el tiempo que debe transcurrir para que esta persona pueda salir de la cárcel, sin ninguna posibilidad o con muy pocas posibilidades de rehacer su vida fuera de la cárcel, la prisión permanente revisable sería difícilmente compatible con el derecho a la dignidad y el libre desarrollo de la personalidad"[646]. En sentido similar, a juicio de ÁLVAREZ GARCÍA, "más allá de lo que dispone el artículo 25.2 de la CE, más allá de necesidades inocuizadoras o ejemplarizantes, más allá de las dificultades que existen para valorar la persistencia de la peligrosidad en el sujeto, más allá de la posible colisión con instrumentos internacionales signados por España, la cadena perpetua no es aceptable éticamente. No lo es el arrojar a un ciudadano —por grave que haya sido el crimen cometido— a una cárcel de por vida: es lo mismo que desnudarle de todos los atributos que corresponden a una persona, declararle «no persona», una perspectiva totalitaria absolutamente incompatible, por tanto, con un Estado democrático. No hay, pues, prisión permanente buena

---

646 SÁNCHEZ ROBERT, M. J.: "La prisión permanente...", *op. cit.*, p. 34.

y prisión permanente mala, hay únicamente prisión permanente, cadena perpetua, y ésta implica la negación de la persona en lo que es su principal atributo: su dignidad"[647].

Por último, destaca RODRÍGUEZ YAGÜE que la evaluación de la conformidad o no de la prisión permanente revisable con el CEDH y con los principios constitucionales de la Carta Magna debe construirse no sólo desde el análisis de la regulación establecida en el Código penal, sino también desde la praxis penitenciaria. A este respecto, señala que "si bien es cierto que hasta el momento la LOGP no ha sido modificada para adaptar un texto configurado desde una perspectiva eminentemente resocializadora e ideado para la pena de prisión, también lo es que el conocimiento de las «políticas» y praxis penitenciarias puestas en marcha con el tipo de delincuencia a la que va dirigida esta nueva pena nos alerta de la adopción de un régimen penitenciario de mayor dureza que en no pocos rasgos coincide con situaciones evidenciadas por el CPT para la cadena perpetua: alejamiento del lugar de cumplimiento, políticas de dispersión, categorización como peligrosos por el tipo de delito o la repercusión mediática para la clasificación en primer grado y aplicación de un régimen de aislamiento en solitario, utilización sistemática de medidas de seguridad más estrictas (limitaciones regimentales, intervención de comunicaciones, cambios de celda, realización rutinaria de registros,...). El aislamiento a su vez determina la imposibilidad de acceso a la realización de trabajos y actividades al igual que la concesión de permisos, relevantes a su vez para las progresiones de grado y, con ello, para el acceso a la libertad condicional, lo que en el caso de las penas de prisión determinada implica el cumplimiento íntegro de la pena dentro de la prisión pero con un fin cierto, mientras que en la prisión permanente revisable supone un alto riesgo de convertir en perpetuas de facto lo que el legislador español se ha esforzado en presentar como

---

647 ÁLVAREZ GARCÍA, F. J.: "La nueva reforma penal de 2013", *Eunomía. Revista en Cultura de la Legalidad*, núm. 6, 2014, p. 46.

una pena que «aleja toda duda de inhumanidad (...) al garantizar un horizonte de libertad para el condenado»"[648].

1.2. La opinión de otro sector doctrinal: a favor de la PPR

Una de las primeras cuestiones que se plantean quienes (como nosotros) están a favor de la PPR es si el Estado cuenta con legitimidad suficiente como para implantar tal tipo de castigo. A este respecto, para MAPELLI CAFFARENA, "es necesario preguntarse si está legitimado el Estado para responder con semejante gravedad frente a aquellas personas respecto de la cuales las ciencias de la conducta nos dicen dos cosas: la primera, que padecen desviaciones de su vida intelectiva que alteran su afectividad y no su intelectualidad, en consecuencia, no son considerados sujetos inimputables. Debido a estas circunstancias, difíciles de tratar, estos sujetos carecen de frenos, como si les fallara el sistema inmunológico de la sociabilidad. La segunda, que a consecuencia de esa anormalidad de carácter es de esperar que estas personas, cuando no se encuentran bajo control de forma persistente y no accidental, con una alta probabilidad vuelven a cometer los mismos delitos por los que se encuentran en prisión. Se trata de un dramático conflicto entre ellos o nosotros. En la STC en la que nuestro alto tribunal declara la constitucionalidad de la PPR ni siquiera se plantea la obligación del Estado de dar una respuesta a las necesidades criminológicas de estas personas. Los propios magistrados, que expresaron su disconformidad frente a la Sentencia, reconocen en sus respectivos votos particulares que el principio de no regresión, que proscribe el retorno peyorativo en el nivel de consolidación de los derechos, puede excepcionarse cuando concurren razones extraordinarias. Esto es lo que sucede, a nuestro juicio, cuando nos enfrentamos a estas personas con esas

---

648 RODRÍGUEZ YAGÜE, C.: "Los estándares internacionales sobre la cadena perpetua del comité europeo para la prevención de la tortura y las penas o tratos inhumanos o degradantes", *Revista de Derecho Penal y Criminología*, núm. 17, 2017, p. 271.

circunstancias. Lamentablemente vuelven a cometer graves delitos y los cometen. Esto no debe ser entendido como un imperativo categórico, sino que esos riesgos deben ser rigurosamente revisados y valorados a los efectos"[649].

Ahora bien, señala el citado autor que, "la prueba de constitucionalidad no solo debe quedarse en la pena, en sí, sino en la forma que se ha previsto su empleo. Las garantías que deben respetarse para aplicarla no se interpretan al margen de la sociedad democrática de Derecho. En este sentido, el objetivo de hacer justicia pasa por buscar una fórmula capaz de reducir en lo posible el grave daño que causa esta delincuencia, mediante una intervención de control excepcional, cuando así viene avalado por los informes técnicos. Dicho en otros términos y más allá de las etiquetas estigmatizantes, si un equipo de técnicos de la conducta conviene en su informe que existe un grave riesgo de reincidencia en una persona psicópata que ha cometido una pluralidad de graves delitos y es, en consecuencia, muy peligroso en términos criminales, la aplicación de una sanción privativa de libertad indefinida es constitucional. El Estado no solo está legitimado, sino obligado a buscar una solución. Dicha solución, como veremos luego, pasa por reconocer que determinados delitos de especial gravedad y en determinadas circunstancias merecen la inocuización de por vida de sus autores, pero la pena justa también se modula conforme a los principios de resocialización positiva, porque así viene exigido por el carácter social de nuestro Estado (arts. 9.2 y 25.2 CE) y, por esta razón, estas gravísimas respuestas punitivas deben ejecutarse con unas garantías, entre las que hay que destacar la posibilidad de revocar su carácter indeterminado"[650].

En cuanto al Derecho comparado, advertía hace ya tiempo MANZANARES SAMANIEGO que este tipo de penas existen en Alemania, Bélgica, Francia, Gran Bretaña, Italia, Finlandia, Austria, Grecia y Suiza, "por citar sólo algunas grandes democracias donde no pare-

---

649 MAPELLI CAFFARENA, B.: "Política criminal...", *op. cit.*, pp. 1091-1092.
650 *Ibid.*, p. 1093.

ce que se conculquen alegremente los derechos humanos"[651]. En esta línea, a juicio de MAPELLI CAFFARRENA, "desde la perspectiva del derecho comparado han perdido la razón quienes entendían que nuestra PPR era una excepción, ya que, lejos de desaparecer, estos modelos punitivos se expanden en todos los países y se vuelven cada vez más graves. Sin necesidad de acudir al ejemplo de USA, en donde hay más de ciento cincuenta mil personas condenadas a cadena perpetua *without parole*, en parte, debido a la *Sexually Violent Predators Act*, que se inicia en el Estado de Washington (1990) y hoy se ha extendido por numerosos Estados, en una rápida panorámica europea se ha puesto de relieve que en rigor la mayoría de los países de esta región tienen penas similares. Ciertamente las circunstancias en las que se aplican estas penas no son idénticas, pero tampoco se puede decir que nuestra PPR sea sensiblemente más grave. Esta conclusión carece de rigor porque no es fácil la comparación de estos institutos ya que la gravedad puede venir determinada bien por la cantidad de delitos para los que está prevista esta pena, bien por los criterios empleados para disminuir la presión del castigo, bien por la duración del periodo de cumplimiento material incondicional o bien por las condiciones de ejecución"[652].

Por otro lado, también se ha invocado como argumento que los datos empíricos informan de que nuestro país no padece comparativamente un número elevado de delincuencia. Sin embargo, como subraya MAPELLI CAFFARENA, "los índices de criminalidad globales guardan poca relación con la delincuencia a la que se destina la PPR. La PPR está prevista para una delincuencia, particularmente atávica, que aparece con una frecuencia muy similar en la mayoría de los países de nuestro entorno. Se trata de delitos muy graves asociados a determinadas patologías que son muy escasos, aunque provocan un enorme rechazo social por su gravedad y, por ello, un considerable interés mediático. Las cifras permanecen dentro

---

651 MANZANARES SAMANIEGO, J. L.: "El cumplimiento íntegro de las penas", *Actualidad Penal*, núm. 1, 2003, p. 208.

652 MAPELLI CAFFARENA, B.: "Política criminal…", *op. cit.*, p. 1094.

de una horquilla poco variable y frente a esta criminalidad el objetivo es practicar una prevención selectiva (*selective incapacitation*), porque se trata de una tipología delictiva que, en absoluto, deja de actuar por el miedo al castigo, por muy duro que este sea"[653].

Así también, recuerda GUDÍN RODRÍGUEZ-MAGARIÑOS que, antes de la promulgación de la Ley 1/2015, nuestro ordenamiento jurídico y la jurisprudencia venían reconociendo con normalidad la entrega de una persona para el cumplimiento de una cadena perpetua revisable a causa de una demanda de extradición. Uno de los principales argumentos de la STC 169/2021, de 6 de octubre, por la que se declara la constitucionalidad de esta pena, es precisamente los precedentes habidos, en el que el Tribunal Constitucional había declarado la constitucionalidad de estas entregas extradicionales. Cita en este sentido varios precedentes en los que el Tribunal Constitucional había declarado la constitucionalidad de la extradición a países que tienen prevista la imposición de la pena de prisión perpetua, y en los que, desde la perspectiva de la prohibición de las penas o tratos inhumanos o degradantes del art. 15 CE, se estimó bastante que las resoluciones judiciales que acordasen la extradición condicionasen la entrega a que la ejecución de la pena no sea indefectiblemente de por vida[654]. Esto es, el TC entiende que deben denegarse aquellas solicitudes de extradición que refieran a supuestos de reclusión perpetua absoluta, esto es, no susceptibles de revisión[655].

A mayor abundamiento, el citado autor subraya que "la jurisprudencia de la Sala de lo Penal de la Audiencia Nacional, ha fijado como criterio que las eventuales dificultades en orden a la admisibilidad de este tipo de penas quedan salvadas mediante *«la prestación de una garantía previa de que, en el caso de condena, el ordenamiento del país*

---

653 *Ibid.*, p. 1097.

654 GUDÍN RODRÍGUEZ-MAGARIÑOS, A. E.: "El tratamiento de la prisión permanente revisable a la luz de la jurisprudencia en materia de extradición", *Diario La Ley*, núm. 10217, 2023, p. 3.

655 *Ibid.*, p. 4.

requerido tenga dispuesta una revisión de la pena o aplicación de clemencia a la que el reclamado pueda acogerse con vistas a la no ejecución de la pena a perpetuidad, garantía que ya se fija en el auto recurrido» (AAN Sala de lo Penal Pleno, de 14 de septiembre de 2020, ponente Espejel Jorquera). La sola prestación de tal garantía ha resultado bastante, por lo que, en la mayoría de los casos, la Audiencia Nacional no ha entrado a realizar una valoración sobre el ordenamiento jurídico del Estado reclamante y concretamente cuál sea el alcance y extensión de dicha garantía"[656]. Señala al respecto, este autor, que los Juzgados Centrales eran conocedores de que esta sola garantía podría a fin de cuentas ser ilusoria sin un seguimiento de las circunstancias del caso[657].

En otro orden de cosas, NISTAL BURÓN considera que "la pena de «prisión permanente» no es una pena indefinida, lo que permite que, a pesar de la indeterminación inicial de su duración, el penado pueda acceder a las mismas medidas de acortamiento de la pena establecidas para las condenas de duración determinada, una vez transcurrido los siguientes plazos mínimos de cumplimiento efectivo: de ocho años para el disfrute del primer permiso de salida; de quince años de prisión para obtener la clasificación en tercer grado; de veinticinco años para acceder a la libertad condicional y de cinco años desde la concesión de la libertad condicional para lograr la remisión definitiva de la pena"[658].

De igual modo, el citado autor considera que "el establecimiento de esta mayor dilación temporal para el acceso al tercer grado, a causa de la peculiar tipología del delito, no supone una quiebra de la sistemática seguida por el Código Penal con las penas de duración determinada, pues en el artículo 36.2 CP, se prevé un régimen más severo para ciertos delitos —entre otros, los relacionados con el terrorismo— de cara a poder levantar el período de seguridad para

---

656 *Ibid.*, p. 6.

657 El autor pone de ejemplo algunos casos relativos a Turquía y Argelia.

658 NISTAL BURÓN, J.: "La duración del cumplimiento…", *op. cit.* [versión electrónica].

obtener la clasificación en el tercer grado, y lo mismo ocurre en el reformado artículo 78.2 a) del CP —terrorismo y delincuencia organizada—, que exige en las penas de duración determinada, aun cuando el penado tenga aplicado el régimen general de cumplimiento, el haber extinguido, al menos, las 4/5 partes de la condena, para el acceso al tercer grado"[659]. Así también, "el establecimiento de esta mayor dilación temporal para el acceso a la libertad condicional, a causa de la peculiar tipología del delito, no supone una quiebra de la sistemática seguida por el Código Penal con las penas de duración determinada, pues en el reformado artículo 78.2 b) del CP —terrorismo y delincuencia organizada—, exige que el penado tenga extinguidas, al menos, las 7/8 partes de la condena, aunque tenga aplicado el régimen general de cumplimiento"[660].

Entrando a valorar ya la adecuación de la PPR a los parámetros constitucionales, FERNÁNDEZ CODINA sostiene que, respecto de la posible perpetuidad de la PPR, esta pena no infringe el principio de legalidad (en su vertiente de seguridad jurídica) por cuanto el CP prevé los criterios para la revisión[661].

Asimismo, se ha estimado que la PPR no es una pena inhumana porque está configurada de tal manera que su revisión es posible[662].

---

659 *Idem*. Respecto de esta cuestión, para MAPELLI CAFFARENA, "no hay profundas diferencias en los criterios empleados por el legislador para regular el acceso a los beneficios en los casos de prisión y PPR. Si para los condenados a PPR, los arts. 36.1 y 92.1 señalan que para acceder al tercer grado —y, consiguientemente, a la libertad condicional— el condenado debe presentar un *«pronostico individualizado y favorable de reinserción social»*; para los condenados a cualquier pena de prisión, el art. 36.2 señala que la autoridad competente permitirá el acceso a los referidos beneficios *«previo pronóstico individualizado y favorable de reinserción social...»*. No son, por tanto, más imprecisos los términos en relación con la PPR, que con respecto a la prisión". *Vid.*, MAPELLI CAFFARENA, B.: "Política criminal...", *op. cit.*, p. 1098.

660 NISTAL BURÓN, J.: "La duración del cumplimiento...", *op. cit.* [versión electrónica].

661 FERNÁNDEZ CODINA, G.: *Prisión permanente.... op. cit.*, p. 90.

662 JAÉN VALLEJO, M. y PERRINO PÉREZ, Á. L.: *La reforma penal...*, *op. cit.*, p. 33.

Señala SIMÓN CASTELLANO que "lo que determina la inhumanidad de una pena es la falta de un horizonte de libertad que, en la regulación de la prisión permanente revisable, garantiza la existencia de un procedimiento judicial continuado de revisión"[663]. En igual sentido, destaca FERNÁNDEZ CODINA que, el hecho de que la PPR pueda serlo a perpetuidad, no conlleva que sea contraria al art. 15 CE. Si es revisable y las condiciones de revisión son las adecuadas la pena se vuelve conforme al art. 15 CE[664].

Este último autor alude a que "si toda pena que conllevase un cambio físico tuviese que ser considerada una pena corporal —y por tanto tormento— entonces cualquier pena de prisión debería ser considerada una pena corporal. Y todo ello en base a que cualquier pena privativa de libertad comporta cambios psíquicos en las personas que las sufren, por ejemplo en su estado anímico, en sus niveles de estrés, en sus patrones de sueño, etc. Es más, si todo cambio psíquico fuese inaceptable deberíamos concluir que las terapias de reinserción y reeducación son mutilaciones en el cuerpo del penado toda vez que se modifica su personalidad al —por ejemplo— extirpar según qué deseos criminales. En definitiva, uno podrá considerar que los efectos psíquicos de penas como la PPR son excesivos, pero mostrar que tiene efectos psíquicos no consigue probar nada"[665]. Y, respecto de los efectos irreversibles que puede llegar a causar, indica que "este es un argumento muy dudoso en la medida que otros tipos de penas a las que no se objeta nada también tienen efectos irreversibles. Por ejemplo, una gran multa o una breve estancia en prisión pueden destruir de forma irreversible la reputación, la vida familiar, la autoestima, la salud o la fortuna de una persona, sin que de ello se derive que esas penas sean inconsti-

---

663 SIMÓN CASTELLANO, P.: "La profunda reforma penológica de 2015", en RODRÍGUEZ FERNÁNDEZ, R. y SIMÓN CASTELLANO, P.: *La pena de ingreso en prisión. Regulación actual y antecedentes históricos*, Madrid, Wolters Kluwer-La Ley, 2021, pp. 367-368.

664 FERNÁNDEZ CODINA, G.: *Prisión permanente…. op. cit.*, pp. 65-66.

665 *Ibid.*, p. 72.

tucionales. Es decir, uno podría considerar que el particular efecto irreversible que tiene la PPR sí es excesivo. Pero ello no se muestra meramente destacando que la PPR tiene efectos irreversibles, pues eso es algo común a tantas otras penas"[666].

Apunta MANZANARES SAMANIEGO que el art. 15 CE rechaza las penas crueles, inhumanas o degradantes. Pero, entiende que eso no basta para erradicar la pena de muerte, de forma que opta por su abolición explícita *"salvo lo que puedan disponer las leyes militares para tiempo de guerra"*. Por eso, subraya este autor que "la Constitución de Portugal —uno de los escasos países sin prisión perpetua— tras la acostumbrada interdicción general de las penas crueles, inhumanas o degradantes, en su art. 25.2 considera necesario abolir expresamente tanto la pena capital, en su art. 24, como la prisión perpetua, en su art. 29.1"[667].

En igual sentido, FERNÁNDEZ CODINA entiende que "cuando la CE quiere excluir determinado tipo de pena lo hace de forma directa, como sucede con las torturas —entendida como tormentos—, los trabajos forzosos y la pena capital (para la justicia no-militar). Ante ello la pregunta que debe hacerse el intérprete es: ¿por qué el constituyente se detendría sin tapujos en todos estos puntos y vetaría esos tres castigos de manera clara pero en cambio no proscribió también de forma igualmente directa la cadena perpetua o las penas potencialmente perpetuas (como la PPR)? Es decir, ¿qué

---

666 *Ibid.*, pp. 72-73.

667 MANZANARES SAMANIEGO, J. L.: "El cumplimiento íntegro...", *op. cit.*, pp. 209-210. Este punto de vista nos resulta interesante porque consideramos que la proscripción que encontramos en mucho textos internacionales y Constituciones va dirigida (también por el contexto en que se circunscriben) a erradicar formas de castigo de otros tiempos. De ahí que pueda sostenerse que lo que se pretende es abolir por completo aquellas penas que no se correspondan con los valores de una sociedad civilizada. Ello no alcanzaría, siguiendo estas tesis, a las penas perpetuas —incluso la de muerte—. De ahí que aquellos Estados que quieran —por una decisión de estricta política criminal— derogar la pena de muerte y/o la pena perpetua se vean abocados a manifestarlo expresamente.

explica que la CE se refiera a unos supuestos mediante términos explícitos, pero en otros de igual naturaleza se baste —supuestamente— con significados meramente implícitos? ¿Qué explica esta asistematicidad?"[668]. Apunta este autor que, quizás, "uno se sentiría tentado de decir algo del tipo: *«Pues no se prohibió de forma explícita porque quedaba claramente prohibido de forma implícita al reconocerse la dignidad humana en el art. 10 CE»*. No obstante, tal respuesta no sería válida. Porque si ese fuese el criterio a seguir entonces las demás penas potencialmente contrarias a la dignidad humana —como la muerte, la tortura y los trabajos forzosos— no se hubiesen prohibido de forma explícita. Es decir, no es razonable sostener que una misma materia —las penas que no son constitucionalmente aceptables— se reguló de forma explícita pero solo parcialmente. Al contrario, lo más natural es entender que si no se dice es porque se pretende que sea posible"[669]. El citado autor acaba concluyendo que, por el contrario, "el silencio de la CE en materia de penas de larga duración no puede interpretarse más que en un único sentido: se admitió esa posibilidad como un espacio que el legislador orgánico podía transitar si así lo consideraba"[670].

Por último, para MAPELLI CAFFARENA, "es cierto que largas estadías continuadas en prisión son tratos inhumanos porque provocan daños irreversibles, condicionan negativamente la reinserción social y estigmatizan al condenado de por vida. Quienes destacan estas críticas se empeñan en ver diferencias cualitativas entre la PPR y las penas más graves de prisión previstas en nuestro Código. Sin embargo, la gravedad alcanzada por estas últimas diluye esas diferencias cualitativas en favor de diferencias cuantitativas de poca significación. Como todos sabemos, cuando corresponde aplicar el art. 36 con los arts. 70 o 78 las estancias continuadas en prisión pueden llegar a los cuarenta años, en cambio, las primeras revisiones de la PPR se aseguran, en todo caso, que se pueden hacer cuan-

---

668 FERNÁNDEZ CODINA, G.: *Prisión permanente…*, *op. cit.*, p. 74.

669 *Ibid.*, p. 75.

670 *Ibid.*, p. 76.

do el condenado lleva quince años, para la clasificación en tercer grado (art. 36) y veinticinco, para la suspensión de la ejecución (art. 92); incluso, se puede optar a permisos de salida a los ocho años. Es cierto que vivir bajo la presión psicológica de no saber si se va a obtener un beneficio, que permita la excarcelación, puede resultar insoportable; ahora bien, las posibilidades de que un condenado a PPR logre uno de esos beneficios en las revisiones periódicas previstas se han demostrado que son muy altas, porque las penas, como los delitos y como los delincuentes envejecen y hacen olvidar o relativizar su gravedad. En Alemania, por ejemplo, donde se cuenta con una pena similar a la PPR apenas un 1% sigue en prisión después de los treinta años. En definitiva, por muy contradictorio que resulte, las posibilidades de que el condenado cumpla una larga estadía en la prisión son iguales en uno y otro supuesto"[671].

En cuanto a la adecuación de la PPR al art. 25.2 CE, se ha argumentado que "no existe incompatibilidad entre prisión permanente revisable y reinserción social, porque ésta es posible cumpliéndose los requisitos temporales de mínimo que fija el texto penal"[672]; o, que, "la previsión de la revisión judicial periódica de la situación personal del penado que contempla la reforma es idónea para poder verificar en cada caso el necesario pronóstico favorable de reinserción social"[673]. Así también, para SIMÓN CASTELLANO, "la pena de prisión permanente revisable no constituye (...) una suerte de «pena definitiva» en la que el Estado se desentiende del penado, sino que, antes al contrario, se trata de una institución que compatibiliza la existencia de una respuesta penal ajustada a la gravedad de la culpabilidad, con la finalidad de reeducación a la que debe ser orientada la ejecución de las penas de prisión"[674]. De forma que, "se cumple con el mandato de resocialización dado que pueden quedar

---

671 MAPELLI CAFFARENA, B.: "Política criminal...", *op. cit.*, pp. 1094-1945.

672 MAGRO SERVET, V.: "La medida de internamiento...", *op. cit.*, p. 13.

673 JAÉN VALLEJO, M. y PERRINO PÉREZ, Á. L.: *La reforma penal...*, *op. cit.,* p. 33.

674 SIMÓN CASTELLANO, P.: "La profunda reforma...", *op. cit.*, p. 368.

sujetos a programas de tratamiento, acceso a permisos de salida, tercer grado, suspensión de la ejecución y libertad condicional (art. 92)"[675]. En relación con esto último, para SERRANO GÓMEZ y SERRANO MAÍLLO, "la prisión permanente revisable encaja sin problemas en el sistema penitenciario español con respecto a la reeducación y reinserción social, y aunque tendría algunas especificidades no afectan a su constitucionalidad. Hay un endurecimiento en los requisitos que se exigen para acceder al tercer grado, permisos de salida y en la suspensión de la ejecución de pena y libertad condicional. Se dificulta la consecución, pero no se impide"[676].

Señala NISTAL BURÓN que si el Tribunal considera que no concurren los requisitos necesarios para que el penado pueda recuperar la libertad, se fijará un plazo para llevar a cabo una nueva revisión de su situación; y si, por el contrario, el Tribunal valora que cumple los requisitos necesarios para quedar en libertad, se establecerá un plazo de libertad condicional en el que se podrán imponer condiciones y medidas de control orientadas, tanto a garantizar la seguridad de la sociedad, como a asistir al penado en esta fase final de su reinserción social. En consecuencia, según estas previsiones normativas, la pena de prisión permanente revisable no ignoraría el mandato constitucional de que las penas privativas de libertad tengan que estar orientadas hacia la reeducación y reinserción social de los condenados[677]. En este sentido, a juicio del citado autor, la PPR permite compatibilizar la existencia de una respuesta penal ajustada a la gravedad de la culpabilidad con la finalidad de la reeducación del penado, a la que debe de estar orientada la ejecución de las penas privativas de libertad[678]. Por último, el citado autor destaca "la mayor severidad en el modelo de ejecución penal para los condenados a esta nueva pena, el cual convivirá, de manera paralela, con

---

675 *Ibid.*, p. 372.

676 SERRANO GÓMEZ, A. y SERRANO MAÍLLO, I.: *Constitucionalidad...*, *op. cit.*, pp. 37-38.

677 NISTAL BURÓN, J.: "La nueva pena...", *op. cit.* [versión electrónica].

678 *Idem.*

el previsto para el resto de los penados, pues mientras un modelo prioriza más la reeducación y reinserción social del delincuente, el otro destaca, en mayor medida, el efecto retributivo de la pena, sin que ello choque frontalmente con el fundamento resocializador a perseguir en la ejecución de la pena, según el artículo 25.2 CE, ya que las penas de prisión largas no tienen por qué tener efectos desocializadores, al no tener por qué suponer su cumplimiento una merma en las actividades tratamentales"[679].

En relación con esta cuestión, ARRIBAS LÓPEZ se pregunta: "¿hace previsiones reales el CP sobre la posibilidad de que con las personas que estén cumpliendo una pena de PPR, en aras a facilitar su reeducación y reinserción social, se utilicen los instrumentos operativos básicos posibilitadores de aquéllas (permisos de salida, tercer grado-régimen abierto y libertad condicional)? La respuesta es afirmativa y, siendo así, no podemos menos que afirmar que la PPR no se sitúa al margen de la reeducación y reinserción social de las personas que tal pena pueden afrontar, sino incardinada en esas finalidades"[680]. En idéntico sentido, el citado autor se plantea qué ocurriría en los casos en que la trayectoria penitenciaria del que cumple una pena de PPR es mala, en los que el pronóstico de integración social es negativo, en los que las actividades directamente dirigidas a la consecución de la reeducación y reinserción social (tratamiento penitenciario) no dan resultado, en los que, en definitiva, no hay razonables garantías de que no se vaya a aprovechar la utilización de los instrumentos operativos de la reinserción para quebrantar la condena o cometer una nueva infracción por quien ha dejado ya patente una energía criminal que ha desembocado en la comisión de gravísimos delitos. Pues bien, a juicio de ARRIBAS LÓPEZ, "ocurriría que, en efecto, el internamiento sería permanente, pero no porque la PPR sea una reclusión perpetua o deje de estar dirigida a la reeducación y reinserción social, sino porque la persona que la cumple no da muestras de que sea posible. ¿Se

---

679 *Idem.*

680 ARRIBAS LÓPEZ, E.: "Prisión permanente…", *op. cit.*, p. 5.

convertiría entonces la pena en prisión perpetua? No, en modo alguno, ya que en cuanto el penado denote que aquellas finalidades son posibles los instrumentos que, imprescindiblemente de forma progresiva, posibilitan la interrupción del internamiento podrían empezar a entrar en escena"[681].

Por otro lado, para FERNÁNDEZ ARÉVALO y NISTAL BURÓN "resulta razonable pensar que el elevado «periodo de seguridad» o tiempo mínimo de cumplimiento efectivo previsto responde no solo a una finalidad estrictamente punitiva ante delitos extremadamente graves y que presentan unas características peculiares, sino también al hecho de incuestionable de que el plazo para la reeducación y reinserción social de los sujetos que cometen este tipo de infracciones será presumiblemente mucho más largo que el necesario para lograr una efectiva reeducación y reinserción social de los sujetos que cometen este tipo de infracciones será presumiblemente mucho más largo que el necesario para lograr una efectiva reeducación y reinserción social de otro tipo de delincuentes"[682].

A juicio de otros autores, "la «orientación» apunta más a las condiciones de ejecución de la pena que no a la finalidad de su establecimiento. Así pues, el art. 25.2 CE debe ser entendido como un mandato al legislador penitenciario y no tanto como un mandato al legislador penal. O dicho de otro modo, el art. 25.2 CE nos habla solamente de cómo debe ser la vida en prisión, pero no de cuánto tiempo puede uno estar en ella"[683].

Para COBO DEL ROSAL, "la redacción del artículo 25.2 de la Constitución no es tan tajante como se pretende. Dice: *«las penas privativas de libertad y las medidas de seguridad estarán orientadas a la readaptación social del delincuente»*. Este pasaje del texto constitucional no significa, de ninguna forma, que la esencia de la pena privativa

---

681 *Ibid.*, p. 10.

682 FERNÁNDEZ ARÉVALO, L. y NISTAL BURÓN, J.: *Derecho Penitenciario*, *op. cit.*, p. 314.

683 FERNÁNDEZ CODINA, G.: *Prisión permanente*.... *op. cit.*, p. 79.

de libertad sea la readaptación social del delincuente. Una cosa es la esencia de la pena y otra muy distinta su orientación o su finalidad, que ahora se confunden, para mantener posiciones negativas. Son cuestiones diferentes. No es ningún obstáculo la vigencia del artículo 25.2 de la Constitución con la cadena perpetua revisable. La exagerada virtualidad que se le concede a una mera «orientación», sólo tiene explicación desde un punto de vista cerradamente negativo para la cadena perpetua"[684]. En este sentido, apuntaba el citado autor que "nunca he mantenido un concepto expiacionista de la pena ni retribucionista a ultranza, pero sí creo que la democracia, por muy democrática que sea, no puede dejar indefensa a la sociedad que la sustenta y que la ha creado. El asesinato de un bebé por un inhumano pedófilo, no merece otro trato judicial que el de la imposición de la pena de prisión permanente, siquiera sea «revisable». Quien no quiera comprender esto es que no quiere comprender el derecho de castigar, el «ius puniendi», siquiera sea también democrático"[685].

En último lugar, MAPELLI CAFFARENA reconoce que "una estadía continuada en la prisión por encima de los veinte años es ya algo que puede ser criticado desde los fines resocializadores". Aduce el citado autor que, "tras ese largo periodo de privación de libertad, la persona es socialmente irrecuperable y de ella apenas queda un sujeto residual con graves secuelas que nada tienen que ver con las exigencias de la resocialización, entendida como un proceso de promoción de la persona a partir de un programa de reinserción social". Por lo tanto, concluye que "la PPR no es más contraria a

684 COBO DEL ROSAL, M.: "Concreción sobre la cadena perpetua revisable", Madrid, 25 de febrero de 2014. Disponible en: https://www.lawyerpress.com/news/2014_02/Concrecion-sobre-la-cadena-perpetua-revisable.html [Consulta: 23 de agosto de 2021].

685 COBO DEL ROSAL, M.: "Sobre la cuestionada prisión permanente revisable", Madrid, 10 de enero de 2013. Disponible en: https://www.lawyerpress.com/news/2013_01/prision_permanente.html [Consulta: 23 de agosto de 2021].

la resocialización que las penas de prisión de larga duración"[686]. En consecuencia, señala que "la única lectura razonable que podemos hacer en la actualidad de la resocialización, entendida como directriz de política penitenciaria a todo el conjunto del sistema de penas y muy, especialmente, a las penas de larga duración, es garantizar que las condiciones de ejecución de estas se hagan respetando los derechos fundamentales, es decir, respetando las exigencias de una humanización del castigo. Como hemos señalado, desde esta óptica resultan igualmente deshumanizadas todas las penas que superan con carácter general la barrera de los veinte años"[687].

Respecto del principio de proporcionalidad, SERRANO GÓMEZ y SERRANO MAÍLLO sostienen que "partiendo del hecho de que la pena de prisión permanente revisable es aplicable solo a casos extremadamente graves, consideramos que es proporcional"[688]. Recuerdan estos autores, además, que, "en nuestro país, por acumulación jurídica de penas, se puede llegar al cumplimiento efectivo de cuarenta años de condena, con lo que habrá algún caso en que la prisión permanente revisable podría llevar a una liberación más corta"[689].

Por su parte, para MAPELLI CAFFARENA, resulta imposible de valorar si una pena revisable se ajusta o no al principio de proporcionalidad, "ya que solo *ex post* se va a conocer la duración real. En todo caso, reiteramos, que es igualmente desproporcionada una pena de prisión de cuarenta años y una de PPR. Tampoco las medidas de seguridad se limitan por dicho principio en un sentido estricto. Por otra parte, este tipo de penas en sus últimas fases no se justifican solo conforme a los criterios de pena merecida, sino de necesidad

---

686 MAPELLI CAFFARENA, B.: "Política criminal...", *op. cit.*, p. 1096.

687 *Ibid.*, p. 1097.

688 SERRANO GÓMEZ, A. y SERRANO MAÍLLO, I.: *Constitucionalidad...*, *op. cit.*, p. 40. En igual sentido, MANZANARES SAMANIEGO, J. L.: *Comentarios al Código Penal...*, *op. cit.*, p. 201.

689 SERRANO GÓMEZ, A. y SERRANO MAÍLLO, I.: *Constitucionalidad...*, *op. cit.*, p. 40.

del castigo. Una vez cumplida la parte de la PPR de ejecución obligatoria, la posibilidad de continuar en prisión se valorará conforme al criterio de la necesidad. El principio de proporcionalidad determina el alcance de la sanción cuando esta se fundamenta en criterios de culpabilidad, pero no cuando lo hace en base a la peligrosidad criminal. Nada hay que impida atender las necesidades inocuizadoras en situaciones extremas a través de una pena. En estos casos el criterio de necesidad hace que la proporcionalidad tome como referencia la peligrosidad del autor. Esta no pérdida de vigencia de este principio asegura que llegada determinada duración la pena se adecuará en el tiempo y en el contenido a la proporcionalidad del perfil de peligrosidad criminal del condenado"[690].

En cuanto al principio de igualdad, SERRANO GÓMEZ y SERRANO MAÍLLO, destacan que es cierto que hay mayor severidad en el acceso al tercer grado, los permisos de salida y requisitos para la suspensión de la ejecución de la pena y consiguiente libertad condicional. Sin embargo, señalan estos autores que "el principio de igualdad supone tratar igual a los iguales y de manera desigual a los desiguales, por lo que nada impide que se establezcan penas diferentes para situaciones delictivas distintas"[691].

Y, respecto del principio de culpabilidad, algunos señalan que el hecho de que la prisión permanente revisable se prevea sin alternativa y sin suficiente matización y excepciones según las circunstancias (además de las del hecho) del sujeto (que podrían modular su culpabilidad) vulnera este principio (incluso se relaciona con una vulneración al derecho a la libertad, consagrado en el art. 17 CE). Sin embargo, a juicio de DÍAZ y GARCÍA CONLLEDO, "esta vulneración no está tan clara (...), pues a quien comete un delito conminado con la pena de prisión permanente revisable sí pueden aplicársele múltiples preceptos del CP moduladores o incluso ex-

690 MAPELLI CAFFARENA, B.: "Política criminal...", *op. cit.*, pp. 1095-1096.

691 SERRANO GÓMEZ, A. y SERRANO MAÍLLO, I.: *Constitucionalidad...*, *op. cit.*, p. 38.

cluyentes de la culpabilidad. Pese a ello, puede reconocerse que podría haberse hecho una mayor matización según circunstancias"[692].

Por último, para MAPELLI CAFFARENA, "un aspecto relevante que no es tenido en cuenta en la valoración constitucional de la PPR es la calidad de los sistemas penitenciarios, sobre todo, para descartar propuestas de emplear para estos internamientos de larga duración sistemas extra penitenciarios. Cuestión esta escasamente debatida más allá de los círculos de penitenciaristas. Sin embargo, para valorar la constitucionalidad de la PPR no podemos ignorar que nuestras prisiones alcanzan en la actualidad unos niveles de respeto a los derechos de los internos bastante aceptables. Nuestras cárceles no solo son muy garantistas, en el sentido de que permiten a los internos acceder a la justicia para denunciar abusos y vulneraciones de sus derechos, sino que, en gran medida, las prisiones están organizadas de forma que no lesionan el núcleo esencial de los derechos constitucionales de las personas y el acceso a los mismos. Esta afirmación puede defenderse, incluso, frente al derecho más vulnerado de todos que es la libertad ambulatoria. En un sentido físico dicha libertad se ve constreñida, pero sucesivas reformas legislativas permiten que pueda excepcionarse para atender al ejercicio de derechos como la salud, la educación, la familia, el deporte, etc. Y estas excepciones tienen un carácter universal y se respetan también para los condenados a las penas más graves como la PPR"[693].

En definitiva, entiende FERNÁNDEZ CODINA que con la aplicación de esta pena se "debería buscar que todo el mundo superase los criterios de liberación. No obstante, este compromiso firme con las segundas oportunidades ajeno a cualquier tipo de populismo o Derecho Penal del enemigo es del todo compatible con mantener en prisión a aquellos presos totalmente irreformables, que no haya cambiado en absoluto y que supongan un grave peligro para la sociedad. Insisto, es evidente que las penas deben orientarse

692 DÍAZ Y GARCÍA CONLLEDO, M.: "La pena de prisión…", *op. cit*, p. 160.
693 MAPELLI CAFFARENA, B.: "Política criminal…", *op. cit.*, pp. 1098-1099.

con decisión a la resocialización. Haberlo asumido constitucional y legalmente supone un gran avance civilizador, qué duda cabe. No obstante, tampoco puede uno ser ingenuo y pensar que ese proceso resocializador triunfará siempre. A menos que uno postule la inexistencia de criminales irreformables (para algunos delitos) parece sensato —y necesario— que los Estados dispongan de los medos para hacerles frente. Se dirá que ya existen medidas en este sentido como es la libertad vigilada. De nuevo, es evidente que, en la medida de lo posible, se deben imponer siempre las medidas eficaces menos restrictivas. Ahora bien, a menos que uno considere que las medidas de libertad vigilada serán suficientes en todos los casos, debería concluirse que la PPR sí aumenta la seguridad (por la vía de la prevención especial negativa) y que, por tanto, no puede ser considerada una medida fútil"[694].

De otro lado, como defiende MAPELLI CAFFARENA, "la política criminal, esta debe construirse a partir de dos ideas nucleares: garantizar la seguridad y mantener la confianza de la colectividad en el funcionamiento de las instituciones del Estado. Ni lo uno ni lo otro es alcanzable si dejásemos de atender a esta modalidad delictiva o lo hiciéramos de forma insuficiente o desproporcionada. Si estamos de acuerdo en que ciertas personas no pueden convivir en sociedad con carácter crónico, la PPR es la respuesta menos grave que se puede dar para resolver dicha necesidad. La PPR diseñada con posibilidades de revisión y acompañada de un conjunto de medidas de semilibertad no es una pena cualitativamente peor que las penas de prisión de larga duración. Ahora bien, la posibilidad de que un sistema penológico cuente con ella nos sitúa al borde de un precipicio peligroso porque ya no hay más peldaños en esa escalera ascendente de agravación del sistema penal. Solo es aceptable contar con una sanción de esa naturaleza si, a modo de contraprestación, se reviste de las máximas garantías de excepcionalidad y proporcionalidad. Como hemos señalado antes, excepcionalidad y proporcio-

[694] FERNÁNDEZ CODINA, G.: *Prisión permanente*.... *op. cit.*, p. 111.

nalidad comprometen al legislador a la hora de regular la calidad de los delitos para los que está prevista, los criterios empleados para disminuir la presión del castigo, la duración del periodo de cumplimiento material incondicional y las condiciones de ejecución"[695].

2. LOS DICTÁMENES DE LOS ÓRGANOS CONSULTIVOS Y OTROS DE DISTINTA NATURALEZA

2.1. Consejo Fiscal

En el Informe del Consejo Fiscal (en relación con el Anteproyecto de octubre de 2012), de 8 de enero de 2013, se sostiene que la PPR es una pena conforme al art. 25.2 CE, si bien se sugieren una serie de modificaciones que afectan a determinados preceptos de la norma proyectada.

El Consejo Fiscal advierte, en primer lugar, que la introducción de cambios tan radicales en institutos penales claves como la introducción de la PPR no aparezcan debidamente explicados en la exposición de motivos, especialmente mediante la explicitación de cuáles son las razones de política criminal que subyacen en estos cambios.

A continuación, el Informe pasa a formular una serie de comentarios a los distintos preceptos de la Parte General (del Código Penal) afectados por la reforma proyectada:

- En el art. 33 CP se echa de menos la consignación, dentro del catálogo de penas graves —o mejor, muy graves— de la pena de prisión permanente revisable. Ciertamente, el art. 33.2 a) CP se refiere a la pena de prisión superior a cinco años, pero nada dice de la nueva pena. Las peculiares características de esta pena hacen conveniente su mención expresa y diferencia-

695 MAPELLI CAFFARENA, B.: "Política criminal...", *op. cit.*, p. 1099.

da de la pena de prisión, que siempre tiene un plazo cierto de duración.

- El apartado tercero del art. 36 CP regula el acceso al tercer grado penitenciario y los permisos de salida de los reos condenados a la pena de prisión permanente revisable y establece unos periodos de seguridad durante los cuales no va a ser posible ni el tercer grado ni los periodos de seguridad. Sería conveniente reformar los artículos 47 y 48 de la Ley Orgánica General Penitenciaria, que regula la concesión de los permisos de salida, para coordinar ambos textos. Por otra parte, el artículo 36.1 debería hacer una delimitación de la prisión permanente y el tiempo y circunstancias de su revisión, antes de entrar a fijar, como hace, la duración máxima y mínima de la pena de prisión, que debería configurar el apartado 2 del citado artículo. Los apartados 3 y 4 deberían, entonces, pasar a formar parte del postulado apartado 1.
- Respecto del art. 70.4 CP, se señala que la incorporación de la pena de prisión permanente revisable requería establecer cuál es la pena inferior en grado a la misma. La cuantía de la pena se obtiene del juego de los artículos 36.1, que en principio establece un máximo de 20 años a la pena privativa de libertad y del artículo 70.1.3.1°, que determina la superior en grado de la pena de prisión de aquélla en 30 años.
- Sobre el art. 78.2 CP, el Consejo Fiscal entiende que entra en flagrante contradicción con los apartados 1 y 3 del nuevo art. 78 bis. En efecto, en el primero de estos apartados se establece que en el caso de condena por varios delitos y uno de ellos (ap. a) y dos o más de ellos (ap.b) estén castigados con la pena de prisión permanente revisable, pena de indudable mayor gravedad que las del artículo anterior, el acceso al tercer grado requerirá un tiempo menor de cumplimiento: de 18 (ap. 1.a) o 22 (ap. 1.b) años, respectivamente.

Pero la contradicción es mayor todavía con el apartado tercero, en el que se establece que tratándose de delitos referentes a organizaciones y de terrorismo, en lo supuestos en que la condena sea por varios delitos, uno o dos de ellos castigados con pena de prisión permanente revisable, el acceso al tercer grado requerirá el cumplimiento de 22 (ap.1. a) y 32 (ap. 1.b) años, respectivamente.

El Consejo Fiscal estima que no tiene sentido que se establezca un plazo superior de acceso al tercer grado en los supuestos de varias condenas, ninguna de ellas sancionada con la pena de prisión permanente revisable, que cuando una o dos o más delitos estén sancionados con pena de prisión permanente revisable. Por ello, se estima preciso que se revise la redacción de estos preceptos.

- En cuanto a las previsiones del art. 92 CP, el Consejo Fiscal comienza proclamando que, en la nueva ordenación penal del Anteproyecto, la pena de prisión perpetua no es incompatible con la libertad condicional. Esta accesibilidad del penado a la progresión de grado en el ámbito penitenciario y a la suspensión condicional de la parte de la pena una vez alcanzado el cumplimiento de un determinado período fijado por la ley es lo que salvaguarda la constitucionalidad a la luz del art. 25.2 CE.

Partiendo de que el precepto es compatible con el principio constitucional de resocialización de los condenados por las mismas razones expuestas por el Tribunal Constitucional alemán en 1977, en síntesis, porque el condenado mantiene una oportunidad concreta y realizable de recuperar la libertad, entendemos que el texto es susceptible de mejora en varios aspectos.

El artículo 92 se dedica a disciplinar los requisitos aplicables a la suspensión condicional parcial de la pena de prisión perpetua, que son muy semejantes a los exigidos a las penas temporales: clasificación en tercer grado, pronóstico favorable y cumplimiento de un período efectivo de cumplimiento de condena que con carácter general se cifra en un mínimo de 25 años.

En los casos en que la pena de prisión perpetua revisable haya sido acumulada a otras penas privativas de libertad, temporales o perpetuas, los plazos mínimos de cumplimiento exigibles para el acceso a la suspensión condicional parcial se van ampliando a 28, 30 ó 32 años, conforme a los supuestos específicamente previstos en el art. 78 bis, de modo que incluso en los más graves supuestos la pena perpetua, el reo puede recobrar la libertad, bajo forma de suspensión condicional, e incluso extinguir la pena por remisión una vez vencido el plazo de suspensión de cinco a diez años previsto en el apartado 3 de este artículo.

El precepto introduce, desde una perspectiva procedimental, la previsión de que transcurridos los 25 años de cumplimiento efectivo de condena, se proceda a revisar la situación del penado cada dos años; llama la atención, sin embargo, que pese a la naturaleza y gravedad de la pena que supone, en principio y salvo una revisión favorable, una reclusión permanente, no se disponga un procedimiento contradictorio de revisión con audiencia del penado y de su representación procesal y del Ministerio Fiscal. Entendemos que esta previsión es necesaria.

El apartado segundo regula unos requisitos adicionales cuando se trate de personas condenadas a la pena de prisión permanente revisable por su pertenencia a organizaciones y grupos terroristas y por delitos de terrorismo. Este apartado es prácticamente igual al vigente párrafo último del art. 90.1, donde se regula la libertad condicional, y que se mantiene en el nuevo artículo 90.8 que regula la misma institución. De todos modos, parece más correcto sustituir el verbo "podrá acreditarse" por el imperativo "habrá de acreditarse al menos", y de igual modo, convendría establecer un trámite de audiencia a la víctima.

Se declara aplicable a esta materia el artículo 86, que en realidad está pensado para otros supuestos, para casos de primariedad en el delito y condena por un delito menos grave, muy distinto del caso que nos ocupa, en el que el condenado ha cometido delitos especialmente graves. En su apartado 1.1, establece el artículo 86 como causa de la revocación de la suspensión la comisión de un nuevo delito durante el periodo de suspensión. Posteriormente el apartado 2 del mismo artículo matiza que se pueden endurecer, como alternativa a la revocación, las prohibiciones, deberes o condiciones cuyo incumplimiento no haya sido grave o reiterado. Ahora bien, en los artículos que regulan estas prohibiciones, deberes o condiciones no aparece recogido el compromiso del penado de no cometer nuevos delitos, por lo que parece que la mera comisión de uno deberá dar lugar a la revocación de la suspensión.

Sin embargo, las dramáticas consecuencias de una revocación de la suspensión y el reinicio del cumplimiento de una pena indeterminada en su duración parece que requeriría una regulación especial de la revocación, en la que probablemente la comisión de un delito doloso menos grave o un delito imprudente no deberían llevar por sí misma y en todos los casos a tal revocación. Esta al menos es la opinión mayoritaria de la doctrina alemana. Como decimos, la revocación de la suspensión del artículo 86 está pensando en otros supuestos muy distintos.

Por último, en el Informe se lleva a cabo un examen de las disposiciones que afectan a la Parte Especial (del Código Penal):

- Sobre el art. 140 CP, el Consejo Fiscal comienza indicando que en el apartado 2 parece existir una contradicción entre su contenido y la Exposición de Motivos, ya que en la misma se indica que se refiere a los asesinatos reiterados o cometidos en serie, lo que implica la muerte de dos o más personas, mientras que el precepto alude a la muerte de más de dos personas.

  Se produce además un error material al hacer referencia al artículo 78.1 b pues tal numeración no existe ni en el CP ni en el Anteproyecto. Es posible que el prelegislador haya querido referirse al artículo 78 bis, apartados 1 b y 2 b, que es donde se regulan los efectos de la acumulación de la pena de prisión permanente revisable con otras penas privativas de libertad, por lo que, de ser así, procedería la corrección de esta cita.

En relación con la circunstancia 1ª del art. 140.1, de cometer el asesinato sobre víctima menor de 16 años, el Consejo Fiscal observa una clara discordancia entre esta edad y la de 13 años por la que resueltamente se opta en otros apartados del Código Penal como elemento desencadenante de una protección más intensa de las víctimas que no la alcancen —v. gr., en los delitos contra la libertad e indemnidad sexuales—. Las razones que motivan la diferente selección de la edad de protección especial en el caso del asesinato debe ser debidamente explicada en la parte expositiva del texto, o en su caso, procede que en el texto articulado se homologue la menor edad de 13 años como elemento cualificador del asesinato.

- En cuanto al art. 485 CP, a juicio del Consejo Fiscal, parece suficientemente justificada la previsión de la nueva pena más grave para estos supuestos, en atención a los bienes jurídicos protegidos del máximo rango y parece también adecuado que, no obstante se limite a los casos de mayor lesividad por la índole de los cargos de los sujetos afectados (el Rey o el Príncipe heredero).
- En referencia al art. 605.1 CP, el Consejo Fiscal considera que dada la extraordinaria gravedad que presenta la pena de prisión permanente revisable debería reservarse a los supuestos en que concurran dos o más circunstancias agravantes, manteniendo la pena de prisión temporal en los restantes casos.
- En el caso del art. 607.1 CP, el Consejo Fiscal también considera que la pena de prisión permanente revisable debería reservarse a los casos en los que concurran dos o más circunstancias agravantes, manteniendo la pena de prisión temporal en los restantes supuestos.
- Sobre el art. 607 bis 2. 1° CP, el Consejo Fiscal entiende que la pena de prisión permanente debiera reservarse de manera exclusiva a los supuestos cualificados, manteniendo la distinción de penas que contempla actualmente el precepto.

2.2. Consejo General del Poder Judicial

El Informe del CGPJ de 16 de enero de 2013 (relativo al Anteproyecto de octubre de 2012) muestra serias dudas sobre la constitucionalidad de la PPR por vulnerar aparentemente el principio de legalidad contenido en el art. 25.1 CE. No así, el mandato de resocialización que alberga el art. 25.2 CE. En este sentido, en el citado dictamen se recogen una serie de consideraciones dirigidas a la corrección de algunos aspectos por parte del legislador.

Con todo, si bien, el Informe fue aprobado por una amplia mayoría, se formularon una serie de votos particulares que también pasaremos a comentar.

2.2.1. El acuerdo del Pleno

En el apartado relativo a las consideraciones generales, el Informe comienza realizando un repaso histórico sobre la evolución de las penas de prisión perpetuas en nuestro país, concluyendo que *"aun cuando la reclusión o prisión a perpetuidad no ha sido una figura extraña a la normativa penal española, lo cierto es que esa modalidad no ha sido contemplada por los textos penales más recientes, concretamente los elaborados durante el siglo XX"*.

A continuación, el CGPJ lleva a cabo, de manera sucinta, un recorrido sobre la regulación de esta pena en países como Italia, Alemania y Francia. Tras lo cual se afirma que *"A la vista del panorama normativo expuesto, es evidente que otros ordenamientos penales europeos prevén medidas de contenido similar a la PPR, si bien también cabe decir que en algunos países, por ejemplo Alemania, la pena de privación de libertad temporal máxima no supera los quince años, límite notablemente inferior al que establece nuestro Código Penal"*.

Por otro lado, la Exposición de Motivos señalaba que el TEDH ha considerado que el establecimiento de la prisión perpetua es compatible con la Convención Europea de Derechos Humanos. Y, a este respecto, el Informe indica que *"Ciertamente, el TEDH ha seguido el criterio que se refiere el prelegislador, y ello ha dado lugar que nuestro Tribunal Constitucional haya acogido dicho criterio respecto de la prisión a perpetuidad en el contexto del procedimiento de extradición"*. Se cita, como ejemplo, la STC 181/2004, de 2 de noviembre, pero, se indica que *"En primer lugar, la sentencia del Tribunal Constitucional objeto de cita, al igual que otras de sentido equivalente, se ha limitado a ponderar la corrección constitucional de la prisión a perpetuidad, modificable o revisable, desde la perspectiva del artículo 3 del Convenio Europeo de Derechos Humanos y el artículo 15 de la CE, que como es sabido proscribe las penas y tratos inhumanos o degradantes. Por otra parte, no cabe ignorar que en el ámbito de la extradición el Estado requirente no es un poder público que se halle sometido a la Constitución española, y, de ahí que sea necesario determinar hasta qué punto y con qué criterios los Tribunales españoles pueden y deben examinar la regularidad constitucional de la actuación de los poderes públicos extranjeros"*. Así también, en el Informe se expresa que *"el control de los derechos fundamentales con proyección "ad extra" se limita al denominado núcleo esencial del derecho fundamental inherente a la dignidad de la persona, dada su vocación universal, pero no a aquellas singularidades específicas que nuestra Constitución les confiere, las cuales, sin embargo, vinculan en su integridad a todos los poderes públicos españoles. Además debe añadirse, como en reiteradas resoluciones ha puesto de relieve el Tribunal Constitucional, que el primer inciso del artículo 25.2 no contiene un derecho fundamental, sino un mandato del constituyente al legislador para orientar la política penal y penitenciaria, del que no se derivan derechos subjetivos"*.

Por último, la Exposición de Motivos también invoca el criterio sustentado por el Consejo de Estado en el dictamen elaborado a propósito de la ratificación por España del Estatuto de la Corte Penal Internacional. Por su parte, el CGPJ manifiesta que *"el órgano consultivo también tuvo en cuenta otras razones a la hora de salvar los posibles escollos derivados de la aplicación del citado artículo, entre ellos la cautela prevista en el artículo 80 y la fijación de condiciones al amparo de lo dispuesto en el artículo 103.1b)"*. Precisamente, al amparo del artículo último citado, el Instrumento de Ratificación por España del Estatuto de Roma de la Corte Penal Internacional, dado el 17/7/1998, contiene la siguiente cláusula: *"España declara que, en su momento estará dispuesta a recibir a personas condenadas por la Corte Penal Internacional, a condición de que la duración de la pena impuesta no exceda del máximo más elevado previsto para cualquier delito con arreglo a la legislación española".* A juicio del CGPJ, este inciso pone de relieve la oposición del legislador a que las penas de prisión a perpetuidad pudieran llegar a ejecutarse en territorio español. Dicho reparo se ve corroborado por el contenido del apartado V de la Exposición de Motivos de la Ley Orgánica 6/2000, de 4 de octubre, por la que se autorizó la ratificación por España del Estatuto de la Corte Penal Internacional, cuyo tenor es el siguiente: *"(...) Esta autorización se expresa en el único artículo que contiene la ley, al que se acompaña una declaración manifestando la disposición de España a recibir personas condenadas por al Corte en los establecimientos penitenciarios de nuestro país siempre que la duración de la pena de prisión impuesta no exceda de la máxima admitida por nuestra legislación, declaración permitida expresamente en el artículo 103 del Estatuto, al tiempo que necesaria por las previsiones del artículo 25.2 de la Constitución, que exige que las penas privativas de libertad estén orientadas a la reeducación y reinserción social del condenado (...)".*

Acto seguido, el CGPJ se pronuncia sobre un aspecto de máxima importancia: *"(...) los principios constitucionales de reeducación y reinserción social no fuerzan a la puesta en libertad de los condenados en cuanto se les considera resocializados, ni tampoco su permanencia en prisión más allá del tiempo de la condena y del que señalan las normas sobre cumplimiento de las penas de quienes no lo están. Estos efectos serían incompatibles con el principio de legalidad de las penas y con los distintos fines de las mismas. Las penas se cumplen, por tanto, con independencia de la efectiva reeducación o no de los condenados, aunque la legislación penitenciaria prevé los correspondientes mecanismos de reinserción social paulatina aplicables tan solo a aquellos sobre quienes recae un pronóstico favorable de reinserción social. Lo único que, según reiterada jurisprudencia constitucional, exige el artículo 25.2 de la Constitución es, por tanto, que las penas privativas de libertad estén orientadas hacia la reeducación y reinserción social de los condenados".* Se aduce en el Informe que *"Este deber constitucional vinculante para la Administración penitenciaria se ha desarrollado en la legislación penitenciaria a través de diversos instrumentos: el tratamiento penitenciario, el régimen penitenciario con la consiguiente posibilidad de progresión en grado, incluyendo el acceso al tercer grado penitenciario (régimen abierto) y a la libertad condicional, y los permisos de salida, además de la suspensión de la ejecución de la pena (artículos 80 y siguientes concordantes del Código penal) y la sustitución de las penas privativas de libertad (artículos 88 y siguientes), fundamentalmente".* Concluyéndose que *"El Anteproyecto no excluye de estas medidas tendentes a la reinserción social a los condenados a prisión permanente revisable, sino que, al contrario, prevé su sumisión al tratamiento penitenciario individualizado, el posible acceso a permisos de salida (artículo 36.3, último párrafo), al tercer grado penitenciario (artículos 36.3 y 78 bis) y a la suspensión de la ejecución de la pena y la libertad condicional (artículo 92). En consecuencia, la pena de prisión permanente revisable prevista en el Anteproyecto no ignora el mandato constitucional de que las penas privativas de libertad tienen que estar orientadas hacia la reeducación y reinserción social de los condenados".*

En otro orden de cosas, el Informe del CGPJ señala que *"es indiscutible que la prisión permanente revisable se contempla como una nueva pena en el Anteproyecto, pero, sin embargo, no se incluye como tal en el catálogo de penas del artículo 33 vigente (dando, así, a entender que se trata de una simple pena grave de prisión superior a cinco años), ni tampoco describe su contenido en el artículo 35, cuando define la pena de prisión, pese a que ésta se define como la privación de libertad que dura entre tres meses y 20 años, salvo los supuestos legalmente previstos en los que puede extenderse a 30 años. En consecuencia, si el Anteproyecto fuera aprobado en su actual redacción, en ninguna parte del Código penal estaría definida esta nueva pena, debiendo suponerse, entonces, que se trata de una pena de prisión perpetua, aunque ni siquiera se utiliza este «nomen iuris», sino el de prisión «permanente»".* Se destaca que la técnica legislativa empleada: *"evita definir la citada pena como lo que es, es decir una prisión a perpetuidad sometida a revisión obligatoria, y permite presentarla como una simple pena de prisión sometida a condiciones especialmente duras para acceder a la suspensión de la ejecución de la pena y a la libertad condicional, al tercer grado penitenciario (régimen abierto) y a los permisos de salida. Es cierto que esta pena está sometida a especiales condiciones en esos ámbitos, que se analizan más adelante, pero no es sólo eso: es —y eso es lo que oculta el Anteproyecto— una auténtica pena de prisión a perpetuidad sometida a revisión obligatoria y a especiales requisitos en cuanto a la suspensión de su ejecución, libertad condicional, etcétera. Esta técnica legislativa no es admisible en la legislación penal, que está sometida al principio de seguridad jurídica, es decir, de sometimiento a la mayor taxatividad posible para evitar, precisamente, ámbitos de incertidumbre, inconcreción y, en suma, de inseguridad jurídica (artículos 9.3 y 25.1 de la Constitución)"*. Tras lo anterior, el Informe concluye que: *"ante las deficiencias detectadas en la regulación de una figura de capital importancia, este Consejo considera conveniente adecuar la regulación de la PPR al principio de legalidad establecido en el artículo 25.1 de la Constitución y a la consecuente garantía de previsibilidad de las sanciones ínsita en dicho mandato, de manera que quede nítidamente reflejado el contenido esencial de la pena objeto de cita, más allá de los beneficios penales y penitenciarios a que el penado pueda ser acreedor"*.

En cuanto a la justificación de esta pena, el Informe del CGPJ destaca que *"no puede pasar inadvertido el hecho de que la Exposición de Motivos no haga mención a las razones y motivos que han llevado al prelegislador a introducir la PPR"*. En el apartado II de la citada Exposición se alude a que dicha pena se reserva para los delitos más graves; que su aplicación no supone una renuncia a la futura reinserción del penado ni constituye una suerte de pena definitiva y, por último, que tanto el TEDH como el Consejo de Estado han avalado tal medida. Sin embargo, ninguna referencia aparece respecto de las circunstancias que, precisamente en el momento actual, aconsejan que una pena privativa de libertad eventualmente perpetua se instaure en el vigente Código Penal, en contra de la evolución histórica a que se ha hecho mención en este informe.

A juicio del CGPJ, tal omisión no se ve colmada por el postulado inicial de la Exposición de Motivos, pues, la genérica alusión a la necesidad de robustecer la confianza en la Administración de Justicia a través del dictado de resoluciones judiciales previsibles y percibidas como más justas por la sociedad, en poco contribuye a esclarecer las motivaciones de política criminal que justifican la introducción de la antedicha medida[696].

Pese al silencio del prelegislador sobre ese aspecto, no obstante el Informe pone de relieve que, en la situación actual, la incorporación de la PPR al catálogo de penas privativas no se justificaría por el incremento numérico de los crímenes para los que se prevé esa sanción. La tasa de homicidios de España es de las más bajas de Europa. Según el Balance de Criminalidad correspondiente al año 2011, elaborado por el Ministerio del Interior, la tasa de criminalidad española (crímenes por cada mil habitantes), es de 48,8, cifra que es inferior a la de Francia (56,4), Alemania (73,8), y Reino Unido (77,7), pero superior a la de Italia (43,8) y Portugal (40,1), estas últimas relativas al año 2009. En el capítulo correspondiente a los homicidios dolosos y asesinatos consumados, la tasa por cada 100.000 habitantes correspondiente al año 2011 fue de 0,82, que fue inferior a la habida en el año 2010 (0,85). Según Eurostat, en el año 2009, la tasa española de homicidios fue del 0,90, ratio esta que es menor a la de los restantes países europeos, con la salvedad de Alemania (0,86) y Austria (0,51). Como se observa, España no destaca, precisamente, por la alta incidencia de los delitos contra la

---

696 En las conclusiones del Informe se vuelve sobre este asunto y se señala de forma más extendida que: *"La función primordial de los Jueces y Magistrados consiste en la interpretación y aplicación de la Ley al caso concreto. Por ello, difícilmente cabe poner reparos a la previsibilidad de las resoluciones judiciales, ya que aquéllos son ajenos a la creación normativa. Tampoco procede dejar entrever que las resoluciones judiciales son consideradas injustas por la ciudadanía, habida cuenta que la sociedad española ha alcanzado un grado de madurez y discernimiento tal, que le habilita para comprender perfectamente cuál es el cometido judicial por excelencia, y que es al poder legislativo a quien corresponde modificar la normativa penal"*. Por tanto, para el CGPJ, *"si el prelegislador considera conveniente, por razones de política criminal, introducir la Prisión Permanente Revisable en el catálogo de penas privativas de libertad, reformar el actual sistema de medidas de seguridad y modificar el régimen jurídico establecido para la continuidad delictiva, debería limitarse a dejar constancia de las razones de oportunidad que le han llevado a proyectar tales medidas, sin ampararse en el pretexto de mejora del funcionamiento e imagen de la Administración de justicia, institución esta que, por otra parte, precisa de otro tipo de reformas que, sin menoscabo de los derechos de los ciudadanos, agilicen la sobrecarga que gravita sobre numerosos órganos judiciales"*.

vida humana independiente y, de ahí que la instauración de la PPR no parece que obedezca a la necesidad de poner freno, mediante un mayor grado de disuasión penológica, a una escalada desmesurada de esta clase delitos.

Mención aparte merecen, para el CGPJ, los atentados contra la vida de tipología terrorista, que durante décadas han constituido una abominable lacra que ha producido resultados particularmente deletéreos y execrables. En el Informe se destaca que las cifras al respecto son suficientemente expresivas: en el año 1968 el número de víctimas mortales fueron dos, alcanzándose el número más alto en el periodo de 1978 a 1980 (91, 119 y 122 muertes respectivamente), así como en el 2004, con motivo del asesinato masivo conocido como "la matanza de Atocha" (190 muertos y más de 1800 heridos). No obstante, durante los últimos años la operatividad del principal grupo terrorista ha disminuido de manera drástica, principalmente por la eficaz y abnegada labor de los Cuerpos y Fuerzas de Seguridad, digna de toda loa y reconocimiento. Ello denota que la lucha antiterrorista puede ser plenamente eficaz mediante la conjunción de una serie de medidas de diversa índole, sin necesidad de introducir la PPR en el Código Penal.

En cuanto a los aspectos concretos del régimen jurídico, el Informe examina, en primer lugar, el apartado tres del artículo 36, donde se recogen las singularidades de la progresión al tercer grado penitenciario, así como los requisitos específicos para el disfrute de permisos de salida. Para el CGPJ: *"El establecimiento de una mayor dilación temporal para el acceso del tercer grado, a causa de la peculiar tipología del delito, supone una quiebra de la sistemática seguida por el Código Penal, pues si bien es cierto que el vigente artículo 36.2 prevé un régimen más severo para ciertos delitos —entre ellos, los relacionados con el terrorismo— de cara a obtener la clasificación en el tercer grado, la mayor rigurosidad enunciada no implica más tiempo de prisión efectiva, sino que el requisito relativo al cumplimiento de la mitad de la pena sea obligatorio, en esos casos, mientras que para el resto de delitos se prevea con carácter potestativo"*. Así, *"La diferenciación cualitativa que contempla el vigente Código Penal puede ser discutible, principalmente si se tiene en cuenta que la progresión al tercer grado no es más que la consecuencia de la favorable evolución del tratamiento penitenciario. Ahora bien, si además se establece un tiempo de prisión efectiva superior para una modalidad delictiva sancionada con la misma pena que las restantes, lo que presupone que su gravedad es equiparable, la diferenciación establecida por el Anteproyecto denota que el principal propósito de la medida no es otro que el de endurecer el régimen de cumplimiento, teniendo en cuenta, exclusivamente, la tipología del delito. Por ello, debería reflexionarse sobre la conveniencia de establecer un régimen diferenciado sobre la base exclusiva de la singularidad del delito cometido, pues no cabe olvidar que el régimen jurídico establecido en el artículo 36.3 es aplicable, únicamente, a los comportamientos castigados con PPR".*

Respecto de los permisos de salida, el CGPJ subraya que, teniendo en cuenta las directrices enmarcadas en el art. 154 RP (que permite su concesión una vez extinguida 1/4 de la condena), se constata que para el cálculo del cumplimiento de la cuarta parte de la condena se ha tomado como referencia la cifra de 32 años, para el supuesto general (8 es la cuarta parte de 32) y de 48 años para los delitos vinculados con la actividad terrorista (12 es la cuarta parte de 48). El periodo contemplado por el prelegislador para la concesión de permisos de salida es distinto del seguido para fijar la progresión al tercer grado. Si se tiene en cuenta el criterio establecido en el vigente artículo 36.2, en cuya virtud, para la progresión al tercer grado es necesario haber cumplido la mitad de la condena, el número de años tomados en consideración por el número 3 del artículo 36 es de 30 años para el supuesto general (15 es la mitad de 30) y 40 años para los delitos de naturaleza terrorista (20 es la mitad de 40).

Como se observa, los parámetros seguidos para la progresión al tercer grado y para el disfrute de permisos de salidas son diferentes. En este sentido, para el CGPJ, tal diferencia no se halla aparentemente justificada y, por ello, sin perjuicio de insistir en la conveniencia de fijar un régimen homogéneo para todos los delitos sancionados con PPR, sería consecuente establecer como referente, a efectos de calcular el cumplimiento de la cuarta parte de condena, la cifra de treinta años y, en su caso, la de cuarenta años para el delito previsto en el artículo 570.2.1, de manera que los permisos de salida pudieran disfrutarse transcurridos siete años y seis meses o, para el caso de mantenerse la diferenciación por la naturaleza del delito, diez años para los delitos relacionados con la actividad terrorista.

En segundo lugar, el Informe repara en los plazos de revisión previsto en el art. 92 CP y en el art. 78 bis CP. El CGPJ pone de relieve que, si se coteja el tiempo mínimo de cumplimiento fijado en ese precepto (veinticinco años), con el establecido en el artículo 78 bis 2 a) para el caso de que el penado haya sido condenado por un delito castigado con PPR y la suma del resto de penas exceda de cinco años (veinticinco años), *"fácilmente se infiere que el prelegislador confiere el mismo tratamiento a dos supuestos de gravedad disímil"*.

En tercer lugar, el art. 92.3 CP remite expresamente a lo dispuesto en el párrafo segundo del artículo 80.1 y en los artículos 82.2 y 83 a 87. A juicio del CGPJ: *"La remisión en bloque a lo dispuesto en el párrafo segundo del artículo 80.1 se antoja redundante, habida cuenta que el apartado c) del artículo 92.1 contempla, como aspectos a tener en cuenta, la personalidad del penado, sus antecedentes, sus circunstancias familiares y sociales, las circunstancias del delito cometido y los efectos que quepa esperar de la propia suspensión de la ejecución y de las medidas que le fueran impuesta. Por ello, bastaría con añadir al referido apartado c) un inciso, en el que se haga referencia a la conducta posterior al hecho, en particular su esfuerzo para reparar el daño causado, que es el único aspecto del artículo 80.1 al que no se refiere el invocado artículo 92.1.c"*. Por otro lado, el Informe expresa que *"la posibilidad de que al penado le sea de aplicación lo previsto en el artículo 84, es decir que el Tribunal pueda condicionar la suspensión de la ejecución del resto de la pena al pago de una multa (ordinal segundo) o a la realización de trabajos en beneficio de la comunidad (ordinal tercero) resulta ser manifiestamente desproporcionada, principalmente por la extensión de la PPR. Además, no debe pasar inadvertido que las prestaciones o medidas a que se refiere el mentado artículo 84 están previstas para la suspensión inicial de la ejecución de la pena, pues así lo corrobora el mandato contenido en el artículo 90.5, el cual no contempla la aplicación del artículo 84 para el régimen general de la suspensión de la ejecución del resto de la pena y la consiguiente concesión de la libertad condicional".*

En cuarto lugar, para el CGPJ, *"La relación entre suspensión de la ejecución de la pena de prisión permanente revisable y libertad condicional no queda suficientemente clara en la regulación de los números 3 y 4 del artículo 92 del Anteproyecto, que rompen con la sistemática de estas instituciones legales en el resto de los casos e introducen elementos de inseguridad jurídica".* En efecto, el artículo 92.3 se refiere a la suspensión de la ejecución de esta pena, sin aludir al simultáneo acceso a la libertad condicional, en caso de concesión de tal suspensión, en tanto que el artículo 92.4 regula autónomamente, es decir, sin referencia a la suspensión de la ejecución de la pena, el acceso a la libertad condicional de estos reclusos. Por el contrario, el artículo 90 del Anteproyecto, que es aplicable a los demás supuestos de suspensión de la ejecución de las penas de prisión, se refiere a la concesión o denegación conjunta de la suspensión de la ejecución del resto de la pena y libertad condicional. Pues bien, a juicio del CGPJ: *"Una elemental coherencia sistemática exigiría que también el artículo 92 se refiriera a ambas instituciones legales conjuntamente, para evitar problemas interpretativos muy complejos en el ámbito de la prisión permanente revisable, que dificultarán notablemente la labor jurisdiccional y generan inseguridad jurídica".*

En quinto lugar, el CGPJ aboga por mejorar técnicamente la redacción del artículo 92.4, cuando se refiere a que, una vez extinguida la parte de la condena prevista legalmente, el Tribunal *"deberá verificar, al menos, cada dos años, sobre el cumplimiento del resto de los requisitos de la libertad condicional".* En el Informe se destaca que, dado que los artículos 78 bis 2) y 92.1 a) exigen el cumplimiento efectivo de 25 o 30 años, según los casos, parece correcto que el artículo 92.4 se refiera a que la "verificación" o revisión de la condena de prisión permanente revisable tendrá lugar *"al cumplirse dichos plazos legales y, al menos, cada dos años a partir de entonces".*

Por último, el CGPJ entiende que las circunstancias primera y tercera del art. 140.1 CP evidencian una tendencia al *non bis in idem*. En el Informe se subraya que *"buena parte de los supuestos a los que se refiere la primera menor de edad o persona especialmente vulnerable) terminarán en la alevosía en atención a la construcción jurisprudencial de la misma.Y por lo que se refiere a la tercera («que el delito de hubiera cometido por quien pertenece a una organización criminal»), se producirá un concurso de normas con los art. 570 bis o 570 ter CP en los que se sanciona autónomamente dicha pertenencia o dirección de la organización o grupo, pues precisamente la agravación de la pena en el delito de asesinato obedece al aumento del injusto que supone la pertenencia a organización, por lo que no podrá castigarse este último comportamiento de forma autónoma por la vía de los artículos 570 bis o 570 ter en concurso de delitos con el subtipo agravado específico, ya que ello vulneraría el principio non bis in idem. Por lo que parece que se sancionarán solo el subtipo agravado del asesinato, con la pena de prisión permanente revisable, entendiéndose absorbido el delito autónomo de pertenencia o dirección de grupo u organización".* Por otra parte, para el CGPJ *"la reforma no es clara en la determinación de la edad del menor que merece una especial protección, acogiéndose como tal la edad de trece años en los delitos contra la libertad e indemnidad sexual y en los relativos a la prostitución y explotación sexual, mientras que en el asesinato se opta por la edad de dieciséis años, no dando ninguna explicación de esta disparidad de criterio".*

Así también, en el Informe se apunta a que el artículo 140.2 CP adolece de una imprecisión que debería ser corregida, pues los términos en los que aparece redactado dan lugar a diversas interpretaciones. A juicio del CGPJ: *"Parece que en atención a la gravedad de la pena y el especial agravamiento del régimen de cumplimiento que establece, debería entenderse que cada una de las condenas por la muerte de las distintas personas deberán ser, individualmente, un asesinato y que las condenas por las diversas muertes, han de establecerse en la misma sentencia. Sin embargo, la redacción del precepto permite otras interpretaciones, como por ejemplo que bastaría que solo una de las muertes sea asesinato, que resultarían desproporcionadas con la excepcional pena que establece. Razón por la cual la redacción debería ser más precisa".*

2.2.2. Voto particular que formulan los vocales Antonio Dorado Picón y Concepción Espejel Jorquera

Lo primero que no comparten ambos vocales es la objeción que se plantea por tratarse de una figura extraña a la normativa española reciente, oponiéndose a la parcial reseña que se efectúa del Derecho comparado europeo, la lectura interesada de la doctrina del TEDH, de nuestro TC y de la postura en su momento sostenida por el Consejo de Estado.

Se señala al respecto que: *"Las referidas críticas olvidan que el Derecho Penal no es inmutable; estando justificada su modificación como respuesta al cambio de la realidad social y a la consiguiente necesidad de dar respuesta a situaciones no previstas o no adecuadamente resueltas con anterioridad y que nada impide que el legislador opte por una concreta opción de política criminal no proscrita constitucionalmente, máxime cuando esta tiende a adecuar sanción penal a la extrema gravedad de determinas conductas, a la culpabilidad del autor y a la enorme conmoción y alarma social que aquellas generan. Por el contrario, los Vocales que suscriben este Voto Particular compartimos el principio de confianza de la sociedad en que las conductas serán sancionadas con penas justas, en cuanto a proporcionadas a la gravedad y culpabilidad de los hechos delictivos, sin perjuicio de que la ejecución de las penas se oriente a la reeducación y reinserción social de los penados, a lo cual no resulta contrario el Anteproyecto, conforme reconoce el propio informe aprobado en el Pleno".*

Aun cuando efectúa una mera enumeración de los países en los que se contienen penas análogas a la PPR, el informe, a juicio de estos vocales: *"no explicita adecuadamente que la PPR es una opción muy extendida en el Derecho comparado europeo, no solo en Italia, Francia y Alemania, países a los que se alude con un mínimo detalle en el mismo. Consideramos que si se quiere valorar una opción legislativa, citando para ello la normativa vigente en otros países, debería haberse hecho un estudio más exhaustivo de la misma en todos los que establecen penas análogas a la ahora examinada, vez de limitarse a la de tres concretos Ordenamientos. Debería haberse evitado además efectuar citas parciales que de la doctrina constitu-*

cional y de la del TEDH, que pudieran inducir a error, con la finalidad de cuestionar lo que dichos Tribunales no objetaron".

Por el contrario, a juicio de estos vocales, *"debería (...) haberse explicitado con mayor claridad que el TEDH ha sido contundente al declarar que la prisión permanente revisable no es contraria al art. 3, ni contraviene ningún otro precepto del Convenio; bastando con que la Ley ofrezca la posibilidad de revisión de la condena perpetua con vistas a la conmutación, revisión, terminación o libertad condicional del penado para que se satisfaga el mencionado art. 3".*

En cuanto a la adecuación de la PPR al art. 25.2 CE, se destaca que pese a la lectura parcial que pretende darse en el informe a la doctrina del TC y al informe del Consejo de Estado, del examen de ambos se infiere con claridad que tanto uno como otro se han pronunciado, aún cuando fuera en un contexto diverso, en el sentido de que la PPR no conculca el art. 25.2 CE; habiendo apuntado el TC (en materia de extradición) que es suficiente garantía que la ejecución de dicha pena *"no sea indefectiblemente de por vida".*

Los vocales que suscriben el presente voto particular celebran que el informe aprobado por el Pleno difiere sustancialmente del de la Comisión de Estudios e Informes, respecto del que formularon en su momento Voto Particular, en una materia de gran transcendencia, como lo es la relativa a la duda de insconstitucionalidad de la prisión permanente revisable, en cuanto eventualmente contraria al art. 25.2 de la CE, planteamiento que ha sido excluido por el Pleno, que reconoce explícitamente que la citada pena no es en modo alguno contraria a dicho precepto constitucional, *"conclusión que obviamente compartimos en cuanto la modificación introducida en el informe aprobado por amplia mayoría del Pleno es sustancialmente coincidente con la postura sostenida por los dos Vocales que suscriben en el Voto Particular en su día formulado, en el que apuntábamos que, son muy reiteradas las resoluciones del TC que aclaran que el primer inciso del art. 25.2 CE no contiene un derecho fundamental, sino un mandato del Constituyente al legislador para orientar la política penal y penitenciaria, del que no derivan derechos subjetivos; no pudiendo olvidar que tales fines no son los únicos que persi-*

guen las penas privativas de libertad y que el Constituyente, a diferencia de las penas de muerte y de trabajos forzados, no proscribió la de prisión a perpetuidad".

No se discute tampoco por el Pleno que la reeducación y reinserción social, como función humanizadora de la pena, no es un resultado que se deba alcanzar en todo caso como una ineludible "estación de término", ya que exige la concurrencia de dos voluntades: la del Estado, que aplica la Ley y ejecuta la condena y la del penado obligado a cumplirla y a ajustar probadamente su conducta al fin rehabilitador. Se admite igualmente por la mayoría del pleno la premisa contenida en la EM del Anteproyecto de que la PPR no obsta a que, una vez cumplida una parte de la condena, sea posible el retorno del penado a la libertad siempre que concurran los requisitos legalmente exigidos. De modo que, si la libertad resulta postergada, ello será consecuencia del fracaso del tratamiento penitenciario, a lo que no resulta ajena la propia actuación del penado, cuya falta de voluntad de efectiva reinserción no puede ser suplida por el Estado.

Sin embargo, aunque ambos vocales coincidan en lo esencial con las consideraciones introducidas en el Pleno en cuanto a la compatibilidad de la pena con el art. 25.2 CE, estiman que *"se siguen manteniendo en el texto omisiones relevantes que en su momento denunciamos, como la relativa a la cita incompleta del derecho comparado, que lejos de apoyar la conclusión que en su día mantuvo la Comisión de Estudios y Informes y que hoy ha rechazado el Pleno abona la incuestionable conclusión de que la pena es plenamente compatible con dicho precepto constitucional".*

Por otro lado, discrepan de las consideraciones relativas a que la falta de mención expresa de la PPR en el art. 33 y la ausencia de detalle de la misma en el art. 35 del CP sea contraria a los principios de seguridad jurídica y de legalidad penal, materialmente consagrados en el art. 25.1 de la Constitución, por cuanto, *"al margen de la conveniencia, por razones de sistemática y corrección de técnica legislativa, de su inclusión en el art. 33 e incluso de establecer en el art. 70.4 la pena inferior en grado a la de PPR, no cabe duda de que la pena en cuestión está prevista en el Anteproyecto, del que se infiere su alcance y condiciones precisas para su revisión y su establecimiento se efectúa en una norma con rango de Ley Orgánica, por lo que no cabe estimar que se produzca vulneración alguna del principio de reserva de Ley".* Además, *"el artículo 33 del CP no contiene propiamente un catálogo de penas sino la clasificación de las mismas por razón de su gravedad y declara que son penas graves, entre otras, las de «prisión superior a cinco años», lo que incluiría también la prisión permanente revisable".* Por otro lado, *"el artículo 35 es esclarecedor, dado que, al definir los límites de la pena de prisión, advierte expresamente de que puede tener una duración superior cuando así lo disponga la Ley".*

En línea con lo anterior, tampoco comparten las consideraciones relativas a que el Anteproyecto pueda inducir a error sobre el alcance de la pena de PPR, a que sea una pena incierta o una prisión perpetua encubierta. Los argumentos empleados por los vocales Antonio Dorado Picón y Concepción Espejel Jorquera son los siguientes:

> *"El prelegislador no introduce una pena incierta, sino una pena de duración indeterminada, con unos plazos de cumplimiento mínimos claramente establecidos en los arts. 78 y 92 y que puede llegar a ser permanente o perpetua, con la garantía de que debe ser revisada en los plazos y con los requisitos que la propia norma establece.*
>
> *En consecuencia, estimamos que la pena, a la que no cabe hacer ninguna tacha de inconstitucionalidad, y su proyectada regulación no vulneran en modo alguno el art. 25.1 CE.*
>
> *Al margen de opciones terminológicas (prisión permanente revisable, prisión perpetua revisable, u otras análogas), la naturaleza y posible duración de la pena se infiere con claridad del texto y resulta incluso del propio tenor gramatical del término «permanente» contenido en su denominación, que obviamente significa «que permanece»; significando «permanecer» «mantenerse sin mutación en un mismo lugar, estado o calidad». De modo que no cabe sino concluir que la prisión podrá ser perpetua; manteniéndose hasta tanto concurran, si es que concurren, los requisitos para su extinción. Regulando el Anteproyecto de forma clara que la pena habrá de ser revisada en los plazos que taxativamente fija; siendo ese incuestionable carácter de revisable, que la propia norma garantiza, lo que comporta que la pena se ajuste plenamente a los parámetros constitucionales y a la doctrina del TEDH. Por otro lado, es de mencionar que esa falta de definición expresa a la que se alude en el informe, de ser acogida, sería predicable respecto de otras muchas penas, definidas por su propia denominación,*

como la prisión, la localización permanente, la multa etc., sin que el CP explicite qué es la prisión, la localización, la multa u otras muchas; limitándose el texto punitivo a fijar su duración o extensión y los casos en los que resulta imponible, lo que también acontece respecto de la PPR.

Como hemos indicado, el contenido de la pena de prisión permanente revisable está perfectamente definido a lo largo de las diversas normas del anteproyecto que la regulan, en las que se determina con claridad qué delitos se castigan con esta pena; a partir de qué momento puede accederse al disfrute de permisos o al tercer grado; cuándo puede accederse a la libertad; y cuáles son los procedimientos de control para garantizar la posibilidad de reinserción del penado.

Por otro lado, es de reseñar que la invocación relativa a que no puede determinarse a priori el momento de la progresión en grado o la fecha de posible acceso a la libertad provisional, sería predicable igualmente en relación con el actualmente vigente art. 78. Incluso cabe afirmar que la regulación de la prisión permanente revisable está dotada de un grado de certeza muy superior al que caracteriza la ejecución de las penas para las que se fija el límite de cumplimiento a que se refiere el vigente artículo 78 CP, en cuyos supuestos el penado al que haya sido aplicado el precepto, no conoce de antemano si podrá disfrutar de permisos, ni cuándo podrá acceder al tercer grado de clasificación a la libertad condicional, pues todo dependerá de que en algún momento (indeterminado inicialmente) el Juez valore que le debe ser aplicado el «régimen general de cumplimiento», mientras que el condenado a una pena de prisión permanente revisable, por el contrario, conocerá cuál es la fecha en que puede acceder a estos beneficios desde un principio".

Desde otro punto de vista, para los vocales citados *"las objeciones relativas a la posible prisión «de por vida» contenidas en el informe olvidan que, con la regulación actual, también es posible que condenados por delitos muy graves no lleguen nunca a alcanzar el tiempo mínimo de prisión efectiva necesario para acceder al tercer grado penitenciario y, consiguientemente a la libertad condicional, ya que cabe que el cálculo del cumplimiento de los tres cuartos de la pena se realice sobre la suma total de las condenas, (que puede alcanzar una duración muy superior a la esperanza de vida de cualquier ser humano). En el CP vigente no se aplica el límite de cumplimiento efectivo en casos de penas no acumulables, lo que también comportaría de facto una condena perpetua, la cual actualmente no está sujeta a una exigencia legal de revisión para el acceso a la libertad condicional".*

A juicio de los dos vocales, tampoco constituyen consideraciones válidas para cuestionar la introducción de la PPR la relativa a que el prelegislador no justifica debidamente las razones por las que en este momento opta por el establecimiento de la misma, ni la mención de que el índice de delitos graves en España es inferior al de otros países de nuestro entorno, argumento que, al no contextualizarse, no pasa de ser una falacia estadística que pretende condicionar arbitrariamente una iniciativa legislativa plenamente legítima, como la sujeta a informe. Tampoco obsta al establecimiento de la pena la alusión a la disminución reciente de los delitos de terrorismo, puesto que no es el número de los citados ilícitos, ni la finalidad de evitar su futura comisión, lo que ampara el establecimiento de la PPR sino la excepcional gravedad de los sancionados con la misma y la necesidad de que la respuesta punitiva sea adecuada a la culpabilidad de sus autores y al ataque que comportan contra el Estado y el orden constitucional.

A mayor abundamiento, se discrepa también de las consideraciones contenidas en el informe relativas a que resulte "desaconsejable" establecer un régimen diverso para los delitos de terrorismo y para los restantes para los que se prevé la PPR, por cuanto, al margen de que, como se ha dicho inicialmente, no es competencia de este Consejo la de aconsejar o desaconsejar sobre opciones legislativas, *"la excepcional gravedad de los delitos de terrorismo, el sufrimiento que comporta para las víctimas y la repulsa social que conllevan justifican una respuesta punitiva extraordinaria"*.

Tampoco comparten los argumentos que se contienen en el apartado dedicado al régimen jurídico de la PPR relativos a la progresión al tercer grado y permisos de salida, ya que sólo pretenden sustituir una opción legítima por la que se decanta el prelegislador por la contenida en el informe, sin base que lo justifique.

En este sentido, se apunta que *"los cálculos efectuados en el informe aprobado por la mayoría del Pleno parten de un análisis parcial de la regulación actual, dado que se en el régimen vigente se puede excluir de facto toda posibilidad de acceso a permisos de salida, ya que, en supuestos de delincuencia grave, el cuarto de la condena preciso para acceder al permiso se calcula con relación a la suma aritmética de las condenas impuestas, que permite que el penado nunca llegue a cumplir el primer cuarto de condena, posibilidad que es eliminada con la regulación actual, que en este punto introduce un régimen más beneficioso y orientado hacia la reinserción".* Además, "*en el sistema actual los plazos para la progresión en grado y la libertad condicional también dependen de la gravedad del delito y el informe silencia que los establecidos para la prisión permanente revisable, en los supuestos más graves, son idénticos a los que actualmente prevé la legislación vigente*".

Los vocales concluyen que "*no cabe cuestionar, como lo hace el informe aprobado por la mayoría del Pleno, la constitucionalidad de la iniciativa del prelegislador sólo por el hecho de que haya suscitado controversia doctrinal (a veces de simple nomen iuris) o de mera prevención en instancias judiciales o de control de constitucionalidad. Ninguna de estas razones priva de legitimidad a la iniciativa, concordante con el estado de opinión social y en respuesta a delitos particularmente odiosos*".

2.2.3. Voto particular que formulan los/as vocales Margarita Uría Etxebarria, Margarita Robles Fernández, Inmaculada Montalbán Huertas, Félix Azón Vilas, Carles Cruz Moratones, y Ramón Camp i Batalla

Los citados vocales consideraron que el texto que debería haber sido ratificado es el que consta en el informe aprobado por la Comisión de Estudios e Informes en su reunión de 8 de enero de 2013.

En él se señalaba, entre otros aspectos, que no debe pasar inadvertido que ninguna de las Constituciones de los Estados citados contiene una cláusula íntegramente equiparable a la establecida en el primer inciso del artículo 25.2, en cuya virtud "*Las penas privativas de libertad y las medidas de seguridad estarán orientados hacia la reeducación y reinserción social y no podrán consistir en trabajos forzados*". A juicio de estos vocales, dentro del Capítulo IX (De la Jurisdicción) de la Ley Fundamental Alemana, no existe precepto alguno que resulte, en mayor o menor medida, equiparable al artículo 25.2 de la CE. Otro tanto sucede con el texto constitucional francés, mientras que el artículo 27 de la Constitución Italiana establece, en el párrafo tercero que "*Las penas no podrán consistir en tratos contrarios al sentido de humanidad y estarán orientados a la reeducación del condenado*". Si bien debe reconocerse que el precepto de la Constitución italiana traído a colación presenta notable similitud con el precepto de la Constitución Española antes invocado, pues en ambos se proclama que las penas estarán orientadas a la reeducación del condenado, sin embargo, el indicado artículo 27 omite cualquier referencia a la reinserción como finalidad orientadora de las penas, lo cual, como más adelante se explicita, confiere al precepto de nuestra Carta Magna un matiz cuya importancia no es desdeñable.

Los citados vocales concluyen que "*Siendo conscientes de que la decisión final sobre la compatibilidad de la PPR con el artículo 25.2 de la Carta Magna le correspondería, en su caso, al supremo intérprete de la Constitución, no obstante debe dejarse constancia de las dudas que suscita la instauración de una pena privativa de libertad que podría llegar a ser perpetua, respecto de su adecuación al mandato contenido en el precepto antes indicado*". Esto es, entienden que la PPR no sólo vulnera el art. 25.1 CE, sino también el art. 25.2 CE.

2.3. Consejo de Estado

El Dictamen del Consejo de Estado (sobre al Anteproyecto de abril de 2013), de 27 de junio de 2013, sostiene que la PPR es constitucional.

Las consideraciones de esta índole son las que captan los primeros pronunciamientos del Consejo de Estado:

A) Inclusión de la prisión permanente revisable en el catálogo de penas: consideraciones sobre el principio de legalidad de las penas

El Consejo de Estado señala que el apartado 24° del artículo único del Anteproyecto modifica, a estos efectos, el apartado 2 del artículo 33 del Código Penal, incluyendo la nueva pena de prisión permanente revisable a la cabeza de la lista de penas graves. En esta misma línea, el apartado 26° del artículo único del Anteproyecto propone una nueva redacción del artículo 35, en el que nuevamente se cita la prisión permanente revisable junto a las demás penas privativas de libertad. Como señala el Dictamen, la modificación de estos dos preceptos, no prevista en versiones anteriores del Anteproyecto, permite soslayar una de las críticas formuladas por el Consejo General del Poder Judicial, referida a la posible vulneración del principio de legalidad de las penas establecido en el artículo 25.1 de la Constitución Española: *"Nadie puede ser condenado o sancionado por acciones u omisiones que en el momento de producirse no constituyan delito, falta o infracción administrativa, según la legislación vigente en aquel momento"*. Tal y como viene señalando el Tribunal Constitucional, este precepto constitucional implica, entre otras, una garantía material consistente en la exigencia de que la norma punitiva permita *"predecir con suficiente grado de certeza las conductas que constituyen infracción y el tipo y grado de sanción del que puede hacerse merecedor quien las cometa"*(STC 116/1993, de 29 de marzo, FJ 3).

El CGPJ consideró que el Anteproyecto, en su anterior redacción, podía incurrir en una vulneración del citado principio de legalidad por no incluir la nueva pena de prisión permanente revisable en el catálogo de penas y presentarla como una simple "modalidad" de la pena de prisión, lo que no reflejaría su verdadera naturaleza. De esta forma, como señala el Consejo de Estado, *"al incorporar ahora una referencia expresa a la prisión permanente revisable en las nuevas redacciones que da a los dos artículos mencionados, el Anteproyecto da una respuesta satisfactoria a las anteriores críticas, pues la propia denominación de dicha pena resulta ya, en este estadio, suficientemente reveladora de las especiales condiciones que para el condenado implicará su imposición"*.

B) Breve descripción del régimen propuesto para la nueva pena de prisión permanente revisable

Se indica en el Dictamen que el apartado 27° del artículo único del Anteproyecto modifica la redacción del artículo 36 del Código Penal, cuyo apartado 1 pasa a disponer que *"la pena de prisión permanente será revisada de conformidad con lo dispuesto en el artículo 92"*. Este precepto, para el que se propone una nueva redacción en el apartado 53° del artículo único del Anteproyecto, establece los requisitos que deben cumplirse para que el Tribunal acuerde la suspensión de la ejecución de la pena de prisión permanente revisable, requisitos que son, en resumen, los siguientes: a) que el penado haya cumplido veinticinco años de su condena; b) que se encuentre clasificado en tercer grado; y c) que el Tribunal pueda fundar la existencia de un pronóstico favorable de reinserción social.

Sin perjuicio de otros regímenes especiales y más favorables de acceso a la libertad condicional, que también contempla el Anteproyecto, a juicio del Consejo de Estado, *"la revisión de la prisión permanente se somete, por tanto, a requisitos de naturaleza semejante, aunque algo más estrictos, a los que se subordina la libertad condicional en el régimen general, y lo mismo cabe afirmar con respecto al acceso al tercer grado penitenciario"*.

Y por lo que afecta a los permisos de salida del condenado a prisión permanente revisable, en principio se aplicaría el régimen general previsto en la Ley Orgánica 1/1979, de 26 de septiembre, General Penitenciaria, con una excepción: de acuerdo con el artículo 36.1, párrafo 2°, del Código Penal, el penado no podrá disfrutar de tales permisos hasta que haya cumplido un mínimo de 8 o 12 años de prisión, según los casos, en lugar de una cuarta parte de la condena, como establece el artículo 47.2 LOGP para el resto de los casos.

C) Las penas similares en el Derecho comparado

1. Italia. El Código Penal italiano, en primer lugar, define la pena de ergastolo como una pena de prisión perpetua, con obligación

de trabajar y aislamiento nocturno (artículo 22), que se prevé para delitos especialmente graves, como los que ponen en peligro la seguridad nacional, el atentado contra el Presidente de la República o contra Jefes de Estado extranjeros, el atentado con fines terroristas o subversivos y resultado de muerte, el secuestro con fines terroristas o subversivos seguido de muerte dolosa, el secuestro de menor seguido de muerte dolosa, los estragos con resultado de muerte, la difusión dolosa de epidemia, el envenenamiento de aguas o sustancias alimentarias con resultado de muerte y el homicidio agravado (artículos 276, 295, 280, 289 bis, 605, 422, 438, 439, 575, 576 y 577 del Código Penal italiano).

La legislación italiana permite la revisión de la pena de ergastolo, a efectos de obtener la libertad condicional, una vez que el penado haya cumplido, al menos, 26 años de privación de libertad (artículo 176 del Código Penal italiano), y siempre que cumpla ciertos requisitos como el buen comportamiento durante el cumplimiento de la pena, su arrepentimiento, el cumplimiento de la responsabilidad civil o la imposibilidad de cumplirla. El régimen es, por lo demás, algo más estricto cuando se trata del acceso a la libertad condicional de condenados a pena de ergastolo por delitos relacionados con la criminalidad organizada.

2. Alemania. También el Código Penal alemán contempla una pena de prisión permanente revisable, modalidad punitiva que se introdujo después de que el Tribunal Constitucional federal, en su capital sentencia de 21 de junio de 1977 (BVerfGE 45, 187), declarara que una pena de prisión permanente no vulnera el derecho a la dignidad humana sólo en la medida en que el penado tenga la posibilidad de ser liberado, previa la tramitación del correspondiente procedimiento.

Se prevé así la pena de prisión permanente para delitos de especial gravedad, como los actos bélicos, la traición; la agresión a menores, la agresión sexual, el secuestro, la detención ilegal y el robo, en todos los casos con resultado de muerte; el asesinato cuando concurren determinadas circunstancias; la explosión nuclear, la emisión de radiaciones y los ataques marítimos o aéreos, también con resultado de muerte en todos los casos (artículos 80, 175 b, 178, 239 a, 251, 216 a, 211, 212, 307, 309 y 316 c del Código Penal alemán). En el resultado de muerte se incluyen aquellos casos en los que esta se ha producido al menos por negligencia grave.

En este caso, el acceso a la libertad condicional (que, en todo caso, llevará aparejado un periodo de libertad vigilada de cinco años) está sujeto a las siguientes condiciones: que el penado haya cumplido un mínimo de 15 años de privación de libertad; que las particulares circunstancias de la culpabilidad del condenado no exijan el cumplimiento efectivo de la pena; y que se cumplan los requisitos establecidos, con carácter general, para la liberación anticipada en casos de condenas a penas privativas de libertad de duración determinada (como son que la liberación sea apropiada teniendo en cuenta el interés general de la seguridad pública y que la persona condenada lo consienta).

3. Francia. El Código Penal francés, por último, también prevé una pena de reclusión criminal a perpetuidad para los delitos de asesinato y muerte en determinados casos agravados en atención a la persona de la víctima o a los motivos del crimen (artículos 221-3 y 221-4).

En cuanto al acceso a la libertad condicional, el artículo 132-23 del Código Penal francés establece que el condenado a una pena de reclusión criminal a perpetuidad no puede acceder a ningún beneficio penitenciario hasta que haya cumplido, según los casos, 18 o 22 años de prisión. Además, cuando la víctima del delito sea un menor de quince años y el asesinato se haya visto precedido de violación, tortura o acto de barbarie, o cuando se trata de los asesinatos cometidos contra personas depositarias de la autoridad pública (magistrados, funcionarios de la policía nacional, militar de la gendarmería o miembro del personal de la administración penitenciaria, por ejemplo), con ocasión del ejercicio de sus funciones o por razón de estas, el periodo de seguridad es, como regla general, de 30 años, pero se excluye toda posibilidad de aplicación de beneficios penitenciarios al penado a reclusión criminal a perpetuidad, salvo conmutación de la pena por indulto (artículo 221-3 del Código Penal francés).

Este régimen excepcional, introducido por las Leyes nº 94-89, de 1 de febrero de 1994, (para el primer supuesto) y nº 201-267, de 14 de marzo, (para el segundo), ha sido expresamente declarada conforme al principio de necesidad de las penas enunciado en el artículo 8 de la Declaración de los derechos del hombre en sendas decisiones del Conseil Constitutionnel de 10 de enero de 1994 (nº 93-334) y de 10 de marzo de 2011 (nº 2011-625) con, entre otros, el argumento de que *"la disposición cuestionada prevé que en la hipótesis de que el tribunal decida que las medidas enumeradas en el artículo 132-23 del Código Penal no se acuerden al condenado, el juez de la aplicación de las penas podrá, transcurrido el periodo de seguridad de 30 años, iniciar el procedimiento conducente a poner fin a este régimen particular, a la vista del comportamiento del condenado y de la evolución de su personalidad..."*.

D) La jurisprudencia del Tribunal Europeo de Derechos Humanos

A juicio del Consejo de Estado, el criterio que se desprende de la jurisprudencia del TEDH es claro: la pena permanente será conforme a la Convención siempre que no sea "incompresible", esto es, siempre que existan mecanismos previstos para su revisión que ofrezcan al penado un horizonte o esperanza de liberación. El Tribunal Europeo ha sido, por lo demás, particularmente flexible en la interpretación de esta condición: en el propio caso Kafkaris contra Chipre, se entendió que era conforme a la Convención una pena de prisión permanente en la que la única posibilidad de liberación radicaba en el ejercicio del derecho de gracia (de particulares características, eso sí) por las altas autoridades del Estado, un mecanismo que, en principio, ofrece menos "garantías" de liberación (si es que alguna existe) que el sistema de revisión automática de la situación del penado una vez transcurrido un periodo de seguridad más o menos amplio. Así, dice el Tribunal en la referida sentencia que *"ciertamente, una pena como la impuesta al recurrente y que cumple sin indicación de periodo de seguridad genera por sí misma una angustia y una incertidumbre debida a la vida en la cárcel, pero son estos sentimientos inherentes a la naturaleza de la pena infligida y, a la vista de las perspectivas de liberación que ofrece el sistema en vigor, no permiten concluir que exista un trato inhumano o degradante en el sentido del artículo 3"* (Kafkaris contra Chipre, apartado 107).

Más allá de las particulares circunstancias de este caso, la jurisprudencia de Estrasburgo subraya que lo importante es la existencia "de iure y de facto" de mecanismos de revisión de la pena, sin perjuicio de que en un caso concreto la liberación pueda no acordarse, aun transcurrido el periodo de seguridad, no solo por la gravedad del delito cometido, sino en atención a la peligrosidad del penado. En este sentido, el Tribunal ha manifestado que, si bien hay que aceptar que "25 años de prisión es un periodo muy largo de privación de libertad, que puede causar ansiedad e incertidumbre al solicitante" (de la revisión), este no se ve privado de toda esperanza de ser liberado y, además, "nada sugiere que la detención continuada le ocasione un sufrimiento mental o físico considerable", y sin que la mera referencia a su avanzada edad sea suficiente a estos efectos (véanse Streicher contra Alemania (dec.), nº 40384/04, y Meixner contra Alemania, antes citado).

A la vista de todo lo anterior, en opinión del Consejo de Estado, *"parece evidente que la pena de prisión permanente revisable prevista en el Anteproyecto sometido a dictamen no sería contraria a las exigencias del artículo 3 del Convenio de Roma, en la medida en que, como se vio, articula un completo mecanismo de revisión de la pena que ofrece al condenado a la misma un horizonte de liberación, sin que el hecho de que el elevado periodo de cumplimiento mínimo de la pena que se establece sea suficiente para enervar dicha conclusión"*.

E) La jurisprudencia del Tribunal Constitucional

Por lo que respecta, en primer lugar, al artículo 15 CE, apunta el Dictamen del Consejo de Estado que existe una nutrida jurisprudencia constitucional acerca de la compatibilidad con dicho artículo de penas extranjeras de prisión permanente revisable a las que se había condenado, en otro país, a un sujeto cuya extradición estaba, por ese y otros motivos, en cuestión. Se señala que el criterio que, en este contexto, mantiene el Tribunal Constitucional plantea pocas dudas: *"la calificación como inhumana o degradante de una pena no viene determinada exclusivamente por su duración, sino que depende de la ejecución de la misma y de las modalidades que ésta revista, de forma que por su propia naturaleza la pena no acarree sufrimientos de especial intensidad o provoquen una humillación o sensación de envilecimiento que alcance un nivel determinado, distinto y superior al que suele llevar aparejada la simple imposición de la condena"* (entre otras, sentencias 65/1986, de 22 de mayo; 91/2000, de 30 de marzo; y 162/2000, de 12 de junio). Se trata, en definitiva, de la misma interpretación mantenida, en relación con el artículo 3 del Convenio de Roma, por la jurisprudencia del Tribunal Europeo de Derechos Humanos (por ejemplo, en las de 25 de abril de 1978, Tyrer c. Reino Unido, y de 16 de diciembre de 1999, T. y V. c. Reino Unido), cuyas consideraciones el Tribunal Constitucional considera *"plenamente aplicables a la interpretación del art. 15 de la Constitución española"*.

En segundo lugar, el Consejo de Estado estima que resulta también procedente citar aquí la jurisprudencia del Tribunal Constitucional sobre el artículo 25.2 CE, en la que se establece que dicho precepto *"no expresa un derecho fundamental del ciudadano susceptible de ser invocado en amparo, sino más bien un mandato dirigido al legislador para orientar la política penal y penitenciaria con objeto de que configure las sanciones penales para que cumplan estos fines de reinserción establecidos en la Constitución sin que se deriven derechos subjetivos del mismo"* (entre otras, sentencias 88/1998, de 21 de abril; 204/1999, de 8 de noviembre; y 120/00, de 10 de mayo).

A la vista de todo cuanto precede, el Consejo de Estado entiende que la compatibilidad de una pena de prisión permanente con los artículos 15 y 25.2 CE depende, en primer término, de que se articulen posibilidades para su revisión.

Por una parte, tal y como ha indicado el Tribunal Constitucional, el carácter inhumano o degradante de una pena no depende exclusivamente de su duración, sino de su ejecución; en definitiva, de que en esa ejecución se articulen o no posibilidades de liberación anticipada, un requisito que sin duda cumple la pena prevista en el Anteproyecto que, como se ha visto, ofrece al penado la posibilidad de acceder al tercer grado penitenciario, a permisos de salida, a la libertad condicional e incluso a la remisión definitiva de la pena previa verificación de unos requisitos más exigentes de los establecidos para la aplicación de esos beneficios en relación con cualquier otra pena, incluidas las penas de prisión de larga duración.

Por otra parte, esta misma condición de revisibilidad permite afirmar, *mutatis mutandis*, la compatibilidad de la nueva pena de prisión permanente revisable con el artículo 25.2 CE. El precepto, que como bien recuerda el Tribunal Constitucional "no expresa un derecho fundamental del ciudadano susceptible de ser invocado en amparo, sino más bien un mandato dirigido al legislador para orientar la política penal y penitenciaria", dispone que las penas privativas de libertad "estarán orientadas hacia la reeducación y reinserción social", finalidad que no contraría el carácter en principio "permanente" de esta pena, pues el mero hecho de que el condenado a la prisión permanente revisable tenga acceso, aun con requisitos más estrictos, a los mecanismos de revisión de la pena, es revelador de la voluntad del Anteproyecto de orientar también esta pena especialmente grave hacia una —en todo caso eventual— reinserción del penado.

Se ha alegado que el régimen de revisión de la prisión permanente revisable y de acceso a la libertad condicional y otros beneficios penitenciarios es excesivamente estricto, y vulneraría por esta razón lo establecido en los artículos 15 y 25.2 CE. En particular, el Consejo General de la Abogacía Española mantiene en su informe que la modificación proyectada es contraria al artículo 25 CE, pues *"lo determinante es saber el tiempo máximo de privación de libertad que permite al ser humano hacer efectiva la finalidad reinsertadora de dicha pena", y porque "abunda en el establecimiento de un trato degradante e inhumano a la persona privada de libertad cuya condena sea superior a 15 o 20 años de cárcel".*

A juicio del Consejo de Estado, los requisitos que para la revisión de la prisión permanente revisable establece el Anteproyecto cumplen las exigencias de constitucionalidad arriba expuestos pues, por una parte, no puede afirmarse que priven al condenado de una posibilidad real de excarcelación; por otra parte, cabe afirmar que, a excepción del límite absoluto de cumplimiento máximo (que es, de por sí, lo suficientemente extenso como para que prácticamente no influya a estos efectos, y que no es aplicable en el caso de la prisión permanente revisable), el condenado a prisión permanente revisable puede conocer cuál es el tiempo que como máximo habrá de pasar en prisión con un grado de certeza semejante al condenado a cualquier otra pena de prisión, pues en ambos casos el acceso a los beneficios penitenciarios está subordinado a su colaboración y buen pronóstico. Finalmente, el tiempo de cumplimiento efectivo que se exige a efectos de liberación condicional, por ejemplo, resulta proporcional a la extraordinaria gravedad de los delitos para los que se prevé esta pena (...).

Para el Consejo de Estado es razonable pensar que el elevado "periodo de seguridad" o tiempo mínimo de cumplimiento efectivo previsto responde no sólo a una finalidad estrictamente punitiva ante delitos, como se ha visto, extremadamente graves y que presentan unas características peculiares, sino también al hecho incuestionable de que el plazo para la reeducación y reinserción social de los sujetos que cometen este tipo de infracciones será presumiblemente mucho más largo que el necesario para lograr una efectiva reeducación y reinserción social de otro tipo de delincuentes. Asimismo, no hay que olvidar que la reinserción no es el único fin que persiguen las penas, en particular las privativas de libertad, y que el artículo 25.2 CE no se opone a que esos otros objetivos se ponderen con la finalidad de reinserción social.

Desde el punto de vista de la proporcionalidad de la reforma, puede resultar útil comparar las características principales de la figura contenida en el Anteproyecto con otras semejantes que prevén otros países europeos. Así, si se examinan las tres legislaciones europeas a que antes se ha hecho referencia, se llega a la conclusión de que el prelegislador español prevé la introducción de la pena de prisión permanente revisable en supuestos cuantitativa y cualitativamente semejantes a los previstos, en líneas generales, en otras legislaciones (en algunos casos, como el italiano, la pena se extiende a un número más elevado y distinto de supuestos). En cuanto al periodo de seguridad o de cumplimiento mínimo de condena para el acceso a la libertad condicional, solo una de las tres legislaciones examinadas prevé un periodo de extensión equivalente al del Anteproyecto (Italia, con 26 años de periodo de seguridad); sin embargo, no hay que olvidar que, en el caso francés, aunque como regla general el periodo de seguridad de los penados a reclusión a perpetuidad es de 18 o 22 años, según decida el Tribunal, también se prevén algunos casos especialmente graves en los que se elimina toda posibilidad de acceso a los beneficios penitenciarios antes de que se cumplan 30 años en prisión. Asimismo, en el caso alemán, donde el periodo de seguridad en estos casos es de solo 15 años, la libertad condicional se subordina también a requisitos que parecen atribuir un margen bastante amplio de apreciación al Tribunal (que las particulares circunstancias de la culpabilidad del penado no exijan el cumplimiento efectivo de la pena, por una parte, o que la liberación anticipada sea apropiada teniendo en cuenta el interés general de la seguridad pública, por otra).

A la vista de todo lo expuesto, el Dictamen afirma que: "*no parece, por tanto, que sea posible afirmar que el Anteproyecto introduce una figura especialmente estricta en comparación con otros ordenamientos de nuestro entorno europeo. Los resultados de esta comparación no resultan, no obstante, determinantes, pues la variabilidad de las circunstancias hace que las condiciones impuestas en unos y otros casos no sean comparables en términos absolutos*". Concluyéndose, en consecuencia, que "*la configuración que el Anteproyecto realiza de la nueva pena de prisión permanente revisable permite entender que la misma se ajusta a los parámetros de constitucionalidad y es compatible con la Convención de Roma*".

Por lo demás, a juicio del Consejo de Estado "*la introducción de la prisión permanente revisable responde a una libre opción de política legislativa que, sin embargo, no ha sido suficientemente justificada en el ex-*

pediente". La exposición de motivos del Anteproyecto y la Memoria señalan, como se ha visto, distintos argumentos destinados a justificar la constitucionalidad y hasta la proporcionalidad de la medida, pero en ningún momento se apuntan las razones, motivos, causas o circunstancias por las que se ha entendido que una reforma de esta magnitud resulta necesaria en el momento actual.

El Consejo General del Poder Judicial apunta que la instauración de la prisión permanente revisable "no parece que obedezca a la necesidad de poner freno, mediante un mayor grado de disuasión penológica, a una escalada" de los delitos contra la vida humana independiente, pues España no destaca, según los datos estadísticos que aporta, por la alta incidencia de dichos delitos, especialmente si se tiene en cuenta que en los últimos años "la operatividad del principal grupo terrorista ha disminuido de manera drástica, principalmente por la eficaz y abnegada labor de los Cuerpos y Fuerzas de Seguridad", lo que denota, en opinión del órgano de gobierno del Poder Judicial, "que la lucha antiterrorista puede ser plenamente eficaz mediante la conjunción de una serie de medidas de diversa índole, sin necesidad de introducir la PPR en el Código Penal".

Sin perjuicio de lo anterior, no obstante, también podría alegarse la alarma social y valoraciones extremadamente negativas que suscitan las excarcelaciones de condenados por ciertos delitos graves, situaciones que generan una intensa crítica social respecto a nuestro sistema punitivo. Como en todo sistema democrático, nuestro sistema penal es susceptible de mejoras, y no es extraño que en ocasiones genere cierta alarma entre los ciudadanos conocer el resultado punitivo —en apariencia poco severo— que finalmente pueden tener determinadas conductas extremadamente graves y ampliamente difundidas.

Este contexto social puede sin duda avivar o acelerar la decisión del Gobierno de proponer una revisión del sistema de penas del calado de la que ahora se somete a dictamen del Consejo de Estado, pero tal determinación debe explicarse y motivarse de forma expresa por referencia a las mejoras que tales reformas implicarán en nuestro sistema penal, desde el punto de vista de la víctima y de la propia sociedad. Este Consejo de Estado no puede, por tanto, sino discrepar de la forma en que se ha presentado esta importante decisión de política penal y penitenciaria, e insistir en la necesidad de que una reforma de tal envergadura vaya acompañada de una justificación profunda, detallada y respaldada por datos precisos de las razones que la motivan. En último término, corresponderá en todo caso al legislador valorar la oportunidad de la medida, pero el proyecto de Ley Orgánica que el Gobierno remita a las Cortes Generales debería contener, en su exposición de motivos, una clara referencia a los referidos motivos o circunstancias, y habría de acompañarse de una Memoria justificativa que lo sea verdaderamente en lo que afecta, cuando menos, a este punto.

En cuanto a las cuestiones técnicas, el Dictamen alude a que el apartado 1 del artículo 36 se refiere también a los permisos de salida de que podrán disfrutar los condenados a la pena de prisión permanente revisable, estableciendo como condición para ello que el penado haya cumplido "un mínimo de doce años de prisión, en el caso previsto en la letra a), y ocho años de prisión, en el previsto en la letra b)". Si ponemos estos umbrales temporales en relación con la regla que establece la LOGP para el régimen general de permisos de salida (cumplimiento de un cuarto de la condena), veremos que las condenas "virtuales" a las que se habría aplicado esta regla para lograr tales resultados difieren, sorprendentemente, de las que se habrían tomado como base para el cálculo del tiempo mínimo de cumplimiento en el acceso al tercer grado: 32 años, para el supuesto general de la letra b (8 es la cuarta parte de 32), y 48 años para los delitos terroristas de la letra a (pues 12 es la cuarta parte de dicha cifra). Los parámetros aparentemente utilizados para determinar las condiciones de acceso al tercer grado y al disfrute de permisos de salida son, por tanto, diferentes. En línea con lo observado por el CGPJ, y para asegurar una cierta proporcionalidad en la concepción de las reglas de la nueva prisión permanente revisable, el Consejo de Estado considera que sería conveniente establecer como referente, a efectos de calcular el cumplimiento de la cuarta parte de condena, la misma cifra que se haya tomado para el cálculo correspondiente al acceso al tercer grado.

En lo referente al nuevo artículo 78 bis, el Consejo de Estado observa que éste establece un régimen menos o igual de exigente para el acceso al tercer grado de un condenado por varios delitos de terrorismo, o cometidos en el seno de organizaciones criminales, cuando alguno de ellos haya sido castigado con pena de prisión permanente revisable, lo que evidentemente implica una mayor gravedad de los hechos que los sancionados en el caso contemplado en el artículo 78.2, del que quedarían excluidos los supuestos en que se haya impuesto una condena de prisión permanente revisable, dada la mayor especialidad del artículo 78 bis. De acuerdo con el apartado 3 de este nuevo artículo 78 bis, en el caso de autores de delitos de terrorismo, o cometidos en el seno de organizaciones criminales, los límites mínimos de cumplimiento para el acceso al tercer grado de clasificación serán de: 24 años de prisión, cuando el penado lo haya sido por varios delitos, uno de ellos esté castigado con pena de prisión permanente revisable y el resto de las penas impuestas sumen un total que exceda de cinco años y sea inferior a 25 años; 32 años de prisión, cuando el penado lo haya sido por varios delitos y dos o más de ellos estén castigados con prisión permanente revisable, o bien uno de ellos esté castigado con una pena de prisión permanente revisable y el resto de las penas impuestas sumen un total de 25 años. Solo en este último supuesto de imposición de, al menos, dos prisiones permanentes revisables, se llega al requisito general de 32 años de prisión para el acceso al tercer grado en delitos de terrorismo (artículo 78.2). Debería, pues, corregirse esta incoherencia, bien elevando los umbrales del artículo 78 bis.3, bien rebajando el establecido en el artículo 78.2, párrafo segundo, letra a).

En segundo lugar, la lectura del nuevo artículo 78 bis pone también de relieve la existencia de una incongruencia entre lo establecido en su apartado 2, letra a), que exige al penado condenado por varios delitos, cuando uno de ellos esté castigado con pena de prisión permanente revisable y el resto de las penas impuestas sumen un total de entre 5 y 25 años, haber extinguido un mínimo de 25 años de prisión para lograr la suspensión de la ejecución del resto de la pena, y lo dispuesto en el artículo 92.1.a) (en la nueva redacción dada por el apartado 53° del artículo único del Anteproyecto), que para la suspensión de la ejecución de la pena de prisión permanente revisable, en general (cuando no se acumule con otras o se acumule con penas de prisión que no excedan en total de cinco años, caso no contemplado en el artículo 78 bis) exige que el penado haya cumplido, en todo caso, veinticinco años de su condena. Se deja abierta, por tanto, la posibilidad de exigir los mismos años de prisión para la suspensión de varias penas, incluida una de prisión permanente revisable (pues se habla de "un mínimo de 25"), que los que en todo caso han de exigirse cuando únicamente se haya impuesto esta. De nuevo, tal desajuste debería corregirse, pues en otro caso podría llegarse a resultados en los que la imposición, junto a la prisión permanente revisable, de otras penas de prisión que pueden ser de hasta 25 años no tenga consecuencia alguna en las condiciones para la suspensión de la condena.

Por otro lado, respecto del art. 92 CP, el Dictamen repara, en primer lugar, en que el citado precepto se refiere expresamente a la "suspensión de la ejecución de la prisión permanente revisable". Dado que una suspensión ordinaria de esta pena es, por su propia naturaleza, imposible, es evidente que el precepto se refiere a la concesión de la libertad condicional, por lo que cabe plantearse si no sería más claro utilizar ese término, salvo que se considere incompatible, de nuevo, con las especiales características de esta pena. En segundo lugar, el Consejo de Estado subraya que en este caso el Anteproyecto opta por conferir la competencia para pronunciarse sobre la suspensión a quien identifica como "el Tribunal". Tratándose de la prisión permanente, y dadas, de nuevo, sus especiales características, no habría inconveniente en establecer una competencia especial y distinta a la de las restantes penas, pero, dada la falta de claridad de que adolece el Anteproyecto en este punto, debería determinarse con toda precisión. Por último, el tercer párrafo del artículo 92.1 pasa a establecer que *"el Tribunal resolverá sobre la suspensión de la pena de prisión permanente revisable tras un procedimiento oral contradictorio en el que intervendrán el Ministerio Fiscal y el penado, asistido por su abogado".* A juicio del Consejo de Estado, sería oportuno plantear la posibilidad de oír también a la víctima en este procedimiento contradictorio, cuando menos en el caso de los delitos terroristas a que se refiere el apartado 2 del mismo artículo.

En último lugar, el Dictamen se refiere a que el CGPJ y el Consejo Fiscal han objetado el apartado número 2 del proyectado nuevo artículo 140 del Código Penal, que prevé que la pena de prisión permanente revisable podrá también imponerse al condenado por "la muerte de más de dos personas", lo que la exposición de motivos y la Memoria ponen en relación con el tratamiento específico que merecen los asesinatos reiterados o cometidos en serie. El CGPJ entiende que esa pena excepcional debiera reservarse a quien, en razón de la muerte de varias personas, hubiere sido condenado por asesinato de todas ellas, de modo que tal pena no procedería si alguna de las muertes no fuera constitutiva de asesinato. Por su parte, el Consejo Fiscal aprecia una contradicción entre las alusiones a asesinatos reiterados o cometidos en serie, que incluyen la muerte de dos o más personas, y el hecho de que el tipo penal propuesto exija la muerte de más de dos personas. Pues bien, en atención a la naturaleza rigurosamente especial de la prisión permanente revisable, el Consejo de Estado coincide enteramente con la observación del CGPJ. Por lo que hace al apunte del Consejo Fiscal, existe más de un sentido que dar a la expresión "asesinatos reiterados o cometidos en serie", de modo que no es inequívoco que tal expresión deba forzosamente incluir la muerte de dos personas. En todo caso, y dentro de ese margen de libre apreciación, la observación del Consejo Fiscal debiera ser objeto de una nueva reflexión por parte de los órganos instructores.

2.4. Consejo General de la Abogacía Española

El CGAE presentó ante el Senado una serie de enmiendas al Proyecto de Ley, con fecha de registro 12 de febrero de 2015. En ellas se recoge el parecer (contrario) de esta institución respecto de la regulación de esta nueva pena (la PPR).

En cuanto a su constitucionalidad, el CGAE manifiesta que: "*supone una ruptura definitiva con la única Ley de nuestra democracia que se ha aprobado por unanimidad y aclamación: la Ley General Penitenciaria que en perfecta sintonía con el art. 25.2 de la Constitución establece los fines de reeducación y reinserción social. La prisión permanente, revisable a los 25 años, elimina estos fines constitucionalmente recogidos de las penas privativas de libertad eliminando toda expectativa de reinserción o reeducación social. La dureza con la que castiga determinados delitos nuestra regulación actual, unida a la legislación complementaria que obliga al cumplimiento íntegro de determinadas penas con un límite de 40 años, ya suponen una regulación penal suficiente para la búsqueda de los fines preventivo generales*".

A continuación, pasamos a enumerar las cuestiones técnicas que son objeto de examen por parte del CGAE. En este sentido, si bien la Abogacía Española no es partidaria de la inclusión de la PPR, plantea en dichas enmiendas una regulación alternativa a la prevista en el Proyecto de Ley:

- Enmienda 22 a) al artículo veintiséis: En el párrafo segundo del apartado 1 del artículo 36, se fija un único plazo de 18 años de cumplimiento de prisión efectiva para el acceso al régimen abierto en los supuestos de prisión permanente revisable y en el párrafo tercero de ese mismo apartado se fija un único plazo de al menos 9 años de cumplimiento efectivo de prisión para el disfrute de permisos de salida. En el apartado 2 de este mismo artículo 36, se suprime el tercer párrafo. Se establece una previsión específica por la que los mencionados plazos se elevan a veinte y diez años respectivamente cuando el sujeto haya sido condenado por varios delitos y alguno de ellos comporte la pena de prisión permanente revisable.

  Fundamentación: tanto en el caso de la prisión convencional, como en el de la prisión permanente revisable, las incidencias en la ejecución penitenciaria, como lo son el acceso al régimen abierto (o, en el caso de prisión permanente revisable, el acceso a permisos de salida) deben hacer abstracción de la índole del delito cometido y centrarse exclusivamente en el curso del tratamiento penitenciario. De ahí la supresión de las referencias específicas al terrorismo, en el caso de la prisión permanente revisable, o a los otros delitos aludidos, junto a los de terrorismo, en el caso de la prisión convencional, con las excepciones establecidas en tales supuestos. Por otra parte, debe mantenerse una mínima correlación en los plazos para el acceso a permisos penitenciarios y al régimen abierto en el caso de la prisión convencional y en el de la prisión permanente revisable, cosa que no observa el texto del Proyecto. Si la pena máxima de prisión, impuesta como pena única, comporta en nuestro sistema penal treinta años (artículo 70.3, apartado 1° CP), el Juez podrá ordenar que el acceso al régimen abierto "no se efectúe hasta el cumplimiento de la mitad de la pena impuesta", es decir, a los 15 años, de acuerdo con la previsión del artículo 36.2 CP (que mantiene el Proyecto); precisamente el mismo plazo (aunque aquí su observancia es obligada y no sólo potestativa) que si se impone la pena (más grave) de prisión permanente revisable (artículo 36.1 del Proyecto). Y poco mayor es el plazo exigido (ocho años) en el caso de la prisión permanente revisable, que en el caso de la pena más grave de prisión (como hemos dicho, la de treinta años), para el acceso a permisos de salida, pues en el último supuesto indicado, si atendemos a los artículos 47 de la Ley Orgánica General Penitenciaria y 154 del Reglamento Penitenciario, que exigen haya transcurrido una cuarta parte, este plazo mínimo se sitúa en siete años y medio.

- Enmienda 35 a), al artículo único 39: "*Cuando el sujeto haya sido condenado por varios delitos y alguno de ellos comporte la pena de prisión permanente revisable, se estará a lo dispuesto en los artículos 36 y 92*".

  Fundamentación: En caso de mantener la pena de prisión permanente revisable resulta más adecuado sistemáticamente remitir a los artículos 36 y 92, respectivamente, las singularidades del acceso al régimen abierto o a la libertad condicional en caso de que aquella concurra con otras penas, incrementando algo los plazos correspondientes. En cualquier caso, de mantener el modelo del Proyecto habría que corregir la falta de correlación entre lo dispuesto en los artículos 78 y 78 bis, que produce la paradoja de que si, junto a otras penas, concurre la de prisión permanente revisable, el sujeto puede resultar beneficiado.

- Enmienda 46 a), al artículo cincuenta y dos. Se deben introducir en el texto del artículo 92 las siguientes modificaciones:
  a) Sustituir todas las referencias a "acordar la suspensión de la ejecución de la pena", por otras a "conceder la libertad condicional".
  b) Sustituir el texto de la letra a) del apartado 1, por otro con este tenor: *"Que el penado haya cumplido veinticinco años de su condena. Cuando el sujeto haya sido condenado por varios delitos y alguno de ellos comporte la pena de prisión permanente revisable sólo podrá acceder a la libertad condicional tras el cumplimiento efectivo de veintiocho años de prisión".*
  c) Sustituir en la letra c) del apartado 1 la referencia a "la personalidad del penado" por otra a "las circunstancias personales del penado".
  d) Supresión del apartado 2.
  e) Sustitución del apartado 3, por otro con este tenor: *"El plazo de libertad condicional tendrá una duración de cinco a diez años, a computar desde la fecha de la puesta en libertad del penado. Son aplicables las previsiones que, en relación al régimen legal de la libertad condicional y su revocación, establecen los artículos 90 y 91".*
- Enmienda 64, al artículo setenta y seis: Mantener el texto del actual artículo 140 CP.

Fundamentación: se alude a los problemas particulares que suscitan las circunstancias del apartado 1, que llevan a calificar el asesinato como de especial gravedad y, por consiguiente, a la pena de prisión permanente revisable. La primera de ellas resulta comprendida ya (según criterio jurisprudencial constante) en el concepto de alevosía, que lleva a la existencia del asesinato básico; con lo cual, si se entiende que, por ejemplo, la muerte de un niño de corta edad es siempre alevosa, su consideración, además, como asesinato agravado podría comportar, de nuevo, una infracción del principio *non bis in idem*. Y lo mismo cabe decir del segundo supuesto: homicidio subsiguiente a un delito contra la libertad sexual, que lo será para encubrir el delito previo, en el sentido que establece la nueva característica configuradora del asesinato simple del apartado 1 del artículo 139 del Anteproyecto.

Otro tanto sucede con el supuesto de pertenencia del asesino a una organización criminal, pertenencia que en sí misma se sanciona penalmente de manera autónoma, de modo que aquí sólo podría evitarse el *bis in idem* si se entiende que el asesinato agravado, con su pena de PPR, consume al delito de pertenencia a organización criminal.

Ofrece también dificultades interpretativas la previsión recogida en el apartado 2 ("reo de asesinato que hubiera sido condenado por la muerte de más de dos personas"), supuesto que no coincide exactamente con lo que nos dice la Exposición de Motivos, en el sentido de reservar la pena de prisión permanente revisable para los "asesinatos reiterados o cometidos en serie". Nada se indica, en el apartado 2 del artículo 140, de si esa "condena" por la muerte de dos o más personas lo es por hechos realizados en unidad de acción (bomba que mata a varias personas), caso difícilmente caracterizable como asesinato "en serie", o a través de acciones diversas y sucesivas, donde sí cabe hablar de asesinato "en serie" pero, en este último caso, ¿qué sucede si las acciones son juzgadas de manera separada?; ¿cabría, por ejemplo, imponer este pena de PPR retrospectivamente, vía "refundición de condenas"? ¿Por qué la multiplicación de los asesinatos se sustrae aquí de las reglas concursales para conducir a un salto cualitativo de la pena? Y, finalmente, ¿a qué obedece esta remisión recogida en el apartado 2 —pero no en el 1— del artículo 140 del Anteproyecto a las reglas de los apartados 1 b) y 2 b) del artículo 78 bis del Anteproyecto, cuando éste se ocupa precisamente, de todos los casos en los que concurre, junto a otras, al menos una pena de PPR? Demasiados interrogantes.

3. LA SALA SEGUNDA DEL TRIBUNAL SUPREMO

Pese a no ser de su incumbencia, pues, no debe un Tribunal al que no le compete enjuiciar la constitucionalidad de una norma, pronunciarse sobre si la nueva pena resulta o no de su agrado, esto es lo que ha sucedido (como puede comprobarse en algunas de sus resoluciones).

Sirva de ejemplo, la STS 716/2018, de 16 de enero de 2019, donde en su Fundamento Jurídico 4 se formula un duro alegato en contra de la introducción de la PPR:

> *"El legislador de 2015, resucitó del pasado esta pena de prisión perpetua, incluida en el Código de 1848 y extinguida de nuestro ordenamiento con la entrada en vigor del Código Penal de 1928, hacía casi noventa años, que aún siendo perpetua, en el Código de 1870, cumplidos treinta años, se ordenaba la concesión de indulto "a no ser que por su conducta u otras circunstancias graves, no fuesen dignos del indulto" —art. 29—); si bien, ahora denominada prisión permanente, con el adjetivo añadido de revisable, que no evita la posibilidad de que integre prisión por vida, aunque paradójicamente se afirma su constitucionalidad, porque existe posibilidad de que no sea perpetua o si se prefiere, porque su 'permanencia' no es inexorable.*
>
> *Ciertamente el legislador, no invoca precedentes históricos, sino derecho comparado, a pesar de la singularidad de la dilatada extensión de las penas de prisión, normas dosimétricas concursales, ámbito de la individualización judicial y límites máximos de cumplimiento de nuestro ordenamiento, sobre los que tal pena debería sistemáticamente incorporarse, tan dispares del derecho comparado invocado.*

Además, se implanta como pena única, sin alternatividad ni posibilidad de individualización judicial; donde parece que primero se decide la inclusión de tal pena, luego se buscan modelos comparados donde aparentemente con tal negación a posibilidades de individualización judicial se contemple como única pena imponible para determinados delitos y en directa proyección, a las tipologías allí encontradas, se sancionan ahora en nuestro ordenamiento con prisión permanente revisable (la coincidencia en tipologías escogidas con el código penal alemán es relevante). Pese a que las penas que ya contemplaba nuestro Código Penal, era harto superior a los quince años de prisión máxima, que establece el modelo elegido, sistema punitivo concursal incluido y que además, en ese modelo comparado, si concurre alguna atenuante, salvo la de dilaciones procesales indebidas, la prisión permanente responsable se sustituye por pena de prisión entre tres y quince años.

Bien es verdad, que los delitos contra la vida, los de mayor incidencia criminológica entre los contemplados, se excluye el homicidio; pero en el asesinato, se opta por un doble escalón: i) primeramente unas agravantes que cualifican el asesinato, donde se mantienen las previamente existentes a la reforma (alevosía, precio y ensañamiento), con la adición de una cuarta, para facilitar la comisión de otro delito o para evitar que se descubra, que se sanciona con pena de prisión hasta un límite máximo de veinticinco años; y ii) un segundo escalón, donde el asesinato, cualificado por esas agravantes, se le aplicará la prisión permanente revisable, si concurren las hipercualificaciones, así descritas en la Exposición de Motivos: asesinato de menores de dieciséis años o de personas especialmente vulnerables; asesinatos subsiguientes a un delito contra la libertad sexual; asesinatos cometidos en el seno de una organización criminal; y asesinatos reiterados o cometidos en serie (sic).

O con más precisión indica la STS 102/2108, de 1 de marzo, la nueva regulación permite distinguir tres escalones en el delito de asesinato: (i) el tipo básico del art. 139 (prisión de 15 a 25 años); (ii) el asesinato agravado del art. 139.2 (cuando concurren dos circunstancias cualificadoras: prisión de 20 a 25 años); y (iii) el asesinato hiperagravado o singularmente grave del art. 140 (prisión permanente revisable).

Pero en el modelo germano, este doble escalón no existe, no contempla distingos entre las circunstancias que cualifican el asesinato; tampoco la proporcionalidad ni la coherencia, explican el diverso tratamiento en virtud del cual la concurrencia dos, tres o cuatro agravaciones cualificadoras del art. 139, se sancionan con pena de veinte a veinticinco años; mientras que la concurrencia de una sola de ellas, con cualquiera de las hipercualificaciones del art. 140 —no siempre de mayor gravedad que las meras cualificaciones—, se sanciona siempre con prisión permanente revisable".

Por su parte, la STS 678/2020, de 11 de diciembre, en su Fundamento Jurídico 4, comienza recordando que:

"Este tribunal en alguna de sus sentencias (STS 716/2018, de 16 de enero) se ha mostrado especialmente crítico con la modificación legislativa porque, invocando el derecho comparado para su introducción, no haya tenido en cuenta que en nuestro ordenamiento la pena de prisión ya tiene una extensión máxima muy dilatada, que se acentúa con las normas dosimétricas concursales, con las reglas de individualización judicial y con los límites máximos de cumplimiento.Y también ha sido crítica con el hecho de que esa pena sea la única opción punitiva en determinados delitos y que sean muy limitadas las posibilidades de imponer otra pena en caso de concurrencia de atenuantes, tal y como ocurre en el derecho alemán, que parece haber sido tomado como referencia. Hemos criticado igualmente que el modelo elegido no parece que se ajuste a criterios de proporcionalidad y coherencia en tanto que no se explica por qué un homicidio en el que concurran dos, tres o cuatro circunstancias que lo cualifiquen como asesinato se sancione con pena de 20 a 25 años de prisión y que, sin embargo, un homicidio en el que concurra una sola de esas circunstancias junto a alguna de las previstas en el artículo 140.1.1 se castigue con la máxima pena de prisión permanente revisable".

Sin embargo, a diferencia de la anterior sentencia, en esta se expresa que:

"(...) la ley, a pesar de su mayor o menor acierto, cuestión siempre discutible, está vigente y debe ser aplicada por los tribunales. La doctrina del Tribunal Constitucional viene reiterando que la decisión de cuál es la pena proporcionada que la ley debe asignar a un hecho determinado implica un complejo juicio de valoración política y social que —en principio— es competencia del legislador, por lo que el control constitucional sólo puede corregir su criterio en casos de una desproporción evidente, esto es, en casos en los que la pena mínima prevista por la ley impusiera un sacrificio injustificado o cuando, por su duración, constituyera de hecho un trato inhumano o degradante desde la perspectiva del art. 15 CE, como también ha indicado el TEDH (Caso Vinter c. Reino Unido, antes citada) en relación con la prohibición establecida en el art. 3 CEDH.

Por tanto, el juicio de proporcionalidad de la pena legalmente establecida no nos corresponde y en este caso la pena impuesta es legal y proporcionada, según el designio del Legislador, dada la especial gravedad del asesinato cometido sin que pueda imponerse una pena inferior, (de 20 a 30 años de prisión según lo dispuesto en el artículo

70.4 CP) ya que esa posibilidad sólo la contempla la ley en supuestos determinados que en este caso no concurren".

La Sala arguye a favor de esta pena que:

"El Tribunal Europeo de Derechos Humanos en la STEDH de 3 de febrero de 2015 (Caso Hutchinson c. Reino Unido), confirmada por la Gran Sala del TEDH en la Sentencia de 17 de enero de 2017 viene declarando que la cadena perpetua para delitos graves es compatible con el artículo 3 del CEDH siempre que sea revisable durante su cumplimiento conforme a criterios previsibles establecidos por ley o por la jurisprudencia que la interprete, de forma que el penado no sólo ha de tener una perspectiva de liberación y conocer cuál debe ser su conducta para satisfacer las exigencias que la justificarían, sino que ha de contar con una posibilidad de recurso para exigirla. También ha declarado que esa revisión debe valorar si, pese al transcurso del tiempo, se mantienen los fundamentos penológicos legítimos que justificaron la imposición de la pena —retribución, disuasión de conductas similares, protección de intereses de terceros y la necesidad de rehabilitación—, aspecto éste último sobre el que se pone el acento, dado que, se afirma, dicho objetivo es nuclear en la política penal europea (art 8. CEDH). También el respeto por la dignidad humana requiere que las autoridades penitenciarias se esfuercen por la rehabilitación de un preso condenado a cadena perpetua por lo que la revisión requerida debe tener en cuenta el progreso que ha hecho el recluso hacia la rehabilitación, evaluando si dicho progreso ha sido tan significativo que la detención continuada ya no puede justificarse por otros motivos penológicos legítimos. Por último, el TEDH ha puesto el acento en la necesidad de que los criterios y condiciones establecidos en la legislación de cada Estado parte que se refieren a la revisión deben tener un grado suficiente de claridad y certeza, y también deben reflejar los criterios fijados en la jurisprudencia del propio TEDH".

Y concluye que:

"En principio no puede afirmarse que la legislación española no cumpla con todas y cada una de estas exigencias en la regulación de la prisión permanente revisable por lo que no puede afirmarse que dicha pena contraventa el CEDH y pueda ser calificada de inhumana".

Por el contrario, en la STS 821/2022, de 17 de octubre; esto es, una vez recaída sentencia del TC favorable a su constitucionalidad, se vuelve a criticar la existencia de esta pena (FJ,2):

"Esta Sala no ha sido ajena —decíamos ya en la STS 5 de mayo de 2020, recaída en el recurso de casación núm. 10461/2019— a una línea doctrinal de intensa crítica al valorar los efectos jurídicos de la aplicación de la prisión permanente revisable. En nuestra sentencia núm. 716/2018, 16 de enero, censurábamos la decisión de política legislativa representada por la LO 1/2015, 30 de marzo, que implicaba —decíamos entonces— la resurrección de un denostado precedente legislativo que hundía sus raíces históricas en el código penal de 1848. Aludíamos también a la equívoca cobertura del derecho comparado, invocada por el legislador para justificar su reforma, que prescindía de otros datos que singularizan, frente al nuestro, algunos de esos modelos comparados. Hemos expresado ya en numerosos precedentes la necesidad de una interpretación ajustada a los principios que legitiman la aplicación de la ley penal, evitando así el riesgo de asociar la imposición de la pena más grave de nuestro ordenamiento jurídico a concepciones que rinden culto a una responsabilidad alejada del principio de culpabilidad. También hemos subrayado la importancia de que el juicio de subsunción descarte toda influencia que haga descansar los tipos agravados no en el desvalor del hecho ejecutado, sino en perfiles criminológicos propios de un derecho penal de autor".

4. LA STC 169/2021, DE 6 DE OCTUBRE: LA PPR ES CONSTITUCIONAL

La sentencia resuelve el recurso de inconstitucionalidad interpuesto por más de cincuenta diputados de los Grupos Parlamentarios Socialista; Catalán de Convergencia i de Unió; IU, ICV-EUiA, CHA: La Izquierda Plural; Unión Progreso y Democracia; Vasco (EAJ-PNV) y Mixto.

4.1. Análisis de su contenido

4.1.1. La prisión permanente revisable desde la perspectiva de la prohibición de las penas inhumanas o degradantes: art. 15 CE

El Tribunal Constitucional aborda este aspecto en el Fundamento Jurídico 4 de la sentencia:

a) Sobre la posibilidad de que la pena devenga perpetua.

El Alto Tribunal señala, en primer lugar, que el problema de la constitucionalidad de las penas perpetuas ha sido abordado por este tribunal en algunas ocasiones en relación con personas reclamadas por otros Estados en procedimientos de extradición pasiva.

Se trae a colación la STC 91/2000, de 30 de marzo (FJ, 9), que dirimía una demanda de amparo interpuesta por un ciudadano italiano que reaccionaba contra resoluciones de la Audiencia Nacional que autorizaron su extradición a su país de origen, en el que podía ser condenado a pena de prisión perpetua (*ergastolo*), el TC se pronunciaba en estos términos:

> *"En cuanto al carácter eventualmente perpetuo de la pena de ergastolo hemos reiterado que la calificación como inhumana o degradante de una pena no viene determinada exclusivamente por su duración, sino que exige un contenido material, pues 'depende de la ejecución de la pena y de las modalidades que esta reviste, de forma que por su propia naturaleza la pena no acarree sufrimientos de una especial intensidad (penas inhumanas) o provoquen una humillación o sensación de envilecimiento que alcance un nivel determinado, distinto y superior al que suele llevar aparejada la simple imposición de la condena' (STC 65/1986, de 22 de mayo, FJ 4). [Recordábamos entonces que] [t]ales consideraciones han sido también claramente expresadas por el Tribunal Europeo de Derechos Humanos, en su sentencia de 25 de abril de 1978 (caso Tyrer c. Reino Unido) y 16 de diciembre de 1999 (casos T. y V. c. Reino Unido), al interpretar el art. 3 del Convenio europeo para la protección de los derechos humanos, y son plenamente aplicables a la interpretación del art. 15 de la Constitución española". Se dispuso que incumbía al demandante la carga de acreditar "que su ejecución haya de consistir en un riguroso encarcelamiento indefinido, sin posibilidades de atenuación y flexibilización".*

Se cita también la STC 148/2004, de 13 de septiembre (FJ, 9), que refrenda este planteamiento por su concordancia con:

> *"las condiciones de la procedencia de la extradición que el Convenio europeo de extradición, la Ley de extradición pasiva, la jurisprudencia del Tribunal Europeo de Derechos Humanos y de este tribunal han considerado garantías necesarias y suficientes de salvaguardade los derechos a la vida, integridad física y prohibición de tortura y tratos inhumanos o degradantes, en este ámbito extradicional: que, caso de imponerse*

la pena de muerte, esta no será ejecutada, y que, en caso de imponerse la pena de cadena perpetua, el cumplimiento de la misma no será indefectiblemente 'de por vida' (por todas, SSTEDH de 7 de julio de 1989, asunto Soering c. Reino Unido; de 16 de noviembre de 1999, asuntos T. y V. c. Reino Unido; STC 91/2000, de 30 de marzo, FJ 9)"(en el mismo sentido, STC 49/2006, de 13 de febrero, FJ 5)".

En definitiva, como se recoge en la STC 181/2004, de 2 de noviembre (FJ, 16):

"a pesar de reconocer que la imposición de una pena de cadena perpetua puede vulnerar la prohibición de penas inhumanas o degradantes del art. 15 CE, a los efectos de la corrección constitucional de las resoluciones judiciales que declaran procedente la extradición para el cumplimiento de una pena de cadena perpetua o para enjuiciar un delito al que previsiblemente se le impondrá esta pena, este tribunal tiene declarado que resulta suficiente garantía que las resoluciones judiciales condicionen la procedencia de la extradición a que en caso de imponerse dicha pena, su ejecución no sea indefectiblemente de por vida".

Ahora bien, el TC manifiesta que esta doctrina no puede emplearse como argumento para sustentar la constitucionalidad de la PPR. Se señala al respecto que:

"La cuestión suscitada en el presente recurso de inconstitucionalidad, sin embargo, no puede ser dirimida a partir de esta doctrina, elaborada en el ámbito de procedimientos de auxilio judicial internacional, en los que no se aplica ni se juzga la humanidad de la pena, sino la fiabilidad y suficiencia de las garantías ofrecidas por las autoridades de un Estado extranjero de que la persona reclamada, caso de ser entregada, no recibirá un trato incompatible con la dignidad humana, definiéndose el grado mínimo de control exigible a los tribunales españoles para cooperar eficazmente con otros Estados en la lucha contra la criminalidad sin incurrir en vulneración indirecta del derecho fundamental garantizado en el art. 15 CE".

En nuestra opinión, lleva razón el Alto Tribunal, pero, no puede obviarse que en todos esos procedimientos de extradición la condición que se exigía para aprobar la entrega de presos a otros países era la existencia de un elemento que permitiese que el cumplimiento de la condena no fuere *indefectiblemente de por vida*.

Por el contrario, a juicio del TC, en lo que hay que fijarse es en los parámetros establecidos por el TEDH:

> *"llegados al punto de enjuiciar la humanidad de la pena, es inevitable, atenernos al marco axiológico de referencia que proporcionan las condiciones y exigencias impuestas y asumidas en los países de nuestro entorno jurídico y cultural para considerar conciliable la ejecución de las penas de prisión perpetua o de duración indeterminada, allí donde existan, con la interdicción absoluta delas penas o tratos inhumanos o degradantes establecida en el art. 3 CEDH, cuestión que viene siendo perfilada en la doctrina del Tribunal Europeo Derechos Humanos mediante pronunciamientos de innegable valor hermenéutico ex art. 10.2 CE para delimitar el contenido y alcance del art. 15 CE".*

El Alto Tribunal señala que en la evolución de esta doctrina, constituye un hito la STEDH (Gran Sala) de 12 de febrero de 2008, asunto *Kafkaris c. Chipre*, § 98, que asentó la noción de que la prisión perpetua no infringe el mandato prohibitivo de las penas inhumanas o degradantes del art. 3 CEDH, ni ningún otro valor garantizado en el meritado convenio, cuando la legislación interna que la contempla es capaz de proporcionar al reo una posibilidad de revisión en forma de conmutación, remisión, terminación o liberación condicional, es decir, cuando la pena sea redimible de iure o de facto. No se considera irredimible una pena por el solo hecho de que pueda ser cumplida en su integridad, esto es, toda la vida del reo.

El TC cita también la STEDH de 9 de julio de 2013 (Gran Sala), asunto *Vinter y otros c. Reino Unido*, en la que se establece que los mecanismos de revisión susceptibles de preservar la humanidad de la pena deben supeditarse a la evolución personal del reo, pues *"el artículo 3 exige la posibilidad de reducir la pena, entendida esta posibilidad en el sentido de que es necesario establecer un mecanismo de revisión que permita a las autoridades nacionales evaluar si los cambios experimentados en la persona condenada a cadena perpetua son tan importantes y que se han hecho tales progresos hacia la rehabilitación en el transcurso del cumplimiento dela condena, que el mantenimiento de la pena de prisión no está ya justificado en ningún motivo legítimo de política criminal"* (§ 119); y deben estar asimismo predeterminados, pues *"[u]na persona condena-*

da a cadena perpetua tiene el derecho a conocer, desde el primer momento en el que la pena se impone, lo que tiene que hacer y bajo qué condiciones para poder obtener la libertad, incluyéndose el momento en el que la revisión de su condena tendrá lugar o puede esperarse que se produzca. En consecuencia, cuando el Derecho nacional no prevea ningún mecanismo de revisión de una pena a cadena perpetua, la incompatibilidad de este tipo de pena con el artículo 3 se produciría en el mismo momento en el que se impone la pena a cadena perpetua y no con posterioridad en algún momento del transcurso de la condena" (§ 122)[697].

Esta doctrina se reproduce en las SSTEDH de 8 de julio de 2014, asunto Harakchiev y Tolumov c. Bulgaria, § 243 a 246; de 4 de septiembre de 2014, asunto Trabelsi c. Bélgica, § 112 a 115; de 26 de abril de 2016, asunto Murray c. Países Bajos, § 99 y 100; de 17 de enero de 2017, asunto Hutchinson c. Reino Unido, § 42 a 45, y de 13 de junio de 2019, asunto Marcello Viola c. Italia —núm. 2—, § 92. La noción de que la peligrosidad criminal es un factor criminológico susceptible de legitimar la prolongación de la detención aflo-

---

697 Es de resaltar que en la STEDH de 9 de julio de 2013 (Gran Sala), asunto Vinter y otros c. Reino Unido se afirma que "los Estados tienen la obligación, de conformidad con el Convenio, de tomar medidas para proteger a sus ciudadanos ante los delitos violentos [...] el Convenio no prohíbe a los Estados que impongan a un condenado por un delito grave una pena de prisión de duración indeterminada y lo mantengan en prisión mientras sea necesario para la protección de la sociedad (véanse, mutatis mutandis, T. c. el Reino Unido, § 97, y V. c. el Reino Unido, § 98, ambas citadas anteriormente). Asimismo, evitar que un delincuente vuelva a reincidir es una de las 'finalidades esenciales' de una pena de prisión (véanse Mastromatteo c. Italia [GS], nº 37703/97, § 72, TEDH 2002 VIII; Maiorano y otros c. Italia, nº 28634/06, § 108,de 15 de diciembre de 2009; y, mutatis mutandis, Choreftakis y Choreftaki c. Grecia, nº 46846/08, § 45, de 17 de enero de 2012). Estas cuestiones son especialmente relevantes en casos de personas condenadas por asesinato u otros delitos graves contra las personas. El mero hecho de que estos reclusos hayan cumplido ya un periodo largo de pena de prisión no debilita la obligación positiva del Estado de proteger a la sociedad; los Estados deben cumplir con esta obligación manteniendo en prisión a estos reclusos mientras continúen representando un peligro para la sociedad (véase, por ejemplo, Maiorano y otros, citada anteriormente)" (§ 108).

ra nuevamente en la STEDH de 13 de noviembre de 2014, asunto Bodein c. Francia, § 54.

Adaptada esta doctrina a nuestra realidad jurídica, el test de humanidad exige comprobar, en opinión del TC, los siguientes puntos:

(i) la pena debe ser objetivamente revisable, esto es, no debe abarcar en su configuración normativa ni en su imposición judicial toda la vida del reo;

(ii) debe ofrecer al interno una expectativa o esperanza realista, no meramente teórica, de alcanzar algún día la libertad;

(iii) el procedimiento para recuperar la libertad debe ser predeterminado, claro y cognoscible desde el mismo momento de su imposición;

(iv) la decisión liberatoria debe tener en cuenta la evolución individual experimentada por el reo durante la ejecución de la condena, y

(v) el reo debe recibir, de manera voluntaria, no forzada, el tratamiento adecuado a sus circunstancias y necesidades para favorecer dicha evolución.

Apunta el Alto Tribunal que los cuatro primeros apartados son encuadrables en lo que la doctrina del Tribunal Europeo Derechos Humanos denomina *"reductibilidad de iure"*, pues se refieren a la configuración jurídica de la pena y, en particular, de los presupuestos y del procedimiento para alcanzar la libertad; el quinto, en el de la *"reductibilidad de facto"*, pues se refiere a una actividad prestacional u obligación positiva del Estado, concebida como obligación de medios, no de resultado, de proporcionar al interno un tratamiento adecuado a sus necesidades y circunstancias que posibilite su evolución personal y haga factible su esperanza de liberación (STEDH Murray, § 103, 104 y 112).

El TC sostiene que: *"Se puede afirmar que la reductibilidad de iure queda suficientemente garantizada al imponerse al tribunal un examen actualizado y periódico de la evolución personal del interno y de sus condiciones de reingreso en la sociedad «tras un procedimiento oral contradictorio en el que intervendrán el Ministerio Fiscal y el penado, asistido por su abogado" (art. 92.1, párrafo último, CP)»".* A juicio del TC, las razones son las siguientes:

1) El art. 92.1 CP dispone que el tribunal acordará la suspensión condicional (libertad condicional) de la pena de prisión permanente revisable para el penado que, cumplidos ciertos períodos mínimos, se encuentre clasificado en tercer grado y presente un pronóstico favorable de reinserción social apreciado por el tribunal a la vista de su personalidad, sus antecedentes, las circunstancias del delito cometido, la relevancia de los bienes jurídicos que podrían verse afectados por una reiteración en el delito, su conducta durante el cumplimiento de la pena, sus circunstancias familiares y sociales, y los efectos que quepa esperar de la propia suspensión de la ejecución y del cumplimiento de las medidas que fueren impuestas, previa valoración de los informes de evolución remitidos por el centro penitenciario y por aquellos especialistas que el propio tribunal determine.

2) El art. 92.4 CP establece a su vez el procedimiento a seguir para verificar la revisión de la pena, que impone al tribunal, cumplidos los períodos mínimos de condena, el deber de verificar al menos cada dos años el cumplimiento de los requisitos para la concesión de la suspensión condicional y prevé asimismo que el tribunal resolverá también las peticiones de concesión de la libertad condicional del penado, aunque en tal caso, podrá fijar un plazo de hasta un año dentro del cual, tras haber sido rechazada una petición, no se dará curso a sus nuevas solicitudes.

En cuanto a la *reductibilidad de facto*, a juicio del TC, "*plantea un problema de naturaleza diferente, pues la realización efectiva de este presupuesto dependerá de la diligente aplicación de los institutos resocializadores previstos en nuestro ordenamiento penitenciario antes de promulgarse la Ley Orgánica 1/2015, lo que en un plano material suscita el problema de la suficiencia de los medios aportados por la administración para el éxito del tratamiento penitenciario, entendido como «el conjunto de actividades directamente dirigidas a la consecución de la reeducación y reinserción social de los penados» que «pretende hacer del interno una persona con la intención y la capacidad de vivir respetando la Ley penal, así como de subvenir a sus necesidades» (art. 59 LOGP)"*. Sin embargo, advierte el TC que *"la inconstitucionalidad de la norma no puede basarse en la disponibilidad de medios: se trata de una cuestión que, por estar relacionada con la aplicación de la ley, no es susceptible de integrar el juicio abstracto de constitucionalidad, sin perjuicio de las consecuencias jurídicas que puedan derivarse en otros ámbitos"*.

Efectivamente, en nuestra opinión, lleva razón el TC al afirmar que tanto la *reductibilidad de iure* como *de facto* es posible, pues, tanto la propia regulación de la PPR en el CP como la normativa penitenciaria así lo prevén. En este sentido, el hecho de que, en la práctica, no se otorguen permisos de salida, no se conceda el tercer grado o la suspensión (por una aplicación incorrecta de la ley); o, no se proporcionen programas de tratamiento adecuados a las necesidades de cada uno de estos internos (por falta de medios), no puede invalidar la constitucionalidad de esta pena.

b) Sobre la aflictividad de la pena.

Sobre este punto, el TC se pronuncia en estos términos:

> *"hay que empezar señalando que existe la opinión, ampliamente compartida en la dogmática penal por autores de muy diversa orientación doctrinal, e incluso ideológica, de que una privación de libertad de duración superior a quince o veinte años puede representar una forma de tratamiento inhumano o degradante si se atiende a su negativo impacto en el bienestar psíquico y en el equilibrio mental del interno, manifestado en forma de institucionalización, pasividad, pérdida de autoestima y depresión. No es una opinión sustentada en percepciones subjetivas o intuiciones personales de los autores, sino basada en análisis clínicos y sociológicos solventes y ampliamente reconocidos".*

Ahora bien, como afirma a continuación el Alto Tribunal:

> *"Se trata, en cualquier caso, de una objeción aplicable por igual a las penas perpetuas y a las penas de prisión de duración determinada en el caso de que por sí solas, o refundidas con otras, superen ese marco temporal; es parte de un debate histórico*

> *sobre la legitimidad y utilidad de la pena de prisión que encuentra su expresión más acusada en posiciones abolicionistas".*

El TC considera que no puede hacer un juicio abstracto de inconstitucionalidad basado exclusivamente en los efectos desocializadores que la prolongación en el tiempo del cumplimiento de la pena privativa de libertad puede generar, pues, como dejó sentado en la STC 91/2000 (FJ, 9), la calificación como inhumana o degradante de una pena no puede derivarse exclusivamente de su duración, sino que exige un contenido material que asociamos a su forma de ejecución y a sus modalidades.

Y concluye (de manera acertada) que la PPR no posee una aflictividad inadmisible:

> *"La progresividad del sistema penitenciario y la adaptación del tratamiento a la personalidad del interno constituyen en definitiva paliativos de eficacia reconocida para precaver el riesgo de que se produzca una disociación manifiesta entre el contenido aflictivo inherente a toda pena privativa de libertad y la intensidad de los sufrimientos infligidos con motivo de su ejecución, disociación que marcaría el punto en el que entraría en crisis el modelo penal desde la perspectiva del principio de humanidad.*
>
> *(...) solo en el caso de que el modo y las circunstancias de ejecución de la pena fueran susceptibles de generar un efecto multiplicador de su aflictividad originaria sería posible emitir un juicio ex ante de que la ley ha rebasado el límite de lo constitucionalmente admisible. En este aspecto, el sistema de individualización científica definido en el art. 72 LOGP, conocido por su función vertebradora del sistema penitenciario español, representa una garantía suficiente".*

4.1.2. Proporcionalidad de la pena de prisión permanente revisable: perspectivas y fundamentos desde las que se plantea su impugnación constitucional (art. 17.1 CE y art. 25.1 CE)

a) Impugnación criminológica de la pena (FJ, 6).

Como hemos afirmado en numerosas ocasiones a lo largo de este trabajo, que pueda haber discordancia entre los datos (la realidad criminógena) y la necesidad de instaurar la PPR no puede ser motivo de inconstitucionalidad. Tampoco que se cuestione su eficacia sobre la reducción de los delitos para los que se prevé, etc. Se trata de una decisión política que, guste más o menos, debe respetarse siempre y cuando esté dentro de lo que la CE permite (como es el caso). Los motivos que pueden llevar al legislador a instaurar este tipo de penas pueden obedecer a parámetros de distinta naturaleza (y no tienen por qué ser estrictamente criterios jurídicos).

Esto es lo que viene a reconocer el TC cuando en el presente caso trae a colación la STC 55/1996, de 28 de marzo (FJ, 6) en la que se establece que:

> *"[e]n el ejercicio de su competencia de selección de los bienes jurídicos que dimanan de un determinado modelo de convivencia social y de los comportamientos atentatorios contra ellos, así como de determinación de las sanciones penales necesarias para la preservación del referido modelo, el legislador goza, dentro de los límites establecidos en la Constitución, de un amplio margen de libertad que deriva de su posición constitucional y, en última instancia, de su específica legitimidad democrática. No solo cabe afirmar, pues, que, como no puede ser de otro modo en un Estado social y democrático de Derecho, corresponde en exclusiva al legislador el diseño de la política criminal, sino también que, con la excepción que imponen las citadas pautas elementales que emanan del texto constitucional, dispone para ello de plena libertad. De ahí que, en concreto, la relación de proporción que deba guardar un comportamiento penalmente típico con la sanción que se le asigna será el fruto de un complejo juicio de oportunidad del legislador que, aunque no puede prescindir de ciertos límites constitucionales, estos no le imponen una solución precisa y unívoca".*

Se cita, a su vez, la STC 11/1981, de 8 de abril, en la que se afirmaba que:

> *"en un plano hay que situar las decisiones políticas y el enjuiciamiento político que tales decisiones merezcan, y en otro plano distinto la calificación de inconstitucionalidad, que tiene que hacerse con arreglo a criterios estrictamente jurídicos. La Constitución es un marco de coincidencias suficientemente amplio como para que dentro de él quepan opciones políticas de muy diferente signo. La labor de interpretación de la Constitución no consiste necesariamente en cerrar el paso a las opciones o variantes imponiendo autoritariamente una de ellas"(FJ, 7).*

En consecuencia, el Alto Tribunal considera que *"lejos, pues, de proceder a la evaluación de su conveniencia, de sus efectos, de su calidad o perfectibilidad, o de su relación con otras alternativas posibles, hemos de reparar únicamente, cuando así se nos demande, en su encuadramiento constitucional. De ahí que una hipotética solución desestimatoria ante una norma penal cuestionada no afirme nada más ni nada menos que su sujeción a la Constitución, sin implicar, por lo tanto, en absoluto, ningún otro tipo de valoración positiva en torno a la misma".*

Por último, se hace referencia también a la STC 60/2010, de 7 de octubre (FJ, 7 a), con cita de abundante doctrina precedente, en la que se recuerda que el alcance del enjuiciamiento del TC resulta limitado por el reconocimiento en esta sede de la potestad exclusiva del legislador para configurar los bienes penalmente protegidos, los comportamientos penalmente reprensibles, el tipo y la cuantía de las sanciones penales, y la proporción entre las conductas que pretende evitar y las penas con las que intenta conseguirlo, y que en esta configuración, que supone un complejo juicio de oportunidad, el legislador goza de un amplio margen de libertad, por lo que el juicio que procede en esta sede jurisdiccional debe ser por ello muy cauteloso.

Pues bien, tras lo anterior, el TC considera que:

> *"El preámbulo de la Ley Orgánica 1/2015 justifica la introducción en nuestro ordenamiento de esta nueva modalidad de pena de prisión apelando a la extraordinaria gravedad de los hechos a los que se aplicará, a exigencias retributivas especiales y a una suerte de homologación con países democráticos de nuestro entorno, consideraciones de política criminal que aunque hayan suscitado opiniones discrepantes en amplios sectores de la doctrina española e incluso en la propia jurisprudencia [vid. SSTS, de la Sala Segunda, 716/2018, de 16 de enero de 2019, FJ 4.1, y 678/2020, de 11 de diciembre, FJ 4.2], no resultan axiológicamente incompatibles con la Constitución, pues tratan de hacer patente el extraordinario contenido del injusto y de la culpabilidad que representa la vulneración de bienes jurídicos del más alto rango —singularmente la vida humana— y la necesidad de compensarlo mediante una respuesta penal más intensa que permita mantener en la población la conciencia del Derecho y el sentimiento de Justicia".*

b) Infracción del principio de proporcionalidad (FJ, 7).

1) Parámetros de enjuiciamiento constitucional de las penas desde el punto de vista de su proporcionalidad.

Señala el TC que este canon de control se afina y completa en la STC 60/2010, de 7 de octubre, que lo articula en tres fases:

(i) En la primera, se debe identificar la función institucional de la medida adoptada por el legislador mediante una interpretación sistemática de su regulación pues la función *"no es presupuesto sino resultado de la integración de su régimen jurídico"* (FJ 10).

(ii) En la segunda, se debe juzgar si esos fines son o no constitucionalmente legítimos, de modo que *"el sacrificio de libertad [...] solo será inconstitucional 'si el sacrificio de la libertad que impone la norma persigue la preservación de bienes o intereses, no solo, por supuesto, constitucionalmente proscritos, sino ya, también, socialmente irrelevantes' (STC 55/1996, de 28 de marzo, FJ 7)"*. La legitimidad del fin *"no solo se aprecia considerando en abstracto los bienes jurídicos protegidos por los tipos penales [...] sino también a la luz de las concretas agresiones frente a las cuales la norma trata de protegerlos"*(FJ 11).

(iii) En la tercera fase, se debe comprobar *"el cumplimiento por parte de la norma penal del principio de proporcionalidad, en virtud del cual la medida que esta incorpora debe ser adecuada, necesaria y proporcionada en sentido estricto"*.

El *principio de adecuación* demanda *"una relación de congruencia objetiva entre el medio adoptado por el legislador y el fin que con él se persigue, entendiéndose que tal circunstancia se producirá si la medida que se deriva del precepto cuestionado puede contribuir positivamente a la realización del fin perseguido. Por el contrario, la medida habrá de reputarse inidónea o inadecuada si entorpece o, incluso, si resulta indiferente en punto a la satisfacción de su finalidad"*, bastando con que la disposición cuestionada *"contribuya en alguna medida a la realización del fin que persigue"* (FJ 12).

El *principio de necesidad* supone que *«[s]egún hemos afirmado reiteradamente, desde "la perspectiva constitucional solo cabrá calificar la norma penal o la sanción penal como innecesarias cuando, 'a la luz del razonamiento lógico, de datos empíricos no controvertidos y del conjunto de sanciones que el mismo legislador ha estimado necesarias para alcanzar fines de protección análogos, resulta evidente la manifiesta suficiencia de un medio alternativo menos restrictivo de derechos para la consecución igualmente eficaz de las finalidades deseadas por el legislador' (STC 55/1996, fundamento jurídico 8)" (STC 136/1999, de 20 de julio, FJ 23). De ahí que con carácter general no baste para justificar la inconstitucionalidad de la norma penal en virtud del principio de necesidad con proponer diversas medidas alternativas a la que se derivade la disposición impugnada. En efecto, "el juicio de necesidad que compete a este tribunal es mucho más complejo y matizado. Como hemos dicho en otras ocasiones, el control del Tribunal Constitucional sobre 'la existencia o no de medidas alternativas menos gravosas pero de la misma eficacia [...] tiene un alcance y una intensidad muy limitadas, so pena de arrogarse un papel de legislador imaginario que no le corresponde y de verse abocado a realizar las correspondientes consideraciones políticas, económicas y de oportunidad que le son institucionalmente ajenas y para las que no está constitucionalmente concebido'; por ello, esta tacha de desproporción solamente será aplicable cuando 'las medidas alternativas [sean] palmariamente de menor intensidad coactiva y de una funcionalidad manifiestamente similar a la que se critique por desproporcionada' (STC 161/1997, fundamento jurídico 11)" (STC 136/1999, de 20 de julio, FJ 28)»* (FJ 14).

En cualquier caso, *"junto a la intensidad de la restricción, el control de necesidad requiere interrogarse, en segundo lugar, acerca del grado de eficacia de la medida alternativa en punto a la satisfacción del fin perseguido por la disposición impugnada, que debe ser al menos semejante al que se deriva de esta última. Solo en tal caso la adopción de la medida menos restrictiva vendría constitucionalmente exigida por los principios constitucionales que resultan afectados"* (FJ 15).

El principio de *proporcionalidad estricta* reclama por su parte *"valorar recíprocamente el alcance de la restricción de los principios y derechos constitucionales que resultan afectados por la norma penal, de un lado, y el grado de satisfacción de los fines perseguidos con ella por el legislador, de otro. Y ello en el bien entendido de que no cualquier desproporción o falta de equilibrio habrá de ser, desde la perspectiva que nos ocupa, constitucionalmente relevante, sino que solo lo será aquella en la que el exceso resulte verdaderamente manifiesto o evidente. Solo en tal caso producirá la norma un 'patente derroche inútil de coacción' (STC 136/1999, de 20 de julio, FJ 23, entre otras) y resultará la declaración de su inconstitucionalidad por nuestra parte respetuosa con el margen de libre configuración política que corresponde al legislador democrático"* (FJ 16).

2) Función institucional y fines de la pena de prisión permanente revisable.

a) Fines de la pena de prisión permanente revisable:

La sentencia indica al respecto que:

> *"(…) la declaración de principios efectuada en el preámbulo de la Ley Orgánica 1/2015, (…) apela a la necesidad de proporcionar una respuesta extraordinaria a delitos extraordinarios, con el elemento compensatorio de la posible revisión de la pena en principio indeterminada: esta declaración trasluce una voluntad inequívoca de intensificar la reacción penal frente a unos delitos que tenían asignada hasta entonces una pena de prisión de duración no superior a los veinticinco años, que el legislador de 2015 consideró insuficientemente disuasoria desde una determinada percepción del clima social.*
>
> *El fin legítimo declarado se identifica, pues, con el reforzamiento de la función protectora de los bienes jurídicos tutelados por los tipos penales a los que se asigna esta pena (la vida humana independiente y la libertad sexual frente a ataques de extraordinaria gravedad por las circunstancias del sujeto que los sufre y el modo en que se producen)".*

El Alto Tribunal continúa señalando que:

> *"No menos relevante es el fin que se infiere de la concreta articulación normativa de la pena. La mera lectura de algunos de los preceptos impugnados —singularmente los relativos a la revisión de la pena, arts. 36.1 y 92.1 c) CP, que condicionan la libertad a la existencia de un pronóstico favorable de reinserción social— evidencian que también se trata de evitar la reincorporación a la sociedad de penados que no se hayan rehabilitado y que presenten un pronóstico sombrío de comportamiento futuro. Responde a una necesidad reforzada de inocuización del delincuente —prevención*

especial— que trasluce nuevamente un juicio de insuficiencia del sistema de penas precedente, que abocaba a la excarcelación del penado al vencimiento del término de la condena o del límite de acumulación jurídica de las condenas pendientes de cumplimiento (arts. 76 y 78 CP).

Estos fines no plantean ninguna incompatibilidad con los valores constitucionales: la función protectora de bienes jurídicos relevantes ha sido reconocida por este tribunal como una función integral de las normas penales que "no solo corresponde a la norma que prohíbe la realización de la conducta típica, sino también a la que prevé para tal caso la imposición de una determinada pena o de una concreta combinación de penas"(STC 60/2010, de 7 de octubre, FJ 10).

La protección de la sociedad es, por su parte, una vertiente de la función protectora de bienes jurídicos, que trata de evitar la reincidencia, y un valor destacado en el Derecho comparado que ha conducido al Tribunal Europeo Derechos Humanos a exigir de los Estados la adopción de medidas eficaces para combatir el crimen violento y a concluir que el CEDH no prohíbe la imposición de penas indeterminadas que permitan prolongar la detención del reo cuya liberación pueda representar un peligro (vid. STEDH de 26 de abril de 2016, asunto Murray c. Países Bajos, § 111, que remite a la STEDH de 15 de diciembre de 2009, asunto Maiorano y otros c. Italia, § 115 a 122)".

En definitiva, para el TC, el debate constitucional no giraría, por ello, en torno a la legitimidad de los fines, sino a la adecuación de los medios dispuestos en la norma para su realización.

b) Necesidad de la pena:

Como recuerda el TC, el examen de la medida ha de centrarse en su necesidad, momento en el que es preciso valorar el "*conjunto de sanciones que el mismo legislador ha estimado necesarias para alcanzar fines de protección análogos*"para determinar si "*resulta evidente la manifiesta suficiencia de un medio alternativo menos restrictivo de derechos para la consecución igualmente eficaz de las finalidades deseadas por el legislador*" (STC 55/1996, FJ 8, en el mismo sentido STC 136/1999, FJ 23).

En el caso de la PPR, el TC estima que:

"La Ley Orgánica 1/2015 introduce la pena de prisión permanente revisable en determinadas tipologías de asesinato y de homicidio cualificado por la calidad del sujeto pasivo (víctima) o por su encuadramiento en contextos de terrorismo, genocidio

> *y lesa humanidad, así como en determinadas conductas atentatorias de la libertad sexual y la integridad física en el contexto de un genocidio que contaban en la regulación anterior con límites penológicos de veinte, veinticinco y treinta años, según se aprecia en la redacción que tenían antes de la reforma operada por la Ley Orgánica 1/2015 los arts. 139, 140, 485.1, 572.2.1, 605.1, 607.1.1, 2 y 3 y 607 bis.2.1 CP.*
>
> *Se puede discutir si estos límites proporcionaban ya en su momento una respuesta suficiente para afianzar el ordenamiento jurídico y el sentimiento colectivo de Justicia, consideración que queda extramuros del objeto de este procedimiento, pero no que la pena de prisión permanente revisable no haya contribuido a reforzar la finalidad disuasoria del sistema de Justicia penal. En la constatación de este incremento, que permite descartar la existencia de medidas alternativas menos gravosas pero «de una funcionalidad manifiestamente similar a la que se critique por desproporcionada», se agota el juicio de necesidad que corresponde a este estadio en el que «el control de este Tribunal Constitucional 'tiene un alcance y una intensidad muy limitadas', so pena de arrogarse un papel de legislador imaginario que no le corresponde y de verse abocado a realizar las correspondientes consideraciones políticas, económicas y de oportunidad que le son institucionalmente ajenas y para las que no está orgánicamente concebido» (STC 161/1997, de 2 de octubre, FJ 11; en el mismo sentido, STC 136/1999, de 20 de julio, FJ 28)".*

Efectivamente, tradicionalmente, el TC se ha mostrado muy cauto a la hora de emitir valoraciones sobre este aspecto. Y así debe ser, pues, no habiendo una manifiesta irracionalidad en la elección de la medida que evidencie la existencia de medios menos gravosos, no es de su incumbencia pronunciarse sobre la necesidad de la misma (por afectar a consideraciones de carácter más político). Al contrario, es tarea del legislador decidir, como en este caso ha hecho, si, hechos que antes se castigaban con penas de hasta veinticinco años, ahora deben ser castigados con una mayor pena. Esto es, el legislador puede considerar que la gravedad de ciertos delitos no puede ser sancionada sólo con unas penas cuyo cumplimiento efectivo no suele alcanzar en la práctica esa cifra.

c) Proporcionalidad estricta:

Señala el TC que en la verificación del juicio estricto de proporcionalidad, "*que es el que compara la gravedad del delito que se trata de impedir —y, en general, los efectos benéficos que genera la norma desde la perspectiva de los valores constitucionales— y la gravedad de la pena que se impone —y, en general, los efectos negativos que genera la norma desde la perspectiva de los valores constitucionales—"* en un plato de la balanza se sitúa la gravedad de las conductas sancionadas y en el otro *"los costes fácticos que la medida comporta para los valores constitucionales"*, ponderación en la que puede ser útil efectuar una comparativa con otras normas penales del Derecho interno y con soluciones del Derecho comparado (vid. STC 136/1999, FJ 29).

A continuación, el Alto Tribunal analiza los siguientes aspectos:

- Comparación con el máximo previsto de cumplimiento para otros delitos no castigados con PPR:
  - La concreción normativa básica de la pena de prisión permanente revisable (arts. 36.1 y 92.1 CP) franquea el acceso del penado al tercer grado de clasificación penitenciaria a los quince años de condena y a la suspensión condicional a los veinticinco años. Se trata de plazos que no exceden el marco de la pena de prisión de duración determinada en su expresión máxima (treinta años: art. 70.3.1 CP) por lo que se puede afirmar que no representan un desequilibrio manifiesto de la ley en la configuración de la reacción penal.
  - Las restricciones temporales agravadas para el acceso al tercer grado de clasificación penitenciaria, de veinte años en caso de delitos terroristas [art. 36.1 a) CP] y de dieciocho, veinte, veintidós, veinticuatro y treinta y dos años para diversos supuestos de pluralidad de condenas (arts. 78 bis y 140.2 CP) y para el acceso a la libertad condicional, de veintiocho, treinta y treinta y cinco años para supuestos de pluralidad de condenas (arts. 78 bis y 140.2 CP), son ciertamente severas, pero no llegan a desbordar el nivel de retribución fijado en casos de acumulación jurídica de penas en el art. 76 CP, que desde su reforma por la Ley Orgánica 7/2003, de 30 de junio, contempla límites de

cumplimiento de veinticinco, treinta y cuarenta años de duración, permitiendo el art. 78 CP vincular el cómputo del tiempo de cumplimiento necesario para acceder a permisos, tercer grado y libertad condicional a la suma aritmética de las penas cuando el límite de la pena a cumplir no alcance la mitad de dicha suma.

- El panorama que ofrece el derecho comparado proporciona asimismo un criterio que permite descartar la idea de que estemos en presencia de una reacción punitiva arbitraria o extravagante. En los países del Consejo de Europa, cuyos ordenamientos incorporan modalidades de pena de prisión perpetua o permanente, se fijan plazos mínimos de cumplimiento previos a la liberación condicional que oscilan, en la mayoría de los casos, entre los veinte y los treinta años, según se expone en el "Vigésimo quinto Informe General del Comité europeo para la prevención de la tortura y de las penas o tratos inhumanos o degradantes", publicado el año 2016, en cuyo apartado 68 se detalla que el periodo de seguridad más corto es el de doce años previsto en Dinamarca y Finlandia, que se exigen quince años en Austria, Bélgica, Alemania y Suiza, y que el más extenso es el de cuarenta años, previsto en Turquía para determinados delitos. En el caso del Reino Unido, es el tribunal sentenciador el que fija un periodo de cumplimiento mínimo, que no está predeterminado de forma absoluta en la ley; en otros países, como Bulgaria, Lituania, Malta, Holanda, y, para ciertos crímenes, Hungría, Eslovaquia y Turquía, no hay un sistema de libertad condicional para los condenados a cadena perpetua. Por su parte, los países que no tienen prevista pena de prisión perpetua, como Andorra, Bosnia Herzegovina, Croacia, Montenegro, Portugal, San Marino, Serbia y Eslovenia, prevén penas de duración temporal para los delitos más graves que oscilan entre veinte y cuarenta años.
- El art. 110.3 del Estatuto de la Corte Penal Internacional establece un plazo mínimo de veinticinco años para la reducción de la pena de cadena perpetua prevista en su art. 77.1 b).

- El art. 92.1 a) CP no resulta disonante; tampoco el art. 78 bis CP, que reserva en su apartado 3 los periodos de seguridad de duración superior a treinta años a la criminalidad organizada y al terrorismo, cuando el penado haya sido condenado "por varios delitos y dos o más de ellos estén castigados con una pena de prisión permanente revisable, o bien uno de ellos esté castigado con una pena de prisión permanente revisable y el resto de penas impuestas sumen un total de veinticinco años o más" [art. 78 bis.2 c) CP], respuesta penal que en atención a la culpabilidad manifestada por el autor, la finalidad protectora de las normas penales, la relevancia de los bienes jurídicos lesionados y la gravedad de su ataque, no representa *"un desequilibrio patente y excesivo o irrazonable entre la sanción y la finalidad de la norma a partir de las pautas axiológicas constitucionalmente indiscutibles y de su concreción en la propia actividad legislativa"*.

El TC concluye que:

> *"El riesgo de desproporción en la pena de prisión permanente revisable no reside, por lo tanto, en el cumplimiento penitenciario de los períodos de seguridad predeterminados por la ley, que responden a la legítima finalidad de proteger, mediante una reacción penal adaptada a la medida de la culpabilidad y suficientemente disuasoria, los bienes jurídicos protegidos por la norma y lesionados por la actividad criminal del penado, sino en la posibilidad de que, vencidos estos plazos, la prisión se prolongue más allá de la subsistencia de todo motivo legítimo de política criminal"*.

Sin embargo, a juicio del TC, este riesgo no sería achacable a la norma, pues el art. 92 CP dispone que el tribunal acordará la suspensión de la ejecución de la pena cuando *"pueda fundar, previa valoración de los informes de evolución remitidos por el centro penitenciario y por aquellos especialistas que el propio tribunal determine, la existencia de un pronóstico favorable de reinserción social"* [apartado 1, letra c)], y establece asimismo la obligación de revisar "al menos cada dos años" el cumplimiento de los requisitos de la libertad condicional (apartado 4), lo que supone que vencidos los plazos mínimos de seguridad, es obligatoria la verificación judicial periódica de la subsistencia de fundamentos criminológicos legítimos para la prolongación del cumplimiento carcelario de la pena.

Así las cosas, y aun cuando el TC no lo diga expresamente, lo que puede devenir inconstitucional es la aplicación que los Tribunales hagan de la PPR, así como determinadas actuaciones de la Administración penitenciaria. Pero, no su régimen jurídico.

c) Rigidez de la pena (FJ, 8).

Respecto de esta cuestión, el TC ha afirmado oportunamente que:

> *"es indudable que la imposición facultativa de la pena dotaría de mayor flexibilidad a su aplicación judicial. Es significativo que el art. 77.1 del Estatuto de la Corte Penal Internacional siga ese camino, pues tras prever en la letra a) la imposición a los crímenes previstos en el mismo de la pena de prisión de hasta treinta años de duración, contempla en la letra b) la posibilidad de una reclusión a perpetuidad «cuando lo justifiquen la extrema gravedad del crimen y las circunstancias personales del condenado». En cualquier caso, la doctrina del Tribunal Europeo Derechos Humanos no ha considerado que sea por sí misma incompatible con el derecho a la libertad personal garantizado en el art. 5.1 CEDH la previsión legal de imposición obligatoria de penas de prisión de duración indeterminada (vid. STEDH de 18 de septiembre de 2012, asunto James, Wells y Lee c. Reino Unido, § 204)".*

Por otro lado, el TC considera que no hay razones para entender que represente una tacha insalvable de inconstitucionalidad la decisión de nuestro legislador de prever esta pena para unos hechos que presentan por sí mismos una extrema gravedad, parámetro que cumplen las modalidades hipercualificadas de asesinato y los asesinatos múltiples descritos en el art. 140.1 y 2 CP, los delitos contra la vida humana cualificados por la condición de la víctima (art. 485.1 CP), o por el Derecho de gentes (arts. 605.1 CP), el homicidio terrorista (art. 573 bis.1.1 CP) y los crímenes contra la vida y la libertad sexual perseguidos en el Derecho internacional humanitario (arts. 607.1.1 y 2, y 607 bis.2.1 CP).

La doctrina constitucional ha establecido la posibilidad de que una norma penal pueda representar una reacción desmesurada a la conducta incriminada en virtud de la rigidez del propio marco penal establecido en la misma STC 136/1999, de 20 de julio. Sin embargo, el TC entiende que el reproche hecho entonces [en la sentencia citada] al art. 174 bis a), basado en el riesgo de una reacción penal desmesurada derivado de la deficiente correlación que se daba entre un supuesto de hecho muy amplio y un marco penal muy estricto, "*no es trasladable a los tipos penales para los que se prevé la pena de prisión permanente revisable, caracterizados por una estricta delimitación delos hechos punibles, constitutivos de formas extremadamente graves —y afortunadamente infrecuentes— de ataque a la vida humana independiente y a la libertad sexual, y en los que queda descartado de antemano todo riesgo de que en su descripción típica puedan cobijarse conductas de gravedad menor susceptibles de quebrar la correlación debida entre gravedad dela pena y gravedad del ilícito. Se trata además de conductas de imposible conexión con el ejercicio de derecho fundamental alguno*".

Para el Alto Tribunal, tampoco se observa falta de previsión en la norma de elementos que permitan atemperar la sanción penal a la entidad de los actos, pues aunque la pena de prisión permanente revisable no tiene un tiempo máximo de duración predeterminado en la ley y no dispone de un marco penal que posibilite el juego completo de las reglas del art. 66.1 CP —que determinan la imposición de la pena en su mitad inferior, superior, o en toda su extensión según concurran o no, y en qué número e intensidad, las circunstancias modificativas de la responsabilidad criminal previstas en los arts. 21, 22 y 23 CP (v. gr. las reglas 1, 3 y 6 del art. 66.1 CP)— ello no significa que el tribunal sentenciador se vea forzado a ignorar las circunstancias objetivas y subjetivas susceptibles de atenuar la responsabilidad criminal del acusado cuya concurrencia haya quedado debidamente acreditada.

Señala el TC que dos son las vías por las que las circunstancias modificativas de la responsabilidad criminal han de contribuir de manera eficiente a la individualización de la pena:

a) El art. 70.4 CP, que establece que "[l]a pena inferior en grado a la de prisión permanente es la pena de prisión de veinte a treinta años", precepto del que se infiere con claridad que en el ámbito de los delitos que llevan aparejada pena de prisión permanente revisable tienen plena eficacia determinadora de la pena las atenuantes muy cualificadas o la concurrencia de varias atenuantes en ausencia de agravantes (art. 66.1.2 CP), la concurrencia de atenuantes y agravantes en las que persista un fundamento cualificado de atenuación (art. 66.1.7 CP: vid STS, de la Sala Segunda, 678/2020, de 11 de diciembre, fundamento de Derecho 3), las formas imperfectas de ejecución (art. 62 CP), la complicidad (art. 63 CP), y las eximentes incompletas(art. 68 CP). Sería igualmente aplicable el art. 66.1.8 CP que dice que "[c]uando los jueces o tribunales apliquen la pena inferior en más de un grado podrán hacerlo en toda su extensión".

b) El art. 92.1 c) CP, que, ya en fase de ejecución de condena, contempla entre los factores para considerar la existencia del pronóstico favorable de reinserción social habilitante de la suspensión condicional de la pena "las circunstancias del delito cometido", referencia inequívoca a las circunstancias modificativas de la responsabilidad criminal, circunstancias que pueden operar tanto en sentido adverso al reo, en el caso de las circunstancias agravantes, que constituyen formas complementarias pero no menos esenciales de valoración de la gravedad de la culpabilidad, como a favor del reo, en el caso de las circunstancias atenuantes, que también deben tener una influencia decisiva en la determinación de la duración efectiva de la pena en fase de ejecución. En definitiva, no es cierto que la ley elimine la eficacia de las circunstancias atenuantes que hayan sido apreciadas en sentencia, pues tales circunstancias constituirán criterios de valor en la concreción posterior de la duración de la pena a través del procedimiento revisor.

d) indeterminación de la pena (FJ, 9).

1) Taxatividad de la pena.

El TC sostiene que:

> *"la pena de prisión permanente revisable no es una pena indeterminada, defecto concurrente en las sanciones gubernativas a las que se referían las SSTC 29/1989 y 129/2006, sino una pena determinable con arreglo a criterios legales preestablecidos cuya individualización judicial se completa en fase de ejecución mediante la aplicación de unos parámetros, los del art. 92.1 CP, claros y accesibles al reo desde el momento de la imposición de la condena, y cuya finalidad no es asegurar su encierro perpetuo, sino supeditarlo, tras la realización de un contenido mínimo retributivo, a su evolución personal. Entre estos parámetros adquieren singular relieve aquellas variables que son directamente dependientes de su voluntad, como su conducta penitenciaria y la evolución personal que experimente a lo largo del cumplimiento de la condena, en general, y en relación con el tratamiento penitenciario que se le ofrezca, especialmente en lo concerniente a aquellos sectores o rasgos de la personalidad directamente relacionados con la actividad delictiva (art. 75 LOGP). Estas variables influirán en gran medida en su pronóstico de reinserción social y en la evaluación de los efectos que quepa esperar de la suspensión de la ejecución".*

El Alto Tribunal alude a que la doctrina del Tribunal Europeo Derechos Humanos ha consolidado el criterio de que el condenado a pena de prisión perpetua tiene el derecho a conocer, desde el mismo momento en que se inicia su cumplimiento, qué debe hacer para obtener su libertad y bajo qué condiciones, y el momento en el que se va a producir la revisión de su condena o puede ser solicitada (SSTEDH, asunto Trabelsi c. Bélgica, § 115, y Vinter y otros c. Reino Unido, § 122).

En consecuencia, el TC afirma que este derecho queda salvaguardado en el régimen jurídico aplicable a la pena de prisión permanente revisable.

Así es, en nuestra opinión, el condenado a PPR sabe de antemano que su pena puede ser perpetua, pero, también bajo qué condiciones puede suspenderse su ejecución.

2) Presupuestos y efectos de la revocación de la suspensión condicional.

A pesar del posicionamiento favorable sobre la constitucionalidad de la PPR, el TC enmienda la regulación prevista en el CP en dos aspectos.

En el recurso de inconstitucionalidad se censura que las condiciones de revocación de la suspensión condicional previamente concedida resultan en gran medida ajenas a la voluntad del penado. Se refieren al párrafo tercero del art. 92.3 CP que dice: *"Asimismo, el juez de vigilancia penitenciaria revocará la suspensión de la ejecución del resto de la pena y la libertad condicional concedida cuando se ponga de manifiesto un cambio de las circunstancias que hubieran dado lugar a la suspensión que no permita mantener ya el pronóstico de falta de peligrosidad en que se fundaba la decisión adoptada"*.

El TC da la razón en este punto a los recurrentes, entendiendo que:

> *"(...) la ley otorga al juez de vigilancia penitenciaria, como órgano competente para el control de la libertad condicional, una facultad casi omnímoda para ordenar el reingreso en prisión del liberado en virtud de una valoración de sus circunstancias personales exenta de pautas legales.*
>
> *El art. 92.3, párrafo tercero, CP es susceptible de generar en el liberado condicional la sensación insuperable de incertidumbre sobre su modo de aplicación efectiva que, conforme a la doctrina citada, constituye el límite de la libertad de configuración normativa del legislador, pues podrían integrar el fundamento de la decisión revocatoria circunstancias personales del liberado condicional completamente desconectadas con el fundamento de su condena y de su ulterior liberación —un determinado modo de conducirse por la vida— e incluso ajenas a su voluntad —la pérdida del puesto de trabajo, o de un apoyo familiar o institucional—. La consecuencia asociada a estos supuestos, el retorno a prisión, resulta manifiestamente desproporcionada. Ello no significa que este precepto no sea susceptible de sanación mediante la reducción teleológica resultante de una interpretación sistemática que lo conectara con las causas generales de revocación de la suspensión condicional a las que remite expresamente el art. 92.3, párrafo primero, CP, restringiendo la eficacia revocatoria del aludido cambio de circunstancias a los casos en que se produjera en el contexto del incumplimiento de alguno de los deberes jurídicos con eficacia revocatoria a los que se refiere el art. 86.1 CP, esto es, cuando el penado:*
>
> *a) Sea condenado por un delito cometido durante el período de suspensión y ello ponga de manifiesto que la expectativa en la que se fundaba la decisión de suspensión adoptada ya no puede ser mantenida.*

b) Incumpla de forma grave o reiterada las prohibiciones y deberes que le hubieran sido impuestos conforme al artículo 83, o se sustraiga al control de los servicios de gestión de penas y medidas alternativas de la administración penitenciaria.

c) Incumpla de forma grave o reiterada las condiciones que, para la suspensión, hubieran sido impuestas conforme al artículo 84.

d) Facilite información inexacta o insuficiente sobre el paradero de bienes u objetos cuyo decomiso hubiera sido acordado; no dé cumplimiento al compromiso de pago de las responsabilidades civiles a que hubiera sido condenado, salvo que careciera de capacidad económica para ello; o facilite información inexacta o insuficiente sobre su patrimonio, incumpliendo la obligación impuesta en el artículo 589 de la Ley de enjuiciamiento civil.

Consideramos que el art. 92.3, párrafo tercero, CP admite, sin forzar su literalidad, la reducción teleológica a la que nos hemos referido de modo que "un cambio de las circunstancias que hubieran dado lugar a la suspensión que no permita mantener ya el pronóstico de falta de peligrosidad en que se fundaba la decisión adoptada" solo tenga efecto revocatorio cuando vaya acompañado de alguno de los incumplimientos tipificados en el art. 86.1 CP".

Como ya advertimos en otro lugar, la posición del TC en este punto resulta, a nuestro modo de ver, equivocada. Y, sobre todo, no deja de resultar curioso que, ante las críticas que lanza el Alto Tribunal, no se haya declarado la inconstitucionalidad de la disposición. En nuestra opinión, la sentencia debería haberse limitado a esta cuestión, pero, sin embargo, el TC se extralimita en sus funciones y otorga un valor a la cláusula citada que no se corresponde con la voluntad del legislador. Por el contrario, como ya dijimos en otro lugar, consideramos que el tenor literal se presta al menos a dos interpretaciones:

1) no se trataría de reevaluar todos los elementos que integran el pronóstico de reinserción, sino sólo el de reincidencia (que es el que asociamos a la peligrosidad).

   Sucede, sin embargo, que el CP habla de falta de peligrosidad; y, como es obvio, ningún instrumento de valoración puede ofrecer tal resultado porque esa falta absoluta de peligrosidad no es exigible (por irreal). Lo que sí puede valorarse es que haya habido un cambio en el pronóstico de reincidencia. Y, en caso de haberse producido, se podrá revocar la suspensión.

2) Que haya habido un cambio en cualquiera de los parámetros que conforman el pronóstico de reinserción del art. 92.1 c) CP. No sólo de la reincidencia.

Ésta es, a nuestro juicio, la exégesis que cabe hacer del art. 92.3 *in fine* CP, pues, se alude expresamente a *"un cambio de las circunstancias que hubieran dado lugar a la suspensión"*. Tiene todo el sentido que así sea, pues, si para efectuar el pronóstico de reinserción se toman en consideración unos valores y éstos cambian, lo lógico será que se deba reconsiderar la suspensión.

Así pues, las únicas críticas que cabe hacer al precepto es que: a) aluda a la falta de "peligrosidad" como fundamento de la decisión adoptada (se refiere a la suspensión), pues, el art. 92.1 c) CP alude a un pronóstico favorable de reinserción; b) no contempla ningún procedimiento; esto es, no se alude a si debe el JVP dar audiencia al Ministerio Fiscal y al penado; y, c) que la competencia en esos casos se atribuyera al JVP, cuando la suspensión la concede el Tribunal sentenciador.

En segundo lugar, el TC pone de relieve que la queja de inseguridad o incertidumbre en las condiciones de la revocación suscita implícitamente un segundo problema que este tribunal no puede obviar en su función de control comprehensivo de la ley impugnada: las consecuencias de la revocación de la suspensión condicional de la pena de prisión permanente revisable.

El art. 92.4 CP dice: *"Extinguida la parte de la condena a que se refiere la letra a) del apartado 1 de este artículo o, en su caso, en el artículo 78 bis, el tribunal deberá verificar, al menos cada dos años, el cumplimiento del resto de requisitos de la libertad condicional. El tribunal resolverá también las peticiones de concesión de la libertad condicional del penado, pero podrá fijar un plazo de hasta un año dentro del cual, tras haber sido rechazada una petición, no se dará curso a sus nuevas solicitudes"*. La revisión de la pena se ha de verificar de oficio, o a petición del penado, a partir del cumplimiento de los periodos de seguridad establecidos en los arts. 92.1 a) y 78 bis CP. No se contempla, sin embargo, a juicio del TC, la situación del penado que haya reingresado en prisión tras la revocación de una libertad condicional previamente concedida, lo que deja abierta la posibilidad de interpretar que la revocación puede constituir un obstáculo para obtener una nueva revisión de la pena.

De este modo, para el Alto Tribunal:

> *"tal interpretación implicaría la virtual novación de la pena de prisión permanente revisable en pena irredimible de iure y de facto, lo que la haría incompatible con los arts. 15, 17.1 y 25.1 CE. También vulneraría el art. 25.2 CE, pues eliminaría las posibilidades del penado de reincorporarse a la sociedad al verse sujeto a una reclusión de por vida, con independencia de su evolución personal futura.*
>
> *(...) lo que genera un margen de incertidumbre que este tribunal se ve obligado a acotar, en la medida en que compromete los valores y derechos fundamentales citados. Estimamos, por ello, que el régimen jurídico de la revocación de la libertad condicional resulta constitucionalmente insatisfactorio por incompleto, aunque de ello no se ha de seguir una declaración de inconstitucionalidad por omisión, como se ha hecho en otros casos (...), siendo suficiente con fijar como única interpretación constitucionalmente conforme con los valores y derechos fundamentales en juego la de que, tras la revocación de la libertad condicional, habrán de estimarse subsistentes las exigencias impuestas al tribunal sentenciador en el artículo 92.4 CP de verificar, con una periodicidad bianual, el cumplimiento de los requisitos para el acceso a la libertad condicional y de resolver las peticiones que el penado le dirija con los condicionamientos temporales establecidos en dicha norma".*

Por el contrario, en nuestra opinión, consideramos que el art. 92.4 CP ya posibilitaba llegar a la conclusión o interpretación por la que aboga expresamente el TC. El texto era (y es) claro al respecto y no permitía albergar otro tipo de opciones. Si bien, aquí, tal aclaración no merece ningún juicio negativo por nuestra parte, más allá de que, como estimamos, resultaba innecesaria.

4.1.3. Principio de resocialización: art. 25.2 CE

En el Fundamento Jurídico 10, el TC sostiene que no puede compartirse la afirmación de que la pena de prisión permanente revisable anule toda expectativa de realización de los fines del art. 25.2 CE, cuando establece que *"las penas privativas de libertad y las medidas de seguridad estarán orientadas hacia la reeducación y la reinserción social"*, pues se constata que esa expectativa es inherente a uno de sus rasgos estructurales, su revisabilidad en fase ejecutiva: por medio de la suspensión condicional de la pena, el interno tiene una posibilidad real de reinsertarse plenamente en la sociedad y de extinguir definitivamente su condena una vez cumplido con éxito el plazo de cinco a diez años de suspensión.

El Alto Tribunal considera que la pena de prisión permanente revisable no es por ello objetivamente incompatible con el principio constitucional de resocialización, que sólo se vería afectado por restricciones normativas que lo pudieran hacer irrealizable. Si bien, estima necesario hacer algunas consideraciones sobre la función del principio resocializador en el ámbito de la política criminal.

Así, se señala que el principio de resocialización ha de cohonestarse con otros fines legítimos de la pena, de modo que en el momento de enjuiciar las disposiciones legales restrictivas de la aplicación de sus concretas articulaciones normativas se ha de verificar:

(i) La existencia de un fin legítimo, que en este caso se corresponde con la finalidad de protección de los bienes jurídicos tutelados por los tipos penales en relación con los cuales se contempla la imposición obligatoria de la pena, "una función esta que no solo corresponde a la norma que prohíbe la realización de la conducta típica, sino también a la que prevé para tal caso la imposición de una determinada pena o de una concreta combinación de penas" (STC 60/2010, de 7 de octubre, FJ 10), sin descartar los fines inmediatos de la pena como son la retribución, la prevención general, y la evitación de la venganza privada; y

(ii) la intensidad de la restricción, que deviene desproporcionada y por lo tanto constitucionalmente ilegítima si llega al grado de representar un obstáculo insalvable para la realización de las expectativas de reinserción social del interno.

Pues bien, el TC entiende que:

> *"Aplicada esta doctrina al régimen jurídico de la pena de prisión permanente revisable, la finalidad legítima a la que se supeditarían las restricciones impuestas para el disfrute por el penado del tercer grado y la libertad condicional vendría dada por la necesidad de que la reacción penal se adecue a la importancia de los bienes jurídicos lesionados por su conducta —la vida humana independiente y, en su caso, también la libertad sexual en el contexto de crímenes contra la humanidad— a la gravedad del ataque dirigido contra los mismos y a las circunstancias de la víctima. Se trata de fines que no plantean ningún problema de encaje en el orden constitucional de valores, pues protegen posiciones jurídicas que tienen rango de derecho fundamental y que pueden verse en peligro si falla el efecto disuasorio de las normas penales".*

Contrastada la legitimidad constitucional del fin perseguido, procede examinar si el constreñimiento al que se somete el principio de resocialización puede resultar desmesurado, lo que exige examinar el contenido de las medidas en un doble aspecto, temporal y cualitativo (intensidad de la restricción):

> *(i) En su dimensión temporal, las medidas restrictivas materializadas en los periodos de seguridad instituidos en los arts. 36.1, 92.1 c) y 78 bis 2 y 3 CP para el acceso al tercer grado de clasificación penitenciaria y a la suspensión condicional presentan, como hemos analizado anteriormente, magnitudes homologables en el Derecho comparado y no conllevan la anulación de la expectativa del penado de reincorporarse a la sociedad, pues el art. 92.4 CP habilita tras el vencimiento de los plazos un procedimiento de revisión con vistas a la liberación condicional del interno que exige la evaluación periódica de su evolución personal. Estas medidas, por otra parte, tampoco incorporan presunciones legales irrebatibles de peligrosidad criminal o que vinculen dicha peligrosidad a la naturaleza del delito cometido (...)*
>
> *(ii) En su dimensión cualitativa, las medidas deben ser analizadas en el contexto del sistema penitenciario en el que se inserta el condenado a pena de prisión permanente revisable, que no es distinto del que se aplica en la ejecución de las penas privativas de libertad de duración determinada (...).*

El Alto Tribunal concluye que:

> *"Los estándares europeos sobre el trato que se ha de dispensar a los condenados a penas de prisión perpetuas exigen que para que sea verídica su expectativa de liberación venga respaldada por la aplicación de un plan individualizado de ejecución,*

adaptado a sus necesidades y circunstancias personales, que les permita progresar en el sistema penitenciario y prepararse para su liberación con vistas a una fecha predeterminada para verificar su primera revisión (...)

A la vista de lo expuesto, debe concluirse que la pena de prisión permanente revisable no entraña la anulación del principio de resocialización, pues las restricciones que impone para el acceso a determinados instrumentos de reinserción social, no abarcan en su ámbito de constricción otras medidas e intervenciones características del sistema de individualización científica desarrollado en la Ley Orgánica general penitenciaria y su reglamento, de indudable relevancia, como permisos de salida, salidas programadas, actividades terapéuticas, educativas, formativas y laborales, ni la elaboración y aplicación de un plan individualizado de tratamiento. Por otra parte, su naturaleza temporal impide que puedan ser consideradas obstáculos insalvables para la realización de los fines del art. 25.2 CE".

Con todo, la sentencia recoge un extremo que consideramos merece una especial atención:

"Ya se ha indicado más arriba que el sistema de individualización científica se alza en nuestro ordenamiento jurídico como salvaguarda de la humanidad de la pena de prisión permanente revisable. Se ha de reconocer, sin embargo, que los periodos de seguridad establecidos en la ley para el acceso al tercer grado de clasificación penitenciaria condicionan gravemente uno de sus rasgos diferenciales, el que establece que «[e]n ningún caso se mantendrá a un interno en un grado inferior cuando por la evolución de su tratamiento se haga merecedor a su progresión» (art. 72.4 LOGP), por lo que para que esa salvaguarda sea algo más que teórica, se ha de precaver el riesgo de anquilosamiento del sistema, riesgo perceptible si la administración penitenciaria y los órganos judiciales optan por convertir la gravedad intrínseca de la pena y su duración indeterminada en fundamento dirimente de sus decisiones en materia de régimen y tratamiento.

Este tribunal considera necesario, por ello, reforzar la función moderadora que el principio constitucional consagrado en el art. 25.2 CE, y sus concretas articulaciones normativas, debe ejercer sobre la pena de prisión permanente revisable.

En definitiva, las tensiones que el nuevo modelo de pena genera en el art. 25.2 CE precisan ser compensadas reforzando institucionalmente por medios apropiados la posibilidad de realización de las legítimas expectativas que pueda albergar el interno de alcanzar algún día su libertad".

A nuestro juicio, lo señalado por el TC debe traducirse, por un lado, en que la Administración penitenciaria debe contar con todos los medios para hacer realizable la expectativa de liberación que el CP contempla; y, que no debe poner obstáculos que ni el CP ni la normativa penitenciaria prevén. Y, por otro lado, que, salvo en aquellos casos en los que no haya dudas sobre la falta absoluta de reinsertabilidad del sujeto, la regla general debe ser que los Tribunales concedan la suspensión.

4.2. Votos particulares: en contra de la constitucionalidad de la PPR

4.2.1. Voto particular de Juan Antonio Xiol Ríos, don Cándido Conde-Pumpido Tourón y la magistrada doña María Luisa Balaguer Callejón

Los citados magistrados concluyen que la PPR es inconstitucional, entre otras razones, porque se vulnera el *principio de no regresión*, afirmando lo siguiente:

> *"El principio de no regresión está ligado estrechamente a la regla básica de justificación del sistema jurídico basada en la progresión del respeto a los valores democráticos y de la protección de los derechos fundamentales. Este principio proscribe, con carácter general, el retorno peyorativo en el nivel de consolidación de una situación generada a partir de la comprensión del contenido de un derecho fundamental o de mandatos, valores y principios constitucionales sin razones extraordinarias que lo justifiquen. En el ámbito ahora discutido, el principio constitucional de respeto a la dignidad humana (art. 10.1 CE) y la prohibición de penas inhumanas y degradantes (art. 15 CE) propician que el sistema de penas progrese hacia penas cada vez más humanizadas en que las penas privativas de libertad resulten determinadas en el tiempo y no potencialmente de por vida".*

Por el contrario, en nuestra opinión, resulta equivocado traer a colación con motivo de la PPR el citado principio. En los términos en los que se plantea, se estaría privando al legislador de su capacidad normativa, que quedaría altamente condicionada por decisiones de política criminal adoptadas por sus predecesores. Se estaría conculcando, en definitiva, la soberanía popular. Además, el ordenamiento jurídico no puede concebirse como un ente estático, sino que es fruto de las ideas, valores y sensibilidades que la sociedad acoja en un determinado momento. El Derecho (también el penal) debe ser reflejo de ello. En consecuencia, éste debe adaptarse a las circunstancias que concurran en el marco temporal en el que se aplique.

Por otro lado, como ya dijimos, la PPR no supone, a nuestro juicio, ningún retroceso democrático, ni tampoco una involución en la defensa de algunos derechos fundamentales.

En cualquier caso, como los propios magistrados señalan, este principio puede decaer cuando existan *razones extraordinarias que lo justifiquen*. Así pues, consideramos que reforzar la tutela de los más valiosos bienes jurídicos (como la vida humana independiente) frente a los ataques más crueles constituiría una poderosa razón para eludir la citada prohibición.

Respecto del art. 25.2 CE, los magistrados destacan que cuando se autorizó la ratificación por España del Estatuto de la Corte Penal Internacional, mediante la Ley Orgánica 6/2000, de 4 de octubre, ante la previsión en este Estatuto de la pena de reclusión a perpetuidad [art. 77.1 a)] reducible bajo las condiciones establecidas en el art. 110, se formuló la declaración de que España, *"en su momento, estará dispuesta a recibir a personas condenadas por la Corte Penal Internacional, a condición de que la duración de la pena impuesta no exceda del máximo más elevado previsto para cualquier delito con arreglo a la legislación española"*. Esta declaración aparece justificada en el apartado V de la exposición de motivos de la citada Ley Orgánica6/2000, de 4 de octubre, afirmando que *"era necesaria por las previsiones del artículo 25.2 de la Constitución, que exige que las penas privativas de libertad estén orientadas a la reeducación y reinserción social del condenado"*.

Los magistrados que formulan este voto discrepante consideran que una interpretación del mandato de reinserción social del art. 25.2 CE, de conformidad con el principio de progresividad, propicia la declaración de inconstitucionalidad de la pena de prisión permanente revisable, en tanto que no excluye su potencial perpetuidad, con fundamento en estos argumentos:

(i) la incipiente vinculación en el Derecho constitucional comparado del mandato de reinserción social con la prohibición de este tipo de penas como fundamento para su abolición constitucional;

(ii) el contexto histórico del surgimiento de este mandato constitucional de reinserción social, que da razón suficiente justificativa de que no fuera acompañado de una previsión expresa sobre la abolición de penas de esta naturaleza;

(iii) la interpretación subjetiva de la voluntad constituyente, derivada del proceso de elaboración de la Constitución, que demostraría que la inclusión del mandato constitucional de reinserción social pretendía servir de previsión suficiente contra la reinstauración de penas perpetuas; y,

(iv) la propia percepción del legislador orgánico, previa a la regulación de la pena de prisión permanente revisable, de que este mandato constitucional impedía la vigencia de penas de estas características.

A nuestro modo de ver, aquí los magistrados realizan una declaración política o ideológica; y, no tanto, un examen técnico-jurídico. Pero es que, además, los argumentos empleados responden a una peculiar interpretación o suposición (más bien) del por qué esta pena no habría sido hasta ahora introducida en nuestro ordenamiento jurídico. En realidad, las mismas razones podrían emplearse para justificar lo contrario (que nunca ha habido tal prohibición).

Los magistrados concluyen que la posición del TEDH sólo puede asumirse por la jurisprudencia constitucional: *"como el contenido mínimo del mandato de reinserción social de conformidad con el principio de interpretación conforme del art. 10.2 CE. Sin embargo, no es obstáculo para alcanzar la conclusión desarrollada en este voto de que en este caso la Constitución española es susceptible de una interpretación del mandato de reinserción social ubicado en un estándar superior de contenido que propicia la declaración de inconstitucionalidad de la pena de prisión permanente revisable a partir de principio de progresividad por no excluirse la posibilidad de que sea una pena a perpetuidad".*

Por el contrario, como hemos defendido, el hecho de que la pena pueda ser a perpetuidad no implica que vulnere ni el principio de humanidad de las penas, ni el mandato resocializador, ni el de dignidad. El régimen contemplado en el CP así lo avala, pues, prevé una serie de instrumentos para evitar que ello suceda.

En último lugar, se subraya que: *"la jurisprudencia constitucional, en interpretación y aplicación del derecho a la legalidad sancionadora (art. 25.1 CE), desde la perspectiva de la taxatividad de las consecuencias jurídicas del delito, que está en conexión tanto con la protección del derecho a la libertad (art. 17.1 CE) como con el principio de seguridad jurídica (art. 9.3 CE), ha concluido que las sanciones que resultan indeterminadas en su límite máximo vulneran esta garantía materia por hacer inaccesible e imprevisible el alcance de la pena. Esta jurisprudencia, aplicada a la pena de prisión permanente revisable, determina que esta pena debe considerarse contraria a las citadas previsiones constitucionales, ya que, si bien establece un límite mínimo para poder acordar la suspensión de su ejecución a través de la institución de la libertad condicional, sin embargo, resulta indeterminada en cuanto a su extensión temporal máxima pudiendo llegar a ser indefectible de por vida".*

Como ya vimos, la PPR no es una pena indeterminada, pues, se trata de una pena cuyo cumplimiento puede ser a perpetuidad (quedando así definido el límite temporal de aplicación); esto es, el reo permanecerá en prisión hasta que fallezca (salvo que sea excarcelado antes por motivos humanitarios u obtenga el indulto). Con todo, el CP prevé un mecanismo que permite convertir esa perpetuidad en un marco temporal más preciso: la revisión. Esto es, se puede producir una liberación anticipada. Pero, en ambos casos, el sistema permite conocer el límite máximo.

4.2.2. Voto particular de Cándido Conde-Pumpido Tourón

El citado magistrado discrepa de la concreta regulación legal de las posibilidades de suspensión de la ejecución de la referida pena, regulación que, a su juicio, determina que dicha suspensión sea prácticamente inalcanzable.

El magistrado expresa lo siguiente:

> *"Respetar el Convenio no es, en todos los casos, respetar la Constitución. La jurisprudencia del Tribunal Europeo Derechos Humanos expresa un estándar mínimo común para todos los países firmantes que la Constitución de cada estado puede incrementar, lo que impide una traslación mimética de sus pronunciamientos que ignore las diferencias normativas existentes entre aquella y este (SSTC 303/1993, de 25 de octubre, FJ 8, y 119/2001, de 24 de mayo, FJ 6). En este caso, dicho estándar mínimo se refiere únicamente a la compatibilidad de la prisión perpetua con el art. 3 CEDH, que prohíbe las penas o tratos inhumanos o degradantes, pero no toma en consideración el resto de los mandatos del Convenio que puedan ser equivalentes a los que han sido alegados en el recurso de inconstitucionalidad (proporcionalidad, taxatividad y mandatos de reeducación y reinserción social).*
>
> *Adicionalmente, las rigurosas condiciones exigidas por el art. 92 CP para acceder a suspender la ejecución de la pena nos alejan cuantitativamente de los modelos europeos de referencia y, de facto, dificultan extraordinariamente la expectativa del penado de ser puesto en libertad, haciéndola irredimible en la mayor parte de los supuestos".*

A nuestro juicio, el magistrado que formula este voto particular desconoce que la jurisprudencia del TEDH (a la que alude) sí tiene en cuenta, de forma más o menos expresa, el resto de principios a los que se refiere (especialmente el de reinserción). Baste con hacer una lectura de las sentencias que hemos manejado en otro apartado para darse cuenta de ello. Y, por otro lado, se aventura a afirmar que las condiciones exigidas en el art. 92 CP nos alejan de los modelos europeos de referencia. Pero, no da cuenta de cuáles son esos otros requisitos que se exigen en otros países y que, a juicio del citado magistrado, resultarían ser más benévolos.

Por otra parte, el magistrado disidente se refiere a que otros países europeos no prevén penas de prisión permanente o establecen plazos mínimos de cumplimiento que están por debajo de los previstos en la Ley Orgánica 1/2015; así ocurre en países como Dinamarca, Finlandia, Austria, Bélgica, Alemania o Suiza, en los que se fija en un periodo de quince años o menor.

Casualmente, nos sorprende que el citado magistrado se olvide de citar otros dos países de nuestro entorno (como Francia e Italia) donde se contemplan unos plazos más cercanos a los previstos en el CP español.

Para el magistrado Conde-Pumpido, tampoco resulta asumible la otra apelación al contexto internacional que se formula al justificar la constitucionalidad de la pena. Se señala que: *"En modo alguno constituye un término de comparación equiparable la referencia a las previsiones del Estatuto de la Corte Penal Internacional. Tanto los motivos que llevaron a su creación como los crímenes que trata de combatir se distancian del fundamento y finalidad de un sistema penal nacional ordinario para delitos comunes"*.

Con todo, aun cuando es cierto lo que dice, lo que no puede obviarse es que España hace ya más de veinte años que suscribió un Estatuto (el de la CPI) que permitía imponer una pena a perpetuidad (revisable).

En cuanto a esta previsión del Estatuto de Roma, el magistrado que firma este segundo voto particular subraya que:

> *"no es obligatoria; solo podrá imponerse «cuando lo justifiquen la extrema gravedad del crimen y las circunstancias personales del condenado». De hecho, tal eventualidad no se ha producido. Hasta la fecha la pena de reclusión a perpetuidad no ha sido impuesta en ningún caso. Y si llegara a imponerse, el límite mínimo de cumplimiento para acceder a su revisión es de veinticinco años (art. 110.3); límite que no puede excederse en ningún caso, al contrario de lo que sucede en la regulación establecida en nuestro Código penal, que admite su elevación hasta treinta e incluso treinta y cinco años de prisión efectiva"*.

Como el propio magistrado señalaba más arriba, *"en modo alguno constituye un término de comparación equiparable la referencia a las previsiones del Estatuto de la Corte Penal Internacional"*. Esto es, su régimen jurídico no tiene por qué tomarse como referencia para la configuración de una PPR que se vea limitada por sus disposiciones. El diseño que el ER hace de la prisión perpetua obedece a la conjugación de las distintas (y alejadas) posiciones que los Estados miembro mantenían respecto de esta institución. De ahí que, su regulación no resulte extrapolable a la de los Estados soberanos.

En otro orden de cosas, el magistrado Conde-Pumpido alude al art. 92.1 c) CP, el cual establece los criterios que el tribunal sentenciador habrá de valorar para fundar su pronóstico sobre la reinserción social del reo; son los siguientes: *"la personalidad del penado, sus antecedentes, las circunstancias del delito cometido, la relevancia de los bienes jurídicos que podrían verse afectados por una reiteración en el delito, su conducta durante el cumplimiento de la pena, sus circunstancias familiares y sociales, y los efectos que quepa esperar de la propia suspensión de la ejecución y del cumplimiento de las medidas que fueren impuestas"*.

Pues bien, a juicio de este magistrado:

> *"Se trata de criterios de valoración incierta en un juicio pronóstico que no se apoya de forma decidida en la evolución personal del reo, en su propia conducta durante los veinticinco años de cumplimiento mínimo, sino también en la toma en consideración del pasado (sus antecedentes, el delito, los bienes jurídicos afectados, su personalidad) y de un difícil juicio de riesgo futuro que atiende a criterios sobre los que el penado no puede incidir con su autonomía personal, como la relevancia de los bienes jurídicos que podrían verse afectados por una reiteración en el delito, los efectos que quepa esperar de la propia suspensión de la ejecución, y sus circunstancias familiares y sociales"*.

Por el contrario, debemos afirmar, como hemos tenido ocasión de demostrar en este trabajo, que las críticas que lanza el citado magistrado carecen de fundamento jurídico alguno y no se corresponden con la regulación que el CP hace de la PPR.

El magistrado apunta también a algunos problemas de *bis in idem*:

> *"En el presente caso, de lo que se trata es de dar respuesta al interrogante acerca de si la intencionalidad reduplicada que anima al autor puede justificar la imposición de la más grave de las penas previstas en nuestro sistema. Y hacerlo sin erosionar los*

principios que informan la aplicación del Derecho penal. El legislador convierte el homicidio en asesinato y castiga este con la pena de prisión de quince a veinticinco años cuando la muerte se ejecuta para facilitar la comisión de otro delito o para evitar que se descubra (arts. 138.1 y 139.1.4 CP). Pero impone la pena de prisión permanente revisable cuando la muerte fuera subsiguiente a un delito contra la libertad sexual que el autor hubiera cometido sobre la víctima (art. 140.1.2 CP).

La controversia, desde luego, está presente en el análisis de una reforma que aborda con trazo grueso la regulación de uno de los delitos más graves de nuestro sistema penal. El tono crítico frente a las carencias técnicas de la reforma campea en buena parte de las aportaciones dogmáticas sobre la materia. Voces autorizadas han llamado la atención acerca de la desproporción que late en el juego combinado de esos preceptos. La agravación no obedecería aun mayor contenido de injusto, ni a un juicio de reproche formulado en estrictos términos jurídicos. Se trataría, por el contrario, de abrir la puerta al Derecho penal de autor que convierte el reproche moral en el débil sostén de una injustificada agravación. Estaríamos en presencia, además, de una defectuosa técnica legislativa que manosea la prohibición del bis in idem, con una errónea delimitación de los tipos penales, en la medida en que si la muerte es subsiguiente a la agresión sexual, lo normal será que busque evitar su descubrimiento, circunstancia que, por sí sola, ya convierte el homicidio en asesinato del art. 139.1.4 del CP".

Efectivamente, como tuvimos ocasión de señalar en su momento, los Tribunales no deberían aplicar la PPR en estos supuestos, pues, se estaría infringiendo, en nuestra opinión, tal principio. Así las cosas, en el caso del art. 140.1.2ª CP la calificación previa como asesinato debe proceder de la concurrencia de una circunstancia distinta a la del art. 139.1.4ª CP. Ahora bien, como denunciamos, no es el único supuesto de *bis in idem* que puede darse.

Con todo, no se trata de un vicio de inconstitucionalidad que quepa atribuir a la regulación de la PPR. Sino que la aplicación incorrecta por parte de los Tribunales es la que puede acabar incurriendo en estas situaciones proscritas por el principio *ne bis in idem*.

Para finalizar, el magistrado mantiene que la regulación de la prisión permanente es contraria al mandato resocializador al que constitucionalmente debe quedar orientado, *ex* art. 25.2 CE, el cumplimiento de las penas privativas de libertad. Aduce como razones: su duración mínima, su larga duración en régimen de cumplimiento efectivo, su indeterminación, su forma de cumplimiento que veda durante muchos años —de quince a treinta y dos— el acceso al tercer grado de clasificación penitenciaria con una intensa restricción de los beneficios penitenciarios, así como con criterios de revisión intensamente anclados en el pasado, en realidades sobre las que la evolución personal del interno no puede incidir.

En nuestra opinión, como ya hemos advertido anteriormente, el Excmo. Sr. Conde-Pumpido ofrece una visión distorsionada de la realidad. Nos remitimos a las razones que en su momento aportamos para comprobar que la regulación de la PPR está orientada a la consecución del citado mandato resocializador.

El magistrado Conde-Pumpido destaca que:

> *"Expertos en Derecho penitenciario vienen poniendo de relieve la dificultad de aplicar un programa de tratamiento a quien no tiene expectativa cierta de libertad; han puesto también el acento, empíricamente constatado, en los indeseables efectos que el internamiento continuado en régimen de cumplimiento efectivo tiene sobre el desarrollo de la personalidad de las personas condenadas. Las tachas de desproporción e indeterminación se extienden fundadamente a los periodos de seguridad que se prevén en la ley con un marcado fin retribucionista. No se ha intentado que las diversas finalidades de la pena, legítimas, se cohonesten en concordancia práctica. Simplemente, la finalidad retribucionista desplaza de hecho a cualquier otra consideración en muchos supuestos.*
>
> *No se trata de analizar si la posibilidad de reinserción queda anulada, sino si la regulación la favorece o la posibilita. Considero que este tribunal ha perdido la oportunidad de dar contenido material a un principio expresamente recogido en la Constitución que representa el compromiso fuerte del constituyente con la finalidad resocializadora de la pena. Atender a la culpabilidad es el criterio más objetivo posible para fijar la duración de la pena; su forma de cumplimiento, individualizado conforme a un sistema progresivo, fue la apuesta de la primera Ley Orgánica —1/1979, general penitenciaria—, aprobada por unanimidad en el Parlamento surgido de la nueva Constitución. Ante esta tesitura, la tarea moderadora y de definición del contenido de los derechos que compete a este tribunal pudiera haber tenido mucho más recorrido y hubiera podido reducir los previsibles efectos desocializadores que se anuncian como consecuencia lógica del régimen de cumplimiento penitenciario que se impone desde el Código penal".*

Y concluye que:

> *"Solo me resta concluir señalando que la voluntad retributiva que expresa la ley es políticamente legítima, pero su formulación legal encuentra su límite en la Constitución, por lo que, también desde la perspectiva aquí analizada considero que no solo su duración abstracta, eventualmente perpetua, sino también los inflexibles periodos de seguridad establecidos en la Ley Orgánica 1/2015, que impiden el acceso al tercer grado durante el cumplimiento de la pena, no son necesarios ni compatibles con los mandatos de proporcionalidad, taxatividad y reinserción social establecidos en el art. 25 CE".*

En sentido contrarío, por las razones esgrimidas en este trabajo, consideramos que las críticas vertidas por el firmante de este voto particular son infundadas, y adolecen de una superficialidad impropia de una posición que pretende construir una argumentación en contra de la constitucionalidad de una pena tan rigurosa como la PPR.

4.3. Reacciones posteriores de la doctrina a la STC 169/2021, de 6 de octubre

4.3.1. Sobre la inhumanidad de la PPR (art. 15 CE)

a) Perpetuidad.

Señala LASCURAÍN SÁNCHEZ que "el primer reparo al razonamiento del Tribunal hace a su propio presupuesto, a que el estándar de constitucionalidad aplicable haya de ser el de convencionalidad que demarca el Tribunal Europeo de Derechos Humanos y no otro superior"[698]. A juicio de este autor, la sentencia transmite la sensación de hacer algo que la propia jurisprudencia constitucional afirma que no debe hacer, como es convertir *"tales tratados y acuerdos internacionales en canon autónomo de validez de las normas y actos de los poderes públicos desde la perspectiva de los derechos fundamentales. Si así*

---

[698] LASCURAÍN SÁNCHEZ, J. A.: "La insoportable levedad de la sentencia del tribunal constitucional sobre la prisión permanente revisable", *Revista General de Derecho Penal*, núm. 36, 2022, p. 7.

fuera, sobraría la proclamación constitucional de tales derechos, bastando con que el constituyente hubiera efectuado una remisión a las Declaraciones internacionales de derechos humanos o, en general, a los tratados que suscriba al Estado español sobre derechos fundamentales y libertades públicas" (STC 236/2007, FJ, 5)[699]. De forma que, según él, "la inconstitucionalidad ex inhumanidad de nuestra prisión permanente revisable no debe ser analizada con el parámetro de su convencionalidad conforme a la jurisprudencia del Tribunal Europeo de Derechos Humanos. Este es un juicio de mínimos que en caso negativo hubiera deparado la inconstitucionalidad, pero que es insuficiente para este resultado si resulta positivo. La no convencionalidad comporta inconstitucionalidad, pero la convencionalidad no comporta constitucionalidad"[700].

Por el contrario, en nuestra opinión, el TC no se está apartando de su propia doctrina, como afirma LASCURAÍN SÁNCHEZ, pues, aquí, el contenido del art. 15 CE (en lo que respecta a la prohibición de penas inhumanas) es exactamente el mismo que el proclamado en el art. 3 CEDH. Por tanto, no vemos motivo alguno para que el TC tenga que hacer una interpretación más restrictiva que la que lleva formulando hace años el TEDH en materia de prisión perpetua, pues, la norma española no es más exigente. Así las cosas, los criterios sentados por este tribunal nos parecen más que razonables. Que nuestro Tribunal Constitucional tenga que adoptar una posición más exigente respecto de la del TEDH, porque sí, es algo que no se sostiene por ningún lado. Máxime cuando no hay motivo para apartarse de dicho criterio que, como venimos defendiendo, nos parece el adecuado. Por todo ello, resulta más que acertado que, siendo el contenido del derecho fundamental el mismo, el TC asuma la consolidada jurisprudencia del TEDH (órgano, por cierto, que cuenta con una dilatada experiencia en la materia que nos ocupa).

---

699 *Ibid.*, p. 8.

700 *Ibid.*, p. 12.

En cuanto a la reductibiidad *de iure*, la primera discrepancia con el TC surge por los plazos, pues, en opinión de LASCURAÍN SÁNCHEZ, "no todo plazo convierte en razonablemente reductible la condena en relación con lo que demarca la muerte ni todo plazo alimenta la esperanza de libertad que está detrás de la humanización de tan severa pena. ¿Y cuál es ese plazo? Pues de veinticinco años, como dice con cada vez mayor claridad el Tribunal Europeo, con la sorprendente inadvertencia de la STC 169/202120. Este es por cierto el plazo que sin excepciones prevé el Estatuto de la Corte Penal Internacional para los delitos más graves que puedan imaginarse. Esta inadvertencia es determinante del juicio de constitucionalidad, pues dejaría fuera tres de los cuatro plazos de nuestro Código Penal: las revisiones a los veintiocho, treinta y treinta y cinco años"[701]. En sentido similar, para VARONA GÓMEZ, "nuestro T.C. parece olvidar que el TEDH también se ha preocupado en señalar que, precisamente para evitar que la posibilidad de revisión sea utópica, no se puede establecer un periodo de cumplimiento fijo (esto es, antes de la primera posibilidad de revisión) demasiado largo. Y en concreto, el TEDH considera que la posibilidad de revisión no debería demorarse, como máximo, más allá de los 25 años (así vid. Vinter y otros v. Reino Unido, 2013; parágrafo 120). De hecho, existe ya case-law en el TEDH que considera contrario al art. 3 del CEDH (que prohíbe los castigos inhumanos o degradantes) el periodo fijo de cumplimiento de 40 años establecido en la legislación penal húngara (T.P. y A.T. v. Hungría, 2016, parágrafos 41 y ss.). En definitiva, existen buenas razones para considerar, no solo inconstitucional, sino contrario al CEDH los supuestos en los que nuestra PPR prevé un periodo mínimo de cumplimiento superior a los 25 años (de 30 y hasta 35 años en algunos supuestos)"[702].

---

701 *Ibid.*, p. 13.

702 VARONA GÓMEZ, D.: "*Quo vadis T.C.?* Sobre la constitucionalidad de la Prisión Permanente Revisable (PPR). STC 169/2021", *InDret*, núm. 1 (editorial), 2022, p. 3.

Sin embargo, olvidan estos autores que el TEDH no ha establecido en ninguna de sus sentencias que el plazo de revisión no pueda rebasar los 25 años. Este plazo es una media de los plazos que dice el TEDH se observan en los países europeos que cuentan con esta pena. Por tanto, podríamos afirmar que se trata de un plazo "estándar". Pero, como sabemos, existen países de nuestro entorno que cuentan con períodos de revisión superiores (de 26, 28 o 30 años). Es por ello que, de ningún modo el TC se aparta del criterio del TEDH porque ese plazo no es tan rígido como los citados autores dicen. Además, los períodos que en el CP superan el plazo de los 25 años son supuestos que recogen una mayor gravedad, por lo que, en cualquier caso, esa elevación de los plazos está más que justificada.

La segunda objeción recae en las condiciones para obtener la suspensión de la ejecución. Así, para LASCURAÍN SÁNCHEZ, "la cuestión aquí desde la perspectiva de la humanización de la pena ligada a la esperanza de esquivar la perpetuidad tiene que ver con la dependencia de la liberación de la autonomía del sujeto penado. Con la cuestión de si hacemos depender esta liberación de su esfuerzo y voluntad. Y parece que no mucho, que no suficientemente. La condición única («la existencia de un pronóstico favorable de reinserción social») se ha de sustentar en ocho parámetros. De ellos, solo dos y vagos, «su conducta durante el cumplimiento de la pena» y su «evolución», dependen del penado. Los demás («la personalidad del penado, la relevancia de los bienes jurídicos que podrían verse afectados por una reiteración en el delito, sus circunstancias familiares y sociales, y los efectos que quepa esperar de la propia suspensión de la ejecución y del cumplimiento de las medidas que fueren impuestas») le son ajenos". En términos similares se pronuncia VARONA GÓMEZ, para quien muchos de los parámetros son ajenos a la conducta y evolución del penado durante la condena. Para el citado autor "los interrogantes que surgen a la hora de concretar ese pronóstico favorable de reinserción deberían haber llevado a declarar la inconstitucionalidad de la ley"[703].

Ahonda en esta cuestión VARONA GÓMEZ cuando pone de relieve que "decir, como simplemente considera el T.C. (F.J. 9º) que la PPR «no es una pena indeterminada (...) sino una pena determinable con arreglo a criterios legales preestablecidos cuya individualización judicial se completa en fase de ejecución mediante la aplicación de unos parámetros, los del art. 92.1 CP, claros y accesibles al reo desde el momento de la imposición de la condena», parece un nuevo acto de fe de nuestro T.C., pues la «claridad» de los criterios establecidos en el art. 92.1 CP parece sólo accesible a los ojos de la mayoría del tribunal"[704]. Se pregunta también el citado autor si la "sensación insuperable de incertidumbre", que lleva al T.C. a considerar inconstitucional por indeterminada la regulación de la revocación de la suspensión de la PPR, no es la misma que acecha al penado que está al albur de la "facultad casi omnímoda" (esta vez, no del juez de vigilancia, sino) del tribunal sentenciador en lo concerniente a si se ha alcanzado en su persona un "pronóstico favorable de reinserción"[705].

Por nuestra parte, lamentamos disentir de estos autores, pero, no es cierto que los criterios que el art. 92.1 c) CP prevé no sean "claros". Sobre esta cuestión nos remitimos al análisis que hicimos de los mismos en el apartado correspondiente. Pero, por lo que aquí interesa, baste con señalar que la selección de tales parámetros (idéntica, por cierto, a la del art. 90 CP) es oportuna, pues, como ya dijimos, combina una serie de valores que, efectivamente, permiten conformar un juicio aproximado (un pronóstico) sobre la capacidad de reinserción social del reo. Y no sólo la conducta del penado depende de él, sino que, por ejemplo, el sometimiento a un programa de tratamiento también acabará repercutiendo sobre

---

703 *Ibid.*, p. 4.
704 *Idem.*
705 *Idem.*

otros valores (como vimos). Además, como defendimos en otro lugar, la distinta naturaleza de los criterios es positiva, pues, condicionar la concesión de la revisión a la concurrencia de elementos que únicamente dependan del reo podría en ocasiones impedir la suspensión cuando, por el contrario, la estimación de otros parámetros podría conducir a una solución distinta (y viceversa). Por último, no puede olvidarse que, en la decisión sobre la revisión, el Tribunal sentenciador contará con el informe final del centro penitenciario y otros profesionales que haya podido designar, amén de la opinión del Ministerio Fiscal y las alegaciones de la defensa. En todo caso, como sucede con tantos otros aspectos del CP, los criterios deberán ser objeto del debido desarrollo jurisprudencial por parte del TS.

En cuanto a la reductibilidad *de facto*, apunta LASCURAÍN SÁNCHEZ que el Tribunal Europeo entiende que la humanización de la prisión perpetua exige un tratamiento tal que "haga factible su esperanza de liberación" (STC 169/2021, FJ 4.a, citando la STEDH Murray c. Países Bajos). Señala el citado autor que nuestro Constitucional está de acuerdo con ello, pero no le parece que se trate de un canon aplicable al análisis constitucional de la ley: *"la inconstitucionalidad de la norma no puede basarse en la disponibilidad de medios: se trata de una cuestión que por estar relacionada con la aplicación de la ley, no es susceptible de integrar el juicio abstracto de constitucionalidad, sin perjuicio de las consecuencias jurídicas que puedan derivarse en otros ámbitos"* (FJ 4). Pues, bien, a juicio de este autor, "este planteamiento (una especie de «eso son cosas de cómo se organicen las cárceles») resulta un tanto elusivo para el lector sensible con el valor de la dignidad humana en la regulación de las penas"[706]. Así, para LASCURAÍN SÁNCHEZ, "el tratamiento se convierte así en un derecho de prestación que forma parte del derecho a no sufrir penas inhumanas"[707]. Destacando que "el derecho al tratamiento de los penados a pena de prisión permanente forma parte de su derecho a

706 LASCURAÍN SÁNCHEZ, J. A.: "La insoportable levedad...", *op. cit.*, p. 15.
707 *Ibid.*, p. 15.

no sufrir penas inhumanas y que por ello no es solo un derecho legal sino que es un derecho constitucional y fundamental"[708].

Por el contrario, una vez más, debemos discrepar del citado autor por las siguientes razones:

1) el TC lleva toda la razón. La constitucionalidad (el juicio de) se debe proyectar sobre la norma, no sobre cuestiones ajenas a ella. Y la de los recursos penitenciarios que se dediquen, en este caso concreto, a los programas de tratamiento para condenados a PPR es una de ellas. Dicho de otro modo, no puede condicionar la escasez o ausencia de medios la constitucionalidad de una norma que nace para aplicarse. Que la reinserción del penado depende en gran medida de su participación en estos programas de tratamiento penitenciarios es algo obvio. Pero, si acogiéramos la tesis del autor, el poder ejecutivo (a quien compete la organización y gestión de esos medios) tendría la posibilidad de sustituir a su antojo al poder legislativo, forzando en este caso, la derogación de una norma porque la falta de previsión, en este caso, de programas de tratamiento para el condenado a PPR comprometerían su adecuación con la CE. Sería una vía indirecta a través de la cual el ejecutivo tendría en sus manos el poder de ocasionar la inconstitucionalidad de una ley. Y, esto es inaceptable en un Estado democrático.

2) No podemos aceptar que el derecho al tratamiento de los penados a pena de prisión permanente forme parte de su derecho a no sufrir penas inhumanas. El tratamiento debe verse como una herramienta que la administración penitenciaria dispone para la consecución del art. 25.2 CE. Por tanto, a nuestro juicio, la vinculación debe ser con ese principio resocializador; y, no con el de humanidad de las penas. Así lo entiende, por otra parte, el art. 59 LOGP.

---

708 *Ibid.*, p. 17.

3) La reductibilidad *de facto* comporta que los criterios previstos (reductibilidad *de iure*) sean realizables en la práctica. Esto es, que no impidan en la realidad que se pueda llegar a revisar la pena por "imposibilidad material" (si se quiere decir así). El TC aquí ha perdido la ocasión de desarrollar esta cuestión desde esta perspectiva, pues, efectivamente, nada apunta a que la vigente regulación de la PPR impida tal cosa. En este sentido, las condiciones para el disfrute de permisos, de clasificación en tercer grado, las propias condiciones que configuran el pronóstico de reinserción, y la posibilidad de solicitar nuevas revisiones tras una previa denegación (entre otros aspectos) consideramos que posibilitan que la reductibilidad no sólo sea formal (*de iure*) sino también material (*de facto*). Ahora bien, insistíamos en que el TC lleva razón porque esta valoración debe realizarse principalmente cuando en el caso concreto se observe alguna anomalía; esto es, cuando no se concedan permisos, el tercer grado, la revisión, etc. En esos supuestos será cuando habrá que examinar a qué se debe ello (si está justificado o no). Y lo mismo sucede cuando se tratase de alguna decisión de la Administración penitenciaria.
4) Además, la reductibilidad *de facto* se ve propiciada por, al menos, tres aspectos: a) la posibilidad de imponer algunas de las prohibiciones y deberes del art. 83 CP; b) la imposición de la medida de libertad vigilada en aquellos casos en los que proceda; y, c) la determinación de un menor o mayor plazo de suspensión.

En todo caso, como hemos tenido ocasión de pronunciarnos, sólo en el caso de que la práctica nos demuestre (cuando se empiece a revisar las primeras condenas) que la PPR no resulta revisable porque la regulación lo imposibilita, entonces la PPR debiera derogarse. No así si fuesen los Tribunales los que hiciesen una aplicación inconstitucional de la norma (lo cual debiera corregirse recurriendo al TS, TC o TEDH); o, si la administración penitenciaria eludiese sus obligaciones (de cumplimiento con la LOGP y RP) o de medios.

Por otro lado, LASCURAÍN SÁNCHEZ destaca que en el recurso se contenía una alegación subsidiaria que no fue merecedora de respuesta por parte del TC. Era la siguiente: suponiendo que la protección de los importantes bienes jurídicos que lesionan los delitos para los que se prevé una prisión permanente revisable justifique este sistema de pena permanente pero eventualmente remitible tras un prolongado plazo si "se puede fundar la existencia de un pronóstico favorable de reinserción social", habrá que diseñar una estrategia de garantías que evite la permanencia inútil en prisión, los denominados falsos positivos de peligrosidad. Y el adecuado diseño de ese sistema de garantías de resolución del conflicto de bienes constitucionales condiciona la constitucionalidad de la regulación[709].

Sin embargo, en nuestra opinión, el error de partida aquí es vincular el pronóstico de reinserción con el de peligrosidad. La convicción del Tribunal sentenciador sobre si concurre tal pronóstico obedece a un juicio normativo. El pronunciamiento es sobre la capacidad de retornar a la sociedad tras haber pasado una serie de años. Uno de los parámetros medirá la posibilidad de reincidencia, pero la valoración global abarca más parámetros. La garantía aquí reside en la lectura que el Tribunal sentenciador haga de cada uno de ellos, que deberá motivarse naturalmente. Para lo cual contará con el informe del centro penitenciario, la valoración del Ministerio Fiscal y de los alegatos del propio penado. En todo caso, el Tribunal deberá analizar las evidencias que haya de cada uno de esos elementos: no suposiciones ni conjeturas.

Ahora bien, naturalmente, como en otros tantos casos, no es descartable la posibilidad de que se produzca algún error judicial (arts. 292 y 296 LOPJ). Pero, esto no es un problema de la norma, sino de su aplicación. El propio TC reconoce en la sentencia que "*ciertamente, no es descartable la posibilidad de que se formulen juicios erróneos, desde el momento en que las ciencias aplicadas en el tratamien-*

---

709 *Ibid.*, pp. 17-18.

to penitenciario, consistentes en la variable utilización de métodos médico-biológicos, psiquiátricos, psicológicos, pedagógicos y sociales, en relación a la personalidad del interno [art. 62 c) LOGP], no pertenecen al área de las ciencias exactas; en cualquier caso, los errores de juicio que se produzcan constituirán fracasos relativos que no permiten cuestionar la legitimidad de base del sistema penitenciario vigente ni pueden constituir el fundamento de la declaración de inconstitucionalidad de la ley" (FJ, 9). A este respecto, SOLAR CALVO considera que se asume que la valoración tratamental es *per se* subjetiva y que puede ocasionar el error de mantener a una persona de por vida en prisión. Sin embargo, para la citada autora, resulta paradójico que esto no se considere suficiente para declarar la norma inconstitucional[710]. Por el contrario, en nuestra opinión, si siguiéramos la tesis de la citada autora, tendría que declararse la inconstitucionalidad de todo el sistema de penas, pues, evidentemente, tanto en la fase de imposición como en la de ejecución de cualquier pena pueden producirse este tipo de errores. Se trata de un riesgo que ni la regulación "más perfecta" podría minimizar.

Por último, insiste COLOMO IRAOLA en que "el mero hecho de que la pena pueda ser revisada no convierte en constitucional a la prisión permanente"[711]. A juicio de esta autora, "la revisión de la condena resulta, a nuestro entender, insuficiente, ya que no garantiza la puesta en libertad del reo. Cuando la prisión es revisable, existe la posibilidad de que la revisión de la condena sea negativa y, con ello, que la pena pase a ser perpetua. Lejos, empero, de esta conclusión, el TC parece no tener en consideración que, para algunas de las personas condenadas a prisión permanente, por muy revisable que esta sea, la pena va a ser perpetua"[712].

---

710 SOLAR CALVO, P.: "Revisando la prisión permanente revisable. ¿De verdad que es constitucional?", *Anuario de Derecho Penal y Ciencias Penales*, núm. 75, 2022, p. 579.

711 COLOMO IRAOLA, H.: "La pena interminable...", *op. cit.*, p. 23.

712 *Ibid.*, p. 24.

En cambio, bajo nuestro punto de vista, por mucho que se pretenda relativizar el hecho de que la regulación contemple la revisión de la pena, no se puede restar importancia a una cuestión de tan vital trascendencia. No nos cansaremos de repetir que este aspecto es sobre el que pivota, en primer término, la constitucionalidad de la pena (aunque para algunos parece que pase inadvertido). La prisión perpetua indiscriminada no es, en nuestra opinión, asumible en un Estado democrático[713]. Pero, sí lo es cuando, habiéndose previsto un mecanismo de revisión, el sujeto desaprovecha o rechaza la oportunidad que le concede el Estado para lograr esa liberación anticipada. Máxime cuando ésta se basa en un pronóstico de reinserción (el cual parece razonable exigir) y no en cualquier otra cosa. Pronóstico basado en unos parámetros fijados en el CP (también razonables) y, sobre todo, realizables. Por no mencionar que el Estado pone a disposición del penado la posibilidad de tener contacto con la sociedad a través de la concesión de permisos de salida, y la posibilidad de obtener un tercer grado penitencio que supone cumplir la pena en régimen abierto; esto es, ¡de semi-libertad! Pero, es que, por si no fueran suficientes los argumentos recién esgrimidos, las solicitudes de revisión por parte del penado son ilimitadas; y, naturalmente, la resolución (auto) que deniegue la revisión (que, por cierto, habrá sido tomada tras un procedimiento contradictorio en el que se oirá al Ministerio Fiscal y al condenado), se podrá recurrir.

---

713 Esta afirmación, sin embargo, debe prestarse a algún que otro matiz, pues, si así fuera, países como EE.UU (donde, incluso, en algunos Estados se contempla la pena de muerte), serían calificados de dictaduras o regímenes totalitarios. Y no creemos, precisamente, que los EE.UU sean tal cosa. Queremos con ello decir que para calificar a un Estado de democrático no sólo podemos fijarnos, como por otro lado resulta evidente, en el sistema de penas. El sistema de penas de un Estado puede, a lo sumo, condicionar la "calidad" de esa democracia. Pero, poco más.

b) Aflictividad.

– *El tiempo de reclusión:*

Respecto de esta cuestión, LASCURAÍN SÁNCHEZ pone de relieve que "en el estándar de tolerabilidad de la pena prolongada de prisión utilizado por el Tribunal Constitucional llama la atención la banalización incoherente del factor tiempo. Banalización, porque supuesto un modo de ejecución de la pena de prisión que no añada aflictividad a la esencia de la pena (...), la duración pierde toda relevancia como factor de aflictividad excesiva"[714]. El citado autor destaca "el severo e injustificado canon que utiliza la sentencia para computar la aflictividad que deriva de la forma en la que se desarrolle la privación de libertad"[715].

Pues bien, en nuestra opinión, como ha reiterado en numerosas ocasiones el TC, la calificación de pena inhumana o degradante no puede derivarse exclusivamente de su duración, sino que exige analizar su contenido material, el cual asociamos a su forma de ejecución y a sus modalidades. En este sentido, consideramos que ninguna de las penas de prisión de larga duración que contempla nuestro vigente CP pueda tacharse de "inhumana". Concretamente, en el caso de la PPR, como puede comprobarse fácilmente, el CP, la LOGP y el RP prevén la aplicación de las mismas instituciones que al resto de penas de prisión (comunes). Por tanto, bajo este prisma, puede concluirse que en 2015 no se crea un nuevo sistema de ejecución de la pena *ad hoc* para la PPR. Lo que se produce es un justificado endurecimiento en el acceso a algunas de las figuras tradicionalmente previstas (permisos, tercer grado, libertad condicional, plazo de suspensión, etc.). Decimos justificado porque, evidentemente, la PPR es la pena más grave que alberga nuestro CP. Pero, las condiciones en las que se produce la ejecución de las penas de prisión en nuestro país no pueden, bajo ningún concepto, sea cual sea su duración, tildarse de inhumanas.

---

714 LASCURAÍN SÁNCHEZ, J. A.: "La insoportable levedad...", *op. cit.*, p. 20.

715 *Idem*.

En segundo lugar, el TC ni se contradice ni banaliza nada. Es obvio que, conforme la pena de prisión es más prolongada, la carga aflictiva es mayor. Por eso, a hechos graves corresponden penas de tal calibre. No hay que olvidar que la pena (como manifestación del *ius puniendi* del Estado) es un castigo que se impone, en parte, para conminar con un mal (retribución). Esto es, se busca que tenga ese componente aflictivo. La cuestión es hasta qué punto es tolerable el sufrimiento que genera una u otra pena.

Señala a este respecto COLOMO IRAOLA que "si bien los efectos sobre los penados son devastadores tras quince años de cumplimiento, en el caso de la PPR éstos son más acuciantes debido a que la pena puede ser perpetua"[716]. Efectivamente, hemos reiterado hasta la saciedad que esta pena contiene una carga aflictiva muy alta tanto si es revisable como si, finalmente, no lo es. Es una pena reservada a los delitos más execrables. Ahora bien, si el listón de "inhumanidad" lo vamos a fijar en los quince años de prisión, entonces, debemos ser conscientes de dos cosas: 1) habría bienes jurídicos que quedarían desprotegidos por completo porque habría que destipificar numerosas conductas del CP (en proporción); y, 2) aquellos delitos que continuaren formando parte del Código renunciarían a otorgar una tutela completa. Por el contrario, a nuestro juicio, el grado de aflictividad que conlleva la PPR es perfectamente asumible, dado que, se corresponde con la magnitud del daño que se ha ocasionado (no es desmedido). Estimamos, pues, que la PPR marca ese límite constitucionalmente admisible. Esto es, se trata del último recurso del que dispone un Estado democrático. Cualquier otra clase de privación de libertad (de mayor severidad) sería incompatible con éste.

En tercer lugar, la PPR tampoco se convierte en inhumana porque su cumplimiento sea a perpetuidad. El CP y, especialmente, la legislación penitenciaria, disponen de los medios necesarios para evitar que ello sea así. En este punto, la implementación de progra-

---

716 COLOMO IRAOLA, H.: "La pena interminable…", *op. cit.*, pp. 25-26.

mas de tratamiento dirigidos a este tipo de presos deviene esencial para tratar de contrarrestar tales efectos. Sobre todo, para que no pasen largos períodos clasificados en primer grado. Igualmente, no se les debería privar del disfrute de permisos de salida aun cuando no reuniesen todos los requisitos, pues, se pueden imponer fuertes medidas de vigilancia. También cabe la posibilidad de aplicar un tercer grado restringido o el régimen flexible del art. 100.2 RP. El preso podrá mantener el contacto con el exterior a través de comunicaciones y visitas. Y podrá participar de las actividades que se oferten en el centro penitenciario. Por último, podrá obtener la excarcelación por motivos humanitarios (art. 91 CP) o ser indultado.

– *La incertidumbre de la liberación:*

A juicio de LASCURAÍN SÁNCHEZ, "merece la pena subrayar la relación entre aflictividad e indeterminación de la liberación, lo que abunda en la pobreza del concepto de aflictividad manejado por la sentencia y reivindica la moderna idea de desesperanza como contenido de la crueldad posible de una pena. La inhumanidad de la pena de prisión no depende solo del modo de ejecución, sino también y esencialmente de su duración y de su precisión"[717]. En esta línea, señala COLOMO IRAOLA que "existe una diferencia fundamental entre las penas muy largas de prisión y la prisión permanente revisable, ya que las personas condenadas a esta última carecen de cualquier «horizonte de condena», lo que resulta en un sufrimiento específico derivado de la posibilidad, no remota, de que su condena sea en realidad una condena a morir en la cárcel"[718].

Al contrario de lo que opinan estos autores, debemos recordar que el preso que es condenado a PPR sabe desde un primer momento que el cumplimiento de la pena puede llegar a ser a perpetuidad, a no ser que obtenga la suspensión. Por tanto, no existe ningún tipo de incertidumbre. Al revés, se ofrece una clara y concreta expectativa de liberación al condenado al diseñarse un sistema en

---

717 LASCURAÍN SÁNCHEZ, J. A.: "La insoportable levedad…", *op. cit.*, p. 23.
718 COLOMO IRAOLA, H.: "La pena interminable…", *op. cit.*, pp. 25-26.

el que se detallan los requisitos que deben reunirse para conseguir la revisión; esto es, los pasos a seguir para obtener la excarcelación anticipada.

4.3.2. La PPR no es proporcional desde la perspectiva del derecho a la libertad personal (art. 17.1 CE) y el derecho a la legalidad penal (art. 25.1 CE)

a) Sobre la justificación criminológica de la pena.

Considera COLOMO IRAOLA que "la implantación de una pena de tal calado como es la prisión permanente revisable no se fundamenta en ninguna razón de imperiosa necesidad que pudiera justificar el desplazamiento del principio de no regresión (...) no siendo suficiente la alusión realizada a la extrema gravedad de las conductas que subyacen a la aplicación de la pena de prisión permanente revisable"[719]. Además, entiende la citada autora que "el sistema punitivo no debe, en ningún caso, buscar resoluciones previsibles, sino justas; es más, lo previsible, no siempre es justo. Por otro lado, la idea de justicia que impera en la sociedad y, por ende, la que tiene que primar en las resoluciones judiciales según la EM, no tiene por qué constituir una «garantía de acierto» en las mismas. A mayor abundamiento, el Tribunal, que tampoco hace mención alguna a datos empíricos que muestren la necesidad de incorporar a nuestro Ordenamiento jurídico una pena de tales características, hace uso de términos tan jurídicamente indeterminados como «la conciencia del derecho» o «sentimiento de justicia» de la población. Como vemos, las razones de imperiosa necesidad a las que alude la EM parecen escudarse simplemente en, primero, el fortalecimiento de la confianza de la población respecto a la Administración de Justicia, que se quiere conseguir a base de dictar lo que para la sociedad constituyen resoluciones previsibles y justas; y segundo, en la demanda social del endurecimiento de las penas para que de este modo sean proporcionales a la gravedad de los delitos y, resarcir así,

---

719 *Ibid.*, pp. 33-34.

lo que el propio Tribunal califica como «sentimiento de justicia» de la sociedad"[720].

Como la autora, rechazamos algunos de los débiles argumentos empleados por el legislador para justificar la introducción de esta pena como, por ejemplo, fortalecer la confianza en la Administración de Justicia. Pero, lo anterior no obsta para que sí consideremos como razonamiento de peso la gravedad de ciertas conductas. Y, en línea con lo anterior, que el legislador entienda necesario otorgar una mayor protección a determinados bienes jurídicos frente a los ataques más atroces. En cualquier caso, el TC deja claro en la sentencia que la justificación político-criminal del legislador no puede ocasionar la invalidez constitucional de la norma, salvo que se persigan fines proscritos (no siendo el caso). Naturalmente, no compete al TC reemplazar al legislador en las explicaciones contenidas en la EM de la LO. Pero, tampoco alabarlas o justificarlas. El análisis de constitucionalidad debe recaer sobre el contenido jurídico (de la regulación concreta), más allá de que se compadezca mejor o peor con las expectativas político-criminales aducidas (que el TC considera no son incompatibles con la CE).

b) Sobre la falta de proporcionalidad.

Respecto de los fines de la PPR, para COLOMO IRAOLA, "si bien el Tribunal considera que no parece discutible «la idoneidad de la agravación de la prisión para producir un efecto reforzado de disuasión» (FJ 7), lo cierto es que no disponemos de datos que avalen dicha afirmación"[721]. En sentido similar, a juicio de VARONA GÓMEZ, "ciertamente uno tiene la impresión de que el T.C. se refiere con ello a un presunto efecto de prevención general positiva, esto es, de reforzamiento del ordenamiento jurídico y del sentimiento colectivo de justicia, pues una alusión a la prevención general negativa o intimidatoria hubiera exigido un mínimo esfuerzo por valorar empíricamente la difícil cuestión relativa al efecto preven-

---

720 *Ibid.*, p. 34.
721 *Ibid.*, p. 35.

tivo de la PPR respecto las penas largas de prisión determinadas temporalmente. Pero en todo caso, nuestro T.C. parece entender la prevención general positiva en su versión más discutible como mera «fidelidad al Derecho», ya que ningún esfuerzo existe tampoco en la sentencia por siquiera indagar empíricamente cuál es el «sentimiento colectivo de justicia» de nuestros ciudadanos. Se esperaría de un alto tribunal que fuera más allá de los habituales sondeos de opinión que, en mi opinión, no pueden legítimamente utilizarse como un proyecto para la construcción de un derecho penal democrático, pero es que nuestro T.C. ni siquiera alude a ellos, le basta un acto de fe"[722].

A nuestro parecer, la PPR, como pena de prisión que es, participa de los fines propios de éstas. En este sentido, en la PPR convergen tanto fines de prevención general como especial (en sus vertientes negativas y positivas). Y, naturalmente, también obedece (en buena medida) a fines retributivos. No consideramos, pues, que deba hacerse objeción alguna respecto de esta cuestión. Y, en todo caso, es obvio que la decisión del legislador obedece a una finalidad legítima: la tutela reforzada de determinados bienes jurídicos especialmente valiosos (como la vida). Siendo esa protección de bienes jurídicos la función primordial de toda pena.

En cuanto al canon de necesidad, señala COLOMO IRAOLA que "no hay ningún estudio que certifique que las penas ya existentes de 20, 25, 30 o 40 años, hayan mostrado ser ineficaces en términos de prevención especial. Quiere esto decir que a falta de datos que demuestren la alta tasa de reincidencia en personas condenadas por los delitos para los que se prevé la pena de prisión permanente revisable, la inclusión de dicha medida no encuentra justificación. Desde luego, no en el argumento de que dichos periodos de privación de libertad son insuficientes. Tampoco hay estudios que evidencien el incremento de los delitos penados con pena de prisión

722 VARONA GÓMEZ, D.: "*Quo vadis T.C.?* Sobre la constitucionalidad...", *op. cit.*, p. 5.

permanente revisable que justificara la adopción de una medida de tales características"[723].

Sin embargo, como ya dijimos, resulta comprensible que el legislador considerase insuficiente (por no ajustarse adecuadamente a la gravedad de los hechos) que los delitos para los que ahora se prevé PPR se castigaran con penas que como mucho podían alcanzar los 25 años (los límites de hasta 40 años se aplicaban sólo a supuestos concursales). Siendo conocedores de que ese plazo de hasta 25 años no tenía por qué ser de cumplimiento efectivo. En consecuencia, es razonable que el legislador estimase oportuno conceder una mejor tutela a ciertos bienes jurídicos (principalmente la vida) frente a ataques especialmente graves.

En referencia al principio de proporcionalidad (en sentido estricto), a juicio de COLOMO IRAOLA, el TC olvida que el TEDH considera que la revisión debería tener lugar no más tarde del transcurso de los veinte y cinco años[724]. Con todo, ya advertimos más arriba que el TEDH no es tan tajante porque, efectivamente, hay países que están por debajo de esos plazos y otros por encima. Y, como también vimos, la fijación de unos plazos superiores en terrorismo o en supuestos concursales no infringe el canon de proporcionalidad estricta.

La citada autora se pregunta: "¿cómo es posible que España, con su despiadada pena de prisión de 40 años de cumplimiento efectivo y con su plazos de revisión de la cadena perpetua de una extensión que no tiene equivalente en los países de la Europa occidental, haya superado, con mucho, la extensión de las penas privativas de libertad que podían aplicarse durante el franquismo, donde éstas, con la pena máxima de reclusión de 30 años y la institución de la redención de penas por el trabajo, nunca excedían —en los casos más extremos— de 20 años de privación real de libertad?"[725]. Sin

---

723 COLOMO IRAOLA, H.: "La pena interminable...", *op. cit.*, p. 35.
724 *Ibid.*, p. 35.
725 *Ibid.*, p. 36.

embargo, esta autora pasa por alto un pequeño detalle: que durante el franquismo la pena de muerte ¡estaba vigente! Con todo, no deja de causarnos cierta perplejidad que ahora se pretenda poner en valor la ¿benevolencia? del sistema de penas franquista para atacar la constitucionalidad de la PPR. A ver si va a resultar que tenemos que regresar a ese modelo por ser el actual mucho peor (permítaseme la ironía).

Por último, a juicio de LASCURAÍN SÁNCHEZ, "el cuestionamiento constitucional más débil de la prisión permanente revisable era el de su desproporción. Atendiendo al preciso enjuiciamiento de la misma que prevé la jurisprudencia constitucional y a su justificada contención, no era posible sostener desde luego ni su falta de finalidad legítima ni su inidoneidad. Y, ante delitos horrendos como los que castiga, tampoco resulta fácil argumentar desde luego su desproporción estricta. De hecho, el recurso se centró en el tercer escalón de análisis, que es el de su necesidad, tan cuestionable en términos de política criminal como difícilmente objetable en términos de constitucionalidad, como subraya la sentencia"[726].

c) Sobre la rigidez de la pena.

La doctrina que se ha ocupado de examinar la STC no parece poner muchos reparos en este punto. Así, por ejemplo, para LASCURAÍN SÁNCHEZ, "la rigidez existente es relativa y para los casos en que concurre tal rigidez —en forma de imposibilidad de ponderar la pena a través de circunstancias atenuantes ordinarias— cabe sostener que no se da la desproporción manifiesta que veda la Constitución si se considera, en percepción no irrazonable, que en los mismos, dada la entidad del delito cometido, no deviene desproporcionada la pena no atenuada. Las distinciones en función de la lesividad y la culpabilidad podrían resultar improcedentes a partir de una pena tan elevada"[727].

---

726 LASCURAÍN SÁNCHEZ, J. A.: "La insoportable levedad...", *op. cit.*, p. 37.

727 *Ibid.*, p. 39. En igual sentido, COLOMO IRAOLA, H.: "La pena interminable...", *op. cit.*, p. 37.

d) Sobre la indeterminación de la pena.

Señala, en primer lugar, LASCURAÍN SÁNCHEZ, que, debido a la indeterminación del parámetro de la reinserción social, no es asumible hacer depender de él la privación de libertad con el argumento de que se trata de un principio constitucional básico —entre otras cosas, el orientador de la legislación penitenciaria y de su aplicación— y de que, de hecho, los recurrentes lo invocan como vulnerado por las leyes recurridas. A juicio de este autor, "una cosa es que la resocialización sea el contenido de un principio constitucional expreso (art. 25.2 CE) y que como tal deba ser respetada en la generación y aplicación de las leyes penales y penitenciarias, y otra que, como sucede frecuentemente con los principios, se trate de un concepto abstracto, que configura un principio abstracto, y que como tal es constitucionalmente inviable *ex* mandato de determinación para hacer depender de él la privación de libertad de una persona"[728].

Sin embargo, bajo nuestro punto de vista, resulta más que razonable que la liberación del condenado a PPR pivote sobre un pronóstico favorable de reinserción social, como evidencia de su capacidad para vivir de nuevo en sociedad. Pero, es que, además, el art. 92.1 c) CP no hace depender la revisión de la PPR de un concepto tan abstracto como la reinserción. Apunta los criterios o indicadores que conforman ese pronóstico de reinserción. Por tanto, no se trata de una valoración abstracta o caprichosa (casi intuitiva).

En segundo lugar, para LASCURAÍN SÁNCHEZ, en contra de la opinión del TC, la PPR no es una pena que resulte "determinable"[729]. Sin embargo, en nuestra opinión, es evidente que sí lo es: los tres criterios a los que apunta el art. 92.1 CP (período de seguridad, tercer grado y pronóstico favorable de reinserción) son los que per-

---

[728] LASCURAÍN SÁNCHEZ, J. A.: "La insoportable levedad...", *op. cit.*, pp. 25-26.

[729] *Ibid.*, p. 26.

miten soslayar la perpetuidad de la PPR para convertirla en una pena con un marco temporal concreto.

En tercer lugar, a juicio de LASCURAÍN SÁNCHEZ, "en el caso de la prisión permanente estamos ante una inseguridad en relación con la duración real de la pena (de la privación del derecho fundamental a la libertad) que acompaña al momento del delito, al dictado de la sentencia y a los muchos años a los que como poco se extiende la pena. El delincuente queda permanentemente inseguro durante muchos años en relación con algo tan esencial como lo es su libertad. Creo que este daño tan intenso al valor de la seguridad jurídica (art. 9.3 CE) debería haber determinado su inconstitucionalidad"[730].

No existe, por el contrario, a nuestro modo de ver, tal incertidumbre respecto de la duración de la pena, pues, como hemos reiterado en numeras ocasiones, el preso sabe que el cumplimiento de la pena puede ser a perpetuidad; esto es, que no volverá a recuperar su libertad a menos que obtenga la revisión. Conociendo de igual forma los requisitos que el CP establece para que ello suceda. En consecuencia, no vemos dónde está la "inseguridad". La regulación española es en este sentido bastante comprensible.

En cuarto lugar, a LASCURAÍN SÁNCHEZ le resulta llamativo que "la sentencia considere que no es indeterminado el criterio de la reinsertabilidad fundado en determinados factores para acceder a la libertad condicional, y que en cambio sí lo es exactamente el mismo criterio fundado en exactamente las mismas condiciones para revocarla"[731].

Aquí, como ya tuvimos ocasión de exponer, disentimos del criterio del TC, dado que, esta segunda modalidad de revocación de la PPR que el CP contempla en su art. 92.3 *in fine* tiene su lógica. Si la revisión se hace depender, en parte, de la concurrencia de un pronóstico de reinserción integrado por una serie de criterios (los

---

730 *Ibid.*, p. 27.
731 *Ibid.*, pp. 27-28.

del art. 92.1 c) CP), resulta razonable que un cambio en los mismos pudiera ocasionar la revocación. Que alguno de esos aspectos se modificara no implicaría que se debiese revocar automáticamente la suspensión, sino que se debería volver a valorar si ese cambio permite o no seguir manteniendo el "pronóstico de reinserción". He aquí la desafortunadísima redacción del precepto y la torpeza del TC de no saber proporcionar esta exégesis —a nuestro juicio coherente—. El TC debería haber aludido a la inseguridad que genera el tenor literal del precepto y haber propuesto la interpretación que nosotros mantenemos. En ningún caso vaciar de contenido esta segunda modalidad de revocación —en contra del deseo del legislador—.

En quinto lugar, LASCURAÍN SÁNCHEZ alude al "contexto de incertidumbre fáctica que subyace al concepto de peligrosidad". No estando seguro "de la tajante afirmación de la sentencia relativa a que los posibles errores de juicio sean incapaces de impugnar el diseño del sistema"[732]. Por el contrario, como explicamos más arriba, los posibles errores que ocasionen los instrumentos de valoración que se empleen, por ejemplo, por la Administración penitenciaria, no pueden ocasionar la inconstitucionalidad de la PPR (no es un problema de la regulación). Y, tampoco, los concretos errores judiciales que se produzcan, por ejemplo, al no concederse a determinado preso la suspensión, o al haberlo hecho tardíamente (sin justificación), etc.

El citado autor, señala que "por razones garantistas, y aunque arrostremos un elevado riesgo de falsos negativos, no condenamos ante cualquier duda razonable de que el acusado no cometió los hechos que se le atribuyen. Aquí, las dudas sobre los juicios de peligrosidad no parecen arredrarnos para la continuidad de la prisión"[733].

En nuestra opinión, efectivamente, consideramos que cuando el Tribunal tenga la más mínima duda razonable acerca de si el pronós-

---

[732] *Ibid.*, p. 28.

[733] *Ibid.*, pp. 28-29.

tico de reinserción debe ser (o no) favorable deberá decantarse por conceder la revisión. Sólo cuando esté firmemente convencido de lo contrario deberá denegar la suspensión.

En sexto lugar, para LASCURAÍN SÁNCHEZ, "queda, en fin, sin respuesta expresa la objeción de indeterminación por carencia de límite máximo de la pena, dado que por razones de humanidad el mismo no puede ser la muerte del penado"[734]. En cambio, resulta obvio que una característica congénita de toda pena de prisión perpetua (aun revisable) es la ausencia de un límite máximo (como convencionalmente lo conocemos), pues, la naturaleza de esta pena, a diferencia del resto de penas de prisión (común), permite el cumplimiento a perpetuidad; esto es, la liberación del preso no se va a producir irremediablemente tras el paso de un número concreto de años, sino que se puede perpetrar en el tiempo (*sine die*). Pero esto no es sinónimo de "indeterminación". Así, una vez hemos concluido que ese posible cumplimiento a perpetuidad no es ni inhumano ni contrario a la dignidad de las personas (bajo las circunstancias que el CP prevé), el límite máximo de la PPR irá ligado a lo que dure la vida del recluso. Eso en los casos extremos, en los que no se haya concedido la revisión, el indulto, ni la excarcelación por motivos humanitarios.

Por último, entiende COLOMO IRAOLA que la PPR es una pena indeterminada porque "los requisitos para obtener la libertad condicional son de contenido impreciso"; y, además, "no está claro ante qué circunstancias puede darse la revocación de dicha libertad condicional"[735]. En cuanto a la primera cuestión, a nuestro juicio, el art. 92.1 y 2 CP es bastante claro al enunciar las condiciones bajo las cuales se puede acordar la revisión de la pena (no se puede exigir mayor grado de precisión so pena de incurrir en un reglamentarismo impropio de un CP); y, respecto de la segunda cuestión, tras la

---

734 *Ibid.*, p. 29. En sentido similar, COLOMO IRAOLA, H.: "La pena interminable...", *op. cit.*, p. 37.

735 COLOMO IRAOLA, H.: "La pena interminable...", *op. cit.*, p. 37.

STC la única modalidad de revocación que existe es la prevista en el art. 86 CP (por remisión del art. 92.3 CP) que también contiene de forma suficientemente detallada tales causas.

4.3.3. La PPR infringe el principio de resocialización (art. 25.2 CE)

A juicio de VARONA GÓMEZ, la trascendencia de esta nueva pena "hubiera exigido de nuestro T.C. un mayor esfuerzo de argumentación sobre el encaje de la PPR con el mandato de resocialización establecido en el art. 25.2 CE, pues por mucho que tal mandato haya sido diluido por el propio T.C., existe base para considerar que no puede ser tajantemente excluido cuando se valora la constitucionalidad de una pena"[736]. Por el contrario, cabe decir que el TC no ha diluido ningún mandato, simplemente le ha otorgado el reconocimiento que debe darse a un principio orientador de la política-criminal (que no instituye ningún derecho fundamental). Sin embargo, el TC no excluye en absoluto que tal parámetro no pueda condicionar la constitucionalidad de una norma. Lo que sucede en este caso es que el TC, oportunamente, estima que la regulación que el CP hace de la PPR respeta dicho mandato.

Para CASALS FERNÁNDEZ, la STC "es un punto y aparte en la interpretación de la reeducación y reinserción social, avalando el Tribunal Constitucional la pena de prisión permanente revisable. Al sacrificar la esperanza de los condenados, también resentimos y sacrificamos nuestra calidad como sociedad democrática avanzada e inspirada en el principio de humanidad"[737]. En opinión de esta autora, "se justifica su temporalidad indeterminada con los tribunales internacionales y se olvida de la ardua y complicada evolución de la

---

[736] VARONA GÓMEZ, D.: "*Quo vadis T.C.?* Sobre la constitucionalidad...", *op. cit.*, p. 5.

[737] CASALS FERNÁNDEZ, Á.: "La sentencia del Tribunal Constitucional sobre la constitucionalidad de la pena de prisión permanente revisable", *La Ley Penal*, núm. 153, 2021, p. 12.

humanización de las penas en nuestro país. Aun así, se elogia nuestra Constitución y sus designios de reeducación y reinserción, aunque los fines de la pena ya los han «asesinado» (como a César) al permitir mantener en nuestro ordenamiento una pena perpetua bajo un fraude de etiqueta de la suspensión de la ejecución"[738].

Sin embargo, no consideramos que se haya producido un retroceso en materia de reinserción, pues, la PPR no veda la aplicación de ninguna de las instituciones que se contemplan para las penas de prisión (común): permisos de salida, tercer grado, y libertad condicional. Naturalmente, el establecimiento de unos períodos de acceso más elevados (que los ordinarios) dificulta la consecución de tal principio, pero, esto es algo consustancial a la duración de la pena. En este sentido, también una pena de cinco años facilita más la reinserción del penado que otra de diez años, pero, no por ello concluimos que la pena de diez años no permite la reinserción (no lo hace en la misma medida). En todo caso, la Administración penitenciaria dispone de las herramientas adecuadas para disminuir los efectos que en el preso tiene el sometimiento a períodos tan largos de encierro, y cuenta con los medios idóneos para promover ese proceso de reinserción. Por otro lado, cabría señalar que los efectos que la pena puede desplegar sobre la capacidad de reinserción del penado pueden variar mucho de un preso a otro (con independencia de su duración).

Por su parte, COLOMO IRAOLA sostiene que "la regulación actual apuesta claramente por la inocuización del delincuente mediante el refuerzo del fin retributivo de la pena, y teniendo en cuenta que es una medida que puede llegar a ser de por vida, entendemos que el fin resocializador se convierte en uno de imposible consecución"[739]. Que la PPR es una pena en la que se potencia el componente retributivo (hasta el máximo que consideramos resulta tolerable en un Estado democrático) es algo que no puede negarse.

---

738 *Idem.*

739 COLOMO IRAOLA, H.: "La pena interminable…", *op. cit.*, p. 44.

Pero, debe reconocerse que, para evitar la perpetuidad de la pena (esto es, facilitar la reinserción del penado), el CP ha diseñado un mecanismo de revisión judicial que permite la liberación anticipada. Y, para alcanzar tal objetivo, el CP no cercena la posibilidad de que el condenado disfrute de permisos de salida y pueda beneficiarse de las condiciones que supone el tercer grado (entre otros mecanismos que contempla la normativa penitenciaria y que permiten mantener el contacto con el exterior). Es más, no se limita la posibilidad de cursar nuevas solicitudes de revisión a pesar de que se haya denegado previamente la suspensión.

Por otro lado, destaca PÉREZ MANZANO el falaz uso realizado del contenido del art. 72.4 LOGP por el TC. A juicio de la citada autora, la sentencia reconoce que lo prescrito en dicha disposición, esto es que, *"[e]n ningún caso se mantendrá a un interno en un grado inferior cuando por la evolución de su tratamiento se haga merecedor a su progresión"*, es una pieza angular del sistema de individualización científica. Y reconoce, asimismo, que es este sistema el que permitiría salvar la adecuación a la Constitución del modelo de prisión permanente revisable, confesando que los períodos de seguridad condicionan gravemente este elemento fundamental del sistema. Sin embargo, para esta autora: "esta declaración nos deja en absoluta perplejidad por cuanto debiera haber conducido a la declaración de inconstitucionalidad de los plazos mínimos de cumplimiento de pena para la progresión en grado, ya que el modelo de plazos mínimos supone precisamente que aunque el penado «merezca su progresión en grado» por haber sido eficaz el tratamiento en períodos de privación de libertad más cortos, no se producirá en ningún caso tal progresión hasta que haya transcurrido ese período mínimo «de seguridad» ni, por tanto, podrá acceder a la libertad condicional"[740].

740 PÉREZ MANZANO, M.: "Truco, trato y el comodín del Derecho comparado. Sobre la proporcionalidad y la adecuación al mandato de resocialización de la prisión permanente revisable", en RODRÍGUEZ YAGÜE, C. (Dir.): *Penas perpetuas*, Valencia, Tirant lo Blanch, 2023, pp. 203-204.

Por nuestra parte, la fijación de unos períodos de seguridad para el acceso a permisos de salida, tercer grado, y libertad condicional, no pueden reputarse inconstitucionales. El sistema de individualización científica no queda amparado por una previsión constitucional específica, sino que se consagra en la LOGP. Es por ello que consideramos que el TC hace bien en recalcar que, dado que la obtención de la suspensión depende de la clasificación en tercer grado, se deberá ser sumamente cauteloso a la hora de no conceder la progresión de grado. En este sentido, cabría recordar que la PPR no fija períodos de seguridad para el primer y segundo grado, sólo lo hace para el tercer grado, de forma que en este último supuesto (especialmente) la previsión del art. 72.4 LOGP actúa como garantía para evitar denegaciones de progresión de grado injustificadas que imposibiliten la revisión de la pena.

En otro orden de cosas, ATIENZA y JUANATEY DORADO ponen de relieve que para la mayoría de magistrados del TC el principio debe entenderse en el sentido de que el mandato (y los derechos correspondientes) quedan satisfechos siempre y cuando ese fin no se haga de imposible consecución. Y de ahí, en opinión de estos autores, "la importancia que debe darse a lo señalado por el magistrado autor del voto particular adicional: lo que tendría que haber examinado el Tribunal no es si la reinserción quedaba o no anulada con la regulación de la pena, sino si esa regulación tendía o no a favorecer la reinserción a la que el interno tiene derecho. Y parece indudable que si el principio hubiese sido entendido de esa manera (la única admisible), la justificación que la mayoría presenta en su motivación resulta claramente inaceptable"[741].

Por el contrario, a nuestro juicio, el uso común del lenguaje convierte este debate en estéril. Pues, desde el momento en que se considera que la regulación no imposibilita alcanzar la reinserción,

---

741 ATIENZA, M. y JUANATEY DORADO, C.: "Comentario a la Sentencia del Tribunal Constitucional sobre la prisión permanente revisable", *Diario La Ley*, núm. 10017, 2022, p. 7.

se está diciendo que la permite. Otra cosa es el grado en que esa posibilidad se encuentra: esto es, si se favorece más o menos. Pero este es otro debate. Debate que ya no puede medirse en términos de constitucionalidad sino de crítica política, pues, efectivamente, las penas de larga duración —por naturaleza— tienden a dificultar más el alcance de dicho principio que otras más cortas, pero, la CE no contempla una directriz en este sentido. De forma que, queda dentro del margen de competencia del legislador el restringir o potenciar más o menos este mandato, compatibilizándolo con los fines preventivos y retributivos de la pena para la correcta tutela de bienes jurídicos.

En último lugar, para LASCURAÍN SÁNCHEZ, "hubiera procedido la exigencia mínima de la revisión en el plazo de veinticinco años del Tribunal Europeo o de veinte años de la Orden Europea de Detención. O la restricción del acceso al tercer grado como máximo al cumplimiento del cincuenta por ciento de esa liberación posible a los veinticinco años, para no desviarse en exceso la directriz legal de individualización científica en la que repara la propia sentencia y que reza que «[e]n ningún caso se mantendrá a un interno en un grado inferior cuando por la evolución de su tratamiento se haga merecedor a su progresión» (art. 72.4 LOGP). O la restricción del acceso a los permisos de salida como máximo al cumplimiento de una cuarta parte esos veinticinco años de posible pena. O la imposibilidad de incluir en la reinsertabilidad nada que no sea la vida en sociedad al margen del delito, como «la colaboración activa con las autoridades» o la «petición expresa de perdón a las víctimas de su delito» (art. 92.2 CP)"[742].

En cambio, debemos advertir que el TC únicamente podría haber declarado: o bien la constitucionalidad de la PPR (como hizo), o bien su inconstitucionalidad. Pero, aunque se hubiere dado este último escenario, hubiere sido del todo improcedente que el fallo de la sentencia hubiere contenido algún pronunciamiento como los

---

742 LASCURAÍN SÁNCHEZ, J. A.: "La insoportable levedad...", *op. cit.*, p. 35.

que propone el citado autor. El TC no puede jugar a ser legislador. Esto es, hubiere podido dictaminar, por ejemplo, que el plazo de revisión de 25 años era inconstitucional, y que, en consecuencia, únicamente serían admisibles otros períodos que estuvieren por debajo de esa cifra. Pero, no establecer que el plazo tuviere que ser el de 20 años. Sería inconcebible que el Alto Tribunal hubiere concretado, en una hipotética sentencia de inconstitucionalidad, el diseño legal de la que, a su criterio, hubiere sido la regulación idónea.

4.3.4. Otras cuestiones

a) Principio de no regresión.

A juicio de COLOMO IRAOLA, "al Alto Tribunal se le olvida, y así, lo exponen los magistrados y la magistrada disidente del fallo, que los pronunciamientos del TEDH en lo atinente a las penas perpetuas redimibles en los que no se aprecia una vulneración del artículo 3 del Convenio, han sido dictadas en sustitución de la pena de muerte, lo que constituía un avance humanizador en el sistema interno de penas de dichos países. Puede afirmarse, por tanto, que el argumento esgrimido en el fallo por la Sala no es del todo exacto, ya que no se hace alusión alguna al contexto en las que las sentencias aludidas fueron dictadas. Actualmente y desde 1928, en España no se prevé la prisión perpetua, menos aún, la pena de muerte, por lo que la pena de prisión permanente revisable no se estaría aplicando en sustitución de una consecuencia jurídica más gravosa (voto conjunto, punto 6)"[743]. Al respecto, "cabe traer a colación lo que los magistrados y la magistrada de la minoría han dado en llamar el principio de no regresión, el cual prohíbe que «se perjudiquen contenidos de los derechos y libertades fundamentales ya consolidados o que pudieran consolidarse conforme al nivel de reconocimiento estatal» (voto conjunto, punto 3). Es más, la trascendencia de este principio viene dada por su eficacia autónoma en la fundamentación de la inconstitucionalidad de la pena de prisión permanente revisa-

743 COLOMO IRAOLA, H.: "La pena interminable…", *op. cit.*, p. 22.

ble, ya que, en términos generales, «proscribe el retorno peyorativo en el nivel de consolidación de una situación generada a partir de la compresión del contenido de un derecho fundamental o de mandatos, valores y principios constitucionales sin razones extraordinarias que lo justifiquen» (voto conjunto, punto 5). La inclusión en el Ordenamiento jurídico español de la pena de prisión permanente revisable, lejos de ser un «avance humanizador», supone un retroceso en la historia de las penas de nuestro país"[744].

Por el contrario, si hiciéramos caso a lo que dicen los magistrados que formulan el voto discrepante, cualquier decisión político-criminal en materia de penas (por muy constitucional que fuera) adoptada legítimamente por quien ostenta la representación de la soberanía nacional (las Cortes/el legislador) sólo podría —siguiendo ese razonamiento— ir dirigida a rebajar los marcos penológicos o a prever mayores alternativas a la prisión. Pero, no se repara en que ese condicionamiento de la política-criminal es autoritario e intolerable en un Estado democrático.

Se sostiene, como nos recuerda LASCURAÍN SÁNCHEZ, que se deriva de la Constitución tanto un principio de no regresión en la humanización de la penas como un principio de progresividad en la efectividad de los derechos fundamentales. El primero "proscribe el retorno peyorativo en el nivel de consolidación de una situación generada a partir de la comprensión del contenido de un derecho fundamental o de mandatos, valores y principios constitucionales sin razones extraordinarias que lo justifiquen" (punto 5). Por el segundo, de progresividad, "se asume el compromiso de avanzar en la plena efectividad de los derechos fundamentales" (punto 7). Y es la proyección de estos principios en conjunto, junto el de "no limitación" (por parte de los textos internacionales del contenido constitucionalmente declarado de los derechos fundamentales y libertades), la que "se alza como un argumento fundamental contra

[744] *Idem*.

la constitucionalidad de la regulación de la pena de prisión permanente revisable" (punto 4).

Sin embargo, coincidimos plenamente con el citado autor cuando afirma que "no creo, pues, que los principios invocados de progresividad —y, por cierto, en consecuencia— de no regresión desplieguen «una eficacia autónoma en la fundamentación de la inconstitucionalidad de esta pena». No creo que sean principios constitucionales"[745]. Efectivamente, si así fuere, el legislador quedaría limitado por las decisiones político-legislativas adoptadas por su predecesor, no pudiendo modificarlas, lo que, evidentemente, supondría un claro atentado al ejercicio de un poder constitucional. Dicho de otra forma, esto no tendría cabida en un Estado democrático.

b) Principio de no limitación.

Para VARONA GÓMEZ, "la argumentación de nuestro T.C. se limita a una exégesis, y además sesgada, de la jurisprudencia del TEDH sobre la cadena perpetua. Tienen sin duda aquí razón los firmantes del voto particular cuando reprochan a la mayoría del T.C. que lo que se planteó en el recurso de inconstitucionalidad no fue la adecuación de la PPR con el Convenio Europeo de Derechos Humanos (CEDH), sino con el marco constitucional español. Evidentemente, que esta nueva pena no vulnere el CEDH es un *prius* necesario, pero ello no agota, como considera el T.C. equivocadamente, el juicio sobre la constitucionalidad de la PPR"[746].

Así también, en opinión de COLOMO IRAOLA, "como acertadamente señalan los magistrados y la magistrada disidente firmantes del voto particular encabezado por el magistrado Xiol Ríos, «los textos regionales y universales de derechos humanos representan un mínimo común imprescindible». Ello quiere decir que «nunca podría concederse constitucionalmente menos que lo recono-

---

745 LASCURAÍN SÁNCHEZ, J. A.: "La insoportable levedad...", *op. cit.*, p. 10.

746 VARONA GÓMEZ, D.: "*Quo vadis T.C.?* Sobre la constitucionalidad...", *op. cit.*, p. 2.

cido en el ámbito regional o universal de los derechos humanos». Sin embargo, lo anterior «no convierte a tales textos en canon de constitucionalidad desde la perspectiva de los derechos fundamentales», por lo que «no satisface la lógica (...) de que el contenido constitucionalmente declarado de los derechos fundamentales y libertades a nivel nacional quede limitado o se agote al proclamado por los intérpretes de esos textos internacionales». Así lo exige el principio de no limitación (voto conjunto, punto 3)". Señala la citada autora que "este principio que, si bien por sí solo no alberga fuerza suficiente para declarar la inconstitucionalidad de la pena de prisión permanente revisable, resulta de gran relevancia, ya que tiene como fin evitar que se deduzca, sin más, la constitucionalidad de una pena por su conformidad con el Convenio. El TEDH, como es sabido, puede establecer el contenido mínimo de un derecho fundamental, que por supuesto, no puede desconocerse por el TC. No obstante, no quiere esto decir que la Constitución de cada país no pueda otorgar un plus de protección determinado derecho, como pasa con el mandato constitucional de la reeducación y reinserción social (art. 25.2 CE). El CEDH no hace mención expresa a que las penas y las medidas de seguridad deban estar orientadas a la reeducación y la reinserción de la persona condenada, lo que no ha sido óbice para que dicho mandato se recoja, con carácter fundamental, en la CE"[747].

Efectivamente, que la PPR supere el filtro de adecuación al art. 3 CEDH no implica automáticamente que sea constitucional; esto es, que se ajuste a lo dispuesto en nuestra Carta Magna. Ahora bien, del estudio llevado a cabo en este trabajo se puede constatar fácilmente que la regulación de la PPR no supone ninguna vulneración de los principios y límites en ella contenidos. La legislación española es mucho más exigente —o garantista— que la analizada por el TEDH en la mayoría de supuestos en los que se ha avalado la previsión de esta pena. A este respecto, cabría recordar que el TEDH se ha pro-

747 COLOMO IRAOLA, H.: "La pena interminable...", *op. cit.*, pp. 21-22.

nunciado a favor de esta pena en casos en los que el único mecanismo previsto para excarcelar anticipadamente al preso consistía en la adopción de una medida de gracia (*caso Hutchinson*). Este umbral —sin duda criticable— es superado con creces en la regulación que el CP hace de la PPR, al preverse un mecanismo de revisión judicial, dotado de todas las garantías procesales y con unos requisitos que resultan bastante razonables. En definitiva, se garantiza un estándar de protección superior. Con todo, si bien aparentemente el CEDH es (en este sentido) más pobre que la CE, el TEDH incorpora consideraciones acerca de principios que no están expresamente recogidos en el citado Convenio, como, por ejemplo, el de resocialización (casos *Vinter*, *Murray*, o *Petukhov*).

c) Deferencia al legislador nacional.

Por otra parte, para ATIENZA y JUANATEY DORADO, "el esquema argumentativo que sigue la motivación del fallo mayoritario viene a ser el siguiente: en principio, parecería haber razones para considerar que la regulación de la nueva pena no se conforma con lo fijado en la Constitución, pero esas razones, prima facie, son superadas mediante el uso de los dos criterios interpretativos antes mencionados, verdaderamente presentes en el análisis de prácticamente cada uno de los motivos de inconstitucionalidad: deferencia al legislador nacional y aceptación de los criterios del Tribunal Europeo de Derechos Humanos"[748].

Por el contrario, como puede comprobarse, en ningún momento se deduce que el TC considere que la regulación de la PPR pudiera ser inconstitucional. Al revés, la sentencia se limita a constatar que el régimen legal de esta pena es acorde a la CE (y para ello la norma se contrasta con los preceptos de la Constitución alegados por los recurrentes). Ahora bien, como no puede ser de otra forma, claro que el TC ha tomado como referencia la jurisprudencia del TEDH, pero, insistimos, el juicio de constitucionalidad se ha llevado a cabo

---

748 ATIENZA, M. y JUANATEY DORADO, C.: "Comentario a la Sentencia…", *op. cit.*, p. 6.

respecto de los arts. 15, 17, 25.1, y 25.2 CE (sobre los que, por cierto, este tribunal ya contaba con un cuerpo jurisprudencial consolidado). Por último, en cuanto a la "deferencia al legislador", cabe resaltar que el examen del TC sobre la constitucionalidad de la PPR es de carácter técnico-jurídico, no político. Por ello, no se trata de ninguna deferencia al legislador que el propio TC reconozca en la sentencia (como ha hecho en otras tantas) que hay consideraciones o juicios que no puede valorar, pues, como es lógico, escapan de sus competencias. El TC no es un tribunal para enjuiciar la oportunidad política de una norma (siendo constitucional), y tampoco puede pronunciarse sobre si hubiera sido preferible otra regulación, etc.

d) Derecho comparado.

Por último, en opinión, de CASALS FERNÁNDEZ, "parece que la sentencia demuestra que esa necesidad de seguridad ciudadana a través de penas inhumanas justifica, en parte, su necesidad de incluirla en el ordenamiento para unirnos a los países de nuestro entorno"[749]. Señalando también ATIENZA y JUANATEY DORADO que, en la sentencia 148/2021, de 14 de julio (por la que se declara inconstitucional el Estado de alarma decretado con motivo de la pandemia), "no parece que haya jugado ningún papel ni el principio de deferencia al legislador, ni tampoco el Derecho comparado"[750].

Por nuestra parte, debemos advertir que el TC no declara la constitucionalidad de la PPR porque también esté contemplada en otros países (incluso de nuestro entorno): sería absurdo. No se trata de un "efecto inercia". El TC emplea el derecho comparado únicamente para poner de manifiesto que la decisión adoptada por el legislador español no es ninguna "extravagancia". Pero, en ningún momento, se recurre a ello para fundamentar la validez constitu-

---

749 CASALS FERNÁNDEZ, Á.: "La sentencia del Tribunal Constitucional...", *op. cit.*, p. 12.

750 ATIENZA, M. y JUANATEY DORADO, C.: "Comentario a la Sentencia...", *op. cit.*, p. 6.

cional de esta pena, sino para demostrar que España no es, en este sentido, una *rara avis*. Nada más.

4.4. *Una breve valoración final*

Como ha puesto de relieve VARONA GÓMEZ, "estamos ante una sentencia decepcionante, impropia de un alto tribunal estatal, por su escasa argumentación y nula profundización en los aspectos clave que plantea la PPR"[751]. Efectivamente, en nuestra opinión, el TC no ha estado en esta ocasión a la altura de las circunstancias, pues, en sus manos estaba despejar cualquier atisbo de inconstitucionalidad. Por el contrario, la sentencia no destaca precisamente por su calidad técnica y riqueza argumentativa. Y, lo mismo cabría predicar respecto de las alegaciones vertidas en los dos votos particulares emitidos.

Este hecho, consideramos, ha permitido alentar las críticas de quienes siguen defendiendo la inconstitucionalidad de esta pena. Aunque, en nuestra opinión, existan razones de sobra para pensar lo contrario (como hemos tratado de exponer en este trabajo).

Después de más de seis años sin un pronunciamiento del TC, lo mínimo que se esperaba es que la sentencia se convirtiese en todo un referente (la materia lo requiere). Y lo ha sido, pero, para mal. A pesar, insistimos, de haber muchos más argumentos jurídicos que los empleados por el Alto Tribunal para avalar la constitucionalidad de la PPR[752]. Podemos concluir, por tanto, que el TC ha desaprovechado una magnífica oportunidad para desterrar cualquier tacha de inconstitucionalidad sobre la configuración que el legislador es-

---

751 VARONA GÓMEZ, D.: "*Quo vadis T.C.?* Sobre la constitucionalidad...", *op. cit.*, p. 1.

752 Ahora bien, no estamos de acuerdo con PÉREZ MANZANO cuando sostiene que el TC "deja tantos flancos abiertos que los ciudadanos seguimos sin saber qué razones avalan dicha constitucionalidad", porque no es así. Las razones que llevan al TC a declarar la constitucionalidad de la PPR son perfectamente identificables en la sentencia. *Vid.* PÉREZ MANZANO, M.: Truco, trato...", *op. cit.*, p. 185.

pañol ha hecho de esta pena. Con todo, lo importante es que el TC haya declarado que la PPR prevista en el CP se ajusta a nuestra Constitución.

5. NUESTRA POSICIÓN

5.1. La PPR se adecua a la jurisprudencia del TEDH

El primer obstáculo que la PPR debía sortear era su conformidad con el CEDH. Y, como veremos seguidamente, la configuración legal que el legislador español ha hecho de esta pena resulta, cuanto menos, plenamente acorde con los postulados del TEDH.

5.1.1. Breve recorrido jurisprudencial

Como nos recuerda GARCÍA PÉREZ[753], el TEDH ha declarado en numerosas ocasiones que una pena de cadena perpetua irredimible es contraria al art. 3 CEDH[754]. Para que se considere redimible es necesario que el condenado a prisión perpetua tenga perspectivas de alcanzar la libertad y exista la posibilidad de someter a revisión su condena para su conmutación, remisión, terminación u obtención de la libertad condicional[755]. Esto es, el condenado a esta pena tiene derecho a saber *"lo que tiene que hacer y bajo qué condiciones*

753 GARCÍA PÉREZ, O.: "La legitimidad...", *op. cit.*, pp. 428-430.

754 Así, por ejemplo, STEDH (Gran Sala) caso *Kafkaris contra Chipre*, de 11 de febrero de 2008; STEDH (Gran Sala) caso *Vinter y otros contra Reino Unido*, de 9 de julio de 2013; STEDH (Sección 2ª) caso *László Magyar contra Hungría*, de 20 de mayo de 2014; STEDH (Sección 4ª) caso *Harakchiev y Tolumov contra Bulgaria*, de 24 de julio de 2014; STEDH (Sección 5ª) caso *Bodein contra Francia*, de 13 de noviembre de 2014; y, STEDH (Gran Sala) caso *Murray contra Países Bajos*, de 26 de abril de 2016.

755 Así se declaró en la STEDH (Gran Sala) caso *Kafkaris contra Chipre*, de 11 de febrero de 2008; STEDH (Gran Sala) caso *Vinter y otros contra Reino Unido*, de 9 de julio de 2013; STEDH (Gran Sala) caso *Murray contra Países Bajos*, de 26 de abril de 2016; y, STEDH (Gran Sala) caso *Hutchinson contra Reino Unido*, de 17 de enero de 2017.

para poder obtener la libertad, incluyéndose el momento en el que la revisión de su condena tendrá lugar o puede esperarse que se produzca"[756]. Ahora bien, el TEDH sostiene que la prisión perpetua no se convierte en irredimible por el mero hecho de que en la práctica pueda ser cumplida en su totalidad. En efecto, no se considera que se viole dicho precepto cuando, de acuerdo con las pautas del Derecho nacional, un condenado somete a consideración su puesta en libertad, pero ésta es denegada porque su peligrosidad se mantiene. Esto es legítimo, afirma el TEDH, porque los Estados están obligados a proteger a sus ciudadanos frente a delitos violentos, el Convenio no prohíbe la imposición de penas de duración indeterminada que se ejecutan mientras sea necesario para la defensa de la sociedad, y la evitación de la reincidencia del delincuente es uno de los fines básicos de las penas privativas de libertad[757].

La pena perpetua, por tanto, debe articularse de manera que exista una suerte de derecho a la esperanza —una expectativa de liberación— (*reductibilidad de iure*), acompañada de mecanismos efectivos de revisión (*reductibilidad de facto*) que permitan materializar dicha expectativa[758].

En cuanto a la primera condición, como señala LANDA GOROSTIZA, "que la pena sea reducible de iure en realidad significa que no sería compatible con el artículo 3 CEDH si no existiera la posibilidad legal —teórica, conforme al *dictum* legal— de liberación. Si la regulación niega total y absolutamente que el sujeto puede llegar a ser liberado, la pena sería contraria a la prohibición

---

756 Así se afirma en la STEDH (Gran Sala) caso *Vinter y otros contra Reino Unido*, de 9 de julio de 2013; STEDH (Sección 2ª) caso *László Magyar contra Hungría*, de 20 de mayo de 2014; y, STEDH (Gran Sala) caso *Murray contra Países Bajos*, de 26 de abril de 2016.

757 Así lo sostiene en la STEDH (Gran Sala) caso *Vinter y otros contra Reino Unido*, de 9 de julio de 2013; STEDH (Sección 2ª) caso *László Magyar contra Hungría*, de 20 de mayo de 2014; y, STEDH (Sección 5ª) caso *Bodein contra Francia*, de 13 de noviembre de 2014.

758 STEDH (Gran Sala) caso *Kafkaris contra Chipre*, de 11 de febrero de 2008; y, STEDH (Gran Sala) caso *Vinter y otros contra Reino Unido*, de 9 de julio de 2013.

de malos tratos, inhumanos y degradantes ya que negar incondicionalmente y *ex legem* toda expectativa de liberación supone negar al sujeto a priori y absolutamente su capacidad de cambio: tratar así a un ser humano es inhumano y atenta directamente contra su dignidad. La dignidad, con otras palabras, exige que el Estado organice la ejecución de las penas sobre la creencia antropológica de que todo penado puede cambiar y, en consecuencia, prevea una oportunidad factible de reinserción. Oportunidad que no satisfaría el mínimo exigible si consistiera única y exclusivamente en la posibilidad de que el ejecutivo pudiera conceder una suerte de perdón por razones humanitarias: el derecho a ser liberado va más allá del derecho a morir en casa, o en un establecimiento para enfermos terminales en vez de en prisión"[759].

Así las cosas, "la posibilidad legal de liberación debe estar disponible, por tanto, de forma relativamente universal para todos los que deban cumplir la pena perpetua, sean cuales fueren los hechos por los que fueron condenados, al igual que deben poderse conocer, desde el principio, los requisitos o presupuestos sobre cuya base se va a contrastar la evolución del interno de cara a que la revisión sea positiva o negativa. Si el horizonte legal es inexistente, difuso o indeterminado no cabe una planificación adecuada del itinerario rehabilitador para que el recluso pueda trabajar para alcanzar dicho objetivo. Faltaría el incentivo mínimo que permitiría al interno actuar como un ser humano que precisa, como base existencial indispensable, de una esperanza razonable y efectiva como punto de partida —y llegada— para organizar una estancia en prisión que le posibilite volver a la sociedad como un sujeto responsable y respetuoso de la ley penal"[760].

---

759 LANDA GOROSTIZA, J. M.: "Prisión perpetua…", *op. cit.*, pp. 8-9.
760 *Ibid.*, p. 9.

Para que la pena de prisión perpetua sea reducible de iure, el TEDH exige[761]:

a) prever la revisión de la condena tras un periodo mínimo de cumplimiento y revisiones periódicas posteriores para el caso de que la excarcelación no se produzca tras la primera revisión.

b) establecer con claridad los criterios que se van a tener en cuenta en la revisión y que los mismos consistan en comprobar si el encarcelamiento sigue teniendo un fundamento penológico legítimo, sobre todo si el mismo es necesario desde el punto de vista preventivo especial de vertiente resocializadora (no es suficiente en este sentido la posibilidad de indulto por motivos de clemencia o compasión de carácter médico).

c) imponer a la autoridad competente de la revisión la obligación de motivar su decisión, así como la posibilidad de que la misma sea objeto de recurso en vía judicial.

En cuanto al primer elemento, como destaca LANDA GOROSTIZA, el TEDH viene a sugerir que el plazo de revisión efectiva debería situarse no más allá del cumplimiento de los 25 años. La indicación de plazo, por tanto, es relativamente indeterminada[762]. De hecho, el TEDH (Sección 5ª) consideró en su sentencia sobre el caso *Bodein contra Francia*, de 13 de noviembre de 2014, que no se habría producido una violación del art. 3 CEDH al establecer la ley la primera revisión al cabo de 30 años. El TEDH consideró que no se había producido una violación del art. 3 del Convenio porque para computar ese plazo se tuvo en cuenta también el tiempo de privación de libertad sufrido antes del juicio, por lo que, tras la

---

761 NÚÑEZ FERNÁNDEZ, J.: "Prisión permanente revisable y el TEDH: algunas reflexiones críticas e implicaciones para el modelo español", *Anuario de Derecho Penal y Ciencias Penales*, vol. LXXIII, 2020, pp. 281-282.

762 LANDA GOROSTIZA, J. M.: "Prisión perpetua...", *op. cit.*, p. 10. Así lo ponen de relieve también GARCÍA PÉREZ, O.: "La legitimidad...", *op. cit.*, p. 438. Y NÚÑEZ FERNÁNDEZ, J.: "Prisión permanente revisable...", *op. cit.*, pp. 285-286.

condena, el condenado debía esperar 26 años. Por el contrario, la STEDH (Sección 1ª) caso *Bancsók y László Magyar contra Hungría*, de 28 de octubre de 2021, considera contrario al art. 3 CEDH un plazo de revisión de 40 años.

Respecto del segundo elemento, como nos recuerda RODRÍGUEZ YAGÜE[763], el TEDH en la sentencia sobre el caso *Vinter y otros contra Reino Unido*, de la Gran Sala, de 9 de julio de 2013, dio un importante paso en la exigencia de la existencia de un método de revisión de la cadena perpetua claro y ajustado. En esta sentencia, se tuvo que pronunciar sobre las cadenas perpetuas permanentes, entendiendo que se vulneraba el art. 3 CEDH al no prever la regulación inglesa (Criminal Justice Act de 2003) una norma que obligase a la revisión de la cadena perpetua, no encontrando suficiente la previsión (en la Criminal Sentences Act de 1997) de la potestad discrecional atribuida al Ministro del interior para poner en libertad a un recluso por motivos humanitarios. Sin embargo, dos años después, en la sentencia por el caso *Hutchinson contra Reino Unido*, de 3 de febrero de 2015 (confirmada por la STEDH, Gran Sala, de 17 de enero de 2017), el TEDH da por válidos los argumentos aducidos por Reino Unido, sin reforma alguna de su legislación, reconociendo que la potestad de liberación por motivos humanitarios del Ministerio del Interior, junto a su obligación de actuar conforme a lo establecido por el CEDH, hacen compatible su regulación con el art. 3 CEDH ante cualquier reivindicación de un condenado que adujera circunstancias excepcionales para su liberación.

Señala en este sentido NÚÑEZ FERNÁNDEZ que "la Gran Sala no encuentra inconveniente en que el derecho interno no prevea el momento en que el Secretario de Estado debe comprobar si se dan los requisitos que supuestamente le obligan tomar una decisión de esta naturaleza ya que, en principio, el propio penado puede instar la revisión de su condena en cualquier momento (sorprende que, tratándose de una obligación el Secretario de Estado no tenga que

---

763 RODRÍGUEZ YAGÜE, C.: *La ejecución de las penas…, op. cit.*, pp. 184-185.

revisar de oficio la condena en ningún momento determinado, ni que se establezca un mecanismo por el que el Secretario de Estado reciba la información necesaria a tal efecto). Tampoco encuentra la Gran Sala inconveniente en que el derecho no especifique ni el procedimiento ni la autoridad judicial competente para revisar la decisión que pudiera adoptar el Secretario de Estado"[764].

Por otro lado, en la STEDH sobre el caso *Vinter y otros contra Reino Unido*, la Gran Sala inicia sus conclusiones generales destacando que la función del mecanismo de revisión debe ser permitir que las autoridades nacionales evalúen: "*(…) si los cambios experimentados en la persona condenada a cadena perpetua son tan importantes y que se han hecho tales progresos hacia la rehabilitación en el trascurso del cumplimiento de la condena, que el mantenimiento de la pena de prisión no está ya justificado en ningún motivo legítimo de política criminal*". En esta línea, en la STEDH (Gran Sala) relativa al caso *Murray contra Países Bajos*, de 26 de abril de 2016, el TEDH llega a sostener que "*aun cuando la Convención no garantiza, como tal, un derecho a la reinserción, la jurisprudencia del Tribunal presupone que todos los condenados, incluidos los sometidos a cadena perpetua, deben poder rehabilitarse*".

En cuanto a la segunda condición (*reductibilidad de facto*), el TEDH en su sentencia sobre el caso *Murray contra Países Bajos* condena al Estado miembro por vulnerar el art. 3 CEDH por el modo en que se produjo la ejecución de una pena de prisión permanente. Esta decisión se adoptó cuando el interno llevaba 34 años encarcelado (habiendo superado con creces el periodo mínimo de cumplimiento previo a la revisión de la condena y habiendo solicitado sin éxito su excarcelación en reiteradas ocasiones) y se basó en la constatación de que, en efecto, el Estado nunca puso a su alcance los medios necesarios para cumplir con los requisitos que se le exigían para ser excarcelado ya que no recibió tratamiento alguno que pudiera incidir sobre su peligrosidad.

---

764 NÚÑEZ FERNÁNDEZ, J.: "Prisión permanente revisable…", *op. cit.*, p. 285.

En la STEDH, Sección 4ª, *caso James, Wells y Lee contra el Reino Unido*, de 18 de septiembre de 2012, se constató una violación del art. 5.1 CEDH en un asunto en el que la privación de libertad se fundamentaba en el riesgo de reincidencia de los condenados. La cuestión es que los demandantes permanecieron en prisión más allá de la fecha de revisión sin que se hubiese puesto a su disposición los programas de reinserción orientados a tratar su peligrosidad. Así las cosas, la sección 4ª entendió que la privación de libertad más allá de la fecha de revisión habría sido arbitraria y por ende contraria al art. 5.1 CEDH. La quiebra del art. 5.1 CEDH exige demostrar que, en el caso concreto, el condenado no ha recibido programas de reinserción que le hubieran permitido optar a la excarcelación cuando se revisó su condena.

Así las cosas, como apunta NÚÑEZ FERNÁNDEZ, "parece que habría que esperar a que el penado llegase a cumplir el tiempo mínimo de condena para que se procediera a su revisión y que esta se denegara por falta de un pronóstico favorable de reinserción social. A su vez habría que demostrar que nunca se pusieron al alcance del penado los medios necesarios para que pudiera efectuarse sobre él este pronóstico, lo cual tendría que ser indicativo de que su condena no era reducible de facto. Ello, además, podría dar cabida a una demanda por detención arbitraria *ex* art. 5.1 CEDH. El sistema, al no ofrecer posibilidad de reinserción al penado, hace inevitable su privación de libertad más allá de la fecha de revisión de manera que esta deviene arbitraria a partir de entonces"[765].

Sobre la reductibilidad *de facto*, resulta también de interés, la STEDH (Sección 2ª) caso *Horion contra Bélgica*, de 9 de mayo de 2023:

> En el presente caso, el Tribunal observa que el demandante y el equipo psicosocial de la prisión de Hasselt tomaron numerosas medidas destinadas a reintegrar al primero en la sociedad desde que se convirtió en elegible para una modalidad de ejecución de su sentencia. El demandante presentó así al

---

765 *Ibid.*, pp. 288-289.

Tribunal de Ejecución de Penas (en adelante TAP: Tribunal de l'application des peines) varios planes de reinserción, que implicaban permanecer en instituciones externas que habían accedido a acogerlo. Todas las solicitudes de la demandante para poder beneficiarse de una modalidad de ejecución de la pena fueron rechazadas por el TAP por considerar que los planes de reinserción propuestos no permitían mitigar el riesgo de que la demandante cometiera nuevas infracciones graves.

Siendo así, el TEDH observa que, desde enero de 2018, los peritos psiquiatras y el TAP han coincidido en considerar que la prórroga de la estancia en prisión del demandante ya no es procedente, tanto a la luz de la seguridad pública como de los propósitos de su resocialización y reinserción en la sociedad. Por lo tanto, defendieron la admisión del demandante en una unidad de psiquiatría forense como paso intermedio antes de su posible liberación. En consecuencia, el TAP rechazó cualquier otra forma de ejecución de la pena, como la detención limitada o el seguimiento electrónico, insistiendo en que el ingreso en una unidad psiquiátrica es un paso esencial para la reinserción del demandante en la sociedad.

Sin embargo, del expediente se desprende que todas las unidades psiquiátricas forenses de mediana seguridad de la Comunidad flamenca, contactadas por la demandante y el servicio psicosocial de la prisión de Hasselt, indicaron que la demandante no podía ser admitida en dicha unidad penitenciaria porque de su condición de "convicto", es decir, de persona responsable penalmente de los actos que ha cometido, estando estas unidades reservadas únicamente para las personas "internas". El Tribunal observa que, en sus alegaciones, el Gobierno admite que las plazas en estas unidades están actualmente reservadas únicamente para las personas que tienen la condición de internado, y que, por lo tanto, no es posible el internamiento de una persona condenada en tal unidad.

El TAP también reconoció, sin que ello haya sido rebatido por el Gobierno, que el ingreso a una unidad de psiquiatría forense "parecía en la práctica imposible por razones de financiación" en la medida en que estas unidades no están subvencionadas por el Estado únicamente para recibir a personas en situación de internado.

De lo anterior se desprende que el demandante se encuentra en un callejón sin salida: por un lado, las autoridades internas competentes consideran que su lugar ya no es la prisión, al menos desde enero de 2018; por otro lado, no parece posible en la práctica ninguna posibilidad de liberación, debido al requisito de que sea ingresado en una unidad de psiquiatría forense. Por lo tanto, parece que en la actualidad no es posible una vía intermedia para el demandante, debido a la particularidad de su situación como recluso de muy larga duración que no tiene la condición de internado.

El Tribunal no minimiza la particularidad, subrayada por el Gobierno, de la situación en la que se encuentra el demandante, detenido desde 1979 y que ha pasado la mayor parte de su vida en prisión. Lo cierto es que la situación que denuncia la demandante se ha mantenido durante más de cinco años sin que las autoridades hayan puesto en marcha una solución, a pesar de las numerosas gestiones realizadas por la demandante. El Tribunal observa además que el Gobierno no ha indicado ningún paso que el solicitante pueda o deba tomar para resolver efectivamente este punto muerto.

En las circunstancias específicas del caso, el Tribunal considera que el callejón sin salida en el que se encuentra el demandante desde hace varios años como resultado de la imposibilidad práctica de ser internado en una unidad psiquiátrica forense mientras su permanencia en prisión ya no es apropiada de acuerdo con las autoridades nacionales, tiene como consecuencia que actualmente no tiene perspectivas realistas de liberación, lo que está prohibido por el artículo 3 del Convenio. En consecuencia, se ha producido una infracción de dicha disposición.

Por último, no podemos dejar de mencionar la STEDH (Sección 4ª) en el caso Petukhov contra Ucrania (No.2), de 12 de marzo de 2019, en la que el Tribunal de Estrasburgo ha declarado que, si las condiciones de reclusión del condenado a cadena perpetua son especialmente gravosas —en este caso implicaba separación del resto de reclusos y aislamiento en celda durante veintitrés horas— resultaba imposible cumplir el mandato de resocialización.

Con todo, una cuestión que la jurisprudencia no ha resuelto es si se ha de tener en cuenta la edad que tenía el penado al tiempo de recibir la condena. Se trata de un tema que se ha suscitado en el voto particular de Nussberger en el caso *Bodein contra Francia*. En este supuesto, el condenado, que nació en 1947, tendría derecho a que se revisase su condena en 2034, es decir, a los 87 años. La magistrada indica que si, como dice la jurisprudencia del TEDH, la posibilidad de alcanzar la libertad no debe ser sólo teórica sino real, cuando por la edad del condenado no pueda llegar a la fecha de la revisión es necesario tomar en consideración esta situación: *"Aun reconociendo que ello puede favorecer a quienes cometen los delitos a edad muy avanzada y puede poner en peligro el principio de igualdad, la Corte se habrá de pronunciar sobre cómo resolver esta cuestión para que la posibilidad de revisión no se convierta en ilusoria"*.

5.1.2. Una valoración de la misma

De cuanto se ha dicho anteriormente no puede concluirse otra cosa que la legislación española sobre la PPR cumple sobradamente con las exigencias establecidas por el TEDH, al menos, en cuanto a la *reductibilidad de iure*[766]. Es más, a la vista del canon fijado en el caso Hutchinson, como puede comprobarse, la regulación española es mucho más garantista y contempla un mecanismo de revisión judicial específico. De forma que la liberación anticipada del preso no se hace depender únicamente de que se conceda el indulto o la excarcelación por razones humanitarias. Por otro lado, los plazos de revisión se ajustan (en su mayoría) a la orientación marcada por el TEDH de en torno a los 25 años. Y, en todo caso, aquellos que los sobrepasan, entendemos no deberían presentar demasiados problemas, pues, se trata de períodos más amplios bien por tratarse de supuestos concursales o bien por la tipología de delitos[767]. Asimismo,

---

766 De este parecer también GARCÍA PÉREZ, O.: "La legitimidad...", *op. cit.*, p. 274. Y NÚÑEZ FERNÁNDEZ, J.: "Prisión permanente revisable...", *op. cit.*, pp. 440-441.

767 A juicio de GARCÍA PÉREZ, el tema de los plazos suscita algunas dudas, pues, "es verdad que el TEDH habla de una revisión antes de que se cumplan los 25 años. Sin embargo, el primer problema que se plantea aquí es el de determinar qué plazos tomaría en consideración, puesto que, como hemos visto, hay un doble sistema de ellos. Uno para la progresión al tercer grado y otro para la obtención de la suspensión de la ejecución de la pena. Es dudoso que a efectos de lo que el TEDH entiende por revisión no pueda valer lo dispuesto para la consecución del tercer grado, pues este, si el condenado lo decide y acepta el control electrónico, le permite vivir fuera del centro penitenciario salvo el tiempo cuya presencia sea necesaria para el tratamiento, entrevistas, etc. Ade-

el pronóstico de reinserción social del art. 92.1 c) CP se ajusta a la exigencia del TEDH de que para la revisión se tengan en cuenta los progresos experimentados por el penado. Y lo mismo cabría decir de la posibilidad de disfrutar de permisos de salida o de acceder a un régimen abierto (de vida en semi-libertad) antes de obtener la suspensión. Además, la previsión de un procedimiento contradictorio, de la posibilidad de cursar tantas solicitudes de revisión como el penado quiera, y del resto de disposiciones, consideramos no hacen

más, por regla general, los clasificados en tercer grado gozan de permisos de fin de semana. En esta hipótesis, el plazo máximo previsto en el Código penal es de 32 años (...) para un concurso de delitos de terrorismo donde al menos dos estén castigados con cadena perpetua. Probablemente con este panorama la regulación española no le suscitara dudas de legitimidad, pues en el caso Bodein admitió un plazo de 30 años porque éste empezaba a correr desde el momento en que el sujeto hubiera ingresado en prisión en virtud, por ejemplo, de una medida cautelar y lo relevante es que no se extienda, una vez condenado el sujeto, más allá de aproximadamente 25 años. Dado que en la legislación española se estipula que a efectos de cómputo de la pena se tiene en cuenta el tiempo de cumplimiento de la medida cautelar, probablemente no se llegara a conclusión diversa a la del caso acabado de citar. En cambio, si el TEDH tomara como punto de referencia la suspensión de la ejecución, en este caso nos encontraríamos con un supuesto donde el plazo se extiende hasta los treinta y cinco años. En esta hipótesis quizás su respuesta estuviera en línea con lo señalado en el caso TP y AT contra Hungría, donde indicó que un plazo de 40 años, pese al margen de apreciación del que disponen los Estados, se aleja en demasía del estándar de 25 años". De todos modos, como reconoce el citado autor, "hay también que aclarar que lo previsible es que los plazos no planteen problemas en una eventual intervención del TEDH, puesto que lo normal es que el recurso que llegue a este lo sea por un delito sujeto al régimen general y no por delitos de terrorismo, pues afortunadamente la actividad terrorista en nuestro país ha descendido gracias a que ETA dejó las armas y, de otra parte, en los ataques que se han producido por la intervención de grupos terroristas de corte islámico en no pocas ocasiones los autores se inmolan o prefieren morir antes que entregarse, o se les detiene en fases previas a la ejecución de los atentados donde no sería posible aplicar la prisión permanente revisable". *Vid.*, GARCÍA PÉREZ, O.: "La legitimidad...", *op. cit.*, pp. 441-443.

sino afianzar la adecuación del régimen previsto en el CP a los dictados del TEDH[768].

Por último, como pone de relieve NÚÑEZ FERNÁNDEZ, existe otro elemento de la regulación que viene a reforzar la reducibilidad *de iure* de la PPR, pues, cuando el penado alcance la edad de setenta años, "el régimen que se le va a aplicar al condenado de cara a acordar su libertad condicional no es el específico previsto para la prisión permanente, es decir, el del art. 92 CP, sino el del art. 91 CP"[769].

Con todo, existe un aspecto en el que (parcialmente) consideramos la PPR no se ajusta a los dictados del TEDH. Se trata de uno de los requisitos (extra) que el art. 92.2 CP contempla para conceder la revisión en casos de terrorismo: haber colaborado activamente con las autoridades.

En Italia, la Ley núm. 354, de 26 de julio de 1975 (*Norme sull'ordinamento penitenziario e sulla esecuzione delle misure privative e limitative della liberta'*) contemplaba en el art 4 bis una disposición muy similar:

> *«1. L'assegnazione al lavoro all'esterno [articolo 21], i permessi premio [articolo 30 ter] e le misure alternative alla detenzione previste dal capo VI [del titolo I], esclusa la liberazione anticipata [articolo 54], possono essere concessi ai detenuti e internati per i seguenti delitti solo nei casi in cui tali detenuti e internati collaborino con la giustizia a norma dell'articolo 58 ter della presente legge: delitti commessi per finalità di terrorismo, anche internazionale, o di eversione dell'ordine democratico mediante il compimento di atti di violenza, delitti di cui agli articoli 416 bis e 416*

768 Por el contrario, a juicio de GONZÁLEZ CUSSAC, los requisitos formales de revisión resultan insuficientes conforme a las exigencias del Tribunal Europeo de Derechos Humanos. *Cfr*. GONZÁLEZ CUSSAC, J. L.: "Prefacio", *op. cit.*, p. 19.

769 NÚÑEZ FERNÁNDEZ, J.: "El primer condenado a prisión permanente en España ante el TEDH: ¿sería posible una condena por vulneración del art. 3 CEDH?, en RODRÍGUEZ YAGÜE, C. (Dir.): *Penas perpetuas*, Valencia, Tirant lo Blanch, 2023, pp. 147.

ter del codice penale, delitti commessi avvalendosi delle condizioni previste dallo stesso articolo ovvero al fine di agevolare l'attività delle associazioni in esso previste (...).

1 bis. I benefici di cui al comma 1 possono essere concessi ai detenuti o internati per uno dei delitti ivi previsti, purché siano stati acquisiti elementi tali da escludere l'attualità di collegamenti con la criminalità organizzata, terroristica o eversiva, altresì nei casi in cui la limitata partecipazione al fatto criminoso, accertata nella sentenza di condanna, ovvero l'integrale accertamento dei fatti e delle responsabilità, operato con sentenza irrevocabile, rendono comunque impossibile un'utile collaborazione con la giustizia, nonché nei casi in cui, anche se la collaborazione che viene offerta risulti oggettivamente irrilevante, nei confronti dei medesimi detenuti o internati sia stata applicata una delle circostanze attenuanti previste dall'articolo 62, numero 6), (...), dall'articolo 114 ovvero dall'articolo 116, secondo comma, del codice penale.

(...)».

Por su parte, el art. 58 ter de la citada Ley, rezaba así:

«1. I limiti di pena previsti dalle disposizioni del comma 1 dell'articolo 21, del comma 4 dell'articolo 30 ter e del comma 2 dell'articolo 50, [della legge n. 345/1975] concernenti le persone condannate per taluno dei delitti indicati nei commi 1, 1 ter e 1 quater dell'articolo 4 bis, non si applicano a coloro che, anche dopo la condanna, si sono adoperati per evitare che l'attività delittuosa sia portata a conseguenze ulteriori ovvero hanno aiutato concretamente l'autorità di polizia o l'autorità giudiziaria nella raccolta di elementi decisivi per la ricostruzione dei fatti e per l'individuazione o la cattura degli autori dei reati.

2. Le condotte indicate nel comma 1 sono accertate dal tribunale di sorveglianza, assunte le necessarie informazioni e sentito il pubblico ministero presso il giudice competente per i reati in ordine ai quali è stata prestata la collaborazione».

De forma que, el condenado en estos casos a la pena de *ergastolo ostativo* debía proporcionar a las autoridades elementos determinantes que permitieran prevenir las consecuencias posteriores del delito o facilitar el establecimiento de los hechos y la identificación de los responsables de las infracciones penales. El condenado quedaba exento de esta obligación si dicha colaboración puede calificarse de "imposible" o "inexigible" y si acreditaba la ruptura de cualquier vínculo actual con el grupo mafioso.

Sin embargo, la STEDH (Sección 1ª) caso *MarcelloViola contra Italia*, de 13 de junio de 2019, consideró que las condiciones exigidas en el art. 4 bis de la Ley penitenciaria italiana restringían excesivamente la perspectiva de liberación de la persona en cuestión y la posibilidad de revisión de su sentencia. No pudiendo ser calificada como reducible a los efectos del artículo 3 de la Convención.

De hecho, el Decreto-Ley n. 162, de 31 de octubre de 2022 (convertido en Ley n. 199, de 30 de diciembre de 2022) modificó el apartado 1 bis del art. 4 bis de la Ley penitenciaria italiana. Ahora, los beneficios a que se refiere el apartado 1 pueden concederse, incluso en ausencia de colaboración con el poder judicial de conformidad con el artículo 58-ter, a los presos e internados por delitos cometidos con fines de terrorismo, incluido el terrorismo internacional, o de subversión del orden democrático mediante la comisión de actos de violencia, por los delitos a que se refieren los artículos 416-bis y 416-ter del código penal, por los delitos cometidos haciendo uso de las condiciones previstas en el artículo 416-bis del código penal o para facilitar las 'actividades' de las asociaciones allí previstas (entre otros delitos): *"siempre que demuestren el cumplimiento de las obligaciones civiles y las obligaciones de reparación pecuniaria consiguientes a la condena o la imposibilidad absoluta de tal cumplimiento y adjunten elementos específicos, distintos y adicionales respecto de la conducta penitenciaria ordinaria, a la participación del recluso en el proceso de reeducación y la mera declaración de desvinculación de cualquier organización delictiva a la que pertenezca, que permitan excluir la relevancia de vínculos con la delincuencia organizada, terrorista o subversiva y con el contexto en que se cometió el delito, así como el peligro de restablecer dichas conexiones, incluso indirectamente o por medio de terceros, teniendo en cuenta las circunstancias personales y ambientales, las razones inferidas en apoyo de la falta de colaboración, la revisión crítica de la conducta delictiva y cualquier otra información disponible. A los efectos de otorgar los beneficios, el juez también constata la existencia de iniciativas del interesado en favor de las víctimas, tanto en las formas de reparación como en las de justicia restaurativa"*.

En relación con lo anterior, como ya sostuvimos en otro apartado, en el art. 92.2 CP únicamente debería valorarse la desvinculación del sujeto con el entorno terrorista. Pudiéndose valorar la colaboración con las autoridades sólo de forma positiva, pero, no como obstáculo para la concesión de la revisión.

En cuanto a la *reductibilidad de facto*, señala VIVES ANTÓN que "sólo aparentemente, cumple la exigencia material de proporcionar al penado una expectativa real de libertad y reinserción"[770]. En igual sentido, para LANDA GOROSTIZA, "la reducibilidad *de iure* deviene papel mojado ante una cuasi inexistencia de reducibilidad *de facto*"[771]. Así también, para RÍOS MARTÍN, la posible limitación de la perpetuidad de la pena que se recoge en la ley es una cuestión meramente formal que sirve como coartada (...) para justificar su constitucionalidad"[772].

En opinión de LÓPEZ PEREGRÍN, "sólo cabe concluir que no se regula en nuestro ordenamiento un mecanismo claro de revisión de la condena, que aparece como una mera posibilidad teórica, pero llena de obstáculos, pues, como se ha visto, las posibilidades de acceso al tercer grado y a la revisión no son reales. En consecuencia, no se garantiza al condenado una expectativa de liberación. Por ello, y a pesar de los esfuerzos interpretativos del Tribunal Constitucional para salvar la constitucionalidad de la actual regulación, sigue habiendo razones más que sobradas para pedir su derogación, porque la regulación de esta pena presenta multitud de deficiencias, y de gran calado. Y porque una pena que, a pesar de ser teóricamente revisable, no prevé ningún mecanismo cierto para su finalización, debería ser eliminada de nuestro ordenamiento"[773]. Así también, para CERVELLÓ DONDERIS, el diseño de una privación de libertad indeterminada, de carácter obligatorio y no potestativo para el juzgador, de extensión no graduable y dada la poca claridad de los

---

770 VIVES ANTÓN, T.S.: "La dignidad...", *op. cit.*, p. 181.
771 LANDA GOROSTIZA, J. M.: "Prisión perpetua...", *op. cit.*, p. 35.
772 RÍOS MARTÍN, J.: *La prisión perpetua...*, *op. cit.*, p. 39.
773 LÓPEZ PEREGRÍN, C.: "Algunos problemas...", *op. cit.*, p. 59.

criterios de revisión, abocan a convertirla en una pena realmente perpetua de facto[774].

Por último, entiende NÚÑEZ FERNÁNDEZ que "el encierro a perpetuidad es en sí mismo contrario a la dignidad humana por mucho que, durante su ejecución, se consiga que el penado albergue la esperanza de una liberación compatible con su reintegración en la sociedad (lo cual puede resultar más que improbable en muchos casos)"[775]. Para este autor, "se debería fomentar la valoración de la irreducibilidad de facto desde el momento en que se dicta sentencia a fin de que se pudiera comprobar si en efecto el penado va a tener a su alcance los medios para su reinserción para que, llegado el momento, la revisión de su condena se pueda traducir en una efectiva excarcelación. De lo contrario, esta dinámica interpretativa aboca a una intervención tardía que no puede proteger un derecho a la esperanza sino solo constatar que la misma nunca existió. Es más, sin esa revisión inicial de reducibilidad de facto, corremos el riesgo de que la pena, además de inhumana, sea cruel teniendo en cuenta el sufrimiento que acarrea el no contar con un horizonte realista de libertad en el momento en que tiene lugar la imposición de una prisión permanente"[776].

En nuestra opinión, por el contrario, la regulación que el CP hace de la PPR y, especialmente, la normativa penitenciaria, permiten sostener que también esta pena será reducible "de facto". Esto es, que habrá presos que obtengan la suspensión de la ejecución de la

---

774 CERVELLÓ DONDERIS, V.: "El silencio normativo…", *op. cit.*, p. 210.

775 NÚÑEZ FERNÁNDEZ, J.: "Prisión permanente revisable…", *op. cit.*, p. 293.

776 *Ibid.*, p. 299. Por el contrario, el citado autor parece contradecirse cuando en otro sitio sostiene que concurren circunstancias que permiten aventurar que la PPR también se consideraría reducible. Destacan, entre otras, las siguientes: la disponibilidad de ciertos medios encaminados específicamente a reducir la peligrosidad del penado, la aplicación efectiva de algunos recursos orientados a reducir el deterioro que conlleva la privación de libertad (como cursar un grado universitario), o el mero paso del tiempo como factor que reduce la peligrosidad. *Cfr.* NÚÑEZ FERNÁNDEZ, J.: "El primer condenado…", *op. cit.*, p. 148.

pena. Con todo, en línea con lo apuntado por el TEDH, esto difícilmente puede evaluarse si no es en el caso concreto. En este sentido, para evidenciar que dicha *reductibilidad de facto* haya quedado en entredicho deberá analizarse los motivos concretos que han podido ocasionar, por ejemplo, una denegación de permisos, de clasificación en tercer grado, o de revisión (entre otros) y si éstos se ajustan o no a la ley.

En definitiva, como señalan VAN ZYL SMIT y RODRÍGUEZ YAGÜE, "por el momento parece que existen más posibilidades de que el futuro debate europeo se centre más en cuáles son los procedimientos más justos para evaluar la concesión de la libertad para las personas condenadas a esta pena que en la abolición total de la cadena perpetua tal y como ahora la conocemos"[777].

5.2. La PPR se adecua a la Constitución Española

Efectivamente, que la PPR sea conforme con el CEDH y ajustada a los parámetros del TEDH no tendría por qué suponer que fuera automáticamente constitucional, pues, aquél fija el contenido mínimo y nuestra Carta Magna podría contener un mayor nivel de exigencia a la hora de evaluar este tipo de penas. Con todo, en nuestra opinión, la PPR no sólo es acorde al canon fijado por el TEDH sino que también respeta nuestra Constitución.

5.2.1. La PPR no es una pena inhumana (art. 15 CE)

Una de las razones que la doctrina aduce para tachar de inhumana a la PPR es que el preso no tiene una expectativa de excarcelación bien definida. Sin embargo, ello no es así, pues, el cumplimiento de la pena será a perpetuidad mientras no se le conceda la revisión. Esto es, el preso debe ser consciente de que su internamiento va a ser permanente a no ser que cumpla con los requisitos que el CP esta-

---

777 VAN ZYL SMIT, D. y RODRÍGUEZ YAGÜE, C.: "Un acercamiento...", *op. cit.*, p. 16.

blece para poder obtener la suspensión de la ejecución de la pena. Y, para esto último, el reo conoce perfectamente de antemano lo que el CP exige; a saber: 1) unos plazos de cumplimiento fijados en los arts. 92 y 78 bis CP; 2) estar clasificado en tercer grado; y, 3) obtener un pronóstico favorable de reinserción social. En este sentido, no puede afirmarse que el reo carezca de un horizonte o esperanza de liberación cuando previamente el CP establece las condiciones para que ello se produzca.

No obstante, a juicio de algún autor, el CP carece de un instrumento racional y certero de revisión. Por el contrario, como puede verse, los tres criterios que alberga el art. 92.1 CP son más que razonables y oportunos: a) el paso de un tiempo (entendido como el mínimo de condena que debe cumplirse por el delito cometido; y, durante el cual el preso debe mostrar signos evidentes sobre su capacidad para regresar a la sociedad); b) disfrutar de un régimen penitenciario que le permite vivir en semi-libertad (como prueba de su grado de adaptación); y, c) un juicio-pronóstico que, basado en una serie de indicios y evidencias, nos permita estimar si el preso está preparado para vivir de nuevo en sociedad. Exigencias que, por otra parte, también se encuentran recogidas en el art. 90 CP (libertad condicional), de aplicación a las penas de prisión (comunes). Si bien, cabría destacar como dato positivo que, a diferencia de lo que sucede en ese precepto, en el caso de la PPR no se puede, como vimos, exigir el pago de la responsabilidad civil (por falta de base legal para ello).

Se denuncia, además, que esa posibilidad de excarcelación no es real atendiendo a tres parámetros. El primero de ellos, los largos períodos que se prevén hasta la revisión, que oscilan entre los 25 y los 35 años. Naturalmente, pueden parecer (y son) plazos muy elevados de cumplimiento, pero, no podemos perder de vista la especial gravedad de los delitos que se castigan con esta pena. En consecuencia, creemos que resulta lógico que puedan establecerse esos períodos de cumplimiento mínimo efectivo. Ahora bien, es evidente que esta pena sería inhumana si hasta ese momento el interno no pudiere tener contacto alguno con el exterior. Para evitar ello es por lo que la normativa penitenciaria alberga la posibilidad de mantener comunicaciones o de recibir visitas. Y, por su parte, el CP permite (como no podría ser de otra forma) el disfrute de permisos de salida y la clasificación en tercer grado (régimen abierto). Con todo, se critica también que se hayan previsto períodos muy largos para la obtención de estos permisos y del tercer grado. Aquí, una vez más, debemos insistir en que la fijación de unos plazos más elevados para el acceso a ambas instituciones se corresponde con la mayor severidad que, no podemos negar, comporta esta pena.

El segundo, es el relativo a la indeterminación de las condiciones que permiten obtener la suspensión de la ejecución de la pena (revisión). A nuestro juicio, la tacha de inconstitucionalidad por este motivo decae prontamente en cuanto observamos que los plazos de revisión para cada supuesto están claros; también los relativos al tercer grado y a las condiciones que permiten obtenerlo (CP, LOGP y RP); y, en cuanto a los ítems que integran el pronóstico de reinserción, el listado es bastante exhaustivo (se enumeran hasta siete valores).

El tercero está relacionado con el hecho de que, para algunos autores, los parámetros que conforman ese pronóstico de reinserción no "dependan" en su mayoría del condenado. En cambio, como vimos, la diversidad de aspectos que se contemplan es positiva por cuanto obliga a una valoración global (no condicionada sólo por la concurrencia de alguno de ellos) y permite obtener, a nuestro juicio, un diagnóstico aproximado (porque se trata de un pronóstico) pero bastante ajustado a la capacidad de reinserción del penado. Y, en todo caso, en ese juicio, si bien la decisión final es del Tribunal sentenciador, se podrán tener en consideración además del informe del centro penitenciario, los de otros profesionales que el Tribunal estime, y se dará audiencia al Ministerio Fiscal y a la defensa.

Ahora bien, el principal argumento en contra de la humanidad de la PPR es que ésta pueda convertirse en indefinida (en una pena perpetua) cuando no se conceda la revisión.

El Tribunal Supremo ha vinculado tradicionalmente la inhumanidad de las penas a su duración excesivamente larga[778]. Así, por ejemplo, la STS de 20 de octubre de 1994, rechaza las penas de más de treinta años de duración, al entender que una pena que rebase ampliamente esta duración merece el calificativo de inhumana difícilmente reconducible a los fines de reeducación y reinserción social. La STS 303/1998, de 16 de abril, alerta de los efectos perniciosos de las penas privativas de libertad superiores a veinte años puestos de manifiesto por los expertos y señala que el legislador debe arbitrar más medios para abordar estos casos. Y la STS 35/2000, de 23 de enero, sugiere soluciones en sede penitenciaria para que los límites de la pena sean compatibles con el humanitarismo penal y la prohibición de las penas inhumanas. En definitiva, como proclama la STS 343/2001, de 7 de marzo: *"una pena que por su extensión se asimile a la cadena perpetua, chocaría con los principios constitucionales en cuanto que resultaría inhumana y degradante"*.

Por el contrario, el Tribunal Constitucional ha matizado esta postura en numerosas ocasiones. Así, por ejemplo, la STC 65/1986, de 22 de mayo, proclama que *"la calificación de una pena como inhumana o degradante depende de la ejecución de la pena y de las modalidades que ésta reviste, de forma que por su propia naturaleza la pena no acarree sufrimientos de una especial intensidad (penas inhumanas) o provoquen una humillación o sensación de envilecimiento que alcance un nivel determinado, distinto y superior al que suele llevar aparejada la simple imposición de la condena"*(FJ, 2)[779]. Esto es, que *"la calificación como inhumana o degradante de una pena no viene determinada exclusivamente por su duración, sino que exige un contenido material"*(STC 91/2000, de 30 de marzo, FJ, 9). Y, en todo caso, la humillación o envilecimiento debe alcanzar "un mínimo de gravedad" (STC 120/1990, de 27 de junio, FJ, 9)[780].

---

778 Así, por ejemplo, STS de 7 de julio de 1993; STS de 4 de noviembre de 1994; y, STS 1005/2001, de 31 de mayo.

779 *Vid.*, también, SSTC 120/1990, de 27 de junio; 137/1990, de 19 de julio; 21/2000, de 31 de enero; 5/2002, de 14 de enero; y, 196/2006, de 3 de julio.

780 Así también, STC 116/2010, de 24 de noviembre.

Pero es que el Tribunal Constitucional ya tuvo ocasión de pronunciarse sobre la humanidad de las penas perpetuas con motivo de los múltiples recursos presentados ante él relativos a procedimientos de extradición. Se ha dicho que no puede extraerse tal conclusión (por el contexto) y extenderla a la actual PPR que contempla el CP español, pero, lo que no puede negarse es que el TC dice lo que dice en esas resoluciones (el asunto de fondo). Así, por ejemplo, la STC 148/2004, de 13 de septiembre (FJ, 9) reconoce que la imposición de una pena de cadena perpetua puede vulnerar la prohibición de penas inhumanas o degradantes del art. 15 CE, pero, para el TC resulta suficiente garantía que, en caso de imponerse dicha pena, su ejecución no sea indefectiblemente de por vida[781]. Así, para la STC 91/2000, de 30 de marzo, la inhumanidad de la pena perpetua sólo puede predicarse si se trata de un *"riguroso encarcelamiento indefinido, sin posibilidades de atenuación y flexibilización"*(FJ, 9). Esto es, el TC vincula la humanidad de la pena perpetua a que se prevea algún mecanismo de excarcelación; y, esto es, justamente, lo que contempla el CP español en su art. 92. A tenor de esta jurisprudencia, lo inhumano sería, en consecuencia, que la imposición de una pena perpetua se impusiere con carácter indiscriminado; esto es, sin posibilidad de liberación anticipada.

Particularmente, consideramos que la noción de inhumanidad de las penas va vinculada más bien a las condiciones bajo las cuales se cumple la condena; esto es, a las circunstancias que rodean a la ejecución. En este sentido, consideramos que la posibilidad (real) de que la PPR se convierta en perpetua debe enjuiciarse desde otro derecho fundamental: el de la dignidad humana (art. 10 CE). Si bien, aun cuando más adelante nos ocuparemos de esta cuestión, los argumentos que allí emplearemos pueden ser traídos ahora a colación, pues, se llega a la misma conclusión: el perfecto encaje constitucional de esta pena.

---

781 *Vid.*, también, 181/2004, de 2 de noviembre; y, STC 49/2006, de 13 de febrero.

A este respecto, no debemos olvidar que la introducción de una pena tan contundente como la PPR no responde a un capricho del legislador, sino que obedece a la necesidad de tutelar adecuadamente el bien jurídico más valioso del que disponemos (la vida) frente a los ataques más crueles que acaban con ésta. Y es la extrema gravedad de los delitos para los que se prevé esta pena la que permite su imposición de forma permanente. La pena debe reportar siempre un mayor beneficio que el daño causado por el delito; esto es, el sacrificio de la libertad del penado no puede superar aquél. Desde este prisma, entendemos que la PPR no es una pena inhumana. Ahora bien, nuestra Constitución contiene un criterio orientador en su art. 25.2 CE que veta la posibilidad de acordar una pena perpetua sin posibilidad de revisión, pues, puede haber presos que evidencien una clara aptitud para retornar al medio social del que han estado alejados durante tanto tiempo. Así pues, desde el momento en que, como sucede en nuestro caso, se prevé un mecanismo que permite obtener al preso la liberación anticipada, no puede otorgarse a la PPR un carácter inhumano. Con todo, habrá presos que no salgan nunca de prisión (salvo excarcelación por motivos humanitarios) si no se les concede la revisión. ¿Es en estos casos la PPR inhumana? La respuesta debe ser igualmente negativa. Si el Estado pone a disposición del penado todos los medios para que éste pueda obtener la suspensión de la ejecución y, en cambio, esa posibilidad es desaprovechada, no podrá imputársele a aquél la pérdida de tal oportunidad. El Estado está legitimado para proteger a sus ciudadanos de aquellos sujetos que no han evidenciado capacidad alguna para vivir nuevamente en sociedad y que representan un gran peligro para la convivencia.

En este sentido, como nos recuerda RODRÍGUEZ YAGÜE, el Comité para la Prevención de la Tortura (CPR) "se muestra enérgicamente crítico con las penas a perpetuidad, que parten de la consideración, sin excepción y revisión, de que todos los condenados a cadena perpetua son y serán peligrosos, por lo que los privan de libertad de por vida sin posibilidad alguna de liberación, salvo por indulto o por motivos humanitarios. Para el CPT, tal consideración excluye una de las justificaciones esenciales de la pena de prisión, como es la posibilidad de rehabilitación, afirmando que la fundamentación única en los —por otro lado importantes— fines de castigo y protección de la sociedad, sin esperanza de rehabilitación ni reintegración en la sociedad, deshumaniza al individuo. Matiza en todo caso el CPT al señalar que esto no quiere decir que todos los condenados a cadena perpetua deban ser liberados antes o después puesto que la protección de la sociedad es fundamental. Lo que solicita es que este tipo de condenas sean sometidas a un proceso de revisión significativo en algún momento, basado en objetivos individualizados definidos previamente en el plan de ejecución y que sean regularmente revisados. Los beneficios de tal previsión son varios: por un lado, garantiza al interno ese derecho a la esperanza; por otro, es un instrumento de gran utilidad para motivar su comportamiento positivo. Además, en relación a esto último, supone una ayuda para las administraciones penitenciarias en la gestión de los condenados que, de otro modo, al carecer de esperanza, tampoco tendrán nada que perder"[782].

En todo caso, si, al contrario de lo que creemos, la aplicación de esta pena evidenciare que su suspensión fuere prácticamente residual, bien porque el propio régimen lo impidiera o dada una determinada interpretación de los Tribunales (que no se corrigiese por instancias superiores como el TC o el TEDH), en ese caso debería ser derogada o bien reformada.

En otro orden de cosas, centrándonos —como advertía el TC— en la ejecución de la pena y sus modalidades de cumplimiento (esto es, en su contenido material), debemos afirmar que la regulación que el CP hace de la PPR y la propia normativa penitenciaria permiten despejar cualquier atisbo de inhumanidad, pues, para reducir el especial sufrimiento que comporta esta pena se prevé toda una batería de instrumentos que pasamos a enumerar a continuación y que pueden ir dirigidos tanto a los presos que en algún momento

---

782 RODRÍGUEZ YAGÜE, C.: "Los estándares internacionales...", *op. cit.*, p. 257.

obtendrán la suspensión como a los que no. A algunos de ellos ya nos hemos referido con anterioridad: como el mantenimiento de las comunicaciones y la posibilidad de recibir visitas en prisión; el disfrute de permisos de salida; y, naturalmente, obtener el tercer grado (con lo que ello supone). Por otro lado, cabría hacer mención a la participación en actividades dentro del centro (educativas, culturales, lúdicas), a la posibilidad de desempeñar algún trabajo, de organizar salidas programadas como parte del tratamiento, la asistencia religiosa o de entidades sociales, etc. Pero, más allá de estos aspectos, se puede recurrir a la aplicación del art. 100.2 RP (para flexibilizar el régimen de cumplimiento) o a un tercer grado restringido (art. 82 RP). Asimismo, tampoco podemos olvidar la posibilidad que tienen los internos de presentar quejas y peticiones. Y, en todo caso, las condiciones de vida dentro de las cárceles españolas no pueden calificarse bajo ningún concepto de inhumanas o degradantes. En último lugar, es de destacar que la normativa penitenciaria no contempla un régimen de cumplimiento más rígido para los condenados a esta pena. Así pues, todas estas herramientas tenderán también a mitigar los devastadores efectos psicológicos y físicos que producen períodos tan largos de reclusión (o incluso perpetuos).

Por último, se ha llegado a afirmar que la PPR es una pena perpetua y que, en consecuencia, es igual de inhumana que la pena de muerte. En nuestra opinión, equiparar la PPR a la pena de muerte es una comparación muy desafortunada. Que la cadena perpetua y la pena de muerte son dos penas inhumanas es algo que no debería prestarse a discusión. Sin embargo, la PPR no es una pena perpetua. No lo es en puridad, pues, si así fuere no se habría previsto mecanismo alguno de revisión. Y justo esto último es lo que permite que esta clase de pena tenga encaje constitucional en un Estado democrático como el nuestro. Con todo, como vimos, no basta con la simple posibilidad de que el sujeto pueda ser excarcelado anticipadamente. El régimen jurídico de la revisión debe permitir que ésta se pueda materializar (no sólo en un plano teórico, sino también en la práctica). Y esto es lo que, en nuestra opinión, sucede con los requisitos que el CP establece (plazos, clasificación en tercer grado, y pronóstico de reinserción favorable).

En definitiva, es evidente que la PPR es una pena en la que los efectos sobre la personalidad del reo y sus consecuencias físicas y psicológicas se acentúan en comparación con el resto de penas de prisión (comunes). Podemos afirmar, pues, que comporta un mayor sufrimiento. Ahora bien, también podría decirse lo mismo de otras penas de larga duración. En cualquier caso, consideramos que el impacto que la PPR puede tener en el desarrollo personal y moral del reo está dentro de los límites que pueden tolerarse en un Estado democrático. Otra cosa es que, como algún autor defiende, debamos abolir la pena de prisión por su carácter inhumano.

5.2.2. La PPR no vulnera el principio de legalidad (art. 25.1 CE)

La doctrina ha señalado, y hasta el Preámbulo de la LO 1/2015 así lo expresa, que la PPR es una pena de duración indeterminada. Sin embargo, no es así. La PPR es una pena cuyo cumplimiento puede ser a perpetuidad; situación que puede revertirse si se obtiene la revisión, hecho éste que permite reducir el cumplimiento de la pena (concretándose así, en ambos supuestos, el marco temporal de ejecución de la pena). Por tanto, el condenado tiene la certeza de que, mientras no se revise o conceda el indulto, permanecerá en prisión hasta que muera o sea excarcelado por motivos humanitarios (art. 91 CP). Esto es, de que pasará el resto de su vida entre rejas. No obstante, que la PPR sea revisable hace que ésta sea, en todo caso, determinable. Así pues, el acortamiento de la pena podrá darse a partir de unos plazos, tras haber sido el preso clasificado en tercer grado y una vez emitido el pronóstico favorable de reinserción. En consecuencia, no puede afirmarse que el reo no sepa qué debe hacer para ver reducida (o, mejor dicho, acotada) su pena, pues, al margen del simple paso del tiempo, deberá centrar todos sus esfuerzos en conseguir la progresión al tercer grado (régimen de semi-libertad); y, posteriormente, en obtener el pronóstico favorable de reinserción. Aquí, la conducta del penado dependerá directamente de él, pero, también otros ítems que pueden verse afectados por la participación positiva en un programa de tratamiento. Además, el penado conoce también que podrá solicitar tantas revisiones como se quiera, pues, tras denegarse una suspensión, el CP no establece límite alguno, más allá de poder fijar un plazo de hasta un año.

Por otro lado, tampoco puede decirse que la PPR vulnere el principio de legalidad cuando todo su régimen queda regulado suficientemente en el CP: permisos de salida (art. 36.1 CP); acceso a tercer grado (art. 36.1 CP); requisitos para obtener la revisión (art. 92.1 y 2 CP); plazos (art. 36.1 CP, art. 92.1 CP, art. 78 bis CP); procedimiento (art. 92.1 CP); período de suspensión y parámetros para su fijación (art. 92.3 CP y art. 80.1 II CP, por remisión); sometimiento a prohibiciones y deberes y modificaciones de éstas (art. 92.3 CP y art. 83 CP, por remisión); revocación de la suspensión (art. 86 CP, por remisión del art. 92.3 CP); remisión de la pena (art. 87 CP, por remisión del art. 92.3 CP); solicitudes de nuevas revisiones (art. 92.4 CP); pena inferior en grado (art. 70.4 CP); excarcelación por motivos humanitario (art. 91 CP, por remisión del art. 92.3 CP); delitos (art. 140 CP, art. 485.1 CP, 573 bis 1.1ª CP, art. 605.1 CP, art. 607.1 CP y art. 607 bis 2. 1.° CP); y, libertad vigilada. A lo anterior cabría sumar la aplicación de disposiciones comunes como las relativas a la cancelación de antecedentes; penas accesorias, y, medidas de seguridad[783]. Siendo igualmente de aplicación las disposiciones contenidas en la normativa penitenciaria (LOGP y RP) en todo aquello que no se oponga al CP.

Asimismo, las sentencias que condenen a PPR no son indeterminadas. Lo serían si no se pudiera establecer si el cumplimiento será a perpetuidad o no; si no se pudiere fijar si la pena es revisable

783 Respecto a las penas accesorias y las medidas de seguridad privativas de libertad ya vimos que los problemas aplicativos que se presentan en relación con la PPR pueden subsanarse fácilmente a nivel jurisprudencial mientras no se lleve a cabo una reforma.

o no; y, en su caso, cuándo se revisará; o si no se fijara claramente en qué supuestos resulta de aplicación. Pero, nada de esto sucede en nuestro caso. Junto a lo anterior, se esgrime como razón en contra de la constitucionalidad que se deja la concreción de la pena a posteriores decisiones administrativas llevadas a cabo en sede penitenciaria. Pero, no es así. La decisión sobre la clasificación en tercer grado, suspensión de la ejecución, revocación, etc. compete al Tribunal sentenciador. Y, por otro lado, como es natural y deseable, claro que la Administración penitenciaria juega en ésta (y en el resto de penas de prisión) un papel fundamental, pues, estamos en fase de ejecución de la pena.

En cuanto a la falta de delimitación de los supuestos a los que se aplica la PPR, este problema se plantea, a nuestro juicio, tan sólo en el caso del asesinato subsiguiente a un delito contra la libertad sexual. Sin embargo, entendemos que vía jurisprudencial se puede acotar sin mayor problema su aplicación a un tipo concreto (el de violación).

De los criterios que conforman el pronóstico de reinserción se ha dicho que son subjetivos e imprecisos. Sin tener unas pautas o criterios orientativos sobre cómo valorar éstos. Y que se sobrevalora el juicio sobre la peligrosidad dando lugar a falsos positivos.

Por el contrario, en nuestra opinión, los parámetros que integran el pronóstico de reinserción son claros. Lo que no puede pretenderse es un mayor nivel de detalle o reglamentación impropio de un Código Penal. Los criterios son idénticos a los exigidos en el art. 90 CP y, naturalmente, habrá que estar al desarrollo jurisprudencial que se vaya haciendo de ellos (como sucede con otros tantos aspectos del CP). Con todo, la valoración de los mismos no puede resultar caprichosa. Por ello, el art. 92.1 CP establece que el tribunal sentenciador deberá contar previamente con el informe de la administración penitenciaria y de aquellos otros profesionales que considere, junto con las alegaciones del Ministerio Fiscal y del propio penado. En cualquier caso, como ya dijimos, la valoración de todos los ítems debe realizarse de forma global, siendo las circunstancias concretas del caso particular las que permitan dar un mayor o menor valor a unos aspectos sobre otros.

En cuanto al protagonismo que el riesgo de reincidencia (peligrosidad) tenga sobre el conjunto de valores, ya vimos que se trata de un criterio más de los siete que integran el pronóstico de reinserción; y que éste último no puede identificarse, en consecuencia, con aquél. Además, como también dijimos, el Tribunal dispone de mecanismos (como el art. 83 CP, o la libertad vigilada) para conceder la revisión a pesar de que ese riesgo de reincidencia fuese medio o incluso alto.

La única duda que creemos resulta razonable tener está relacionada con la (aparente) inseguridad jurídica de la que hace gala el "incomprendido" inciso último del art. 92.3 CP. Como expusimos, el precepto tiene todo el sentido del mundo, pues, si la suspensión de la ejecución se concede porque la concurrencia de determinados parámetros (los del art. 92.1 c) CP) permiten fundar un pronóstico favorable de reinserción; en el momento en que alguno de esos criterios se modifique podría originar, naturalmente, su revocación. En definitiva, el precepto es coherente con el sistema de revisión previsto. Y esa debería ser, a nuestro juicio, la interpretación que debiera haberse hecho. Con todo, como sabemos, el TC no lo ha entendido así (suprimiendo esta causa de revocación que se encuentra recogida en idénticos términos también en el art. 90.5 CP). Lo que sucede, es cierto, es que no se regula procedimiento alguno; y, tampoco se especifica de qué forma el JVP podría tener conocimiento de esos cambios si no puede someter a una evaluación periódica al sujeto.

Para finalizar, tampoco puede afirmarse que la PPR atenta con el principio de legalidad dada su "dispersión normativa". A estos efectos, lo que importa destacar es que el CP regula todos y cada uno de los aspectos que integran el régimen jurídico de esta pena, más allá de la ubicación sistemática en la que se encuentren los diversos preceptos. Además, si se repara en este hecho, se verá que el desorden no es tal.

5.2.3. La PPR es compatible con la resocialización (art. 25.2 CE)

Se esgrime por parte de algunos autores, como motivo en contra de la constitucionalidad de la PPR, que la jurisprudencia del TC es clara al establecer que unos períodos largos de cumplimiento de las penas de prisión son contrarios al mandato resocializador. Sin embargo, también es cierto que el Alto Tribunal ha manifestado en numerosas ocasiones que la vulneración de ese principio no sólo se produce en atención a la duración de las penas, sino también de las modalidades de ejecución[784]. De igual modo, el TC ha tenido ocasión de afirmar que el art. 25.2 CE no consagra una suerte de derecho fundamental a la resocialización (como si de un derecho subjetivo se tratara)[785]. Así, según esta jurisprudencia: el artículo 25.2 CE *"no confiere como tal un derecho amparable que condicione la posibilidad y la existencia misma de la pena a esa orientación, por no ser un derecho subjetivo ni fundamental sino un mandato al legislador para orientar la política penal y penitenciaria, por eso no puede haber penas privativas de libertad que por su duración o su modo de cumplimiento impidan u obstaculicen de modo significativo la reeducación y reinserción social del condenado"*. Pero es que, además, tanto el TC[786] como el TS[787] han afirmado en reiteradas ocasiones que las penas podrán atender a otras finalidades distintas a la reeducación y reinserción social, en-

---

784 SSTC 91/2000, de 30 de marzo; 162/2000, de 12 de junio; 32/2003, de 13 de febrero; 148/2004, de 13 de septiembre; 181/2004, de 2 de noviembre; 49/2006, de 13 de febrero; 351/2006, de 11 de diciembre. Y AATC 434/2006, de 23 de noviembre; y, 165/2006, de 22 de mayo.

785 SSTC 28/1988, de 23 de febrero; 72/1994, de 3 de marzo; y 75/1998, de 31 de marzo.

786 SSTC 2/1987, de 21 de enero; 19/1988, de 16 de febrero; 28/1988, de 23 de febrero; 150/1991, de 4 de julio; 209/1993, de 28 de junio; 72/1994, de 3 de marzo; 55/1996, de 28 de marzo; 2/1997, de 13 de enero; 81/1997, de 22 de abril; 75/1998, de 31 de marzo; 88/1998, de 20 de mayo; 204/1999, de 8 de noviembre; 91/2000, de 30 de marzo; 120/2000, de 10 de mayo; y, 8/2001, de 15 de enero.

787 SSTS 1807/2001, de 30 de octubre; 1919/2001, de 26 de octubre.

tre ellas, las preventivo-generales. La resocialización no es, pues, el único fin de las penas[788].

Dicho lo cual, resulta insostenible defender que la PPR (tal y como está configurada) atente contra el mandato resocializador. Como venimos advirtiendo, si la PPR tiene encaje constitucional en nuestro Estado democrático es precisamente porque se ajusta a dicho principio. Se banaliza el hecho de que la PPR contenga un sistema de revisión que permita la liberación anticipada del preso, pero, este aspecto, junto con la posibilidad de disfrutar de permisos de salida, y de acceder al tercer grado (con lo que ello comporta, pues, se trata de un régimen de semi-libertad), hacen que la PPR sea una pena plenamente constitucional. No puede afirmarse, en consecuencia, que el CP no disponga de medios para que el condenado a PPR pueda retornar en algún momento a vivir en sociedad. No pudiendo olvidar que la legislación penitenciaria contiene una serie de herramientas que favorecen dicho proceso: la posibilidad de mantener comunicaciones y recibir visitas; todas las actividades que se diseñen bajo el amparo de un programa de tratamiento; posibilidad de disfrutar de un régimen flexible (art. 100.2 RP) o, aplicación del tercer grado restringido (art. 82 RP).

Así pues, en el diseño legal de esta pena se ha tenido en cuenta la limitación que supone para el legislador el art. 25.2 CE. Por tanto, el cumplimiento de dicho parámetro no se relega únicamente a la Administración Penitenciaria. Ahora bien, qué duda cabe del papel que en su consecución juega ésta. Como destaca LANDA GOROSTIZA, "la reinserción no debe ser «uno más» de los fines que deben regir la ejecución penitenciaria. La reinserción debe ser el criterio rector, preponderante y decisivo. A diferencia del momento legislativo o del de determinación e imposición de la pena en sentencia, en su fase de ejecución penitenciaria todos los esfuerzos deben dirigirse a lograr la reinserción. No será el fin único. Pero sí el criterio rector y principal que permita ir actualizando el balance de necesi-

788 STC 19/1988, de 16 de febrero.

dades preventivo especiales, generales y retributivas de manera que la progresión en su pronóstico facilite ir dulcificando los regímenes de cumplimiento hacia mayores cotas de libertad"[789]. En este sentido, no puede obviarse que el trabajo que se realice por parte de los equipos de profesionales de los respectivos centros penitenciarios con esta clase de penados resultará esencial para la consecución del objetivo último: obtener la suspensión de la ejecución de la pena.

Con todo, no se puede esconder que las penas de larga duración dificultan la consecución del principio de resocialización del art. 25.2 CE. Por tanto, lo único que puede hacer el legislador es no poner más obstáculos a los que ya de por sí comporta el cumplimiento de largos períodos de condena. El mandato del art. 25.2 CE es un mandato dirigido al sistema de penas en su conjunto; esto es, en general las penas deben tender o procurar que una vez cumplidas éstas el condenado pueda retornar a la sociedad. Pero, claro está que, por su distinta duración, la consecución de ese principio presentará un grado también distinto. Así las cosas, consideramos que podría llegarse al consenso de que las penas de prisión de entre tres y cinco años pueden favorecer sobremanera la resocialización; entre cinco y diez años empiezan a surgir más dudas; y, claramente, a partir de los diez años (en adelante) las dificultades son cada vez más evidentes. En conclusión, el legislador no se aleja de ese mandato porque en la PPR (la más graves de todas las penas privativas de libertad) se restrinjan en mayor medida que en una pena de tres años las posibilidades de reinserción. Si quisiéramos garantizar (por igual) que todas las penas facilitasen en la misma medida dicho mandato entonces la solución pasaría por establecer penas de máximo cinco años. Aunque, habría que ser conscientes de que, en esa situación, se estaría renunciando en buena medida a una adecuada tutela de bienes jurídicos.

Pero es que, dado que las posibilidades de reinserción varían tanto de un preso a otro, podría darse el caso de que una persona

---

789 LANDA GOROSTIZA, J. M.: "Fines de la pena…", *op. cit.*, p. 99.

que ingresara por primera vez en prisión (con dieciocho años), para cumplir una pena de tres o cuatro años, quedase marcada profundamente por su paso por prisión y excluida de la sociedad, viéndose abocada a entrar en una espiral de delincuencia que le acompañase el resto de su vida. Y, lo contrario, que una persona que cometiese un asesinato, tras estar veinte años en prisión se incorporase sin excesivos problemas a la sociedad y rehaga su vida. Queremos decir con esto, lejos de resultar demagógico, que en la reinserción del preso se dan una serie de factores tan variopintos (y personales) que no es aconsejable establecer juicios generales sobre cuándo una pena respeta o no el mandato establecido en el art. 25.2 CE, máxime cuando en el caso de la PPR se prevé la posibilidad de aplicar toda una serie de mecanismos que, como ya hemos dicho, tienden a posibilitar dicha reinserción.

Lo que queda claro en esta pena es que se está otorgando mayor peso a la idea de retribución; esto es, de una mayor magnitud del castigo. O dicho, en otras palabras, de un mayor padecimiento de la pena. Decisión político-criminal criticable (puede gustar más o menos), pero, plenamente viable en un Estado democrático de Derecho (siempre y cuando no rebase los límites en él permitidos y declarados en la CE). Ese endurecimiento (o severidad) del castigo se ve reflejado en el caso de la PPR en los plazos de revisión, tercer grado, permisos, etc. Endurecimiento, a nuestro juicio, plenamente justificado debido a la especial gravedad de los delitos para los que se ha previsto la PPR. Y, consecuencia de ello, naturalmente, que las expectativas de resocialización pueden verse reducidas en comparación con otras penas.

Se arguye también que los encierros largos imposibilitan, de manera prácticamente absoluta, cualquier tipo de reeducación del condenado. No obstante, esta suerte de pronósticos o juicios siempre nos han suscitado serios reparos puesto que, si bien *a priori* todo parece indicar que así debiera ser, carecemos de una base empírica sólida que así lo avale (si es que ello se pudiera conseguir en este contexto). En este sentido, podría darse el caso de que un condenado a pena de prisión de hasta tres años (pena sobre la que convendríamos en calificar como muy propicia para la reinserción) saliera de prisión una vez cumplida, volviera a delinquir, se le impusiere otra pena de prisión de tres años, ingresara nuevamente en prisión, y así sucesivamente. Sin embargo, nadie diría en su sano juicio que entonces las penas de prisión de 3 años tampoco tienden a la resocialización. Por el contrario, un condenado a PPR puede, tras haber experimentado un largo tiempo de privación de libertad, tener claro que nunca más debería volver a pasar por una situación semejante, motivo que le puede llevar a hacer los máximo esfuerzos por salir, en primer lugar, cuanto antes de la prisión; y, en segundo lugar, de no volver a cometer —al menos— tales delitos. Queremos con ello decir que, a nuestro juicio, la casuística personal puede obedecer a tan variados parámetros que enunciar afirmaciones generales con tal rotundidad es muy arriesgado y poco aconsejable.

En cualquier caso, también podría sostenerse que la existencia de unos plazos mayores que en el resto de penas de prisión (comunes) obedece a la idea de que, dada la extrema gravedad de los delitos cometidos, se requiera de mayor tiempo y dedicación para lograr ese pronóstico favorable de reinserción. Pero es que, además, como ya vimos, la resocialización no sólo puede ser difícil de alcanzar debido a los largos períodos de cumplimiento que se fijen. Precisamente, como ya hemos dicho, el CP y la legislación penitenciaria albergan toda una serie de mecanismos dirigidos a reducir los efectos de esos plazos.

Por otro lado, se afirma que algunos de los parámetros que integran el pronóstico de reinserción del art. 92.1 c) CP son contrarios a ese principio de resocialización. Sin embargo, en nuestra opinión, todos y cada unos de los criterios que se enumeran en dicho precepto son adecuados para obtener un juicio aproximado (un pronóstico) sobre la capacidad de reinserción del penado. Se cuestiona, por ejemplo, el aspecto relativo a "la relevancia de los bienes jurídicos que podrían verse afectados por una reiteración en el delito" cuando, parece lógico, que se lleve a cabo una estimación sobre las probabilidades que tiene el sujeto de cometer nuevamente delitos castigados con PPR o que impliquen (cuanto menos) la muerte de una persona. Asimismo, se dice que aspectos como los "antecedentes" o "las circunstancias del delito cometido" ya se tuvieron en cuenta en fase de determinación de la pena. Sin embargo, en cuanto a los primeros, quitando las dos excepciones que en su momento vimos (art. 140.2 CP y acumulación de condenas conforme al art. 78 bis CP), tiene sentido que se valore este aspecto, pues, constituye un indicio sobre la trayectoria que el sujeto puede seguir proyectando. Y, en relación con las circunstancias del delito, también dijimos que resultaba oportuno estimar ahora la concurrencia de alguna atenuante (que no hubiere permitido imponer la pena inferior en grado) o agravante, pues, esas circunstancias pueden revelar (tanto para bien como para mal) algún signo de comportamiento futuro del preso.

En cualquier caso, no puede olvidarse que el tribunal se valdrá del informe final remitido por el centro penitenciario y de los que haya estimado oportuno recabar de otros especialistas. Además de dar audiencia al Ministerio Fiscal y al penado.

En otro orden de cosas, como ya vimos, la posibilidad de establecer algunas de las prohibiciones y deberes del art. 83 CP o la medida de libertad vigilada, lejos de parecer dos institutos que podrían entorpecer esa finalidad resocializadora, en nuestra opinión, permiten justo lo contrario. Se trata de dos instrumentos que debieran propiciar la concesión de la revisión de forma casi automática. Por ello, tampoco estamos de acuerdo en que el establecimiento de un período de suspensión de entre cinco y diez años dificulta aquella.

En último lugar, aunque ya lo habíamos anunciado al principio, el sometimiento a un programa de tratamiento debería tener, en principio, efectos positivos sobre la evolución del preso, de forma que le permitiera obtener la revisión. Este es un aspecto clave, más allá de que, como contemplan los arts. 106.4 y 112.4 RP, la no participación del reo en estos programas no puede impedir que su valoración no se pueda llevar a cabo por otros medios. Eso sí, naturalmente, es obligación del Estado dotar a la Administración penitenciaria de los recursos materiales y humanos necesarios para que estas medidas se apliquen en cada centro penitenciario y su éxito no se vea comprometido por falta de profesionales y/o de medios.

En definitiva, no hay motivo alguno para afirmar que la PPR vulnera el mandato de resocialización. Salvo que, como algún autor defiende, la pena de prisión sea considerada en sí como un obstáculo para la resocialización. En ese caso, claro está, habría que abolir la pena de prisión.

5.2.4. La PPR respeta otra serie de principios constitucionales

En primer lugar, a nuestro juicio, la PPR supera el test de proporcionalidad fijado por el TC. Así, pues, con esta pena se pretende reforzar la tutela de determinados bienes jurídicos (principalmente la vida) frente a los ataques más atroces (*principio de adecuación a fin*)[790]. Por otro lado, la PPR se ajusta al *principio de necesidad*, pues, el legislador ha entendido que las penas vigentes hasta la reforma del CP de 2015 previstas para determinados supuestos no eran suficientes. Se dice al respecto que los límites contemplados en el art. 76.1 CP (de hasta 25, 30 o 40 años) ya ofrecían una respuesta más que adecuada, sin embargo, olvidan algunos autores que esas reglas eran (y siguen siendo) aplicables únicamente a supuestos concursales que no alcanzan a la PPR. En cambio, lo que el legislador ha estimado oportuno es incrementar las penas de determinados de-

---

[790] Como nos recuerdan ORTS BERENGUER y GONZÁLEZ CUSSAC, la STC 65/1989, de 22 de mayo, afirma que "el juicio de proporcionalidad de la pena, prevista por la ley con carácter general, con relación a un hecho punible que es presupuesto de la misma, es de competencia del legislador". En este sentido, como subrayan estos autores, "desde semejante presupuesto de partida, resulta extremadamente difícil que pudiera declararse inconstitucional un precepto penal desde el control de adecuación a fin. El legislador es soberano para llevar a cabo esta tarea". ORTS BERENGUER, E. y GONZÁLEZ CUSSAC, J. L.: *Compendio…*, *op. cit.*, p. 141. *Vid.* también SSTC 60/2010, de 7 de octubre; y, 64/2019, de 9 de mayo.

litos (individualmente considerados). Así, el único concurso que el CP castiga con PPR es el asesinato subsiguiente a un delito contra la libertad sexual, pues, el delito del art. 140.2 CP es un supuesto de reincidencia. En este sentido, si bien el CP ya permitía imponer (por hechos individuales) la pena de prisión por un tiempo máximo de treinta años (art. 70.3 CP), lo que el legislador ha pretendido es que el tiempo de cumplimiento efectivo se incremente (potenciando, por la gravedad de los hechos, el componente retributivo de la pena). Y, respecto de los supuestos concursales del art. 76.1 CP, cabe expresar que los límites que en el caso de la PPR se aplican (art. 78 bis CP) no llegan a alcanzar la cifra de los cuarenta años (allí prevista). Además, el legislador ha contemplado la aplicación de esta pena para un conjunto mínimo de delitos (respetando así el principio de fragmentariedad). Por último, la PPR se ajusta al *principio de proporcionalidad (en sentido estricto)*, pues, si bien se trata de una pena que puede limitar la libertad del reo de por vida, la magnitud de los hechos para los que se prevé es acorde con dicha severidad. Con todo, y dado que esto último podría considerarse en palabras del TC *"un sacrificio excesivo del derecho fundamental que la pena restringe"* (STC 161/1997, de 2 de octubre) se habilita un mecanismo de revisión que permite la reducción de la pena y con ello la liberación anticipada del preso.

En segundo lugar, que la PPR no contenga un límite mínimo y máximo (como el resto de penas de prisión) es algo inherente a la naturaleza de esta pena. Pero, no por ello se incumple el principio de proporcionalidad. El límite mínimo viene dado por los plazos de revisión; y, el máximo, si bien puede ser a perpetuidad, resulta determinable (esto es, puede acotarse). En cualquier caso, lo anterior no es óbice para que la PPR resulte graduable. Así, como vimos, admite como mínimo una rebaja inferior en grado de la pena (art. 70.4 CP) en casos de tentativa, complicidad, actos preparatorios, delación (en terrorismo), eximentes incompletas, y cuando concurran dos atenuantes o una o varias muy cualificadas. Asimismo, también resulta modulable el plazo de suspensión, el tiempo por el que se impongan algunas de las prohibiciones y deberes del art.

83 CP, o la libertad vigilada. Con todo, como también dijimos, las atenuantes que no comporten rebaja de grado y las agravantes podrán (y deberán) ser tenidas en cuenta a la hora del pronóstico de reinserción dentro de "las circunstancias del delito".

En tercer lugar, la proporcionalidad no queda invalidada porque los períodos de seguridad (de permisos, tercer grado y revisión) sean fijos; esto es, que no se hayan establecido horquillas que permitan graduarlos. Se trata de una decisión de técnica legislativa igual de legítima que la otra. Así, siendo las dos opciones razonables, consideramos que el establecimiento de unos periodos fijos contribuye a reducir el margen de discrecionalidad del Tribunal que, en estos casos, puede resultar positivo y ayudar a no generar situaciones discriminatorias en relación con una cuestión tan delicada. No obstante, consideramos que la trascendencia de este aspecto es relativa, pues, aunque se hubieren establecido unos períodos flexibles, el cumplimiento de los plazos por sí sólo no permite en nuestra legislación la suspensión de la PPR, sino que se somete a otras condiciones (art. 92.1 CP) motivo por el cual el cumplimiento puede ser desigual.

Por el contrario, ya señalamos en su momento que, en las reglas del art. 78 bis CP, se prevé (para acceder al tercer grado en casos de terrorismo y organizaciones criminales) idéntico plazo de 24 años para supuestos de diferente entidad como son: a) PPR + penas superiores a 5 años; y, b) PPR + penas superiores a 15 años. Pero, el desajuste es mayor cuando en la revisión (para delitos comunes) se prevé un mismo plazo de 25 años para tres supuestos distintos: a) un único delito; b) PPR + penas superiores a 5 años; c) PPR + penas superiores a 15 años. También se observa algo parecido en los supuestos de terrorismo y organizaciones criminales, donde se prevé un mismo plazo de 28 años para: a) PPR + penas superiores a 5 años; y, b) PPR + penas superiores a 15 años. La unificación de plazos es más evidente en materia de permisos, pues, en ella no se tienen en cuenta los supuestos concursales, sino sólo una tipología de delitos (terrorismo). En consecuencia, en estos casos se produce una manifiesta desproporción que, sin embargo, es positiva para el reo, pues, resulta evidente que en tales situaciones deberían corresponder unos períodos más elevados.

En cuarto lugar, la PPR tampoco es inconstitucional porque su imposición sea obligatoria y no se hayan previsto otras penas alternativas. Si éste fuere el canon para enjuiciar la constitucionalidad de una pena, entonces buena parte del Libro II del CP debiera declararse inconstitucional.

De igual modo, esta pena no puede reputarse inconstitucional por el hecho de que, como señalan algunos autores, la permanencia en prisión tras la primera revisión no dependa de la gravedad del delito o de la culpabilidad del penado, sino de la reinsertabilidad y de su peligrosidad. No es así, la especial gravedad de los delitos para los que se prevé esta pena hace que el cumplimiento de la PPR pueda ser a perpetuidad en caso de no revisarse (he aquí la adecuación de la pena a la magnitud de los hechos y/o a la "culpabilidad" del sujeto). En este sentido, esos parámetros tenidos en cuenta para la imposición de esta pena no se evaporan tras el cumplimiento de los períodos mínimos. Lo que sucede es que, como vimos, sin un mecanismo de revisión esta pena devendría inconstitucional. Es por ello que se condiciona la excarcelación anticipada a un juicio sobre el grado de reinserción del reo, pero, mientras la suspensión no se produzca, el sujeto continuará cumpliendo la pena no porque sea más a o menos "peligroso", sino porque es la medida del castigo que se entiende proporcionada al daño causado.

En sexto lugar, el criterio según el cual la PPR conculcaría el principio de igualdad al tener una repercusión distinta según la edad o complexión del penado no deja de ser "singular" (por no emplear otro calificativo). Esto sucede también en la pena de prisión (común) y no por ello las declaramos inconstitucionales. Consideramos que la tacha de inconstitucional por este motivo no merece mayor comentario. En sentido similar, la PPR tampoco es inconstitucional por el hecho de que los períodos efectivos de cumplimiento sean distintos en cada preso. Esto sucede también en el caso de las penas de prisión (comunes), pues, uno puede acceder al tercer grado antes que otro; u, obtener antes la libertad condicional que otro.

En séptimo lugar, se ha alegado que la previsión de la PPR para ciertos delitos es inconstitucional, pues, no revisten de la gravedad suficiente o similar a la de otros supuestos para los que también se contempla esta pena. Se cita, por ejemplo, el asesinato subsiguiente a un delito contra la libertad sexual. No obstante, como vimos, consideramos que esa falta de definición en la categoría de delitos sexuales (pues se contienen figuras de diversa consideración) puede (y debe) reconducirse fácilmente en sede jurisprudencial mientras no se produzca una modificación de la norma. El segundo ejemplo que se cita es el de genocidio, donde se impone la PPR por la muerte de una persona, pero, también en casos de agresiones sexuales y lesiones del art. 149 CP. Aquí, si bien entendemos que se trata de una equiparación desafortunada, no creemos que permita fundar una queja de inconstitucionalidad, pues, el contexto en que se producen tales delitos, así lo parece permitir. Por último, se trae a colación que para los homicidios cometidos en el seno de una organización terrorista se prevé PPR; y, en cambio, para supuestos de similar gravedad, como los homicidios cometidos en el seno de una organización criminal, el CP no alberga esta posibilidad. A nuestro juicio, lo único que podría ponerse en duda de esta afirmación es si los supuestos de terrorismo son equiparables a los de las organizaciones criminales. El legislador parece entender que no, por ello, en el caso de la muerte producida por quien perteneciere a una organización criminal sólo se castiga con PPR cuando se califiquen los hechos de asesinato. Por nuestra parte, tiene sentido que así sea. Por lo que no podemos compartir dicha tacha de inconstitucionalidad.

En otro orden de cosas, se ha puesto de manifiesto que la PPR se aparta de las reglas previstas para las penas de prisión (comunes) en cuanto a los plazos de acceso a permisos, tercer grado y libertad condicional. Con todo, puede comprobarse que ello no es así, por lo que el motivo de inconstitucionalidad decae. Veámoslo con unos ejemplos.

Si tomamos como referencia el tiempo máximo de prisión que se puede imponer por la comisión de un delito (30 años):

- los permisos se concederían a los 7 años y 6 meses (1/4). En la PPR es a los 8.
- La clasificación en tercer grado a los 15 años (1/2). En la PPR es también a los 15.
- La obtención de la libertad condicional a los 22 años y 6 meses (3/4). En la PPR es a los 25.

Si, por el contrario, se trata de un supuesto concursal, la aplicación de la regla contenida en el art. 78.1 CP[791] puede resultar más gravosa que la aplicación de los plazos contenidos en el art. 36.1 y 78 bis CP. Si tomamos como referencia una suma total de 50 años:

- los permisos se concederían a los 12 años y 6 meses (1/4). En la PPR es a los 8.
- La clasificación en tercer grado a los 25 años (1/2). En la PPR sería a los 22.
- La obtención de la libertad condicional a los 37 años y medio (3/4). En la PPR sería a los 30.

Lo mismo sucede en supuestos de terrorismo y delitos cometidos en el seno de organizaciones criminales, pues, en aplicación de lo dispuesto en el art. 78.2 CP, si tomáramos como referencia una pena de 40 años:

- la clasificación en tercer grado sería a los 32 años (4/5). En la PPR es a los 32 años también.
- La obtención de la libertad condicional a los 35 años (7/8). En la PPR es a los 35 años también.

---

791 El citado precepto reza así: "*Si a consecuencia de las limitaciones establecidas en el apartado 1 del artículo 76 la pena a cumplir resultase inferior a la mitad de la suma total de las impuestas, el juez o tribunal sentenciador podrá acordar que los beneficios penitenciarios, los permisos de salida, la clasificación en tercer grado y el cómputo de tiempo para la libertad condicional se refieran a la totalidad de las penas impuestas en las sentencias*".

En noveno lugar, la PPR es perfectamente constitucional porque no atenta contra el principio de dignidad consagrado en el art. 10 CE. Lo haría si, de forma indiscriminada, la pena fuera a perpetuidad en todos los casos. Pero, desde el momento en que se prevé un mecanismo de revisión judicial absolutamente reglado (y razonable) no puede sostenerse tal cosa. La PPR atentaría contra la dignidad de los penados si éstos no tuvieran posibilidad alguna de alcanzar la libertad, privándoles de instrumentos resocializadores que podrían favorecer su retorno a la sociedad. Lo anterior permite evidenciar, no obstante, que, efectivamente, habrá casos en los que la pena no será revisable y que, en consecuencia, se convertirá indefectiblemente en una condena perpetua. Pero, el Estado habrá puesto a disposición del reo los medios para que ello no sea así. Como nos recuerda DE LA CUESTA ARZAMENDI "para no pocas instancias —y como afirmara ya el Consejo de Europa en 1977— el encarcelamiento de una persona de por vida sin esperanza de liberación no resulta compatible con el principio de humanidad, de aquí que, para que la prisión a perpetuidad pueda conciliarse con la dignidad humana, el preso deba conservar una expectativa concreta y realizable de una eventual liberación; esto obliga a contar, respecto de la cadena perpetua, con una regulación normativa razonable, ordenada y procesalmente correcta de la concesión (incluso aunque sea muy limitada) de la libertad condicional"[792].

Ahora bien, debe quedar claro que en un Estado democrático la pena más severa que puede imponerse (por situarse en el límite de lo constitucionalmente permitido) es la PPR, no pudiéndose tolerar formas más graves de castigo. Por ello, defendemos que en el momento en que el Tribunal deba pronunciarse sobre la procedencia (o no) de la suspensión de la ejecución de la pena, deberá regirse por una interpretación *pro libertate*; esto es, siendo la regla general la concesión de la revisión (mostrar una actitud proclive a ello) y, la excepción, su denegación. Es más, esta misma regla debería obser-

---

792 DE LA CUESTA ARZAMENDI, J. L.: "El principio de humanidad en Derecho Penal", *Eguzkilore*, núm. 23, 2009, p. 218.

varse en los juicios sucesivos que resuelvan las nuevas solicitudes de revisión. En última instancia, el recurso a medidas de gracia como la concesión del indulto no debería generar ninguna alarma social ni reparo político.

Así las cosas, en nuestra opinión, mientras el legislador no prevea un mecanismo alternativo a la prisión que implique un control y vigilancia (judicial, policial, etc.) de sujetos que (habiendo transcurrido en prisión el tiempo máximo permitido) no cuenten con un pronóstico favorable de reinserción (no entramos a valorar si hay sujetos cuya reinserción es imposible o muy poco probable), la PPR se erige como un mecanismo razonable para ellos[793]. Salvo que se defienda que bajo ningún concepto puede mantenerse a un ciudadano en prisión más allá de un número de años (por mucho que cuente con un inequívoco pronóstico desfavorable de reinserción), y que la sociedad debe asumir ese riesgo por considerar que es lo que debe tolerarse en una democracia consolidada, la solución pasa por tener instaurados mecanismos como la PPR. Si, en ocasiones (afortunadamente las tasas de reincidencia en los delitos para los que se prevé la PPR son bajas) se dan casos de condenados que teniendo pronóstico favorable de reinserción al obtener un permiso, un tercer grado o la libertad condicional vuelven a delinquir, con mayor razón debe preverse (esto es, consideramos razonable que así sea) una institución como la PPR que permita mantener en prisión durante el tiempo que sea necesario a aquellos presos que conserven un pronóstico desfavorable. Cuestión distinta será si se trate de la opción político-criminal más afortunada, oportuna o aconsejable, pero, que no se esté a favor de este tipo de penas no implica que automáticamente sean inconstitucionales.

En cualquier caso, como ya hemos reiterado, si, al contrario de lo que creemos, la aplicación de esta pena dejara entrever que la

---

[793] De este parecer POLLOS CALVO, C.: "Posibles ventajas y desventajas de la aplicación de la prisión permanente revisable", *Revista de derecho y proceso penal*, núm. 54, 2019, p. 145.

revisión fuere prácticamente anecdótica, bien porque el propio régimen lo impidiera o porque los Tribunales fueren reacios a concederla (no pudiéndose corregir dicha aplicación por instancias superiores como el TC o el TEDH), la solución pasaría por derogar la PPR o bien reformarla.

Por último, debemos manifestar que una posible "praxis penitenciaria" que se aparte de lo dispuesto en el CP, la LOGP y el RP, o las Instrucciones y Circulares de II.PP., no puede afectar a la constitucionalidad de una pena como la PPR, pues, tal juicio se debe proyectar sobre una disposición normativa o una regulación determinada. Esto es, el incumplimiento de la ley por parte de quien debe aplicarla (en este caso, en sede penitenciaria) debe corregirse a través del cauce previsto para ello y exigir las responsabilidades que se estimen oportunas.

5.3. La prisión perpetua en el Estatuto de la Corte Penal Internacional y de otros Tribunales Internacionales

El Estatuto de Roma de la Corte Penal Internacional (CPI), prevé en su art. 77.1 que: *"La Corte podrá, con sujeción a lo dispuesto en el artículo 110, imponer a la persona declarada culpable de uno de los crímenes a que se hace referencia en el artículo 5 del presente Estatuto una de las penas siguientes: a) La reclusión por un número determinado de años que no exceda de 30 años; o b) La reclusión a perpetuidad cuando lo justifiquen la extrema gravedad del crimen y las circunstancias personales del condenado"*. Por tanto, la imposición de esta pena no es obligatoria. Asimismo, en el art. 78.3 ER se prevé que, cuando una persona haya sido declarada culpable de más de un crimen: *"la Corte impondrá una pena para cada uno de ellos y una pena común en la que se especifique la duración total de la reclusión. La pena no será inferior a la más alta de cada una de las penas impuestas y no excederá de 30 años de reclusión o de una pena de reclusión a perpetuidad de conformidad con el párrafo 1 b) del artículo 77"*. De modo que, no se prevén especialidades agravatorias por acumulación delictiva.

En el caso concreto de la prisión permanente, la Regla de Prueba y Procedimiento núm. 145.3 establece que *"podrá imponerse la pena a perpetuidad cuando lo justifique la extrema gravedad del crimen y las circunstancias personales del condenado puestas de manifiesto por la existencia de una o más circunstancias agravantes"*. Y, por su parte, la Regla 145.2 b) prevé como agravantes: i) cualquier condena anterior por crímenes de la competencia de la Corte o de naturaleza similar; ii) el abuso de poder o del cargo oficial; iii) que el crimen se haya cometido cuando la víctima estaba especialmente indefensa; iv) que el crimen se haya cometido con especial crueldad o haya habido muchas víctimas; v) que el crimen se haya cometido por cualquier motivo que entrañe discriminación por algunas de las causales a que se hace referencia en el párrafo 3 del artículo 21; y, vi) otras circunstancias que, aunque no se enumeren anteriormente, por su naturaleza sean semejantes a las mencionadas.

Por otro lado, como sabemos, la jurisdicción de la CPI se activa ante la comisión de cualquiera de los delitos contenidos en el art. 5 ER: genocidio, lesa humanidad, crímenes de guerra, y de agresión. Precepto que debe ponerse en relación con los arts. 6 a 8 bis del ER que definen cada uno de estos delitos.

Como establece el art. 110.3 ER, la Corte no examinará si la pena de condena perpetua puede reducirse hasta que el recluso haya cumplido 25 años de prisión. Y, además, el apartado 4 de dicho precepto prevé que, para poder reducir la pena, la Corte deberá considerar si concurren uno o más de los siguientes factores:

a) Si el recluso ha manifestado desde el principio y de manera continua su voluntad de cooperar con la Corte en sus investigaciones y enjuiciamientos.

b) Si el recluso ha facilitado de manera espontánea la ejecución de las decisiones y órdenes de la Corte en otros casos, en particular ayudando a ésta en la localización de los bienes sobre los que recaigan las multas, las órdenes de decomiso o de reparación que puedan usarse en beneficio de las víctimas; o,

c) Otros factores indicados en las Reglas de Procedimiento y Prueba que permitan determinar un cambio en las circunstancias suficientemente claro e importante como para justificar la reducción de la pena.

En cuanto a estos últimos, la Regla 223 alude a los siguientes:

a) La conducta del condenado durante su detención, que revele una auténtica disociación de su crimen.

b) Las posibilidades de reinsertar en la sociedad y reasentar exitosamente al condenado.

c) Si la liberación anticipada del condenado crearía una gran inestabilidad social.

d) Cualquier medida de importancia que haya tomado el condenado en beneficio de las víctimas, así como los efectos de una liberación anticipada sobre las víctimas y sus familias; y,

e) Las circunstancias individuales del condenado, incluido el deterioro de su estado de salud física o mental o su edad avanzada.

Por último, el art. 110.5 ER contempla que la Corte, si en su examen inicial con arreglo al párrafo 3 determina que no procede reducir la pena, volverá a examinar la cuestión con la periodicidad y con arreglo a los criterios indicados en las Reglas de Procedimiento y Prueba. En concreto, la Regla 224.3 contempla que *"A los efectos de la aplicación del párrafo 5 del artículo 110, tres magistrados de la Sala de Apelaciones nombrados por esa Sala examinarán la cuestión de la reducción de la pena cada tres años, a menos que indiquen un intervalo más breve en la decisión que adopten de conformidad con el párrafo 3 del artículo 110. De producirse un cambio significativo en las circunstancias, esos tres magistrados podrán autorizar al condenado a pedir una revisión dentro de los tres años o del período más breve que hayan fijado"*.

Pues bien, a pesar de que España ratificó dicho instrumento internacional, se suele poner de relieve la reticencia que mostró en su momento el legislador en cuanto a la aplicación de esta pena en suelo español y que quedó plasmada en la Disposición Adicional única de la LO 6/2000, de 4 de octubre. En ésta se contemplaba que, a efectos de lo previsto en el apartado b) del párrafo 1 del artículo 103 del Estatuto, se autoriza la formulación de la siguiente Declaración: *«España declara que, en su momento, estará dispuesta a recibir a personas condenadas por la Corte Penal Internacional, a condición de que la duración de la pena impuesta no exceda del máximo más elevado previsto para cualquier delito con arreglo a la legislación española»*. Esta cláusula de salvaguardia se justifica en la Exposición de Motivos (V) de la siguiente forma: *"Esta autorización se expresa en el único artículo que contiene la Ley, al que se acompaña una declaración manifestando la disposición de España a recibir personas condenadas por la Corte en los establecimientos penitenciarios de nuestro país siempre que la duración de la pena de prisión impuesta no exceda de la máxima admitida por nuestra legislación, declaración permitida expresamente en el artículo 103 del Estatuto, al tiempo que necesaria por las previsiones del artículo 25.2 de la Constitución, que exige que las penas privativas de libertad y las medidas de seguridad estén orientadas a la reeducación y reinserción social del condenado"*.

Previamente a la ratificación del Estatuto de Roma por parte de España, el Consejo de Estado en su Dictamen 1374/1999, de 22 de julio, tuvo ocasión de afirmar, respecto de la posible imposición de la cadena perpetua, que *"el artículo 80 establece que «nada de lo dispuesto en la presente parte se entenderá en perjuicio de la aplicación por los Estados de las penas prescritas por su legislación nacional ni de la legislación de los Estados en que no existan las penas prescritas en la presente parte». Aplicando esta última cláusula de salvaguardia España, como Estado de ejecución, no vería afectados los principios constitucionales previstos en el artículo 25.2 que —en su entendimiento más extremo y sin tener en cuenta otros mecanismos de interrupción de la ejecución de las penas— podrían conducir a rechazar penas perpetuas por colisionar con la reeducación y reinserción social de los condenados. Es más, el artículo 103.1.b) del Estatuto admite que, «en el momento de declarar que está dispuesto a recibir condenados, el Estado podrá poner condiciones a reserva de que sean aceptadas por la Corte y estén en conformidad con la presente parte» y el mismo artículo, en el párrafo e) de su apartado 3, establece que la Corte, al ejercer su facultad discrecional de efectuar la designación prevista en el*

1, tendrá en cuenta «otros factores relativos a las circunstancias del crimen o del condenado, o a la ejecución eficaz de la pena, según procedan en la designación del Estado de ejecución»".

Con todo, a nuestro juicio, la aportación más relevante del Consejo de Estado en este asunto fue la siguiente: *"Aunque podría dudarse de que los anteriores preceptos permitieran evitar a todo trance la imposición de penas a perpetuidad a nacionales españoles (especialmente si España no es el Estado de cumplimiento), parece que esta eventualidad —y su posible fricción con el aludido artículo de la Constitución española— encuentra una flexibilización suficiente en la reducción de las penas prevista en el artículo 110 del Estatuto, cuya revisión —que en todo caso deberá plantearse a los 25 años de prisión en caso de cadena perpetua y podrá volverse a suscitar— denota una posición de principio tendente a la limitación temporal de las penas (cabe recordar que en diversos ordenamientos la reclusión perpetua coexiste con el beneficio de la libertad condicional, sin colisionar, por tanto, con una ejecución de la pena orientada a la reeducación y reinserción social)".*

Es cierto que no puede utilizarse, como argumento para validar nuestra actual PPR, la existencia de una pena similar en el Estatuto de Roma, pues, para empezar, el régimen jurídico de una y otra (como ha podido comprobarse) es diferente. En segundo lugar, tampoco puede negarse que la previsión de una cadena perpetua (revisable) en el marco de la CPI obedece a un contexto muy particular. Y, en tercer lugar, es evidente que el pronunciamiento del Consejo de Estado no era un alegato en favor de la constitucionalidad interna de la pena, pues, lo que se sometía a su consulta era otra cosa bien distinta. Ahora bien, a pesar de lo anterior, hay dos aspectos que no pueden obviarse: 1) que hace más de veinte años que España avaló la imposición de este tipo de penas (la PPR) al menos para los delitos competencia de la CPI (así lo estaba asumiendo cuando ratificó el instrumento de adhesión), pues, no puede negarse que el ER prevé dicha pena y que España forma parte del mismo; y, 2) que ya en 1999 el Consejo de Estado tuvo ocasión de manifestar algo que volvería a reiterar en 2013 y que es clave para entender la constitucionalidad de este tipo de pena: su previsión no debe rechazarse desde el momento en que la regulación albergue un mecanismo de revisión que permita una limitación temporal de las pena de prisión perpetua.

En otro orden de cosas, si nos fijamos en los Estatutos del Tribunal Penal Internacional para la ex-Yugoslavia (TPIY) y del Tribunal Penal Internacional para Ruanda (TPIR), veremos, como destaca DEL CARPIO DELGADO, que la pena de prisión perpetua no estaba expresamente prevista, sin embargo, fue introducida a través de las Reglas de Procedimiento y Prueba. Así, si tras la sentencia condenatoria el sujeto era trasladado a un país en el que se contemplaba la prisión perpetua con posibilidad de liberación anticipada, tras el cumplimiento del tiempo que debe estar en prisión, y demás requisitos exigidos en la legislación nacional, tenía el derecho a solicitar su liberación; derecho que no podía ejercerse, al menos en las mismas condiciones, el sujeto que cumplía condena en un país donde no estuviere prevista la liberación anticipada o condicional. Por otro lado, los magistrados de estos Tribunales Penales Internacionales no estaban obligados a imponer la pena de prisión perpetua[794]. Hablamos en pasado porque ambos TPI fueron disueltos a finales de 2017 y 2015 (respectivamente)[795].

No obstante, traemos a colación estos dos ejemplos porque de forma similar a lo previsto en la CPI, España también era Estado parte de estos tratados internacionales y estableció sendas cláusulas de salvaguardia. Así, tanto en el art. 8 LO 15/1994, de 1 de junio para la cooperación con el Tribunal Internacional para el enjuiciamiento de los presuntos responsables de violaciones graves del Derecho Internacional Humanitario cometidas en el territorio de la Ex-Yugoslavia; como, en el art. 6 LO 4/1998, de 1 de julio, para

794 *Vid.* ampliamente, sobre esta cuestión, DEL CARPIO DELGADO, J.: *La prisión perpetua en el Derecho penal internacional. Un estudio sobre la teoría y su práctica por los tribunales penales internacionales ad hoc*, Valencia, Tirant lo Blanch, 2019, pp. 97 y ss.

795 Siendo sustituidos por el Mecanismo Residual Internacional de los Tribunales Penales.

la Cooperación con el Tribunal Internacional para Ruanda, de 2 de julio de 1998, se condicionaba la ejecución de sentencias en nuestro territorio a que no excediesen de la pena privativa de libertad máxima establecida por el CP español[796].

Aquí, una vez más, debemos evidenciar (a pesar del contexto en que nacieron ambos TPI) la aquiescencia del Estado español en la aplicación de las penas previstas en sus respectivos Estatutos.

5.4. La cadena perpetua existe en España

Como sabemos, el art. 76.1 CP prevé unos límites temporales para supuestos concursales que permiten rebasar el máximo de los veinte años de prisión. Así, en ciertos casos, se puede llegar a imponer una pena de prisión cuyo cumplimiento se fije en un máximo de hasta 25, 30 o 40 años. Con todo, escapan de esos límites aquellos delitos que no resulten acumulables (en el sentido del art. 76.2 CP), esto es, cuando se ordene su cumplimiento sucesivo.

En este sentido, como advertía hace tiempo LEGANÉS GÓMEZ, "la cadena perpetua se aplica ya de facto en nuestras prisiones. En efecto, no son pocas las condenas acumuladas que superan el límite de los 40 años"[797]. Así, en 2014, apuntaba que "en las cárceles españolas viven en torno a 400 personas que tienen condenas superiores a los límites legalmente establecidos en el Código Penal de 20, 25, 30 o 40 años. Se trata de personas que han delinquido en varias ocasiones y, lo han hecho, después de que fueran sentenciados por otros delitos; en estos supuestos en aplicación del art. 76 CP, las penas no pueden limitarse a los topes temporalmente establecidos, sino que tienen que sumarse. Así, hay personas que tienen 30 y 40

---

796 Así como en el caso del TPIY se suscribió el Acuerdo entre el Reino de España y las Naciones Unidas sobre la ejecución de condenas impuestas por el Tribunal Penal Internacional para la ex Yugoslavia, hecho en La Haya, el 28 de marzo de 2000; con respecto del TIPR, no existió un acuerdo específico de cumplimiento de sentencias.

797 LEGANÉS GÓMEZ, S.: "La prisión permanente revisable...", *op. cit.*, p. 22.

años de edad y les quedan por cumplir penas de 60, 70, 80 o 100 años, sin posibilidad alguna de revisión de esa situación legal"[798].

Por ello, no podemos estar más de acuerdo con DEL MORAL GARCÍA cuando detecta "alguna dosis no ya de hipocresía o ingenuidad, sino de puro desconocimiento, cuando se subraya de forma solemne y apodíctica la imposibilidad constitucional de una pena de prisión permanente, aunque sea revisable, ignorándose que en la práctica nuestro sistema penal viene consintiendo la permanencia en prisión durante periodos de tiempo muy superiores a la previsible duración de cualquier vida humana. Y esas penas —casi eternas— enlazadas afectan no precisamente a los responsables de los delitos más graves en el imaginario social (terrorismo, grandes asesinatos), sino a tipologías delincuenciales mucho más domésticas: reincidentes y habituales durante un periodo juvenil que van sufriendo condenas escalonadas (por ejemplo atracadores) que no se ejecutan de manera ágil lo que levanta muros para la acumulación; homicidas que han quebrantado su condena o han vuelto a delinquir durante un permiso... Cualquier persona familiarizada con el mundo penitenciario sabe de la existencia de liquidaciones de condena en que la fecha de extinción real se sitúa mucho más allá de los veinte y, a veces, de los treinta o cuarenta años de estancia ininterrumpida en prisión"[799].

No queremos con esto decir que nos parezca bien que haya presos que puedan pasar toda su vida en prisión (sin posibilidad de que sus condenas se revisen) al no poderse acoger a lo dispuesto en el art. 76.2 CP (nos parece poco ético, y jurídicamente reprobable), sino que la PPR alberga un régimen jurídico mucho más indulgente que este otro sobre el que no parece que hayan recaído tantas críticas.

---

798 *Ibid.*, p. 23.

799 DEL MORAL GARCÍA, A.: "Prólogo", *op. cit.*, pp. 40-41.

Capítulo IV
Propuestas de *lege ferenda*

1. INICIATIVAS PARLAMENTARIAS

1.1. Proposición de Ley Orgánica de reforma de la Ley Orgánica 10/1995, de 23 de noviembre, del Código Penal (122/000020)

El Grupo Parlamentario Vasco (EAJ-PNV) en el Congreso proponía en la citada Proposición de Ley Orgánica[800] la derogación de la PPR.

Las razones esgrimidas en la Exposición de Motivos eran las siguientes:

> *"Como advierte la doctrina, la incorporación al Código Penal de la cadena perpetua revisable es una de las decisiones político-criminales más importantes desde el restablecimiento de un sistema jurídico político de libertades en el año 1978, que persigue únicamente una función retributiva y vengativa de la pena, ya superada por las teorías de la humanización de la pena, más propias de los sistemas democráticos maduros y asentados.*
>
> *Las posturas que pregonan una mayor seguridad ciudadana y el consiguiente agravamiento de las penas se han puesto en marcha en el Estado español, con irresponsables medidas como la denominada cadena perpetua revisable que pueden llegar a imponerse durante décadas, de forma, a veces, ciertamente indeterminada.*
>
> *Estamos ante un Derecho, el Penal, sumamente maleable en manos de los operadores que lo manejan. Pero, ante todo, debiera primar la responsabilidad. Responsabilidad a la hora de proponer innovar en el contenido del Código Penal. Responsabilidad política, pero sobre todo jurídica. Responsabilidad para con el modelo garantista que antaño nos dimos; para asumir como propia la idea de que la seguridad no lo es todo, de que hay otros Derechos y principios que deben inspirar nuestro sistema. Sólo así*

---

800 BOCG. Congreso de los Diputados. Serie B, Núm. 31-1, de 16 de septiembre de 2016.

podremos evitar un día hallarnos inmersos en un Derecho Penal totalitario, desigualitario, desproporcionado e injusto.

El principio de humanización de la pena conduce necesariamente a manifestar el componente de peligrosidad respecto del procesado y sentenciado y procura su reducción y rehabilitación social. El principio también reposa en la «Mínima Intervención del Estado», y en el Derecho Penal como «última ratio legis». Estos principios se concretan en la «Mínima culpabilidad», es decir, la necesidad de descriminalizar ciertos hechos punibles despenalizar los delitos de bagatela y desprisionalizar los establecimientos carcelarios.

El Código Penal define los delitos y se erige en la máxima manifestación del poder coactivo del Estado: la pena criminal. Además, se considera al Código Penal la «Constitución negativa» en cuanto que tutela los valores y principios básicos de la convivencia.

Sin embargo, la Ley Orgánica que se modifica se erige en la «Constitución negativa», pero no por el contenido de sus valores axiológicos, sino porque niega el sistema de derechos y valores de la Constitución y, específicamente, la orientación a la reeducación y reinserción social de las penas, incompatible con la denominada pena de «Prisión Permanente Revisable» que siendo revisable nada impide que pueda erigirse en una privación de libertad perpetua (opción legislativa preterida por el legislador constitucional en virtud de lo previsto en su art. 25). la propia Constitución de 1978 ha descartado por inhumana la pena de muerte, por lo que únicamente se dispone de la pena privativa de libertad y de las medidas de seguridad. Asimismo, la Constitución exige que las penas no sean inciertas (art. 9.3), no atenten contra la dignidad humana (art. 10), no resulten inhumanas (art. 15) y proscribe la cadena perpetua, cuando incluye el mandato de reinserción de las penas (art. 25.2).

La pena de prisión permanente revisable, que encubre la pena de prisión de por vida o prisión perpetua, vulnera claramente los elementos nucleares de los principios constitucionales referidos al ordenamiento penal: el principio de legalidad y el mandato de resocialización, ambos contenidos en el artículo 25 CE.

En definitiva, se propone la supresión de la prisión permanente revisable por no hallarse justificada desde razones de política criminal y por considerarla inconstitucional por varios motivos. Atenta contra la dignidad de los seres humanos (art. 10 CE). Atenta contra la prohibición de penas inhumanas y tratos crueles y degradantes (art. 15 CE). Vulnera el mandato constitucional de que las penas estén orientadas a la reeducación y reinserción social (art. 25.2 CE)Y rompe peligrosamente con uno de los consensos constitucionales de 1978 de no establecer la cadena perpetua. Vulnera el principio constitucional de legalidad establecido en el artículo 25.1 CE.Y, finalmente, existen posibilidades de error judicial que sería irreparable".

Sin embargo, debemos destacar la Enmienda a la totalidad formulada en enero de 2018 por el Grupo Parlamentario de Ciudadanos contra dicha Proposición de Ley Orgánica, pues, en ella se abogaba por un incremento de determinados períodos de seguridad. Veámoslo.

PROPUESTA CIUDADANOS							
Resto de delitos				Terrorismo			
Un único delito	PPR + penas superiores a 5 años	PPR + penas superiores a 15 años	2 o más PPR; o PPR + penas de 25 años o superiores	Un único delito	PPR + penas superiores a 5 años	PPR + penas superiores a 15 años	2 o más PPR; o PPR + penas de 25 años o superiores
Clasificación en tercer grado							
20 años	22 años	24 años	27 años	22 años	25 años	27 años	32 años
Obtención de permisos de salida							
15 años							

1.2. *Anteproyecto de Ley Orgánica por la que se modifica la Ley Orgánica 10/1995, de 23 de noviembre, del Código Penal, en materia de prisión permanente revisable*

1.2.1. Contenido

El 7 de febrero de 2018, sin haber transcurrido tan siquiera tres años desde la entrada en vigor de las LLOO 1/2015 y 2/2015, el Gobierno del PP instaba una reforma más del CP en la que se pretendía aumentar el listado de delitos para los que se preveía PPR. Sin embargo, la fructífera moción de censura del PSOE (de principios de junio de ese mismo año) ponía fin a dicho Gobierno, tras lo cual la presente iniciativa legislativa decayó.

La Exposición de Motivos de dicho Anteproyecto rezaba así:

La Ley Orgánica 1/2015, de 30 de marzo, por la que se modificó la Ley Orgánica 10/1995, de 23 de noviembre, del Código Penal, introdujo en nuestro ordenamiento jurídico la prisión permanente revisable para sancionar supuestos de excepcional gravedad, dando así respuesta adecuada y proporcionada a las necesidades de tutela de la sociedad en esos casos extremos.

En el tiempo transcurrido desde entonces, se han reiterado iniciativas sociales para reclamar su extensión a otros supuestos delictivos, igualmente de extrema gravedad, pero inicialmente no previstos para su aplicación.

Una gran mayoría de los países de nuestro entorno cultural tiene prevista, en sus respectivos ordenamientos penales, sanciones de prisión permanente, y la jurisprudencia, nacional e internacional, las ha avalado, atendiendo fundamentalmente al cumplimiento de los principios de necesidad, proporcionalidad, humanidad y resocialización. Tal es también el caso español, ya que la previsión normativa de esta sanción está restringida a unos supuestos delictivos muy limitados, de excepcional gravedad y enorme impacto social; y su cumplimiento no excluye la posibilidad de la reinserción social de los penados, ni la aplicación de ninguna de las previsiones que humanizan la ejecución penitenciaria de las penas privativas de libertad de larga duración.

Ello no obstante, procede ser sensible a cuantas demandas de mejora del ordenamiento penal se efectúan desde la sociedad, máxime en este concreto diseño de la prisión permanente revisable, de consolidada utilización en el derecho comparado, pero de incorporación novedosa en el marco jurídico español.

Atendiendo así a criterios de necesidad y proporcionalidad que han sido insistentemente reclamados, se estima procedente y adecuado a los fines de prevención general y especial de toda pena, prever también la posibilidad de aplicar esta sanción en casos de concurrencia de actos plurales de criminalidad, de gravísima trascendencia, sobre la misma o distintas víctimas, y cuya sanción en régimen concursal no genera, por efectos de los límites máximos de cumplimiento efectivo de las penas, una respuesta proporcionada a su comisión. En este ámbito se extiende dicha pena a otros tipos delictivos, entre los que se incluyen la desaparición forzada de personas en su régimen más grave de secuestro con posterior asesinato; el asesinato con posterior ocultación del cadáver cometido por el autor, cuando haya provocado un especial sufrimiento físico o mental, o humillación en los familiares en tanto que asimismo víctimas del delito; la agresión sexual a cualquier persona, en su forma más grave de violación, cuando el autor ha sido condenado con anterioridad por al menos otros dos delitos de la misma naturaleza; la agresión sexual a menores de dieciséis años que el autor mantiene en situación de privación prolongada de libertad, o con imposición reiterada de graves sufrimientos físicos o ataques a su integridad moral; y los delitos de estragos, de incendios (entre ellos los forestales) y de liberación de energía nuclear o elementos radiactivos que generen resultados de muerte a más de dos personas.

En todos estos ámbitos, la reforma está en plena consonancia con las demandas reiteradas mayoritariamente por la sociedad en los últimos tiempos.

Los nuevos delitos que se pretendían castigar con PPR eran los siguientes:

1) Asesinatos del art. 140.1 CP:

a) Se modifica la circunstancia 2.ª del apartado 1 del artículo 140, que pasa a tener la siguiente redacción:

«2.ª Que el hecho fuera subsiguiente a un delito contra la libertad sexual o de secuestro, que el autor hubiera cometido sobre la víctima.»

Se pretendía añadir, pues, el asesinato subsiguiente a un secuestro.

b) Se añade una circunstancia 4ª al apartado 1 del artículo 140, que tendrá la siguiente redacción:

«4.ª Que, descubierto el delito, el autor impida u obstruya la recuperación y entrega del cadáver a los familiares directos de la víctima, provocándoles un especial sufrimiento, físico o mental, o una situación de grave humillación.»

2) Agresiones sexuales (reincidencia).

Se añade un nuevo apartado 3 en el artículo 180, con la siguiente redacción:

«3. El delito del artículo 179 se sancionará con pena de prisión permanente revisable si su autor hubiera sido previamente condenado ejecutoriamente al menos por dos delitos de la misma naturaleza.»

En ese momento, el art. 179 CP castigaba el acceso carnal por vía vaginal, anal o bucal, o la introducción de miembros corporales u objetos por alguna de las dos primeras vías cuando se utilizara para ello violencia o intimidación.

3) Violaciones de menores de dieciséis años bajo determinadas circunstancias.

Se da nueva redacción al apartado 5 del artículo 183:

> *«5. Si el autor del delito del apartado 3 hubiera privado de libertad a la víctima por tiempo superior a quince días, o la hubiera sometido, de manera repetida, a sufrimientos físicos o mentales, la supresión o disminución de sus facultades de conocimiento, discernimiento o decisión, o de cualquier otro modo hubiera atentado grave y reiteradamente contra su integridad moral, se impondrá la pena de prisión permanente revisable.»*

El delito del apartado 3 consistía en: acceso carnal por vía vaginal, anal o bucal, o la introducción de miembros corporales u objetos por alguna de las dos primeras vías (hubiere habido o no violencia o intimidación).

4) Delitos relativos a la energía nuclear y a las radiaciones ionizantes.

Se añade un nuevo párrafo segundo al artículo 341, con el siguiente texto:

> *«Si, además del peligro, se hubiere producido la muerte de dos o más personas, la pena será de prisión permanente revisable.»*

Este delito castiga a quien libere energía nuclear o elementos radiactivos que pongan en peligro la vida o la salud de las personas o sus bienes, aunque no se produzca explosión.

5) Estragos.

Se añade un nuevo segundo párrafo al apartado 3 del artículo 346 con el siguiente contenido:

> *«Si a consecuencia de los hechos se hubiere producido la muerte de dos o más personas, la pena será de prisión permanente revisable.»*

En el delito de estrago del art. 346 CP se castiga a quienes provocando explosiones o utilizando cualquier otro medio de similar potencia destructiva, causaren la destrucción de aeropuertos,

puertos, estaciones, edificios, locales públicos, depósitos que contengan materiales inflamables o explosivos, vías de comunicación, medios de transporte colectivos, o la inmersión o varamiento de nave, inundación, explosión de una mina o instalación industrial, levantamiento de los carriles de una vía férrea, cambio malicioso de las señales empleadas en el servicio de ésta para la seguridad de los medios de transporte, voladura de puente, destrozo de calzada pública, daño a oleoductos, perturbación grave de cualquier clase o medio de comunicación, perturbación o interrupción del suministro de agua, electricidad, hidrocarburos u otro recurso natural fundamental.

6) Incendios.

Se modifica el artículo 351, que pasa a tener la siguiente redacción:

> *«Los que provocaren un incendio que comporte un peligro para la vida o integridad física de las personas, serán castigados con la pena de prisión de diez a veinte años. Los jueces o tribunales podrán imponer la pena inferior en grado atendidas la menor entidad del peligro causado y las demás circunstancias del hecho.*
>
> *Si, además del peligro, se hubieran producido dos o más muertes, la pena será de prisión permanente revisable.*
>
> *Cuando no concurra tal peligro para la vida o integridad física de las personas, los hechos se castigarán como daños previstos en el artículo 266 de este Código.»*

1.2.2. Informe del Consejo Fiscal, de 9 de marzo de 2018

En relación con el delito de secuestro seguido del delito de asesinato, el Consejo Fiscal determinó que:

> *"(...) la nueva circunstancia no incluye los supuestos de detención ilegal tipificados en el artículo 163 CP pues la agravación solo está prevista si en la detención de la persona se exige «alguna condición para ponerla en libertad».*
>
> *En el texto actual el delito precedente al de asesinato es «un delito contra la libertad sexual». Cualquier ataque a la libertad o indemnidad sexual tipificado en el Título VIII del Libro II del Código Penal permite la aplicación de esta pena, de modo que, incluso, un abuso sexual castigado con pena alternativa de prisión o multa (cfr.*

art. 181.1), si es seguido de un asesinato, supondrá que este se castigue con pena de prisión permanente revisable. Tras la modificación proyectada, un delito de detención ilegal, cuyo tipo básico alcanza una pena de hasta seis años de prisión, seguido de un asesinato, no será sancionable con la prisión permanente.

La coherencia en la respuesta penal aconsejaría, bien ampliar los delitos contra la libertad que, seguidos de un asesinato son castigados con prisión permanente revisable o bien reducir los delitos contra la libertad e indemnidad sexual que seguidos de asesinato son castigados con tal pena".

En cuanto al delito de asesinato en el que el autor impida u obstruya la recuperación y entrega del cadáver a los familiares directos de la víctima, provocándoles un especial sufrimiento, físico o mental, o una situación de grave humillación, el Consejo Fiscal estimó que:

"(...) es necesario confrontar esta nueva circunstancia agravatoria con la figura del autoencubrimiento, es decir, con la conducta por la que el autor de un delito «trata de ocultar o eliminar los vestigios de la infracción cometida, bien porque pudieren sacar a la luz su comisión, bien porque habrían de mostrar su participación en la misma».

(...) si no se quiere obviar la consideración jurisprudencial del autoencubrimiento antes citada y los derechos constitucionales reconocidos en el artículo 24.2, derecho a no declarar contra sí mismo, no confesarse culpable o la presunción de inocencia, necesariamente «provocar un especial sufrimiento» tiene que integrar, como elemento subjetivo finalístico, la conducta del autor del delito.

Resulta evidente que la imposibilidad de recuperar el cuerpo sin vida de un «familiar directo», término, por otra parte, un tanto impreciso, causa a toda la familia un especial sufrimiento, pero la agravación solo puede estar justificada si el autor del delito, con su actuación de dificultar el hallazgo del cadáver, busca causar ese especial sufrimiento, y no, o al menos no solamente, cuando tan solo pretende ocultar las pruebas que le puedan incriminar y hacerle responsable de la muerte de esa persona.

Pero no se agotan con estas cuestiones los problemas que plantea la redacción de esta circunstancia. En efecto, es difícil determinar el alcance de la expresión descubierto el delito que se enlaza con la conducta de su autor, el cual no se menciona en la agravación que en ese momento haya sido descubierto. Más extraño es que la acción del sujeto activo alcance a los actos de entrega del cadáver. El autor puede obstaculizar la recuperación del cadáver pero queda fuera de su dominio, una vez que el cadáver ha sido recuperado, que se proceda o no a su entrega a la familia".

Para evitar todos estos problemas, el Consejo Fiscal propone una nueva redacción de la agravación en los siguientes términos:

4.ª Que, suficientemente constatada la autoría del delito, el autor impida, dificulte u obstruya la recuperación del cadáver a sabiendas de que con ello provoca a su cónyuge o conviviente, a sus ascendientes, descendientes o hermanos un especial sufrimiento, moral, físico o mental.

Respecto de la reincidencia en el delito de violación del (antiguo) art. 179 CP; esto es, concurriendo violencia o intimidación, el Consejo Fiscal entiende que:

"En la regulación de la multireincidencia basada en la comisión previa de tres delitos que cualifica los tipos de hurto y estafa (arts. 235.1.7ª y 250.1. CP) o que puede fundamentar la aplicación de la pena superior en grado a la prevista para cualquier delito (art. 66.1.5ª), el Legislador prevé expresamente que «no se tendrán en cuenta antecedentes cancelados o que debieran serlo».

Teniendo presente que la agravación prevista participa del mismo fundamento que estas cualificaciones, y con el fin de mantener la adecuada armonía entre todos los preceptos, se considera sería conveniente introducir esta misma previsión en el proyectado art. 180.3.

En cuanto a la expresión «previamente», que no figura en los artículos referidos, y con la misma pretensión homogeneizadora, debería ser sustituida por «al delinquir», o si se quiere, «al cometer el hecho», evidenciando que las condenas deben ser anteriores al momento en que se comete el delito y no al de su enjuiciamiento.

El término «de la misma naturaleza» es excesivamente genérico, podría plantear problemas en su aplicación, debería concretarse si se refiere a los delitos más graves de agresión sexual con acceso carnal del art. 178 CP o también incluye abuso sexual con acceso carnal del art. 181.1 y 4 CP".

En este sentido, el Consejo Fiscal propone una nueva redacción de la agravación en los siguientes términos:

"3. El delito del artículo 179 se sancionará con pena de prisión permanente revisable cuando al delinquir el culpable hubiera sido condenado ejecutoriamente al

menos por dos delitos de agresión o abuso sexual con acceso carnal. No se tendrán en cuenta antecedentes cancelados o que debieran serlo".

Sobre la previsión de PPR en violaciones de menores de dieciséis años (cuando fueran acompañadas de privación de libertad a la víctima por tiempo superior a quince días, o la hubiera sometido, de manera repetida, a sufrimientos físicos o mentales, la supresión o disminución de sus facultades de conocimiento, discernimiento o decisión, o de cualquier otro modo hubiera atentado grave y reiteradamente contra su integridad moral), el Consejo Fiscal se pronuncia en los siguientes términos:

"El nuevo subtipo se refiere con una notable imprecisión al delito del apartado 3 cuando en el mismo no se regula un solo delito ya que tipifica tanto el abuso sexual con penetración como la agresión sexual con penetración. Dada la gravedad de pena, el Consejo Fiscal considera que debería limitarse la agravación a los supuestos de agresión sexual. En todo caso, debería modificarse la redacción para delimitar con claridad —en una materia tan delicada— el delito sobre el que se contempla la agravación.

De otra parte, el Prelegislador toma de referencia el tiempo de privación de libertad de la víctima, a diferencia de la proyectada circunstancia 2 del art. 140.1, que tiene en cuenta para la imposición de la pena de prisión permanente revisable no la duración de la privación de libertad, sino la exigencia de una condición para poner a la persona en libertad.

Como se expuso al analizar la nueva redacción del art. 140.1.2ª debieran aplicarse criterios coherentes a la hora de seleccionar conductas típicas merecedoras de la pena de prisión permanente revisable.

Además, la incorporación de esta agravación puede plantear numerosos problemas concursales, de compleja solución, con el subtipo agravado de los delitos de detención ilegal y secuestro previsto en el art. 166.2.b) CP".

En otro orden de cosas, el Consejo Fiscal no pone reparo alguno en el delito de liberación de energía nuclear o elementos radiactivos.

Por el contrario, en relación con el delito de estragos, el Consejo Fiscal considera que:

"A diferencia del tipo penal del art. 341, en el delito de estragos ya se preveía, en su apartado 3, la posibilidad de que además del peligro «se hubiere producido lesión para la vida, integridad física o salud de las personas» castigando los hechos separadamente con la pena correspondiente al delito cometido. El Anteproyecto debiera especificar que la pena previsión de la pena de prisión permanente cuando se produce la muerte de dos o más personas implica en esos casos la derogación de la norma concursal (ya no se castigan los hechos separadamente). Este punto debiera aclararse expresamente".

Por último, en cuanto al delito de incendio, el Consejo Fiscal señala que:

"La puntual modificación en la redacción de esta norma concursal específica, distinta a la establecida en los artículos 341 y 346.3, no resulta afortunada al excluir el término persona en su descripción, debiendo corregirse para evitar problemas interpretativos".

Con todo, el Informe contiene un Voto Particular discrepante suscrito por los consejeros D. Eduardo Esteban Rincón, Dña. Neus Pujal Sánchez y Dña. Sofía Puente Santiago.

Entre las consideraciones generales que realizan, se pone de manifiesto que:

"No consta ningún estudio criminológico previo sobre la necesidad de extender los supuestos castigados con pena de prisión permanente revisable ni sobre la eficacia de la reforma de 2015, parece dicha ampliación obedecer más a fines mediáticos que a una verdadera política criminal, entendida como conjunto de medidas racionales de los poderes públicos dirigidas a prevenir y dar respuesta a la delincuencia. No ha habido tiempo de poder estudiar la aplicación de dicha pena y su relación con la disminución de la criminalidad más grave".

Respecto del asesinato subsiguiente a un delito contra la libertad sexual o secuestro, los consejeros disidentes consideran que:

"En el texto actual el delito precedente al de asesinato es «un delito contra la libertad sexual». Cualquier ataque a la libertad o indemnidad sexual tipificado en el Título VIII del Libro II del Código Penal permite la aplicación de esta pena, de modo que, incluso, un abuso sexual castigado con pena alternativa de prisión o multa (cfr. art. 181.1), si es seguido de un asesinato, supondrá que este se castigue con pena de

prisión permanente revisable. Tras la modificación proyectada, un delito de detención ilegal, cuyo tipo básico alcanza una pena de hasta seis años de prisión, seguido de un asesinato, no será sancionable con la prisión permanente.

Quizá sería mejor proponer una concreción del delito contra la libertad sexual, recogiendo las formas más graves: abuso y agresión sexual con acceso carnal de los arts. 179 y 181.1 y 4 CP, respectivamente. No obstante, ello supondría modificar la literalidad del precepto de la reforma de 2015".

En cuanto al proyectado art. 140.1.4ª CP, los vocales que suscriben este voto particular recurren a los mismos argumentos empleados por la mayoría, pero, lo hacen para proponer la supresión de este artículo.

Por otro lado, a juicio de estos vocales, parece excesivo que la concurrencia de una agravante de reincidencia (en el delito de violación con violencia e intimidación) pueda convertirse en causa de salto cualitativo de pena, esto es, de la pena de prisión permanente revisable.

Añaden, además, que:

En cuanto a la expresión «previamente», que no figura en los artículos referidos, y con la misma pretensión homogeneizadora, debería ser sustituida por «al delinquir», o si se quiere, «al cometer el hecho», evidenciando que las condenas deben ser anteriores al momento en que se comete el delito y no al de su enjuiciamiento.

El término «de la misma naturaleza» es excesivamente genérico, podría plantear problemas en su aplicación, debería concretarse si se refiere a los delitos más graves de agresión sexual con acceso carnal del art. 178 CP o también incluye abuso sexual con acceso carnal del art. 181.1 y 4 CP.

En cuanto a las violaciones de menores de dieciséis años acompañadas de privación de libertad o de tratos degradantes, el Consejo no formula ninguna observación diferente a la de la mayoría, sino que emplea sus mismos argumentos.

Por último, respecto de los delitos de liberación de energía nuclear o elementos radiactivos; estragos; e, incendios, los vocales suscriben que:

"Estos delitos se considera que no participan de la particular naturaleza y connotación de los delitos anteriores en que existe en el autor un dolo directo, un móvil especialmente abyecto y una especial maldad y crueldad en el autor del hecho, ya que constituye un ataque en su forma más grave, de propósito contra la vida, la libertad sexual y la libertad, atentando también contra la integridad moral de las víctimas en algunos casos. Por el contrario, los supuestos de emisión de gases ionizantes, estragos e incendios, son delitos que causan principalmente daños materiales, donde la acción del sujeto se dirige fundamentalmente a bienes de esta naturaleza y el autor puede representarse la posibilidad del peligro para la vida o integridad física de las personas, pero su acción no va directamente dirigida contra la vida de tales personas, no hay dolo directo, sino eventual, e incluso, en algunos casos puede concurrir culpa con o sin representación, pero el móvil concreto del autor no es acabar con la vida de determinada persona o personas. De exacerbarse punitivamente tan gravemente dichas muertes, podría incluso dar lugar a responsabilidad por el resultado, contrario al principio de culpabilidad que inspira nuestro Derecho Penal.

Aparte del daño causado, que fundamentalmente radica en daños materiales, y en algunos casos contra el medio ambiente, por muy graves que sean, resulta de todo punto incompatible con el principio de proporcionalidad que se agrave tan intensamente la pena cuando, desde un punto de vista culpabilístico, es dudoso que los resultados lesivos para las personas, y sobre todo, la muerte, justifiquen la aplicación de la pena de prisión permanente revisable. Toda vez que en estos supuestos, dichas muertes, se habrían producido, en todo caso, por un dolo eventual, resultado del acto criminal, este sí doloso, respecto del medio lesionado por los actos directamente dolosos y, por tanto, imputables. El resultado, más allá de este, no puede, bajo ningún concepto, generar una elevación tan desproporcionada de la pena básica.

Por tanto, entendemos que no entra dentro de esos supuestos especialmente graves, donde se aprecia un plus de culpabilidad en el sujeto activo y excepcionales a que alude el Anteproyecto, particularmente en el caso de incendio, debe tenerse en cuenta que ni en Francia ni en Italia prevén esta pena para los incendios, solamente Alemania, y ni siquiera como pena única, sino alternativa.

De igual modo, si la muerte es producida de propósito mediante incendio, se castigará separadamente, en su caso, como asesinato principalmente y, conforme a las reglas concursales. Ya se tiene en cuenta penológicamente la gravedad de esa conducta y puede que en algún caso llegue a incardinarse en los supuestos actuales de pena de prisión permanente revisable.

1.3. Proposición de Ley Orgánica, relativa a la ampliación de la prisión permanente revisable (622/000003)

El Grupo Parlamentario Popular en el Senado presentaba en julio de 2019 la presente Proposición de Ley Orgánica para ampliar el número de delitos castigados con PPR[801].

La Exposición de Motivos contenía la siguiente justificación:

"La prisión permanente revisable se introdujo en el ordenamiento jurídico español mediante las leyes orgánicas de reforma del Código Penal y de modificación del Código Penal en materia de delitos de terrorismo, de 30 de marzo de 2015, para sancionar supuestos delictivos de excepcional gravedad a los que se da una respuesta proporcionada.

En la actualidad se aplica de forma muy limitada, ya que sólo está prevista para ocho supuestos:

1. Asesinato de menor de dieciséis años o persona especialmente vulnerable por razón de su edad, enfermedad o discapacidad física o mental.

2. Asesinato subsiguiente a un delito contra la libertad sexual.

3. Asesinato cometido por miembro de grupo u organización criminal.

4. Asesinato múltiple.

5. Asesinato terrorista.

6. Homicidio del jefe del Estado o del heredero.

7. Homicidio de jefes de Estado extranjeros o persona internacionalmente protegida por un Tratado que se halle en España.

8. Genocidio o crímenes de lesa humanidad.

La necesidad de fortalecer la confianza en la Administración de Justicia hace preciso poner a su disposición un sistema legal que garantice resoluciones judiciales previsibles que, además, sean percibidas en la sociedad como justas. Se trata de proteger a la sociedad porque evita que salgan de prisión quienes no están en condiciones de reintegrarse, impidiendo que reincidan en sus actos y vuelvan a causar dolor y sufrimiento.

La prisión permanente revisable, es la pena máxima en la escala de condenas graves y su aplicación determina un tiempo mínimo de cumplimiento antes de plantear

---

801 BOCG. Senado. Número 15, de 29 de julio de 2019.

la posibilidad de revisión, que puede ir desde los veinticinco hasta los treinta y cinco años, según el número de delitos cometidos y su naturaleza.

Tras el cumplimiento íntegro de esa parte mínima de la condena, la pena se puede revisar, abriendo la posibilidad a que el penado obtenga la libertad siempre y cuando se acrediten garantías de que no cometerá nuevos hechos delictivos. Para ello un tribunal colegiado valorará las circunstancias que concurran en ese momento y debe existir siempre un pronóstico razonable de reinserción social. Aunque la revisión de la pena no es posible hasta transcurridos al menos veinticinco años, por lo general a partir de los quince años, si hay un pronóstico favorable de reinserción social el penado puede acceder al tercer grado. En los casos más graves, aunque la revisión no sea posible hasta los 35 años, es a partir de los 32 años cuando el penado puede tener acceso al tercer grado.

La pena de prisión permanente revisable compatibiliza la existencia de una respuesta penal ajustada a la gravedad de la culpabilidad, con la finalidad de reeducación a la que debe estar orientada la ejecución de las penas de prisión. Se trata de una pena que posibilita y aspira a la reinserción puesto que, además de ser susceptible de revisión, es compatible con beneficios penitenciarios.

La prisión permanente revisable es una figura penal habitual y normalizada en Europa. Todos los países de la Unión Europea excepto Croacia y Portugal, prevén la aplicación de esta pena revisable de forma periódica una vez superada una etapa mínima de cumplimiento de la pena que oscila entre los doce y los veintiséis años. El Tribunal Europeo de Derechos Humanos la ha considerado ajustada a la Convención Europea de Derechos Humanos y no sería contraria a las exigencias del artículo 3 del Convenio de Roma, en la medida en que articula un completo mecanismo de revisión de la pena que ofrece al condenado un horizonte de liberación, siempre que se cumplan determinados requisitos.

En el tiempo transcurrido desde la reforma de 2015, se han reiterado iniciativas sociales para reclamar la extensión de la prisión permanente revisable a otros supuestos delictivos de extrema gravedad para los que no está prevista su aplicación en la actualidad.

Ofrecer la mayor protección posible a bienes jurídicos considerados de primer orden frente a ataques particularmente cualificados, es responsabilidad del legislador que debe dar respuesta a dicha necesidad.

Atendiendo a criterios de necesidad y proporcionalidad que se consideran adecuadamente justificados, se estima procedente ampliar la pena de prisión permanente revisable".

Las modificaciones propuestas eran las siguientes:

1) Regla concursal.

Se añade un nuevo artículo 73.bis a la Ley Orgánica 10/1995, de 23 de noviembre, del Código Penal, que pasa a tener la siguiente redacción:

> «73 bis. *El responsable de delitos contra la vida o la libertad sexual cuyas penas sumen cien o más años, será castigado con la pena de prisión permanente revisable.*»

2) Asesinatos del art. 140.1 CP.

Se modifica la circunstancia 2.ª del apartado 1 del artículo 140 de la Ley Orgánica 10/1995, de 23 de noviembre, del Código Penal, que pasa a tener la siguiente redacción:

> «2.ª *Que el hecho fuera subsiguiente a un delito contra la libertad sexual o detención ilegal o de secuestro que el autor hubiera cometido sobre la víctima.*»

Se añade una circunstancia 4.ª del apartado 1 del artículo 140 de la Ley Orgánica 10/1995, de 23 de noviembre, del Código Penal, que tendrá la siguiente redacción:

> «4.ª *Que al delito le hubieran seguido actos de ocultación o destrucción del cadáver para dificultar la investigación por parte de la autoridad o de sus agentes.*»

Se añade una circunstancia 5.ª del apartado 1 del artículo 140 de la Ley Orgánica 10/1995, de 23 de noviembre, del Código Penal, que tendrá la siguiente redacción:

> «5.ª *Que el delito hubiese sido cometido por el cónyuge, excónyuge, pareja de hecho, ex pareja de hecho, o sobre persona que esté o haya estado ligada a él por una análoga relación de afectividad aun sin convivencia, o sobre los descendientes, ascendientes o hermanos por naturaleza, adopción o afinidad, propios o del cónyuge o conviviente, o sobre los menores o personas con discapacidad necesitadas de especial protección que con él convivan o que se hallen sujetos a la potestad, tutela, curatela, acogimiento o guarda de hecho del cónyuge o conviviente, o sobre persona amparada en cualquier otra relación por la que se encuentre integrada en el núcleo de su convivencia familiar, así como sobre las personas que por su especial vulnerabilidad se encuentran sometidas a custodia o guarda en centros públicos o privados.*»

3) Delitos contra la libertad sexual.

Se añade un nuevo apartado 3 al artículo 180 de la Ley Orgánica 10/1995, de 23 de noviembre, del Código Penal, que tendrá la siguiente redacción:

> *«3. La reiteración de las conductas recogidas en el artículo 179 serán castigadas con la pena de prisión permanente revisable.»*

El citado precepto aludía a la violación perpetrada con violencia o intimidación.

Se añade un nuevo apartado 3 al artículo 182 de la Ley Orgánica 10/1995, de 23 de noviembre, del Código Penal, que tendrá la siguiente redacción:

> *«3. La reiteración de las conductas recogidas en el apartado 2 de este artículo serán castigadas con la pena de prisión permanente revisable.»*

El precepto aludía a la violación (sin violencia o intimidación, pero interviniendo engaño) sobre persona mayor de trece años y menore de dieciséis.

Se modifican los apartados 3 y 4 del artículo 183 de la Ley Orgánica 10/1995, de 23 de noviembre, del Código Penal, que tendrá la siguiente redacción:

> *«3. Cuando el ataque consista en acceso carnal por vía vaginal, anal o bucal, o introducción de miembros corporales u objetos por alguna de las dos primeras vías, el responsable será castigado con la pena de prisión permanente revisable.*
>
> *4. Las conductas previstas en los dos primeros apartados serán castigadas con la pena de prisión correspondiente en su mitad superior cuando concurra alguna de las siguientes circunstancias:*
>
> *(Resto igual).»*

El proyectado art. 183.3 CP pretendía castigar con PPR la violación cometida (con o sin violencia o intimidación) sobre un menor de trece años.

4) Delitos relativos a la energía nuclear y a las radiaciones ionizantes, estragos, e incendios.

En la propuesta del PP se pretendía castigar con PPR al autor de determinados delitos "*Si como consecuencia de las conductas recogidas en el apartado primero de este artículo se produjese alguna muerte*".

Se trataba de los siguientes:

- Delitos relativos a la energía nuclear y a las radiaciones ionizantes (art. 341 CP, art. 342 CP, art. 343 CP).
- Delito de estragos (art. 346 CP).
- Incendios (art. 351 CP, art. 352 CP, art. 356 CP, art. 357 CP).

1.4. Proposición de Ley Orgánica relativa a la ampliación de la prisión permanente revisable (622/000024)

El Grupo Parlamentario Popular en el Senado presentaba de nuevo en abril de 2020 otra Proposición de Ley Orgánica para ampliar el número de delitos castigados con PPR[802].

La Exposición de Motivos reproducía las mismas razones aducidas en la Proposición de Ley Orgánica de julio de 2019.

Y, en cuanto a su contenido, se trataba del mismo que en la Proposición de Ley Orgánica de julio de 2019, exceptuando los delitos relativos a la energía nuclear y a las radiaciones ionizantes, estragos, e incendios (los cuales no se mencionaban).

---

802 BOCG. Senado. Número 42, de 30 de abril de 2020.

1.5. Proposición de Ley Orgánica de modificación de la Ley Orgánica 10/1995, de 23 de noviembre, del Código Penal (122/000189)

La citada Proposición de Ley Orgánica fue presentada en diciembre de 2021 por los Grupos Parlamentarios Popular en el Congreso, Ciudadanos y Mixto[803].

En su Exposición de Motivos se alegaba que:

> *"Desde que por medio de la Ley Orgánica 1/2015 de 30 de marzo se introdujera en nuestro derecho penal la pena de prisión permanente revisable, recogida en el artículo 35 y concordantes del Código Penal, nuestros Tribunales la han impuesto en cerca de una veintena de casos, todos ellos de gran repercusión en la opinión pública por las circunstancias de especial crueldad de los delitos objeto de enjuiciamiento. La sociedad española está mayoritariamente a favor de la existencia de este máximo castigo para delitos de especial gravedad, como han mostrado sucesivos estudios demoscópicos que señalan que en torno al ochenta por ciento de los españoles respalda esta medida adoptada hace ya más de un lustro. Muy recientemente el Tribunal Constitucional ha tenido ocasión de pronunciarse sobre la constitucionalidad de esta nueva pena acogida en nuestro sistema. Bien es cierto que pocas dudas cabían sobre su constitucionalidad en el momento en que las Cortes Generales aprobaron la Ley Orgánica 1/2015, puesto que nuestro máximo intérprete de la Constitución ya había tenido ocasión de exponer su doctrina, si bien en asuntos de cooperación judicial internacional en los que el examen se hacía sobre sistemas penales extranjeros a la luz de la jurisprudencia del Tribunal Europeo de Derechos Humanos. La sentencia 169/2021 de 6 de octubre, recogiendo y ampliando esa doctrina, despeja toda duda que pudiera caber sobre la plena adecuación de la pena de prisión permanente revisable a nuestro marco constitucional y singularmente al sistema de derechos y libertades fundamentales allí proclamados.*
>
> *El Derecho Penal ha sido definido de muchas maneras, entre ellas como el conjunto de normas dirigidas a la protección de la sociedad frente a los comportamientos más gravemente antisociales. El más eficaz instrumento para lograrlo es la imposición por la Ley de un sistema de penas que tienen como fines la retribución (el puro castigo al delincuente en proporción al daño causado) la prevención general (que el miedo al*

---

803 BOCG. Congreso de los Diputados. Serie B, Núm. 211-1, de 27 de diciembre de 2021.

castigo disuada de la comisión de delitos) la prevención especial (que el delincuente se vea impedido de delinquir mientras dure la pena) y, naturalmente, el fin de reeducación y reinserción social del delincuente que tiene expresa acogida en el artículo 25.2 de la Constitución Española. Declarado ya por nuestro Tribunal Constitucional que la prisión permanente revisable, en los términos en que se señala en el fallo de la sentencia 169/2021 de 6 de octubre, no es incompatible con el fin reeducador de la pena, debemos profundizar en los efectos de prevención general y prevención especial en algunas figuras del delito de asesinato.

Hay dos fenómenos que son de honda preocupación para la sociedad española en relación con este delito, cuales son la ocultación del cadáver y la reincidencia en ese tipo delictivo.

Además de la aflicción que el asesinato de un familiar tiene para sus deudos, el hecho de no poder disponer del cuerpo para darle las honras fúnebres que nuestras costumbres sociales y religiosas prescriben, supone un dolor añadido por la acción deliberada del delincuente. Que en algunos casos de clara notoriedad los delincuentes se hayan negado a revelar el lugar de ocultación del cadáver de su víctima, incluso cuando están ya condenados en firme y cuando, en consecuencia, ningún perjuicio penal podría acarrearles dar razón de su paradero, pone de manifiesto una acción concurrente con el delito de asesinato en sí, que es la de causar un daño concreto y específico a los familiares y allegados de la víctima, comportamiento que resulta inocuo para el delincuente desde el punto de vista del derecho penal. Parece entonces adecuado que, en estos casos, el asesinato sea castigado no con la pena de prisión de quince a veinticinco años al amparo del artículo 139 del Código Penal, sino con otra más grave que no puede ser más que la de prisión permanente revisable al amparo del artículo 140 de nuestra ley sustantiva penal. Se cumpliría así con el efecto retributivo de la pena antes señalado, al imponer un castigo mayor al que añade un daño suplementario al del propio asesinato, y además proporcionaría un estímulo al reo para revelar el paradero del cadáver, incluso estando ya condenado, por poder beneficiarle esa información en la posible suspensión de la pena, cumplidos ya veinticinco años de prisión efectiva, por apreciación de esa circunstancia a los efectos de lo previsto por el artículo 92.1.c) del Código Penal.

Además de lo anterior, sorprende a los ciudadanos ver casos en los que un delincuente ya condenado por asesinato en el pasado vuelve a cometer tal delito al encontrarse de nuevo en libertad. Si bien la pena por el delito de asesinato es elevada, no es imposible que por aplicación de los distintos beneficios de suspensión de la pena y permisos penitenciarios el delincuente pueda encontrar de nuevo la libertad. La comisión entonces de otro delito de asesinato es reveladora de una tendencia criminal de la que la sociedad tiene el legítimo derecho a precaverse, actuando entonces la pena de prisión permanente revisable como un instrumento de prevención especial respecto del delincuente que encuentra en esas circunstancias plena justificación (...)".

La propuesta abogaba por modificar el artículo 140 de la Ley Orgánica 10/1995 de 23 de noviembre del Código Penal, añadiendo dos nuevos ordinales al párrafo 1, con la siguiente redacción:

«4.ª Que el reo hubiere hecho desaparecer el cadáver de la víctima o no diere razón de su paradero.

5.ª Que el autor hubiere sido condenado con anterioridad como reo de delito de asesinato.»

1.6. Proposición de Ley Orgánica de transposición de directivas europeas y otras disposiciones para la adaptación de la legislación penal al ordenamiento de la Unión Europea, y reforma de los delitos contra la integridad moral, desórdenes públicos y contrabando de armas de doble uso (122/000271)

Con motivo de la tramitación de la citada Proposición de Ley Orgánica[804], el Grupo Parlamentario Popular en el Congreso presentaba, por enésima vez, una Enmienda en la que se instaba a modificar el art. 140.1 CP en el mismo sentido que la anterior iniciativa:

«4.ª Que el reo hubiere hecho desaparecer el cadáver de la víctima o no diere razón de su paradero.

5.ª Que el autor hubiere sido condenado con anterioridad como reo de delito de asesinato.»

---

[804] BOCG. Congreso de los Diputados. Serie B, Núm. 295-4, de 15 de diciembre de 2022.

2. PROPUESTAS DOCTRINALES

A juicio de DÍAZ Y GARCÍA CONLLEDO, si no se produjera la derogación, subsidiariamente (como mal menor) "habría que proponer la reforma de la pena, para acortar los plazos de revisión, ofrecer a los penados pautas para que esta resulte positiva, suavizar el acceso a formas de cumplimiento menos rigurosas y a beneficios penitenciarios, etc. Y, desde luego, no debería ampliarse el ámbito de delitos conminados con prisión permanente revisable"[805].

Para CÁMARA ARROYO, la PPR debería ser de imposición potestativa (no obligatoria) y debería permitir la aplicación de atenuantes y agravantes[806]. Señala, además, este autor, que el CP alemán estipula, en su § 46.1.2, que para la determinación de la pena se debe atender a los efectos y consecuencias que puede acarrear la pena impuesta al delincuente en el sentido de su reinserción en la sociedad. Para ello el juez debe valorar el caso concreto, analizar por qué se ha cometido el delito, qué consecuencias tendría la pena impuesta y si realmente serviría para llevar a cabo la reinserción. Con tal fin, el juez contaría con la colaboración de las personas expertas en recabar toda la investigación e instrucción del caso. Se trata de un verdadero mandato de individualización de la condena, de modo que el juez queda bastante vinculado a los informes periciales emitidos por los facultativos expertos en ciencias del comportamiento, además de tener en cuenta las circunstancias concretas del caso. De este modo, en el Código Penal alemán se detalla la actuación que vincula al juez a la hora de tomar decisiones sobre la imposición de la pena. Dicha actuación reporta seguridad jurídica a la persona sometida a un proceso penal, en cuyo transcurso las vicisitudes y circunstancias acontecidas en el caso concreto van a ser valoradas y tenidas en cuenta para que la pena se ajuste a la realidad

805 DÍAZ Y GARCÍA CONLLEDO, M.: "La pena de prisión…", *op. cit*, p. 164.

806 CÁMARA ARROYO, S.: "Las propuestas de reforma y ampliación de la prisión permanente revisable en España", en RODRÍGUEZ YAGÜE, C. (Dir.): *Penas perpetuas*, Valencia, Tirant lo Blanch, 2023, p. 326.

de los hechos, así como a los motivos y voluntad que originaron la comisión de la acción u omisión punible[807].

Por su parte, FERNÁNDEZ CODINA considera que los actuales criterios previstos en el art. 92.1 c) CP debieran sustituirse por estos otros[808]:

a) reconocimiento del daño y arrepentimiento.

b) existencia de un esfuerzo serio por reparar o aliviar el daño cometido.

c) existencia de una escasa peligrosidad.

El citado autor contempla tres formas de reparación: responsabilidad civil; trabajos en beneficio de la comunidad; y, un mecanismo de justicia restaurativa[809].

En opinión de CERVELLÓ DONDERIS, un requisito fundamental de esta pena debe ser "la concreción de su duración, por lo tanto en lugar de quedar indeterminada su duración total, sólo quedaría por determinar la duración del periodo de prueba, pero siempre dentro del total de la pena fijado por la ley de manera clara y taxativa. Una fórmula para ello sería señalar la duración total de esta pena con un periodo final de libertad condicional incluido, que en su totalidad sería un poco más elevada que la pena más grave del Código Penal pero más baja que el límite concursal actual, con periodos de revisión a partir de los quince o veinte años y un último periodo a cumplir solo excepcionalmente por razones de prevención especial, pasando a ser la regla general la excarcelación provisional antes de alcanzar este tope previsto legalmente. Con este modelo se ganaría en seguridad jurídica porque el máximo de la pena estaría fijado legalmente, se pasaría a un sistema donde lo excepcional es terminar de cumplir el periodo de encarcelamien-

---

807 *Ibid.*, pp. 327-328.

808 FERNÁNDEZ CODINA, G.: *Prisión permanente*.... *op. cit.*, p. 93.

809 *Ibid.*, p. 119.

to y lo general sería la excarcelación anticipada, y se priorizaría la prevención especial como guía del cumplimiento penitenciario"[810].

En esta línea, FERNÁNDEZ BERMEJO estima que "sería muy conveniente convertir, en función del buen comportamiento, pronóstico individualizado y favorable de reinserción social, o por meras razones tratamentales apreciadas por el personal penitenciario, dicha pena indeterminada en una pena determinada que oscilase entre los veinte y treinta años de prisión"[811]. Para este autor, debe tenerse en cuenta que "conforme al art. 76 CP, la duración máxima por un delito cometido no puede superar los 20 años de prisión, de manera que parecería lógico y coherente que, en los supuestos más graves y atroces, en los que además pudiera apreciarse alguna circunstancia agravante, se mantuviere firme la idea de imponer una pena máxima de 30 años de prisión, por un único delito cometido"[812].

El citado autor propone los siguientes períodos mínimos para acceder a la libertad condicional[813]:

- 12 años (comisión de 2 o más delitos, 1 con PPR).
- 16 años (comisión de 2 o más delitos castigados con PPR).
- 20 años (terrorismo y organizaciones criminales).

En cuanto a los permisos de salida, entiende que se deberían conceder[814]:

- a los 3 años.
- a los 4 años (2 o más delitos castigados con PPR, o 1 PPR + 25 años).

---

810 CERVELLÓ DONDERIS, V.: *Prisión perpetua y de larga duración…, op. cit.*, p. 280.

811 FERNÁNDEZ BERMEJO, D.: "Algunas propuestas de *lege ferenda* para la inhumana pena de prisión permanente revisable", *Revista de Estudios Penitenciarios*, núm. 262, 2020, p. 149.

812 *Idem*.

813 FERNÁNDEZ BERMEJO, D.: "Algunas propuestas …", *op. cit.*, p. 156.

814 *Ibid.*, p. 160.

– a los 5 años (terrorismo u organizaciones).

Por último, en la propuesta de FERNÁNDEZ BERMEJO, la libertad condicional no es una suspensión de la ejecución (como así está configurada en la actualidad en el CP), sino un régimen de cumplimiento de la condena (en libertad condicional)[815]. De ahí que luego proponga que, para la suspensión de la ejecución, deberán reunirse los siguientes requisitos[816]:

a) Que el penado haya cumplido veinte años de su condena, sin perjuicio de lo dispuesto en el artículo 78 bis para los casos regulados en el mismo.

b) Que se encuentre clasificado en tercer grado.

c) Que se haya observado buena conducta, que permita fundar, previa valoración de los informes de evolución remitidos por el centro penitenciario, la existencia de un pronóstico favorable de reinserción social.

Por otro lado, para el citado autor, el plazo de suspensión debiera ser de 2 a 5 años.

En otro orden de cosas, MAPELLI CAFFARENA plantea una propuesta que se diferencia de la actual PPR en cuatro aspectos[817]:

1) nuestro Código contempla como único presupuesto para ser castigado con la PPR, que se haya cometido uno de los delitos castigados con esta pena. Sin embargo, a juicio del citado autor, esto es necesario, pero no suficiente. Además, deben concurrir dos presupuestos más: el primero que el imputado sufra cualquier patología psíquica y, el segundo, que debido a esa alteración los riesgos de reincidencia resultan manifiestamente elevados. De no concurrir estas dos circunstancias debe estar prevista como pena alternativa una pena de prisión común.

---

815 *Ibid.*, p. 157.

816 *Ibid.*, p. 158.

817 MAPELLI CAFFARENA, B.: "Política criminal...", *op. cit.*, pp. 1105-1106.

2) En la selección de los delitos que se van a castigar con esta pena nuestro legislador no muestra ninguna coherencia. Castiga los delitos más graves contra las personas, pero también delitos como el genocidio (art. 607), contra la corona (art. 485) o contra la humanidad (art. 607 bis), para los cuales es más adecuado el castigo con penas de prisión graves. Por el contrario, la PPR se debe reservar para los delitos graves que sabemos son cometidos por delincuentes muy peligrosos debido a sus patologías psíquicas.
3) La actual regulación de la PPR convierte su revisión en un juicio general de peligrosidad. En opinión del citado autor, las causas determinantes sólo podrán ser tenidas en cuenta en relación con la peligrosidad referida al delito por el que el sujeto fue condenado u otro de similar naturaleza. Así, por ejemplo, los riesgos de que un sujeto condenado por delitos continuados de agresiones sexuales a una larga privación de libertad pueda cometer delitos contra el patrimonio tras su excarcelación por las dificultades de reinserción en el mercado laboral no pueden justificar su mantenimiento en prisión.
4) La decisión de suspender la PPR no debe caer sobre el órgano judicial que condenó, sino sobre el juez de vigilancia penitenciaria del centro en donde se encuentra el condenado. Esta solución es mejor porque, por una parte, hay razones para presumir que el tribunal sentenciador resuelva teniendo en cuenta el pasado criminal del condenado y, por otra, por el juez de vigilancia penitenciaria va a disponer de una información mucho más completa para valorar la peligrosidad.

Por último, destaca este autor que "las precipitaciones son probablemente responsables de la escasa atención que se les ha prestado a estos condenados una vez que entran en prisión. La PPR se ejecutará con las mismas garantías que establece el legislador para el resto de las penas privativas de libertad. La legislación penitenciaria debe reglar las condiciones regimentales de estos condenados. Tan solo cuando esté justificado deberán permanecer aislados de los demás. La condición de condenado a PPR es compatible con ciertas salidas como las salidas programadas o las de carácter extraordinario. Otras cuestiones como garantizar el acceso a los servicios penitenciarios debe prestársele una especial atención. A los efectos penitenciarios se les debe diseñar un régimen orientado a la reinserción social y no a la inocuización"[818].

Por el contrario, para GIMBERNAT ORDEIG, si bien comparte la preocupación de que hay que proteger a la sociedad de delincuentes peligrosos condenados ante la eventualidad de que, una vez en libertad, vuelvan a cometer los mismos delitos: "esa peligrosidad no se debe combatir con penas, sino con medidas de seguridad"[819]. Apunta el citado autor que "esa peligrosidad no debe combatirse prolongando la pena de prisión, que sólo debe imponerse por los hechos pasados: esa peligrosidad se combate, no con la prisión, sino con medidas de seguridad de carácter no aflictivo como las de internamiento en un centro no penitenciario o, en los casos en que ello sea suficiente, con otras de carácter ambulatorio"[820]. En idéntico sentido, CASALS FERNÁNDEZ manifiesta que, aunque sí comparta la preocupación de que debemos proteger a la sociedad de delincuentes peligrosos y reincidentes, "no se deben combatir con penas inhumanas, indeterminadas y que ponen en peligro nuestros cimientos democráticos, sino con medidas de seguridad. Las penas privativas de libertad de larga duración provocan daños irreparables a quienes que se les aplica, vulnerándose derechos fundamentales de los que también son titulares los delincuentes condenados"[821].

Por último, traemos a colación la propuesta que lanza ARRIBAS LÓPEZ de modificación de los actuales períodos de seguridad relativos al disfrute de permisos de salida[822]:

---

818 *Ibid.*, p. 1106.

819 GIMBERNAT ORDEIG, E.: "Contra la prisión…", *op. cit.*, pp. 497-498.

820 *Ibid.*, p. 498.

821 CASALS FERNÁNDEZ, Á.: "La sentencia del Tribunal Constitucional…", *op. cit.*, p. 13.

822 ARRIBAS LÓPEZ, E.: "Los permisos…", *op. cit.*, p. 8.

PERMISOS DE SALIDA PPR (PROPUESTA)							
Resto de delitos				Terrorismo			
Un único delito	PPR + penas superiores a 5 años	PPR + penas superiores a 15 años	2 o más PPR; o PPR + penas de 25 años o superiores	Un único delito	PPR + penas superiores a 5 años	PPR + penas superiores a 15 años	2 o más PPR; o PPR + penas de 25 años o superiores
8 años	10 años	11 años	12 años	12 años	14 años	14 años	19 años

3. NUESTRA PROPUESTA

Hemos defendido en este trabajo que la PPR es constitucional y que, desde una perspectiva político-criminal, la inclusión de esta pena en el CP fue una decisión adecuada. Sin embargo, consideramos que la actual regulación es susceptible de ser mejorada, motivo por el cual planteamos la siguiente propuesta de modificación.

3.1. *Plazos*

LÍMITES TEMPORALES PRISIÓN PERMANENTE REVISABLE							
Resto de delitos				Terrorismo			
Un único delito	PPR + penas superiores a 5 años	PPR + penas superiores a 15 años	2 o más PPR; o PPR + penas de 25 años o superiores	Un único delito	PPR + penas superiores a 5 años	PPR + penas superiores a 15 años	2 o más PPR; o PPR + penas de 25 años o superiores
Revisión							
20 años	22 años	23 años	25 años	25 años	27 años	28 años	30 años
Clasificación en tercer grado							
10 años	12 años	13 años	15 años	15 años	17 años	18 años	20 años
Obtención de permisos de salida							
5 años	6 años	7 años	8 años	9 años	10 años	11 años	12 años

Como puede comprobarse, hemos propuesto unos períodos de seguridad inferiores a los actuales para las tres figuras (permisos de salida, tercer grado y suspensión). Sin embargo, a juicio de BOLDOVA PASAMAR, "la propia gravedad de las penas temporales de prisión previamente existentes impide, por coherencia sistemática, establecer plazos de revisión inferiores para la PPR. Para ello sería preciso modificar el conjunto de los límites máximos de las penas de prisión temporales"[823]. El citado autor advierte que podría darse la paradoja de que en aquellos delitos castigados con PPR el reo podría obtener la libertad condicional antes que en otros delitos para los que se prevén penas de hasta 30 años; o, de hasta 40 años en supuestos concursales. No obstante, si bien la propuesta resulta plausible, cabría recordar que la PPR puede ser una pena a perpetuidad, mientras que, en aquellos otros casos, la excarcelación se producirá indefectiblemente una vez alcanzado el límite máximo de cumplimiento.

3.2. Delitos

En nuestra opinión, la PPR debiera relegarse únicamente a determinados atentados contra la vida (los más atroces). Por ello, consideramos que el catálogo de delitos castigados con PPR tendría que ser el siguiente:

1) asesinato, cuando la víctima sea menor de dieciséis años de edad, o se trate de una persona especialmente vulnerable por razón de su edad, enfermedad o discapacidad.
2) Asesinato, cuando el hecho fuera subsiguiente a un delito de violación o de secuestro que el autor hubiera cometido sobre la víctima.

---

823 BOLDOVA PASAMAR, M. Á.: "Penas privativas de libertad", en BOLDOVA PASAMAR, M. Á. y ALASTUEY DOBÓN, C. (Coords.): *Tratado de las consecuencias jurídicas del delito (2ª edición)*, Valencia, Tirant lo Blanch, 2023, p. 142.

3) Asesinato, cuando el autor hubiere sido condenado previamente por dos o más asesinatos (no castigados con PPR).
4) Comisión de más de dos asesinatos (no castigados con PPR).
5) Delito de terrorismo, con resultado de muerte.
6) Genocidio, cuando se ocasione la muerte de alguna persona.
7) Lesa humanidad, cuando se ocasione la muerte de alguna persona.

En cuanto a la muerte del Rey o Reina o del Príncipe heredero o Princesa heredera; y, de un Jefe de Estado extranjero o persona protegida internacionalmente por tratado que se encuentre en España, entendemos que no debieran ser supuestos que permitieren imponer la pena de PPR en tanto en cuanto el CP español no tipifique de forma autónoma un delito que castigue a quien matare al Presidente del Gobierno. Eso sí, en nuestra opinión, los tres casos deberían sancionarse con esta pena.

Por el contrario, no consideramos que la PPR deba aplicarse, como sucede en la actualidad, al asesinato cometido por quien perteneciere a un grupo u organización criminal. Como mucho, ello podría ocasionar una agravación del asesinato, pero, no dar el salto cualitativo que supone esta pena. Aquí, a diferencia de la muerte terrorista, no se aprecia una mayor gravedad del hecho. En ese otro delito, el castigo con PPR no se debe a que el sujeto pertenezca a una organización terrorista, sino a las características del delito cometido.

Por otro lado, tenemos serias dudas sobre la constitucionalidad de alguna iniciativa parlamentaria, como la de imponer PPR en supuestos de asesinato cometido por el cónyuge, excónyuge, pareja de hecho, ex pareja de hecho, o sobre persona que esté o haya estado ligada a él por una análoga relación de afectividad aun sin convivencia. En nuestra opinión, ello supondría una manifiesta conculcación del principio de igualdad (art. 14 CE)[824]. De igual modo, tampoco podría imponerse esta pena bajo la razón de que el asesinato se haya producido sobre los padres, hermanos o hijos del autor o del cónyuge o conviviente, etc. (entre otros). Para que ello sea posible debe concurrir alguna circunstancia que permita justificar tal pena (como sucede en el art. 140.1.1ª CP). O, porque así lo aconseje circunstancias personales de la víctima (como la muerte del Rey o de un Jefe de Estado Extranjero).

En igual sentido, tampoco puede reputarse constitucional la imposición de PPR en supuestos de asesinato cuando el reo hubiere hecho desaparecer el cadáver de la víctima o no diere razón de su paradero, lo cual infringe la más elemental noción del derecho fundamental a la presunción de inocencia y a guardar silencio, pues, se trata de actos de autoencubrimiento que deben quedar impunes[825].

En otro orden de cosas, resulta innecesario que la PPR deba extenderse a otras figuras en las que también se pudiera producir la muerte de alguna persona como los delitos relativos a la energía nuclear y a las radiaciones ionizantes, estragos, e incendios. Máxime si se tiene en cuenta que las muertes que puedan producirse en esos escenarios no serán, en principio, dolosas.

Por otra parte, también consideramos suficiente la respuesta que el art. 76.1 CP ofrece a la concurrencia de varios homicidios. Sin olvidar que el art. 138.2 CP contempla como supuesto agravado el hecho de que concurra en su comisión alguna de las circunstan-

---

824 En este sentido, CÁMARA ARROYO, S.: “Cadena perpetua…”, *op. cit.*, p. 361.

825 Así también, en alguna iniciativa parlamentaria se proponía el castigo con PPR del asesinato en el que el autor impida u obstruya la recuperación y entrega del cadáver a los familiares directos de la víctima, provocándoles un especial sufrimiento, físico o mental, o una situación de grave humillación. Esta formulación, en su caso, podría ser admisible una vez el autor del asesino fuere condenado (cuando hubiere quedado destruida su presunción de inocencia), no antes. Pero, bajo ningún concepto, tal circunstancia podría ocasionar la imposición de una pena tan elevada. Vid. más ampliamente, sobre esta cuestión, CÁMARA ARROYO, S.: “Cadena perpetua…”, *op. cit.*, pp. 357-359.

cias del apartado 1 del art. 140 CP. Si bien, en este punto, podría incluirse como causa de agravación del homicidio que el autor hubiere sido condenado previamente por al menos otras dos muertes (a imagen y semejanza del art. 140.2 CP).

En último lugar, debemos descartar la imposición de la PPR en otros supuestos que no supongan la muerte de alguna persona, como los de reincidencia en violaciones, o violaciones de menores. O, fuera de éstos, el delito de rebelión (castigado actualmente en el art. 473.2 CP con prisión de veinticinco a treinta años).

3.3. Otros aspectos

1) Clasificación y cancelación de antecedentes.

A nuestro juicio, la PPR debiera clasificarse como pena muy grave. Y el plazo de cancelación de antecedentes debiera ser de diez años. Ahora bien, dado que éste es el plazo actual que se prevé también para otras penas de larga duración, consideramos que para estos casos el plazo debiera rebajarse a ocho años.

2) Revisión en casos de terrorismo.

Entre las condiciones adicionales que se exigen en el art. 92.2 CP no puede encontrarse la de colaborar activamente con las autoridades. Y, la desvinculación con el entorno terrorista tampoco puede acreditarse mediante declaración expresa de repudio de sus actividades delictivas y de abandono de la violencia y una petición expresa de perdón a las víctimas de su delito. Esto último debe constatarse mediante los oportunos "informes técnicos" que proporcionen, por ejemplo, las unidades de inteligencia.

3) Pena inferior en grado.

El vigente art. 70.4 CP fija la pena inferior en grado a la de PPR en la de prisión de veinte a treinta años.

Por el contrario, a nuestro juicio, la pena inferior en grado debiera ser la de prisión de doce años y seis meses a veinticinco años (menos un día).

4) Plazo de suspensión.

El actual plazo de suspensión (tras el cual se produce la remisión de la pena) es de cinco a diez años.

Sin embargo, estimamos oportuno que el plazo fuere otro: de tres a cinco años.

5) Imposición de prohibiciones y deberes durante la suspensión (art. 83 CP) y modificación de los mismos.

El art. 83 CP (por remisión) y el propio art. 92.3 II CP deberían regular el procedimiento contradictorio tras el cual el Tribunal decidiera sobre tales cuestiones, como sucede con la revocación (art. 86 CP).

6) Libertad vigilada.

En nuestra opinión, debiera ser de imposición facultativa para todos los supuestos castigados con PPR.

Y su cumplimiento tendría que producirse tras la extinción de la condena y por un tiempo máximo de cinco años. Con independencia de que se hubieren acordado o no algunas de las medidas previstas en el art. 83 CP.

Así, las posibilidades serían las siguientes:

a) que no se hubiere decretado ninguna prohibición o deber, ni tampoco la medida de libertad vigilada.

b) que se hubiere decretado sólo algunas de las prohibiciones o deberes del art. 83 CP.

c) que, además, de las medidas del art. 83 CP, se hubiera acordado la libertad vigilada.

d) que, tras el período de suspensión, se cumpliera la libertad vigilada.

De esta forma, la relación con la Administración penitenciaria no se alargaría, en su caso, más allá de diez años tras la obtención de la suspensión.

7) Revocación por causas distintas a las del art. 86.1 CP.

Como ya dijimos, junto a la modalidad de revocación de la suspensión del art. 86.1 CP, el art. 92.3 *in fine* CP (hoy vaciado de contenido) debería albergar una segunda modalidad de revocación que permitiese al Tribunal sentenciador ordenar el reingreso en prisión del condenado a PPR *cuando se ponga de manifiesto un cambio de las circunstancias que hubieran dado lugar a la suspensión que no permita mantener ya el pronóstico favorable de reinserción en que se fundaba la decisión adoptada*. Y, naturalmente, debiera diseñarse el oportuno procedimiento contradictorio para resolver tal cuestión.

8) Penas principales y accesorias.

Como ya vimos, a nuestro parecer, el legislador debiera imponer en cada delito otras penas principales (junto con la de PPR). Debiéndose rechazar la aplicación de otras penas accesorias, excepto las del art. 57 CP (que remite a alguna de las prohibiciones del art. 48 CP) que sí vemos bien que pudieran acordarse.

En nuestra opinión, en todos los delitos castigados con PPR debiera decretarse la pena de inhabilitación absoluta. Por el contrario, en cuanto a la inhabilitación especial para profesión u oficio educativos, en el ámbito docente, deportivo y de tiempo libre; ésta podría ser de aplicación facultativa. Y, respecto de la inhabilitación o privación de la patria potestad, consideramos que únicamente debiera decretarse en los supuestos de asesinatos cometidos sobre menores.

Eso sí, en cualquier caso, para proceder al cálculo de la extensión de dichas penas debiera tomarse como referencia el plazo de revisión que se establezca en sentencia según el caso. Particularmente, creemos que lo más adecuado sería recurrir a la fórmula de "cumplimiento por tiempo superior entre...y...años".

De este modo, consideramos que la inhabilitación absoluta debería imponerse por un tiempo superior entre 6 y 10 años al del plazo de revisión que corresponda. En el caso de la inhabilitación especial para profesión u oficio educativos, en el ámbito docente, deportivo y de tiempo libre, podría acordarse por un tiempo superior entre 6 y 10 años al del plazo de revisión que corresponda. Y, respecto de la inhabilitación o privación de la patria potestad, consideramos que tendría que fijarse por un tiempo superior entre 6 y 10 años al del plazo de revisión que corresponda. Por otra parte, las prohibiciones contenidas en el art. 48 CP (por remisión del art. 57 CP) podrían adoptarse por un tiempo superior entre uno y diez años al del plazo de revisión que corresponda.

9) Medidas de seguridad.

Para los inimputables condenados a PPR, las medidas de internamiento previstas en los arts. 101, 102 y 103 CP deberían poderse acordar con carácter permanente revisable. Esto es, deberían cumplirse los períodos de seguridad descritos más arriba y, una vez alcanzados éstos, al Tribunal se le plantearían las siguientes opciones (previstas en la actualidad en el art. 97 CP):

a) Mantener la ejecución de la medida de seguridad impuesta.

b) Decretar el cese de cualquier medida de seguridad impuesta si hubiere desaparecido la peligrosidad criminal del sujeto.

c) Sustituir una medida de seguridad por otra que estime más adecuada, entre las previstas para el supuesto de que se trate. En el caso de que fuera acordada la sustitución y el sujeto evolucionara desfavorablemente, se dejará sin efecto la sustitución, volviéndose a aplicar la medida sustituida.

d) Dejar en suspenso la ejecución de la medida en atención al resultado ya obtenido con su aplicación, por un plazo entre tres y cinco años. La suspensión quedaría condicionada a que el sujeto no delinca durante el plazo fijado, y podrá dejarse sin efecto si nuevamente resultara acreditado que del hecho y de las circunstancias personales del sujeto pueda deducirse un pronóstico de comportamiento futuro que revele la probabilidad de comisión de nuevos delitos.

En el caso de los semi-imputables, la duración de la medida de seguridad que se adoptare no podrá exceder de la fijada para la pena inferior en grado. En nuestra propuesta, de doce años y seis meses a veinticinco años (menos un día).

10) Cuestiones competenciales.

Bajo nuestro punto de vista, el JVP debería ser el competente para otorgar el tercer grado, y también para su revocación (regresión).

Por otro lado, el Tribunal sentenciador debería tener competencia no sólo a la hora de resolver sobre la revisión (art. 92 CP) y la revocación de la suspensión del art. 86 CP, sino también para la revocación cuando ya no se pueda mantener el pronóstico favorable de reinserción.

En otro orden de cosas, consideramos que debería sustraerse de la competencia del Tribunal del Jurado el enjuiciamiento de estos delitos.

11) Recursos.

El auto del Tribunal sentenciador que resuelva el incidente de revisión de la PPR debe ser recurrible en apelación y casación. Dicho auto deberá pronunciarse sobre tres aspectos: 1) la concesión o denegación de la revisión; 2) el plazo de suspensión; y, 3) la imposición de alguna de las medidas del art. 83 CP. Si bien, entendemos que el recurso de casación debiera quedar limitado únicamente al primer aspecto.

En igual sentido, también debe ser objeto de recurso de apelación y casación el auto por el que se revoque la suspensión de la ejecución de la pena.

Respecto del auto en el que el Tribunal acuerde una modificación de las medidas del art. 83 CP o imponga la libertad vigilada, entendemos que sólo debiera ser recurrible en apelación.

4. OTRAS ALTERNATIVAS

4.1. A aspectos concretos de la regulación

En este ámbito son varias las posibilidades que se plantean.

Entre las que buscan un régimen más flexible o menos severo podría citarse las siguientes:

a) proponer como pena alternativa a la PPR, la de prisión de hasta 30 o 40 años.

b) que se pudiera solicitar y conceder el tercer grado y la revisión antes de los plazos establecidos, cuando la Junta de tratamiento considerase que la evolución del interno así lo aconsejare.

c) que los períodos de seguridad no fueren fijos, sino que presentaren cierto margen de apreciación (horquillas de dos a cinco años).

d) que la PPR no fuera impuesta ni a los inductores ni a los cooperadores necesarios.

Entre las que conducirían a un ligero endurecimiento de la PPR cabría citar las siguientes:

a) ordenar el cumplimiento íntegro (a perpetuidad) en caso de que se revocase la suspensión por haber delinquido durante ese período.

b) limitar el número de revisiones.

c) aumentar los límites de los períodos de seguridad para el disfrute de permisos de salida, obtención del tercer grado, y concesión de la suspensión.

d) incrementar el período de suspensión actual (que se cifra en cinco a diez años).

e) incrementar el plazo de cancelación de antecedentes.

f) imponer de forma obligatoria la medida de libertad vigilada por tiempo de hasta diez años tras el cumplimiento de la condena.

g) que no prescribieran ninguno de los delitos castigados con PPR, ni tampoco la PPR en sí misma considerada.

Por otro lado, podrían cambiarse los criterios que conforman el pronóstico de reinserción social para dar mayor importancia al comportamiento en prisión, la evolución en el tratamiento, etc.

Así como permitir que las circunstancias atenuantes (que no ocasionaren una rebaja en grado de la pena) y las agravantes tuvieran una repercusión en el plazo de revisión (aumentándolo o disminuyéndolo).

4.2. Sustitutivos de la PPR (derogación)

Una de las opciones que podrían plantearse sería la configuración de un sistema de penas revisables (como el de la PPR), pero, con topes máximos de cumplimiento que podrían fijarse en 25, 30, 35 o 40 años. Esto es, eliminando el carácter permanente, pero, estableciendo períodos de seguridad para el acceso a permisos, tercer grado y libertad condicional. Si bien, ello obligaría a derogar el vigente art. 76.1 CP o a modificarlo.

Otra posibilidad consistiría en incrementar las penas de prisión previas que se establecían para aquellos delitos castigados ahora con PPR. Esto es, prever penas de prisión de hasta 30 o 40 años.

Por otro lado, podría abogarse por un endurecimiento de las condiciones de acceso a permisos de salida, tercer grado y libertad condicional. Esto es, reforzar el cumplimiento íntegro de las condenas.

Conclusiones

El análisis técnico-jurídico llevado a cabo en este trabajo sobre la regulación de la PPR nos ha conducido a defender su constitucionalidad. Esto es, más allá de que conceptualmente consideremos que se trata de una modalidad de pena de prisión perfectamente asumible, el concreto régimen jurídico que alberga el CP nos ha permitido afirmar que éste se adecua a lo establecido en la CE. Debate por otra parte zanjado tras la STC 169/2021, de 6 de octubre.

Desde la gestación de la PPR han sido muchos los que han proclamado la inconstitucionalidad de esta pena y, en consecuencia, han abogado por su derogación. Sin embargo, estimamos que la única crítica que cabe hacer a la PPR es de índole política; esto es, lo que puede cuestionarse es la decisión político-criminal adoptada por el legislador. Así, no habiendo, en nuestra opinión, vicios de constitucionalidad, lo que puede cuestionarse es la oportunidad de la inclusión de esta pena en el CP; pero, ambas opciones son igual de legítimas. Con todo, a nuestro juicio, la decisión del legislador es acertada también en términos político-criminales. Principalmente porque resulta razonable otorgar una mayor protección a determinados bienes jurídicos (en nuestro caso la vida) frente a aquellos ataques más despiadados, y hacerlo con una pena ajustada a esa especial gravedad. Si bien, lo anterior no obsta para que reconozcamos que, desde una perspectiva ética, la PPR se compadece mal con algunos de los valores y principios humanistas (ilustrados).

Ahora bien, lo que no puede confundirse es el rechazo a una determinada preferencia legislativa con una tacha de inconstitucionalidad que, a nuestro parecer, no se sostiene.

Por otro lado, parece que parlamentariamente la PPR goza de más apoyo del que aparentemente se le atribuye, pues, de lo contrario, no se entendería que durante el Gobierno de coalición del PSOE y Podemos (con o sin sentencia del TC) no se hubiera derogado esta pena (cuando se contaba con los apoyos para hacerlo). Incluso, el pronunciamiento del TC no hubiera sido óbice para la supresión de esta pena, pues, que la PPR sea constitucional no implica que el legislador no pueda expulsarla del ordenamiento jurídico.

No obstante, lo que sí puede resultar inconstitucional es la aplicación que los Tribunales y la Administración penitenciaria hagan de la PPR. Pero, esto no es un problema de la norma. Así, por ejemplo, como alertamos en su momento, consideramos que la jurisprudencia se equivoca cuando entiende que en determinados supuestos no se incurre en *bis in idem* (en contra de nuestro criterio). En cualquier caso, tales desviaciones en la interpretación de la ley deberían corregirse vía recurso (bien ante el TS, el TC, o el TEDH). Por el contrario, como ya advertimos, la PPR debería derogarse o reformarse si se detectara que en la mayoría de casos no se concediesen permisos de salida, el tercer grado, o la revisión, y ello fuere a causa de la regulación (cosa que no creemos sea así). En este sentido, la evaluación de las leyes penales debe ser un objetivo irrenunciable, máxime en supuestos como éste. Lo anterior nos permitirá detectar, llegado el caso, las deficiencias que presente el sistema, establecer las causas, y proponer soluciones para corregir tales aspectos.

Con todo, que hayamos defendido la constitucionalidad de la PPR no significa que no apostemos (como hemos propuesto) por una reducción de la severidad de la actual regulación. No sólo en la aminoración de los plazos para el acceso a permisos de salida, tercer grado y revisión; sino, también en lo relativo al plazo de suspensión, y otros aspectos. Si bien, consideramos (como hemos planteado) que el catálogo de delitos castigados con PPR debiera retocarse ligeramente. En igual sentido, también abogamos por la mejora técnica (o de calidad legislativa) de algunos aspectos de la vigente regulación (como, por ejemplo, en materia de medidas de seguridad).

En cualquier caso, no puede sostenerse que esta pena (o la concreta regulación que el CP hace de ella) no tenga cabida en un Estado democrático, y tampoco que quienes la defendemos seamos unos incivilizados. Si bien, somos plenamente conscientes de que nuestra Constitución no soporta un mayor nivel de castigo; esto es, la PPR se erige como límite infranqueable a cualquier deriva punitiva. Subrayamos esto último porque, tristemente, el debate sobre la recuperación de la cadena perpetua, incluso de la pena de muerte, no parece estar desterrado del todo en nuestro continente.

En último lugar, sólo nos queda advertir que, cuando durante un permiso de salida el reo vuelva a cometer un delito, la ciudadanía (una parte de ella) reclamará que se impida que los condenados a PPR tengan acceso a dichos beneficios penitenciarios. De igual forma, si cometen algún delito aprovechando que se encuentran clasificados en tercer grado, la ciudadanía exigirá que se vete también esta posibilidad. Y, cuando salgan de prisión, al revisarse las condenas, y algunos reincidan, entonces la ciudadanía demandará la instauración de una pena perpetua sin posibilidad de revisión. Pero, cuando la sociedad se diera cuenta del elevado coste que tendría dicha medida, entonces, le parecerá mejor la pena de muerte; o, ya puestos, la decapitación en las plazas de las ciudades y pueblos. Hasta que llegase el momento en que, siendo lo anterior insuficiente, la gente se tomara la justicia por su cuenta. En ese momento... habremos viajado a tiempos pretéritos.

Afortunadamente, nuestro marco constitucional nos aleja de dicho escenario, pero, queremos poner de relieve con lo anterior que el Estado no puede ser rehén de ciertas pretensiones populistas. Con la PPR hemos llegado al límite. Un límite que, indudablemente ya no se puede rebasar so pena de aniquilar los pilares esenciales sobre los que se asienta nuestro modelo de convivencia social. Esto convendría tenerlo claro.

Bibliografía citada

ABEL SOUTO, M.: *La suspensión de la ejecución de la pena*, Valencia, Tirant lo Blanch, 2017.

ACALE SÁNCHEZ, M.: *La prisión permanente revisable: ¿pena o cadalso?*, Madrid, Iustel, 2016.

ACALE SÁNCHEZ, M.: "Apuntes sobre la inconstitucionalidad de la pena de prisión permanente revisable desde la perspectiva del derecho penitenciario", en ARROYO ZAPATERO, L.; LASCURAÍN SÁNCHEZ, J.A. y PÉREZ MANZANO, M. (Eds.): *Contra la cadena perpetua*, Cuenca, Ediciones de la Universidad de Castilla-La Mancha, 2016, pp. 163-169.

ACALE SÁNCHEZ, M.: "La prisión permanente revisable y la revisión del sistema de penas", en ACALE SÁNCHEZ, M.; RODRÍGUEZ MIRANDA, A. y NIETO MARTÍN, A. (Coords.): *Reformas penales en la península ibérica: A «jangada de pedra»?*, Madrid, Boletín Oficial del Estado, 2021, pp. 351-374.

ÁLVAREZ GARCÍA, F. J.: "La nueva reforma penal de 2013", *Eunomía. Revista en Cultura de la Legalidad*, núm. 6, 2014, pp. 16-71.

ÁLVAREZ GARCÍA, F. J.: "La esperanza", en ARROYO ZAPATERO, L.; LASCURAÍN SÁNCHEZ, J.A. y PÉREZ MANZANO, M. (Eds.): *Contra la cadena perpetua*, Cuenca, Ediciones de la Universidad de Castilla-La Mancha, 2016, pp. 87-90.

ARRIBAS LÓPEZ, E.: "Los permisos penitenciarios de salida en el Código Penal", *Diario La Ley*, núm. 9065, 2017, pp. 1-13.

ARRIBAS LÓPEZ, E.: "Prisión permanente revisable y reinserción social", *Diario La Ley*, núm. 9144, 2018, pp. 1-12.

ATIENZA, M. y JUANATEY DORADO, C.: "Comentario a la Sentencia del Tribunal Constitucional sobre la prisión permanente revisable", *Diario La Ley*, núm. 10017, 2022, pp. 1-7.

BARQUÍN PANCORBO, Á.: "Prisión perpetua para menores en la jurisprudencia constitucional estadounidense. De *Roper* a *Jones*", *Revista Electrónica de Ciencia Penal y Criminología*, 2022, núm. 24-6, pp. 1-24.

BARQUÍN SANZ, J.: "Nuevo impulso expansionista de la pena de prisión", en MORILLAS CUEVA, L. (Dir.): *La pena de prisión entre el expansionismo y el reduccionismo punitivo*, Madrid, Dykinson, 2016, pp. 67-100.

BASSO, G. J.: "Reflexiones sobre la ilegitimidad de la prisión permanente revisable", *Revista General de Derecho Penal*, núm. 34, 2020, pp. 1-34.

BENÍTEZ SÁNCHEZ, C.: "Sobre el fenómeno intensivo de la exclusión jurídica de los enemigos. Especial referencia a la prisión permanente revisable española, *Revista Crítica Penal y Poder*, núm. 15, 2018, pp. 23-42.

BENÍTEZ SÁNCHEZ, C.: "Prisión permanente revisable y medidas de seguridad. A propósito del internamiento permanente revisable", en RODRÍGUEZ YAGÜE, C. (Dir.): *Penas perpetuas*, Valencia, Tirant lo Blanch, 2023, pp. 557-578.

BENITO SÁNCHEZ, D.: *Evidencia empírica y populismo punitivo. El diseño de la política criminal*, Barcelona, J.M Bosch Editor, 2020.

BERNAL DEL CASTILLO, J. B.: "La pena de prisión permanente revisable: una aproximación", en ROCA DE AGAPITO, L. (Dir.): *Un sistema de sanciones penales para el siglo XXI*, Valencia, Tirant lo Blanch, 2019, pp. 233-250.

BOLDOVA PASAMAR, M. Á.: "Penas privativas de libertad", en BOLDOVA PASAMAR, M. Á. y ALASTUEY DOBÓN, C. (Coords.): *Tratado de las consecuencias jurídicas del delito (2ª edición)*, Valencia, Tirant lo Blanch, 2023, pp. 101-159.

CÁMARA ARROYO, S.: "Cadena perpetua en España: la falacia de su justificación en el Derecho comparado y estado actual de la cuestión", *Derecho y cambio social*, núm. 57, 2019, pp. 335-367.

CÁMARA ARROYO, S.: "Las propuestas de reforma y ampliación de la prisión permanente revisable en España", en RODRÍGUEZ YAGÜE, C. (Dir.): *Penas perpetuas*, Valencia, Tirant lo Blanch, 2023, pp. 273-332.

CÁMARA ARROYO, S. y FERNÁNDEZ BERMEJO, D.: *La prisión permanente revisable: el ocaso del humanitarismo penal y penitenciario*, Cizur Menor, Thomson Reuters-Aranzadi, 2016.

CANCIO MELIÁ, M.: "La pena de cadena perpetua («prisión permanente revisable») en el Proyecto de reforma del Código Penal", *Diario La Ley*, núm. 8175, 2013, pp. 1-9.

CARBONELL MATEU, J. C.: "Prisión permanente revisable I (arts. 33 y 35)", en GONZÁLEZ CUSSAC, J. L. (Dir.): *Comentarios a la Reforma del Código Penal de 2015 (2ª edición)*, Valencia, Tirant lo Blanch, 2015, pp. 211-221.

CASALS FERNÁNDEZ, Á.: *La prisión permanente revisable*, Madrid, Agencia Estatal Boletín Oficial del Estado, 2019.

CASALS FERNÁNDEZ, Á.: "La ejecución penitenciaria de la pena de prisión permanente revisable", *Anuario de Derecho Penal y Ciencias Penales*, núm. 72, 2019, pp. 669-699.

CASALS FERNÁNDEZ, Á.: "La sentencia del Tribunal Constitucional sobre la constitucionalidad de la pena de prisión permanente revisable", *La Ley Penal*, núm. 153, 2021, pp. 1-14.

CERVELLÓ DONDERIS, V.: *Prisión perpetua y de larga duración. Régimen jurídico de la prisión permanente revisable*, Valencia, Tirant lo Blanch, 2015.

CERVELLÓ DONDERIS, V.: "Prisión permanente revisable II (art. 36)", en GONZÁLEZ CUSSAC, J. L. (Dir.): *Comentarios a la Reforma del Código Penal de 2015 (2ª edición)*, Valencia, Tirant lo Blanch, 2015, pp. 223-240.

CERVELLÓ DONDERIS, V.: *Derecho penitenciario*, 4ª edición, Valencia, Tirant lo Blanch, 2016.

CERVELLÓ DONDERIS, V.: *Libertad condicional y sistema penitenciario*, Valencia, Tirant lo Blanch, 2019.

CERVELLÓ DONDERIS, V.: "El silencio normativo sobre el cumplimiento de la prisión permanente revisable", en LEÓN ALAPONT, J. (Dir.): *Temas clave de Derecho Penal: presente y futuro de la política criminal en España*, Barcelona, JM Bosch Editor, 2021, pp. 209-245.

COLOMO IRAOLA, H.: "La pena interminable: una reflexión crítica sobre la prisión permanente revisable a propósito de la STC 169/2021, de 6 de octubre", *Revista de Derecho Penal y Criminología*, núm. 28, 2022, pp. 13-57.

CORRAL MARAVER, N.: *Las penas largas de prisión en España: Evolución histórica y político-criminal*, Madrid, Dykinson, 2015.

CORRECHER MIRA, J.: "Nuevas perspectivas en la ejecución de la pena privativa de libertad: la privatización de las prisiones", *Estudios penales y criminológicos*, núm. 34, 2014, pp. 341-381.

CUERDA RIEZU, A.: *La cadena perpetua y las penas muy largas de prisión: por qué son inconstitucionales en España*, Barcelona, Atelier, 2011.

CUERDA RIEZU, A.: "La cadena perpetua vulnera el artículo 14 de la Constitución, que prohíbe cualquier trato discriminatorio", en ARROYO ZAPATERO, L.; LASCURAÍN SÁNCHEZ, J.A. y PÉREZ MANZANO, M. (Eds.): *Contra la cadena perpetua*, Cuenca, Ediciones de la Universidad de Castilla-La Mancha, 2016, pp. 135-138.

DAUNIS RODRÍGUEZ, A.: "La prisión permanente revisable. Principales argumentos en contra De su incorporación al acervo punitivo español", *Revista de Derecho Penal y Criminología*, núm. 10, 2013, pp. 65-114.

DE LA CUESTA ARZAMENDI, J. L.: "El principio de humanidad en Derecho Penal", *Eguzkilore*, núm. 23, 2009, pp. 209-225.

DE LEÓN VILLALBA, F. J.: "Prisión permanente revisable y derechos humanos", en ARROYO ZAPATERO, L.; LASCURAÍN SÁNCHEZ, J.A. y PÉREZ MANZANO, M. (Eds.): *Contra la cadena perpetua*, Cuenca, Ediciones de la Universidad de Castilla-La Mancha, 2016, pp. 91-106.

DE MARCOS MADRUGA, F.: "Artículo 92", en GÓMEZ TOMILLO, M. (Dir.): *Comentarios prácticos al Código Penal. Tomo I*, Cizur Menor, Thomson Reuters-Aranzadi, 2015, pp. 821-824.

DE PABLO SERRANO, A. L.: "El humanismo de beccaria contra la prisión permanente revisable", en GORJÓN BARRANCO, M. C. (Dir.): *Políticas públicas en defensa de la inclusión, la diversidad y el género*, Salamanca, Ediciones Universidad de Salamanca, 2020, pp. 1157-1170.

DE SOUZA DE ALMEIDA, D.: *Prensa, opinión pública y política criminal en España: Un análisis sobre la posible influencia del populismo penal mediático en la apro-*

bación de la prisión permanente revisable, Tesis Doctoral, Universidad Autónoma de Madrid, 2018.

DEL CARPIO DELGADO, J.: "La pena de prisión permanente en el anteproyecto de 2012 de reforma del Código Penal español", *Revista Penal México*, núm. 5, 2013-2014, pp. 89-108.

DEL CARPIO DELGADO, J.: *La prisión perpetua en el Derecho penal internacional. Un estudio sobre la teoría y su práctica por los tribunales penales internacionales ad hoc*, Valencia, Tirant lo Blanch, 2019.

DEL MORAL GARCÍA, A.: "Prólogo", en BUSTOS RUBIO, M. y ABADÍAS SELMA, A. (Dirs.): *Una década de reformas penales*, Barcelona, JM Bosch, 2020, pp. 33-44.

DEVIS MATAMOROS, A.: "Crónica de una confusión anunciada: tratamiento jurisprudencial del asesinato de personas especialmente vulnerables", *La Ley Penal*, núm. 160, 2023, pp. 1-15.

DÍAZ Y GARCÍA CONLLEDO, M. "La pena de prisión permanente revisable: ¿hay que mantenerla?", *Revista Jurídica de la Universidad de León*, núm. 8, 2021, pp. 149-164.

DOMÍNGUEZ IZQUIERDO, E. M.: "El nuevo sistema de penas a la luz de las últimas reformas", en MORILLAS CUEVA, L. (Dir.): *Estudios sobre el Código Penal reformado (Leyes Orgánicas 1/2015 y 2/2015)*, Madrid, Dykinson, 2015, pp. 127-183.

FERNÁNDEZ ARÉVALO, L. y NISTAL BURÓN, J.: *Derecho Penitenciario*, Cizur Menor, Thomson Reuters-Aranzadi, 2016.

FERNÁNDEZ BERMEJO, D.: "Algunas propuestas de *lege ferenda* para la inhumana pena de prisión permanente revisable", *Revista de Estudios Penitenciarios*, núm. 262, 2020, pp. 137-168.

FERNÁNDEZ CODINA, G.: *Prisión permanente revisable. Una nueva perspectiva para apreciar su constitucionalidad en tanto que pena de liberación condicionada*, Barcelona, Bosch Editor, 2019.

FERRER GARCÍA, A.: "La prisión permanente revisable a revisión", *Cuadernos penales José María Lidón*, núm. 12, 2016, pp. 13-39.

FUENTES OSORIO, J.L.: "¿La botella medio llena o medio vacía? La prisión permanente: el modelo vigente y la propuesta de reforma", *Revista de Derecho Constitucional Europeo*, núm. 21, 2014, pp. 309-345.

FRANCÉS LECUMBERRI, P.: "Sobre la inconstitucionalidad de la prisión permanente revisable", en DE VICENTE REMESAL, J., DÍAZ y GARCÍA CONLLEDO, M., PAREDES CASTAÑÓN, J.M., OLAIZOLA NOGALES, I., TRAPERO BARREALES, M. A., ROSO CAÑADILLAS, R. y LOMBANA VILLALBA, J. A. (Dirs.): *Libro homenaje al Profesor Diego Manuel Luzón Peña con motivo de su 70º aniversario. Vol II*, Madrid, Reus, 2020, pp. 1285-1295.

FRANCÉS LECUMBERRI, P.: "Sobre una pena infame: la Prisión Permanente Revisable. Y su extensión a aquellas de larga duración", en OLIVER OLMO,

P. y CUBERO IZQUIERDO, M. C. (Coords.): *De los controles disciplinarios a los controles securitarios*, Cuenca, Ediciones de la Universidad de Castilla-La Mancha, 2020, pp. 397-412.

GÁLVEZ JIMÉNEZ, A.: "La aplicación de la prisión permanente revisable ex LO 1/2015, de 1 de julio", *Revista Internacional de Doctrina y Jurisprudencia*, núm. 18, 2018, pp. 1-19.

GARCÍA ALBERO, R.: "La suspensión de la ejecución de las penas", en QUINTERO OLIVARES, G. (Dir.): *Comentario a la reforma penal de 2015*, Cizur Menor, Thomson Reuters-Aranzadi, 2015, pp. 143-171.

GARCÍA PÉREZ, O.: "La legitimidad de la prisión permanente revisable a la vista del estándar europeo y nacional", *Estudios Penales y Criminológicos*, vol. 38, 2018, pp. 409-459.

GARCÍA RIVAS, N.: "La prisión permanente revisable en los informes de los órganos consultivos", en ARROYO ZAPATERO, L.; LASCURAÍN SÁNCHEZ, J.A. y PÉREZ MANZANO, M. (Eds.): *Contra la cadena perpetua*, Cuenca, Ediciones de la Universidad de Castilla-La Mancha, 2016, pp. 107-113.

GARCÍA RIVAS, N.: "Razones para la inconstitucionalidad de la prisión permanente revisable", *Revista General de Derecho Penal*, núm. 28, 2017, pp. 1-24.

GARCÍA VALDÉS, C.: "Sobre la prisión permanente y sus consecuencias penitenciarias", en ARROYO ZAPATERO, L.; LASCURAÍN SÁNCHEZ, J.A. y PÉREZ MANZANO, M. (Eds.): *Contra la cadena perpetua*, Cuenca, Ediciones de la Universidad de Castilla-La Mancha, 2016, pp. 171-178.

GIMBERNAT ORDEIG, E.: "Contra la prisión permanente revisable", *Anuario de Derecho Penal y Ciencias Penales*, núm. 71, 2018, pp. 491-498.

GONZÁLEZ COLLANTES, T.: "¿Sería inconstitucional la pena de prisión permanente revisable?", *ReCrim*, 2013, núm. 9, pp. 6-23.

GONZÁLEZ COLLANTES, T.: *El mandato resocializador del artículo 25.2 de la Constitución*, Valencia, Tirant lo Blanch, 2017.

GONZÁLEZ CUSSAC, J. L.: "El renacimiento del pensamiento totalitario en el seno del estado de Derecho: la doctrina del *derecho penal enemigo*", *Revista Penal*, núm. 19, 2007, pp. 52-69.

GONZÁLEZ CUSSAC, J. L.: "Prefacio", en GONZÁLEZ CUSSAC, J. L. (Dir.): *Comentarios a la Reforma del Código Penal de 2015 (2ª edición)*, Valencia, Tirant lo Blanch, 2015, pp. 17-26.

GONZÁLEZ CUSSAC, J.L.: "Señas de identidad de la reforma penal de 2015: política criminal e ideología", *Teoría y Derecho: revista de pensamiento jurídico*, núm. 17, 2015, pp. 168-177.

GONZÁLEZ TASCÓN, M. M.: "Regulación legal de la pena de prisión permanente revisable", *Revista de Derecho y Proceso Penal*, núm. 41, 2016, pp. 91-138.

GUARDIOLA GARCÍA, J.: "Reglas especiales para la aplicación de las penas; concurso de infracciones (arts. 76 y ss)", en GONZÁLEZ CUSSAC, J. L. (Dir.): *Comentarios a la Reforma del Código Penal de 2015 (2ª edición)*, Valencia, Tirant lo Blanch, 2015, pp. 289-322.

GUDÍN RODRÍGUEZ-MAGARIÑOS, A. E.: "El tratamiento de la prisión permanente revisable a la luz de la jurisprudencia en materia de extradición", *Diario La Ley*, núm. 10217, 2023, pp. 1-16.

GRUPO DE ESTUDIOS DE POLÍTICA CRIMINAL: *Revisión y actualización de las propuestas alternativas a la regulación vigente*, Valencia, Tirant lo Blanch, 2016.

GUISASOLA LERMA, C.: "Libertad condicional (arts. 90, 91 y 91)", en GONZÁLEZ CUSSAC, J. L. (Dir.): *Comentarios a la Reforma del Código Penal de 2015 (2ª edición)*, Valencia, Tirant lo Blanch, 2015, pp. 377-392.

GUISASOLA LERMA, C.: *La libertad condicional: nuevo régimen jurídico conforme a la LO 1/2015 CP*, Valencia, Tirant lo Blanch, 2017.

ICUZA SÁNCHEZ, I.: *La prisión permanente revisable: Un análisis a la luz de la jurisprudencia del TEDH y del modelo inglés*, Valencia, Tirant lo Blanch, 2020.

JAÉN VALLEJO, M. y PERRINO PÉREZ, Á. L.: *La reforma penal de 2015*, Madrid, Dykinson, 2015.

JUANATEY DORADO, C.: "Política criminal, reinserción y prisión permanente revisable", *Anuario de Derecho Penal y Ciencias Penales*, núm. 65, 2012, pp. 127-153.

JUANATEY DORADO, C.: "Una «moderna barbarie»: la prisión permanente revisable", *Revista General de Derecho Penal*, núm. 20, 2013, pp. 1-13.

LANDA GOROSTIZA, J. M.: "Prisión perpetua y de muy larga duración tras la LO 1/2015: ¿derecho a la esperanza? Con especial consideración del terrorismo y del TEDH", *Revista Electrónica de Ciencia Penal y Criminología*, 2015, núm. 17-20, pp. 1-42.

LANDA GOROSTIZA, J. M.: "Fines de la pena en fase de ejecución penitenciaria: reflexiones a la luz de la prisión permanente revisable", *Revista de Derecho Penal y Criminología*, núm. 18, 2017, pp. 91-140.

LASCURAÍN SÁNCHEZ, J.A.; PÉREZ MANZANO, M.; ALCÁCER GUIRAO, R.; ARROYO ZAPATERO, L.; DE LEÓN VILLALBA, J.; MARTÍNEZ GARAY, L.: "Dictamen sobre la constitucionalidad de la prisión permanente revisable", en ARROYO ZAPATERO, L.; LASCURAÍN SÁNCHEZ, J.A. y PÉREZ MANZANO, M. (Eds.): *Contra la cadena perpetua*, Cuenca, Ediciones de la Universidad de Castilla-La Mancha, 2016, pp. 17-79.

LASCURAÍN SÁNCHEZ, J. A.: "No solo mala: inconstitucional", en ARROYO ZAPATERO, L.; LASCURAÍN SÁNCHEZ, J.A. y PÉREZ MANZANO, M. (Eds.): *Contra la cadena perpetua*, Cuenca, Ediciones de la Universidad de Castilla-La Mancha, 2016, pp. 119-124.

LASCURAÍN SÁNCHEZ, J. A.: *Principios penales democráticos*, Madrid, Iustel, 2021.

LASCURAÍN SÁNCHEZ, J. A.: "La insoportable levedad de la sentencia del Tribunal Constitucional sobre la prisión permanente revisable", *Revista General de Derecho Constitucional*, núm. 36, 2022, pp. 1-45.

LEGANÉS GÓMEZ, S.: "La prisión permanente revisable y los «beneficios penitenciarios", *La Ley Penal*, núm. 110, 2014, pp. 20-31.

LEGANÉS GÓMEZ, S.: "La clasificación penitenciaria en la prisión permanente revisable", en RODRÍGUEZ YAGÜE, C. (Dir.): *El diseño de la ejecución penitenciaria de la prisión permanente revisable*, Valencia, Tirant lo Blanch, 2024, pp. 157-208.

LÓPEZ LÓPEZ, C. I.: "La prisión permanente revisable a la luz del principio de humanidad, en ROCA DE AGAPITO, L. (Dir.): *Un sistema de sanciones penales para el siglo XXI*, Valencia, Tirant lo Blanch, 2019, pp. 281-300.

LÓPEZ LORCA, B.: "La prisión permanente revisable. Naturaleza, ámbito de aplicación y modelo penológico", en DE LEÓN VILLALBA, F. J. (Dir.): *Penas de prisión de larga duración*, Valencia, Tirant lo Blanch, 2017, pp. 567-639.

LÓPEZ PEREGRÍN, C.: "Más motivos para derogar la prisión permanente revisable", *Revista Electrónica de Ciencia Penal y Criminología*, núm. 20-30, 2018, pp. 1-49.

LÓPEZ PEREGRÍN, C.: "Algunos problemas que plantea la determinación y ejecución de la pena de prisión permanente revisable", *Revista Penal México*, núm. 21, 2022, pp. 49-61.

MAGRO SERVET, V.: "La medida de internamiento en centro especial de los artículos 101 y siguientes del Código Penal y su compatibilidad con la prisión permanente revisable", *La Ley Penal*, núm. 152, 2021, pp. 1-13.

MANZANARES SAMANIEGO, J. L.: "El cumplimiento íntegro de las penas", *Actualidad Penal*, núm. 1, 2003, pp. 195-214.

MANZANARES SAMANIEGO, J. L.: *Comentarios al Código Penal*, Las Rozas, La Ley-Wolters Kluwer, 2016.

MAPELLI CAFFARENA, B.: "Política criminal y prisión permanente revisable", en MUÑOZ SÁNCHEZ, J.; GARCÍA PÉREZ, O.; CEREZO DOMÍNGUEZ, A. I. y GARCÍA ESPAÑA, E. (Dirs.): *Estudios político-criminales, jurídico-penales y criminológicos. Libro Homenaje al Profesor José Luis Díez Ripollés*, Valencia, Tirant lo Blanch, 2023, pp. 1088-1106.

MARTÍN ARAGÓN, M. M.: "La prisión permanente revisable: crónica de una derogación anunciada", en DE LA CUESTA AGUADO, P.M., et al.: *Liber amicorum. Estudios jurídicos en homenaje al Prof. Dr. Dr.h.c Juan Mª Terradillos Basoco*, Valencia, Tirant lo Blanch, 2018, pp. 441-454.

MARTÍN ARAGÓN, M. M.: *Del cumplimiento íntegro y efectivo de las penas a la prisión permanente revisable*, Barcelona, JM Bosch Editor, 2021.

MARTÍNEZ GARAY, L.: "Predicción de peligrosidad y juicio de constitucionalidad de la prisión perpetua", en ARROYO ZAPATERO, L.; LASCURAÍN SÁNCHEZ, J.A. y PÉREZ MANZANO, M. (Eds.): *Contra la cadena perpetua*, Cuenca, Ediciones de la Universidad de Castilla-La Mancha, 2016, pp. 139-162.

MARTÍNEZ GARAY, L.: "Errores conceptuales en la estimación de riesgo de reincidencia. La importancia de diferenciar sensibilidad y valor predictivo, y estimaciones de riesgo absolutas y relativas", *Revista Española de Investigación Criminológica*, núm. 14, 2016, pp. 1-31.

MARTÍNEZ GARAY, L.: "Revisión con riesgo bajo, y también con riesgo alto: razones para que las valoraciones de riesgo no impidan la revisión de la pena de prisión permanente", *Revista General de Derecho Penal*, núm. 39, 2023, pp. 1-44.

MARTÍNEZ GUERRA, A.: "La prisión permanente revisable: Un análisis del argumento internacional", *Revista de Derecho Penal y Criminología*, núm. 19, 2018, pp. 83-138.

MIR PUIG, C.: *Derecho penitenciario. El cumplimiento de la pena de libertad*, Barcelona, Atelier, 2018.

MIRÓ LLINARES, F.: "La demanda social de la prisión permanente revisable: ¿premisa fundada? ¿argumento irrelevante? ¿razón suficiente?, *La Ley Penal*, núm. 138, 2019, pp. 1-22.

MUÑOZ CONDE, F.: "Algunas reflexiones sobre la pena de prisión perpetua y otras sanciones similares a ella", *Teoría y Derecho: Revista de Pensamiento Jurídico*, núm. 11, 2012, pp. 296-304.

MUÑOZ CONDE, F.: "Algunas reflexiones sobre la pena de prisión perpetua y otras sanciones similares a ellas" en FERNÁNDEZ TERUELO, J. (Dir.): *Estudios penales en Homenaje al Profesor Rodrigo Fabio Suárez Montes,* Oviedo, Constitutio Criminalis Carolina, 2013, pp. 447-457.

MUÑOZ CONDE, F.: "Contra la cadena perpetua", en MUÑOZ CONDE, F. (Dir.): *Análisis de las reformas penales. Presente y futuro*, Valencia, Tirant lo Blanch, 2014, pp. 17-23.

MUÑOZ CONDE, F. y GARCÍA ARÁN, M.: *Derecho penal. Parte general*, Valencia, Tirant lo Blanch, 2015.

NIETO GARCÍA, Á. J.: "La prisión permanente revisable. Abordaje terapéutico del condenado", *Diario La Ley*, núm. 10050, 2022, pp. 1-7.

NIETO MARTÍN, A.: "Está terminantemente prohibido legislar sin evaluar", en ARROYO ZAPATERO, L.; LASCURAÍN SÁNCHEZ, J.A. y PÉREZ MANZANO, M. (Eds.): *Contra la cadena perpetua*, Cuenca, Ediciones de la Universidad de Castilla-La Mancha, 2016, pp. 115-117.

NISTAL BURÓN, J.: "La nueva pena de «Prisión Permanente Revisable» proyectada en la reforma del Código Penal. Su particular régimen penitenciario de cumplimiento", *Revista Aranzadi Doctrinal*, núm. 7, 2013, pp. 239-258.

NISTAL BURÓN, J.: "La duración del cumplimiento efectivo de la nueva pena de «prisión permanente revisable» introducida por la Ley Orgánica 1/2015, de 30 de marzo, de reforma del Código Penal, *Revista Aranzadi Doctrinal*, núm. 6, 2015, pp. 27-39.

NÚÑEZ FERNÁNDEZ, J.: "Prisión permanente revisable y el TEDH: algunas reflexiones críticas e implicaciones para el modelo español", *Anuario de Derecho Penal y Ciencias Penales*, vol. LXXIII, 2020, pp. 267-306.

NÚÑEZ FERNÁNDEZ, J.: "El primer condenado a prisión permanente en España ante el TEDH: ¿sería posible una condena por vulneración del art. 3 CEDH?, en RODRÍGUEZ YAGÜE, C. (Dir.): *Penas perpetuas*, Valencia, Tirant lo Blanch, 2023, pp. 117-148.

ORTS BERENGUER, E. y GONZÁLEZ CUSSAC, J. L.: *Compendio de Derecho Penal. Parte General (octava edición)*, Valencia, Tirant lo Blanch, 2022.

PASCUAL MATELLÁN, L.: "La prisión permanente revisable. Un acercamiento a un derecho penal deshumanizado", *Clivatge. Estudis i testimonis sobre el conflicto i el canvi socials*, núm. 3, 2015, pp. 51-65.

PÉREZ MANZANO, M.: Truco, trato y el comodín del Derecho comparado. Sobre la proporcionalidad y la adecuación al mandato de resocialización de la prisión permanente revisable", en RODRÍGUEZ YAGÜE, C. (Dir.): *Penas perpetuas*, Valencia, Tirant lo Blanch, 2023, pp. 185-208.

PINTO PALACIOS, F.: *La prisión permanente revisable. Los límites del castigo en un Estado de Derecho*, Las Rozas, Wolters Kluwer-La Ley, 2019.

POLLOS CALVO, C.: "Posibles ventajas y desventajas de la aplicación de la prisión permanente revisable", *Revista de derecho y proceso penal*, núm. 54, 2019, pp. 139-150.

PONCELA GARCÍA, J. A.: "La prisión permanente revisable", en ORDEÑANA GEZURAGA, I. y URIARTE RICOTE, M. (Dirs.): *La justicia en tiempos de crisis*, Universidad del País Vasco, Bilbao, 2016, pp. 397-420.

PRESNO LINERA, M. Á.: "¿Es constitucional la pena de prisión permanente revisable?", en ROCA DE AGAPITO, L.: *Un sistema de sanciones penales para el siglo XXI*, Tirant lo Blanch, 2019, pp. 251-279.

REBOLLO VARGAS, R.: "Otra vuelta de tuerca al Código Penal: la suspensión de la ejecución de la pena y la prisión permanente (ir) revisable", en DE LEÓN VILLALBA, F. J. (Dir.): *Penas de prisión de larga duración*, Valencia, Tirant lo Blanch, 2017, pp. 667-707.

RÍOS MARTÍN, J.: *La prisión perpetua en España. Razones de su ilegitimidad ética y de su inconstitucionalidad*, San Sebastián, Tercera Prensa-Hirugarren Prentsa, 2013.

RÍOS MARTÍN, J.: "La pena de prisión permanente revisable. La suspensión y sustitución de las penas", *Cuadernos penales José María Lidón*, núm. 10, 2014, pp. 21-62.

RODRÍGUEZ RAMOS, L.: "¿Progresión o regresión constitucional de la justicia penal española? irrupción del populismo judicial y del derecho penal de autor, *Teoría y Realidad Constitucional*, núm. 43, 2019, pp. 193-227.

RODRÍGUEZ YAGÜE, C.: "Los estándares internacionales sobre la cadena perpetua del comité europeo para la prevención de la tortura y las penas o tratos inhumanos o degradantes", *Revista de Derecho Penal y Criminología*, núm. 17, 2017, pp. 225-275.

RODRÍGUEZ YAGÜE, C.: *La ejecución de las penas de prisión permanente revisable y de larga duración*, Valencia, Tirant lo Blanch, 2018.

RODRÍGUEZ YAGÜE, C.: "Seis frentes abiertos de la prisión permanente revisable", *Diario La Ley*, núm. 9479, 2019, pp. 1-11.

ROIG TORRES, M.: *La cadena perpetua en el Derecho alemán y británico. La prisión permanente revisable*, Madrid, Iustel, 2016.

ROIG TORRES, M.: "El pronóstico de reinserción social en la prisión permanente revisable", *InDret*, núm. 1, 2018, pp. 1-40.

ROIG TORRES, M.: "Suspensión de la prisión permanente revisable. Situación en Derecho comparado y jurisprudencia del TEDH", en RODRÍGUEZ YAGÜE, C. (Dir.): *Penas perpetuas*, Valencia, Tirant lo Blanch, 2023, pp. 661-697.

SÁNCHEZ ROBERT, M. J.: "La prisión permanente revisable en las legislaciones española y alemana", *Anales de Derecho*, núm. 1, 2016, pp. 1-50.

SERRANO GÓMEZ, A. y SERRANO MAÍLLO, I.: *Constitucionalidad de la prisión permanente revisable y razones para su derogación*, Madrid, Dykinson, 2016.

SIERRA LÓPEZ, M. V.: "La medida de «internamiento permanente revisable»: una consecuencia de la prisión permanente revisable en el ámbito de las medidas de seguridad", *Revista Electrónica de Ciencia Penal y Criminología*, núm. 23-11, 2021, pp. 1-37.

SILVA SÁNCHEZ, J.M.: "¿El Derecho penal como una política pública…más? Bases para un consenso sobre las discrepancias", en MUÑOZ SÁNCHEZ, J.; GARCÍA PÉREZ, O.; CEREZO DOMÍNGUEZ, A.I. y GARCÍA ESPAÑA, E. (Dirs.): *Estudios político-criminales, jurídico-penales y criminológicos. Libro Homenaje al Profesor José Luis Díez Ripollés*, Valencia, Tirant lo Blanch, 2023, pp. 403-411.

SIMÓN CASTELLANO, P.: "La profunda reforma penológica de 2015", en RODRÍGUEZ FERNÁNDEZ, R. y SIMÓN CASTELLANO, P.: *La pena de ingreso en prisión. Regulación actual y antecedentes históricos*, Madrid, Wolters Kluwer-La Ley, 2021, pp. 361-399.

SOLAR CALVO, P.: "¿Es el tratamiento penitenciario voluntario? Valoración de la cuestión a la luz de la prisión permanente revisable", *Anuario de Derecho Penal y Ciencias Penales*, núm. 71, 2018, pp. 307-345.

SOLAR CALVO, P.: "Fundamentos penitenciarios en contra de la constitucionalidad de la prisión permanente revisable", *Diario La Ley*, núm. 9166, 2018, pp. 1-6.

SOLAR CALVO, P.: "Revisando la prisión permanente revisable. ¿De verdad que es constitucional?", *Anuario de Derecho Penal y Ciencias Penales*, núm. 75, 2022, pp. 557-588.

TAMARIT SUMALLA, J. M.: "La prisión permanente revisable", en QUINTERO OLIVARES, G.: *Comentario a la reforma penal de 2015*, Cizur Menor, Thomson Reuters-Aranzadi, 2015, pp. 93-100.

VAN ZYL SMIT, D. y RODRÍGUEZ YAGÜE, C.: "Un acercamiento a la jurisprudencia del Tribunal Europeo de Derechos Humanos sobre la cadena perpetua y a su posible proyección sobre la prisión permanente revisable en España", *Revista General de Derecho Penal*, núm. 31, 2019, pp. 1-31.

VARONA GÓMEZ, D.: "Quo vadis T.C.? Sobre la constitucionalidad de la Prisión Permanente Revisable (PPR). STC 169/2021", *InDret*, núm. 1 (editorial), 2022, pp. 1-6.

VIVES ANTÓN, T.S.: "Reflexiones jurídico-políticos a propósito de un Anteproyecto de Código Penal ¿estado democrático o estado autoritario?", *Teoría y derecho: revista de pensamiento jurídico*, núm. 4, 2008, pp. 264-273.

VIVES ANTÓN, T.S.: "La injerencia, el error y el silencio", *El País*, 1 de abril de 2010.

VIVES ANTÓN, T.S.: "La dignidad de todas las personas", *El País*, 30 de enero de 2015. Publicado también en: "Política criminal democrática, prisión permanente revisable y dignidad de la persona", en CUERDA ARNAU, M. L. (Compiladora): *Pensar la libertad. Últimas reflexiones sobre el Derecho y la Justicia*, Valencia, Tirant lo Blanch, 2019, pp. 519-522.

VIVES ANTÓN, T.S.: "La dignidad de todas las personas", en ARROYO ZAPATERO, L.; LASCURAÍN SÁNCHEZ, J.A. y PÉREZ MANZANO, M. (Eds.): *Contra la cadena perpetua*, Cuenca, Ediciones de la Universidad de Castilla-La Mancha, 2016, pp. 179-182.

Jurisprudencia citada

Audiencias Provinciales

- SAP A Coruña 125/2016, de 15 de junio (ECLI:ES:APC:2016:1998)
- SAP Valencia 73/2017, de 8 de febrero (TOL8.815.236)
- SAP Pontevedra 42/2017, de 14 de julio (ECLI:ES:APPO:2017:1325)
- SAP Madrid 807/2017, de 18 de diciembre (ECLI:ES:APM:2017:17785)
- SAP Tenerife 100/2018, de 21 de marzo (ECLI:ES:APTF:2018:61)
- SAP Zaragoza 96/2018, de 13 de abril (ECLI:ES:APZ:2018:969)
- SAP Álava 278/2018, de 25 de septiembre (ECLI:ES:APVI:2018:597)
- SAP A Coruña 484/2018, de 16 de octubre (ECLI:ES:APC:2018:1647)
- SAP Barcelona 7/2019, de 4 de marzo (ECLI:ES:APB:2019:1539)
- SAP Sevilla 6/2019, de 22 de abril (ECLI:ES:APSE:2019:23)
- SAP Toledo 83/2019 de 25 de abril (ECLI:ES:APTO:2019:418)
- SAP Granada 324/2019, de 27 de agosto (ECLI:ES:APGR:2019:1744)
- SAP Almería 379/2019, de 30 de septiembre (ECLI:ES:APAL:2019:599)
- SAP Valencia 455/2019, de 21 de octubre (ECLI:ES:APV:2019:3678)
- SAP Valencia 584/2019, de 30 de octubre (ECLI:ES:APV:2019:3771)
- SAP Madrid 628/2019, de 30 de octubre (ECLI:ES:APM:2019:14460)
- SAP Cádiz 350/2019, de 5 de noviembre (ECLI:ES:APCA:2019:2281)
- SAP A Coruña 197/2019, de 17 de diciembre (ECLI:ES:APC:2019:2817)
- SAP Bizcaia 79/2019, de 23 de diciembre (ECLI:ES:APBI:2019:2785)
- SAP Tenerife 42/2020, de 14 de febrero (ECLI:ES:APTF:2020:305)
- SAP Tenerife 177/2020, de 2 de julio (ECLI:ES:APTF:2020:1398)
- SAP Valencia 287/2020, de 31 de julio (ECLI:ES:APV:2020:1738)
- SAP Alicante 526/2020, de 28 de septiembre (ECLI:ES:APA:2020:1361)
- SAP Huesca 97/2020, de 6 de octubre (ECLI:ES:APHU:2020:289)
- SAP Alicante 6/2020, de 25 de noviembre (ECLI:ES:APA:2020:2450)
- SAP Girona 108/2021, 9 de marzo (ECLI:ES:APGI:2021:88)
- SAP Teruel 38/2021, de 27 de abril (ECLI:ES:APTE:2021:50)
- SAP Asturias 16/2021, de 26 de mayo (ECLI:ES:APO:2021:1414)
- SAP Barcelona 22/2021, de 8 de junio (ECLI:ES:APB:2021:4915)
- SAP Barcelona, de 20 de julio de 2021 (ECLI:ES:APB:2021:6348)
- SAP Huelva 135/2021, de 9 de diciembre (ECLI:ES:APH:2021:518)
- SAP Ciudad Real 3/2022, de 7 de febrero (ECLI:ES:APCR:2022:284)
- SAP Tenerife 46/2022, de 17 de febrero (ECLI:ES:APTF:2022:2765)
- SAP Lugo 54/2022, de 28 de febrero (ECLI:ES:APLU:2022:65)
- SAP La Rioja 29/2022, de 11 de marzo (ECLI:ES:APLO:2022:8)
- SAP La Rioja 30/2022, de 14 de marzo (ECLI:ES:APLO:2022:84)

- SAP Barcelona 27/2022, de 19 de abril (ECLI:ES:APB:2022:2834)
- SAP Valencia440/2022,de1deseptiembre(ECLI:ECLI:ES:APV:2022:2367)
- SAP Madrid 682/2022, de 28 de noviembre (ECLI:ES:APM:2022:19134)
- SAP Cuenca 22/2023, de 6 de febrero (ECLI:ES:APC:2023:193)
- SAP Lugo 64/2023, de 15 de marzo (ECLI:ES:APLU:2023:246)
- SAP Pontevedra 47/2023, de 21 de marzo (ECLI:ES:APPO:2023:345)
- SAP La Rioja 67/2023, de 17 de abril (ECLI:ES:APLO:2023:127)
- SAP Toledo 75/2023, de 3 de mayo (ECLI:ES:APTO:2023:759)

Tribunal Supremo (Sala Segunda)

- STS de 30 de mayo de 1992 (ECLI:ES:TS:1992:4323)
- STS de 7 de julio de 1993 (ECLI:ES:TS:1993:9338)
- STS de 20 de octubre de 1994 (ECLI:ES:TS:1994:6735)
- STS de 4 de noviembre de 1994 (ECLI:ES:TS:1994:18452)
- STS 303/1998, de 16 de abril (ECLI:ES:TS:1998:2446)
- STS 35/2000, de 23 de enero (ECLI:ES:TS:2000:302)
- STS 343/2001, de 7 de marzo (ECLI:ES:TS:2001:1805)
- STS 1005/2001, de 31 de mayo (ECLI:ES:TS:2001:4539)
- STS 1919/2001, de 26 de octubre (ECLI:ES:TS:2001:8327)
- STS 1807/2001, de 30 de octubre (ECLI:ES:TS:2001:8469)
- STS 482/2010, de 4 mayo (ECLI:ES:TS:2010:3250)
- STS 890/2010, de 8 de octubre (ECLI:ES:TS:2010:5473)
- STS 347/2013, de 9 de abril (ECLI:ES:TS:2013:1931)
- STS 730/2014, de 5 de noviembre (ECLI:ES:TS:2014:4533)
- STS 80/2017, de 10 de febrero (ECLI:ES:TS:2017:455)
- STS 298/2017, de 27 de abril (ECLI:ES:TS:2017:1592)
- STS 520/2018, de 31 de octubre (ECLI:ES:TS:2018:3687)
- STS 526/2018, de 5 de noviembre (ECLI:ES:TS:2018:3804)
- STS 700/2018, de 9 de enero de 2019 (ECLI:ES:TS:2019:24)
- STS 716/2018, de 16 de enero de 2019 (ECLI:ES:TS:2019:82)
- STS 367/2019, de 18 de julio (ECLI: ES:TS:2019:2337)
- STS 339/2019, de 3 de julio (ECLI:ES:TS:2019:2335)
- STS 34/2020, de 6 de febrero (ECLI:ES:TS:2020:289)
- STS de 5 de mayo de 2020 (ECLI: ES:TS:2020:814)
- STS 97/2020, de 5 de marzo (ECLI: ES:TS:2020:689)
- STS 180/2020, de 19 de mayo (ECLI:ES:TS:2020:2489)
- STS 418/2020, de 21 de julio (ECLI:ES:TS:2020:2481)
- STS 678/2020, de 11/12/2020 (ECLI: ES:TS:2020:4188)
- STS 701/2020, 16 de diciembre de 2020 (ECLI:ES:TS:2020:4181)
- STS 320/2021, de 21 de abril (ECLI:ES:TS:2021:1406)
- STS 367/2021, de 30 de abril (ECLI:ES:TS:2021:2177)

- STS 626/2021, de 14 de julio (ECLI:ES:TS:2021:3074)
- STS 650/2021, de 20 de julio (ECLI:ES:TS:2021:3150)
- STS 704/2021, de 16 de septiembre (ECLI:ES:TS:2021:3372)
- STS 719/2021, de 23 de septiembre (ECLI:ES:TS:2021:3489)
- STS 113/2022, de 10 de febrero (ECLI:ES:TS:2022:511)
- STS 269/2022, de 22 de marzo (ECLI:ES:TS:2022:1201)
- STS 461/2022, de 11 de mayo (ECLI:ES:TS:2022:1861)
- STS 467/2022, de 15 de mayo (ECLI:ES:TS:2022:2007)
- STS 513/2022, de 26 de mayo (ECLI:ES:TS:2022:2060)
- STS 560/2022, de 8 de junio (ECLI:ES:TS:2022:2254)
- STS 585/2022, de 14 de junio (ECLI:ES:TS:2022:2351)
- STS 765/2022, de 15 de septiembre (ECLI:ES:TS:2022:3308)
- STS 821/2022, de 17 de octubre (ECLI:ES:TS:2022:4061)
- STS 969/2022, de 15 de diciembre (ECLI:ES:TS:2022:4800)
- STS 5/2023, de 19 de enero (ECLI:ES:TS:2023:207)
- STS 36/2023, de 26 de enero (ECLI:ES:TS:2023:219)
- STS 187/2023, de 15 de marzo (ECLI:ES:TS:2023:1282)
- STS 320/2023, de 8 de mayo (ECLI:ES:TS:2023:2260)

Tribunal Constitucional

- STC 65/1986, de 22 de mayo (ECLI:ES:TC:1986:65)
- STC 2/1987, de 21 de enero (ECLI:ES:TC:1987:2)
- STC 28/1988, de 23 de febrero (ECLI:ES:TC:1988:28)
- STC 19/1988, de 16 de febrero (ECLI:ES:TC:1988:19)
- STC 136/1989, de 19 de julio (ECLI:ES:TC:1989:136)
- STC 120/1990, de 27 de junio (ECLI:ES:TC:1990:120)
- STC 137/1990, de 19 de julio (ECLI:ES:TC:1990:137)
- STC 207/1990, de 17 de diciembre (ECLI:ES:TC:1990:207)
- STC 36/1991, de 14 de febrero (ECLI:ES:TC:1991:36)
- STC 150/1991, de 4 de julio (ECLI:ES:TC:1991:150)
- STC 209/1993, de 28 de junio (ECLI:ES:TC:1993:209)
- STC 45/1994, de 15 de febrero (ECLI:ES:TC:1994:45)
- STC 72/1994, de 3 de marzo (ECLI:ES:TC:1994:72)
- STC 55/1996, de 28 de marzo (ECLI:ES:TC:1996:55)
- STC 2/1997, de 13 de enero (ECLI:ES:TC:1997:2)
- STC 207/1996, de 16 de diciembre (ECLI:ES:TC:1996:207)
- STC 81/1997, de 22 de abril (ECLI:ES:TC:1997:81)
- STC 161/1997, de 2 de octubre (ECLI:ES:TC:1997:161)
- STC 75/1998, de 31 de marzo (ECLI:ES:TC:1998:75)
- STC 88/1998, de 20 de mayo (ECLI:ES:TC:1998:88)
- STC 204/1999, de 8 de noviembre (ECLI:ES:TC:1999:204)

- STC 21/2000, de 31 de enero (ECLI:ES:TC:2000:21)
- STC 91/2000, de 30 de marzo (ECLI:ES:TC:2000:91)
- STC 120/2000, de 10 de mayo (ECLI:ES:TC:2000:120)
- STC 8/2001, de 15 de enero (ECLI:ES:TC:2001:8)
- STC 5/2002, de 14 de enero (ECLI:ES:TC:2002:5)
- STC 25/2002, de 11 de febrero (ECLI:ES:TC:2002:25)
- STC 148/2004, de 13 de septiembre (ECLI:ES:TC:2004:148)
- STC 181/2004, de 2 de noviembre (ECLI:ES:TC:2004:181)
- STC 49/2006, de 13 de febrero (ECLI:ES:TC:2006:49)
- STC 129/2006, de 24 de abril (ECLI:ES:TC:2006:129)
- STC 196/2006, de 3 de julio (ECLI:ES:TC:2006:196)
- STC 127/2009, de 26 de mayo (ECLI:ES:TC:2009:127)
- STC 60/2010, de 7 de octubre (ECLI:ES:TC:2010:60)
- STC 116/2010, de 24 de noviembre (ECLI:ES:TC:2010:116)
- STC 185/2014, de 6 de noviembre (ECLI:ES:TC:2014:185)
- STC 146/2015, de 25 de junio (ECLI:ES:TC:2015:146)
- STC 64/2019, de 9 de mayo (ECLI:ES:TC:2019:64)
- STC 169/2021, de 6 de octubre (ECLI:ES:TC:2021:169)

Tribunal Europeo de Derechos Humanos

- STEDH (Gran Sala) caso *Kafkaris contra Chipre*, de 11 de febrero de 2008 (EC LI:CE:ECHR:2008:0212JUD002190604)
- STEDH (Sección 4ª) *caso James, Wells y Lee contra el Reino Unido*, de 18 de septiembre de 2012 (ECLI:CE:ECHR:2012:0918JUD002511909)
- STEDH (Gran Sala) caso *Vinter y otros contra Reino Unido*, de 9 de julio de 2013 (ECLI:CE:ECHR:2013:0709JUD006606909)
- STEDH (Sección 2ª) caso László Magyar contra Hungría, de 20 de mayo de 2014 (ECLI:CE:ECHR:2014:0520JUD007359310)
- STEDH (Sección 4ª) caso *Harakchiev y Tolumov contra Bulgaria*, de 24 de julio de 2014 (ECLI:CE:ECHR:2014:0708JUD001501811)
- STEDH (Sección 5ª) caso *Bodein contra Francia*, de 13 de noviembre de 2014 (ECLI:CE:ECHR:2017:0117JUD005759208)
- STEDH (Gran Sala) caso *Murray contra Países Bajos*, de 26 de abril de 2016 (ECLI:CE:ECHR:2016:0426JUD001051110)
- STEDH (Sección 4ª) caso T.P. y A.T. contra Hungría, de 4 de octubre de 2016 (ECLI:CE:ECHR:2016:1004JUD003787114)
- STEDH (Gran Sala) caso *Hutchinson contra Reino Unido*, de 17 de enero de 2017 (ECLI:CE:ECHR:2017:0117JUD005759208)
- STEDH (Sección 4ª) caso *Petukhov contra Ucrania*, de 12 de marzo de 2019 (ECLI:CE:ECHR:2019:0312JUD004121613)

- STEDH (Sección 1ª) caso *Marcello Viola contra Italia*, de 13 de junio de 2019 (ECLI:CE:ECHR:2019:0613JUD007763316)
- STEDH (Sección 1ª) caso Bancsók y László Magyar contra Hungría, de 28 de octubre de 2021 (ECLI:CE:ECHR:2021:1028JUD005237415)
- STEDH (Sección 2ª) caso *Horion contra Bélgica*, de 9 de mayo de 2023 (ECL I:CE:ECHR:2023:0509JUD003792820)